中国与国际安全生产现行立法精选

Selected Codification of Work Safety Legislation of China and Other Countries

孙华山　主编

应急管理出版社
·北京·

图书在版编目（CIP）数据

中国与国际安全生产现行立法精选＝Selected Codification of Work Safety Legislation of China and Other Countries／孙华山主编．－－北京：应急管理出版社，2021

ISBN 978－7－5020－8920－7

Ⅰ.①中… Ⅱ.①孙… Ⅲ.①安全法规—立法—研究—中国 ②安全法规—立法—研究—世界 Ⅳ.①D922.544 ②D912.504

中国版本图书馆 CIP 数据核字（2021）第 196363 号

中国与国际安全生产现行立法精选
Selected Codification of Work Safety Legislation of China and Other Countries

主　　编	孙华山
责任编辑	籍　磊
责任校对	李新荣
封面设计	安德馨
出版发行	应急管理出版社（北京市朝阳区芍药居 35 号　100029）
电　　话	010－84657898（总编室）　010－84657880（读者服务部）
网　　址	www.cciph.com.cn
印　　刷	北京地大彩印有限公司
经　　销	全国新华书店
开　　本	710mm×1000mm $^1/_{16}$　印张 45$^1/_2$　字数 806 千字
版　　次	2021 年 12 月第 1 版　2021 年 12 月第 1 次印刷
社内编号	20210882　　　　　　　　定价 298.00 元

版权所有　违者必究

本书如有缺页、倒页、脱页等质量问题，本社负责调换，电话:010－84657880

中国与国际安全生产现行立法精选
编　委　会

主 任 委 员： 孙华山　应急管理部国家安全科学与工程研究院院长、
　　　　　　　　　　　国务院安全生产委员会办公室副主任

副主任委员： 张兴凯　中国安全生产科学研究院院长、应急管理部
　　　　　　　　　　　国家安全科学与工程研究院副院长

　　　　　　　葛世荣　中国矿业大学（北京）校长、应急管理部
　　　　　　　　　　　国家安全科学与工程研究院副院长

　　　　　　　陈　江　应急管理部国际交流合作中心主任

委　　　员： 韩　峰　中国石油化工集团有限公司

　　　　　　　练铭祥　中国石油化工集团有限公司

　　　　　　　曹树杰　中国海洋石油集团公司

　　　　　　　王绍锋　中国长江三峡集团有限公司

　　　　　　　江建武　国家能源投资集团有限公司

　　　　　　　张艳亮　国家能源投资集团有限公司

　　　　　　　吴树坤　中国中化控股有限责任公司

　　　　　　　郑　宇　中国中化控股有限责任公司

　　　　　　　孙成林　中国化学工程集团有限公司

　　　　　　　范　巍　中国有色矿业集团有限公司

彭　锋　中国铁建股份有限公司

蔡传胜　中国交通建设集团有限公司

李庆伟　中国交通建设集团有限公司

耿金富　中国电力建设集团有限公司

苗　军　中国电力建设集团有限公司

本书编写组

主　编：孙华山

副主编：刘　强　胡予红　康荣学　朱常有

编　审：（按姓氏笔画）

　　　　万　军　于来广　马井泉　马煜璐　王贤光
　　　　刘　薇　刘晨清　刘景凯　李遐桢　杨必泉
　　　　张　斌　陈　琳　陈　智　徐玉青　曹蓓蓓
　　　　彭　锋　彭贤都　彭继轩　樊运晓　等

编　译：刘宏波　刘　佳　彭贤都　刘晓兵　王　静
　　　　谢思一　韩丹丹　曹　欢　强　浩　谢峥屿
　　　　刘　璐　刘秀婷　袁　媛　李晓涵　等

前　言

2013年，习近平总书记提出建设"丝绸之路经济带"和打造"21世纪海上丝绸之路"的倡议。7年多来，"一带一路"相关合作稳步推进，受到各方普遍欢迎和积极参与。截至目前，全球100多个国家和国际组织积极参与"一带一路"的建设，与中国签署合作文件200多份，亚洲基础设施投资银行正式运营，丝路基金、中国－欧亚经济合作基金等顺利组建。"一带一路"建设正在向落地生根、深耕细作、持久发展阶段迈进。

法治建设是推进"一带一路"建设的重要保障。打造新欧亚大陆桥等国际经济合作走廊、建设畅通安全的海上通道、促进基础设施建设既离不开"法律护航"，也离不开安全保障。党的十八大以来，习近平总书记亲自谋划、亲自部署、亲自推动全面依法治国。应急管理部国家安全科学与工程研究院以习近平法治思想为指导，深入贯彻落实习近平总书记有关重要论述，高度重视并积极为"一带一路"建设服务，结合当前所需，组织专家重点搜集中国、英国、美国、亚太地区国家及国际劳工组织和欧盟与安全生产相关的公约、法律法规，进行翻译整理，汇编成册，并请行业专家、高校研究人员进行校审。

本书分为中国篇和国际篇，其中中国篇分为法律、行政法规和重要文件三个部分；国际篇分为国际组织、欧盟、亚太国家和英美国家四个部分。

本书旨在帮助国内企业在"一带一路"沿线各国进行投资和贸易活动时，了解并遵循国际规则和惯例及所在国的法律法规；

前　言

为职业健康与安全从业者、政策制定者、监察员、安全监督人员、科技工作者、大学师生、企业管理人员、工会干部以及从事职业健康与安全咨询工作的人员，学习借鉴国际先进理念与实践，完善我国安全生产法律法规体系，与国际接轨提供参考，为"走出去"提供法律支撑。今后我们还将继续搜集研究"一带一路"沿线国家安全生产相关的法律法规，陆续出版更多国家相关法律法规理论汇编，为"一带一路"建设行稳致远保驾护航。

感谢国际劳工组织对本书中相关法律文本的支持！感谢参与收集、编译、校审本书稿的各位同仁！感谢所有支持并参与本书出版的人员！

本书涉及面广，内容庞大，资料来自不同国家，如有不妥之处，希望各位读者及时反馈，以便我们在后续的修订中完善。

孙华山

2021 年 7 月 1 日

目 录

中 国 篇

第一部分 法 律

中华人民共和国安全生产法 …………………………………………… 5
中华人民共和国矿山安全法 …………………………………………… 28
中华人民共和国消防法 ………………………………………………… 35
中华人民共和国道路交通安全法 ……………………………………… 49
中华人民共和国石油天然气管道保护法 ……………………………… 70
中华人民共和国特种设备安全法 ……………………………………… 80
中华人民共和国突发事件应对法 ……………………………………… 98
中华人民共和国刑法（摘选） ………………………………………… 111

第二部分 行 政 法 规

安全生产许可证条例 …………………………………………………… 119
生产安全事故报告和调查处理条例 …………………………………… 123
煤矿安全监察条例 ……………………………………………………… 131
危险化学品安全管理条例 ……………………………………………… 138
烟花爆竹安全管理条例 ………………………………………………… 163

第三部分 重 要 文 件

中共中央 国务院关于推进安全生产领域改革发展的意见 ………… 175
关于推进城市安全发展的意见 ………………………………………… 185

国 际 篇

第一部分 国 际 组 织

1963 年机器防护公约（第 119 号公约）……………………………… 195
1967 年工人搬运的最大负重量公约（第 127 号公约）………………… 200
1979 年码头作业职业安全和卫生公约（第 152 号公约）……………… 202
1981 年职业安全卫生公约（第 155 号公约）…………………………… 213
1988 年建筑业安全和卫生公约（第 167 号公约）……………………… 220
1990 年作业场所安全使用化学品公约（第 170 号公约）……………… 229
1993 年预防重大工业事故公约（第 174 号公约）……………………… 236
1995 年矿山安全与卫生公约（第 176 号公约）………………………… 242
2001 年农业安全卫生公约（第 184 号公约）…………………………… 248

第二部分 欧 盟

2012-18-EU 赛维索指令Ⅲ ……………………………………………… 259
2009104EC 关于工人在工作过程中使用设备的最低安全与健康要求…… 303
9992EC 改善爆炸性环境风险作业工人安全与健康防护最低要求 ……… 320
9258EEC 关于工作场所安全与健康标志最低标准 ……………………… 329
第 2007/30/EC 号指令：关于劳动者在工作场所使用个体防护设备的
　　最低安全和健康要求…………………………………………………… 347
9824EC 化工行业工作人员健康安全风险控制 ………………………… 360
第 92104EEC 号指令：关于改善露天和井工采矿工人安全与健康防护的
　　最低要求………………………………………………………………… 373

第三部分 亚 太 国 家

2012 年韩国《职业安全与健康法》……………………………………… 393
2009 年新加坡《工作场所安全与健康法》……………………………… 442
2011 年泰国《职业安全与健康和环境法》……………………………… 486
2015 年越南《职业安全与健康法》……………………………………… 501
2019 年缅甸《职业安全与健康法》……………………………………… 545
2013 年老挝《劳动法》（节选）………………………………………… 561

第四部分 英 美 国 家

1974 年英国《工作中安全与健康法》·· 567
1999 年英国《工作中安全与健康管理条例》·· 656
1970 年美国《职业安全与健康法》·· 674

中 国 篇

第一部分　法　　　律

第一部分 法　　律

中华人民共和国安全生产法

（2002年6月29日第九届全国人民代表大会常务委员会第二十八次会议通过；根据2009年8月27日第十一届全国人民代表大会常务委员会第十次会议《关于修改部分法律的决定》第一次修正；根据2014年8月31日第十二届全国人民代表大会常务委员会第十次会议《关于修改〈中华人民共和国安全生产法〉的决定》第二次修正；根据2021年6月10日第十三届全国人民代表大会常务委员会第二十九次会议《全国人民代表大会常务委员会关于修改〈中华人民共和国安全生产法〉的决定》第三次修正）

第一章　总　　则

第一条　为了加强安全生产工作，防止和减少生产安全事故，保障人民群众生命和财产安全，促进经济社会持续健康发展，制定本法。

第二条　在中华人民共和国领域内从事生产经营活动的单位（以下统称生产经营单位）的安全生产，适用本法；有关法律、行政法规对消防安全和道路交通安全、铁路交通安全、水上交通安全、民用航空安全以及核与辐射安全、特种设备安全另有规定的，适用其规定。

第三条　安全生产工作坚持中国共产党的领导。

安全生产工作应当以人为本，坚持人民至上、生命至上，把保护人民生命安全摆在首位，树牢安全发展理念，坚持安全第一、预防为主、综合治理的方针，从源头上防范化解重大安全风险。

安全生产工作实行管行业必须管安全、管业务必须管安全、管生产经营必须管安全，强化和落实生产经营单位主体责任与政府监管责任，建立生产经营单位负责、职工参与、政府监管、行业自律和社会监督的机制。

第四条　生产经营单位必须遵守本法和其他有关安全生产的法律、法规，加强安全生产管理，建立健全全员安全生产责任制和安全生产规章制度，加大对安全生产资金、物资、技术、人员的投入保障力度，改善安全生产条件，加强安全生产标准化、信息化建设，构建安全风险分级管控和隐患排查治理双重预防机制，健全风险防范化解机制，提高安全生产水平，确保安全生产。

平台经济等新兴行业、领域的生产经营单位应当根据本行业、领域的特点，建立健全并落实全员安全生产责任制，加强从业人员安全生产教育和培训，履行本法和其他法律、法规规定的有关安全生产义务。

第五条 生产经营单位的主要负责人是本单位安全生产第一责任人，对本单位的安全生产工作全面负责。其他负责人对职责范围内的安全生产工作负责。

第六条 生产经营单位的从业人员有依法获得安全生产保障的权利，并应当依法履行安全生产方面的义务。

第七条 工会依法对安全生产工作进行监督。

生产经营单位的工会依法组织职工参加本单位安全生产工作的民主管理和民主监督，维护职工在安全生产方面的合法权益。生产经营单位制定或者修改有关安全生产的规章制度，应当听取工会的意见。

第八条 国务院和县级以上地方各级人民政府应当根据国民经济和社会发展规划制定安全生产规划，并组织实施。安全生产规划应当与国土空间规划等相关规划相衔接。

各级人民政府应当加强安全生产基础设施建设和安全生产监管能力建设，所需经费列入本级预算。

县级以上地方各级人民政府应当组织有关部门建立完善安全风险评估与论证机制，按照安全风险管控要求，进行产业规划和空间布局，并对位置相邻、行业相近、业态相似的生产经营单位实施重大安全风险联防联控。

第九条 国务院和县级以上地方各级人民政府应当加强对安全生产工作的领导，建立健全安全生产工作协调机制，支持、督促各有关部门依法履行安全生产监督管理职责，及时协调、解决安全生产监督管理中存在的重大问题。

乡镇人民政府和街道办事处，以及开发区、工业园区、港区、风景区等应当明确负责安全生产监督管理的有关工作机构及其职责，加强安全生产监管力量建设，按照职责对本行政区域或者管理区域内生产经营单位安全生产状况进行监督检查，协助人民政府有关部门或者按照授权依法履行安全生产监督管理职责。

第十条 国务院应急管理部门依照本法，对全国安全生产工作实施综合监督管理；县级以上地方各级人民政府应急管理部门依照本法，对本行政区域内安全生产工作实施综合监督管理。

国务院交通运输、住房和城乡建设、水利、民航等有关部门依照本法和其他有关法律、行政法规的规定，在各自的职责范围内对有关行业、领域的安全生产工作实施监督管理；县级以上地方各级人民政府有关部门依照本法和其他有关法律、法规的规定，在各自的职责范围内对有关行业、领域的安全生产工作实施监督管理。对新兴行业、领域的安全生产监督管理职责不明确的，由县级以上地方各级人民政府按照业务相近的原则确定监督管理部门。

应急管理部门和对有关行业、领域的安全生产工作实施监督管理的部门，统称负有安全生产监督管理职责的部门。负有安全生产监督管理职责的部门应当相互配合、齐抓共管、信息共享、资源共用，依法加强安全生产监督管理工作。

第十一条 国务院有关部门应当按照保障安全生产的要求，依法及时制定有关的国家标准或者行业标准，并根据科技进步和经济发展适时修订。

生产经营单位必须执行依法制定的保障安全生产的国家标准或者行业标准。

第十二条 国务院有关部门按照职责分工负责安全生产强制性国家标准的项目提出、组织起草、征求意见、技术审查。国务院应急管理部门统筹提出安全生产强制性国家标准的立项计划。国务院标准化行政主管部门负责安全生产强制性国家标准的立项、编号、对外通报和授权批准发布工作。国务院标准化行政主管部门、有关部门依据法定职责对安全生产强制性国家标准的实施进行监督检查。

第十三条 各级人民政府及其有关部门应当采取多种形式，加强对有关安全生产的法律、法规和安全生产知识的宣传，增强全社会的安全生产意识。

第十四条 有关协会组织依照法律、行政法规和章程，为生产经营单位提供安全生产方面的信息、培训等服务，发挥自律作用，促进生产经营单位加强安全生产管理。

第十五条 依法设立的为安全生产提供技术、管理服务的机构，依照法律、行政法规和执业准则，接受生产经营单位的委托为其安全生产工作提供技术、管理服务。

生产经营单位委托前款规定的机构提供安全生产技术、管理服务的，保证安全生产的责任仍由本单位负责。

第十六条 国家实行生产安全事故责任追究制度，依照本法和有关法律、法规的规定，追究生产安全事故责任单位和责任人员的法律责任。

第十七条 县级以上各级人民政府应当组织负有安全生产监督管理职责的部门依法编制安全生产权力和责任清单，公开并接受社会监督。

第十八条 国家鼓励和支持安全生产科学技术研究和安全生产先进技术的推广应用，提高安全生产水平。

第十九条 国家对在改善安全生产条件、防止生产安全事故、参加抢险救护等方面取得显著成绩的单位和个人，给予奖励。

第二章　生产经营单位的安全生产保障

第二十条 生产经营单位应当具备本法和有关法律、行政法规和国家标准或者行业标准规定的安全生产条件；不具备安全生产条件的，不得从事生产经营活动。

第二十一条 生产经营单位的主要负责人对本单位安全生产工作负有下列职责：

（一）建立健全并落实本单位全员安全生产责任制，加强安全生产标准化建设；

（二）组织制定并实施本单位安全生产规章制度和操作规程；

（三）组织制定并实施本单位安全生产教育和培训计划；

（四）保证本单位安全生产投入的有效实施；

（五）组织建立并落实安全风险分级管控和隐患排查治理双重预防工作机制，督促、检查本单位的安全生产工作，及时消除生产安全事故隐患；

（六）组织制定并实施本单位的生产安全事故应急救援预案；

（七）及时、如实报告生产安全事故。

第二十二条 生产经营单位的全员安全生产责任制应当明确各岗位的责任人员、责任范围和考核标准等内容。

生产经营单位应当建立相应的机制，加强对全员安全生产责任制落实情况的监督考核，保证安全生产责任制的落实。

第二十三条 生产经营单位应当具备的安全生产条件所必需的资金投入，由生产经营单位的决策机构、主要负责人或者个人经营的投资人予以保证，并对由于安全生产所必需的资金投入不足导致的后果承担责任。

有关生产经营单位应当按照规定提取和使用安全生产费用，专门用于改善安全生产条件。安全生产费用在成本中据实列支。安全生产费用提取、使用和监督管理的具体办法由国务院财政部门会同国务院应急管理部门征求国务院有关部门意见后制定。

第二十四条 矿山、金属冶炼、建筑施工、运输单位和危险物品的生产、经营、储存、装卸单位，应当设置安全生产管理机构或者配备专职安全生产管理人员。

前款规定以外的其他生产经营单位，从业人员超过一百人的，应当设置安全生产管理机构或者配备专职安全生产管理人员；从业人员在一百人以下的，应当配备专职或者兼职的安全生产管理人员。

第二十五条 生产经营单位的安全生产管理机构以及安全生产管理人员履行下列职责：

（一）组织或者参与拟订本单位安全生产规章制度、操作规程和生产安全事故应急救援预案；

（二）组织或者参与本单位安全生产教育和培训，如实记录安全生产教育和培训情况；

（三）组织开展危险源辨识和评估，督促落实本单位重大危险源的安全管理措施；

（四）组织或者参与本单位应急救援演练；

（五）检查本单位的安全生产状况，及时排查生产安全事故隐患，提出改进安全生产管理的建议；

（六）制止和纠正违章指挥、强令冒险作业、违反操作规程的行为；

（七）督促落实本单位安全生产整改措施。

生产经营单位可以设置专职安全生产分管负责人，协助本单位主要负责人履行安全生产管理职责。

第二十六条 生产经营单位的安全生产管理机构以及安全生产管理人员应当恪尽职守，依法履行职责。

生产经营单位作出涉及安全生产的经营决策，应当听取安全生产管理机构以及安全生产管理人员的意见。

生产经营单位不得因安全生产管理人员依法履行职责而降低其工资、福利等待遇或者解除与其订立的劳动合同。

危险物品的生产、储存单位以及矿山、金属冶炼单位的安全生产管理人员的任免，应当告知主管的负有安全生产监督管理职责的部门。

第二十七条 生产经营单位的主要负责人和安全生产管理人员必须具备与本单位所从事的生产经营活动相应的安全生产知识和管理能力。

危险物品的生产、经营、储存、装卸单位以及矿山、金属冶炼、建筑施工、运输单位的主要负责人和安全生产管理人员,应当由主管的负有安全生产监督管理职责的部门对其安全生产知识和管理能力考核合格。考核不得收费。

危险物品的生产、储存、装卸单位以及矿山、金属冶炼单位应当有注册安全工程师从事安全生产管理工作。鼓励其他生产经营单位聘用注册安全工程师从事安全生产管理工作。注册安全工程师按专业分类管理,具体办法由国务院人力资源和社会保障部门、国务院应急管理部门会同国务院有关部门制定。

第二十八条　生产经营单位应当对从业人员进行安全生产教育和培训,保证从业人员具备必要的安全生产知识,熟悉有关的安全生产规章制度和安全操作规程,掌握本岗位的安全操作技能,了解事故应急处理措施,知悉自身在安全生产方面的权利和义务。未经安全生产教育和培训合格的从业人员,不得上岗作业。

生产经营单位使用被派遣劳动者的,应当将被派遣劳动者纳入本单位从业人员统一管理,对被派遣劳动者进行岗位安全操作规程和安全操作技能的教育和培训。劳务派遣单位应当对被派遣劳动者进行必要的安全生产教育和培训。

生产经营单位接收中等职业学校、高等学校学生实习的,应当对实习学生进行相应的安全生产教育和培训,提供必要的劳动防护用品。学校应当协助生产经营单位对实习学生进行安全生产教育和培训。

生产经营单位应当建立安全生产教育和培训档案,如实记录安全生产教育和培训的时间、内容、参加人员以及考核结果等情况。

第二十九条　生产经营单位采用新工艺、新技术、新材料或者使用新设备,必须了解、掌握其安全技术特性,采取有效的安全防护措施,并对从业人员进行专门的安全生产教育和培训。

第三十条　生产经营单位的特种作业人员必须按照国家有关规定经专门的安全作业培训,取得相应资格,方可上岗作业。

特种作业人员的范围由国务院应急管理部门会同国务院有关部门确定。

第三十一条　生产经营单位新建、改建、扩建工程项目(以下统称建设项目)的安全设施,必须与主体工程同时设计、同时施工、同时投入生产和使用。安全设施投资应当纳入建设项目概算。

第三十二条　矿山、金属冶炼建设项目和用于生产、储存、装卸危险物品的建设项目,应当按照国家有关规定进行安全评价。

第三十三条 建设项目安全设施的设计人、设计单位应当对安全设施设计负责。

矿山、金属冶炼建设项目和用于生产、储存、装卸危险物品的建设项目的安全设施设计应当按照国家有关规定报经有关部门审查，审查部门及其负责审查的人员对审查结果负责。

第三十四条 矿山、金属冶炼建设项目和用于生产、储存、装卸危险物品的建设项目的施工单位必须按照批准的安全设施设计施工，并对安全设施的工程质量负责。

矿山、金属冶炼建设项目和用于生产、储存、装卸危险物品的建设项目竣工投入生产或者使用前，应当由建设单位负责组织对安全设施进行验收；验收合格后，方可投入生产和使用。负有安全生产监督管理职责的部门应当加强对建设单位验收活动和验收结果的监督核查。

第三十五条 生产经营单位应当在有较大危险因素的生产经营场所和有关设施、设备上，设置明显的安全警示标志。

第三十六条 安全设备的设计、制造、安装、使用、检测、维修、改造和报废，应当符合国家标准或者行业标准。

生产经营单位必须对安全设备进行经常性维护、保养，并定期检测，保证正常运转。维护、保养、检测应当作好记录，并由有关人员签字。

生产经营单位不得关闭、破坏直接关系生产安全的监控、报警、防护、救生设备、设施，或者篡改、隐瞒、销毁其相关数据、信息。

餐饮等行业的生产经营单位使用燃气的，应当安装可燃气体报警装置，并保障其正常使用。

第三十七条 生产经营单位使用的危险物品的容器、运输工具，以及涉及人身安全、危险性较大的海洋石油开采特种设备和矿山井下特种设备，必须按照国家有关规定，由专业生产单位生产，并经具有专业资质的检测、检验机构检测、检验合格，取得安全使用证或者安全标志，方可投入使用。检测、检验机构对检测、检验结果负责。

第三十八条 国家对严重危及生产安全的工艺、设备实行淘汰制度，具体目录由国务院应急管理部门会同国务院有关部门制定并公布。法律、行政法规对目录的制定另有规定的，适用其规定。

省、自治区、直辖市人民政府可以根据本地区实际情况制定并公布具体目录，对前款规定以外的危及生产安全的工艺、设备予以淘汰。

生产经营单位不得使用应当淘汰的危及生产安全的工艺、设备。

第三十九条 生产、经营、运输、储存、使用危险物品或者处置废弃危险物品的，由有关主管部门依照有关法律、法规的规定和国家标准或者行业标准审批并实施监督管理。

生产经营单位生产、经营、运输、储存、使用危险物品或者处置废弃危险物品，必须执行有关法律、法规和国家标准或者行业标准，建立专门的安全管理制度，采取可靠的安全措施，接受有关主管部门依法实施的监督管理。

第四十条 生产经营单位对重大危险源应当登记建档，进行定期检测、评估、监控，并制定应急预案，告知从业人员和相关人员在紧急情况下应当采取的应急措施。

生产经营单位应当按照国家有关规定将本单位重大危险源及有关安全措施、应急措施报有关地方人民政府应急管理部门和有关部门备案。有关地方人民政府应急管理部门和有关部门应当通过相关信息系统实现信息共享。

第四十一条 生产经营单位应当建立安全风险分级管控制度，按照安全风险分级采取相应的管控措施。

生产经营单位应当建立健全并落实生产安全事故隐患排查治理制度，采取技术、管理措施，及时发现并消除事故隐患。事故隐患排查治理情况应当如实记录，并通过职工大会或者职工代表大会、信息公示栏等方式向从业人员通报。其中，重大事故隐患排查治理情况应当及时向负有安全生产监督管理职责的部门和职工大会或者职工代表大会报告。

县级以上地方各级人民政府负有安全生产监督管理职责的部门应当将重大事故隐患纳入相关信息系统，建立健全重大事故隐患治理督办制度，督促生产经营单位消除重大事故隐患。

第四十二条 生产、经营、储存、使用危险物品的车间、商店、仓库不得与员工宿舍在同一座建筑物内，并应当与员工宿舍保持安全距离。

生产经营场所和员工宿舍应当设有符合紧急疏散要求、标志明显、保持畅通的出口、疏散通道。禁止占用、锁闭、封堵生产经营场所或者员工宿舍的出口、疏散通道。

第四十三条 生产经营单位进行爆破、吊装、动火、临时用电以及国务院应急管理部门会同国务院有关部门规定的其他危险作业，应当安排专门人员进行现场安全管理，确保操作规程的遵守和安全措施的落实。

第四十四条 生产经营单位应当教育和督促从业人员严格执行本单位的安全生产规章制度和安全操作规程；并向从业人员如实告知作业场所和工作

岗位存在的危险因素、防范措施以及事故应急措施。

生产经营单位应当关注从业人员的身体、心理状况和行为习惯，加强对从业人员的心理疏导、精神慰藉，严格落实岗位安全生产责任，防范从业人员行为异常导致事故发生。

第四十五条 生产经营单位必须为从业人员提供符合国家标准或者行业标准的劳动防护用品，并监督、教育从业人员按照使用规则佩戴、使用。

第四十六条 生产经营单位的安全生产管理人员应当根据本单位的生产经营特点，对安全生产状况进行经营性检查；对检查中发现的安全问题，应当立即处理；不能处理的，应当及时报告本单位有关负责人，有关负责人应当及时处理。检查及处理情况应当如实记录在案。

生产经营单位的安全生产管理人员在检查中发现重大事故隐患，依照前款规定向本单位有关负责人报告，有关负责人不及时处理的，安全生产管理人员可以向主管的负有安全生产监督管理职责的部门报告，接到报告的部门应当依法及时处理。

第四十七条 生产经营单位应当安排用于配备劳动防护用品、进行安全生产培训的经费。

第四十八条 两个以上生产经营单位在同一作业区域内进行生产经营活动，可能危及对方生产安全的，应当签订安全生产管理协议，明确各自的安全生产管理职责和应当采取的安全措施，并指定专职安全生产管理人员进行安全检查与协调。

第四十九条 生产经营单位不得将生产经营项目、场所、设备发包或者出租给不具备安全生产条件或者相应资质的单位或者个人。

生产经营项目、场所发包或者出租给其他单位的，生产经营单位应当与承包单位、承租单位签订专门的安全生产管理协议，或者在承包合同、租赁合同中约定各自的安全生产管理职责；生产经营单位对承包单位、承租单位的安全生产工作统一协调、管理，定期进行安全检查，发现安全问题的，应当及时督促整改。

矿山、金属冶炼建设项目和用于生产、储存、装卸危险物品的建设项目的施工单位应当加强对施工项目的安全管理，不得倒卖、出租、出借、挂靠或者以其他形式非法转让施工资质，不得将其承包的全部建设工程转包给第三人或者将其承包的全部建设工程支解以后以分包的名义分别转包给第三人，不得将工程分包给不具备相应资质条件的单位。

第五十条 生产经营单位发生生产安全事故时，单位的主要负责人应当立即组织抢救,并不得在事故调查处理期间擅离职守。

第五十一条　生产经营单位必须依法参加工伤保险,为从业人员缴纳保险费。

国家鼓励生产经营单位投保安全生产责任保险;属于国家规定的高危行业、领域的生产经营单位,应当投保安全生产责任保险。具体范围和实施办法由国务院应急管理部门会同国务院财政部门、国务院保险监督管理机构和相关行业主管部门制定。

第三章　从业人员的安全生产权利义务

第五十二条　生产经营单位与从业人员订立的劳动合同,应当载明有关保障从业人员劳动安全、防止职业危害的事项,以及依法为从业人员办理工伤保险的事项。

生产经营单位不得以任何形式与从业人员订立协议,免除或者减轻其对从业人员因生产安全事故伤亡依法应承担的责任。

第五十三条　生产经营单位的从业人员有权了解其作业场所和工作岗位存在的危险因素、防范措施及事故应急措施,有权对本单位的安全生产工作提出建议。

第五十四条　从业人员有权对本单位安全生产工作中存在的问题提出批评、检举、控告;有权拒绝违章指挥和强令冒险作业。

生产经营单位不得因从业人员对本单位安全生产工作提出批评、检举、控告或者拒绝违章指挥、强令冒险作业而降低其工资、福利等待遇或者解除与其订立的劳动合同。

第五十五条　从业人员发现直接危及人身安全的紧急情况时,有权停止作业或者在采取可能的应急措施后撤离作业场所。

生产经营单位不得因从业人员在前款紧急情况下停止作业或者采取紧急撤离措施而降低其工资、福利等待遇或者解除与其订立的劳动合同。

第五十六条　生产经营单位发生生产安全事故后,应当及时采取措施救治有关人员。

因生产安全事故受到损害的从业人员,除依法享有工伤保险外,依照有关民事法律尚有获得赔偿的权利的,有权提出赔偿要求。

第五十七条　从业人员在作业过程中,应当严格落实岗位安全责任,遵守本单位的安全生产规章制度和操作规程,服从管理,正确佩戴和使用劳动防护用品。

第五十八条 从业人员应当接受安全生产教育和培训，掌握本职工作所需的安全生产知识，提高安全生产技能，增强事故预防和应急处理能力。

第五十九条 从业人员发现事故隐患或者其他不安全因素，应当立即向现场安全生产管理人员或者本单位负责人报告；接到报告的人员应当及时予以处理。

第六十条 工会有权对建设项目的安全设施与主体工程同时设计、同时施工、同时投入生产和使用进行监督，提出意见。

工会对生产经营单位违反安全生产法律、法规，侵犯从业人员合法权益的行为，有权要求纠正；发现生产经营单位违章指挥、强令冒险作业或者发现事故隐患时，有权提出解决的建议，生产经营单位应当及时研究答复；发现危及从业人员生命安全的情况时，有权向生产经营单位建议组织从业人员撤离危险场所，生产经营单位必须立即作出处理。

工会有权依法参加事故调查，向有关部门提出处理意见，并要求追究有关人员的责任。

第六十一条 生产经营单位使用被派遣劳动者的，被派遣劳动者享有本法规定的从业人员的权利，并应当履行本法规定的从业人员的义务。

第四章　安全生产的监督管理

第六十二条 县级以上地方各级人民政府应当根据本行政区域内的安全生产状况，组织有关部门按照职责分工，对本行政区域内容易发生重大生产安全事故的生产经营单位进行严格检查。

应急管理部门应当按照分类分级监督管理的要求，制定安全生产年度监督检查计划，并按照年度监督检查计划进行监督检查，发现事故隐患，应当及时处理。

第六十三条 负有安全生产监督管理职责的部门依照有关法律、法规的规定，对涉及安全生产的事项需要审查批准（包括批准、核准、许可、注册、认证、颁发证照等，下同）或者验收的，必须严格依照有关法律、法规和国家标准或者行业标准规定的安全生产条件和程序进行审查；不符合有关法律、法规和国家标准或者行业标准规定的安全生产条件的，不得批准或者验收通过。对未依法取得批准或者验收合格的单位擅自从事有关活动的，负责行政审批的部门发现或者接到举报后应当立即予以取缔，并依法予以处理。对已经依法取得批准的单位，负责行政审批的部门发现其不再具备安全生产条件的，应当撤销原批准。

第六十四条 负有安全生产监督管理职责的部门对涉及安全生产的事项进行审查、验收，不得收取费用；不得要求接受审查、验收的单位购买其指定品牌或者指定生产、销售单位的安全设备、器材或者其他产品。

第六十五条 应急管理部门和其他负有安全生产监督管理职责的部门依法开展安全生产行政执法工作，对生产经营单位执行有关安全生产的法律、法规和国家标准或者行业标准的情况进行监督检查，行使以下职权：

（一）进入生产经营单位进行检查，调阅有关资料，向有关单位和人员了解情况；

（二）对检查中发现的安全生产违法行为，当场予以纠正或者要求限期改正；对依法应当给予行政处罚的行为，依照本法和其他有关法律、行政法规的规定作出行政处罚决定；

（三）对检查中发现的事故隐患，应当责令立即排除；重大事故隐患排除前或者排除过程中无法保证安全的，应当责令从危险区域内撤出作业人员，责令暂时停产停业或者停止使用相关设施、设备；重大事故隐患排除后，经审查同意，方可恢复生产经营和使用；

（四）对有根据认为不符合保障安全生产的国家标准或者行业标准的设施、设备、器材以及违法生产、储存、使用、经营、运输的危险物品予以查封或者扣押，对违法生产、储存、使用、经营危险物品的作业场所予以查封，并依法作出处理决定。

监督检查不得影响被检查单位的正常生产经营活动。

第六十六条 生产经营单位对负有安全生产监督管理职责的部门的监督检查人员（以下统称安全生产监督检查人员）依法履行监督检查职责，应当予以配合，不得拒绝、阻挠。

第六十七条 安全生产监督检查人员应当忠于职守，坚持原则，秉公执法。

安全生产监督检查人员执行监督检查任务时，必须出示有效的行政执法证件；对涉及被检查单位的技术秘密和业务秘密，应当为其保密。

第六十八条 安全生产监督检查人员应当将检查的时间、地点、内容、发现的问题及其处理情况，作出书面记录，并由检查人员和被检查单位的负责人签字；被检查单位的负责人拒绝签字的，检查人员应当将情况记录在案，并向负有安全生产监督管理职责的部门报告。

第六十九条 负有安全生产监督管理职责的部门在监督检查中，应当互相配合，实行联合检查；确需分别进行检查的，应当互通情况，发现存在的安全问题应当由其他有关部门进行处理的，应当及时移送其他有关部门并形成记录备查，接受移送的部门应当及时进行处理。

第七十条 负有安全生产监督管理职责的部门依法对存在重大事故隐患的生产经营单位作出停产停业、停止施工、停止使用相关设施或者设备的决定，生产经营单位应当依法执行，及时消除事故隐患。生产经营单位拒不执行，有发生生产安全事故的现实危险的，在保证安全的前提下，经本部门主要负责人批准，负有安全生产监督管理职责的部门可以采取通知有关单位停止供电、停止供应民用爆炸物品等措施，强制生产经营单位履行决定。通知应当采用书面形式，有关单位应当予以配合。

负有安全生产监督管理职责的部门依照前款规定采取停止供电措施，除有危及生产安全的紧急情形外，应当提前二十四小时通知生产经营单位。生产经营单位依法履行行政决定、采取相应措施消除事故隐患的，负有安全生产监督管理职责的部门应当及时解除前款规定的措施。

第七十一条 监察机关依照监察法的规定，对负有安全生产监督管理职责的部门及其工作人员履行安全生产监督管理职责实施监察。

第七十二条 承担安全评价、认证、检测、检验职责的机构应当具备国家规定的资质条件，并对其作出的安全评价、认证、检测、检验结果的合法性、真实性负责。资质条件由国务院应急管理部门会同国务院有关部门制定。

承担安全评价、认证、检测、检验职责的机构应当建立并实施服务公开和报告公开制度，不得租借资质、挂靠、出具虚假报告。

第七十三条 负有安全生产监督管理职责的部门应当建立举报制度，公开举报电话、信箱或者电子邮件地址等网络举报平台，受理有关安全生产的举报；受理的举报事项经调查核实后，应当形成书面材料；需要落实整改措施的，报经有关负责人签字并督促落实。对不属于本部门职责，需要由其他有关部门进行调查处理的，转交其他有关部门处理。

涉及人员死亡的举报事项，应当由县级以上人民政府组织核查处理。

第七十四条 任何单位或者个人对事故隐患或者安全生产违法行为，均有权向负有安全生产监督管理职责的部门报告或者举报。

因安全生产违法行为造成重大事故隐患或者导致重大事故，致使国家利益或者社会公共利益受到侵害的，人民检察院可以根据民事诉讼法、行政诉讼法的相关规定提起公益诉讼。

第七十五条 居民委员会、村民委员会发现其所在区域内的生产经营单位存在事故隐患或者安全生产违法行为时,应当向当地人民政府或者有关部门报告。

第七十六条 县级以上各级人民政府及其有关部门对报告重大事故隐患或者举报安全生产违法行为的有功人员,给予奖励。具体奖励办法由国务院应急管理部门会同国务院财政部门制定。

第七十七条 新闻、出版、广播、电影、电视等单位有进行安全生产公益宣传教育的义务,有对违反安全生产法律、法规的行为进行舆论监督的权利。

第七十八条 负有安全生产监督管理职责的部门应当建立安全生产违法行为信息库,如实记录生产经营单位及其有关从业人员的安全生产违法行为信息;对违法行为情节严重的生产经营单位及其有关从业人员,应当及时向社会公告,并通报行业主管部门、投资主管部门、自然资源主管部门、生态环境主管部门、证券监督管理机构以及有关金融机构。有关部门和机构应当对存在失信行为的生产经营单位及其有关从业人员采取加大执法检查频次、暂停项目审批、上调有关保险费率、行业或者职业禁入等联合惩戒措施,并向社会公示。

负有安全生产监督管理职责的部门应当加强对生产经营单位行政处罚信息的及时归集、共享、应用和公开,对生产经营单位作出处罚决定后七个工作日内在监督管理部门公示系统予以公开曝光,强化对违法失信生产经营单位及其有关从业人员的社会监督,提高全社会安全生产诚信水平。

第五章 生产安全事故的应急救援与调查处理

第七十九条 国家加强生产安全事故应急能力建设,在重点行业、领域建立应急救援基地和应急救援队伍,并由国家安全生产应急救援机构统一协调指挥;鼓励生产经营单位和其他社会力量建立应急救援队伍,配备相应的应急救援装备和物资,提高应急救援的专业化水平。

国务院应急管理部门牵头建立全国统一的生产安全事故应急救援信息系统,国务院交通运输、住房和城乡建设、水利、民航等有关部门和县级以上地方人民政府建立健全相关行业、领域、地区的生产安全事故应急救援信息系统,实现互联互通、信息共享,通过推行网上安全信息采集、安全监管和监测预警,提升监管的精准化、智能化水平。

第八十条 县级以上地方各级人民政府应当组织有关部门制定本行政区域内特大生产安全事故应急救援预案,建立应急救援体系。

乡镇人民政府和街道办事处，以及开发区、工业园区、港区、风景区等应当制定相应的生产安全事故应急救援预案，协助人民政府有关部门或者按照授权依法履行生产安全事故应急救援工作职责。

第八十一条 生产经营单位应当制定本单位生产安全事故应急救援预案，与所在地县级以上地方人民政府组织制定的生产安全事故应急救援预案相衔接，并定期组织演练。

第八十二条 危险物品的生产、经营、储存单位以及矿山、金属冶炼、城市轨道交通运营、建筑施工单位应当建立应急救援组织；生产经营规模较小的，可以不建立应急救援组织，但应当指定兼职的应急救援人员。

危险物品的生产、经营、储存、运输单位以及矿山、金属冶炼、城市轨道交通运营、建筑施工单位应当配备必要的应急救援器材、设备和物资，并进行经常性维护、保养，保证正常运转。

第八十三条 生产经营单位发生生产安全事故后，事故现场有关人员应当立即报告本单位负责人。

单位负责人接到事故报告后，应当迅速采取有效措施，组织抢救，防止事故扩大，减少人员伤亡和财产损失，并按照国家有关规定立即如实报告当地负有安全生产监督管理职责的部门，不得隐瞒不报、谎报或者迟报，不得故意破坏事故现场、毁灭有关证据。

第八十四条 负有安全生产监督管理职责的部门接到事故报告后，应当立即按照国家有关规定上报事故情况。负有安全生产监督管理职责的部门和有关地方人民政府对事故情况不得隐瞒不报、谎报或者迟报。

第八十五条 有关地方人民政府和负有安全生产监督管理职责的部门的负责人接到生产安全事故报告后，应当按照生产安全事故应急救援预案的要求立即赶到事故现场，组织事故抢救。

参与事故抢救的部门和单位应当服从统一指挥，加强协同联动，采取有效的应急救援措施，并根据事故救援的需要采取警戒、疏散等措施，防止事故扩大和次生灾害的发生，减少人员伤亡和财产损失。

事故抢救过程中应当采取必要措施，避免或者减少对环境造成的危害。

任何单位和个人都应当支持、配合事故抢救，并提供一切便利条件。

第八十六条 事故调查处理应当按照科学严谨、依法依规、实事求是、注重实效的原则，及时、准确地查清事故原因，查明事故性质和责任，评估应急处置工作，总结事故教训，提出整改措施，并对事故责任单位和人员提出处理建议。事故调查报告应当依法及时向社会公布。事故调查和处理的具体办法由国务院制定。

事故发生单位应当及时全面落实整改措施，负有安全生产监督管理职责的部门应当加强监督检查。

负责事故调查处理的国务院有关部门和地方人民政府应当在批复事故调查报告后一年内，组织有关部门对事故整改和防范措施落实情况进行评估，并及时向社会公开评估结果；对不履行职责导致事故整改和防范措施没有落实的有关单位和人员，应当按照有关规定追究责任。

第八十七条 生产经营单位发生生产安全事故，经调查确定为责任事故的，除了应当查明事故单位的责任并依法予以追究外，还应当查明对安全生产的有关事项负有审查批准和监督职责的行政部门的责任，对有失职、渎职行为的，依照本法第九十条的规定追究法律责任。

第八十八条 任何单位和个人不得阻挠和干涉对事故的依法调查处理。

第八十九条 县级以上地方各级人民政府应急管理部门应当定期统计分析本行政区域内发生生产安全事故的情况，并定期向社会公布。

第六章 法 律 责 任

第九十条 负有安全生产监督管理职责的部门的工作人员，有下列行为之一的，给予降级或者撤职的处分；构成犯罪的，依照刑法有关规定追究刑事责任：

（一）对不符合法定安全生产条件的涉及安全生产的事项予以批准或者验收通过的；

（二）发现未依法取得批准、验收的单位擅自从事有关活动或者接到举报后不予取缔或者不依法予以处理的；

（三）对已经依法取得批准的单位不履行监督管理职责，发现其不再具备安全生产条件而不撤销原批准或者发现安全生产违法行为不予查处的；

（四）在监督检查中发现重大事故隐患，不依法及时处理的。

负有安全生产监督管理职责的部门的工作人员有前款规定以外的滥用职权、玩忽职守、徇私舞弊行为的，依法给予处分；构成犯罪的，依照刑法有关规定追究刑事责任。

第九十一条 负有安全生产监督管理职责的部门，要求被审查、验收的单位购买其指定的安全设备、器材或者其他产品的，在对安全生产事项的审查、验收中收取费用的，由其上级机关或者监察机关责令改正，责令退还收取的费用；情节严重的，对直接负责的主管人员和其他直接责任人员依法给予处分。

第九十二条 承担安全评价、认证、检测、检验职责的机构出具失实报告的，责令停业整顿，并处三万元以上十万元以下的罚款；给他人造成损害的，依法承担赔偿责任。

承担安全评价、认证、检测、检验职责的机构租借资质、挂靠、出具虚假报告的，没收违法所得；违法所得在十万元以上的，并处违法所得二倍以上五倍以下的罚款，没有违法所得或者违法所得不足十万元的，单处或者并处十万元以上二十万元以下的罚款；对其直接负责的主管人员和其他直接责任人员处五万元以上十万元以下的罚款；给他人造成损害的，与生产经营单位承担连带赔偿责任；构成犯罪的，依照刑法有关规定追究刑事责任。

对有前款违法行为的机构及其直接责任人员，吊销其相应资质和资格，五年内不得从事安全评价、认证、检测、检验等工作；情节严重的，实行终身行业和职业禁入。

第九十三条 生产经营单位的决策机构、主要负责人或者个人经营的投资人不依照本法规定保证安全生产所必需的资金投入，致使生产经营单位不具备安全生产条件的，责令限期改正，提供必需的资金；逾期未改正的，责令生产经营单位停产停业整顿。

有前款违法行为，导致发生生产安全事故的，对生产经营单位的主要负责人给予撤职处分，对个人经营的投资人处二万元以上二十万元以下的罚款；构成犯罪的，依照刑法有关规定追究刑事责任。

第九十四条 生产经营单位的主要负责人未履行本法规定的安全生产管理职责的，责令限期改正，处二万元以上五万元以下的罚款；逾期未改正的，处五万元以上十万元以下的罚款，责令生产经营单位停产停业整顿。

生产经营单位的主要负责人有前款违法行为，导致发生生产安全事故的，给予撤职处分；构成犯罪的，依照刑法有关规定追究刑事责任。

生产经营单位的主要负责人依照前款规定受刑事处罚或者撤职处分的，自刑罚执行完毕或者受处分之日起，五年内不得担任任何生产经营单位的主要负责人；对重大、特别重大生产安全事故负有责任的，终身不得担任本行业生产经营单位的主要负责人。

第九十五条 生产经营单位的主要负责人未履行本法规定的安全生产管理职责，导致发生生产安全事故的，由应急管理部门依照下列规定处以罚款：

（一）发生一般事故的，处上一年年收入百分之四十的罚款；

（二）发生较大事故的，处上一年年收入百分之六十的罚款；

（三）发生重大事故的，处上一年年收入百分之八十的罚款；

（四）发生特别重大事故的，处上一年年收入百分之一百的罚款。

第九十六条 生产经营单位的其他负责人和安全生产管理人员未履行本法规定的安全生产管理职责的，责令限期改正，处一万元以上三万元以下的罚款；导致发生生产安全事故的，暂停或者吊销其与安全生产有关的资格，并处上一年年收入百分之二十以上百分之五十以下的罚款；构成犯罪的，依照刑法有关规定追究刑事责任。

第九十七条 生产经营单位有下列行为之一的，责令限期改正，处十万元以下的罚款；逾期未改正的，责令停产停业整顿，并处十万元以上二十万元以下的罚款，对其直接负责的主管人员和其他直接责任人员处二万元以上五万元以下的罚款：

（一）未按照规定设置安全生产管理机构或者配备安全生产管理人员、注册安全工程师的；

（二）危险物品的生产、经营、储存、装卸单位以及矿山、金属冶炼、建筑施工、运输单位的主要负责人和安全生产管理人员未按照规定经考核合格的；

（三）未按照规定对从业人员、被派遣劳动者、实习学生进行安全生产教育和培训，或者未按照规定如实告知有关的安全生产事项的；

（四）未如实记录安全生产教育和培训情况的；

（五）未将事故隐患排查治理情况如实记录或者未向从业人员通报的；

（六）未按照规定制定生产安全事故应急救援预案或者未定期组织演练的；

（七）特种作业人员未按照规定经专门的安全作业培训并取得相应资格，上岗作业的。

第九十八条 生产经营单位有下列行为之一的，责令停止建设或者停产停业整顿，限期改正，并处十万元以上五十万元以下的罚款，对其直接负责的主管人员和其他直接责任人员处二万元以上五万元以下的罚款；逾期未改正的，处五十万元以上一百万元以下的罚款，对其直接负责的主管人员和其他直接责任人员处五万元以上十万元以下的罚款；构成犯罪的，依照刑法有关规定追究刑事责任：

（一）未按照规定对矿山、金属冶炼建设项目或者用于生产、储存、装卸危险物品的建设项目进行安全评价的；

（二）矿山、金属冶炼建设项目或者用于生产、储存、装卸危险物品的建设项目没有安全设施设计或者安全设施设计未按照规定报经有关部门审查同意的；

（三）矿山、金属冶炼建设项目或者用于生产、储存、装卸危险物品的建设项目的施工单位未按照批准的安全设施设计施工的；

（四）矿山、金属冶炼建设项目或者用于生产、储存、装卸危险物品的建设项目竣工投入生产或者使用前，安全设施未经验收合格的。

第九十九条 生产经营单位有下列行为之一的，责令限期改正，处五万元以下的罚款；逾期未改正的，处五万元以上二十万元以下的罚款，对其直接负责的主管人员和其他直接责任人员处一万元以上二万元以下的罚款；情节严重的，责令停产停业整顿；构成犯罪的，依照刑法有关规定追究刑事责任：

（一）未在有较大危险因素的生产经营场所和有关设施、设备上设置明显的安全警示标志的；

（二）安全设备的安装、使用、检测、改造和报废不符合国家标准或者行业标准的；

（三）未对安全设备进行经常性维护、保养和定期检测的；

（四）关闭、破坏直接关系生产安全的监控、报警、防护、救生设备、设施，或者篡改、隐瞒、销毁其相关数据、信息的；

（五）未为从业人员提供符合国家标准或者行业标准的劳动防护用品的；

（六）危险物品的容器、运输工具，以及涉及人身安全、危险性较大的海洋石油开采特种设备和矿山井下特种设备未经具有专业资质的机构检测、检验合格，取得安全使用证或者安全标志，投入使用的；

（七）使用应当淘汰的危及生产安全的工艺、设备的；

（八）餐饮等行业的生产经营单位使用燃气未安装可燃气体报警装置的。

第一百条 未经依法批准，擅自生产、经营、运输、储存、使用危险物品或者处置废弃危险物品的，依照有关危险物品安全管理的法律、行政法规的规定予以处罚；构成犯罪的，依照刑法有关规定追究刑事责任。

第一百零一条 生产经营单位有下列行为之一的，责令限期改正，处十万元以下的罚款；逾期未改正的，责令停产停业整顿，并处十万元以上二十万元以下的罚款，对其直接负责的主管人员和其他直接责任人员处二万元以上五万元以下的罚款；构成犯罪的，依照刑法有关规定追究刑事责任：

（一）生产、经营、运输、储存、使用危险物品或者处置废弃危险物品，未建立专门安全管理制度、未采取可靠的安全措施的；

（二）对重大危险源未登记建档，未进行定期检测、评估、监控，未制定应急预案，或者未告知应急措施的；

（三）进行爆破、吊装、动火、临时用电以及国务院应急管理部门会同国务院有关部门规定的其他危险作业，未安排专门人员进行现场安全管理的；

（四）未建立安全风险分级管控制度或者未按照安全风险分级采取相应管控措施的；

（五）未建立事故隐患排查治理制度，或者重大事故隐患排查治理情况未按照规定报告的。

第一百零二条 生产经营单位未采取措施消除事故隐患的，责令立即消除或者限期消除，处五万元以下的罚款；生产经营单位拒不执行的，责令停产停业整顿，对其直接负责的主管人员和其他直接责任人员处五万元以上十万元以下的罚款；构成犯罪的，依照刑法有关规定追究刑事责任。

第一百零三条 生产经营单位将生产经营项目、场所、设备发包或者出租给不具备安全生产条件或者相应资质的单位或者个人的，责令限期改正，没收违法所得；违法所得十万元以上的，并处违法所得二倍以上五倍以下的罚款；没有违法所得或者违法所得不足十万元的，单处或者并处十万元以上二十万元以下的罚款；对其直接负责的主管人员和其他直接责任人员处一万元以上二万元以下的罚款；导致发生生产安全事故给他人造成损害的，与承包方、承租方承担连带赔偿责任。

生产经营单位未与承包单位、承租单位签订专门的安全生产管理协议或者未在承包合同、租赁合同中明确各自的安全生产管理职责，或者未对承包单位、承租单位的安全生产统一协调、管理的，责令限期改正，处五万元以下的罚款，对其直接负责的主管人员和其他直接责任人员处一万元以下的罚款；逾期未改正的，责令停产停业整顿。

矿山、金属冶炼建设项目和用于生产、储存、装卸危险物品的建设项目的施工单位未按照规定对施工项目进行安全管理的，责令限期改正，处十万元以下的罚款，对其直接负责的主管人员和其他直接责任人员处二万元以下的罚款；逾期未改正的，责令停产停业整顿。以上施工单位倒卖、出租、出借、挂靠或者以其他形式非法转让施工资质的，责令停产停业整顿，吊销资质证书，没收违法所得；违法所得十万元以上的，并处违法所得二倍以上五倍以下的罚款，没有违法所得或者违法所得不足十万元的，单处或者并处十万元以上二十万元以下的罚款；对其直接负责的主管人员和其他直接责任人员处五万元以上十万元以下的罚款；构成犯罪的，依照刑法有关规定追究刑事责任。

第一百零四条 两个以上生产经营单位在同一作业区域内进行可能危及对方安全生产的生产经营活动，未签订安全生产管理协议或者未指定专职安全生产管理人员进行安全检查与协调的，责令限期改正，处五万元以下的罚款，对其直接负责的主管人员和其他直接责任人员处一万元以下的罚款；逾期未改正的，责令停产停业。

第一百零五条 生产经营单位有下列行为之一的，责令限期改正，处五万元以下的罚款，对其直接负责的主管人员和其他直接责任人员处一万元以下的罚款；逾期未改正的，责令停产停业整顿；构成犯罪的，依照刑法有关规定追究刑事责任：

（一）生产、经营、储存、使用危险物品的车间、商店、仓库与员工宿舍在同一座建筑内，或者与员工宿舍的距离不符合安全要求的；

（二）生产经营场所和员工宿舍未设有符合紧急疏散需要、标志明显、保持畅通的出口、疏散通道，或者占用、锁闭、封堵生产经营场所或者员工宿舍出口、疏散通道的。

第一百零六条 生产经营单位与从业人员订立协议，免除或者减轻其对从业人员因生产安全事故伤亡依法应承担的责任的，该协议无效；对生产经营单位的主要负责人、个人经营的投资人处二万元以上十万元以下的罚款。

第一百零七条 生产经营单位的从业人员不落实岗位安全责任，不服从管理，违反安全生产规章制度或者操作规程的，由生产经营单位给予批评教育，依照有关规章制度给予处分；构成犯罪的，依照刑法有关规定追究刑事责任。

第一百零八条 违反本法规定，生产经营单位拒绝、阻碍负有安全生产监督管理职责的部门依法实施监督检查的，责令改正；拒不改正的，处二万元以上二十万元以下的罚款；对其直接负责的主管人员和其他直接责任人员处一万元以上二万元以下的罚款；构成犯罪的，依照刑法有关规定追究刑事责任。

第一百零九条 高危行业、领域的生产经营单位未按照国家规定投保安全生产责任保险的，责令限期改正，处五万元以上十万元以下的罚款；逾期未改正的，处十万元以上二十万元以下的罚款。

第一百一十条 生产经营单位的主要负责人在本单位发生生产安全事故时，不立即组织抢救或者在事故调查处理期间擅离职守或者逃匿的，给予降级、撤职的处分，并由应急管理部门处上一年年收入百分之六十至百分之一百的罚款；对逃匿的处十五日以下拘留；构成犯罪的，依照刑法有关规定追究刑事责任。

生产经营单位的主要负责人对生产安全事故隐瞒不报、谎报或者迟报的，依照前款规定处罚。

第一百一十一条 有关地方人民政府、负有安全生产监督管理职责的部门，对生产安全事故隐瞒不报、谎报或者迟报的，对直接负责的主管人员和其他直接责任人员依法给予处分；构成犯罪的，依照刑法有关规定追究刑事责任。

第一百一十二条 生产经营单位违反本法规定，被责令改正且受到罚款处罚，拒不改正的，负有安全生产监督管理职责的部门可以自作出责令改正之日的次日起，按照原处罚数额按日连续处罚。

第一百一十三条 生产经营单位存在下列情形之一的，负有安全生产监督管理职责的部门应当提请地方人民政府予以关闭，有关部门应当依法吊销其有关证照。生产经营单位主要负责人五年内不得担任任何生产经营单位的主要负责人；情节严重的，终身不得担任本行业生产经营单位的主要负责人：

（一）存在重大事故隐患，一百八十日内三次或者一年内四次受到本法规定的行政处罚的；

（二）经停产停业整顿，仍不具备法律、行政法规和国家标准或者行业标准规定的安全生产条件的；

（三）不具备法律、行政法规和国家标准或者行业标准规定的安全生产条件，导致发生重大、特别重大生产安全事故的；

（四）拒不执行负有安全生产监督管理职责的部门作出的停产停业整顿决定的。

第一百一十四条 生产安全事故，对负有责任的生产经营单位除要求其依法承担相应的赔偿等责任外，由应急管理部门依照下列规定处以罚款：

（一）发生一般事故的，处三十万元以上一百万元以下的罚款；

（二）发生较大事故的，处一百万元以上二百万元以下的罚款；

（三）发生重大事故的，处二百万元以上一千万元以下的罚款；

(四)发生特别重大事故的,处一千万元以上二千万元以下的罚款。

发生生产安全事故,情节特别严重、影响特别恶劣的,应急管理部门可以按照前款罚款数额的二倍以上五倍以下对负有责任的生产经营单位处以罚款。

第一百一十五条 本法规定的行政处罚,由应急管理部门和其他负有安全生产监督管理职责的部门按照职责分工决定;其中,根据本法第九十五条、第一百一十条、第一百一十四条的规定应当给予民航、铁路、电力行业的生产经营单位及其主要负责人行政处罚的,也可以由主管的负有安全生产监督管理职责的部门进行处罚。予以关闭的行政处罚,由负有安全生产监督管理职责的部门报请县级以上人民政府按照国务院规定的权限决定;给予拘留的行政处罚,由公安机关依照治安管理处罚的规定决定。

第一百一十六条 生产经营单位发生生产安全事故造成人员伤亡、他人财产损失的,应当依法承担赔偿责任;拒不承担或者其负责人逃匿的,由人民法院依法强制执行。

生产安全事故的责任人未依法承担赔偿责任,经人民法院依法采取执行措施后,仍不能对受害人给予足额赔偿的,应当继续履行赔偿义务;受害人发现责任人有其他财产的,可以随时请求人民法院执行。

第七章 附 则

第一百一十七条 本法下列用语的含义:

危险物品,是指易燃易爆物品、危险化学品、放射性物品等能够危及人身安全和财产安全的物品。

重大危险源,是指长期地或者临时地生产、搬运、使用或者储存危险物品,且危险物品的数量等于或者超过临界量的单元(包括场所和设施)。

第一百一十八条 本法规定的生产安全一般事故、较大事故、重大事故、特别重大事故的划分标准由国务院规定。

国务院应急管理部门和其他负有安全生产监督管理职责的部门应当根据各自的职责分工,制定相关行业、领域重大危险源的辨识标准和重大事故隐患的判定标准。

第一百一十九条 本法自2002年11月1日起施行。

中华人民共和国矿山安全法

（1992年11月7日第七届全国人民代表大会常务委员会第二十八次会议通过，1992年11月7日中华人民共和国主席令第六十五号公布，自1993年5月1日起施行；根据2009年8月27日第十一届全国人民代表大会常务委员会第十次会议《关于修改部分法律的决定》修订，2009年8月27日中华人民共和国主席令第十八号公布，自公布之日起施行）

第一章 总 则

第一条 为了保障矿山生产安全，防止矿山事故，保护矿山职工人身安全，促进采矿业的发展，制定本法。

第二条 在中华人民共和国领域和中华人民共和国管辖的其他海域从事矿产资源开采活动，必须遵守本法。

第三条 矿山企业必须具有保障安全生产的设施，建立、健全安全管理制度，采取有效措施改善职工劳动条件，加强矿山安全管理工作，保证安全生产。

第四条 国务院劳动行政主管部门对全国矿山安全工作实施统一监督。

县级以上地方各级人民政府劳动行政主管部门对本行政区域内的矿山安全工作实施统一监督。

县级以上人民政府管理矿山企业的主管部门对矿山安全工作进行管理。

第五条 国家鼓励矿山安全科学技术研究，推广先进技术，改进安全设施，提高矿山安全生产水平。

第六条 对坚持矿山安全生产，防止矿山事故，参加矿山抢险救护，进行矿山安全科学技术研究方面取得显著成绩的单位和个人，给予奖励。

第二章 矿山建设的安全保障

第七条 矿山建设工程的安全设施必须和主体工程同时设计、同时施工、同时投入生产和使用。

第八条 矿山建设工程的设计文件，必须符合矿山安全规程和行业技术规范，并按照国家规定经管理矿山企业的主管部门批准；不符合矿山安全规程和行业技术规范的，不得批准。

矿山建设工程安全设施的设计必须有劳动行政主管部门参加审查。

矿山安全规程和行业技术规范，由国务院管理矿山企业的主管部门制定。

第九条 矿山设计下列项目必须符合矿山安全规程和行业技术规范：

（一）矿井的通风系统和供风量、风质、风速；

（二）露天矿的边坡角和台阶的宽度、高度；

（三）供电系统；

（四）提升、运输系统；

（五）防水、排水系统和防火、灭火系统；

（六）防瓦斯系统和防尘系统；

（七）有关矿山安全的其他项目。

第十条 每个矿井必须有两个以上能行人的安全出口，出口之间的直线水平距离必须符合矿山安全规程和行业技术规范。

第十一条 矿山必须有与外界相通的、符合安全要求的运输和通讯设施。

第十二条 矿山建设工程必须按照管理矿山企业的主管部门批准的设计文件施工。

矿山建设工程安全设施竣工后，由管理矿山企业的主管部门验收，并须有劳动行政主管部门参加；不符合矿山安全规程和行业技术规范的，不得验收，不得投入生产。

第三章 矿山开采的安全保障

第十三条 矿山开采必须具备保障安全生产的条件，执行开采不同矿种的矿山安全规程和行业技术规范。

第十四条 矿山设计规定保留的矿柱、岩柱，在规定的期限内，应当予以保护，不得开采或者毁坏。

第十五条 矿山使用的有特殊安全要求的设备、器材、防护用品和安全检测仪器，必须符合国家安全标准或者行业安全标准；不符合国家安全标准或者行业安全标准的，不得使用。

第十六条 矿山企业必须对机电设备及其防护装置、安全检测仪器，定期检查、维修，保证使用安全。

第十七条　矿山企业必须对作业场所中的有毒有害物质和井下空气含氧量进行检测，保证符合安全要求。

第十八条　矿山企业必须对下列危害安全的事故隐患采取预防措施：

（一）冒顶、片帮、边坡滑落和地表塌陷；

（二）瓦斯爆炸、煤尘爆炸；

（三）冲击地压、瓦斯突出、井喷；

（四）地面和井下的火灾、水害；

（五）爆破器材和爆破作业发生的危害；

（六）粉尘、有毒有害气体、放射性物质和其他有害物质引起的危害；

（七）其他危害。

第十九条　矿山企业对使用机械、电气设备，排土场、矸石山、尾矿库和矿山闭坑后可能引起的危害，应当采取预防措施。

第四章　矿山企业的安全管理

第二十条　矿山企业必须建立、健全安全生产责任制。

矿长对本企业的安全生产工作负责。

第二十一条　矿长应当定期向职工代表大会或者职工大会报告安全生产工作，发挥职工代表大会的监督作用。

第二十二条　矿山企业职工必须遵守有关矿山安全的法律、法规和企业规章制度。

矿山企业职工有权对危害安全的行为，提出批评、检举和控告。

第二十三条　矿山企业工会依法维护职工生产安全的合法权益，组织职工对矿山安全工作进行监督。

第二十四条　矿山企业违反有关安全的法律、法规，工会有权要求企业行政方面或者有关部门认真处理。

矿山企业召开讨论有关安全生产的会议，应当有工会代表参加，工会有权提出意见和建议。

第二十五条　矿山企业工会发现企业行政方面违章指挥、强令工人冒险作业或者生产过程中发现明显重大事故隐患和职业危害，有权提出解决的建议；发现危及职工生命安全的情况时，有权向矿山企业行政方面建议组织职工撤离危险现场，矿山企业行政方面必须及时作出处理决定。

第二十六条　矿山企业必须对职工进行安全教育、培训；未经安全教育、培训的，不得上岗作业。

矿山企业安全生产的特种作业人员必须接受专门培训，经考核合格取得操作资格证书的，方可上岗作业。

第二十七条 矿长必须经过考核，具备安全专业知识，具有领导安全生产和处理矿山事故的能力。

矿山企业安全工作人员必须具备必要的安全专业知识和矿山安全工作经验。

第二十八条 矿山企业必须向职工发放保障安全生产所需的劳动防护用品。

第二十九条 矿山企业不得录用未成年人从事矿山井下劳动。

矿山企业对女职工按照国家规定实行特殊劳动保护，不得分配女职工从事矿山井下劳动。

第三十条 矿山企业必须制定矿山事故防范措施，并组织落实。

第三十一条 矿山企业应当建立由专职或者兼职人员组成的救护和医疗急救组织，配备必要的装备、器材和药物。

第三十二条 矿山企业必须从矿产品销售额中按照国家规定提取安全技术措施专项费用。安全技术措施专项费用必须全部用于改善矿山安全生产条件，不得挪作他用。

第五章 矿山安全的监督和管理

第三十三条 县级以上各级人民政府劳动行政主管部门对矿山安全工作行使下列监督职责：

（一）检查矿山企业和管理矿山企业的主管部门贯彻执行矿山安全法律、法规的情况；

（二）参加矿山建设工程安全设施的设计审查和竣工验收；

（三）检查矿山劳动条件和安全状况；

（四）检查矿山企业职工安全教育、培训工作；

（五）监督矿山企业提取和使用安全技术措施专项费用的情况；

（六）参加并监督矿山事故的调查和处理；

（七）法律、行政法规规定的其他监督职责。

第三十四条 县级以上人民政府管理矿山企业的主管部门对矿山安全工作行使下列管理职责：

（一）检查矿山企业贯彻执行矿山安全法律、法规的情况；

（二）审查批准矿山建设工程安全设施的设计；

（三）负责矿山建设工程安全设施的竣工验收；

（四）组织矿长和矿山企业安全工作人员的培训工作；

（五）调查和处理重大矿山事故；

（六）法律、行政法规规定的其他管理职责。

第三十五条　劳动行政主管部门的矿山安全监督人员有权进入矿山企业，在现场检查安全状况；发现有危及职工安全的紧急险情时，应当要求矿山企业立即处理。

第六章　矿山事故处理

第三十六条　发生矿山事故，矿山企业必须立即组织抢救，防止事故扩大，减少人员伤亡和财产损失，对伤亡事故必须立即如实报告劳动行政主管部门和管理矿山企业的主管部门。

第三十七条　发生一般矿山事故，由矿山企业负责调查和处理。

发生重大矿山事故，由政府及其有关部门、工会和矿山企业按照行政法规的规定进行调查和处理。

第三十八条　矿山企业对矿山事故中伤亡的职工按照国家规定给予抚恤或者补偿。

第三十九条　矿山事故发生后，应当尽快消除现场危险，查明事故原因，提出防范措施。现场危险消除后，方可恢复生产。

第七章　法　律　责　任

第四十条　违反本法规定，有下列行为之一的，由劳动行政主管部门责令改正，可以并处罚款；情节严重的，提请县级以上人民政府决定责令停产整顿；对主管人员和直接责任人员由其所在单位或者上级主管机关给予行政处分：

（一）未对职工进行安全教育、培训，分配职工上岗作业的；

（二）使用不符合国家安全标准或者行业安全标准的设备、器材、防护用品、安全检测仪器的；

（三）未按照规定提取或者使用安全技术措施专项费用的；

（四）拒绝矿山安全监督人员现场检查或者在被检查时隐瞒事故隐患、不如实反映情况的；

（五）未按照规定及时、如实报告矿山事故的。

第四十一条　矿长不具备安全专业知识的，安全生产的特种作业人员未取得操作资格证书上岗作业的，由劳动行政主管部门责令限期改正；逾期不改正的，提请县级以上人民政府决定责令停产，调整配备合格人员后，方可恢复生产。

第四十二条 矿山建设工程安全设施的设计未经批准擅自施工的，由管理矿山企业的主管部门责令停止施工；拒不执行的，由管理矿山企业的主管部门提请县级以上人民政府决定由有关主管部门吊销其采矿许可证和营业执照。

第四十三条 矿山建设工程的安全设施未经验收或者验收不合格擅自投入生产的，由劳动行政主管部门会同管理矿山企业的主管部门责令停止生产，并由劳动行政主管部门处以罚款；拒不停止生产的，由劳动行政主管部门提请县级以上人民政府决定由有关主管部门吊销其采矿许可证和营业执照。

第四十四条 已经投入生产的矿山企业，不具备安全生产条件而强行开采的，由劳动行政主管部门会同管理矿山企业的主管部门责令限期改进；逾期仍不具备安全生产条件的，由劳动行政主管部门提请县级以上人民政府决定责令停产整顿或者由有关主管部门吊销其采矿许可证和营业执照。

第四十五条 当事人对行政处罚决定不服的，可以在接到处罚决定通知之日起十五日内向作出处罚决定的机关的上一级机关申请复议；当事人也可以在接到处罚决定通知之日起十五日内直接向人民法院起诉。

复议机关应当在接到复议申请之日起六十日内作出复议决定。当事人对复议决定不服的，可以在接到复议决定之日起十五日内向人民法院起诉。复议机关逾期不作出复议决定的，当事人可以在复议期满之日起十五日内向人民法院起诉。

当事人逾期不申请复议也不向人民法院起诉、又不履行处罚决定的，作出处罚决定的机关可以申请人民法院强制执行。

第四十六条 矿山企业主管人员违章指挥、强令工人冒险作业，因而发生重大伤亡事故的，依照刑法有关规定追究刑事责任。

第四十七条 矿山企业主管人员对矿山事故隐患不采取措施，因而发生重大伤亡事故的，依照刑法有关规定追究刑事责任。

第四十八条 矿山安全监督人员和安全管理人员滥用职权、玩忽职守、徇私舞弊，构成犯罪的，依法追究刑事责任；不构成犯罪的，给予行政处分。

第八章 附　　则

第四十九条　国务院劳动行政主管部门根据本法制定实施条例，报国务院批准施行。

省、自治区、直辖市人民代表大会常务委员会可以根据本法和本地区的实际情况，制定实施办法。

第五十条　本法自 1993 年 5 月 1 日起施行。

第一部分 法 律

中华人民共和国消防法

（1998年4月29日第九届全国人民代表大会常务委员会第二次会议通过；2008年10月28日第十一届全国人民代表大会常务委员会第五次会议第一次修订，2008年10月28日中华人民共和国主席令第六号公布，自2009年5月1日起施行；依据2019年4月23日第十三届全国人民代表大会常务委员会第十次会议《全国人民代表大会常务委员会关于修改〈中华人民共和国建筑法〉等八部法律的决定》第二次修订；根据2021年4月29日第十三届全国人民代表大会常务委员会第二十八次会议通过的《全国人民代表大会常务委员会关于修改〈中华人民共和国道路交通安全法〉等八部法律的决定》第三次修正）

目 录

第一章 总则
第二章 火灾预防
第三章 消防组织
第四章 灭火救援
第五章 监督检查
第六章 法律责任
第七章 附则

第一章 总 则

第一条 为了预防火灾和减少火灾危害，加强应急救援工作，保护人身、财产安全，维护公共安全，制定本法。

第二条 消防工作贯彻预防为主、防消结合的方针，按照政府统一领导、部门依法监管、单位全面负责、公民积极参与的原则，实行消防安全责任制，建立健全社会化的消防工作网络。

第三条 国务院领导全国的消防工作。地方各级人民政府负责本行政区域内的消防工作。各级人民政府应当将消防工作纳入国民经济和社会发展计划，保障消防工作与经济社会发展相适应。

第四条 国务院应急管理部门对全国的消防工作实施监督管理。县级以上地方人民政府应急管理部门对本行政区域内的消防工作实施监督管理，并由本级人民政府消防救援机构负责实施。军事设施的消防工作，由其主管单位监督管理，消防救援机构协助；矿井地下部分、核电厂、海上石油天然气设施的消防工作，由其主管单位监督管理。县级以上人民政府其他有关部门在各自的职责范围内，依照本法和其他相关法律、法规的规定做好消防工作。

法律、行政法规对森林、草原的消防工作另有规定的，从其规定。

第五条 任何单位和个人都有维护消防安全、保护消防设施、预防火灾、报告火警的义务。任何单位和成年人都有参加有组织的灭火工作的义务。

第六条 各级人民政府应当组织开展经常性的消防宣传教育，提高公民的消防安全意识。机关、团体、企业、事业等单位，应当加强对本单位人员的消防宣传教育。应急管理部门及消防救援机构应当加强消防法律、法规的宣传，并督促、指导、协助有关单位做好消防宣传教育工作。教育、人力资源行政主管部门和学校、有关职业培训机构应当将消防知识纳入教育、教学、培训的内容。新闻、广播、电视等有关单位，应当有针对性地面向社会进行消防宣传教育。工会、共产主义青年团、妇女联合会等团体应当结合各自工作对象的特点，组织开展消防宣传教育。村民委员会、居民委员会应当协助人民政府以及公安机关、应急管理等部门，加强消防宣传教育。

第七条 国家鼓励、支持消防科学研究和技术创新，推广使用先进的消防和应急救援技术、设备；鼓励、支持社会力量开展消防公益活动。对在消防工作中有突出贡献的单位和个人，应当按照国家有关规定给予表彰和奖励。

第二章 火灾预防

第八条 地方各级人民政府应当将包括消防安全布局、消防站、消防供水、消防通信、消防车通道、消防装备等内容的消防规划纳入城乡规划，并负责组织实施。城乡消防安全布局不符合消防安全要求的，应当调整、完善；公共消防设施、消防装备不足或者不适应实际需要的，应当增建、改建、配置或者进行技术改造。

第九条 建设工程的消防设计、施工必须符合国家工程建设消防技术标准。建设、设计、施工、工程监理等单位依法对建设工程的消防设计、施工质量负责。

第十条 对按照国家工程建设消防技术标准需要进行消防设计的建设工程,实行建设工程消防设计审查验收制度。

第十一条 国务院住房和城乡建设主管部门规定的特殊建设工程,建设单位应当将消防设计文件报送住房和城乡建设主管部门审查,住房和城乡建设主管部门依法对审查的结果负责。

前款规定以外的其他建设工程,建设单位申请领取施工许可证或者申请批准开工报告时应当提供满足施工需要的消防设计图纸及技术资料。

第十二条 特殊建设工程未经消防设计审查或者审查不合格的,建设单位、施工单位不得施工;其他建设工程,建设单位未提供满足施工需要的消防设计图纸及技术资料的,有关部门不得发放施工许可证或者批准开工报告。

第十三条 国务院住房和城乡建设主管部门规定应当申请消防验收的建设工程竣工,建设单位应当向住房和城乡建设主管部门申请消防验收。

前款规定以外的其他建设工程,建设单位在验收后应当报住房和城乡建设主管部门备案,住房和城乡建设主管部门应当进行抽查。

依法应当进行消防验收的建设工程,未经消防验收或者消防验收不合格的,禁止投入使用;其他建设工程经依法抽查不合格的,应当停止使用。

第十四条 建设工程消防设计审查、消防验收、备案和抽查的具体办法,由国务院住房和城乡建设主管部门规定。

第十五条 公众聚集场所投入使用、营业前消防安全检查实行告知承诺管理。公众聚集场所在投入使用、营业前,建设单位或者使用单位应当向场所所在地的县级以上地方人民政府消防救援机构申请消防安全检查,作出场所符合消防技术标准和管理规定的承诺,提交规定的材料,并对其承诺和材料的真实性负责。

消防救援机构对申请人提交的材料进行审查;申请材料齐全、符合法定形式的,应当予以许可。消防救援机构应当根据消防技术标准和管理规定,及时对作出承诺的公众聚集场所进行核查。

申请人选择不采用告知承诺方式办理的,消防救援机构应当自受理申请之日起十个工作日内,根据消防技术标准和管理规定,对该场所进行检查。经检查符合消防安全要求的,应当予以许可。

公众聚集场所未经消防救援机构许可的,不得投入使用、营业。消防安全检查的具体办法，由国务院应急管理部门制定。

第十六条　机关、团体、企业、事业等单位应当履行下列消防安全职责：

（一）落实消防安全责任制，制定本单位的消防安全制度、消防安全操作规程，制定灭火和应急疏散预案；

（二）按照国家标准、行业标准配置消防设施、器材，设置消防安全标志，并定期组织检验、维修，确保完好有效；

（三）对建筑消防设施每年至少进行一次全面检测，确保完好有效，检测记录应当完整准确，存档备查；

（四）保障疏散通道、安全出口、消防车通道畅通，保证防火防烟分区、防火间距符合消防技术标准；

（五）组织防火检查，及时消除火灾隐患；

（六）组织进行有针对性的消防演练；

（七）法律、法规规定的其他消防安全职责。

单位的主要负责人是本单位的消防安全责任人。

第十七条　县级以上地方人民政府消防救援机构应当将发生火灾可能性较大以及发生火灾可能造成重大的人身伤亡或者财产损失的单位，确定为本行政区域内的消防安全重点单位，并由应急管理部门报本级人民政府备案。

消防安全重点单位除应当履行本法第十六条规定的职责外，还应当履行下列消防安全职责：

（一）确定消防安全管理人，组织实施本单位的消防安全管理工作；

（二）建立消防档案，确定消防安全重点部位，设置防火标志，实行严格管理；

（三）实行每日防火巡查，并建立巡查记录；

（四）对职工进行岗前消防安全培训，定期组织消防安全培训和消防演练。

第十八条　同一建筑物由两个以上单位管理或者使用的，应当明确各方的消防安全责任，并确定责任人对共用的疏散通道、安全出口、建筑消防设施和消防车通道进行统一管理。住宅区的物业服务企业应当对管理区域内的共用消防设施进行维护管理，提供消防安全防范服务。

第十九条　生产、储存、经营易燃易爆危险品的场所不得与居住场所设置在同一建筑物内，并应当与居住场所保持安全距离。

生产、储存、经营其他物品的场所与居住场所设置在同一建筑物内的，应当符合国家工程建设消防技术标准。

第二十条 举办大型群众性活动,承办人应当依法向公安机关申请安全许可,制定灭火和应急疏散预案并组织演练,明确消防安全责任分工,确定消防安全管理人员,保持消防设施和消防器材配置齐全、完好有效,保证疏散通道、安全出口、疏散指示标志、应急照明和消防车通道符合消防技术标准和管理规定。

第二十一条 禁止在具有火灾、爆炸危险的场所吸烟、使用明火。因施工等特殊情况需要使用明火作业的,应当按照规定事先办理审批手续,采取相应的消防安全措施;作业人员应当遵守消防安全规定。

进行电焊、气焊等具有火灾危险作业的人员和自动消防系统的操作人员,必须持证上岗,并遵守消防安全操作规程。

第二十二条 生产、储存、装卸易燃易爆危险品的工厂、仓库和专用车站、码头的设置,应当符合消防技术标准。易燃易爆气体和液体的充装站、供应站、调压站,应当设置在符合消防安全要求的位置,并符合防火防爆要求。

已经设置的生产、储存、装卸易燃易爆危险品的工厂、仓库和专用车站、码头,易燃易爆气体和液体的充装站、供应站、调压站,不再符合前款规定的,地方人民政府应当组织、协调有关部门、单位限期解决,消除安全隐患。

第二十三条 生产、储存、运输、销售、使用、销毁易燃易爆危险品,必须执行消防技术标准和管理规定。

进入生产、储存易燃易爆危险品的场所,必须执行消防安全规定。禁止非法携带易燃易爆危险品进入公共场所或者乘坐公共交通工具。储存可燃物资仓库的管理,必须执行消防技术标准和管理规定。

第二十四条 消防产品必须符合国家标准;没有国家标准的,必须符合行业标准。禁止生产、销售或者使用不合格的消防产品以及国家明令淘汰的消防产品。依法实行强制性产品认证的消防产品,由具有法定资质的认证机构按照国家标准、行业标准的强制性要求认证合格后,方可生产、销售、使用。实行强制性产品认证的消防产品目录,由国务院产品质量监督部门会同国务院应急管理部门制定并公布。新研制的尚未制定国家标准、行业标准的消防产品,应当按照国务院产品质量监督部门会同国务院应急管理部门规定的办法,经技术鉴定符合消防安全要求的,方可生产、销售、使用。

依照本条规定经强制性产品认证合格或者技术鉴定合格的消防产品,国务院应急管理部门应当予以公布。

第二十五条　产品质量监督部门、工商行政管理部门、消防救援机构应当按照各自职责加强对消防产品质量的监督检查。

第二十六条　建筑构件、建筑材料和室内装修、装饰材料的防火性能必须符合国家标准；没有国家标准的，必须符合行业标准。

人员密集场所室内装修、装饰，应当按照消防技术标准的要求，使用不燃、难燃材料。

第二十七条　电器产品、燃气用具的产品标准，应当符合消防安全的要求。

电器产品、燃气用具的安装、使用及其线路、管路的设计、敷设、维护保养、检测，必须符合消防技术标准和管理规定。

第二十八条　任何单位、个人不得损坏、挪用或者擅自拆除、停用消防设施、器材，不得埋压、圈占、遮挡消火栓或者占用防火间距，不得占用、堵塞、封闭疏散通道、安全出口、消防车通道。人员密集场所的门窗不得设置影响逃生和灭火救援的障碍物。

第二十九条　负责公共消防设施维护管理的单位，应当保持消防供水、消防通信、消防车通道等公共消防设施的完好有效。在修建道路以及停电、停水、截断通信线路时有可能影响消防队灭火救援的，有关单位必须事先通知当地消防救援机构。

第三十条　地方各级人民政府应当加强对农村消防工作的领导，采取措施加强公共消防设施建设，组织建立和督促落实消防安全责任制。

第三十一条　在农业收获季节、森林和草原防火期间、重大节假日期间以及火灾多发季节，地方各级人民政府应当组织开展有针对性的消防宣传教育，采取防火措施，进行消防安全检查。

第三十二条　乡镇人民政府、城市街道办事处应当指导、支持和帮助村民委员会、居民委员会开展群众性的消防工作。村民委员会、居民委员会应当确定消防安全管理人，组织制定防火安全公约，进行防火安全检查。

第三十三条　国家鼓励、引导公众聚集场所和生产、储存、运输、销售易燃易爆危险品的企业投保火灾公众责任保险；鼓励保险公司承保火灾公众责任保险。

第三十四条　消防设施维护保养检测、消防安全评估等消防技术服务机构应当符合从业条件，执业人员应当依法获得相应的资格；依照法律、行政法规、国家标准、行业标准和执业准则，接受委托提供消防技术服务，并对服务质量负责。

第三章 消防组织

第三十五条 各级人民政府应当加强消防组织建设，根据经济社会发展的需要，建立多种形式的消防组织，加强消防技术人才培养，增强火灾预防、扑救和应急救援的能力。

第三十六条 县级以上地方人民政府应当按照国家规定建立国家综合性消防救援队、专职消防队，并按照国家标准配备消防装备，承担火灾扑救工作。乡镇人民政府应当根据当地经济发展和消防工作的需要，建立专职消防队、志愿消防队，承担火灾扑救工作。

第三十七条 国家综合性消防救援队、专职消防队按照国家规定承担重大灾害事故和其他以抢救人员生命为主的应急救援工作。

第三十八条 国家综合性消防救援队、专职消防队应当充分发挥火灾扑救和应急救援专业力量的骨干作用；按照国家规定，组织实施专业技能训练，配备并维护保养装备器材，提高火灾扑救和应急救援的能力。

第三十九条 下列单位应当建立单位专职消防队，承担本单位的火灾扑救工作：

（一）大型核设施单位、大型发电厂、民用机场、主要港口；

（二）生产、储存易燃易爆危险品的大型企业；

（三）储备可燃的重要物资的大型仓库、基地；

（四）第一项、第二项、第三项规定以外的火灾危险性较大、距离国家综合性消防救援队较远的其他大型企业；

（五）距离国家综合性消防救援队较远、被列为全国重点文物保护单位的古建筑群的管理单位。

第四十条 专职消防队的建立，应当符合国家有关规定，并报当地消防救援机构验收。专职消防队的队员依法享受社会保险和福利待遇。

第四十一条 机关、团体、企业、事业等单位以及村民委员会、居民委员会根据需要，建立志愿消防队等多种形式的消防组织，开展群众性自防自救工作。

第四十二条 消防救援机构应当对专职消防队、志愿消防队等消防组织进行业务指导；根据扑救火灾的需要，可以调动指挥专职消防队参加火灾扑救工作。

第四章 灭火救援

第四十三条 县级以上地方人民政府应当组织有关部门针对本行政区域内的火灾特点制定应急预案，建立应急反应和处置机制，为火灾扑救和应急救援工作提供人员、装备等保障。

第四十四条 任何人发现火灾都应当立即报警。任何单位、个人都应当无偿为报警提供便利，不得阻拦报警。严禁谎报火警。

人员密集场所发生火灾，该场所的现场工作人员应当立即组织、引导在场人员疏散。任何单位发生火灾，必须立即组织力量扑救。邻近单位应当给予支援。消防队接到火警，必须立即赶赴火灾现场，救助遇险人员，排除险情，扑灭火灾。

第四十五条 消防救援机构统一组织和指挥火灾现场扑救，应当优先保障遇险人员的生命安全。

火灾现场总指挥根据扑救火灾的需要，有权决定下列事项：

（一）使用各种水源；

（二）截断电力、可燃气体和可燃液体的输送，限制用火用电；

（三）划定警戒区，实行局部交通管制；

（四）利用临近建筑物和有关设施；

（五）为了抢救人员和重要物资，防止火势蔓延，拆除或者破损毗邻火灾现场的建筑物、构筑物或者设施等；

（六）调动供水、供电、供气、通信、医疗救护、交通运输、环境保护等有关单位协助灭火救援。根据扑救火灾的紧急需要，有关地方人民政府应当组织人员、调集所需物资支援灭火。

第四十六条 国家综合性消防救援队、专职消防队参加火灾以外的其他重大灾害事故的应急救援工作，由县级以上人民政府统一领导。

第四十七条 消防车、消防艇前往执行火灾扑救或者应急救援任务，在确保安全的前提下，不受行驶速度、行驶路线、行驶方向和指挥信号的限制，其他车辆、船舶以及行人应当让行，不得穿插超越；收费公路、桥梁免收车辆通行费。交通管理指挥人员应当保证消防车、消防艇迅速通行。赶赴火灾现场或者应急救援现场的消防人员和调集的消防装备、物资，需要铁路、水路或者航空运输的，有关单位应当优先运输。

第四十八条 消防车、消防艇以及消防器材、装备和设施，不得用于与消防和应急救援工作无关的事项。

第四十九条 国家综合性消防救援队、专职消防队扑救火灾、应急救援,不得收取任何费用。单位专职消防队、志愿消防队参加扑救外单位火灾所损耗的燃料、灭火剂和器材、装备等,由火灾发生地的人民政府给予补偿。

第五十条 对因参加扑救火灾或者应急救援受伤、致残或者死亡的人员,按照国家有关规定给予医疗、抚恤。

第五十一条 消防救援机构有权根据需要封闭火灾现场,负责调查火灾原因,统计火灾损失。

火灾扑灭后,发生火灾的单位和相关人员应当按照消防救援机构的要求保护现场,接受事故调查,如实提供与火灾有关的情况。

消防救援机构根据火灾现场勘验、调查情况和有关的检验、鉴定意见,及时制作火灾事故认定书,作为处理火灾事故的证据。

第五章 监督检查

第五十二条 地方各级人民政府应当落实消防工作责任制,对本级人民政府有关部门履行消防安全职责的情况进行监督检查。

县级以上地方人民政府有关部门应当根据本系统的特点,有针对性地开展消防安全检查,及时督促整改火灾隐患。

第五十三条 消防救援机构应当对机关、团体、企业、事业等单位遵守消防法律、法规的情况依法进行监督检查。公安派出所可以负责日常消防监督检查、开展消防宣传教育,具体办法由国务院公安部门规定。

消防救援机构、公安派出所的工作人员进行消防监督检查,应当出示证件。

第五十四条 消防救援机构在消防监督检查中发现火灾隐患的,应当通知有关单位或者个人立即采取措施消除隐患;不及时消除隐患可能严重威胁公共安全的,消防救援机构应当依照规定对危险部位或者场所采取临时查封措施。

第五十五条 消防救援机构在消防监督检查中发现城乡消防安全布局、公共消防设施不符合消防安全要求,或者发现本地区存在影响公共安全的重大火灾隐患的,应当由应急管理部门书面报告本级人民政府。

接到报告的人民政府应当及时核实情况,组织或者责成有关部门、单位采取措施,予以整改。

第五十六条 住房和城乡建设主管部门、消防救援机构及其工作人员应当按照法定的职权和程序进行消防设计审查、消防验收、备案抽查和消防安全检查，做到公正、严格、文明、高效。

住房和城乡建设主管部门、消防救援机构及其工作人员进行消防设计审查、消防验收、备案抽查和消防安全检查等，不得收取费用，不得利用职务谋取利益；不得利用职务为用户、建设单位指定或者变相指定消防产品的品牌、销售单位或者消防技术服务机构、消防设施施工单位。

第五十七条 住房和城乡建设主管部门、消防救援机构及其工作人员执行职务，应当自觉接受社会和公民的监督。

任何单位和个人都有权对住房和城乡建设主管部门、消防救援机构及其工作人员在执法中的违法行为进行检举、控告。收到检举、控告的机关，应当按照职责及时查处。

第六章 法 律 责 任

第五十八条 违反本法规定，有下列行为之一的，由住房和城乡建设主管部门、消防救援机构按照各自职权责令停止施工、停止使用或者停产停业，并处三万元以上三十万元以下罚款：

（一）依法应当进行消防设计审查的建设工程，未经依法审查或者审查不合格，擅自施工的；

（二）依法应当进行消防验收的建设工程，未经消防验收或者消防验收不合格，擅自投入使用的；

（三）本法第十三条规定的其他建设工程验收后经依法抽查不合格，不停止使用的；

（四）公众聚集场所未经消防救援机构许可，擅自投入使用、营业的，或者经核查发现场所使用、营业情况与承诺内容不符的。

核查发现公众聚集场所使用、营业情况与承诺内容不符，经责令限期改正，逾期不整改或者整改后仍达不到要求的，依法撤销相应许可。

建设单位未依照本法规定在验收后报住房和城乡建设主管部门备案的，由住房和城乡建设主管部门责令改正，处五千元以下罚款。

第五十九条 违反本法规定，有下列行为之一的，由住房和城乡建设主管部门责令改正或者停止施工，并处一万元以上十万元以下罚款：

（一）建设单位要求建筑设计单位或者建筑施工企业降低消防技术标准设计、施工的；

（二）建筑设计单位不按照消防技术标准强制性要求进行消防设计的；

（三）建筑施工企业不按照消防设计文件和消防技术标准施工，降低消防施工质量的；

（四）工程监理单位与建设单位或者建筑施工企业串通，弄虚作假，降低消防施工质量的。

第六十条 单位违反本法规定，有下列行为之一的，责令改正，处五千元以上五万元以下罚款：

（一）消防设施、器材或者消防安全标志的配置、设置不符合国家标准、行业标准，或者未保持完好有效的；

（二）损坏、挪用或者擅自拆除、停用消防设施、器材的；

（三）占用、堵塞、封闭疏散通道、安全出口或者有其他妨碍安全疏散行为的；

（四）埋压、圈占、遮挡消火栓或者占用防火间距的；

（五）占用、堵塞、封闭消防车通道，妨碍消防车通行的；

（六）人员密集场所在门窗上设置影响逃生和灭火救援的障碍物的；

（七）对火灾隐患经消防救援机构通知后不及时采取措施消除的。

个人有前款第二项、第三项、第四项、第五项行为之一的，处警告或者五百元以下罚款。

有本条第一款第三项、第四项、第五项、第六项行为，经责令改正拒不改正的，强制执行，所需费用由违法行为人承担。

第六十一条 生产、储存、经营易燃易爆危险品的场所与居住场所设置在同一建筑物内，或者未与居住场所保持安全距离的，责令停产停业，并处五千元以上五万元以下罚款。

生产、储存、经营其他物品的场所与居住场所设置在同一建筑物内，不符合消防技术标准的，依照前款规定处罚。

第六十二条 有下列行为之一的，依照《中华人民共和国治安管理处罚法》的规定处罚：

（一）违反有关消防技术标准和管理规定生产、储存、运输、销售、使用、销毁易燃易爆危险品的；

（二）非法携带易燃易爆危险品进入公共场所或者乘坐公共交通工具的；

（三）谎报火警的；

（四）阻碍消防车、消防艇执行任务的；

（五）阻碍消防救援机构的工作人员依法执行职务的。

第六十三条 违反本法规定，有下列行为之一的，处警告或者五百元以下罚款；情节严重的，处五日以下拘留：

（一）违反消防安全规定进入生产、储存易燃易爆危险品场所的；

（二）违反规定使用明火作业或者在具有火灾、爆炸危险的场所吸烟、使用明火的。

第六十四条 违反本法规定，有下列行为之一，尚不构成犯罪的，处十日以上十五日以下拘留，可以并处五百元以下罚款；情节较轻的，处警告或者五百元以下罚款：

（一）指使或者强令他人违反消防安全规定，冒险作业的；

（二）过失引起火灾的；

（三）在火灾发生后阻拦报警，或者负有报告职责的人员不及时报警的；

（四）扰乱火灾现场秩序，或者拒不执行火灾现场指挥员指挥，影响灭火救援的；

（五）故意破坏或者伪造火灾现场的；

（六）擅自拆封或者使用被消防救援机构查封的场所、部位的。

第六十五条 违反本法规定，生产、销售不合格的消防产品或者国家明令淘汰的消防产品的，由产品质量监督部门或者工商行政管理部门依照《中华人民共和国产品质量法》的规定从重处罚。

人员密集场所使用不合格的消防产品或者国家明令淘汰的消防产品的，责令限期改正；逾期不改正的，处五千元以上五万元以下罚款，并对其直接负责的主管人员和其他直接责任人员处五百元以上二千元以下罚款；情节严重的，责令停产停业。

消防救援机构对于本条第二款规定的情形，除依法对使用者予以处罚外，应当将发现不合格的消防产品和国家明令淘汰的消防产品的情况通报产品质量监督部门、工商行政管理部门。产品质量监督部门、工商行政管理部门应当对生产者、销售者依法及时查处。

第六十六条 电器产品、燃气用具的安装、使用及其线路、管路的设计、敷设、维护保养、检测不符合消防技术标准和管理规定的，责令限期改正；逾期不改正的，责令停止使用，可以并处一千元以上五千元以下罚款。

第六十七条 机关、团体、企业、事业等单位违反本法第十六条、第十七条、第十八条、第二十一条第二款规定的，责令限期改正；逾期不改正的，对其直接负责的主管人员和其他直接责任人员依法给予处分或者给予警

第一部分 法　　律

告处罚。

第六十八条　人员密集场所发生火灾，该场所的现场工作人员不履行组织、引导在场人员疏散的义务，情节严重，尚不构成犯罪的，处五日以上十日以下拘留。

第六十九条　消防设施维护保养检测、消防安全评估等消防技术服务机构，不具备从业条件从事消防技术服务活动或者出具虚假文件的，由消防救援机构责令改正，处五万元以上十万元以下罚款，并对直接负责的主管人员和其他直接责任人员处一万元以上五万元以下罚款；不按照国家标准、行业标准开展消防技术服务活动的，责令改正，处五万元以下罚款，并对直接负责的主管人员和其他直接责任人员处一万元以下罚款；有违法所得的，并处没收违法所得；给他人造成损失的，依法承担赔偿责任；情节严重的，依法责令停止执业或者吊销相应资格；造成重大损失的，由相关部门吊销营业执照，并对有关责任人员采取终身市场禁入措施。

前款规定的机构出具失实文件，给他人造成损失的，依法承担赔偿责任；造成重大损失的，由消防救援机构依法责令停止执业或者吊销相应资格，由相关部门吊销营业执照，并对有关责任人员采取终身市场禁入措施。

第七十条　本法规定的行政处罚，除应当由公安机关依照《中华人民共和国治安管理处罚法》的有关规定决定的外，由住房和城乡建设主管部门、消防救援机构按照各自职权决定。

被责令停止施工、停止使用、停产停业的，应当在整改后向作出决定的部门或者机构报告，经检查合格，方可恢复施工、使用、生产、经营。

当事人逾期不执行停产停业、停止使用、停止施工决定的，由作出决定的部门或者机构强制执行。

责令停产停业，对经济和社会生活影响较大的，由住房和城乡建设主管部门或者应急管理部门报请本级人民政府依法决定。

第七十一条　住房和城乡建设主管部门、消防救援机构的工作人员滥用职权、玩忽职守、徇私舞弊，有下列行为之一，尚不构成犯罪的，依法给予处分：

（一）对不符合消防安全要求的消防设计文件、建设工程、场所准予审查合格、消防验收合格、消防安全检查合格的；

（二）无故拖延消防设计审查、消防验收、消防安全检查，不在法定期限内履行职责的；

（三）发现火灾隐患不及时通知有关单位或者个人整改的；

（四）利用职务为用户、建设单位指定或者变相指定消防产品的品牌、销售单位或者消防技术服务机构、消防设施施工单位的；

（五）将消防车、消防艇以及消防器材、装备和设施用于与消防和应急救援无关的事项的；

（六）其他滥用职权、玩忽职守、徇私舞弊的行为。

产品质量监督、工商行政管理等其他有关行政主管部门的工作人员在消防工作中滥用职权、玩忽职守、徇私舞弊，尚不构成犯罪的，依法给予处分。

第七十二条　违反本法规定，构成犯罪的，依法追究刑事责任。

第七章　附　　则

第七十三条　本法下列用语的含义：

（一）消防设施，是指火灾自动报警系统、自动灭火系统、消火栓系统、防烟排烟系统以及应急广播和应急照明、安全疏散设施等。

（二）消防产品，是指专门用于火灾预防、灭火救援和火灾防护、避难、逃生的产品。

（三）公众聚集场所，是指宾馆、饭店、商场、集贸市场、客运车站候车室、客运码头候船厅、民用机场航站楼、体育场馆、会堂以及公共娱乐场所等。

（四）人员密集场所，是指公众聚集场所，医院的门诊楼、病房楼，学校的教学楼、图书馆、食堂和集体宿舍，养老院，福利院，托儿所，幼儿园，公共图书馆的阅览室，公共展览馆、博物馆的展示厅，劳动密集型企业的生产加工车间和员工集体宿舍，旅游、宗教活动场所等。

第七十四条　本法自 2009 年 5 月 1 日起施行。

第一部分　法　　律

中华人民共和国道路交通安全法

（2003年10月28日第十届全国人民代表大会常务委员会第五次会议通过，2003年10月28日中华人民共和国主席令第八号公布，自2004年5月1日起施行；根据2007年12月29日第十届全国人民代表大会常务委员会第三十一次会议《关于修改〈中华人民共和国道路交通安全法〉的决定》第一次修订，2007年12月29日中华人民共和国主席令第八十一号公布，自2008年5月1日起施行；根据2011年4月22日第十一届全国人民代表大会常务委员会第二十次会议《关于修改〈中华人民共和国道路交通安全法〉的决定》第二次修订，2011年4月22日中华人民共和国主席令第四十七号公布，自2011年5月1日起施行；根据2021年4月29日第十三届全国人民代表大会常务委员会第二十八次会议《关于修改〈中华人民共和国道路交通安全法〉等八部法律的决定》第三次修正）

第一章　总　　则

第一条　为了维护道路交通秩序，预防和减少交通事故，保护人身安全，保护公民、法人和其他组织的财产安全及其他合法权益，提高通行效率，制定本法。

第二条　中华人民共和国境内的车辆驾驶人、行人、乘车人以及与道路交通活动有关的单位和个人，都应当遵守本法。

第三条　道路交通安全工作，应当遵循依法管理、方便群众的原则，保障道路交通有序、安全、畅通。

第四条　各级人民政府应当保障道路交通安全管理工作与经济建设和社会发展相适应。

县级以上地方各级人民政府应当适应道路交通发展的需要，依据道路交通安全法律、法规和国家有关政策，制定道路交通安全管理规划，并组织实施。

第五条　国务院公安部门负责全国道路交通安全管理工作。县级以上地方各级人民政府公安机关交通管理部门负责本行政区域内的道路交通安全管理工作。

县级以上各级人民政府交通、建设管理部门依据各自职责，负责有关的道路交通工作。

第六条　各级人民政府应当经常进行道路交通安全教育，提高公民的道路交通安全意识。

公安机关交通管理部门及其交通警察执行职务时，应当加强道路交通安全法律、法规的宣传，并模范遵守道路交通安全法律、法规。

机关、部队、企业事业单位、社会团体以及其他组织，应当对本单位的人员进行道路交通安全教育。

教育行政部门、学校应当将道路交通安全教育纳入法制教育的内容。

新闻、出版、广播、电视等有关单位，有进行道路交通安全教育的义务。

第七条　对道路交通安全管理工作，应当加强科学研究，推广、使用先进的管理方法、技术、设备。

第二章　车辆和驾驶人

第一节　机动车、非机动车

第八条　国家对机动车实行登记制度。机动车经公安机关交通管理部门登记后，方可上道路行驶。尚未登记的机动车，需要临时上道路行驶的，应当取得临时通行牌证。

第九条　申请机动车登记，应当提交以下证明、凭证：

（一）机动车所有人的身份证明；

（二）机动车来历证明；

（三）机动车整车出厂合格证明或者进口机动车进口凭证；

（四）车辆购置税的完税证明或者免税凭证；

（五）法律、行政法规规定应当在机动车登记时提交的其他证明、凭证。

公安机关交通管理部门应当自受理申请之日起五个工作日内完成机动车登记审查工作，对符合前款规定条件的，应当发放机动车登记证书、号牌和行驶证；对不符合前款规定条件的，应当向申请人说明不予登记的理由。

公安机关交通管理部门以外的任何单位或者个人不得发放机动车号牌或者要求机动车悬挂其他号牌，本法另有规定的除外。

机动车登记证书、号牌、行驶证的式样由国务院公安部门规定并监制。

第十条 准予登记的机动车应当符合机动车国家安全技术标准。申请机动车登记时,应当接受对该机动车的安全技术检验。但是,经国家机动车产品主管部门依据机动车国家安全技术标准认定的企业生产的机动车型,该车型的新车在出厂时经检验符合机动车国家安全技术标准,获得检验合格证的,免予安全技术检验。

第十一条 驾驶机动车上道路行驶,应当悬挂机动车号牌,放置检验合格标志、保险标志,并随车携带机动车行驶证。

机动车号牌应当按照规定悬挂并保持清晰、完整,不得故意遮挡、污损。

任何单位和个人不得收缴、扣留机动车号牌。

第十二条 有下列情形之一的,应当办理相应的登记:

(一)机动车所有权发生转移的;

(二)机动车登记内容变更的;

(三)机动车用作抵押的;

(四)机动车报废的。

第十三条 对登记后上道路行驶的机动车,应当依照法律、行政法规的规定,根据车辆用途、载客载货数量、使用年限等不同情况,定期进行安全技术检验。对提供机动车行驶证和机动车第三者责任强制保险单的,机动车安全技术检验机构应当予以检验,任何单位不得附加其他条件。对符合机动车国家安全技术标准的,公安机关交通管理部门应当发给检验合格标志。

对机动车的安全技术检验实行社会化。具体办法由国务院规定。

机动车安全技术检验实行社会化的地方,任何单位不得要求机动车到指定的场所进行检验。

公安机关交通管理部门、机动车安全技术检验机构不得要求机动车到指定的场所进行维修、保养。

机动车安全技术检验机构对机动车检验收取费用,应当严格执行国务院价格主管部门核定的收费标准。

第十四条 国家实行机动车强制报废制度,根据机动车的安全技术状况和不同用途,规定不同的报废标准。

应当报废的机动车必须及时办理注销登记。

达到报废标准的机动车不得上道路行驶。报废的大型客、货车及其他营运车辆应当在公安机关交通管理部门的监督下解体。

第十五条 警车、消防车、救护车、工程救险车应当按照规定喷涂标志图案，安装警报器、标志灯具。其他机动车不得喷涂、安装、使用上述车辆专用的或者与其相类似的标志图案、警报器或者标志灯具。

警车、消防车、救护车、工程救险车应当严格按照规定的用途和条件使用。

公路监督检查的专用车辆，应当依照公路法的规定，设置统一的标志和示警灯。

第十六条 任何单位或者个人不得有下列行为：

（一）拼装机动车或者擅自改变机动车已登记的结构、构造或者特征；

（二）改变机动车型号、发动机号、车架号或者车辆识别代号；

（三）伪造、变造或者使用伪造、变造的机动车登记证书、号牌、行驶证、检验合格标志、保险标志；

（四）使用其他机动车的登记证书、号牌、行驶证、检验合格标志、保险标志。

第十七条 国家实行机动车第三者责任强制保险制度，设立道路交通事故社会救助基金。具体办法由国务院规定。

第十八条 依法应当登记的非机动车，经公安机关交通管理部门登记后，方可上道路行驶。

依法应当登记的非机动车的种类，由省、自治区、直辖市人民政府根据当地实际情况规定。

非机动车的外形尺寸、质量、制动器、车铃和夜间反光装置，应当符合非机动车安全技术标准。

第二节 机动车驾驶人

第十九条 驾驶机动车，应当依法取得机动车驾驶证。

申请机动车驾驶证，应当符合国务院公安部门规定的驾驶许可条件；经考试合格后，由公安机关交通管理部门发给相应类别的机动车驾驶证。

持有境外机动车驾驶证的人，符合国务院公安部门规定的驾驶许可条件，经公安机关交通管理部门考核合格的，可以发给中国的机动车驾驶证。

驾驶人应当按照驾驶证载明的准驾车型驾驶机动车；驾驶机动车时，应当随身携带机动车驾驶证。

公安机关交通管理部门以外的任何单位或者个人，不得收缴、扣留机动车驾驶证。

第二十条 机动车的驾驶培训实行社会化，由交通主管部门对驾驶培训学校、驾驶培训班实行资格管理，其中专门的拖拉机驾驶培训学校、驾驶培训班由农业（农业机械）主管部门实行资格管理。

驾驶培训学校、驾驶培训班应当严格按照国家有关规定，对学员进行道路交通安全法律、法规、驾驶技能的培训，确保培训质量。

任何国家机关以及驾驶培训和考试主管部门不得举办或者参与举办驾驶培训学校、驾驶培训班。

第二十一条 驾驶人驾驶机动车上道路行驶前，应当对机动车的安全技术性能进行认真检查；不得驾驶安全设施不全或者机件不符合技术标准等具有安全隐患的机动车。

第二十二条 机动车驾驶人应当遵守道路交通安全法律、法规的规定，按照操作规范安全驾驶、文明驾驶。

饮酒、服用国家管制的精神药品或者麻醉药品，或者患有妨碍安全驾驶机动车的疾病，或者过度疲劳影响安全驾驶的，不得驾驶机动车。

任何人不得强迫、指使、纵容驾驶人违反道路交通安全法律、法规和机动车安全驾驶要求驾驶机动车。

第二十三条 公安机关交通管理部门依照法律、行政法规的规定，定期对机动车驾驶证实施审验。

第二十四条 公安机关交通管理部门对机动车驾驶人违反道路交通安全法律、法规的行为，除依法给予行政处罚外，实行累积记分制度。公安机关交通管理部门对累积记分达到规定分值的机动车驾驶人，扣留机动车驾驶证，对其进行道路交通安全法律、法规教育，重新考试；考试合格的，发还其机动车驾驶证。

对遵守道路交通安全法律、法规，在一年内无累积记分的机动车驾驶人，可以延长机动车驾驶证的审验期。具体办法由国务院公安部门规定。

第三章　道路通行条件

第二十五条 全国实行统一的道路交通信号。

交通信号包括交通信号灯、交通标志、交通标线和交通警察的指挥。

交通信号灯、交通标志、交通标线的设置应当符合道路交通安全、畅通的要求和国家标准，并保持清晰、醒目、准确、完好。

根据通行需要，应当及时增设、调换、更新道路交通信号。增设、调换、更新限制性的道路交通信号，应当提前向社会公告，广泛进行宣传。

第二十六条 交通信号灯由红灯、绿灯、黄灯组成。红灯表示禁止通行，绿灯表示准许通行，黄灯表示警示。

第二十七条 铁路与道路平面交叉的道口，应当设置警示灯、警示标志或者安全防护设施。无人看守的铁路道口，应当在距道口一定距离处设置警示标志。

第二十八条 任何单位和个人不得擅自设置、移动、占用、损毁交通信号灯、交通标志、交通标线。

道路两侧及隔离带上种植的树木或者其他植物，设置的广告牌、管线等，应当与交通设施保持必要的距离，不得遮挡路灯、交通信号灯、交通标志，不得妨碍安全视距，不得影响通行。

第二十九条 道路、停车场和道路配套设施的规划、设计、建设，应当符合道路交通安全、畅通的要求，并根据交通需求及时调整。

公安机关交通管理部门发现已经投入使用的道路存在交通事故频发路段，或者停车场、道路配套设施存在交通安全严重隐患的，应当及时向当地人民政府报告，并提出防范交通事故、消除隐患的建议，当地人民政府应当及时作出处理决定。

第三十条 道路出现坍塌、坑漕、水毁、隆起等损毁或者交通信号灯、交通标志、交通标线等交通设施损毁、灭失的，道路、交通设施的养护部门或者管理部门应当设置警示标志并及时修复。

公安机关交通管理部门发现前款情形，危及交通安全，尚未设置警示标志的，应当及时采取安全措施，疏导交通，并通知道路、交通设施的养护部门或者管理部门。

第三十一条 未经许可，任何单位和个人不得占用道路从事非交通活动。

第三十二条 因工程建设需要占用、挖掘道路，或者跨越、穿越道路架设、增设管线设施，应当事先征得道路主管部门的同意；影响交通安全的，还应当征得公安机关交通管理部门的同意。

施工作业单位应当在经批准的路段和时间内施工作业，并在距离施工作业地点来车方向安全距离处设置明显的安全警示标志，采取防护措施；施工作业完毕，应当迅速清除道路上的障碍物，消除安全隐患，经道路主管部门和公安机关交通管理部门验收合格，符合通行要求后，方可恢复通行。

对未中断交通的施工作业道路,公安机关交通管理部门应当加强交通安全监督检查,维护道路交通秩序。

第三十三条 新建、改建、扩建的公共建筑、商业街区、居住区、大(中)型建筑等,应当配建、增建停车场;停车泊位不足的,应当及时改建或者扩建;投入使用的停车场不得擅自停止使用或者改作他用。

在城市道路范围内,在不影响行人、车辆通行的情况下,政府有关部门可以施划停车泊位。

第三十四条 学校、幼儿园、医院、养老院门前的道路没有行人过街设施的,应当施划人行横道线,设置提示标志。

城市主要道路的人行道,应当按照规划设置盲道。盲道的设置应当符合国家标准。

第四章 道路通行规定

第一节 一般规定

第三十五条 机动车、非机动车实行右侧通行。

第三十六条 根据道路条件和通行需要,道路划分为机动车道、非机动车道和人行道的,机动车、非机动车、行人实行分道通行。没有划分机动车道、非机动车道和人行道的,机动车在道路中间通行,非机动车和行人在道路两侧通行。

第三十七条 道路划设专用车道的,在专用车道内,只准许规定的车辆通行,其他车辆不得进入专用车道内行驶。

第三十八条 车辆、行人应当按照交通信号通行;遇有交通警察现场指挥时,应当按照交通警察的指挥通行;在没有交通信号的道路上,应当在确保安全、畅通的原则下通行。

第三十九条 公安机关交通管理部门根据道路和交通流量的具体情况,可以对机动车、非机动车、行人采取疏导、限制通行、禁止通行等措施。遇有大型群众性活动、大范围施工等情况,需要采取限制交通的措施,或者作出与公众的道路交通活动直接有关的决定,应当提前向社会公告。

第四十条 遇有自然灾害、恶劣气象条件或者重大交通事故等严重影响交通安全的情形,采取其他措施难以保证交通安全时,公安机关交通管理部门可以实行交通管制。

第四十一条 有关道路通行的其他具体规定,由国务院规定。

第二节 机动车通行规定

第四十二条 机动车上道路行驶,不得超过限速标志标明的最高时速。在没有限速标志的路段,应当保持安全车速。

夜间行驶或者在容易发生危险的路段行驶,以及遇有沙尘、冰雹、雨、雪、雾、结冰等气象条件时,应当降低行驶速度。

第四十三条 同车道行驶的机动车,后车应当与前车保持足以采取紧急制动措施的安全距离。有下列情形之一的,不得超车:

(一)前车正在左转弯、掉头、超车的;

(二)与对面来车有会车可能的;

(三)前车为执行紧急任务的警车、消防车、救护车、工程救险车的;

(四)行经铁路道口、交叉路口、窄桥、弯道、陡坡、隧道、人行横道、市区交通流量大的路段等没有超车条件的。

第四十四条 机动车通过交叉路口,应当按照交通信号灯、交通标志、交通标线或者交通警察的指挥通过;通过没有交通信号灯、交通标志、交通标线或者交通警察指挥的交叉路口时,应当减速慢行,并让行人和优先通行的车辆先行。

第四十五条 机动车遇有前方车辆停车排队等候或者缓慢行驶时,不得借道超车或者占用对面车道,不得穿插等候的车辆。

在车道减少的路段、路口,或者在没有交通信号灯、交通标志、交通标线或者交通警察指挥的交叉路口遇到停车排队等候或者缓慢行驶时,机动车应当依次交替通行。

第四十六条 机动车通过铁路道口时,应当按照交通信号或者管理人员的指挥通行;没有交通信号或者管理人员的,应当减速或者停车,在确认安全后通过。

第四十七条 机动车行经人行横道时,应当减速行驶;遇行人正在通过人行横道,应当停车让行。

机动车行经没有交通信号的道路时,遇行人横过道路,应当避让。

第四十八条 机动车载物应当符合核定的载质量,严禁超载;载物的长、宽、高不得违反装载要求,不得遗洒、飘散载运物。

机动车运载超限的不可解体的物品,影响交通安全的,应当按照公安机关交通管理部门指定的时间、路线、速度行驶,悬挂明显标志。在公路上运载超限的不可解体的物品,并应当依照公路法的规定执行。

机动车载运爆炸物品、易燃易爆化学物品以及剧毒、放射性等危险物品,应当经公安机关批准后,按指定的时间、路线、速度行驶,悬挂警示标志并采取必要的安全措施。

第四十九条 机动车载人不得超过核定的人数,客运机动车不得违反规定载货。

第五十条 禁止货运机动车载客。

货运机动车需要附载作业人员的,应当设置保护作业人员的安全措施。

第五十一条 机动车行驶时,驾驶人、乘坐人员应当按规定使用安全带,摩托车驾驶人及乘坐人员应当按规定戴安全头盔。

第五十二条 机动车在道路上发生故障,需要停车排除故障时,驾驶人应当立即开启危险报警闪光灯,将机动车移至不妨碍交通的地方停放;难以移动的,应当持续开启危险报警闪光灯,并在来车方向设置警告标志等措施扩大示警距离,必要时迅速报警。

第五十三条 警车、消防车、救护车、工程救险车执行紧急任务时,可以使用警报器、标志灯具;在确保安全的前提下,不受行驶路线、行驶方向、行驶速度和信号灯的限制,其他车辆和行人应当让行。

警车、消防车、救护车、工程救险车非执行紧急任务时,不得使用警报器、标志灯具,不享有前款规定的道路优先通行权。

第五十四条 道路养护车辆、工程作业车进行作业时,在不影响过往车辆通行的前提下,其行驶路线和方向不受交通标志、标线限制,过往车辆和人员应当注意避让。

洒水车、清扫车等机动车应当按照安全作业标准作业;在不影响其他车辆通行的情况下,可以不受车辆分道行驶的限制,但是不得逆向行驶。

第五十五条 高速公路、大中城市中心城区内的道路,禁止拖拉机通行。其他禁止拖拉机通行的道路,由省、自治区、直辖市人民政府根据当地实际情况规定。

在允许拖拉机通行的道路上,拖拉机可以从事货运,但是不得用于载人。

第五十六条 机动车应当在规定地点停放。禁止在人行道上停放机动车;但是,依照本法第三十三条规定施划的停车泊位除外。

在道路上临时停车的,不得妨碍其他车辆和行人通行。

第三节　非机动车通行规定

第五十七条　驾驶非机动车在道路上行驶应当遵守有关交通安全的规定。非机动车应当在非机动车道内行驶；在没有非机动车道的道路上，应当靠车行道的右侧行驶。

第五十八条　残疾人机动轮椅车、电动自行车在非机动车道内行驶时，最高时速不得超过十五公里。

第五十九条　非机动车应当在规定地点停放。未设停放地点的，非机动车停放不得妨碍其他车辆和行人通行。

第六十条　驾驭畜力车，应当使用驯服的牲畜；驾驭畜力车横过道路时，驾驭人应当下车牵引牲畜；驾驭人离开车辆时，应当拴系牲畜。

第四节　行人和乘车人通行规定

第六十一条　行人应当在人行道内行走，没有人行道的靠路边行走。

第六十二条　行人通过路口或者横过道路，应当走人行横道或者过街设施；通过有交通信号灯的人行横道，应当按照交通信号灯指示通行；通过没有交通信号灯、人行横道的路口，或者在没有过街设施的路段横过道路，应当在确认安全后通过。

第六十三条　行人不得跨越、倚坐道路隔离设施，不得扒车、强行拦车或者实施妨碍道路交通安全的其他行为。

第六十四条　学龄前儿童以及不能辨认或者不能控制自己行为的精神疾病患者、智力障碍者在道路上通行，应当由其监护人、监护人委托的人或者对其负有管理、保护职责的人带领。

盲人在道路上通行，应当使用盲杖或者采取其他导盲手段，车辆应当避让盲人。

第六十五条　行人通过铁路道口时，应当按照交通信号或者管理人员的指挥通行；没有交通信号和管理人员的，应当在确认无火车驶临后，迅速通过。

第六十六条　乘车人不得携带易燃易爆等危险物品，不得向车外抛洒物品，不得有影响驾驶人安全驾驶的行为。

第五节　高速公路的特别规定

第六十七条　行人、非机动车、拖拉机、轮式专用机械车、铰接式客车、全挂拖斗车以及其他设计最高时速低于七十公里的机动车,不得进入高速公路。高速公路限速标志标明的最高时速不得超过一百二十公里。

第六十八条 机动车在高速公路上发生故障时,应当依照本法第五十二条的有关规定办理;但是,警告标志应当设置在故障车来车方向一百五十米以外,车上人员应当迅速转移到右侧路肩上或者应急车道内,并且迅速报警。

机动车在高速公路上发生故障或者交通事故,无法正常行驶的,应当由救援车、清障车拖曳、牵引。

第六十九条 任何单位、个人不得在高速公路上拦截检查行驶的车辆,公安机关的人民警察依法执行紧急公务除外。

第五章 交通事故处理

第七十条 在道路上发生交通事故,车辆驾驶人应当立即停车,保护现场;造成人身伤亡的,车辆驾驶人应当立即抢救受伤人员,并迅速报告执勤的交通警察或者公安机关交通管理部门。因抢救受伤人员变动现场的,应当标明位置。乘车人、过往车辆驾驶人、过往行人应当予以协助。

在道路上发生交通事故,未造成人身伤亡,当事人对事实及成因无争议的,可以即行撤离现场,恢复交通,自行协商处理损害赔偿事宜;不即行撤离现场的,应当迅速报告执勤的交通警察或者公安机关交通管理部门。

在道路上发生交通事故,仅造成轻微财产损失,并且基本事实清楚的,当事人应当先撤离现场再进行协商处理。

第七十一条 车辆发生交通事故后逃逸的,事故现场目击人员和其他知情人员应当向公安机关交通管理部门或者交通警察举报。举报属实的,公安机关交通管理部门应当给予奖励。

第七十二条 公安机关交通管理部门接到交通事故报警后,应当立即派交通警察赶赴现场,先组织抢救受伤人员,并采取措施,尽快恢复交通。

交通警察应当对交通事故现场进行勘验、检查,收集证据;因收集证据的需要,可以扣留事故车辆,但是应当妥善保管,以备核查。

对当事人的生理、精神状况等专业性较强的检验,公安机关交通管理部门应当委托专门机构进行鉴定。鉴定结论应当由鉴定人签名。

第七十三条 公安机关交通管理部门应当根据交通事故现场勘验、检查、调查情况和有关的检验、鉴定结论,及时制作交通事故认定书,作为处理交通事故的证据。交通事故认定书应当载明交通事故的基本事实、成因和当事人的责任,并送达当事人。

第七十四条 对交通事故损害赔偿的争议,当事人可以请求公安机关交通管理部门调解,也可以直接向人民法院提起民事诉讼。

经公安机关交通管理部门调解,当事人未达成协议或者调解书生效后不履行的,当事人可以向人民法院提起民事诉讼。

第七十五条 医疗机构对交通事故中的受伤人员应当及时抢救,不得因抢救费用未及时支付而拖延救治。肇事车辆参加机动车第三者责任强制保险的,由保险公司在责任限额范围内支付抢救费用;抢救费用超过责任限额的,未参加机动车第三者责任强制保险或者肇事后逃逸的,由道路交通事故社会救助基金先行垫付部分或者全部抢救费用,道路交通事故社会救助基金管理机构有权向交通事故责任人追偿。

第七十六条 机动车发生交通事故造成人身伤亡、财产损失的,由保险公司在机动车第三者责任强制保险责任限额范围内予以赔偿;不足的部分,按照下列规定承担赔偿责任:

(一) 机动车之间发生交通事故的,由有过错的一方承担赔偿责任;双方都有过错的,按照各自过错的比例分担责任。

(二) 机动车与非机动车驾驶人、行人之间发生交通事故,非机动车驾驶人、行人没有过错的,由机动车一方承担赔偿责任;有证据证明非机动车驾驶人、行人有过错的,根据过错程度适当减轻机动车一方的赔偿责任;机动车一方没有过错的,承担不超过百分之十的赔偿责任。

交通事故的损失是由非机动车驾驶人、行人故意碰撞机动车造成的,机动车一方不承担赔偿责任。

第七十七条 车辆在道路以外通行时发生的事故,公安机关交通管理部门接到报案的,参照本法有关规定办理。

第六章 执 法 监 督

第七十八条 公安机关交通管理部门应当加强对交通警察的管理,提高交通警察的素质和管理道路交通的水平。

公安机关交通管理部门应当对交通警察进行法制和交通安全管理业务培训、考核。交通警察经考核不合格的,不得上岗执行职务。

第七十九条 公安机关交通管理部门及其交通警察实施道路交通安全管理,应当依据法定的职权和程序,简化办事手续,做到公正、严格、文明、高效。

第八十条 交通警察执行职务时,应当按照规定着装,佩戴人民警察标志,持有人民警察证件,保持警容严整,举止端庄,指挥规范。

第八十一条 依照本法发放牌证等收取工本费,应当严格执行国务院价格主管部门核定的收费标准,并全部上缴国库。

第八十二条 公安机关交通管理部门依法实施罚款的行政处罚,应当依照有关法律、行政法规的规定,实施罚款决定与罚款收缴分离;收缴的罚款以及依法没收的违法所得,应当全部上缴国库。

第八十三条 交通警察调查处理道路交通安全违法行为和交通事故,有下列情形之一的,应当回避:

(一)是本案的当事人或者当事人的近亲属;
(二)本人或者其近亲属与本案有利害关系;
(三)与本案当事人有其他关系,可能影响案件的公正处理。

第八十四条 公安机关交通管理部门及其交通警察的行政执法活动,应当接受行政监察机关依法实施的监督。

公安机关督察部门应当对公安机关交通管理部门及其交通警察执行法律、法规和遵守纪律的情况依法进行监督。

上级公安机关交通管理部门应当对下级公安机关交通管理部门的执法活动进行监督。

第八十五条 公安机关交通管理部门及其交通警察执行职务,应当自觉接受社会和公民的监督。

任何单位和个人都有权对公安机关交通管理部门及其交通警察不严格执法以及违法违纪行为进行检举、控告。收到检举、控告的机关,应当依据职责及时查处。

第八十六条 任何单位不得给公安机关交通管理部门下达或者变相下达罚款指标;公安机关交通管理部门不得以罚款数额作为考核交通警察的标准。

公安机关交通管理部门及其交通警察对超越法律、法规规定的指令,有权拒绝执行,并同时向上级机关报告。

第七章 法 律 责 任

第八十七条 公安机关交通管理部门及其交通警察对道路交通安全违法行为,应当及时纠正。

公安机关交通管理部门及其交通警察应当依据事实和本法的有关规定对

道路交通安全违法行为予以处罚。对于情节轻微，未影响道路通行的，指出违法行为，给予口头警告后放行。

第八十八条 对道路交通安全违法行为的处罚种类包括：警告、罚款、暂扣或者吊销机动车驾驶证、拘留。

第八十九条 行人、乘车人、非机动车驾驶人违反道路交通安全法律、法规关于道路通行规定的，处警告或者五元以上五十元以下罚款；非机动车驾驶人拒绝接受罚款处罚的，可以扣留其非机动车。

第九十条 机动车驾驶人违反道路交通安全法律、法规关于道路通行规定的，处警告或者二十元以上二百元以下罚款。本法另有规定的，依照规定处罚。

第九十一条 饮酒后驾驶机动车的，处暂扣六个月机动车驾驶证，并处一千元以上二千元以下罚款。因饮酒后驾驶机动车被处罚，再次饮酒后驾驶机动车的，处十日以下拘留，并处一千元以上二千元以下罚款，吊销机动车驾驶证。

醉酒驾驶机动车的，由公安机关交通管理部门约束至酒醒，吊销机动车驾驶证，依法追究刑事责任；五年内不得重新取得机动车驾驶证。

饮酒后驾驶营运机动车的，处十五日拘留，并处五千元罚款，吊销机动车驾驶证，五年内不得重新取得机动车驾驶证。

醉酒驾驶营运机动车的，由公安机关交通管理部门约束至酒醒，吊销机动车驾驶证，依法追究刑事责任；十年内不得重新取得机动车驾驶证，重新取得机动车驾驶证后，不得驾驶营运机动车。

饮酒后或者醉酒驾驶机动车发生重大交通事故，构成犯罪的，依法追究刑事责任，并由公安机关交通管理部门吊销机动车驾驶证，终生不得重新取得机动车驾驶证。

第九十二条 公路客运车辆载客超过额定乘员的，处二百元以上五百元以下罚款；超过额定乘员百分之二十或者违反规定载货的，处五百元以上二千元以下罚款。

货运机动车超过核定载质量的，处二百元以上五百元以下罚款；超过核定载质量百分之三十或者违反规定载客的，处五百元以上二千元以下罚款。

有前两款行为的，由公安机关交通管理部门扣留机动车至违法状态消除。

运输单位的车辆有本条第一款、第二款规定的情形，经处罚不改的，对直接负责的主管人员处二千元以上五千元以下罚款。

第九十三条 对违反道路交通安全法律、法规关于机动车停放、临时停车规定的，可以指出违法行为，并予以口头警告，令其立即驶离。

机动车驾驶人不在现场或者虽在现场但拒绝立即驶离，妨碍其他车辆、行人通行的，处二十元以上二百元以下罚款，并可以将该机动车拖移至不妨碍交通的地点或者公安机关交通管理部门指定的地点停放。公安机关交通管理部门拖车不得向当事人收取费用，并应当及时告知当事人停放地点。

因采取不正确的方法拖车造成机动车损坏的，应当依法承担补偿责任。

第九十四条 机动车安全技术检验机构实施机动车安全技术检验超过国务院价格主管部门核定的收费标准收取费用的，退还多收取的费用，并由价格主管部门依照《中华人民共和国价格法》的有关规定给予处罚。

机动车安全技术检验机构不按照机动车国家安全技术标准进行检验，出具虚假检验结果的，由公安机关交通管理部门处所收检验费用五倍以上十倍以下罚款，并依法撤销其检验资格；构成犯罪的，依法追究刑事责任。

第九十五条 上道路行驶的机动车未悬挂机动车号牌，未放置检验合格标志、保险标志，或者未随车携带行驶证、驾驶证的，公安机关交通管理部门应当扣留机动车，通知当事人提供相应的牌证、标志或者补办相应手续，并可以依照本法第九十条的规定予以处罚。当事人提供相应的牌证、标志或者补办相应手续的，应当及时退还机动车。

故意遮挡、污损或者不按规定安装机动车号牌的，依照本法第九十条的规定予以处罚。

第九十六条 伪造、变造或者使用伪造、变造的机动车登记证书、号牌、行驶证、驾驶证的，由公安机关交通管理部门予以收缴，扣留该机动车，处十五日以下拘留，并处二千元以上五千元以下罚款；构成犯罪的，依法追究刑事责任。

伪造、变造或者使用伪造、变造的检验合格标志、保险标志的，由公安机关交通管理部门予以收缴，扣留该机动车，处十日以下拘留，并处一千元以上三千元以下罚款；构成犯罪的，依法追究刑事责任。

使用其他车辆的机动车登记证书、号牌、行驶证、检验合格标志、保险标志的，由公安机关交通管理部门予以收缴，扣留该机动车，处二千元以上五千元以下罚款。

当事人提供相应的合法证明或者补办相应手续的，应当及时退还机动车。

第九十七条 非法安装警报器、标志灯具的，由公安机关交通管理部门强制拆除，予以收缴，并处二百元以上二千元以下罚款。

第九十八条 机动车所有人、管理人未按照国家规定投保机动车第三者责任强制保险的，由公安机关交通管理部门扣留车辆至依照规定投保后，并处依照规定投保最低责任限额应缴纳的保险费的二倍罚款。

依照前款缴纳的罚款全部纳入道路交通事故社会救助基金。具体办法由国务院规定。

第九十九条 有下列行为之一的，由公安机关交通管理部门处二百元以上二千元以下罚款：

（一）未取得机动车驾驶证、机动车驾驶证被吊销或者机动车驾驶证被暂扣期间驾驶机动车的；

（二）将机动车交由未取得机动车驾驶证或者机动车驾驶证被吊销、暂扣的人驾驶的；

（三）造成交通事故后逃逸，尚不构成犯罪的；

（四）机动车行驶超过规定时速百分之五十的；

（五）强迫机动车驾驶人违反道路交通安全法律、法规和机动车安全驾驶要求驾驶机动车，造成交通事故，尚不构成犯罪的；

（六）违反交通管制的规定强行通行，不听劝阻的；

（七）故意损毁、移动、涂改交通设施，造成危害后果，尚不构成犯罪的；

（八）非法拦截、扣留机动车辆，不听劝阻，造成交通严重阻塞或者较大财产损失的。

行为人有前款第二项、第四项情形之一的，可以并处吊销机动车驾驶证；有第一项、第三项、第五项至第八项情形之一的，可以并处十五日以下拘留。

第一百条 驾驶拼装的机动车或者已达到报废标准的机动车上道路行驶的，公安机关交通管理部门应当予以收缴，强制报废。

对驾驶前款所列机动车上道路行驶的驾驶人，处二百元以上二千元以下罚款，并吊销机动车驾驶证。

出售已达到报废标准的机动车的，没收违法所得，处销售金额等额的罚款，对该机动车依照本条第一款的规定处理。

第一百零一条 违反道路交通安全法律、法规的规定，发生重大交通事故，构成犯罪的，依法追究刑事责任，并由公安机关交通管理部门吊销机动车驾驶证。

造成交通事故后逃逸的,由公安机关交通管理部门吊销机动车驾驶证,且终生不得重新取得机动车驾驶证。

第一百零二条 对六个月内发生二次以上特大交通事故负有主要责任或者全部责任的专业运输单位,由公安机关交通管理部门责令消除安全隐患,未消除安全隐患的机动车,禁止上道路行驶。

第一百零三条 国家机动车产品主管部门未按照机动车国家安全技术标准严格审查,许可不合格机动车型投入生产的,对负有责任的主管人员和其他直接责任人员给予降级或者撤职的行政处分。

机动车生产企业经国家机动车产品主管部门许可生产的机动车型,不执行机动车国家安全技术标准或者不严格进行机动车成品质量检验,致使质量不合格的机动车出厂销售的,由质量技术监督部门依照《中华人民共和国产品质量法》的有关规定给予处罚。

擅自生产、销售未经国家机动车产品主管部门许可生产的机动车型的,没收非法生产、销售的机动车成品及配件,可以并处非法产品价值三倍以上五倍以下罚款;有营业执照的,由工商行政管理部门吊销营业执照,没有营业执照的,予以查封。

生产、销售拼装的机动车或者生产、销售擅自改装的机动车的,依照本条第三款的规定处罚。

有本条第二款、第三款、第四款所列违法行为,生产或者销售不符合机动车国家安全技术标准的机动车,构成犯罪的,依法追究刑事责任。

第一百零四条 未经批准,擅自挖掘道路、占用道路施工或者从事其他影响道路交通安全活动的,由道路主管部门责令停止违法行为,并恢复原状,可以依法给予罚款;致使通行的人员、车辆及其他财产遭受损失的,依法承担赔偿责任。

有前款行为,影响道路交通安全活动的,公安机关交通管理部门可以责令停止违法行为,迅速恢复交通。

第一百零五条 道路施工作业或者道路出现损毁,未及时设置警示标志、未采取防护措施,或者应当设置交通信号灯、交通标志、交通标线而没有设置或者应当及时变更交通信号灯、交通标志、交通标线而没有及时变更,致使通行的人员、车辆及其他财产遭受损失的,负有相关职责的单位应当依法承担赔偿责任。

第一百零六条 在道路两侧及隔离带上种植树木、其他植物或者设置广告牌、管线等,遮挡路灯、交通信号灯、交通标志,妨碍安全视距的,由公安机关交通管理部门责令行为人排除妨碍；拒不执行的，处二百元以上二千元以下罚款，并强制排除妨碍，所需费用由行为人负担。

第一百零七条 对道路交通违法行为人予以警告、二百元以下罚款，交通警察可以当场作出行政处罚决定，并出具行政处罚决定书。

行政处罚决定书应当载明当事人的违法事实、行政处罚的依据、处罚内容、时间、地点以及处罚机关名称，并由执法人员签名或者盖章。

第一百零八条 当事人应当自收到罚款的行政处罚决定书之日起十五日内，到指定的银行缴纳罚款。

对行人、乘车人和非机动车驾驶人的罚款，当事人无异议的，可以当场予以收缴罚款。

罚款应当开具省、自治区、直辖市财政部门统一制发的罚款收据；不出具财政部门统一制发的罚款收据的，当事人有权拒绝缴纳罚款。

第一百零九条 当事人逾期不履行行政处罚决定的，作出行政处罚决定的行政机关可以采取下列措施：

（一）到期不缴纳罚款的，每日按罚款数额的百分之三加处罚款；

（二）申请人民法院强制执行。

第一百一十条 执行职务的交通警察认为应当对道路交通违法行为人给予暂扣或者吊销机动车驾驶证处罚的，可以先予扣留机动车驾驶证，并在二十四小时内将案件移交公安机关交通管理部门处理。

道路交通违法行为人应当在十五日内到公安机关交通管理部门接受处理。无正当理由逾期未接受处理的，吊销机动车驾驶证。

公安机关交通管理部门暂扣或者吊销机动车驾驶证的，应当出具行政处罚决定书。

第一百一十一条 对违反本法规定予以拘留的行政处罚，由县、市公安局、公安分局或者相当于县一级的公安机关裁决。

第一百一十二条 公安机关交通管理部门扣留机动车、非机动车，应当当场出具凭证，并告知当事人在规定期限内到公安机关交通管理部门接受处理。

公安机关交通管理部门对被扣留的车辆应当妥善保管，不得使用。

逾期不来接受处理，并且经公告三个月仍不来接受处理的，对扣留的车辆依法处理。

第一百一十三条 暂扣机动车驾驶证的期限从处罚决定生效之日起计算；处罚决定生效前先予扣留机动车驾驶证的，扣留一日折抵暂扣期限

第一部分　法　　律

一日。

吊销机动车驾驶证后重新申请领取机动车驾驶证的期限,按照机动车驾驶证管理规定办理。

第一百一十四条　公安机关交通管理部门根据交通技术监控记录资料,可以对违法的机动车所有人或者管理人依法予以处罚。对能够确定驾驶人的,可以依照本法的规定依法予以处罚。

第一百一十五条　交通警察有下列行为之一的,依法给予行政处分:

(一)为不符合法定条件的机动车发放机动车登记证书、号牌、行驶证、检验合格标志的;

(二)批准不符合法定条件的机动车安装、使用警车、消防车、救护车、工程救险车的警报器、标志灯具,喷涂标志图案的;

(三)为不符合驾驶许可条件、未经考试或者考试不合格人员发放机动车驾驶证的;

(四)不执行罚款决定与罚款收缴分离制度或者不按规定将依法收取的费用、收缴的罚款及没收的违法所得全部上缴国库的;

(五)举办或者参与举办驾驶学校或者驾驶培训班、机动车修理厂或者收费停车场等经营活动的;

(六)利用职务上的便利收受他人财物或者谋取其他利益的;

(七)违法扣留车辆、机动车行驶证、驾驶证、车辆号牌的;

(八)使用依法扣留的车辆的;

(九)当场收取罚款不开具罚款收据或者不如实填写罚款额的;

(十)徇私舞弊,不公正处理交通事故的;

(十一)故意刁难,拖延办理机动车牌证的;

(十二)非执行紧急任务时使用警报器、标志灯具的;

(十三)违反规定拦截、检查正常行驶的车辆的;

(十四)非执行紧急公务时拦截搭乘机动车的;

(十五)不履行法定职责的。

公安机关交通管理部门有前款所列行为之一的,对直接负责的主管人员和其他直接责任人员给予相应的行政处分。

第一百一十六条　依照本法第一百一十五条的规定,给予交通警察行政处分的,在作出行政处分决定前,可以停止其执行职务;必要时,可以予以禁闭。

依照本法第一百一十五条的规定,交通警察受到降级或者撤职行政处分的，可以予以辞退。

交通警察受到开除处分或者被辞退的，应当取消警衔；受到撤职以下行政处分的交通警察，应当降低警衔。

第一百一十七条 交通警察利用职权非法占有公共财物，索取、收受贿赂，或者滥用职权、玩忽职守，构成犯罪的，依法追究刑事责任。

第一百一十八条 公安机关交通管理部门及其交通警察有本法第一百一十五条所列行为之一，给当事人造成损失的，应当依法承担赔偿责任。

第八章　附　　则

第一百一十九条 本法中下列用语的含义：

（一）"道路"，是指公路、城市道路和虽在单位管辖范围但允许社会机动车通行的地方，包括广场、公共停车场等用于公众通行的场所。

（二）"车辆"，是指机动车和非机动车。

（三）"机动车"，是指以动力装置驱动或者牵引，上道路行驶的供人员乘用或者用于运送物品以及进行工程专项作业的轮式车辆。

（四）"非机动车"，是指以人力或者畜力驱动，上道路行驶的交通工具，以及虽有动力装置驱动但设计最高时速、空车质量、外形尺寸符合有关国家标准的残疾人机动轮椅车、电动自行车等交通工具。

（五）"交通事故"，是指车辆在道路上因过错或者意外造成的人身伤亡或者财产损失的事件。

第一百二十条 中国人民解放军和中国人民武装警察部队在编机动车牌证、在编机动车检验以及机动车驾驶人考核工作，由中国人民解放军、中国人民武装警察部队有关部门负责。

第一百二十一条 对上道路行驶的拖拉机，由农业（农业机械）主管部门行使本法第八条、第九条、第十三条、第十九条、第二十三条规定的公安机关交通管理部门的管理职权。

农业（农业机械）主管部门依照前款规定行使职权，应当遵守本法有关规定，并接受公安机关交通管理部门的监督；对违反规定的，依照本法有关规定追究法律责任。

本法施行前由农业（农业机械）主管部门发放的机动车牌证，在本法施行后继续有效。

第一百二十二条 国家对入境的境外机动车的道路交通安全实施统一管理。

第一百二十三条 省、自治区、直辖市人民代表大会常务委员会可以根据本地区的实际情况，在本法规定的罚款幅度内，规定具体的执行标准。

第一百二十四条 本法自 2004 年 5 月 1 日起施行。

中华人民共和国石油天然气管道保护法

(2010年6月25日第十一届全国人民代表大会常务委员会第十五次会议通过，2010年6月25日中华人民共和国主席令第三十号公布，自2010年10月1日起施行)

第一章 总 则

第一条 为了保护石油、天然气管道，保障石油、天然气输送安全，维护国家能源安全和公共安全，制定本法。

第二条 中华人民共和国境内输送石油、天然气的管道的保护，适用本法。

城镇燃气管道和炼油、化工等企业厂区内管道的保护，不适用本法。

第三条 本法所称石油包括原油和成品油，所称天然气包括天然气、煤层气和煤制气。

本法所称管道包括管道及管道附属设施。

第四条 国务院能源主管部门依照本法规定主管全国管道保护工作，负责组织编制并实施全国管道发展规划，统筹协调全国管道发展规划与其他专项规划的衔接，协调跨省、自治区、直辖市管道保护的重大问题。国务院其他有关部门依照有关法律、行政法规的规定，在各自职责范围内负责管道保护的相关工作。

第五条 省、自治区、直辖市人民政府能源主管部门和设区的市级、县级人民政府指定的部门，依照本法规定主管本行政区域的管道保护工作，协调处理本行政区域管道保护的重大问题，指导、监督有关单位履行管道保护义务，依法查处危害管道安全的违法行为。县级以上地方人民政府其他有关部门依照有关法律、行政法规的规定，在各自职责范围内负责管道保护的相关工作。

省、自治区、直辖市人民政府能源主管部门和设区的市级、县级人民政府指定的部门，统称县级以上地方人民政府主管管道保护工作的部门。

第六条 县级以上地方人民政府应当加强对本行政区域管道保护工作的领导，督促、检查有关部门依法履行管道保护职责，组织排除管道的重大外部安全隐患。

第七条 管道企业应当遵守本法和有关规划、建设、安全生产、质量监督、环境保护等法律、行政法规，执行国家技术规范的强制性要求，建立、健全本企业有关管道保护的规章制度和操作规程并组织实施，宣传管道安全与保护知识，履行管道保护义务，接受人民政府及其有关部门依法实施的监督，保障管道安全运行。

第八条 任何单位和个人不得实施危害管道安全的行为。

对危害管道安全的行为，任何单位和个人有权向县级以上地方人民政府主管管道保护工作的部门或者其他有关部门举报。接到举报的部门应当在职责范围内及时处理。

第九条 国家鼓励和促进管道保护新技术的研究开发和推广应用。

第二章 管道规划与建设

第十条 管道的规划、建设应当符合管道保护的要求，遵循安全、环保、节约用地和经济合理的原则。

第十一条 国务院能源主管部门根据国民经济和社会发展的需要组织编制全国管道发展规划。组织编制全国管道发展规划应当征求国务院有关部门以及有关省、自治区、直辖市人民政府的意见。

全国管道发展规划应当符合国家能源规划，并与土地利用总体规划、城乡规划以及矿产资源、环境保护、水利、铁路、公路、航道、港口、电信等规划相协调。

第十二条 管道企业应当根据全国管道发展规划编制管道建设规划，并将管道建设规划确定的管道建设选线方案报送拟建管道所在地县级以上地方人民政府城乡规划主管部门审核；经审核符合城乡规划的，应当依法纳入当地城乡规划。

纳入城乡规划的管道建设用地，不得擅自改变用途。

第十三条 管道建设的选线应当避开地震活动断层和容易发生洪灾、地质灾害的区域，与建筑物、构筑物、铁路、公路、航道、港口、市政设施、军事设施、电缆、光缆等保持本法和有关法律、行政法规以及国家技术规范的强制性要求规定的保护距离。

新建管道通过的区域受地理条件限制，不能满足前款规定的管道保护要求的，管道企业应当提出防护方案，经管道保护方面的专家评审论证，并经管道所在地县级以上地方人民政府主管管道保护工作的部门批准后，方可建设。

管道建设项目应当依法进行环境影响评价。

第十四条 管道建设使用土地，依照《中华人民共和国土地管理法》等法律、行政法规的规定执行。

依法建设的管道通过集体所有的土地或者他人取得使用权的国有土地，影响土地使用的，管道企业应当按照管道建设时土地的用途给予补偿。

第十五条 依照法律和国务院的规定，取得行政许可或者已报送备案并符合开工条件的管道项目的建设，任何单位和个人不得阻碍。

第十六条 管道建设应当遵守法律、行政法规有关建设工程质量管理的规定。

管道企业应当依照有关法律、行政法规的规定，选择具备相应资质的勘察、设计、施工、工程监理单位进行管道建设。

管道的安全保护设施应当与管道主体工程同时设计、同时施工、同时投入使用。

管道建设使用的管道产品及其附件的质量，应当符合国家技术规范的强制性要求。

第十七条 穿跨越水利工程、防洪设施、河道、航道、铁路、公路、港口、电力设施、通信设施、市政设施的管道的建设，应当遵守本法和有关法律、行政法规，执行国家技术规范的强制性要求。

第十八条 管道企业应当按照国家技术规范的强制性要求在管道沿线设置管道标志。管道标志毁损或者安全警示不清的，管道企业应当及时修复或者更新。

第十九条 管道建成后应当按照国家有关规定进行竣工验收。竣工验收应当审查管道是否符合本法规定的管道保护要求，经验收合格方可正式交付使用。

第二十条 管道企业应当自管道竣工验收合格之日起 60 日内，将竣工测量图报管道所在地县级以上地方人民政府主管管道保护工作的部门备案；县级以上地方人民政府主管管道保护工作的部门应当将管道企业报送的管道竣工测量图分送本级人民政府规划、建设、国土资源、铁路、交通、水利、公安、安全生产监督管理等部门和有关军事机关。

第二十一条 地方各级人民政府编制、调整土地利用总体规划和城乡规划，需要管道改建、搬迁或者增加防护设施的，应当与管道企业协商确定补偿方案。

第三章　管道运行中的保护

第二十二条　管道企业应当建立、健全管道巡护制度，配备专门人员对管道线路进行日常巡护。管道巡护人员发现危害管道安全的情形或者隐患，应当按照规定及时处理和报告。

第二十三条　管道企业应当定期对管道进行检测、维修，确保其处于良好状态；对管道安全风险较大的区段和场所应当进行重点监测，采取有效措施防止管道事故的发生。

对不符合安全使用条件的管道，管道企业应当及时更新、改造或者停止使用。

第二十四条　管道企业应当配备管道保护所必需的人员和技术装备，研究开发和使用先进适用的管道保护技术，保证管道保护所必需的经费投入，并对在管道保护中做出突出贡献的单位和个人给予奖励。

第二十五条　管道企业发现管道存在安全隐患，应当及时排除。对管道存在的外部安全隐患，管道企业自身排除确有困难的，应当向县级以上地方人民政府主管管道保护工作的部门报告。接到报告的主管管道保护工作的部门应当及时协调排除或者报请人民政府及时组织排除安全隐患。

第二十六条　管道企业依法取得使用权的土地，任何单位和个人不得侵占。

为合理利用土地，在保障管道安全的条件下，管道企业可以与有关单位、个人约定，同意有关单位、个人种植浅根农作物。但是，因管道巡护、检测、维修造成的农作物损失，除另有约定外，管道企业不予赔偿。

第二十七条　管道企业对管道进行巡护、检测、维修等作业，管道沿线的有关单位、个人应当给予必要的便利。

因管道巡护、检测、维修等作业给土地使用权人或者其他单位、个人造成损失的，管道企业应当依法给予赔偿。

第二十八条　禁止下列危害管道安全的行为：

（一）擅自开启、关闭管道阀门；

（二）采用移动、切割、打孔、砸撬、拆卸等手段损坏管道；

（三）移动、毁损、涂改管道标志；

（四）在埋地管道上方巡查便道上行驶重型车辆；

（五）在地面管道线路、架空管道线路和管桥上行走或者放置重物。

第二十九条 禁止在本法第五十八条第一项所列管道附属设施的上方架设电力线路、通信线路或者在储气库构造区域范围内进行工程挖掘、工程钻探、采矿。

第三十条 在管道线路中心线两侧各五米地域范围内，禁止下列危害管道安全的行为：

（一）种植乔木、灌木、藤类、芦苇、竹子或者其他根系深达管道埋设部位可能损坏管道防腐层的深根植物；

（二）取土、采石、用火、堆放重物、排放腐蚀性物质、使用机械工具进行挖掘施工；

（三）挖塘、修渠、修晒场、修建水产养殖场、建温室、建家畜棚圈、建房以及修建其他建筑物、构筑物。

第三十一条 在管道线路中心线两侧和本法第五十八条第一项所列管道附属设施周边修建下列建筑物、构筑物的，建筑物、构筑物与管道线路和管道附属设施的距离应当符合国家技术规范的强制性要求：

（一）居民小区、学校、医院、娱乐场所、车站、商场等人口密集的建筑物；

（二）变电站、加油站、加气站、储油罐、储气罐等易燃易爆物品的生产、经营、存储场所。

前款规定的国家技术规范的强制性要求，应当按照保障管道及建筑物、构筑物安全和节约用地的原则确定。

第三十二条 在穿越河流的管道线路中心线两侧各500米地域范围内，禁止抛锚、拖锚、挖砂、挖泥、采石、水下爆破。但是，在保障管道安全的条件下，为防洪和航道通畅而进行的养护疏浚作业除外。

第三十三条 在管道专用隧道中心线两侧各1000米地域范围内，除本条第二款规定的情形外，禁止采石、采矿、爆破。

在前款规定的地域范围内，因修建铁路、公路、水利工程等公共工程，确需实施采石、爆破作业的，应当经管道所在地县级人民政府主管管道保护工作的部门批准，并采取必要的安全防护措施，方可实施。

第三十四条 未经管道企业同意，其他单位不得使用管道专用伴行道路、管道水工防护设施、管道专用隧道等管道附属设施。

第三十五条 进行下列施工作业，施工单位应当向管道所在地县级人民政府主管管道保护工作的部门提出申请：

（一）穿跨越管道的施工作业；

（二）在管道线路中心线两侧各5米至50米和本法第五十八条第一项所列管道附属设施周边100米地域范围内，新建、改建、扩建铁路、公路、河渠，架设电力线路，埋设地下电缆、光缆，设置安全接地体、避雷接地体；

（三）在管道线路中心线两侧各200米和本法第五十八条第一项所列管道附属设施周边500米地域范围内，进行爆破、地震法勘探或者工程挖掘、工程钻探、采矿。

县级人民政府主管管道保护工作的部门接到申请后，应当组织施工单位与管道企业协商确定施工作业方案，并签订安全防护协议；协商不成的，主管管道保护工作的部门应当组织进行安全评审，作出是否批准作业的决定。

第三十六条 申请进行本法第三十三条第二款、第三十五条规定的施工作业，应当符合下列条件：

（一）具有符合管道安全和公共安全要求的施工作业方案；

（二）已制定事故应急预案；

（三）施工作业人员具备管道保护知识；

（四）具有保障安全施工作业的设备、设施。

第三十七条 进行本法第三十三条第二款、第三十五条规定的施工作业，应当在开工7日前书面通知管道企业。管道企业应当指派专门人员到现场进行管道保护安全指导。

第三十八条 管道企业在紧急情况下进行管道抢修作业，可以先行使用他人土地或者设施，但应当及时告知土地或者设施的所有权人或者使用权人。给土地或者设施的所有权人或者使用权人造成损失的，管道企业应当依法给予赔偿。

第三十九条 管道企业应当制定本企业管道事故应急预案，并报管道所在地县级人民政府主管管道保护工作的部门备案；配备抢险救援人员和设备，并定期进行管道事故应急救援演练。

发生管道事故，管道企业应当立即启动本企业管道事故应急预案，按照规定及时通报可能受到事故危害的单位和居民，采取有效措施消除或者减轻事故危害，并依照有关事故调查处理的法律、行政法规的规定，向事故发生地县级人民政府主管管道保护工作的部门、安全生产监督管理部门和其他有关部门报告。

接到报告的主管管道保护工作的部门应当按照规定及时上报事故情况，

并根据管道事故的实际情况组织采取事故处置措施或者报请人民政府及时启动本行政区域管道事故应急预案，组织进行事故应急处置与救援。

第四十条 管道泄漏的石油和因管道抢修排放的石油造成环境污染的，管道企业应当及时治理。因第三人的行为致使管道泄漏造成环境污染的，管道企业有权向第三人追偿治理费用。

环境污染损害的赔偿责任，适用《中华人民共和国侵权责任法》和防治环境污染的法律的有关规定。

第四十一条 管道泄漏的石油和因管道抢修排放的石油，由管道企业回收、处理，任何单位和个人不得侵占、盗窃、哄抢。

第四十二条 管道停止运行、封存、报废的，管道企业应当采取必要的安全防护措施，并报县级以上地方人民政府主管管道保护工作的部门备案。

第四十三条 管道重点保护部位，需要由中国人民武装警察部队负责守卫的，依照《中华人民共和国人民武装警察法》和国务院、中央军事委员会的有关规定执行。

第四章　管道建设工程与其他建设工程相遇关系的处理

第四十四条 管道建设工程与其他建设工程的相遇关系，依照法律的规定处理；法律没有规定的，由建设工程双方按照下列原则协商处理，并为对方提供必要的便利：

（一）后开工的建设工程服从先开工或者已建成的建设工程；

（二）同时开工的建设工程，后批准的建设工程服从先批准的建设工程。

依照前款规定，后开工或者后批准的建设工程，应当符合先开工、已建成或者先批准的建设工程的安全防护要求；需要先开工、已建成或者先批准的建设工程改建、搬迁或者增加防护设施的，后开工或者后批准的建设工程一方应当承担由此增加的费用。

管道建设工程与其他建设工程相遇的，建设工程双方应当协商确定施工作业方案并签订安全防护协议，指派专门人员现场监督、指导对方施工。

第四十五条 经依法批准的管道建设工程，需要通过正在建设的其他建设工程的，其他工程建设单位应当按照管道建设工程的需要，预留管道通道或者预建管道通过设施，管道企业应当承担由此增加的费用。

经依法批准的其他建设工程，需要通过正在建设的管道建设工程的，管道建设单位应当按照其他建设工程的需要，预留通道或者预建相关设施，其他工程建设单位应当承担由此增加的费用。

第四十六条 管道建设工程通过矿产资源开采区域的，管道企业应当与矿产资源开采企业协商确定管道的安全防护方案，需要矿产资源开采企业按照管道安全防护要求预建防护设施或者采取其他防护措施的，管道企业应当承担由此增加的费用。

矿产资源开采企业未按照约定预建防护设施或者采取其他防护措施，造成地面塌陷、裂缝、沉降等地质灾害，致使管道需要改建、搬迁或者采取其他防护措施的，矿产资源开采企业应当承担由此增加的费用。

第四十七条 铁路、公路等建设工程修建防洪、分流等水工防护设施，可能影响管道保护的，应当事先通知管道企业并注意保护下游已建成的管道水工防护设施。

建设工程修建防洪、分流等水工防护设施，使下游已建成的管道水工防护设施的功能受到影响，需要新建、改建、扩建管道水工防护设施的，工程建设单位应当承担由此增加的费用。

第四十八条 县级以上地方人民政府水行政主管部门制定防洪、泄洪方案应当兼顾管道的保护。

需要在管道通过的区域泄洪的，县级以上地方人民政府水行政主管部门应当在泄洪方案确定后，及时将泄洪量和泄洪时间通知本级人民政府主管管道保护工作的部门和管道企业或者向社会公告。主管管道保护工作的部门和管道企业应当对管道采取防洪保护措施。

第四十九条 管道与航道相遇，确需在航道中修建管道防护设施的，应当进行通航标准技术论证，并经航道主管部门批准。管道防护设施完工后，应经航道主管部门验收。

进行前款规定的施工作业，应当在批准的施工区域内设置航标，航标的设置和维护费用由管道企业承担。

第五章 法 律 责 任

第五十条 管道企业有下列行为之一的，由县级以上地方人民政府主管管道保护工作的部门责令限期改正；逾期不改正的，处2万元以上10万元以下的罚款；对直接负责的主管人员和其他直接责任人员给予处分：

（一）未依照本法规定对管道进行巡护、检测和维修的；

（二）对不符合安全使用条件的管道未及时更新、改造或者停止使用的；

（三）未依照本法规定设置、修复或者更新有关管道标志的；

（四）未依照本法规定将管道竣工测量图报人民政府主管管道保护工作的部门备案的；

（五）未制定本企业管道事故应急预案，或者未将本企业管道事故应急预案报人民政府主管管道保护工作的部门备案的；

（六）发生管道事故，未采取有效措施消除或者减轻事故危害的；

（七）未对停止运行、封存、报废的管道采取必要的安全防护措施的。

管道企业违反本法规定的行为同时违反建设工程质量管理、安全生产、消防等其他法律的，依照其他法律的规定处罚。

管道企业给他人合法权益造成损害的，依法承担民事责任。

第五十一条　采用移动、切割、打孔、砸撬、拆卸等手段损坏管道或者盗窃、哄抢管道输送、泄漏、排放的石油、天然气，尚不构成犯罪的，依法给予治安管理处罚。

第五十二条　违反本法第二十九条、第三十条、第三十二条或者第三十三条第一款的规定，实施危害管道安全行为的，由县级以上地方人民政府主管管道保护工作的部门责令停止违法行为；情节较重的，对单位处 1 万元以上 10 万元以下的罚款，对个人处 200 元以上 2000 元以下的罚款；对违法修建的建筑物、构筑物或者其他设施限期拆除；逾期未拆除的，由县级以上地方人民政府主管管道保护工作的部门组织拆除，所需费用由违法行为人承担。

第五十三条　未经依法批准，进行本法第三十三条第二款或者第三十五条规定的施工作业的，由县级以上地方人民政府主管管道保护工作的部门责令停止违法行为；情节较重的，处 1 万元以上 5 万元以下的罚款；对违法修建的危害管道安全的建筑物、构筑物或者其他设施限期拆除；逾期未拆除的，由县级以上地方人民政府主管管道保护工作的部门组织拆除，所需费用由违法行为人承担。

第五十四条　违反本法规定，有下列行为之一的，由县级以上地方人民政府主管管道保护工作的部门责令改正；情节严重的，处 200 元以上 1000 元以下的罚款：

（一）擅自开启、关闭管道阀门的；

（二）移动、毁损、涂改管道标志的；

（三）在埋地管道上方巡查便道上行驶重型车辆的；

（四）在地面管道线路、架空管道线路和管桥上行走或者放置重物的；

（五）阻碍依法进行的管道建设的。

第五十五条 违反本法规定，实施危害管道安全的行为，给管道企业造成损害的，依法承担民事责任。

第五十六条 县级以上地方人民政府及其主管管道保护工作的部门或者其他有关部门，违反本法规定，对应当组织排除的管道外部安全隐患不及时组织排除，发现危害管道安全的行为或者接到对危害管道安全行为的举报后不依法予以查处，或者有其他不依照本法规定履行职责的行为的，由其上级机关责令改正，对直接负责的主管人员和其他直接责任人员依法给予处分。

第五十七条 违反本法规定，构成犯罪的，依法追究刑事责任。

第六章 附 则

第五十八条 本法所称管道附属设施包括：

（一）管道的加压站、加热站、计量站、集油站、集气站、输油站、输气站、配气站、处理场、清管站、阀室、阀井、放空设施、油库、储气库、装卸栈桥、装卸场；

（二）管道的水工防护设施、防风设施、防雷设施、抗震设施、通信设施、安全监控设施、电力设施、管堤、管桥以及管道专用涵洞、隧道等穿跨越设施；

（三）管道的阴极保护站、阴极保护测试桩、阳极地床、杂散电流排流站等防腐设施；

（四）管道穿越铁路、公路的检漏装置；

（五）管道的其他附属设施。

第五十九条 本法施行前在管道保护距离内已建成的人口密集场所和易燃易爆物品的生产、经营、存储场所，应当由所在地人民政府根据当地的实际情况，有计划、分步骤地进行搬迁、清理或者采取必要的防护措施。需要已建成的管道改建、搬迁或者采取必要的防护措施的，应当与管道企业协商确定补偿方案。

第六十条 国务院可以根据海上石油、天然气管道的具体情况，制定海上石油、天然气管道保护的特别规定。

第六十一条 本法自 2010 年 10 月 1 日起施行。

中华人民共和国特种设备安全法

(2013年6月29日第十二届全国人民代表大会常务委员会第三次会议通过，2013年6月29日中华人民共和国主席令第四号公布，自2014年1月1日起施行)

第一章 总　　则

第一条 为了加强特种设备安全工作，预防特种设备事故，保障人身和财产安全，促进经济社会发展，制定本法。

第二条 特种设备的生产（包括设计、制造、安装、改造、修理）、经营、使用、检验、检测和特种设备安全的监督管理，适用本法。

本法所称特种设备，是指对人身和财产安全有较大危险性的锅炉、压力容器（含气瓶）、压力管道、电梯、起重机械、客运索道、大型游乐设施、场（厂）内专用机动车辆，以及法律、行政法规规定适用本法的其他特种设备。

国家对特种设备实行目录管理。特种设备目录由国务院负责特种设备安全监督管理的部门制定，报国务院批准后执行。

第三条 特种设备安全工作应当坚持安全第一、预防为主、节能环保、综合治理的原则。

第四条 国家对特种设备的生产、经营、使用，实施分类的、全过程的安全监督管理。

第五条 国务院负责特种设备安全监督管理的部门对全国特种设备安全实施监督管理。县级以上地方各级人民政府负责特种设备安全监督管理的部门对本行政区域内特种设备安全实施监督管理。

第六条 国务院和地方各级人民政府应当加强对特种设备安全工作的领导，督促各有关部门依法履行监督管理职责。

县级以上地方各级人民政府应当建立协调机制，及时协调、解决特种设备安全监督管理中存在的问题。

第七条 特种设备生产、经营、使用单位应当遵守本法和其他有关法律、法规，建立、健全特种设备安全和节能责任制度，加强特种设备安全和节能管理，确保特种设备生产、经营、使用安全，符合节能要求。

第八条 特种设备生产、经营、使用、检验、检测应当遵守有关特种设备安全技术规范及相关标准。

特种设备安全技术规范由国务院负责特种设备安全监督管理的部门制定。

第九条 特种设备行业协会应当加强行业自律，推进行业诚信体系建设，提高特种设备安全管理水平。

第十条 国家支持有关特种设备安全的科学技术研究，鼓励先进技术和先进管理方法的推广应用，对做出突出贡献的单位和个人给予奖励。

第十一条 负责特种设备安全监督管理的部门应当加强特种设备安全宣传教育，普及特种设备安全知识，增强社会公众的特种设备安全意识。

第十二条 任何单位和个人有权向负责特种设备安全监督管理的部门和有关部门举报涉及特种设备安全的违法行为，接到举报的部门应当及时处理。

第二章 生产、经营、使用

第一节 一般规定

第十三条 特种设备生产、经营、使用单位及其主要负责人对其生产、经营、使用的特种设备安全负责。

特种设备生产、经营、使用单位应当按照国家有关规定配备特种设备安全管理人员、检测人员和作业人员，并对其进行必要的安全教育和技能培训。

第十四条 特种设备安全管理人员、检测人员和作业人员应当按照国家有关规定取得相应资格，方可从事相关工作。特种设备安全管理人员、检测人员和作业人员应当严格执行安全技术规范和管理制度，保证特种设备安全。

第十五条 特种设备生产、经营、使用单位对其生产、经营、使用的特种设备应当进行自行检测和维护保养，对国家规定实行检验的特种设备应当及时申报并接受检验。

第十六条 特种设备采用新材料、新技术、新工艺，与安全技术规范的要求不一致，或者安全技术规范未作要求、可能对安全性能有重大影响的，应当向国务院负责特种设备安全监督管理的部门申报,由国务院负责特种设备安全监督管理的部门及时委托安全技术咨询机构或者相关专业机构进行技术评审,评审结果经国务院负责特种设备安全监督管理的部门批准,方可投入生产、使用。

国务院负责特种设备安全监督管理的部门应当将允许使用的新材料、新技术、新工艺的有关技术要求,及时纳入安全技术规范。

第十七条 国家鼓励投保特种设备安全责任保险。

第二节 生 产

第十八条 国家按照分类监督管理的原则对特种设备生产实行许可制度。特种设备生产单位应当具备下列条件,并经负责特种设备安全监督管理的部门许可,方可从事生产活动:

(一)有与生产相适应的专业技术人员;

(二)有与生产相适应的设备、设施和工作场所;

(三)有健全的质量保证、安全管理和岗位责任等制度。

第十九条 特种设备生产单位应当保证特种设备生产符合安全技术规范及相关标准的要求,对其生产的特种设备的安全性能负责。不得生产不符合安全性能要求和能效指标以及国家明令淘汰的特种设备。

第二十条 锅炉、气瓶、氧舱、客运索道、大型游乐设施的设计文件,应当经负责特种设备安全监督管理的部门核准的检验机构鉴定,方可用于制造。

特种设备产品、部件或者试制的特种设备新产品、新部件以及特种设备采用的新材料,按照安全技术规范的要求需要通过型式试验进行安全性验证的,应当经负责特种设备安全监督管理的部门核准的检验机构进行型式试验。

第二十一条 特种设备出厂时,应当随附安全技术规范要求的设计文件、产品质量合格证明、安装及使用维护保养说明、监督检验证明等相关技术资料和文件,并在特种设备显著位置设置产品铭牌、安全警示标志及其说明。

第二十二条 电梯的安装、改造、修理,必须由电梯制造单位或者其委托的依照本法取得相应许可的单位进行。电梯制造单位委托其他单位进行电梯安装、改造、修理的,应当对其安装、改造、修理进行安全指导和监控,并按照安全技术规范的要求进行校验和调试。电梯制造单位对电梯安全性能负责。

第二十三条 特种设备安装、改造、修理的施工单位应当在施工前将拟进行的特种设备安装、改造、修理情况书面告知直辖市或者设区的市级人民政府负责特种设备安全监督管理的部门。

第二十四条 特种设备安装、改造、修理竣工后,安装、改造、修理的施工单位应当在验收后三十日内将相关技术资料和文件移交特种设备使用单位。特种设备使用单位应当将其存入该特种设备的安全技术档案。

第二十五条 锅炉、压力容器、压力管道元件等特种设备的制造过程和锅炉、压力容器、压力管道、电梯、起重机械、客运索道、大型游乐设施的安装、改造、重大修理过程,应当经特种设备检验机构按照安全技术规范的要求进行监督检验;未经监督检验或者监督检验不合格的,不得出厂或者交付使用。

第二十六条 国家建立缺陷特种设备召回制度。因生产原因造成特种设备存在危及安全的同一性缺陷的,特种设备生产单位应当立即停止生产,主动召回。

国务院负责特种设备安全监督管理的部门发现特种设备存在应当召回而未召回的情形时,应当责令特种设备生产单位召回。

第三节 经　　营

第二十七条 特种设备销售单位销售的特种设备,应当符合安全技术规范及相关标准的要求,其设计文件、产品质量合格证明、安装及使用维护保养说明、监督检验证明等相关技术资料和文件应当齐全。

特种设备销售单位应当建立特种设备检查验收和销售记录制度。

禁止销售未取得许可生产的特种设备,未经检验和检验不合格的特种设备,或者国家明令淘汰和已经报废的特种设备。

第二十八条 特种设备出租单位不得出租未取得许可生产的特种设备或者国家明令淘汰和已经报废的特种设备,以及未按照安全技术规范的要求进行维护保养和未经检验或者检验不合格的特种设备。

第二十九条 特种设备在出租期间的使用管理和维护保养义务由特种设备出租单位承担,法律另有规定或者当事人另有约定的除外。

第三十条 进口的特种设备应当符合我国安全技术规范的要求,并经检验合格;需要取得我国特种设备生产许可的,应当取得许可。

进口特种设备随附的技术资料和文件应当符合本法第二十一条的规定,

其安装及使用维护保养说明、产品铭牌、安全警示标志及其说明应当采用中文。

特种设备的进出口检验，应当遵守有关进出口商品检验的法律、行政法规。

第三十一条 进口特种设备，应当向进口地负责特种设备安全监督管理的部门履行提前告知义务。

第四节 使　　用

第三十二条 特种设备使用单位应当使用取得许可生产并经检验合格的特种设备。

禁止使用国家明令淘汰和已经报废的特种设备。

第三十三条 特种设备使用单位应当在特种设备投入使用前或者投入使用后三十日内，向负责特种设备安全监督管理的部门办理使用登记，取得使用登记证书。登记标志应当置于该特种设备的显著位置。

第三十四条 特种设备使用单位应当建立岗位责任、隐患治理、应急救援等安全管理制度，制定操作规程，保证特种设备安全运行。

第三十五条 特种设备使用单位应当建立特种设备安全技术档案。安全技术档案应当包括以下内容：

（一）特种设备的设计文件、产品质量合格证明、安装及使用维护保养说明、监督检验证明等相关技术资料和文件；

（二）特种设备的定期检验和定期自行检查记录；

（三）特种设备的日常使用状况记录；

（四）特种设备及其附属仪器仪表的维护保养记录；

（五）特种设备的运行故障和事故记录。

第三十六条 电梯、客运索道、大型游乐设施等为公众提供服务的特种设备的运营使用单位，应当对特种设备的使用安全负责，设置特种设备安全管理机构或者配备专职的特种设备安全管理人员；其他特种设备使用单位，应当根据情况设置特种设备安全管理机构或者配备专职、兼职的特种设备安全管理人员。

第三十七条 特种设备的使用应当具有规定的安全距离、安全防护措施。

与特种设备安全相关的建筑物、附属设施，应当符合有关法律、行政法规的规定。

第三十八条 特种设备属于共有的,共有人可以委托物业服务单位或者其他管理人管理特种设备,受托人履行本法规定的特种设备使用单位的义务,承担相应责任。共有人未委托的,由共有人或者实际管理人履行管理义务,承担相应责任。

第三十九条 特种设备使用单位应当对其使用的特种设备进行经常性维护保养和定期自行检查,并作出记录。

特种设备使用单位应当对其使用的特种设备的安全附件、安全保护装置进行定期校验、检修,并作出记录。

第四十条 特种设备使用单位应当按照安全技术规范的要求,在检验合格有效期届满前一个月向特种设备检验机构提出定期检验要求。

特种设备检验机构接到定期检验要求后,应当按照安全技术规范的要求及时进行安全性能检验。特种设备使用单位应当将定期检验标志置于该特种设备的显著位置。

未经定期检验或者检验不合格的特种设备,不得继续使用。

第四十一条 特种设备安全管理人员应当对特种设备使用状况进行经常性检查,发现问题应当立即处理;情况紧急时,可以决定停止使用特种设备并及时报告本单位有关负责人。

特种设备作业人员在作业过程中发现事故隐患或者其他不安全因素,应当立即向特种设备安全管理人员和单位有关负责人报告;特种设备运行不正常时,特种设备作业人员应当按照操作规程采取有效措施保证安全。

第四十二条 特种设备出现故障或者发生异常情况,特种设备使用单位应当对其进行全面检查,消除事故隐患,方可继续使用。

第四十三条 客运索道、大型游乐设施在每日投入使用前,其运营使用单位应当进行试运行和例行安全检查,并对安全附件和安全保护装置进行检查确认。

电梯、客运索道、大型游乐设施的运营使用单位应当将电梯、客运索道、大型游乐设施的安全使用说明、安全注意事项和警示标志置于易于为乘客注意的显著位置。

公众乘坐或者操作电梯、客运索道、大型游乐设施,应当遵守安全使用说明和安全注意事项的要求,服从有关工作人员的管理和指挥;遇有运行不正常时,应当按照安全指引,有序撤离。

第四十四条 锅炉使用单位应当按照安全技术规范的要求进行锅炉水(介)质处理,并接受特种设备检验机构的定期检验。

从事锅炉清洗，应当按照安全技术规范的要求进行，并接受特种设备检验机构的监督检验。

第四十五条 电梯的维护保养应当由电梯制造单位或者依照本法取得许可的安装、改造、修理单位进行。

电梯的维护保养单位应当在维护保养中严格执行安全技术规范的要求，保证其维护保养的电梯的安全性能，并负责落实现场安全防护措施，保证施工安全。

电梯的维护保养单位应当对其维护保养的电梯的安全性能负责；接到故障通知后，应当立即赶赴现场，并采取必要的应急救援措施。

第四十六条 电梯投入使用后，电梯制造单位应当对其制造的电梯的安全运行情况进行跟踪调查和了解，对电梯的维护保养单位或者使用单位在维护保养和安全运行方面存在的问题，提出改进建议，并提供必要的技术帮助；发现电梯存在严重事故隐患时，应当及时告知电梯使用单位，并向负责特种设备安全监督管理的部门报告。电梯制造单位对调查和了解的情况，应当作出记录。

第四十七条 特种设备进行改造、修理，按照规定需要变更使用登记的，应当办理变更登记，方可继续使用。

第四十八条 特种设备存在严重事故隐患，无改造、修理价值，或者达到安全技术规范规定的其他报废条件的，特种设备使用单位应当依法履行报废义务，采取必要措施消除该特种设备的使用功能，并向原登记的负责特种设备安全监督管理的部门办理使用登记证书注销手续。

前款规定报废条件以外的特种设备，达到设计使用年限可以继续使用的，应当按照安全技术规范的要求通过检验或者安全评估，并办理使用登记证书变更，方可继续使用。允许继续使用的，应当采取加强检验、检测和维护保养等措施，确保使用安全。

第四十九条 移动式压力容器、气瓶充装单位，应当具备下列条件，并经负责特种设备安全监督管理的部门许可，方可从事充装活动：

（一）有与充装和管理相适应的管理人员和技术人员；

（二）有与充装和管理相适应的充装设备、检测手段、场地厂房、器具、安全设施；

（三）有健全的充装管理制度、责任制度、处理措施。

充装单位应当建立充装前后的检查、记录制度，禁止对不符合安全技术规范要求的移动式压力容器和气瓶进行充装。

气瓶充装单位应当向气体使用者提供符合安全技术规范要求的气瓶,对气体使用者进行气瓶安全使用指导,并按照安全技术规范的要求办理气瓶使用登记,及时申报定期检验。

第三章 检 验、检 测

第五十条 从事本法规定的监督检验、定期检验的特种设备检验机构,以及为特种设备生产、经营、使用提供检测服务的特种设备检测机构,应当具备下列条件,并经负责特种设备安全监督管理的部门核准,方可从事检验、检测工作:

(一)有与检验、检测工作相适应的检验、检测人员;
(二)有与检验、检测工作相适应的检验、检测仪器和设备;
(三)有健全的检验、检测管理制度和责任制度。

第五十一条 特种设备检验、检测机构的检验、检测人员应当经考核,取得检验、检测人员资格,方可从事检验、检测工作。

特种设备检验、检测机构的检验、检测人员不得同时在两个以上检验、检测机构中执业;变更执业机构的,应当依法办理变更手续。

第五十二条 特种设备检验、检测工作应当遵守法律、行政法规的规定,并按照安全技术规范的要求进行。

特种设备检验、检测机构及其检验、检测人员应当依法为特种设备生产、经营、使用单位提供安全、可靠、便捷、诚信的检验、检测服务。

第五十三条 特种设备检验、检测机构及其检验、检测人员应当客观、公正、及时地出具检验、检测报告,并对检验、检测结果和鉴定结论负责。

特种设备检验、检测机构及其检验、检测人员在检验、检测中发现特种设备存在严重事故隐患时,应当及时告知相关单位,并立即向负责特种设备安全监督管理的部门报告。

负责特种设备安全监督管理的部门应当组织对特种设备检验、检测机构的检验、检测结果和鉴定结论进行监督抽查,但应当防止重复抽查。监督抽查结果应当向社会公布。

第五十四条 特种设备生产、经营、使用单位应当按照安全技术规范的要求向特种设备检验、检测机构及其检验、检测人员提供特种设备相关资料和必要的检验、检测条件,并对资料的真实性负责。

第五十五条 特种设备检验、检测机构及其检验、检测人员对检验、检测过程中知悉的商业秘密，负有保密义务。

特种设备检验、检测机构及其检验、检测人员不得从事有关特种设备的生产、经营活动，不得推荐或者监制、监销特种设备。

第五十六条 特种设备检验机构及其检验人员利用检验工作故意刁难特种设备生产、经营、使用单位的，特种设备生产、经营、使用单位有权向负责特种设备安全监督管理的部门投诉，接到投诉的部门应当及时进行调查处理。

第四章 监 督 管 理

第五十七条 负责特种设备安全监督管理的部门依照本法规定，对特种设备生产、经营、使用单位和检验、检测机构实施监督检查。

负责特种设备安全监督管理的部门应当对学校、幼儿园以及医院、车站、客运码头、商场、体育场馆、展览馆、公园等公众聚集场所的特种设备，实施重点安全监督检查。

第五十八条 负责特种设备安全监督管理的部门实施本法规定的许可工作，应当依照本法和其他有关法律、行政法规规定的条件和程序以及安全技术规范的要求进行审查；不符合规定的，不得许可。

第五十九条 负责特种设备安全监督管理的部门在办理本法规定的许可时，其受理、审查、许可的程序必须公开，并应当自受理申请之日起三十日内，作出许可或者不予许可的决定；不予许可的，应当书面向申请人说明理由。

第六十条 负责特种设备安全监督管理的部门对依法办理使用登记的特种设备应当建立完整的监督管理档案和信息查询系统；对达到报废条件的特种设备，应当及时督促特种设备使用单位依法履行报废义务。

第六十一条 负责特种设备安全监督管理的部门在依法履行监督检查职责时，可以行使下列职权：

（一）进入现场进行检查，向特种设备生产、经营、使用单位和检验、检测机构的主要负责人和其他有关人员调查、了解有关情况；

（二）根据举报或者取得的涉嫌违法证据，查阅、复制特种设备生产、经营、使用单位和检验、检测机构的有关合同、发票、账簿以及其他有关资料；

（三）对有证据表明不符合安全技术规范要求或者存在严重事故隐患的特种设备实施查封、扣押；

(四)对流入市场的达到报废条件或者已经报废的特种设备实施查封、扣押;

(五)对违反本法规定的行为作出行政处罚决定。

第六十二条 负责特种设备安全监督管理的部门在依法履行职责过程中,发现违反本法规定和安全技术规范要求的行为或者特种设备存在事故隐患时,应当以书面形式发出特种设备安全监察指令,责令有关单位及时采取措施予以改正或者消除事故隐患。紧急情况下要求有关单位采取紧急处置措施的,应当随后补发特种设备安全监察指令。

第六十三条 负责特种设备安全监督管理的部门在依法履行职责过程中,发现重大违法行为或者特种设备存在严重事故隐患时,应当责令有关单位立即停止违法行为、采取措施消除事故隐患,并及时向上级负责特种设备安全监督管理的部门报告。接到报告的负责特种设备安全监督管理的部门应当采取必要措施,及时予以处理。

对违法行为、严重事故隐患的处理需要当地人民政府和有关部门的支持、配合时,负责特种设备安全监督管理的部门应当报告当地人民政府,并通知其他有关部门。当地人民政府和其他有关部门应当采取必要措施,及时予以处理。

第六十四条 地方各级人民政府负责特种设备安全监督管理的部门不得要求已经依照本法规定在其他地方取得许可的特种设备生产单位重复取得许可,不得要求对已经依照本法规定在其他地方检验合格的特种设备重复进行检验。

第六十五条 负责特种设备安全监督管理的部门的安全监察人员应当熟悉相关法律、法规,具有相应的专业知识和工作经验,取得特种设备安全行政执法证件。

特种设备安全监察人员应当忠于职守、坚持原则、秉公执法。

负责特种设备安全监督管理的部门实施安全监督检查时,应当有二名以上特种设备安全监察人员参加,并出示有效的特种设备安全行政执法证件。

第六十六条 负责特种设备安全监督管理的部门对特种设备生产、经营、使用单位和检验、检测机构实施监督检查,应当对每次监督检查的内容、发现的问题及处理情况作出记录,并由参加监督检查的特种设备安全监察人员和被检查单位的有关负责人签字后归档。被检查单位的有关负责人拒绝签字的,特种设备安全监察人员应当将情况记录在案。

第六十七条 负责特种设备安全监督管理的部门及其工作人员不得推荐

或者监制、监销特种设备；对履行职责过程中知悉的商业秘密负有保密义务。

第六十八条　国务院负责特种设备安全监督管理的部门和省、自治区、直辖市人民政府负责特种设备安全监督管理的部门应当定期向社会公布特种设备安全总体状况。

第五章　事故应急救援与调查处理

第六十九条　国务院负责特种设备安全监督管理的部门应当依法组织制定特种设备重特大事故应急预案，报国务院批准后纳入国家突发事件应急预案体系。

县级以上地方各级人民政府及其负责特种设备安全监督管理的部门应当依法组织制定本行政区域内特种设备事故应急预案，建立或者纳入相应的应急处置与救援体系。

特种设备使用单位应当制定特种设备事故应急专项预案，并定期进行应急演练。

第七十条　特种设备发生事故后，事故发生单位应当按照应急预案采取措施，组织抢救，防止事故扩大，减少人员伤亡和财产损失，保护事故现场和有关证据，并及时向事故发生地县级以上人民政府负责特种设备安全监督管理的部门和有关部门报告。

县级以上人民政府负责特种设备安全监督管理的部门接到事故报告，应当尽快核实情况，立即向本级人民政府报告，并按照规定逐级上报。必要时，负责特种设备安全监督管理的部门可以越级上报事故情况。对特别重大事故、重大事故，国务院负责特种设备安全监督管理的部门应当立即报告国务院并通报国务院安全生产监督管理部门等有关部门。

与事故相关的单位和人员不得迟报、谎报或者瞒报事故情况，不得隐匿、毁灭有关证据或者故意破坏事故现场。

第七十一条　事故发生地人民政府接到事故报告，应当依法启动应急预案，采取应急处置措施，组织应急救援。

第七十二条　特种设备发生特别重大事故，由国务院或者国务院授权有关部门组织事故调查组进行调查。

发生重大事故，由国务院负责特种设备安全监督管理的部门会同有关部门组织事故调查组进行调查。

发生较大事故，由省、自治区、直辖市人民政府负责特种设备安全监督管理的部门会同有关部门组织事故调查组进行调查。

发生一般事故，由设区的市级人民政府负责特种设备安全监督管理的部门会同有关部门组织事故调查组进行调查。

事故调查组应当依法、独立、公正开展调查，提出事故调查报告。

第七十三条 组织事故调查的部门应当将事故调查报告报本级人民政府，并报上一级人民政府负责特种设备安全监督管理的部门备案。有关部门和单位应当依照法律、行政法规的规定，追究事故责任单位和人员的责任。

事故责任单位应当依法落实整改措施，预防同类事故发生。事故造成损害的，事故责任单位应当依法承担赔偿责任。

第六章 法 律 责 任

第七十四条 违反本法规定，未经许可从事特种设备生产活动的，责令停止生产，没收违法制造的特种设备，处十万元以上五十万元以下罚款；有违法所得的，没收违法所得；已经实施安装、改造、修理的，责令恢复原状或者责令限期由取得许可的单位重新安装、改造、修理。

第七十五条 违反本法规定，特种设备的设计文件未经鉴定，擅自用于制造的，责令改正，没收违法制造的特种设备，处五万元以上五十万元以下罚款。

第七十六条 违反本法规定，未进行型式试验的，责令限期改正；逾期未改正的，处三万元以上三十万元以下罚款。

第七十七条 违反本法规定，特种设备出厂时，未按照安全技术规范的要求随附相关技术资料和文件的，责令限期改正；逾期未改正的，责令停止制造、销售，处二万元以上二十万元以下罚款；有违法所得的，没收违法所得。

第七十八条 违反本法规定，特种设备安装、改造、修理的施工单位在施工前未书面告知负责特种设备安全监督管理的部门即行施工的，或者在验收后三十日内未将相关技术资料和文件移交特种设备使用单位的，责令限期改正；逾期未改正的，处一万元以上十万元以下罚款。

第七十九条 违反本法规定，特种设备的制造、安装、改造、重大修理以及锅炉清洗过程，未经监督检验的，责令限期改正；逾期未改正的，处五万元以上二十万元以下罚款；有违法所得的，没收违法所得；情节严重的，吊销生产许可证。

第八十条 违反本法规定，电梯制造单位有下列情形之一的，责令限期改正；逾期未改正的，处一万元以上十万元以下罚款：

（一）未按照安全技术规范的要求对电梯进行校验、调试的；

（二）对电梯的安全运行情况进行跟踪调查和了解时，发现存在严重事故隐患，未及时告知电梯使用单位并向负责特种设备安全监督管理的部门报告的。

第八十一条 违反本法规定，特种设备生产单位有下列行为之一的，责令限期改正；逾期未改正的，责令停止生产，处五万元以上五十万元以下罚款；情节严重的，吊销生产许可证：

（一）不再具备生产条件、生产许可证已经过期或者超出许可范围生产的；

（二）明知特种设备存在同一性缺陷，未立即停止生产并召回的。

违反本法规定，特种设备生产单位生产、销售、交付国家明令淘汰的特种设备的，责令停止生产、销售，没收违法生产、销售、交付的特种设备，处三万元以上三十万元以下罚款；有违法所得的，没收违法所得。

特种设备生产单位涂改、倒卖、出租、出借生产许可证的，责令停止生产，处五万元以上五十万元以下罚款；情节严重的，吊销生产许可证。

第八十二条 违反本法规定，特种设备经营单位有下列行为之一的，责令停止经营，没收违法经营的特种设备，处三万元以上三十万元以下罚款；有违法所得的，没收违法所得：

（一）销售、出租未取得许可生产，未经检验或者检验不合格的特种设备的；

（二）销售、出租国家明令淘汰、已经报废的特种设备，或者未按照安全技术规范的要求进行维护保养的特种设备的。

违反本法规定，特种设备销售单位未建立检查验收和销售记录制度，或者进口特种设备未履行提前告知义务的，责令改正，处一万元以上十万元以下罚款。

特种设备生产单位销售、交付未经检验或者检验不合格的特种设备的，依照本条第一款规定处罚；情节严重的，吊销生产许可证。

第八十三条 违反本法规定，特种设备使用单位有下列行为之一的，责令限期改正；逾期未改正的，责令停止使用有关特种设备，处一万元以上十万元以下罚款：

（一）使用特种设备未按照规定办理使用登记的；

（二）未建立特种设备安全技术档案或者安全技术档案不符合规定要求，或者未依法设置使用登记标志、定期检验标志的；

（三）未对其使用的特种设备进行经常性维护保养和定期自行检查，或者未对其使用的特种设备的安全附件、安全保护装置进行定期校验、检修，并作出记录的；

（四）未按照安全技术规范的要求及时申报并接受检验的；

（五）未按照安全技术规范的要求进行锅炉水（介）质处理的；

（六）未制定特种设备事故应急专项预案的。

第八十四条 违反本法规定，特种设备使用单位有下列行为之一的，责令停止使用有关特种设备，处三万元以上三十万元以下罚款：

（一）使用未取得许可生产，未经检验或者检验不合格的特种设备，或者国家明令淘汰、已经报废的特种设备的；

（二）特种设备出现故障或者发生异常情况，未对其进行全面检查、消除事故隐患，继续使用的；

（三）特种设备存在严重事故隐患，无改造、修理价值，或者达到安全技术规范规定的其他报废条件，未依法履行报废义务，并办理使用登记证书注销手续的。

第八十五条 违反本法规定，移动式压力容器、气瓶充装单位有下列行为之一的，责令改正，处二万元以上二十万元以下罚款；情节严重的，吊销充装许可证：

（一）未按照规定实施充装前后的检查、记录制度的；

（二）对不符合安全技术规范要求的移动式压力容器和气瓶进行充装的。

违反本法规定，未经许可，擅自从事移动式压力容器或者气瓶充装活动的，予以取缔，没收违法充装的气瓶，处十万元以上五十万元以下罚款；有违法所得的，没收违法所得。

第八十六条 违反本法规定，特种设备生产、经营、使用单位有下列情形之一的，责令限期改正；逾期未改正的，责令停止使用有关特种设备或者停产停业整顿，处一万元以上五万元以下罚款：

（一）未配备具有相应资格的特种设备安全管理人员、检测人员和作业人员的；

（二）使用未取得相应资格的人员从事特种设备安全管理、检测和作业的；

（三）未对特种设备安全管理人员、检测人员和作业人员进行安全教育和技能培训的。

第八十七条　违反本法规定，电梯、客运索道、大型游乐设施的运营使用单位有下列情形之一的，责令限期改正；逾期未改正的，责令停止使用有关特种设备或者停产停业整顿，处二万元以上十万元以下罚款：

（一）未设置特种设备安全管理机构或者配备专职的特种设备安全管理人员的；

（二）客运索道、大型游乐设施每日投入使用前，未进行试运行和例行安全检查，未对安全附件和安全保护装置进行检查确认的；

（三）未将电梯、客运索道、大型游乐设施的安全使用说明、安全注意事项和警示标志置于易于为乘客注意的显著位置的。

第八十八条　违反本法规定，未经许可，擅自从事电梯维护保养的，责令停止违法行为，处一万元以上十万元以下罚款；有违法所得的，没收违法所得。

电梯的维护保养单位未按照本法规定以及安全技术规范的要求，进行电梯维护保养的，依照前款规定处罚。

第八十九条　发生特种设备事故，有下列情形之一的，对单位处五万元以上二十万元以下罚款；对主要负责人处一万元以上五万元以下罚款；主要负责人属于国家工作人员的，并依法给予处分：

（一）发生特种设备事故时，不立即组织抢救或者在事故调查处理期间擅离职守或者逃匿的；

（二）对特种设备事故迟报、谎报或者瞒报的。

第九十条　发生事故，对负有责任的单位除要求其依法承担相应的赔偿等责任外，依照下列规定处以罚款：

（一）发生一般事故，处十万元以上二十万元以下罚款；

（二）发生较大事故，处二十万元以上五十万元以下罚款；

（三）发生重大事故，处五十万元以上二百万元以下罚款。

第九十一条　对事故发生负有责任的单位的主要负责人未依法履行职责或者负有领导责任的，依照下列规定处以罚款；属于国家工作人员的，并依法给予处分：

（一）发生一般事故，处上一年年收入百分之三十的罚款；

（二）发生较大事故，处上一年年收入百分之四十的罚款；

（三）发生重大事故，处上一年年收入百分之六十的罚款。

第九十二条 违反本法规定，特种设备安全管理人员、检测人员和作业人员不履行岗位职责，违反操作规程和有关安全规章制度，造成事故的，吊销相关人员的资格。

第九十三条 违反本法规定，特种设备检验、检测机构及其检验、检测人员有下列行为之一的，责令改正，对机构处五万元以上二十万元以下罚款，对直接负责的主管人员和其他直接责任人员处五千元以上五万元以下罚款；情节严重的，吊销机构资质和有关人员的资格：

（一）未经核准或者超出核准范围、使用未取得相应资格的人员从事检验、检测的；

（二）未按照安全技术规范的要求进行检验、检测的；

（三）出具虚假的检验、检测结果和鉴定结论或者检验、检测结果和鉴定结论严重失实的；

（四）发现特种设备存在严重事故隐患，未及时告知相关单位，并立即向负责特种设备安全监督管理的部门报告的；

（五）泄露检验、检测过程中知悉的商业秘密的；

（六）从事有关特种设备的生产、经营活动的；

（七）推荐或者监制、监销特种设备的；

（八）利用检验工作故意刁难相关单位的。

违反本法规定，特种设备检验、检测机构的检验、检测人员同时在两个以上检验、检测机构中执业的，处五千元以上五万元以下罚款；情节严重的，吊销其资格。

第九十四条 违反本法规定，负责特种设备安全监督管理的部门及其工作人员有下列行为之一的，由上级机关责令改正；对直接负责的主管人员和其他直接责任人员，依法给予处分：

（一）未依照法律、行政法规规定的条件、程序实施许可的；

（二）发现未经许可擅自从事特种设备的生产、使用或者检验、检测活动不予取缔或者不依法予以处理的；

（三）发现特种设备生产单位不再具备本法规定的条件而不吊销其许可证，或者发现特种设备生产、经营、使用违法行为不予查处的；

（四）发现特种设备检验、检测机构不再具备本法规定的条件而不撤销其核准，或者对其出具虚假的检验、检测结果和鉴定结论或者检验、检测结果和鉴定结论严重失实的行为不予查处的；

（五）发现违反本法规定和安全技术规范要求的行为或者特种设备存

事故隐患，不立即处理的；

（六）发现重大违法行为或者特种设备存在严重事故隐患，未及时向上级负责特种设备安全监督管理的部门报告，或者接到报告的负责特种设备安全监督管理的部门不立即处理的；

（七）要求已经依照本法规定在其他地方取得许可的特种设备生产单位重复取得许可，或者要求对已经依照本法规定在其他地方检验合格的特种设备重复进行检验的；

（八）推荐或者监制、监销特种设备的；

（九）泄露履行职责过程中知悉的商业秘密的；

（十）接到特种设备事故报告未立即向本级人民政府报告，并按照规定上报的；

（十一）迟报、漏报、谎报或者瞒报事故的；

（十二）妨碍事故救援或者事故调查处理的；

（十三）其他滥用职权、玩忽职守、徇私舞弊的行为。

第九十五条 违反本法规定，特种设备生产、经营、使用单位或者检验、检测机构拒不接受负责特种设备安全监督管理的部门依法实施的监督检查的，责令限期改正；逾期未改正的，责令停产停业整顿，处二万元以上二十万元以下罚款。

特种设备生产、经营、使用单位擅自动用、调换、转移、损毁被查封、扣押的特种设备或者其主要部件的，责令改正，处五万元以上二十万元以下罚款；情节严重的，吊销生产许可证，注销特种设备使用登记证书。

第九十六条 违反本法规定，被依法吊销许可证的，自吊销许可证之日起三年内，负责特种设备安全监督管理的部门不予受理其新的许可申请。

第九十七条 违反本法规定，造成人身、财产损害的，依法承担民事责任。

违反本法规定，应当承担民事赔偿责任和缴纳罚款、罚金，其财产不足以同时支付时，先承担民事赔偿责任。

第九十八条 违反本法规定，构成违反治安管理行为的，依法给予治安管理处罚；构成犯罪的，依法追究刑事责任。

第七章 附 则

第九十九条 特种设备行政许可、检验的收费，依照法律、行政法规的规定执行。

第一百条 军事装备、核设施、航空航天器使用的特种设备安全的监督管理不适用本法。

铁路机车、海上设施和船舶、矿山井下使用的特种设备以及民用机场专用设备安全的监督管理，房屋建筑工地、市政工程工地用起重机械和场（厂）内专用机动车辆的安装、使用的监督管理，由有关部门依照本法和其他有关法律的规定实施。

第一百零一条 本法自 2014 年 1 月 1 日起施行。

中华人民共和国突发事件应对法

（2007年8月30日第十届全国人民代表大会常务委员会第二十九次会议通过，2007年8月30日中华人民共和国主席令第六十九号公布，自2007年11月1日起施行）

第一章 总 则

第一条 为了预防和减少突发事件的发生，控制、减轻和消除突发事件引起的严重社会危害，规范突发事件应对活动，保护人民生命财产安全，维护国家安全、公共安全、环境安全和社会秩序，制定本法。

第二条 突发事件的预防与应急准备、监测与预警、应急处置与救援、事后恢复与重建等应对活动，适用本法。

第三条 本法所称突发事件，是指突然发生，造成或者可能造成严重社会危害，需要采取应急处置措施予以应对的自然灾害、事故灾难、公共卫生事件和社会安全事件。

按照社会危害程度、影响范围等因素，自然灾害、事故灾难、公共卫生事件分为特别重大、重大、较大和一般四级。法律、行政法规或者国务院另有规定的，从其规定。

突发事件的分级标准由国务院或者国务院确定的部门制定。

第四条 国家建立统一领导、综合协调、分类管理、分级负责、属地管理为主的应急管理体制。

第五条 突发事件应对工作实行预防为主、预防与应急相结合的原则。国家建立重大突发事件风险评估体系，对可能发生的突发事件进行综合性评估，减少重大突发事件的发生，最大限度地减轻重大突发事件的影响。

第六条 国家建立有效的社会动员机制，增强全民的公共安全和防范风险的意识，提高全社会的避险救助能力。

第七条 县级人民政府对本行政区域内突发事件的应对工作负责；涉及两个以上行政区域的，由有关行政区域共同的上一级人民政府负责，或者由各有关行政区域的上一级人民政府共同负责。

突发事件发生后,发生地县级人民政府应当立即采取措施控制事态发展,组织开展应急救援和处置工作,并立即向上一级人民政府报告,必要时可以越级上报。

突发事件发生地县级人民政府不能消除或者不能有效控制突发事件引起的严重社会危害的,应当及时向上级人民政府报告。上级人民政府应当及时采取措施,统一领导应急处置工作。

法律、行政法规规定由国务院有关部门对突发事件的应对工作负责的,从其规定;地方人民政府应当积极配合并提供必要的支持。

第八条 国务院在总理领导下研究、决定和部署特别重大突发事件的应对工作;根据实际需要,设立国家突发事件应急指挥机构,负责突发事件应对工作;必要时,国务院可以派出工作组指导有关工作。

县级以上地方各级人民政府设立由本级人民政府主要负责人、相关部门负责人、驻当地中国人民解放军和中国人民武装警察部队有关负责人组成的突发事件应急指挥机构,统一领导、协调本级人民政府各有关部门和下级人民政府开展突发事件应对工作;根据实际需要,设立相关类别突发事件应急指挥机构,组织、协调、指挥突发事件应对工作。

上级人民政府主管部门应当在各自职责范围内,指导、协助下级人民政府及其相应部门做好有关突发事件的应对工作。

第九条 国务院和县级以上地方各级人民政府是突发事件应对工作的行政领导机关,其办事机构及具体职责由国务院规定。

第十条 有关人民政府及其部门作出的应对突发事件的决定、命令,应当及时公布。

第十一条 有关人民政府及其部门采取的应对突发事件的措施,应当与突发事件可能造成的社会危害的性质、程度和范围相适应;有多种措施可供选择的,应当选择有利于最大程度地保护公民、法人和其他组织权益的措施。

公民、法人和其他组织有义务参与突发事件应对工作。

第十二条 有关人民政府及其部门为应对突发事件,可以征用单位和个人的财产。被征用的财产在使用完毕或者突发事件应急处置工作结束后,应当及时返还。财产被征用或者征用后毁损、灭失的,应当给予补偿。

第十三条 因采取突发事件应对措施,诉讼、行政复议、仲裁活动不能正常进行的,适用有关时效中止和程序中止的规定,但法律另有规定的除外。

第十四条 中国人民解放军、中国人民武装警察部队和民兵组织依照本法和其他有关法律、行政法规、军事法规的规定以及国务院、中央军事委员会的命令，参加突发事件的应急救援和处置工作。

第十五条 中华人民共和国政府在突发事件的预防、监测与预警、应急处置与救援、事后恢复与重建等方面，同外国政府和有关国际组织开展合作与交流。

第十六条 县级以上人民政府作出应对突发事件的决定、命令，应当报本级人民代表大会常务委员会备案；突发事件应急处置工作结束后，应当向本级人民代表大会常务委员会作出专项工作报告。

第二章 预防与应急准备

第十七条 国家建立健全突发事件应急预案体系。

国务院制定国家突发事件总体应急预案，组织制定国家突发事件专项应急预案；国务院有关部门根据各自的职责和国务院相关应急预案，制定国家突发事件部门应急预案。

地方各级人民政府和县级以上地方各级人民政府有关部门根据有关法律、法规、规章、上级人民政府及其有关部门的应急预案以及本地区的实际情况，制定相应的突发事件应急预案。

应急预案制定机关应当根据实际需要和情势变化，适时修订应急预案。应急预案的制定、修订程序由国务院规定。

第十八条 应急预案应当根据本法和其他有关法律、法规的规定，针对突发事件的性质、特点和可能造成的社会危害，具体规定突发事件应急管理工作的组织指挥体系与职责和突发事件的预防与预警机制、处置程序、应急保障措施以及事后恢复与重建措施等内容。

第十九条 城乡规划应当符合预防、处置突发事件的需要，统筹安排应对突发事件所必需的设备和基础设施建设，合理确定应急避难场所。

第二十条 县级人民政府应当对本行政区域内容易引发自然灾害、事故灾难和公共卫生事件的危险源、危险区域进行调查、登记、风险评估，定期进行检查、监控，并责令有关单位采取安全防范措施。

省级和设区的市级人民政府应当对本行政区域内容易引发特别重大、重大突发事件的危险源、危险区域进行调查、登记、风险评估，组织进行检查、监控，并责令有关单位采取安全防范措施。

县级以上地方各级人民政府按照本法规定登记的危险源、危险区域，应当按照国家规定及时向社会公布。

第二十一条 县级人民政府及其有关部门、乡级人民政府、街道办事处、居民委员会、村民委员会应当及时调解处理可能引发社会安全事件的矛盾纠纷。

第二十二条 所有单位应当建立健全安全管理制度，定期检查本单位各项安全防范措施的落实情况，及时消除事故隐患；掌握并及时处理本单位存在的可能引发社会安全事件的问题，防止矛盾激化和事态扩大；对本单位可能发生的突发事件和采取安全防范措施的情况，应当按照规定及时向所在地人民政府或者人民政府有关部门报告。

第二十三条 矿山、建筑施工单位和易燃易爆物品、危险化学品、放射性物品等危险物品的生产、经营、储运、使用单位，应当制定具体应急预案，并对生产经营场所、有危险物品的建筑物、构筑物及周边环境开展隐患排查，及时采取措施消除隐患，防止发生突发事件。

第二十四条 公共交通工具、公共场所和其他人员密集场所的经营单位或者管理单位应当制定具体应急预案，为交通工具和有关场所配备报警装置和必要的应急救援设备、设施，注明其使用方法，并显著标明安全撤离的通道、路线，保证安全通道、出口的畅通。

有关单位应当定期检测、维护其报警装置和应急救援设备、设施，使其处于良好状态，确保正常使用。

第二十五条 县级以上人民政府应当建立健全突发事件应急管理培训制度，对人民政府及其有关部门负有处置突发事件职责的工作人员定期进行培训。

第二十六条 县级以上人民政府应当整合应急资源，建立或者确定综合性应急救援队伍。人民政府有关部门可以根据实际需要设立专业应急救援队伍。

县级以上人民政府及其有关部门可以建立由成年志愿者组成的应急救援队伍。单位应当建立由本单位职工组成的专职或者兼职应急救援队伍。

县级以上人民政府应当加强专业应急救援队伍与非专业应急救援队伍的合作，联合培训、联合演练，提高合成应急、协同应急的能力。

第二十七条 国务院有关部门、县级以上地方各级人民政府及其有关部门、有关单位应当为专业应急救援人员购买人身意外伤害保险，配备必要的防护装备和器材，减少应急救援人员的人身风险。

第二十八条 中国人民解放军、中国人民武装警察部队和民兵组织应当有计划地组织开展应急救援的专门训练。

第二十九条 县级人民政府及其有关部门、乡级人民政府、街道办事处应当组织开展应急知识的宣传普及活动和必要的应急演练。

居民委员会、村民委员会、企业事业单位应当根据所在地人民政府的要求，结合各自的实际情况，开展有关突发事件应急知识的宣传普及活动和必要的应急演练。

新闻媒体应当无偿开展突发事件预防与应急、自救与互救知识的公益宣传。

第三十条 各级各类学校应当把应急知识教育纳入教学内容，对学生进行应急知识教育，培养学生的安全意识和自救与互救能力。

教育主管部门应当对学校开展应急知识教育进行指导和监督。

第三十一条 国务院和县级以上地方各级人民政府应当采取财政措施，保障突发事件应对工作所需经费。

第三十二条 国家建立健全应急物资储备保障制度，完善重要应急物资的监管、生产、储备、调拨和紧急配送体系。

设区的市级以上人民政府和突发事件易发、多发地区的县级人民政府应当建立应急救援物资、生活必需品和应急处置装备的储备制度。

县级以上地方各级人民政府应当根据本地区的实际情况，与有关企业签订协议，保障应急救援物资、生活必需品和应急处置装备的生产、供给。

第三十三条 国家建立健全应急通信保障体系，完善公用通信网，建立有线与无线相结合、基础电信网络与机动通信系统相配套的应急通信系统，确保突发事件应对工作的通信畅通。

第三十四条 国家鼓励公民、法人和其他组织为人民政府应对突发事件工作提供物资、资金、技术支持和捐赠。

第三十五条 国家发展保险事业，建立国家财政支持的巨灾风险保险体系，并鼓励单位和公民参加保险。

第三十六条 国家鼓励、扶持具备相应条件的教学科研机构培养应急管理专门人才，鼓励、扶持教学科研机构和有关企业研究开发用于突发事件预防、监测、预警、应急处置与救援的新技术、新设备和新工具。

第三章 监测与预警

第三十七条 国务院建立全国统一的突发事件信息系统。

县级以上地方各级人民政府应当建立或者确定本地区统一的突发事件信

息系统，汇集、储存、分析、传输有关突发事件的信息，并与上级人民政府及其有关部门、下级人民政府及其有关部门、专业机构和监测网点的突发事件信息系统实现互联互通，加强跨部门、跨地区的信息交流与情报合作。

第三十八条　县级以上人民政府及其有关部门、专业机构应当通过多种途径收集突发事件信息。

县级人民政府应当在居民委员会、村民委员会和有关单位建立专职或者兼职信息报告员制度。

获悉突发事件信息的公民、法人或者其他组织，应当立即向所在地人民政府、有关主管部门或者指定的专业机构报告。

第三十九条　地方各级人民政府应当按照国家有关规定向上级人民政府报送突发事件信息。县级以上人民政府有关主管部门应当向本级人民政府相关部门通报突发事件信息。专业机构、监测网点和信息报告员应当及时向所在地人民政府及其有关主管部门报告突发事件信息。

有关单位和人员报送、报告突发事件信息，应当做到及时、客观、真实，不得迟报、谎报、瞒报、漏报。

第四十条　县级以上地方各级人民政府应当及时汇总分析突发事件隐患和预警信息，必要时组织相关部门、专业技术人员、专家学者进行会商，对发生突发事件的可能性及其可能造成的影响进行评估；认为可能发生重大或者特别重大突发事件的，应当立即向上级人民政府报告，并向上级人民政府有关部门、当地驻军和可能受到危害的毗邻或者相关地区的人民政府通报。

第四十一条　国家建立健全突发事件监测制度。

县级以上人民政府及其有关部门应当根据自然灾害、事故灾难和公共卫生事件的种类和特点，建立健全基础信息数据库，完善监测网络，划分监测区域，确定监测点，明确监测项目，提供必要的设备、设施，配备专职或者兼职人员，对可能发生的突发事件进行监测。

第四十二条　国家建立健全突发事件预警制度。

可以预警的自然灾害、事故灾难和公共卫生事件的预警级别，按照突发事件发生的紧急程度、发展势态和可能造成的危害程度分为一级、二级、三级和四级，分别用红色、橙色、黄色和蓝色标示，一级为最高级别。

预警级别的划分标准由国务院或者国务院确定的部门制定。

第四十三条　可以预警的自然灾害、事故灾难或者公共卫生事件即将发生或者发生的可能性增大时，县级以上地方各级人民政府应当根据有关法律、行政法规和国务院规定的权限和程序，发布相应级别的警报，决定并宣布有关地区进入预警期，同时向上一级人民政府报告，必要时可以越级上报，并向当地驻军和可能受到危害的毗邻或者相关地区的人民政府通报。

第四十四条 发布三级、四级警报，宣布进入预警期后，县级以上地方各级人民政府应当根据即将发生的突发事件的特点和可能造成的危害，采取下列措施：

（一）启动应急预案；

（二）责令有关部门、专业机构、监测网点和负有特定职责的人员及时收集、报告有关信息，向社会公布反映突发事件信息的渠道，加强对突发事件发生、发展情况的监测、预报和预警工作；

（三）组织有关部门和机构、专业技术人员、有关专家学者，随时对突发事件信息进行分析评估，预测发生突发事件可能性的大小、影响范围和强度以及可能发生的突发事件的级别；

（四）定时向社会发布与公众有关的突发事件预测信息和分析评估结果，并对相关信息的报道工作进行管理；

（五）及时按照有关规定向社会发布可能受到突发事件危害的警告，宣传避免、减轻危害的常识，公布咨询电话。

第四十五条 发布一级、二级警报，宣布进入预警期后，县级以上地方各级人民政府除采取本法第四十四条规定的措施外，还应当针对即将发生的突发事件的特点和可能造成的危害，采取下列一项或者多项措施：

（一）责令应急救援队伍、负有特定职责的人员进入待命状态，并动员后备人员做好参加应急救援和处置工作的准备；

（二）调集应急救援所需物资、设备、工具，准备应急设施和避难场所，并确保其处于良好状态、随时可以投入正常使用；

（三）加强对重点单位、重要部位和重要基础设施的安全保卫，维护社会治安秩序；

（四）采取必要措施，确保交通、通信、供水、排水、供电、供气、供热等公共设施的安全和正常运行；

（五）及时向社会发布有关采取特定措施避免或者减轻危害的建议、劝告；

（六）转移、疏散或者撤离易受突发事件危害的人员并予以妥善安置，转移重要财产；

（七）关闭或者限制使用易受突发事件危害的场所，控制或者限制容易

导致危害扩大的公共场所的活动;

（八）法律、法规、规章规定的其他必要的防范性、保护性措施。

第四十六条 对即将发生或者已经发生的社会安全事件,县级以上地方各级人民政府及其有关主管部门应当按照规定向上一级人民政府及其有关主管部门报告,必要时可以越级上报。

第四十七条 发布突发事件警报的人民政府应当根据事态的发展,按照有关规定适时调整预警级别并重新发布。

有事实证明不可能发生突发事件或者危险已经解除的,发布警报的人民政府应当立即宣布解除警报,终止预警期,并解除已经采取的有关措施。

第四章　应急处置与救援

第四十八条 突发事件发生后,履行统一领导职责或者组织处置突发事件的人民政府应当针对其性质、特点和危害程度,立即组织有关部门,调动应急救援队伍和社会力量,依照本章的规定和有关法律、法规、规章的规定采取应急处置措施。

第四十九条 自然灾害、事故灾难或者公共卫生事件发生后,履行统一领导职责的人民政府可以采取下列一项或者多项应急处置措施：

（一）组织营救和救治受害人员,疏散、撤离并妥善安置受到威胁的人员以及采取其他救助措施；

（二）迅速控制危险源,标明危险区域,封锁危险场所,划定警戒区,实行交通管制以及其他控制措施；

（三）立即抢修被损坏的交通、通信、供水、排水、供电、供气、供热等公共设施,向受到危害的人员提供避难场所和生活必需品,实施医疗救护和卫生防疫以及其他保障措施；

（四）禁止或者限制使用有关设备、设施,关闭或者限制使用有关场所,中止人员密集的活动或者可能导致危害扩大的生产经营活动以及采取其他保护措施；

（五）启用本级人民政府设置的财政预备费和储备的应急救援物资,必要时调用其他急需物资、设备、设施、工具；

（六）组织公民参加应急救援和处置工作,要求具有特定专长的人员提供服务；

（七）保障食品、饮用水、燃料等基本生活必需品的供应；

（八）依法从严惩处囤积居奇、哄抬物价、制假售假等扰乱市场秩序的行为，稳定市场价格，维护市场秩序；

（九）依法从严惩处哄抢财物、干扰破坏应急处置工作等扰乱社会秩序的行为，维护社会治安；

（十）采取防止发生次生、衍生事件的必要措施。

第五十条 社会安全事件发生后，组织处置工作的人民政府应当立即组织有关部门并由公安机关针对事件的性质和特点，依照有关法律、行政法规和国家其他有关规定，采取下列一项或者多项应急处置措施：

（一）强制隔离使用器械相互对抗或者以暴力行为参与冲突的当事人，妥善解决现场纠纷和争端，控制事态发展；

（二）对特定区域内的建筑物、交通工具、设备、设施以及燃料、燃气、电力、水的供应进行控制；

（三）封锁有关场所、道路，查验现场人员的身份证件，限制有关公共场所内的活动；

（四）加强对易受冲击的核心机关和单位的警卫，在国家机关、军事机关、国家通讯社、广播电台、电视台、外国驻华使领馆等单位附近设置临时警戒线；

（五）法律、行政法规和国务院规定的其他必要措施。

严重危害社会治安秩序的事件发生时，公安机关应当立即依法出动警力，根据现场情况依法采取相应的强制性措施，尽快使社会秩序恢复正常。

第五十一条 发生突发事件，严重影响国民经济正常运行时，国务院或者国务院授权的有关主管部门可以采取保障、控制等必要的应急措施，保障人民群众的基本生活需要，最大限度地减轻突发事件的影响。

第五十二条 履行统一领导职责或者组织处置突发事件的人民政府，必要时可以向单位和个人征用应急救援所需设备、设施、场地、交通工具和其他物资，请求其他地方人民政府提供人力、物力、财力或者技术支援，要求生产、供应生活必需品和应急救援物资的企业组织生产、保证供给，要求提供医疗、交通等公共服务的组织提供相应的服务。

履行统一领导职责或者组织处置突发事件的人民政府，应当组织协调运输经营单位，优先运送处置突发事件所需物资、设备、工具、应急救援人员和受到突发事件危害的人员。

第五十三条 履行统一领导职责或者组织处置突发事件的人民政府，应当按照有关规定统一、准确、及时发布有关突发事件事态发展和应急处置工作的信息。

第五十四条 任何单位和个人不得编造、传播有关突发事件事态发展或者应急处置工作的虚假信息。

第五十五条 突发事件发生地的居民委员会、村民委员会和其他组织应当按照当地人民政府的决定、命令，进行宣传动员，组织群众开展自救和互救，协助维护社会秩序。

第五十六条 受到自然灾害危害或者发生事故灾难、公共卫生事件的单位，应当立即组织本单位应急救援队伍和工作人员营救受害人员，疏散、撤离、安置受到威胁的人员，控制危险源，标明危险区域，封锁危险场所，并采取其他防止危害扩大的必要措施，同时向所在地县级人民政府报告；对因本单位的问题引发的或者主体是本单位人员的社会安全事件，有关单位应当按照规定上报情况，并迅速派出负责人赶赴现场开展劝解、疏导工作。

突发事件发生地的其他单位应当服从人民政府发布的决定、命令，配合人民政府采取的应急处置措施，做好本单位的应急救援工作，并积极组织人员参加所在地的应急救援和处置工作。

第五十七条 突发事件发生地的公民应当服从人民政府、居民委员会、村民委员会或者所属单位的指挥和安排，配合人民政府采取的应急处置措施，积极参加应急救援工作，协助维护社会秩序。

第五章 事后恢复与重建

第五十八条 突发事件的威胁和危害得到控制或者消除后，履行统一领导职责或者组织处置突发事件的人民政府应当停止执行依照本法规定采取的应急处置措施，同时采取或者继续实施必要措施，防止发生自然灾害、事故灾难、公共卫生事件的次生、衍生事件或者重新引发社会安全事件。

第五十九条 突发事件应急处置工作结束后，履行统一领导职责的人民政府应当立即组织对突发事件造成的损失进行评估，组织受影响地区尽快恢复生产、生活、工作和社会秩序，制定恢复重建计划，并向上一级人民政府报告。

受突发事件影响地区的人民政府应当及时组织和协调公安、交通、铁路、民航、邮电、建设等有关部门恢复社会治安秩序，尽快修复被损坏的交通、通信、供水、排水、供电、供气、供热等公共设施。

第六十条 受突发事件影响地区的人民政府开展恢复重建工作需要上一级人民政府支持的，可以向上一级人民政府提出请求。上一级人民政府应当根据受影响地区遭受的损失和实际情况，提供资金、物资支持和技术指导，组织其他地区提供资金、物资和人力支援。

第六十一条 国务院根据受突发事件影响地区遭受损失的情况，制定扶持该地区有关行业发展的优惠政策。

受突发事件影响地区的人民政府应当根据本地区遭受损失的情况，制定救助、补偿、抚慰、抚恤、安置等善后工作计划并组织实施，妥善解决因处置突发事件引发的矛盾和纠纷。

公民参加应急救援工作或者协助维护社会秩序期间，其在本单位的工资待遇和福利不变；表现突出、成绩显著的，由县级以上人民政府给予表彰或者奖励。

县级以上人民政府对在应急救援工作中伤亡的人员依法给予抚恤。

第六十二条 履行统一领导职责的人民政府应当及时查明突发事件的发生经过和原因，总结突发事件应急处置工作的经验教训，制定改进措施，并向上一级人民政府提出报告。

第六章 法 律 责 任

第六十三条 地方各级人民政府和县级以上各级人民政府有关部门违反本法规定，不履行法定职责的，由其上级行政机关或者监察机关责令改正；有下列情形之一的，根据情节对直接负责的主管人员和其他直接责任人员依法给予处分：

（一）未按规定采取预防措施，导致发生突发事件，或者未采取必要的防范措施，导致发生次生、衍生事件的；

（二）迟报、谎报、瞒报、漏报有关突发事件的信息，或者通报、报送、公布虚假信息，造成后果的；

（三）未按规定及时发布突发事件警报、采取预警期的措施，导致损害发生的；

（四）未按规定及时采取措施处置突发事件或者处置不当，造成后果的；

（五）不服从上级人民政府对突发事件应急处置工作的统一领导、指挥和协调的；

（六）未及时组织开展生产自救、恢复重建等善后工作的；

（七）截留、挪用、私分或者变相私分应急救援资金、物资的；

（八）不及时归还征用的单位和个人的财产，或者对被征用财产的单位和个人不按规定给予补偿的。

第六十四条　有关单位有下列情形之一的，由所在地履行统一领导职责的人民政府责令停产停业，暂扣或者吊销许可证或者营业执照，并处五万元以上二十万元以下的罚款；构成违反治安管理行为的，由公安机关依法给予处罚：

（一）未按规定采取预防措施，导致发生严重突发事件的；

（二）未及时消除已发现的可能引发突发事件的隐患，导致发生严重突发事件的；

（三）未做好应急设备、设施日常维护、检测工作，导致发生严重突发事件或者突发事件危害扩大的；

（四）突发事件发生后，不及时组织开展应急救援工作，造成严重后果的。

前款规定的行为，其他法律、行政法规规定由人民政府有关部门依法决定处罚的，从其规定。

第六十五条　违反本法规定，编造并传播有关突发事件事态发展或者应急处置工作的虚假信息，或者明知是有关突发事件事态发展或者应急处置工作的虚假信息而进行传播的，责令改正，给予警告；造成严重后果的，依法暂停其业务活动或者吊销其执业许可证；负有直接责任的人员是国家工作人员的，还应当对其依法给予处分；构成违反治安管理行为的，由公安机关依法给予处罚。

第六十六条　单位或者个人违反本法规定，不服从所在地人民政府及其有关部门发布的决定、命令或者不配合其依法采取的措施，构成违反治安管理行为的，由公安机关依法给予处罚。

第六十七条　单位或者个人违反本法规定，导致突发事件发生或者危害扩大，给他人人身、财产造成损害的，应当依法承担民事责任。

第六十八条　违反本法规定，构成犯罪的，依法追究刑事责任。

第七章　附　　则

第六十九条　发生特别重大突发事件，对人民生命财产安全、国家安全、公共安全、环境安全或者社会秩序构成重大威胁，采取本法和其他有关法律、法规、规章规定的应急处置措施不能消除或者有效控制、减轻其严重社会危害，需要进入紧急状态的，由全国人民代表大会常务委员会或者国务院依照宪法和其他有关法律规定的权限和程序决定。

紧急状态期间采取的非常措施，依照有关法律规定执行或者由全国人民代表大会常务委员会另行规定。

第七十条 本法自 2007 年 11 月 1 日起施行。

第一部分 法 律

中华人民共和国刑法（摘选）

（1979年7月1日第五届全国人民代表大会第二次会议通过，1997年3月14日第八届全国人民代表大会第五次会议修订。根据1999年12月25日中华人民共和国刑法修正案，2001年3月31日中华人民共和国刑法修正案（二），2001年12月29日中华人民共和国刑法修正案（三），2002年12月28日中华人民共和国刑法修正案（四），2005年2月28日中华人民共和国刑法修正案（五），2006年6月29日中华人民共和国刑法修正案（六），2009年2月28日中华人民共和国刑法修正案（七）修正，根据2009年8月27日《全国人民代表大会常务委员会关于修改部分法律的决定》修正，根据2011年2月25日中华人民共和国刑法修正案（八）修正，根据2015年8月29日第十二届全国人民代表大会常务委员会第十六次会议通过的《中华人民共和国刑法修正案（九）》修正，根据2017年11月4日第十二届全国人民代表大会常务委员会第三十次会议通过《中华人民共和国刑法修正案（十）》修正，2020年12月26日第十三届全国人民代表大会常务委员会第二十四次会议通过《中华人民共和国刑法修正案（十一）》修正）

第一百二十五条 非法制造、买卖、运输、邮寄、储存枪支、弹药、爆炸物的，处三年以上十年以下有期徒刑；情节严重的，处十年以上有期徒刑、无期徒刑或者死刑。

非法制造、买卖、运输、储存毒害性、放射性、传染病病原体等物质，危害公共安全的，依照前款的规定处罚。

单位犯前两款罪的，对单位判处罚金，并对其直接负责的主管人员和其他直接责任人，依照第一款的规定处罚。

第一百三十一条 航空人员违反规章制度，致使发生重大飞行事故，造成严重后果的，处三年以下有期徒刑或者拘役；造成飞机坠毁或者人员死亡的，处三年以上七年以下有期徒刑。

第一百三十二条 铁路职工违反规章制度，致使发生铁路运营安全事故，造成严重后果的，处三年以下有期徒刑或者拘役；造成特别严重后果的，处三年以上七年以下有期徒刑。

第一百三十三条 违反交通运输管理法规,因而发生重大事故,致人重伤、死亡或者使公私财产遭受重大损失的,处三年以下有期徒刑或者拘役;交通运输肇事后逃逸或者有其他特别恶劣情节的,处三年以上七年以下有期徒刑;因逃逸致人死亡的,处七年以上有期徒刑。

第一百三十三条之一 在道路上驾驶机动车,有下列情形之一的,处拘役,并处罚金:

(一)追逐竞驶,情节恶劣的;

(二)醉酒驾驶机动车的;

(三)从事校车业务或者旅客运输,严重超过额定乘员载客,或者严重超过规定时速行驶的;

(四)违反危险化学品安全管理规定运输危险化学品,危及公共安全的。

机动车所有人、管理人对前款第三项、第四项行为负有直接责任的,依照前款的规定处罚。

有前两款行为,同时构成其他犯罪的,依照处罚较重的规定定罪处罚。

第一百三十三条之二 对行驶中的公共交通工具的驾驶人员使用暴力或者抢控驾驶操纵装置,干扰公共交通工具正常行驶,危及公共安全的,处一年以下有期徒刑、拘役或者管制,并处或者单处罚金。

前款规定的驾驶人员在行驶的公共交通工具上擅离职守,与他人互殴或者殴打他人,危及公共安全的,依照前款的规定处罚。

有前两款行为,同时构成其他犯罪的,依照处罚较重的规定定罪处罚。

第一百三十四条 在生产、作业中违反有关安全管理的规定,因而发生重大伤亡事故或者造成其他严重后果的,处三年以下有期徒刑或者拘役;情节特别恶劣的,处三年以上七年以下有期徒刑。

强令他人违章冒险作业,或明知存在重大事故隐患而不排除,仍冒险组织作业,因而发生重大伤亡事故或者造成其他严重后果的,处五年以下有期徒刑或者拘役;情节特别恶劣的,处五年以上有期徒刑。

第一百三十四条之一 【危险作业罪】在生产、作业中违反有关安全管理的规定,有下列情形之一,具有发生重大伤亡事故或者其他严重后果的现实危险的,处一年以下有期徒刑、拘役或者管制:

(一)关闭、破坏直接关系生产安全的监控、报警、防护、救生设备、设施,或者篡改、隐瞒、销毁其相关数据、信息的;

(二)因存在重大事故隐患被依法责令停产停业、停止施工、停止使用有关设备、设施、场所或者立即采取排除危险的整改措施，而拒不执行的；

（三）涉及安全生产的事项未经依法批准或者许可，擅自从事矿山开采、金属冶炼、建筑施工，以及危险物品生产、经营、储存等高度危险的生产作业活动的。

第一百三十五条 安全生产设施或者安全生产条件不符合国家规定，因而发生重大伤亡事故或者造成其他严重后果的，对直接负责的主管人员和其他直接责任人员，处三年以下有期徒刑或者拘役；情节特别恶劣的，处三年以上七年以下有期徒刑。

第一百三十五条之一 举办大型群众性活动违反安全管理规定，因而发生重大伤亡事故或者造成其他严重后果的，对直接负责的主管人员和其他直接责任人员，处三年以下有期徒刑或者拘役；情节特别恶劣的，处三年以上七年以下有期徒刑。

第一百三十六条 违反爆炸性、易燃性、放射性、毒害性、腐蚀性物品的管理规定，在生产、储存、运输、使用中发生重大事故，造成严重后果的，处三年以下有期徒刑或者拘役；后果特别严重的，处三年以上七年以下有期徒刑。

第一百三十七条 建设单位、设计单位、施工单位、工程监理单位违反国家规定，降低工程质量标准，造成重大安全事故的，对直接责任人员，处五年以下有期徒刑或者拘役，并处罚金；后果特别严重的，处五年以上十年以下有期徒刑，并处罚金。

第一百三十八条 明知校舍或者教育教学设施有危险，而不采取措施或者不及时报告，致使发生重大伤亡事故的，对直接责任人员，处三年以下有期徒刑或者拘役；后果特别严重的，处三年以上七年以下有期徒刑。

第一百三十九条 违反消防管理法规，经消防监督机构通知采取改正措施而拒绝执行，造成严重后果的，对直接责任人员，处三年以下有期徒刑或者拘役；后果特别严重的，处三年以上七年以下有期徒刑。

第一百三十九条之一 在安全事故发生后，负有报告职责的人员不报或者谎报事故情况，贻误事故抢救，情节严重的，处三年以下有期徒刑或者拘役；情节特别严重的，处三年以上七年以下有期徒刑。

第一百四十六条 生产不符合保障人身、财产安全的国家标准、行业标准的电器、压力容器、易燃易爆产品或者其他不符合保障人身、财产安全的国家标准、行业标准的产品，或者销售明知是以上不符合保障人身、财产安全的国家标准、行业标准的产品，造成严重后果的，处五年以下有期徒刑，并处销售金额百分之五十以上二倍以下罚金；后果特别严重的，处五年以上有期徒刑，并处销售金额百分之五十以上二倍以下罚金。

第二百二十五条 违反国家规定，有下列非法经营行为之一，扰乱市场秩序，情节严重的，处五年以下有期徒刑或者拘役，并处或者单处违法所得一倍以上五倍以下罚金；情节特别严重的，处五年以上有期徒刑，并处违法所得一倍以上五倍以下罚金或者没收财产：

（一）未经许可经营法律、行政法规规定的专营、专卖物品或者其他限制买卖的物品的；

（二）买卖进出口许可证、进出口原产地证明以及其他法律、行政法规规定的经营许可证或者批准文件的；

（三）未经国家有关主管部门批准非法经营证券、期货、保险业务的，或者非法从事资金支付结算业务的；

（四）其他严重扰乱市场秩序的非法经营行为。

第二百二十九条 承担资产评估、验资、验证、会计、审计、法律服务、保荐、安全评价、环境影响评价、环境监测等职责的中介组织的人员故意提供虚假证明文件，情节严重的，处五年以下有期徒刑或者拘役，并处罚金；有下列情形之一的，处五年以上十年以下有期徒刑，并处罚金：

（一）提供与证券发行相关的虚假的资产评估、会计、审计、法律服务、保荐等证明文件，情节特别严重的；

（二）提供与重大资产交易相关的虚假的资产评估、会计、审计等证明文件，情节特别严重的；

（三）在涉及公共安全的重大工程、项目中提供虚假的安全评价、环境影响评价等证明文件，致使公共财产、国家和人民利益遭受特别重大损失的。

有前款行为，同时索取他人财物或者非法收受他人财物构成犯罪的，依照处罚较重的规定定罪处罚。

第一款规定的人员，严重不负责任，出具的证明文件有重大失实，造成严重后果的，处三年以下有期徒刑或者拘役，并处或者单处罚金。

第二百三十二条 故意杀人的，处死刑、无期徒刑或者十年以上有期徒刑；情节较轻的，处三年以上十年以下有期徒刑。

第二百三十四条 故意伤害他人身体的，处三年以下有期徒刑、拘役或者管制。

第三百四十三条 违反矿产资源法的规定，未取得采矿许可证擅自采矿，擅自进入国家规划矿区、对国民经济具有重要价值的矿区和他人矿区范围采矿，或者擅自开采国家规定实行保护性开采的特定矿种，情节严重的，处三年以下有期徒刑、拘役或者管制，并处或者单处罚金；情节特别严重的，处三年以上七年以下有期徒刑，并处罚金。

违反矿产资源法的规定，采取破坏性的开采方法开采矿产资源，造成矿产资源严重破坏的，处五年以下有期徒刑或者拘役，并处罚金。

第三百八十九条 为谋取不正当利益，给予国家工作人员以财物的，是行贿罪。

在经济往来中，违反国家规定，给予国家工作人员以财物，数额较大的，或者违反国家规定，给予国家工作人员以各种名义的回扣、手续费的，以行贿论处。

因被勒索给予国家工作人员以财物，没有获得不正当利益的，不是行贿。

第三百九十七条 国家机关工作人员滥用职权或者玩忽职守，致使公共财产、国家和人民利益遭受重大损失的，处三年以下有期徒刑或者拘役；情节特别严重的，处三年以上七年以下有期徒刑。本法另有规定的，依照规定。

国家机关工作人员徇私舞弊，犯前款罪的，处五年以下有期徒刑或者拘役；情节特别严重的，处五年以上十年以下有期徒刑。本法另有规定的，依照规定。

第三百九十八条 国家机关工作人员违反保守国家秘密法的规定，故意或者过失泄露国家秘密，情节严重的，处三年以下有期徒刑或者拘役；情节特别严重的，处三年以上七年以下有期徒刑。

非国家机关工作人员犯前款罪的，依照前款的规定酌情处罚。

第四百零二条 行政执法人员徇私舞弊，对依法应当移交司法机关追究刑事责任的不移交，情节严重的，处三年以下有期徒刑或者拘役；造成严重后果的，处三年以上七年以下有期徒刑。

第四百零六条 国家机关工作人员在签订、履行合同过程中，因严重不负责任被诈骗，致使国家利益遭受重大损失的，处三年以下有期徒刑或者拘役；致使国家利益遭受特别重大损失的，处三年以上七年以下有期徒刑。

第四百零七条 林业主管部门的工作人员违反森林法的规定，超过批准的年采伐限额发放林木采伐许可证或者违反规定滥发林木采伐许可证，情节严重，致使森林遭受严重破坏的，处三年以下有期徒刑或者拘役。

第四百零八条 负有环境保护监督管理职责的国家机关工作人员严重不负责任,导致发生重大环境污染事故,致使公私财产遭受重大损失或者造成人身伤亡的严重后果的,处三年以下有期徒刑或者拘役。

第四百零八条之一 负有食品安全监督管理职责的国家机关工作人员,滥用职权或者玩忽职守,有下列情形之一,造成严重后果或者有其他严重情节的,处五年以下有期徒刑或者拘役;造成特别严重后果或者有其他特别严重情节的,处五年以上十年以下有期徒刑:

(一)瞒报、谎报食品安全事故、药品安全事件的;

(二)对发现的严重食品药品安全违法行为未按规定查处的;

(三)在药品和特殊食品审批审评过程中,对不符合条件的申请准予许可的;

(四)依法应当移交司法机关追究刑事责任不移交的;

(五)有其他滥用职权或者玩忽职守行为的。

徇私舞弊犯前款罪的,从重处罚。

第四百零九条 从事传染病防治的政府卫生行政部门的工作人员严重不负责任,导致传染病传播或者流行,情节严重的,处三年以下有期徒刑或者拘役。

第四百一十条 国家机关工作人员徇私舞弊,违反土地管理法规,滥用职权,非法批准征收、征用、占用土地,或者非法低价出让国有土地使用权,情节严重的,处三年以下有期徒刑或者拘役;致使国家或者集体利益遭受特别重大损失的,处三年以上七年以下有期徒刑。

第四百一十一条 海关工作人员徇私舞弊,放纵走私,情节严重的,处五年以下有期徒刑或者拘役;情节特别严重的,处五年以上有期徒刑。

第四百一十二条 国家商检部门、商检机构的工作人员徇私舞弊,伪造检验结果的,处五年以下有期徒刑或者拘役;造成严重后果的,处五年以上十年以下有期徒刑。

前款所列人员严重不负责任,对应当检验的物品不检验,或者延误检验出证、错误出证,致使国家利益遭受重大损失的,处三年以下有期徒刑或者拘役。

第四百一十四条 对生产、销售伪劣商品犯罪行为负有追究责任的国家机关工作人员,徇私舞弊,不履行法律规定的追究职责,情节严重的,处五年以下有期徒刑或者拘役。

第二部分 行政法规

安全生产许可证条例

（2004年1月13日中华人民共和国国务院令第397号公布，根据2013年7月18日中华人民共和国国务院令第638号《国务院关于废止和修改部分行政法规的决定》第一次修订，根据2014年7月29日中华人民共和国国务院令第653号《国务院关于修改部分行政法规的决定》第二次修订）

第一条 为了严格规范安全生产条件，进一步加强安全生产监督管理，防止和减少生产安全事故，根据《中华人民共和国安全生产法》的有关规定，制定本条例。

第二条 国家对矿山企业、建筑施工企业和危险化学品、烟花爆竹、民用爆炸物品生产企业（以下统称企业）实行安全生产许可制度。

企业未取得安全生产许可证的，不得从事生产活动。

第三条 国务院安全生产监督管理部门负责中央管理的非煤矿矿山企业和危险化学品、烟花爆竹生产企业安全生产许可证的颁发和管理。

省、自治区、直辖市人民政府安全生产监督管理部门负责前款规定以外的非煤矿矿山企业和危险化学品、烟花爆竹生产企业安全生产许可证的颁发和管理，并接受国务院安全生产监督管理部门的指导和监督。

国家煤矿安全监察机构负责中央管理的煤矿企业安全生产许可证的颁发和管理。

在省、自治区、直辖市设立的煤矿安全监察机构负责前款规定以外的其他煤矿企业安全生产许可证的颁发和管理，并接受国家煤矿安全监察机构的指导和监督。

第四条 省、自治区、直辖市人民政府建设主管部门负责建筑施工企业安全生产许可证的颁发和管理，并接受国务院建设主管部门的指导和监督。

第五条 省、自治区、直辖市人民政府民用爆炸物品行业主管部门负责民用爆炸物品生产企业安全生产许可证的颁发和管理，并接受国务院民用爆炸物品行业主管部门的指导和监督。

第六条 企业取得安全生产许可证，应当具备下列安全生产条件：

（一）建立、健全安全生产责任制，制定完备的安全生产规章制度和操作规程；

（二）安全投入符合安全生产要求；

（三）设置安全生产管理机构，配备专职安全生产管理人员；

（四）主要负责人和安全生产管理人员经考核合格；

（五）特种作业人员经有关业务主管部门考核合格，取得特种作业操作资格证书；

（六）从业人员经安全生产教育和培训合格；

（七）依法参加工伤保险，为从业人员缴纳保险费；

（八）厂房、作业场所和安全设施、设备、工艺符合有关安全生产法律、法规、标准和规程的要求；

（九）有职业危害防治措施，并为从业人员配备符合国家标准或者行业标准的劳动防护用品；

（十）依法进行安全评价；

（十一）有重大危险源检测、评估、监控措施和应急预案；

（十二）有生产安全事故应急救援预案、应急救援组织或者应急救援人员，配备必要的应急救援器材、设备；

（十三）法律、法规规定的其他条件。

第七条 企业进行生产前，应当依照本条例的规定向安全生产许可证颁发管理机关申请领取安全生产许可证，并提供本条例第六条规定的相关文件、资料。安全生产许可证颁发管理机关应当自收到申请之日起45日内审查完毕，经审查符合本条例规定的安全生产条件的，颁发安全生产许可证；不符合本条例规定的安全生产条件的，不予颁发安全生产许可证，书面通知企业并说明理由。

煤矿企业应当以矿（井）为单位，依照本条例的规定取得安全生产许可证。

第八条 安全生产许可证由国务院安全生产监督管理部门规定统一的式样。

第九条 安全生产许可证的有效期为3年。安全生产许可证有效期满需要延期的，企业应当于期满前3个月向原安全生产许可证颁发管理机关办理延期手续。

企业在安全生产许可证有效期内，严格遵守有关安全生产的法律法规，未发生死亡事故的，安全生产许可证有效期届满时，经原安全生产许可证颁发管理机关同意，不再审查，安全生产许可证有效期延期3年。

第十条 安全生产许可证颁发管理机关应当建立、健全安全生产许可证档案管理制度，并定期向社会公布企业取得安全生产许可证的情况。

第十一条 煤矿企业安全生产许可证颁发管理机关、建筑施工企业安全生产许可证颁发管理机关、民用爆炸物品生产企业安全生产许可证颁发管理机关，应当每年向同级安全生产监督管理部门通报其安全生产许可证颁发和管理情况。

第十二条 国务院安全生产监督管理部门和省、自治区、直辖市人民政府安全生产监督管理部门对建筑施工企业、民用爆炸物品生产企业、煤矿企业取得安全生产许可证的情况进行监督。

第十三条 企业不得转让、冒用安全生产许可证或者使用伪造的安全生产许可证。

第十四条 企业取得安全生产许可证后，不得降低安全生产条件，并应当加强日常安全生产管理，接受安全生产许可证颁发管理机关的监督检查。

安全生产许可证颁发管理机关应当加强对取得安全生产许可证的企业的监督检查，发现其不再具备本条例规定的安全生产条件的，应当暂扣或者吊销安全生产许可证。

第十五条 安全生产许可证颁发管理机关工作人员在安全生产许可证颁发、管理和监督检查工作中，不得索取或者接受企业的财物，不得谋取其他利益。

第十六条 监察机关依照《中华人民共和国行政监察法》的规定，对安全生产许可证颁发管理机关及其工作人员履行本条例规定的职责实施监察。

第十七条 任何单位或者个人对违反本条例规定的行为，有权向安全生产许可证颁发管理机关或者监察机关等有关部门举报。

第十八条 安全生产许可证颁发管理机关工作人员有下列行为之一的，给予降级或者撤职的行政处分；构成犯罪的，依法追究刑事责任：

（一）向不符合本条例规定的安全生产条件的企业颁发安全生产许可证的；

（二）发现企业未依法取得安全生产许可证擅自从事生产活动，不依法处理的；

（三）发现取得安全生产许可证的企业不再具备本条例规定的安全生产条件，不依法处理的；

（四）接到对违反本条例规定行为的举报后，不及时处理的；

（五）在安全生产许可证颁发、管理和监督检查工作中，索取或者接受企业的财物，或者谋取其他利益的。

第十九条 违反本条例规定，未取得安全生产许可证擅自进行生产的，责令停止生产，没收违法所得，并处 10 万元以上 50 万元以下的罚款；造成重大事故或者其他严重后果，构成犯罪的，依法追究刑事责任。

第二十条 违反本条例规定，安全生产许可证有效期满未办理延期手续，继续进行生产的，责令停止生产，限期补办延期手续，没收违法所得，并处 5 万元以上 10 万元以下的罚款；逾期仍不办理延期手续，继续进行生产的，依照本条例第十九条的规定处罚。

第二十一条 违反本条例规定，转让安全生产许可证的，没收违法所得，处 10 万元以上 50 万元以下的罚款，并吊销其安全生产许可证；构成犯罪的，依法追究刑事责任；接受转让的，依照本条例第十九条的规定处罚。

冒用安全生产许可证或者使用伪造的安全生产许可证的，依照本条例第十九条的规定处罚。

第二十二条 本条例施行前已经进行生产的企业，应当自本条例施行之日起 1 年内，依照本条例的规定向安全生产许可证颁发管理机关申请办理安全生产许可证；逾期不办理安全生产许可证，或者经审查不符合本条例规定的安全生产条件，未取得安全生产许可证，继续进行生产的，依照本条例第十九条的规定处罚。

第二十三条 本条例规定的行政处罚，由安全生产许可证颁发管理机关决定。

第二十四条 本条例自公布之日起施行。

第二部分 行 政 法 规

生产安全事故报告和调查处理条例

(2007年4月9日中华人民共和国国务院令第493号公布,自2007年6月1日起施行)

第一章 总 则

第一条 为了规范生产安全事故的报告和调查处理,落实生产安全事故责任追究制度,防止和减少生产安全事故,根据《中华人民共和国安全生产法》和有关法律,制定本条例。

第二条 生产经营活动中发生的造成人身伤亡或者直接经济损失的生产安全事故的报告和调查处理,适用本条例;环境污染事故、核设施事故、国防科研生产事故的报告和调查处理不适用本条例。

第三条 根据生产安全事故(以下简称事故)造成的人员伤亡或者直接经济损失,事故一般分为以下等级:

(一)特别重大事故,是指造成30人以上死亡,或者100人以上重伤(包括急性工业中毒,下同),或者1亿元以上直接经济损失的事故;

(二)重大事故,是指造成10人以上30人以下死亡,或者50人以上100人以下重伤,或者5000万元以上1亿元以下直接经济损失的事故;

(三)较大事故,是指造成3人以上10人以下死亡,或者10人以上50人以下重伤,或者1000万元以上5000万元以下直接经济损失的事故;

(四)一般事故,是指造成3人以下死亡,或者10人以下重伤,或者1000万元以下直接经济损失的事故。

国务院安全生产监督管理部门可以会同国务院有关部门,制定事故等级划分的补充性规定。

本条第一款所称的"以上"包括本数,所称的"以下"不包括本数。

第四条 事故报告应当及时、准确、完整,任何单位和个人对事故不得迟报、漏报、谎报或者瞒报。

事故调查处理应当坚持实事求是、尊重科学的原则,及时、准确地查清事故经过、事故原因和事故损失,查明事故性质,认定事故责任,总结事故教训，提出整改措施，并对事故责任者依法追究责任。

第五条 县级以上人民政府应当依照本条例的规定，严格履行职责，及时、准确地完成事故调查处理工作。

事故发生地有关地方人民政府应当支持、配合上级人民政府或者有关部门的事故调查处理工作，并提供必要的便利条件。

参加事故调查处理的部门和单位应当互相配合，提高事故调查处理工作的效率。

第六条 工会依法参加事故调查处理，有权向有关部门提出处理意见。

第七条 任何单位和个人不得阻挠和干涉对事故的报告和依法调查处理。

第八条 对事故报告和调查处理中的违法行为，任何单位和个人有权向安全生产监督管理部门、监察机关或者其他有关部门举报，接到举报的部门应当依法及时处理。

第二章 事故报告

第九条 事故发生后，事故现场有关人员应当立即向本单位负责人报告；单位负责人接到报告后，应当于1小时内向事故发生地县级以上人民政府安全生产监督管理部门和负有安全生产监督管理职责的有关部门报告。

情况紧急时，事故现场有关人员可以直接向事故发生地县级以上人民政府安全生产监督管理部门和负有安全生产监督管理职责的有关部门报告。

第十条 安全生产监督管理部门和负有安全生产监督管理职责的有关部门接到事故报告后，应当依照下列规定上报事故情况，并通知公安机关、劳动保障行政部门、工会和人民检察院：

（一）特别重大事故、重大事故逐级上报至国务院安全生产监督管理部门和负有安全生产监督管理职责的有关部门；

（二）较大事故逐级上报至省、自治区、直辖市人民政府安全生产监督管理部门和负有安全生产监督管理职责的有关部门；

（三）一般事故上报至设区的市级人民政府安全生产监督管理部门和负有安全生产监督管理职责的有关部门。

安全生产监督管理部门和负有安全生产监督管理职责的有关部门依照前款规定上报事故情况，应当同时报告本级人民政府。国务院安全生产监督管理部门和负有安全生产监督管理职责的有关部门以及省级人民政府接到发生特别重大事故、重大事故的报告后，应当立即报告国务院。

必要时，安全生产监督管理部门和负有安全生产监督管理职责的有关部门可以越级上报事故情况。

第十一条 安全生产监督管理部门和负有安全生产监督管理职责的有关部门逐级上报事故情况，每级上报的时间不得超过2小时。

第十二条 报告事故应当包括下列内容：

（一）事故发生单位概况；

（二）事故发生的时间、地点以及事故现场情况；

（三）事故的简要经过；

（四）事故已经造成或者可能造成的伤亡人数（包括下落不明的人数）和初步估计的直接经济损失；

（五）已经采取的措施；

（六）其他应当报告的情况。

第十三条 事故报告后出现新情况的，应当及时补报。

自事故发生之日起30日内，事故造成的伤亡人数发生变化的，应当及时补报。道路交通事故、火灾事故自发生之日起7日内，事故造成的伤亡人数发生变化的，应当及时补报。

第十四条 事故发生单位负责人接到事故报告后，应当立即启动事故相应应急预案，或者采取有效措施，组织抢救，防止事故扩大，减少人员伤亡和财产损失。

第十五条 事故发生地有关地方人民政府、安全生产监督管理部门和负有安全生产监督管理职责的有关部门接到事故报告后，其负责人应当立即赶赴事故现场，组织事故救援。

第十六条 事故发生后，有关单位和人员应当妥善保护事故现场以及相关证据，任何单位和个人不得破坏事故现场、毁灭相关证据。

因抢救人员、防止事故扩大以及疏通交通等原因，需要移动事故现场物件的，应当做出标志，绘制现场简图并做出书面记录，妥善保存现场重要痕迹、物证。

第十七条 事故发生地公安机关根据事故的情况，对涉嫌犯罪的，应当依法立案侦查，采取强制措施和侦查措施。犯罪嫌疑人逃匿的，公安机关应当迅速追捕归案。

第十八条 安全生产监督管理部门和负有安全生产监督管理职责的有关部门应当建立值班制度，并向社会公布值班电话，受理事故报告和举报。

第三章 事故调查

第十九条 特别重大事故由国务院或者国务院授权有关部门组织事故调查组进行调查。

重大事故、较大事故、一般事故分别由事故发生地省级人民政府、设区的市级人民政府、县级人民政府负责调查。省级人民政府、设区的市级人民政府、县级人民政府可以直接组织事故调查组进行调查，也可以授权或者委托有关部门组织事故调查组进行调查。

未造成人员伤亡的一般事故，县级人民政府也可以委托事故发生单位组织事故调查组进行调查。

第二十条 上级人民政府认为必要时，可以调查由下级人民政府负责调查的事故。

自事故发生之日起 30 日内（道路交通事故、火灾事故自发生之日起 7 日内），因事故伤亡人数变化导致事故等级发生变化，依照本条例规定应当由上级人民政府负责调查的，上级人民政府可以另行组织事故调查组进行调查。

第二十一条 特别重大事故以下等级事故，事故发生地与事故发生单位不在同一个县级以上行政区域的，由事故发生地人民政府负责调查，事故发生单位所在地人民政府应当派人参加。

第二十二条 事故调查组的组成应当遵循精简、效能的原则。

根据事故的具体情况，事故调查组由有关人民政府、安全生产监督管理部门、负有安全生产监督管理职责的有关部门、监察机关、公安机关以及工会派人组成，并应当邀请人民检察院派人参加。

事故调查组可以聘请有关专家参与调查。

第二十三条 事故调查组成员应当具有事故调查所需要的知识和专长，并与所调查的事故没有直接利害关系。

第二十四条 事故调查组组长由负责事故调查的人民政府指定。事故调查组组长主持事故调查组的工作。

第二十五条 事故调查组履行下列职责：

（一）查明事故发生的经过、原因、人员伤亡情况及直接经济损失；

（二）认定事故的性质和事故责任；

（三）提出对事故责任者的处理建议；

（四）总结事故教训，提出防范和整改措施；

（五）提交事故调查报告。

第二十六条 事故调查组有权向有关单位和个人了解与事故有关的情况，并要求其提供相关文件、资料，有关单位和个人不得拒绝。

事故发生单位的负责人和有关人员在事故调查期间不得擅离职守，并应当随时接受事故调查组的询问，如实提供有关情况。

事故调查中发现涉嫌犯罪的，事故调查组应当及时将有关材料或者其复印件移交司法机关处理。

第二十七条 事故调查中需要进行技术鉴定的，事故调查组应当委托具有国家规定资质的单位进行技术鉴定。必要时，事故调查组可以直接组织专家进行技术鉴定。技术鉴定所需时间不计入事故调查期限。

第二十八条 事故调查组成员在事故调查工作中应当诚信公正、恪尽职守，遵守事故调查组的纪律，保守事故调查的秘密。

未经事故调查组组长允许，事故调查组成员不得擅自发布有关事故的信息。

第二十九条 事故调查组应当自事故发生之日起60日内提交事故调查报告；特殊情况下，经负责事故调查的人民政府批准，提交事故调查报告的期限可以适当延长，但延长的期限最长不超过60日。

第三十条 事故调查报告应当包括下列内容：

（一）事故发生单位概况；

（二）事故发生经过和事故救援情况；

（三）事故造成的人员伤亡和直接经济损失；

（四）事故发生的原因和事故性质；

（五）事故责任的认定以及对事故责任者的处理建议；

（六）事故防范和整改措施。

事故调查报告应当附具有关证据材料。事故调查组成员应当在事故调查报告上签名。

第三十一条 事故调查报告报送负责事故调查的人民政府后，事故调查工作即告结束。事故调查的有关资料应当归档保存。

第四章 事 故 处 理

第三十二条 重大事故、较大事故、一般事故，负责事故调查的人民政府应当自收到事故调查报告之日起15日内做出批复；特别重大事故，30日内做出批复，特殊情况下，批复时间可以适当延长，但延长的时间最长不超过 30 日。

有关机关应当按照人民政府的批复，依照法律、行政法规规定的权限和程序，对事故发生单位和有关人员进行行政处罚，对负有事故责任的国家工作人员进行处分。

事故发生单位应当按照负责事故调查的人民政府的批复，对本单位负有事故责任的人员进行处理。

负有事故责任的人员涉嫌犯罪的，依法追究刑事责任。

第三十三条 事故发生单位应当认真吸取事故教训，落实防范和整改措施，防止事故再次发生。防范和整改措施的落实情况应当接受工会和职工的监督。

安全生产监督管理部门和负有安全生产监督管理职责的有关部门应当对事故发生单位落实防范和整改措施的情况进行监督检查。

第三十四条 事故处理的情况由负责事故调查的人民政府或者其授权的有关部门、机构向社会公布，依法应当保密的除外。

第五章 法 律 责 任

第三十五条 事故发生单位主要负责人有下列行为之一的，处上一年年收入40%至80%的罚款；属于国家工作人员的，并依法给予处分；构成犯罪的，依法追究刑事责任：

（一）不立即组织事故抢救的；

（二）迟报或者漏报事故的；

（三）在事故调查处理期间擅离职守的。

第三十六条 事故发生单位及其有关人员有下列行为之一的，对事故发生单位处100万元以上500万元以下的罚款；对主要负责人、直接负责的主管人员和其他直接责任人员处上一年年收入60%至100%的罚款；属于国家工作人员的，并依法给予处分；构成违反治安管理行为的，由公安机关依法给予治安管理处罚；构成犯罪的，依法追究刑事责任：

（一）谎报或者瞒报事故的；

（二）伪造或者故意破坏事故现场的；

（三）转移、隐匿资金、财产，或者销毁有关证据、资料的；

（四）拒绝接受调查或者拒绝提供有关情况和资料的；

（五）在事故调查中作伪证或者指使他人作伪证的；

（六）事故发生后逃匿的。

第三十七条 事故发生单位对事故发生负有责任的，依照下列规定处以罚款：

（一）发生一般事故的，处10万元以上20万元以下的罚款；

（二）发生较大事故的，处20万元以上50万元以下的罚款；

（三）发生重大事故的，处50万元以上200万元以下的罚款；

（四）发生特别重大事故的，处200万元以上500万元以下的罚款。

第三十八条 事故发生单位主要负责人未依法履行安全生产管理职责，导致事故发生的，依照下列规定处以罚款；属于国家工作人员的，并依法给予处分；构成犯罪的，依法追究刑事责任：

（一）发生一般事故的，处上一年年收入30%的罚款；

（二）发生较大事故的，处上一年年收入40%的罚款；

（三）发生重大事故的，处上一年年收入60%的罚款；

（四）发生特别重大事故的，处上一年年收入80%的罚款。

第三十九条 有关地方人民政府、安全生产监督管理部门和负有安全生产监督管理职责的有关部门有下列行为之一的，对直接负责的主管人员和其他直接责任人员依法给予处分；构成犯罪的，依法追究刑事责任：

（一）不立即组织事故抢救的；

（二）迟报、漏报、谎报或者瞒报事故的；

（三）阻碍、干涉事故调查工作的；

（四）在事故调查中作伪证或者指使他人作伪证的。

第四十条 事故发生单位对事故发生负有责任的，由有关部门依法暂扣或者吊销其有关证照；对事故发生单位负有事故责任的有关人员，依法暂停或者撤销其与安全生产有关的执业资格、岗位证书；事故发生单位主要负责人受到刑事处罚或者撤职处分的，自刑罚执行完毕或者受处分之日起，5年内不得担任任何生产经营单位的主要负责人。

为发生事故的单位提供虚假证明的中介机构，由有关部门依法暂扣或者吊销其有关证照及其相关人员的执业资格；构成犯罪的，依法追究刑事责任。

第四十一条 参与事故调查的人员在事故调查中有下列行为之一的，依法给予处分；构成犯罪的，依法追究刑事责任：

（一）对事故调查工作不负责任，致使事故调查工作有重大疏漏的；

（二）包庇、袒护负有事故责任的人员或者借机打击报复的。

第四十二条 违反本条例规定，有关地方人民政府或者有关部门故意拖延或者拒绝落实经批复的对事故责任人的处理意见的,由监察机关对有关责任人员依法给予处分。

第四十三条 本条例规定的罚款的行政处罚,由安全生产监督管理部门决定。

法律、行政法规对行政处罚的种类、幅度和决定机关另有规定的,依照其规定。

第六章 附 则

第四十四条 没有造成人员伤亡,但是社会影响恶劣的事故,国务院或者有关地方人民政府认为需要调查处理的,依照本条例的有关规定执行。

国家机关、事业单位、人民团体发生的事故的报告和调查处理,参照本条例的规定执行。

第四十五条 特别重大事故以下等级事故的报告和调查处理,有关法律、行政法规或者国务院另有规定的,依照其规定。

第四十六条 本条例自 2007 年 6 月 1 日起施行。国务院 1989 年 3 月 29 日公布的《特别重大事故调查程序暂行规定》和 1991 年 2 月 22 日公布的《企业职工伤亡事故报告和处理规定》同时废止。

第二部分 行 政 法 规

煤矿安全监察条例

(2000年11月7日中华人民共和国国务院令第296号公布,根据2013年7月18日中华人民共和国国务院令第638号《国务院关于废止和修改部分行政法规的决定》修订)

第一章 总 则

第一条 为了保障煤矿安全,规范煤矿安全监察工作,保护煤矿职工人身安全和身体健康,根据煤炭法、矿山安全法、第九届全国人民代表大会第一次会议通过的国务院机构改革方案和国务院关于煤矿安全监察体制的决定,制定本条例。

第二条 国家对煤矿安全实行监察制度。国务院决定设立的煤矿安全监察机构按照国务院规定的职责,依照本条例的规定对煤矿实施安全监察。

第三条 煤矿安全监察机构依法行使职权,不受任何组织和个人的非法干涉。

煤矿及其有关人员必须接受并配合煤矿安全监察机构依法实施的安全监察,不得拒绝、阻挠。

第四条 地方各级人民政府应当加强煤矿安全管理工作,支持和协助煤矿安全监察机构依法对煤矿实施安全监察。

煤矿安全监察机构应当及时向有关地方人民政府通报煤矿安全监察的有关情况,并可以提出加强和改善煤矿安全管理的建议。

第五条 煤矿安全监察应当以预防为主,及时发现和消除事故隐患,有效纠正影响煤矿安全的违法行为,实行安全监察与促进安全管理相结合、教育与惩处相结合。

第六条 煤矿安全监察应当依靠煤矿职工和工会组织。

煤矿职工对事故隐患或者影响煤矿安全的违法行为有权向煤矿安全监察机构报告或者举报。煤矿安全监察机构对报告或者举报有功人员给予奖励。

第七条 煤矿安全监察机构及其煤矿安全监察人员应当依法履行安全监察职责。任何单位和个人对煤矿安全监察机构及其煤矿安全监察人员的违法违纪行为，有权向上级煤矿安全监察机构或者有关机关检举和控告。

第二章 煤矿安全监察机构及其职责

第八条 本条例所称煤矿安全监察机构，是指国家煤矿安全监察机构和在省、自治区、直辖市设立的煤矿安全监察机构（以下简称地区煤矿安全监察机构）及其在大中型矿区设立的煤矿安全监察办事处。

第九条 地区煤矿安全监察机构及其煤矿安全监察办事处负责对划定区域内的煤矿实施安全监察；煤矿安全监察办事处在国家煤矿安全监察机构规定的权限范围内，可以对违法行为实施行政处罚。

第十条 煤矿安全监察机构设煤矿安全监察员。煤矿安全监察员应当公道、正派，熟悉煤矿安全法律、法规和规章，具有相应的专业知识和相关的工作经验，并经考试录用。

煤矿安全监察员的具体管理办法由国家煤矿安全监察机构商国务院有关部门制定。

第十一条 地区煤矿安全监察机构、煤矿安全监察办事处应当对煤矿实施经常性安全检查；对事故多发地区的煤矿，应当实施重点安全检查。国家煤矿安全监察机构根据煤矿安全工作的实际情况，组织对全国煤矿的全面安全检查或者重点安全抽查。

第十二条 地区煤矿安全监察机构、煤矿安全监察办事处应当对每个煤矿建立煤矿安全监察档案。煤矿安全监察人员对每次安全检查的内容、发现的问题及其处理情况，应当作详细记录，并由参加检查的煤矿安全监察人员签名后归档。

第十三条 地区煤矿安全监察机构、煤矿安全监察办事处应当每15日分别向国家煤矿安全监察机构、地区煤矿安全监察机构报告一次煤矿安全监察情况；有重大煤矿安全问题的，应当及时采取措施并随时报告。

国家煤矿安全监察机构应当定期公布煤矿安全监察情况。

第十四条 煤矿安全监察人员履行安全监察职责，有权随时进入煤矿作业场所进行检查，调阅有关资料，参加煤矿安全生产会议，向有关单位或者人员了解情况。

第十五条 煤矿安全监察人员在检查中发现影响煤矿安全的违法行为，有权当场予以纠正或者要求限期改正；对依法应当给予行政处罚的行为，由煤矿安全监察机构依照行政处罚法和本条例规定的程序作出决定。

第十六条 煤矿安全监察人员进行现场检查时，发现存在事故隐患的，有权要求煤矿立即消除或者限期解决；发现威胁职工生命安全的紧急情况时，有权要求立即停止作业，下达立即从危险区内撤出作业人员的命令，并立即将紧急情况和处理措施报告煤矿安全监察机构。

第十七条 煤矿安全监察机构在实施安全监察过程中，发现煤矿存在的安全问题涉及有关地方人民政府或其有关部门的，应当向有关地方人民政府或其有关部门提出建议，并向上级人民政府或其有关部门报告。

第十八条 煤矿发生伤亡事故的，由煤矿安全监察机构负责组织调查处理。

煤矿安全监察机构组织调查处理事故，应当依照国家规定的事故调查程序和处理办法进行。

第十九条 煤矿安全监察机构及其煤矿安全监察人员不得接受煤矿的任何馈赠、报酬、福利待遇，不得在煤矿报销任何费用，不得参加煤矿安排、组织或者支付费用的宴请、娱乐、旅游、出访等活动，不得借煤矿安全监察工作在煤矿为自己、亲友或者他人谋取利益。

第三章 煤矿安全监察内容

第二十条 煤矿安全监察机构对煤矿执行煤炭法、矿山安全法和其他有关煤矿安全的法律、法规以及国家安全标准、行业安全标准、煤矿安全规程和行业技术规范的情况实施监察。

第二十一条 煤矿建设工程设计必须符合煤矿安全规程和行业技术规范的要求。煤矿建设工程安全设施设计必须经煤矿安全监察机构审查同意；未经审查同意的，不得施工。

煤矿安全监察机构审查煤矿建设工程安全设施设计，应当自收到申请审查的设计资料之日起30日内审查完毕，签署同意或者不同意的意见，并书面答复。

第二十二条 煤矿建设工程竣工后或者投产前，应当经煤矿安全监察机构对其安全设施和条件进行验收；未经验收或者验收不合格的，不得投入生产。

煤矿安全监察机构对煤矿建设工程安全设施和条件进行验收，应当自收到申请验收文件之日起30日内验收完毕，签署合格或者不合格的意见，并书面答复。

第二十三条 煤矿安全监察机构应当监督煤矿制定事故预防和应急计划，并检查煤矿制定的发现和消除事故隐患的措施及其落实情况。

第二十四条 煤矿安全监察机构发现煤矿矿井通风、防火、防水、防瓦斯、防毒、防尘等安全设施和条件不符合国家安全标准、行业安全标准、煤矿安全规程和行业技术规范要求的，应当责令立即停止作业或者责令限期达到要求。

第二十五条 煤矿安全监察机构发现煤矿进行独眼井开采的，应当责令关闭。

第二十六条 煤矿安全监察机构发现煤矿作业场所有下列情形之一的，应当责令立即停止作业，限期改正；有关煤矿或其作业场所经复查合格的，方可恢复作业：

（一）未使用专用防爆电器设备的；

（二）未使用专用放炮器的；

（三）未使用人员专用升降容器的；

（四）使用明火明电照明的。

第二十七条 煤矿安全监察机构对煤矿安全技术措施专项费用的提取和使用情况进行监督，对未依法提取或者使用的，应当责令限期改正。

第二十八条 煤矿安全监察机构发现煤矿矿井使用的设备、器材、仪器、仪表、防护用品不符合国家安全标准或者行业安全标准的，应当责令立即停止使用。

第二十九条 煤矿安全监察机构发现煤矿有下列情形之一的，应当责令限期改正：

（一）未依法建立安全生产责任制的；

（二）未设置安全生产机构或者配备安全生产人员的；

（三）矿长不具备安全专业知识的；

（四）特种作业人员未取得资格证书上岗作业的；

（五）分配职工上岗作业前，未进行安全教育、培训的；

（六）未向职工发放保障安全生产所需的劳动防护用品的。

第三十条 煤矿安全监察人员发现煤矿作业场所的瓦斯、粉尘或者其他有毒有害气体的浓度超过国家安全标准或者行业安全标准的，煤矿擅自开采保安煤柱的，或者采用危及相邻煤矿生产安全的决水、爆破、贯通巷道等危险方法进行采矿作业的，应当责令立即停止作业，并将有关情况报告煤矿安全监察机构。

第三十一条 煤矿安全监察人员发现煤矿矿长或者其他主管人员违章指挥工人或者强令工人违章、冒险作业，或者发现工人违章作业的，应当立即纠正或者责令立即停止作业。

第三十二条 煤矿安全监察机构及其煤矿安全监察人员履行安全监察职责，向煤矿有关人员了解情况时，有关人员应当如实反映情况，不得提供虚假情况，不得隐瞒本煤矿存在的事故隐患以及其他安全问题。

第三十三条 煤矿安全监察机构依照本条例的规定责令煤矿限期解决事故隐患、限期改正影响煤矿安全的违法行为或者限期使安全设施和条件达到要求的，应当在限期届满时及时对煤矿的执行情况进行复查并签署复查意见；经有关煤矿申请，也可以在限期内进行复查并签署复查意见。

煤矿安全监察机构及其煤矿安全监察人员依照本条例的规定责令煤矿立即停止作业，责令立即停止使用不符合国家安全标准或者行业安全标准的设备、器材、仪器、仪表、防护用品，或者责令关闭矿井的，应当对煤矿的执行情况随时进行检查。

第三十四条 煤矿安全监察机构及其煤矿安全监察人员履行安全监察职责，应当出示安全监察证件。发出安全监察指令，应当采用书面通知形式；紧急情况下需要采取紧急处置措施，来不及书面通知的，应当随后补充书面通知。

第四章 罚 则

第三十五条 煤矿建设工程安全设施设计未经煤矿安全监察机构审查同意，擅自施工的，由煤矿安全监察机构责令停止施工；拒不执行的，由煤矿安全监察机构移送地质矿产主管部门依法吊销采矿许可证。

第三十六条 煤矿建设工程安全设施和条件未经验收或者验收不合格，擅自投入生产的，由煤矿安全监察机构责令停止生产，处5万元以上10万元以下的罚款；拒不停止生产的，由煤矿安全监察机构移送地质矿产主管部门依法吊销采矿许可证。

第三十七条 煤矿矿井通风、防火、防水、防瓦斯、防毒、防尘等安全设施和条件不符合国家安全标准、行业安全标准、煤矿安全规程和行业技术规范的要求，经煤矿安全监察机构责令限期达到要求，逾期仍达不到要求的，由煤矿安全监察机构责令停产整顿；经停产整顿仍不具备安全生产条件的，由煤矿安全监察机构决定吊销安全生产许可证，并移送地质矿产主管部门依法吊销采矿许可证。

第三十八条 煤矿作业场所未使用专用防爆电器设备、专用放炮器、人员专用升降容器或者使用明火明电照明，经煤矿安全监察机构责令限期改正，逾期不改正的，由煤矿安全监察机构责令停产整顿，可以处3万元以下的罚款。

第三十九条 未依法提取或者使用煤矿安全技术措施专项费用，或者使用不符合国家安全标准或者行业安全标准的设备、器材、仪器、仪表、防护用品，经煤矿安全监察机构责令限期改正或者责令立即停止使用，逾期不改正或者不立即停止使用的，由煤矿安全监察机构处5万元以下的罚款；情节严重的，由煤矿安全监察机构责令停产整顿；对直接负责的主管人员和其他直接责任人员，依法给予纪律处分。

第四十条 煤矿矿长不具备安全专业知识，或者特种作业人员未取得操作资格证书上岗作业，经煤矿安全监察机构责令限期改正，逾期不改正的，责令停产整顿；调整配备合格人员并经复查合格后，方可恢复生产。

第四十一条 分配职工上岗作业前未进行安全教育、培训，经煤矿安全监察机构责令限期改正，逾期不改正的，由煤矿安全监察机构处4万元以下的罚款；情节严重的，由煤矿安全监察机构责令停产整顿；对直接负责的主管人员和其他直接责任人员，依法给予纪律处分。

第四十二条 煤矿作业场所的瓦斯、粉尘或者其他有毒有害气体的浓度超过国家安全标准或者行业安全标准，经煤矿安全监察人员责令立即停止作业，拒不停止作业的，由煤矿安全监察机构责令停产整顿，可以处10万元以下的罚款。

第四十三条 擅自开采保安煤柱，或者采用危及相邻煤矿生产安全的决水、爆破、贯通巷道等危险方法进行采矿作业，经煤矿安全监察人员责令立即停止作业，拒不停止作业的，由煤矿安全监察机构决定吊销安全生产许可证，并移送地质矿产主管部门依法吊销采矿许可证；构成犯罪的，依法追究刑事责任；造成损失的，依法承担赔偿责任。

第四十四条 煤矿矿长或者其他主管人员有下列行为之一的，由煤矿安全监察机构给予警告；造成严重后果，构成犯罪的，依法追究刑事责任：

（一）违章指挥工人或者强令工人违章、冒险作业的；

（二）对工人屡次违章作业熟视无睹，不加制止的；

（三）对重大事故预兆或者已发现的事故隐患不及时采取措施的；

（四）拒不执行煤矿安全监察机构及其煤矿安全监察人员的安全监察指令的。

第四十五条 煤矿有关人员拒绝、阻碍煤矿安全监察机构及其煤矿安全监察人员现场检查，或者提供虚假情况，或者隐瞒存在的事故隐患以及其他安全问题的,由煤矿安全监察机构给予警告,可以并处 5 万元以上 10 万元以下的罚款;情节严重的,由煤矿安全监察机构责令停产整顿;对直接负责的主管人员和其他直接责任人员,依法给予撤职直至开除的纪律处分。

第四十六条 煤矿发生事故,有下列情形之一的,由煤矿安全监察机构给予警告,可以并处 3 万元以上 15 万元以下的罚款;情节严重的,由煤矿安全监察机构责令停产整顿;对直接负责的主管人员和其他直接责任人员,依法给予降级直至开除的纪律处分;构成犯罪的,依法追究刑事责任:

(一)不按照规定及时、如实报告煤矿事故的;

(二)伪造、故意破坏煤矿事故现场的;

(三)阻碍、干涉煤矿事故调查工作,拒绝接受调查取证、提供有关情况和资料的。

第四十七条 依照本条例规定被吊销采矿许可证的,由工商行政管理部门依法相应吊销营业执照。

第四十八条 煤矿安全监察人员滥用职权、玩忽职守、徇私舞弊,应当发现而没有发现煤矿事故隐患或者影响煤矿安全的违法行为,或者发现事故隐患或者影响煤矿安全的违法行为不及时处理或者报告,或者有违反本条例第十九条规定行为之一,构成犯罪的,依法追究刑事责任;尚不构成犯罪的,依法给予行政处分。

第五章 附 则

第四十九条 未设立地区煤矿安全监察机构的省、自治区、直辖市,省、自治区、直辖市人民政府可以指定有关部门依照本条例的规定对本行政区域内的煤矿实施安全监察。

第五十条 本条例自 2000 年 12 月 1 日起施行。

危险化学品安全管理条例

(2002年1月26日中华人民共和国国务院令第344号公布，根据2011年3月2日中华人民共和国国务院令第591号《危险化学品安全管理条例》和2013年12月7日中华人民共和国国务院令第645号《国务院关于修改部分行政法规的决定》修订)

第一章 总　　则

第一条　为了加强危险化学品的安全管理，预防和减少危险化学品事故，保障人民群众生命财产安全，保护环境，制定本条例。

第二条　危险化学品生产、储存、使用、经营和运输的安全管理，适用本条例。

废弃危险化学品的处置，依照有关环境保护的法律、行政法规和国家有关规定执行。

第三条　本条例所称危险化学品，是指具有毒害、腐蚀、爆炸、燃烧、助燃等性质，对人体、设施、环境具有危害的剧毒化学品和其他化学品。

危险化学品目录，由国务院安全生产监督管理部门会同国务院工业和信息化、公安、环境保护、卫生、质量监督检验检疫、交通运输、铁路、民用航空、农业主管部门，根据化学品危险特性的鉴别和分类标准确定、公布，并适时调整。

第四条　危险化学品安全管理，应当坚持安全第一、预防为主、综合治理的方针，强化和落实企业的主体责任。

生产、储存、使用、经营、运输危险化学品的单位（以下统称危险化学品单位）的主要负责人对本单位的危险化学品安全管理工作全面负责。

危险化学品单位应当具备法律、行政法规规定和国家标准、行业标准要求的安全条件，建立、健全安全管理规章制度和岗位安全责任制度，对从业人员进行安全教育、法制教育和岗位技术培训。从业人员应当接受教育和培训，考核合格后上岗作业；对有资格要求的岗位，应当配备依法取得相应资格的人员。

第五条 任何单位和个人不得生产、经营、使用国家禁止生产、经营、使用的危险化学品。

国家对危险化学品的使用有限制性规定的，任何单位和个人不得违反限制性规定使用危险化学品。

第六条 对危险化学品的生产、储存、使用、经营、运输实施安全监督管理的有关部门（以下统称负有危险化学品安全监督管理职责的部门），依照下列规定履行职责：

（一）安全生产监督管理部门负责危险化学品安全监督管理综合工作，组织确定、公布、调整危险化学品目录，对新建、改建、扩建生产、储存危险化学品（包括使用长输管道输送危险化学品，下同）的建设项目进行安全条件审查，核发危险化学品安全生产许可证、危险化学品安全使用许可证和危险化学品经营许可证，并负责危险化学品登记工作。

（二）公安机关负责危险化学品的公共安全管理，核发剧毒化学品购买许可证、剧毒化学品道路运输通行证，并负责危险化学品运输车辆的道路交通安全管理。

（三）质量监督检验检疫部门负责核发危险化学品及其包装物、容器（不包括储存危险化学品的固定式大型储罐，下同）生产企业的工业产品生产许可证，并依法对其产品质量实施监督，负责对进出口危险化学品及其包装实施检验。

（四）环境保护主管部门负责废弃危险化学品处置的监督管理，组织危险化学品的环境危害性鉴定和环境风险程度评估，确定实施重点环境管理的危险化学品，负责危险化学品环境管理登记和新化学物质环境管理登记；依照职责分工调查相关危险化学品环境污染事故和生态破坏事件，负责危险化学品事故现场的应急环境监测。

（五）交通运输主管部门负责危险化学品道路运输、水路运输的许可以及运输工具的安全管理，对危险化学品水路运输安全实施监督，负责危险化学品道路运输企业、水路运输企业驾驶人员、船员、装卸管理人员、押运人员、申报人员、集装箱装箱现场检查员的资格认定。铁路监管部门负责危险化学品铁路运输及其运输工具的安全管理。民用航空主管部门负责危险化学品航空运输以及航空运输企业及其运输工具的安全管理。

（六）卫生主管部门负责危险化学品毒性鉴定的管理，负责组织、协调危险化学品事故受伤人员的医疗卫生救援工作。

（七）工商行政管理部门依据有关部门的许可证件，核发危险化学品生产、储存、经营、运输企业营业执照,查处危险化学品经营企业违法采购危险化学品的行为。

(八)邮政管理部门负责依法查处寄递危险化学品的行为。

第七条 负有危险化学品安全监督管理职责的部门依法进行监督检查,可以采取下列措施:

(一)进入危险化学品作业场所实施现场检查,向有关单位和人员了解情况,查阅、复制有关文件、资料;

(二)发现危险化学品事故隐患,责令立即消除或者限期消除;

(三)对不符合法律、行政法规、规章规定或者国家标准、行业标准要求的设施、设备、装置、器材、运输工具,责令立即停止使用;

(四)经本部门主要负责人批准,查封违法生产、储存、使用、经营危险化学品的场所,扣押违法生产、储存、使用、经营、运输的危险化学品以及用于违法生产、使用、运输危险化学品的原材料、设备、运输工具;

(五)发现影响危险化学品安全的违法行为,当场予以纠正或者责令限期改正。

负有危险化学品安全监督管理职责的部门依法进行监督检查,监督检查人员不得少于2人,并应当出示执法证件;有关单位和个人对依法进行的监督检查应当予以配合,不得拒绝、阻碍。

第八条 县级以上人民政府应当建立危险化学品安全监督管理工作协调机制,支持、督促负有危险化学品安全监督管理职责的部门依法履行职责,协调、解决危险化学品安全监督管理工作中的重大问题。

负有危险化学品安全监督管理职责的部门应当相互配合、密切协作,依法加强对危险化学品的安全监督管理。

第九条 任何单位和个人对违反本条例规定的行为,有权向负有危险化学品安全监督管理职责的部门举报。负有危险化学品安全监督管理职责的部门接到举报,应当及时依法处理;对不属于本部门职责的,应当及时移送有关部门处理。

第十条 国家鼓励危险化学品生产企业和使用危险化学品从事生产的企业采用有利于提高安全保障水平的先进技术、工艺、设备以及自动控制系统,鼓励对危险化学品实行专门储存、统一配送、集中销售。

第二章 生产、储存安全

第十一条 国家对危险化学品的生产、储存实行统筹规划、合理布局。

国务院工业和信息化主管部门以及国务院其他有关部门依据各自职责,负责危险化学品生产、储存的行业规划和布局。

地方人民政府组织编制城乡规划,应当根据本地区的实际情况,按照确保安全的原则,规划适当区域专门用于危险化学品的生产、储存。

第十二条 新建、改建、扩建生产、储存危险化学品的建设项目(以下简称建设项目),应当由安全生产监督管理部门进行安全条件审查。

建设单位应当对建设项目进行安全条件论证,委托具备国家规定的资质条件的机构对建设项目进行安全评价,并将安全条件论证和安全评价的情况报告报建设项目所在地设区的市级以上人民政府安全生产监督管理部门;安全生产监督管理部门应当自收到报告之日起 45 日内作出审查决定,并书面通知建设单位。具体办法由国务院安全生产监督管理部门制定。

新建、改建、扩建储存、装卸危险化学品的港口建设项目,由港口行政管理部门按照国务院交通运输主管部门的规定进行安全条件审查。

第十三条 生产、储存危险化学品的单位,应当对其铺设的危险化学品管道设置明显标志,并对危险化学品管道定期检查、检测。

进行可能危及危险化学品管道安全的施工作业,施工单位应当在开工的 7 日前书面通知管道所属单位,并与管道所属单位共同制定应急预案,采取相应的安全防护措施。管道所属单位应当指派专门人员到现场进行管道安全保护指导。

第十四条 危险化学品生产企业进行生产前,应当依照《安全生产许可证条例》的规定,取得危险化学品安全生产许可证。

生产列入国家实行生产许可证制度的工业产品目录的危险化学品的企业,应当依照《中华人民共和国工业产品生产许可证管理条例》的规定,取得工业产品生产许可证。

负责颁发危险化学品安全生产许可证、工业产品生产许可证的部门,应当将其颁发许可证的情况及时向同级工业和信息化主管部门、环境保护主管部门和公安机关通报。

第十五条 危险化学品生产企业应当提供与其生产的危险化学品相符的化学品安全技术说明书,并在危险化学品包装(包括外包装件)上粘贴或者拴挂与包装内危险化学品相符的化学品安全标签。化学品安全技术说明书和化学品安全标签所载明的内容应当符合国家标准的要求。

危险化学品生产企业发现其生产的危险化学品有新的危险特性的,应当立即公告,并及时修订其化学品安全技术说明书和化学品安全标签。

第十六条 生产实施重点环境管理的危险化学品的企业，应当按照国务院环境保护主管部门的规定，将该危险化学品向环境中释放等相关信息向环境保护主管部门报告。环境保护主管部门可以根据情况采取相应的环境风险控制措施。

第十七条 危险化学品的包装应当符合法律、行政法规、规章的规定以及国家标准、行业标准的要求。

危险化学品包装物、容器的材质以及危险化学品包装的型式、规格、方法和单件质量（重量），应当与所包装的危险化学品的性质和用途相适应。

第十八条 生产列入国家实行生产许可证制度的工业产品目录的危险化学品包装物、容器的企业，应当依照《中华人民共和国工业产品生产许可证管理条例》的规定，取得工业产品生产许可证；其生产的危险化学品包装物、容器经国务院质量监督检验检疫部门认定的检验机构检验合格，方可出厂销售。

运输危险化学品的船舶及其配载的容器，应当按照国家船舶检验规范进行生产，并经海事管理机构认定的船舶检验机构检验合格，方可投入使用。

对重复使用的危险化学品包装物、容器，使用单位在重复使用前应当进行检查；发现存在安全隐患的，应当维修或者更换。使用单位应当对检查情况作出记录，记录的保存期限不得少于2年。

第十九条 危险化学品生产装置或者储存数量构成重大危险源的危险化学品储存设施（运输工具加油站、加气站除外），与下列场所、设施、区域的距离应当符合国家有关规定：

（一）居住区以及商业中心、公园等人员密集场所；

（二）学校、医院、影剧院、体育场（馆）等公共设施；

（三）饮用水源、水厂以及水源保护区；

（四）车站、码头（依法经许可从事危险化学品装卸作业的除外）、机场以及通信干线、通信枢纽、铁路线路、道路交通干线、水路交通干线、地铁风亭以及地铁站出入口；

（五）基本农田保护区、基本草原、畜禽遗传资源保护区、畜禽规模化养殖场（养殖小区）、渔业水域以及种子、种畜禽、水产苗种生产基地；

（六）河流、湖泊、风景名胜区、自然保护区；

（七）军事禁区、军事管理区；

（八）法律、行政法规规定的其他场所、设施、区域。

已建的危险化学品生产装置或者储存数量构成重大危险源的危险化学品

储存设施不符合前款规定的,由所在地设区的市级人民政府安全生产监督管理部门会同有关部门监督其所属单位在规定期限内进行整改;需要转产、停产、搬迁、关闭的,由本级人民政府决定并组织实施。

储存数量构成重大危险源的危险化学品储存设施的选址,应当避开地震活动断层和容易发生洪灾、地质灾害的区域。

本条例所称重大危险源,是指生产、储存、使用或者搬运危险化学品,且危险化学品的数量等于或者超过临界量的单元(包括场所和设施)。

第二十条 生产、储存危险化学品的单位,应当根据其生产、储存的危险化学品的种类和危险特性,在作业场所设置相应的监测、监控、通风、防晒、调温、防火、灭火、防爆、泄压、防毒、中和、防潮、防雷、防静电、防腐、防泄漏以及防护围堤或者隔离操作等安全设施、设备,并按照国家标准、行业标准或者国家有关规定对安全设施、设备进行经常性维护、保养,保证安全设施、设备的正常使用。

生产、储存危险化学品的单位,应当在其作业场所和安全设施、设备上设置明显的安全警示标志。

第二十一条 生产、储存危险化学品的单位,应当在其作业场所设置通信、报警装置,并保证处于适用状态。

第二十二条 生产、储存危险化学品的企业,应当委托具备国家规定的资质条件的机构,对本企业的安全生产条件每3年进行一次安全评价,提出安全评价报告。安全评价报告的内容应当包括对安全生产条件存在的问题进行整改的方案。

生产、储存危险化学品的企业,应当将安全评价报告以及整改方案的落实情况报所在地县级人民政府安全生产监督管理部门备案。在港区内储存危险化学品的企业,应当将安全评价报告以及整改方案的落实情况报港口行政管理部门备案。

第二十三条 生产、储存剧毒化学品或者国务院公安部门规定的可用于制造爆炸物品的危险化学品(以下简称易制爆危险化学品)的单位,应当如实记录其生产、储存的剧毒化学品、易制爆危险化学品的数量、流向,并采取必要的安全防范措施,防止剧毒化学品、易制爆危险化学品丢失或者被盗;发现剧毒化学品、易制爆危险化学品丢失或者被盗的,应当立即向当地公安机关报告。

生产、储存剧毒化学品、易制爆危险化学品的单位,应当设置治安保卫机构,配备专职治安保卫人员。

第二十四条　危险化学品应当储存在专用仓库、专用场地或者专用储存室（以下统称专用仓库）内，并由专人负责管理；剧毒化学品以及储存数量构成重大危险源的其他危险化学品，应当在专用仓库内单独存放，并实行双人收发、双人保管制度。

危险化学品的储存方式、方法以及储存数量应当符合国家标准或者国家有关规定。

第二十五条　储存危险化学品的单位应当建立危险化学品出入库核查、登记制度。

对剧毒化学品以及储存数量构成重大危险源的其他危险化学品，储存单位应当将其储存数量、储存地点以及管理人员的情况，报所在地县级人民政府安全生产监督管理部门（在港区内储存的，报港口行政管理部门）和公安机关备案。

第二十六条　危险化学品专用仓库应当符合国家标准、行业标准的要求，并设置明显的标志。储存剧毒化学品、易制爆危险化学品的专用仓库，应当按照国家有关规定设置相应的技术防范设施。

储存危险化学品的单位应当对其危险化学品专用仓库的安全设施、设备定期进行检测、检验。

第二十七条　生产、储存危险化学品的单位转产、停产、停业或者解散的，应当采取有效措施，及时、妥善处置其危险化学品生产装置、储存设施以及库存的危险化学品，不得丢弃危险化学品；处置方案应当报所在地县级人民政府安全生产监督管理部门、工业和信息化主管部门、环境保护主管部门和公安机关备案。安全生产监督管理部门应当会同环境保护主管部门和公安机关对处置情况进行监督检查，发现未依照规定处置的，应当责令其立即处置。

第三章　使　用　安　全

第二十八条　使用危险化学品的单位，其使用条件（包括工艺）应当符合法律、行政法规的规定和国家标准、行业标准的要求，并根据所使用的危险化学品的种类、危险特性以及使用量和使用方式，建立、健全使用危险化学品的安全管理规章制度和安全操作规程，保证危险化学品的安全使用。

第二十九条　使用危险化学品从事生产并且使用量达到规定数量的化工企业（属于危险化学品生产企业的除外，下同），应当依照本条例的规定取得危险化学品安全使用许可证。

前款规定的危险化学品使用量的数量标准,由国务院安全生产监督管理部门会同国务院公安部门、农业主管部门确定并公布。

第三十条 申请危险化学品安全使用许可证的化工企业,除应当符合本条例第二十八条的规定外,还应当具备下列条件:

(一)有与所使用的危险化学品相适应的专业技术人员;

(二)有安全管理机构和专职安全管理人员;

(三)有符合国家规定的危险化学品事故应急预案和必要的应急救援器材、设备;

(四)依法进行了安全评价。

第三十一条 申请危险化学品安全使用许可证的化工企业,应当向所在地设区的市级人民政府安全生产监督管理部门提出申请,并提交其符合本条例第三十条规定条件的证明材料。设区的市级人民政府安全生产监督管理部门应当依法进行审查,自收到证明材料之日起45日内作出批准或者不予批准的决定。予以批准的,颁发危险化学品安全使用许可证;不予批准的,书面通知申请人并说明理由。

安全生产监督管理部门应当将其颁发危险化学品安全使用许可证的情况及时向同级环境保护主管部门和公安机关通报。

第三十二条 本条例第十六条关于生产实施重点环境管理的危险化学品的企业的规定,适用于使用实施重点环境管理的危险化学品从事生产的企业;第二十条、第二十一条、第二十三条第一款、第二十七条关于生产、储存危险化学品的单位的规定,适用于使用危险化学品的单位;第二十二条关于生产、储存危险化学品的企业的规定,适用于使用危险化学品从事生产的企业。

第四章 经 营 安 全

第三十三条 国家对危险化学品经营(包括仓储经营,下同)实行许可制度。未经许可,任何单位和个人不得经营危险化学品。

依法设立的危险化学品生产企业在其厂区范围内销售本企业生产的危险化学品,不需要取得危险化学品经营许可。

依照《中华人民共和国港口法》的规定取得港口经营许可证的港口经营人,在港区内从事危险化学品仓储经营,不需要取得危险化学品经营许可。

第三十四条 从事危险化学品经营的企业应当具备下列条件:

（一）有符合国家标准、行业标准的经营场所，储存危险化学品的，还应当有符合国家标准、行业标准的储存设施；

（二）从业人员经过专业技术培训并经考核合格；

（三）有健全的安全管理规章制度；

（四）有专职安全管理人员；

（五）有符合国家规定的危险化学品事故应急预案和必要的应急救援器材、设备；

（六）法律、法规规定的其他条件。

第三十五条 从事剧毒化学品、易制爆危险化学品经营的企业，应当向所在地设区的市级人民政府安全生产监督管理部门提出申请，从事其他危险化学品经营的企业，应当向所在地县级人民政府安全生产监督管理部门提出申请（有储存设施的，应当向所在地设区的市级人民政府安全生产监督管理部门提出申请）。申请人应当提交其符合本条例第三十四条规定条件的证明材料。设区的市级人民政府安全生产监督管理部门或者县级人民政府安全生产监督管理部门应当依法进行审查，并对申请人的经营场所、储存设施进行现场核查，自收到证明材料之日起30日内作出批准或者不予批准的决定。予以批准的，颁发危险化学品经营许可证；不予批准的，书面通知申请人并说明理由。

设区的市级人民政府安全生产监督管理部门和县级人民政府安全生产监督管理部门应当将其颁发危险化学品经营许可证的情况及时向同级环境保护主管部门和公安机关通报。

申请人持危险化学品经营许可证向工商行政管理部门办理登记手续后，方可从事危险化学品经营活动。法律、行政法规或者国务院规定经营危险化学品还需要经其他有关部门许可的，申请人向工商行政管理部门办理登记手续时还应当持相应的许可证件。

第三十六条 危险化学品经营企业储存危险化学品的，应当遵守本条例第二章关于储存危险化学品的规定。危险化学品商店内只能存放民用小包装的危险化学品。

第三十七条 危险化学品经营企业不得向未经许可从事危险化学品生产、经营活动的企业采购危险化学品，不得经营没有化学品安全技术说明书或者化学品安全标签的危险化学品。

第三十八条 依法取得危险化学品安全生产许可证、危险化学品安全使用许可证、危险化学品经营许可证的企业，凭相应的许可证件购买剧毒化品、易制爆危险化学品。民用爆炸物品生产企业凭民用爆炸物品生产许可证购买易制爆危险化学品。

前款规定以外的单位购买剧毒化学品的，应当向所在地县级人民政府公安机关申请取得剧毒化学品购买许可证；购买易制爆危险化学品的，应当持本单位出具的合法用途说明。

个人不得购买剧毒化学品（属于剧毒化学品的农药除外）和易制爆危险化学品。

第三十九条 申请取得剧毒化学品购买许可证，申请人应当向所在地县级人民政府公安机关提交下列材料：

（一）营业执照或者法人证书（登记证书）的复印件；
（二）拟购买的剧毒化学品品种、数量的说明；
（三）购买剧毒化学品用途的说明；
（四）经办人的身份证明。

县级人民政府公安机关应当自收到前款规定的材料之日起3日内，作出批准或者不予批准的决定。予以批准的，颁发剧毒化学品购买许可证；不予批准的，书面通知申请人并说明理由。

剧毒化学品购买许可证管理办法由国务院公安部门制定。

第四十条 危险化学品生产企业、经营企业销售剧毒化学品、易制爆危险化学品，应当查验本条例第三十八条第一款、第二款规定的相关许可证件或者证明文件，不得向不具有相关许可证件或者证明文件的单位销售剧毒化学品、易制爆危险化学品。对持剧毒化学品购买许可证购买剧毒化学品的，应当按照许可证载明的品种、数量销售。

禁止向个人销售剧毒化学品（属于剧毒化学品的农药除外）和易制爆危险化学品。

第四十一条 危险化学品生产企业、经营企业销售剧毒化学品、易制爆危险化学品，应当如实记录购买单位的名称、地址、经办人的姓名、身份证号码以及所购买的剧毒化学品、易制爆危险化学品的品种、数量、用途。销售记录以及经办人的身份证明复印件、相关许可证件复印件或者证明文件的保存期限不得少于1年。

剧毒化学品、易制爆危险化学品的销售企业、购买单位应当在销售、购买后5日内，将所销售、购买的剧毒化学品、易制爆危险化学品的品种、数量以及流向信息报所在地县级人民政府公安机关备案，并输入计算机系统。

第四十二条 使用剧毒化学品、易制爆危险化学品的单位不得出借、转让其购买的剧毒化学品、易制爆危险化学品；因转产、停产、搬迁、关闭等确需转让的，应当向具有本条例第三十八条第一款、第二款规定的相关许可证件或者证明文件的单位转让，并在转让后将有关情况及时向所在地县级人民政府公安机关报告。

第五章 运 输 安 全

第四十三条 从事危险化学品道路运输、水路运输的，应当分别依照有关道路运输、水路运输的法律、行政法规的规定，取得危险货物道路运输许可、危险货物水路运输许可，并向工商行政管理部门办理登记手续。

危险化学品道路运输企业、水路运输企业应当配备专职安全管理人员。

第四十四条 危险化学品道路运输企业、水路运输企业的驾驶人员、船员、装卸管理人员、押运人员、申报人员、集装箱装箱现场检查员应当经交通运输主管部门考核合格，取得从业资格。具体办法由国务院交通运输主管部门制定。

危险化学品的装卸作业应当遵守安全作业标准、规程和制度，并在装卸管理人员的现场指挥或者监控下进行。水路运输危险化学品的集装箱装箱作业应当在集装箱装箱现场检查员的指挥或者监控下进行，并符合积载、隔离的规范和要求；装箱作业完毕后，集装箱装箱现场检查员应当签署装箱证明书。

第四十五条 运输危险化学品，应当根据危险化学品的危险特性采取相应的安全防护措施，并配备必要的防护用品和应急救援器材。

用于运输危险化学品的槽罐以及其他容器应当封口严密，能够防止危险化学品在运输过程中因温度、湿度或者压力的变化发生渗漏、洒漏；槽罐以及其他容器的溢流和泄压装置应当设置准确、起闭灵活。

运输危险化学品的驾驶人员、船员、装卸管理人员、押运人员、申报人员、集装箱装箱现场检查员，应当了解所运输的危险化学品的危险特性及其包装物、容器的使用要求和出现危险情况时的应急处置方法。

第四十六条 通过道路运输危险化学品的，托运人应当委托依法取得危险货物道路运输许可的企业承运。

第四十七条 通过道路运输危险化学品的，应当按照运输车辆的核定载质量装载危险化学品，不得超载。

危险化学品运输车辆应当符合国家标准要求的安全技术条件，并按照国家有关规定定期进行安全技术检验。

危险化学品运输车辆应当悬挂或者喷涂符合国家标准要求的警示标志。

第四十八条 通过道路运输危险化学品的,应当配备押运人员,并保证所运输的危险化学品处于押运人员的监控之下。

运输危险化学品途中因住宿或者发生影响正常运输的情况,需要较长时间停车的,驾驶人员、押运人员应当采取相应的安全防范措施;运输剧毒化学品或者易制爆危险化学品的,还应当向当地公安机关报告。

第四十九条 未经公安机关批准,运输危险化学品的车辆不得进入危险化学品运输车辆限制通行的区域。危险化学品运输车辆限制通行的区域由县级人民政府公安机关划定,并设置明显的标志。

第五十条 通过道路运输剧毒化学品的,托运人应当向运输始发地或者目的地县级人民政府公安机关申请剧毒化学品道路运输通行证。

申请剧毒化学品道路运输通行证,托运人应当向县级人民政府公安机关提交下列材料:

(一)拟运输的剧毒化学品品种、数量的说明;

(二)运输始发地、目的地、运输时间和运输路线的说明;

(三)承运人取得危险货物道路运输许可、运输车辆取得营运证以及驾驶人员、押运人员取得上岗资格的证明文件;

(四)本条例第三十八条第一款、第二款规定的购买剧毒化学品的相关许可证件,或者海关出具的进出口证明文件。

县级人民政府公安机关应当自收到前款规定的材料之日起7日内,作出批准或者不予批准的决定。予以批准的,颁发剧毒化学品道路运输通行证;不予批准的,书面通知申请人并说明理由。

剧毒化学品道路运输通行证管理办法由国务院公安部门制定。

第五十一条 剧毒化学品、易制爆危险化学品在道路运输途中丢失、被盗、被抢或者出现流散、泄漏等情况的,驾驶人员、押运人员应当立即采取相应的警示措施和安全措施,并向当地公安机关报告。公安机关接到报告后,应当根据实际情况立即向安全生产监督管理部门、环境保护主管部门、卫生主管部门通报。有关部门应当采取必要的应急处置措施。

第五十二条 通过水路运输危险化学品的,应当遵守法律、行政法规以及国务院交通运输主管部门关于危险货物水路运输安全的规定。

第五十三条 海事管理机构应当根据危险化学品的种类和危险特性,确定船舶运输危险化学品的相关安全运输条件。

拟交付船舶运输的化学品的相关安全运输条件不明确的,货物所有人或者代理人应当委托相关技术机构进行评估，明确相关安全运输条件并经海事管理机构确认后，方可交付船舶运输。

第五十四条 禁止通过内河封闭水域运输剧毒化学品以及国家规定禁止通过内河运输的其他危险化学品。

前款规定以外的内河水域，禁止运输国家规定禁止通过内河运输的剧毒化学品以及其他危险化学品。

禁止通过内河运输的剧毒化学品以及其他危险化学品的范围，由国务院交通运输主管部门会同国务院环境保护主管部门、工业和信息化主管部门、安全生产监督管理部门，根据危险化学品的危险特性、危险化学品对人体和水环境的危害程度以及消除危害后果的难易程度等因素规定并公布。

第五十五条 国务院交通运输主管部门应当根据危险化学品的危险特性，对通过内河运输本条例第五十四条规定以外的危险化学品（以下简称通过内河运输危险化学品）实行分类管理，对各类危险化学品的运输方式、包装规范和安全防护措施等分别作出规定并监督实施。

第五十六条 通过内河运输危险化学品，应当由依法取得危险货物水路运输许可的水路运输企业承运，其他单位和个人不得承运。托运人应当委托依法取得危险货物水路运输许可的水路运输企业承运，不得委托其他单位和个人承运。

第五十七条 通过内河运输危险化学品，应当使用依法取得危险货物适装证书的运输船舶。水路运输企业应当针对所运输的危险化学品的危险特性，制定运输船舶危险化学品事故应急救援预案，并为运输船舶配备充足、有效的应急救援器材和设备。

通过内河运输危险化学品的船舶，其所有人或者经营人应当取得船舶污染损害责任保险证书或者财务担保证明。船舶污染损害责任保险证书或者财务担保证明的副本应当随船携带。

第五十八条 通过内河运输危险化学品，危险化学品包装物的材质、型式、强度以及包装方法应当符合水路运输危险化学品包装规范的要求。国务院交通运输主管部门对单船运输的危险化学品数量有限制性规定的，承运人应当按照规定安排运输数量。

第五十九条 用于危险化学品运输作业的内河码头、泊位应当符合国家有关安全规范，与饮用水取水口保持国家规定的距离。有关管理单位应当制定码头、泊位危险化学品事故应急预案，并为码头、泊位配备充足、有效的应急救援器材和设备。

用于危险化学品运输作业的内河码头、泊位，经交通运输主管部门按照国家有关规定验收合格后方可投入使用。

第六十条 船舶载运危险化学品进出内河港口，应当将危险化学品的名称、危险特性、包装以及进出港时间等事项，事先报告海事管理机构。海事管理机构接到报告后，应当在国务院交通运输主管部门规定的时间内作出是否同意的决定，通知报告人，同时通报港口行政管理部门。定船舶、定航线、定货种的船舶可以定期报告。

在内河港口内进行危险化学品的装卸、过驳作业，应当将危险化学品的名称、危险特性、包装和作业的时间、地点等事项报告港口行政管理部门。港口行政管理部门接到报告后，应当在国务院交通运输主管部门规定的时间内作出是否同意的决定，通知报告人，同时通报海事管理机构。

载运危险化学品的船舶在内河航行，通过过船建筑物的，应当提前向交通运输主管部门申报，并接受交通运输主管部门的管理。

第六十一条 载运危险化学品的船舶在内河航行、装卸或者停泊，应当悬挂专用的警示标志，按照规定显示专用信号。

载运危险化学品的船舶在内河航行，按照国务院交通运输主管部门的规定需要引航的，应当申请引航。

第六十二条 载运危险化学品的船舶在内河航行，应当遵守法律、行政法规和国家其他有关饮用水水源保护的规定。内河航道发展规划应当与依法经批准的饮用水水源保护区划定方案相协调。

第六十三条 托运危险化学品的，托运人应当向承运人说明所托运的危险化学品的种类、数量、危险特性以及发生危险情况的应急处置措施，并按照国家有关规定对所托运的危险化学品妥善包装，在外包装上设置相应的标志。

运输危险化学品需要添加抑制剂或者稳定剂的，托运人应当添加，并将有关情况告知承运人。

第六十四条 托运人不得在托运的普通货物中夹带危险化学品，不得将危险化学品匿报或者谎报为普通货物托运。

任何单位和个人不得交寄危险化学品或者在邮件、快件内夹带危险化学品，不得将危险化学品匿报或者谎报为普通物品交寄。邮政企业、快递企业不得收寄危险化学品。

对涉嫌违反本条第一款、第二款规定的，交通运输主管部门、邮政管理部门可以依法开拆查验。

第六十五条 通过铁路、航空运输危险化学品的安全管理,依照有关铁路、航空运输的法律、行政法规、规章的规定执行。

第六章 危险化学品登记与事故应急救援

第六十六条 国家实行危险化学品登记制度,为危险化学品安全管理以及危险化学品事故预防和应急救援提供技术、信息支持。

第六十七条 危险化学品生产企业、进口企业,应当向国务院安全生产监督管理部门负责危险化学品登记的机构(以下简称危险化学品登记机构)办理危险化学品登记。

危险化学品登记包括下列内容:
(一)分类和标签信息;
(二)物理、化学性质;
(三)主要用途;
(四)危险特性;
(五)储存、使用、运输的安全要求;
(六)出现危险情况的应急处置措施。

对同一企业生产、进口的同一品种的危险化学品,不进行重复登记。危险化学品生产企业、进口企业发现其生产、进口的危险化学品有新的危险特性的,应当及时向危险化学品登记机构办理登记内容变更手续。

危险化学品登记的具体办法由国务院安全生产监督管理部门制定。

第六十八条 危险化学品登记机构应当定期向工业和信息化、环境保护、公安、卫生、交通运输、铁路、质量监督检验检疫等部门提供危险化学品登记的有关信息和资料。

第六十九条 县级以上地方人民政府安全生产监督管理部门应当会同工业和信息化、环境保护、公安、卫生、交通运输、铁路、质量监督检验检疫等部门,根据本地区实际情况,制定危险化学品事故应急预案,报本级人民政府批准。

第七十条 危险化学品单位应当制定本单位危险化学品事故应急预案,配备应急救援人员和必要的应急救援器材、设备,并定期组织应急救援演练。

危险化学品单位应当将其危险化学品事故应急预案报所在地设区的市级人民政府安全生产监督管理部门备案。

第七十一条 发生危险化学品事故,事故单位主要负责人应当立即按照本单位危险化学品应急预案组织救援，并向当地安全生产监督管理部门和环境保护、公安、卫生主管部门报告；道路运输、水路运输过程中发生危险化学品事故的，驾驶人员、船员或者押运人员还应当向事故发生地交通运输主管部门报告。

第七十二条 发生危险化学品事故，有关地方人民政府应当立即组织安全生产监督管理、环境保护、公安、卫生、交通运输等有关部门，按照本地区危险化学品事故应急预案组织实施救援，不得拖延、推诿。

有关地方人民政府及其有关部门应当按照下列规定，采取必要的应急处置措施，减少事故损失，防止事故蔓延、扩大：

（一）立即组织营救和救治受害人员，疏散、撤离或者采取其他措施保护危害区域内的其他人员；

（二）迅速控制危害源，测定危险化学品的性质、事故的危害区域及危害程度；

（三）针对事故对人体、动植物、土壤、水源、大气造成的现实危害和可能产生的危害，迅速采取封闭、隔离、洗消等措施；

（四）对危险化学品事故造成的环境污染和生态破坏状况进行监测、评估，并采取相应的环境污染治理和生态修复措施。

第七十三条 有关危险化学品单位应当为危险化学品事故应急救援提供技术指导和必要的协助。

第七十四条 危险化学品事故造成环境污染的，由设区的市级以上人民政府环境保护主管部门统一发布有关信息。

第七章 法 律 责 任

第七十五条 生产、经营、使用国家禁止生产、经营、使用的危险化学品的，由安全生产监督管理部门责令停止生产、经营、使用活动，处20万元以上50万元以下的罚款，有违法所得的，没收违法所得；构成犯罪的，依法追究刑事责任。

有前款规定行为的，安全生产监督管理部门还应当责令其对所生产、经营、使用的危险化学品进行无害化处理。

违反国家关于危险化学品使用的限制性规定使用危险化学品的，依照本条第一款的规定处理。

第七十六条 未经安全条件审查，新建、改建、扩建生产、储存危险化学品的建设项目的，由安全生产监督管理部门责令停止建设，限期改正；逾期不改正的，处 50 万元以上 100 万元以下的罚款；构成犯罪的，依法追究刑事责任。

未经安全条件审查，新建、改建、扩建储存、装卸危险化学品的港口建设项目的，由港口行政管理部门依照前款规定予以处罚。

第七十七条 未依法取得危险化学品安全生产许可证从事危险化学品生产，或者未依法取得工业产品生产许可证从事危险化学品及其包装物、容器生产的，分别依照《安全生产许可证条例》《中华人民共和国工业产品生产许可证管理条例》的规定处罚。

违反本条例规定，化工企业未取得危险化学品安全使用许可证，使用危险化学品从事生产的，由安全生产监督管理部门责令限期改正，处 10 万元以上 20 万元以下的罚款；逾期不改正的，责令停产整顿。

违反本条例规定，未取得危险化学品经营许可证从事危险化学品经营的，由安全生产监督管理部门责令停止经营活动，没收违法经营的危险化学品以及违法所得，并处 10 万元以上 20 万元以下的罚款；构成犯罪的，依法追究刑事责任。

第七十八条 有下列情形之一的，由安全生产监督管理部门责令改正，可以处 5 万元以下的罚款；拒不改正的，处 5 万元以上 10 万元以下的罚款；情节严重的，责令停产停业整顿：

（一）生产、储存危险化学品的单位未对其铺设的危险化学品管道设置明显的标志，或者未对危险化学品管道定期检查、检测的；

（二）进行可能危及危险化学品管道安全的施工作业，施工单位未按照规定书面通知管道所属单位，或者未与管道所属单位共同制定应急预案、采取相应的安全防护措施，或者管道所属单位未指派专门人员到现场进行管道安全保护指导的；

（三）危险化学品生产企业未提供化学品安全技术说明书，或者未在包装（包括外包装件）上粘贴、拴挂化学品安全标签的；

（四）危险化学品生产企业提供的化学品安全技术说明书与其生产的危险化学品不相符，或者在包装（包括外包装件）粘贴、拴挂的化学品安全标签与包装内危险化学品不相符，或者化学品安全技术说明书、化学品安全标签所载明的内容不符合国家标准要求的；

（五）危险化学品生产企业发现其生产的危险化学品有新的危险特性不立即公告，或者不及时修订其化学品安全技术说明书和化学品安全标签的；

（六）危险化学品经营企业经营没有化学品安全技术说明书和化学品安

全标签的危险化学品的；

（七）危险化学品包装物、容器的材质以及包装的型式、规格、方法和单件质量（重量）与所包装的危险化学品的性质和用途不相适应的；

（八）生产、储存危险化学品的单位未在作业场所和安全设施、设备上设置明显的安全警示标志，或者未在作业场所设置通信、报警装置的；

（九）危险化学品专用仓库未设专人负责管理，或者对储存的剧毒化学品以及储存数量构成重大危险源的其他危险化学品未实行双人收发、双人保管制度的；

（十）储存危险化学品的单位未建立危险化学品出入库核查、登记制度的；

（十一）危险化学品专用仓库未设置明显标志的；

（十二）危险化学品生产企业、进口企业不办理危险化学品登记，或者发现其生产、进口的危险化学品有新的危险特性不办理危险化学品登记内容变更手续的。

从事危险化学品仓储经营的港口经营人有前款规定情形的，由港口行政管理部门依照前款规定予以处罚。储存剧毒化学品、易制爆危险化学品的专用仓库未按照国家有关规定设置相应的技术防范设施的，由公安机关依照前款规定予以处罚。

生产、储存剧毒化学品、易制爆危险化学品的单位未设置治安保卫机构、配备专职治安保卫人员的，依照《企业事业单位内部治安保卫条例》的规定处罚。

第七十九条 危险化学品包装物、容器生产企业销售未经检验或者经检验不合格的危险化学品包装物、容器的，由质量监督检验检疫部门责令改正，处10万元以上20万元以下的罚款，有违法所得的，没收违法所得；拒不改正的，责令停产停业整顿；构成犯罪的，依法追究刑事责任。

将未经检验合格的运输危险化学品的船舶及其配载的容器投入使用的，由海事管理机构依照前款规定予以处罚。

第八十条 生产、储存、使用危险化学品的单位有下列情形之一的，由安全生产监督管理部门责令改正，处5万元以上10万元以下的罚款；拒不改正的，责令停产停业整顿直至由原发证机关吊销其相关许可证件，并由工商行政管理部门责令其办理经营范围变更登记或者吊销其营业执照；有关责任人员构成犯罪的，依法追究刑事责任：

（一）对重复使用的危险化学品包装物、容器，在重复使用前不进行检

查的;

（二）未根据其生产、储存的危险化学品的种类和危险特性,在作业场所设置相关安全设施、设备,或者未按照国家标准、行业标准或者国家有关规定对安全设施、设备进行经常性维护、保养的;

（三）未依照本条例规定对其安全生产条件定期进行安全评价的;

（四）未将危险化学品储存在专用仓库内,或者未将剧毒化学品以及储存数量构成重大危险源的其他危险化学品在专用仓库内单独存放的;

（五）危险化学品的储存方式、方法或者储存数量不符合国家标准或者国家有关规定的;

（六）危险化学品专用仓库不符合国家标准、行业标准的要求的;

（七）未对危险化学品专用仓库的安全设施、设备定期进行检测、检验的。

从事危险化学品仓储经营的港口经营人有前款规定情形的,由港口行政管理部门依照前款规定予以处罚。

第八十一条 有下列情形之一的,由公安机关责令改正,可以处1万元以下的罚款;拒不改正的,处1万元以上5万元以下的罚款:

（一）生产、储存、使用剧毒化学品、易制爆危险化学品的单位不如实记录生产、储存、使用的剧毒化学品、易制爆危险化学品的数量、流向的;

（二）生产、储存、使用剧毒化学品、易制爆危险化学品的单位发现剧毒化学品、易制爆危险化学品丢失或者被盗,不立即向公安机关报告的;

（三）储存剧毒化学品的单位未将剧毒化学品的储存数量、储存地点以及管理人员的情况报所在地县级人民政府公安机关备案的;

（四）危险化学品生产企业、经营企业不如实记录剧毒化学品、易制爆危险化学品购买单位的名称、地址、经办人的姓名、身份证号码以及所购买的剧毒化学品、易制爆危险化学品的品种、数量、用途,或者保存销售记录和相关材料的时间少于1年的;

（五）剧毒化学品、易制爆危险化学品的销售企业、购买单位未在规定的时限内将所销售、购买的剧毒化学品、易制爆危险化学品的品种、数量以及流向信息报所在地县级人民政府公安机关备案的;

（六）使用剧毒化学品、易制爆危险化学品的单位依照本条例规定转让其购买的剧毒化学品、易制爆危险化学品,未将有关情况向所在地县级人民政府公安机关报告的。

生产、储存危险化学品的企业或者使用危险化学品从事生产的企业未按照本条例规定将安全评价报告以及整改方案的落实情况报安全生产监督管理部门或者港口行政管理部门备案,或者储存危险化学品的单位未将其剧毒化学品以及储存数量构成重大危险源的其他危险化学品的储存数量、储存地点以及管理人员的情况报安全生产监督管理部门或者港口行政管理部门备案的,分别由安全生产监督管理部门或者港口行政管理部门依照前款规定予以处罚。

生产实施重点环境管理的危险化学品的企业或者使用实施重点环境管理的危险化学品从事生产的企业未按照规定将相关信息向环境保护主管部门报告的,由环境保护主管部门依照本条第一款的规定予以处罚。

第八十二条 生产、储存、使用危险化学品的单位转产、停产、停业或者解散,未采取有效措施及时、妥善处置其危险化学品生产装置、储存设施以及库存的危险化学品,或者丢弃危险化学品的,由安全生产监督管理部门责令改正,处5万元以上10万元以下的罚款;构成犯罪的,依法追究刑事责任。

生产、储存、使用危险化学品的单位转产、停产、停业或者解散,未依照本条例规定将其危险化学品生产装置、储存设施以及库存危险化学品的处置方案报有关部门备案的,分别由有关部门责令改正,可以处1万元以下的罚款;拒不改正的,处1万元以上5万元以下的罚款。

第八十三条 危险化学品经营企业向未经许可违法从事危险化学品生产、经营活动的企业采购危险化学品的,由工商行政管理部门责令改正,处10万元以上20万元以下的罚款;拒不改正的,责令停业整顿直至由原发证机关吊销其危险化学品经营许可证,并由工商行政管理部门责令其办理经营范围变更登记或者吊销其营业执照。

第八十四条 危险化学品生产企业、经营企业有下列情形之一的,由安全生产监督管理部门责令改正,没收违法所得,并处10万元以上20万元以下的罚款;拒不改正的,责令停产停业整顿直至吊销其危险化学品安全生产许可证、危险化学品经营许可证,并由工商行政管理部门责令其办理经营范围变更登记或者吊销其营业执照:

(一)向不具有本条例第三十八条第一款、第二款规定的相关许可证件或者证明文件的单位销售剧毒化学品、易制爆危险化学品的;

(二)不按照剧毒化学品购买许可证载明的品种、数量销售剧毒化学品的;

(三)向个人销售剧毒化学品(属于剧毒化学品的农药除外)、易制爆危险化学品的。

不具有本条例第三十八条第一款、第二款规定的相关许可证件或者证明文件的单位购买剧毒化学品、易制爆危险化学品，或者个人购买剧毒化学品（属于剧毒化学品的农药除外）、易制爆危险化学品的，由公安机关没收所购买的剧毒化学品、易制爆危险化学品，可以并处5000元以下的罚款。

使用剧毒化学品、易制爆危险化学品的单位出借或者向不具有本条例第三十八条第一款、第二款规定的相关许可证件的单位转让其购买的剧毒化学品、易制爆危险化学品，或者向个人转让其购买的剧毒化学品（属于剧毒化学品的农药除外）、易制爆危险化学品的，由公安机关责令改正，处10万元以上20万元以下的罚款；拒不改正的，责令停产停业整顿。

第八十五条 未依法取得危险货物道路运输许可、危险货物水路运输许可，从事危险化学品道路运输、水路运输的，分别依照有关道路运输、水路运输的法律、行政法规的规定处罚。

第八十六条 有下列情形之一的，由交通运输主管部门责令改正，处5万元以上10万元以下的罚款；拒不改正的，责令停产停业整顿；构成犯罪的，依法追究刑事责任：

（一）危险化学品道路运输企业、水路运输企业的驾驶人员、船员、装卸管理人员、押运人员、申报人员、集装箱装箱现场检查员未取得从业资格上岗作业的；

（二）运输危险化学品，未根据危险化学品的危险特性采取相应的安全防护措施，或者未配备必要的防护用品和应急救援器材的；

（三）使用未依法取得危险货物适装证书的船舶，通过内河运输危险化学品的；

（四）通过内河运输危险化学品的承运人违反国务院交通运输主管部门对单船运输的危险化学品数量的限制性规定运输危险化学品的；

（五）用于危险化学品运输作业的内河码头、泊位不符合国家有关安全规范，或者未与饮用水取水口保持国家规定的安全距离，或者未经交通运输主管部门验收合格投入使用的；

（六）托运人不向承运人说明所托运的危险化学品的种类、数量、危险特性以及发生危险情况的应急处置措施，或者未按照国家有关规定对所托运的危险化学品妥善包装并在外包装上设置相应标志的；

（七）运输危险化学品需要添加抑制剂或者稳定剂，托运人未添加或者未将有关情况告知承运人的。

第八十七条 有下列情形之一的,由交通运输主管部门责令改正,处10万元以上20万元以下的罚款,有违法所得的,没收违法所得;拒不改正的,责令停产停业整顿;构成犯罪的,依法追究刑事责任:

(一)委托未依法取得危险货物道路运输许可、危险货物水路运输许可的企业承运危险化学品的;

(二)通过内河封闭水域运输剧毒化学品以及国家规定禁止通过内河运输的其他危险化学品的;

(三)通过内河运输国家规定禁止通过内河运输的剧毒化学品以及其他危险化学品的;

(四)在托运的普通货物中夹带危险化学品,或者将危险化学品谎报或者匿报为普通货物托运的。

在邮件、快件内夹带危险化学品,或者将危险化学品谎报为普通物品交寄的,依法给予治安管理处罚;构成犯罪的,依法追究刑事责任。

邮政企业、快递企业收寄危险化学品的,依照《中华人民共和国邮政法》的规定处罚。

第八十八条 有下列情形之一的,由公安机关责令改正,处5万元以上10万元以下的罚款;构成违反治安管理行为的,依法给予治安管理处罚;构成犯罪的,依法追究刑事责任:

(一)超过运输车辆的核定载质量装载危险化学品的;

(二)使用安全技术条件不符合国家标准要求的车辆运输危险化学品的;

(三)运输危险化学品的车辆未经公安机关批准进入危险化学品运输车辆限制通行的区域的;

(四)未取得剧毒化学品道路运输通行证,通过道路运输剧毒化学品的。

第八十九条 有下列情形之一的,由公安机关责令改正,处1万元以上5万元以下的罚款;构成违反治安管理行为的,依法给予治安管理处罚:

(一)危险化学品运输车辆未悬挂或者喷涂警示标志,或者悬挂或者喷涂的警示标志不符合国家标准要求的;

(二)通过道路运输危险化学品,不配备押运人员的;

(三)运输剧毒化学品或者易制爆危险化学品途中需要较长时间停车,驾驶人员、押运人员不向当地公安机关报告的;

(四)剧毒化学品、易制爆危险化学品在道路运输途中丢失、被盗、被抢或者发生流散、泄露等情况，驾驶人员、押运人员不采取必要的警示措施和安全措施，或者不向当地公安机关报告的。

第九十条　对发生交通事故负有全部责任或者主要责任的危险化学品道路运输企业，由公安机关责令消除安全隐患，未消除安全隐患的危险化学品运输车辆，禁止上道路行驶。

第九十一条　有下列情形之一的，由交通运输主管部门责令改正，可以处1万元以下的罚款；拒不改正的，处1万元以上5万元以下的罚款：

（一）危险化学品道路运输企业、水路运输企业未配备专职安全管理人员的；

（二）用于危险化学品运输作业的内河码头、泊位的管理单位未制定码头、泊位危险化学品事故应急救援预案，或者未为码头、泊位配备充足、有效的应急救援器材和设备的。

第九十二条　有下列情形之一的，依照《中华人民共和国内河交通安全管理条例》的规定处罚：

（一）通过内河运输危险化学品的水路运输企业未制定运输船舶危险化学品事故应急救援预案，或者未为运输船舶配备充足、有效的应急救援器材和设备的；

（二）通过内河运输危险化学品的船舶的所有人或者经营人未取得船舶污染损害责任保险证书或者财务担保证明的；

（三）船舶载运危险化学品进出内河港口，未将有关事项事先报告海事管理机构并经其同意的；

（四）载运危险化学品的船舶在内河航行、装卸或者停泊，未悬挂专用的警示标志，或者未按照规定显示专用信号，或者未按照规定申请引航的。

未向港口行政管理部门报告并经其同意，在港口内进行危险化学品的装卸、过驳作业的，依照《中华人民共和国港口法》的规定处罚。

第九十三条　伪造、变造或者出租、出借、转让危险化学品安全生产许可证、工业产品生产许可证，或者使用伪造、变造的危险化学品安全生产许可证、工业产品生产许可证的，分别依照《安全生产许可证条例》、《中华人民共和国工业产品生产许可证管理条例》的规定处罚。

伪造、变造或者出租、出借、转让本条例规定的其他许可证，或者使用伪造、变造的本条例规定的其他许可证的，分别由相关许可证的颁发管理机关处10万元以上20万元以下的罚款，有违法所得的，没收违法所得；构成违反治安管理行为的，依法给予治安管理处罚；构成犯罪的，依法追究刑事责任。

第九十四条 危险化学品单位发生危险化学品事故，其主要负责人不立即组织救援或者不立即向有关部门报告的，依照《生产安全事故报告和调查处理条例》的规定处罚。

危险化学品单位发生危险化学品事故，造成他人人身伤害或者财产损失的，依法承担赔偿责任。

第九十五条 发生危险化学品事故，有关地方人民政府及其有关部门不立即组织实施救援，或者不采取必要的应急处置措施减少事故损失，防止事故蔓延、扩大的，对直接负责的主管人员和其他直接责任人员依法给予处分；构成犯罪的，依法追究刑事责任。

第九十六条 负有危险化学品安全监督管理职责的部门的工作人员，在危险化学品安全监督管理工作中滥用职权、玩忽职守、徇私舞弊，构成犯罪的，依法追究刑事责任；尚不构成犯罪的，依法给予处分。

第八章 附 则

第九十七条 监控化学品、属于危险化学品的药品和农药的安全管理，依照本条例的规定执行；法律、行政法规另有规定的，依照其规定。

民用爆炸物品、烟花爆竹、放射性物品、核能物质以及用于国防科研生产的危险化学品的安全管理，不适用本条例。

法律、行政法规对燃气的安全管理另有规定的，依照其规定。

危险化学品容器属于特种设备的，其安全管理依照有关特种设备安全的法律、行政法规的规定执行。

第九十八条 危险化学品的进出口管理，依照有关对外贸易的法律、行政法规、规章的规定执行；进口的危险化学品的储存、使用、经营、运输的安全管理，依照本条例的规定执行。

危险化学品环境管理登记和新化学物质环境管理登记，依照有关环境保护的法律、行政法规、规章的规定执行。危险化学品环境管理登记，按照国家有关规定收取费用。

第九十九条 公众发现、捡拾的无主危险化学品，由公安机关接收。公安机关接收或者有关部门依法没收的危险化学品，需要进行无害化处理的，交由环境保护主管部门组织其认定的专业单位进行处理，或者交由有关危险化学品生产企业进行处理。处理所需费用由国家财政负担。

第一百条 化学品的危险特性尚未确定的，由国务院安全生产监督管理部门、国务院环境保护主管部门、国务院卫生主管部门分别负责组织对该化学品的物理危险性、环境危害性、毒理特性进行鉴定。根据鉴定结果，需要调整危险化学品目录的，依照本条例第三条第二款的规定办理。

第一百零一条 本条例施行前已经使用危险化学品从事生产的化工企业，依照本条例规定需要取得危险化学品安全使用许可证的，应当在国务院安全生产监督管理部门规定的期限内，申请取得危险化学品安全使用许可证。

第一百零二条 本条例自 2011 年 12 月 1 日起施行。

第二部分 行政法规

烟花爆竹安全管理条例

(2006年1月21日中华人民共和国国务院令第455号发布,根据2016年2月6日中华人民共和国国务院令第666号《国务院关于修改部分行政法规的决定》修订)

第一章 总　　则

第一条 为了加强烟花爆竹安全管理,预防爆炸事故发生,保障公共安全和人身、财产的安全,制定本条例。

第二条 烟花爆竹的生产、经营、运输和燃放,适用本条例。

本条例所称烟花爆竹,是指烟花爆竹制品和用于生产烟花爆竹的民用黑火药、烟火药、引火线等物品。

第三条 国家对烟花爆竹的生产、经营、运输和举办焰火晚会以及其他大型焰火燃放活动,实行许可证制度。

未经许可,任何单位或者个人不得生产、经营、运输烟花爆竹,不得举办焰火晚会以及其他大型焰火燃放活动。

第四条 安全生产监督管理部门负责烟花爆竹的安全生产监督管理;公安部门负责烟花爆竹的公共安全管理;质量监督检验部门负责烟花爆竹的质量监督和进出口检验。

第五条 公安部门、安全生产监督管理部门、质量监督检验部门、工商行政管理部门应当按照职责分工,组织查处非法生产、经营、储存、运输、邮寄烟花爆竹以及非法燃放烟花爆竹的行为。

第六条 烟花爆竹生产、经营、运输企业和焰火晚会以及其他大型焰火燃放活动主办单位的主要负责人,对本单位的烟花爆竹安全工作负责。

烟花爆竹生产、经营、运输企业和焰火晚会以及其他大型焰火燃放活动主办单位应当建立健全安全责任制,制定各项安全管理制度和操作规程,并对从业人员定期进行安全教育、法制教育和岗位技术培训。

中华全国供销合作总社应当加强对本系统企业烟花爆竹经营活动的管理。

第七条 国家鼓励烟花爆竹生产企业采用提高安全程度和提升行业整体水平的新工艺、新配方和新技术。

第二章 生 产 安 全

第八条 生产烟花爆竹的企业，应当具备下列条件：
（一）符合当地产业结构规划；
（二）基本建设项目经过批准；
（三）选址符合城乡规划，并与周边建筑、设施保持必要的安全距离；
（四）厂房和仓库的设计、结构和材料以及防火、防爆、防雷、防静电等安全设备、设施符合国家有关标准和规范；
（五）生产设备、工艺符合安全标准；
（六）产品品种、规格、质量符合国家标准；
（七）有健全的安全生产责任制；
（八）有安全生产管理机构和专职安全生产管理人员；
（九）依法进行了安全评价；
（十）有事故应急救援预案、应急救援组织和人员，并配备必要的应急救援器材、设备；
（十一）法律、法规规定的其他条件。

第九条 生产烟花爆竹的企业，应当在投入生产前向所在地设区的市人民政府安全生产监督管理部门提出安全审查申请，并提交能够证明符合本条例第八条规定条件的有关材料。设区的市人民政府安全生产监督管理部门应当自收到材料之日起 20 日内提出安全审查初步意见，报省、自治区、直辖市人民政府安全生产监督管理部门审查。省、自治区、直辖市人民政府安全生产监督管理部门应当自受理申请之日起 45 日内进行安全审查，对符合条件的，核发《烟花爆竹安全生产许可证》；对不符合条件的，应当说明理由。

第十条 生产烟花爆竹的企业为扩大生产能力进行基本建设或者技术改造的，应当依照本条例的规定申请办理安全生产许可证。

生产烟花爆竹的企业，持《烟花爆竹安全生产许可证》到工商行政管理部门办理登记手续后，方可从事烟花爆竹生产活动。

第十一条 生产烟花爆竹的企业，应当按照安全生产许可证核定的产品种类进行生产，生产工序和生产作业应当执行有关国家标准和行业标准。

第十二条 生产烟花爆竹的企业，应当对生产作业人员进行安全生产知识教育，对从事药物混合、造粒、筛选、装药、筑药、压药、切引、搬运等危险工序的作业人员进行专业技术培训。从事危险工序的作业人员经设区的市人民政府安全生产监督管理部门考核合格，方可上岗作业。

第十三条 生产烟花爆竹使用的原料，应当符合国家标准的规定。生产烟花爆竹使用的原料，国家标准有用量限制的，不得超过规定的用量。不得使用国家标准规定禁止使用或者禁忌配伍的物质生产烟花爆竹。

第十四条 生产烟花爆竹的企业，应当按照国家标准的规定，在烟花爆竹产品上标注燃放说明，并在烟花爆竹包装物上印制易燃易爆危险物品警示标志。

第十五条 生产烟花爆竹的企业，应当对黑火药、烟火药、引火线的保管采取必要的安全技术措施，建立购买、领用、销售登记制度，防止黑火药、烟火药、引火线丢失。黑火药、烟火药、引火线丢失的，企业应当立即向当地安全生产监督管理部门和公安部门报告。

第三章 经 营 安 全

第十六条 烟花爆竹的经营分为批发和零售。

从事烟花爆竹批发的企业和零售经营者的经营布点，应当经安全生产监督管理部门审批。

禁止在城市市区布设烟花爆竹批发场所；城市市区的烟花爆竹零售网点，应当按照严格控制的原则合理布设。

第十七条 从事烟花爆竹批发的企业，应当具备下列条件：

（一）具有企业法人条件；

（二）经营场所与周边建筑、设施保持必要的安全距离；

（三）有符合国家标准的经营场所和储存仓库；

（四）有保管员、仓库守护员；

（五）依法进行了安全评价；

（六）有事故应急救援预案、应急救援组织和人员，并配备必要的应急救援器材、设备；

（七）法律、法规规定的其他条件。

第十八条 烟花爆竹零售经营者，应当具备下列条件：

（一）主要负责人经过安全知识教育；

（二）实行专店或者专柜销售，设专人负责安全管理；

（三）经营场所配备必要的消防器材，张贴明显的安全警示标志；

(四)法律、法规规定的其他条件。

第十九条 申请从事烟花爆竹批发的企业,应当向所在地设区的市人民政府安全生产监督管理部门提出申请,并提供能够证明符合本条例第十七条规定条件的有关材料。受理申请的安全生产监督管理部门应当自受理申请之日起30日内对提交的有关材料和经营场所进行审查,对符合条件的,核发《烟花爆竹经营(批发)许可证》;对不符合条件的,应当说明理由。

申请从事烟花爆竹零售的经营者,应当向所在地县级人民政府安全生产监督管理部门提出申请,并提供能够证明符合本条例第十八条规定条件的有关材料。受理申请的安全生产监督管理部门应当自受理申请之日起20日内对提交的有关材料和经营场所进行审查,对符合条件的,核发《烟花爆竹经营(零售)许可证》;对不符合条件的,应当说明理由。

《烟花爆竹经营(零售)许可证》,应当载明经营负责人、经营场所地址、经营期限、烟花爆竹种类和限制存放量。

第二十条 从事烟花爆竹批发的企业,应当向生产烟花爆竹的企业采购烟花爆竹,向从事烟花爆竹零售的经营者供应烟花爆竹。从事烟花爆竹零售的经营者,应当向从事烟花爆竹批发的企业采购烟花爆竹。

从事烟花爆竹批发的企业、零售经营者不得采购和销售非法生产、经营的烟花爆竹。

从事烟花爆竹批发的企业,不得向从事烟花爆竹零售的经营者供应按照国家标准规定应由专业燃放人员燃放的烟花爆竹。从事烟花爆竹零售的经营者,不得销售按照国家标准规定应由专业燃放人员燃放的烟花爆竹。

第二十一条 生产、经营黑火药、烟火药、引火线的企业,不得向未取得烟花爆竹安全生产许可的任何单位或者个人销售黑火药、烟火药和引火线。

第四章 运 输 安 全

第二十二条 经由道路运输烟花爆竹的,应当经公安部门许可。

经由铁路、水路、航空运输烟花爆竹的,依照铁路、水路、航空运输安全管理的有关法律、法规、规章的规定执行。

第二十三条 经由道路运输烟花爆竹的,托运人应当向运达地县级人民政府公安部门提出申请,并提交下列有关材料:

(一)承运人从事危险货物运输的资质证明;

(二)驾驶员、押运员从事危险货物运输的资格证明;

（三）危险货物运输车辆的道路运输证明；

（四）托运人从事烟花爆竹生产、经营的资质证明；

（五）烟花爆竹的购销合同及运输烟花爆竹的种类、规格、数量；

（六）烟花爆竹的产品质量和包装合格证明；

（七）运输车辆牌号、运输时间、起始地点、行驶路线、经停地点。

第二十四条 受理申请的公安部门应当自受理申请之日起3日内对提交的有关材料进行审查，对符合条件的，核发《烟花爆竹道路运输许可证》；对不符合条件的，应当说明理由。

《烟花爆竹道路运输许可证》应当载明托运人、承运人、一次性运输有效期限、起始地点、行驶路线、经停地点、烟花爆竹的种类、规格和数量。

第二十五条 经由道路运输烟花爆竹的，除应当遵守《中华人民共和国道路交通安全法》外，还应当遵守下列规定：

（一）随车携带《烟花爆竹道路运输许可证》；

（二）不得违反运输许可事项；

（三）运输车辆悬挂或者安装符合国家标准的易燃易爆危险物品警示标志；

（四）烟花爆竹的装载符合国家有关标准和规范；

（五）装载烟花爆竹的车厢不得载人；

（六）运输车辆限速行驶，途中经停必须有专人看守；

（七）出现危险情况立即采取必要的措施，并报告当地公安部门。

第二十六条 烟花爆竹运达目的地后，收货人应当在3日内将《烟花爆竹道路运输许可证》交回发证机关核销。

第二十七条 禁止携带烟花爆竹搭乘公共交通工具。

禁止邮寄烟花爆竹，禁止在托运的行李、包裹、邮件中夹带烟花爆竹。

第五章 燃 放 安 全

第二十八条 燃放烟花爆竹，应当遵守有关法律、法规和规章的规定。县级以上地方人民政府可以根据本行政区域的实际情况，确定限制或者禁止燃放烟花爆竹的时间、地点和种类。

第二十九条 各级人民政府和政府有关部门应当开展社会宣传活动，教育公民遵守有关法律、法规和规章，安全燃放烟花爆竹。

广播、电视、报刊等新闻媒体，应当做好安全燃放烟花爆竹的宣传、教育工作。

未成年人的监护人应当对未成年人进行安全燃放烟花爆竹的教育。

第三十条 禁止在下列地点燃放烟花爆竹：

（一）文物保护单位；

（二）车站、码头、飞机场等交通枢纽以及铁路线路安全保护区内；

（三）易燃易爆物品生产、储存单位；

（四）输变电设施安全保护区内；

（五）医疗机构、幼儿园、中小学校、敬老院；

（六）山林、草原等重点防火区；

（七）县级以上地方人民政府规定的禁止燃放烟花爆竹的其他地点。

第三十一条 燃放烟花爆竹，应当按照燃放说明燃放，不得以危害公共安全和人身、财产安全的方式燃放烟花爆竹。

第三十二条 举办焰火晚会以及其他大型焰火燃放活动，应当按照举办的时间、地点、环境、活动性质、规模以及燃放烟花爆竹的种类、规格和数量，确定危险等级，实行分级管理。分级管理的具体办法，由国务院公安部门规定。

第三十三条 申请举办焰火晚会以及其他大型焰火燃放活动，主办单位应当按照分级管理的规定，向有关人民政府公安部门提出申请，并提交下列有关材料：

（一）举办焰火晚会以及其他大型焰火燃放活动的时间、地点、环境、活动性质、规模；

（二）燃放烟花爆竹的种类、规格、数量；

（三）燃放作业方案；

（四）燃放作业单位、作业人员符合行业标准规定条件的证明。

受理申请的公安部门应当自受理申请之日起 20 日内对提交的有关材料进行审查，对符合条件的，核发《焰火燃放许可证》；对不符合条件的，应当说明理由。

第三十四条 焰火晚会以及其他大型焰火燃放活动燃放作业单位和作业人员，应当按照焰火燃放安全规程和经许可的燃放作业方案进行燃放作业。

第三十五条 公安部门应当加强对危险等级较高的焰火晚会以及其他大型焰火燃放活动的监督检查。

第六章 法 律 责 任

第三十六条 对未经许可生产、经营烟花爆竹制品，或者向未取得烟花爆竹安全生产许可的单位或者个人销售黑火药、烟火药、引火线的，由安全生产监督管理部门责令停止非法生产、经营活动，处2万元以上10万元以下的罚款，并没收非法生产、经营的物品及违法所得。

对未经许可经由道路运输烟花爆竹的，由公安部门责令停止非法运输活动，处1万元以上5万元以下的罚款，并没收非法运输的物品及违法所得。

非法生产、经营、运输烟花爆竹，构成违反治安管理行为的，依法给予治安管理处罚；构成犯罪的，依法追究刑事责任。

第三十七条 生产烟花爆竹的企业有下列行为之一的，由安全生产监督管理部门责令限期改正，处1万元以上5万元以下的罚款；逾期不改正的，责令停产停业整顿，情节严重的，吊销安全生产许可证：

（一）未按照安全生产许可证核定的产品种类进行生产的；

（二）生产工序或者生产作业不符合有关国家标准、行业标准的；

（三）雇佣未经设区的市人民政府安全生产监督管理部门考核合格的人员从事危险工序作业的；

（四）生产烟花爆竹使用的原料不符合国家标准规定的，或者使用的原料超过国家标准规定的用量限制的；

（五）使用按照国家标准规定禁止使用或者禁忌配伍的物质生产烟花爆竹的；

（六）未按照国家标准的规定在烟花爆竹产品上标注燃放说明，或者未在烟花爆竹的包装物上印制易燃易爆危险物品警示标志的。

第三十八条 从事烟花爆竹批发的企业向从事烟花爆竹零售的经营者供应非法生产、经营的烟花爆竹，或者供应按照国家标准规定应由专业燃放人员燃放的烟花爆竹的，由安全生产监督管理部门责令停止违法行为，处2万元以上10万元以下的罚款，并没收非法经营的物品及违法所得；情节严重的，吊销烟花爆竹经营许可证。

从事烟花爆竹零售的经营者销售非法生产、经营的烟花爆竹，或者销售按照国家标准规定应由专业燃放人员燃放的烟花爆竹的，由安全生产监督管理部门责令停止违法行为，处1000元以上5000元以下的罚款，并没收非法经营的物品及违法所得；情节严重的，吊销烟花爆竹经营许可证。

第三十九条 生产、经营、使用黑火药、烟火药、引火线的企业，丢失黑火药、烟火药、引火线未及时向当地安全生产监督管理部门和公安部门报告的，由公安部门对企业主要负责人处5000元以上2万元以下的罚款，对丢失的物品予以追缴。

第四十条 经由道路运输烟花爆竹，有下列行为之一的，由公安部门责令改正，处 200 元以上 2000 元以下的罚款：

（一）违反运输许可事项的；

（二）未随车携带《烟花爆竹道路运输许可证》的；

（三）运输车辆没有悬挂或者安装符合国家标准的易燃易爆危险物品警示标志的；

（四）烟花爆竹的装载不符合国家有关标准和规范的；

（五）装载烟花爆竹的车厢载人的；

（六）超过危险物品运输车辆规定时速行驶的；

（七）运输车辆途中经停没有专人看守的；

（八）运达目的地后，未按规定时间将《烟花爆竹道路运输许可证》交回发证机关核销的。

第四十一条 对携带烟花爆竹搭乘公共交通工具，或者邮寄烟花爆竹以及在托运的行李、包裹、邮件中夹带烟花爆竹的，由公安部门没收非法携带、邮寄、夹带的烟花爆竹，可以并处 200 元以上 1000 元以下的罚款。

第四十二条 对未经许可举办焰火晚会以及其他大型焰火燃放活动，或者焰火晚会以及其他大型焰火燃放活动燃放作业单位和作业人员违反焰火燃放安全规程、燃放作业方案进行燃放作业的，由公安部门责令停止燃放，对责任单位处 1 万元以上 5 万元以下的罚款。

在禁止燃放烟花爆竹的时间、地点燃放烟花爆竹，或者以危害公共安全和人身、财产安全的方式燃放烟花爆竹的，由公安部门责令停止燃放，处 100 元以上 500 元以下的罚款；构成违反治安管理行为的，依法给予治安管理处罚。

第四十三条 对没收的非法烟花爆竹以及生产、经营企业弃置的废旧烟花爆竹，应当就地封存，并由公安部门组织销毁、处置。

第四十四条 安全生产监督管理部门、公安部门、质量监督检验部门、工商行政管理部门的工作人员，在烟花爆竹安全监管工作中滥用职权、玩忽职守、徇私舞弊，构成犯罪的，依法追究刑事责任；尚不构成犯罪的，依法给予行政处分。

第七章 附 则

第四十五条 《烟花爆竹安全生产许可证》《烟花爆竹经营（批发）许

可证》《烟花爆竹经营（零售）许可证》，由国务院安全生产监督管理部门规定式样；《烟花爆竹道路运输许可证》《焰火燃放许可证》，由国务院公安部门规定式样。

第四十六条 本条例自公布之日起施行。

第三部分　重　要　文　件

中共中央 国务院关于推进安全生产领域改革发展的意见

(2016年12月9日)

安全生产是关系人民群众生命财产安全的大事，是经济社会协调健康发展的标志，是党和政府对人民利益高度负责的要求。党中央、国务院历来高度重视安全生产工作，党的十八大以来作出一系列重大决策部署，推动全国安全生产工作取得积极进展。同时也要看到，当前我国正处在工业化、城镇化持续推进过程中，生产经营规模不断扩大，传统和新型生产经营方式并存，各类事故隐患和安全风险交织叠加，安全生产基础薄弱、监管体制机制和法律制度不完善、企业主体责任落实不力等问题依然突出，生产安全事故易发多发，尤其是重特大安全事故频发势头尚未得到有效遏制，一些事故发生呈现由高危行业领域向其他行业领域蔓延趋势，直接危及生产安全和公共安全。为进一步加强安全生产工作，现就推进安全生产领域改革发展提出如下意见。

一、总体要求

（一）指导思想。全面贯彻党的十八大和十八届三中、四中、五中、六中全会精神，以邓小平理论、"三个代表"重要思想、科学发展观为指导，深入贯彻习近平总书记系列重要讲话精神和治国理政新理念新思想新战略，进一步增强"四个意识"，紧紧围绕统筹推进"五位一体"总体布局和协调推进"四个全面"战略布局，牢固树立新发展理念，坚持安全发展，坚守发展决不能以牺牲安全为代价这条不可逾越的红线，以防范遏制重特大生产安全事故为重点，坚持安全第一、预防为主、综合治理的方针，加强领导、改革创新、协调联动、齐抓共管，着力强化企业安全生产主体责任，着力堵塞监督管理漏洞，着力解决不遵守法律法规的问题，依靠严密的责任体系、严格的法治措施、有效的体制机制、有力的基础保障和完善的系统治理，切实增强安全防范治理能力，大力提升我国安全生产整体水平，确保人民群众安康幸福、共享改革发展和社会文明进步成果。

（二）基本原则

——坚持安全发展。贯彻以人民为中心的发展思想，始终把人的生命安全放在首位，正确处理安全与发展的关系，大力实施安全发展战略，为经济社会发展提供强有力的安全保障。

——坚持改革创新。不断推进安全生产理论创新、制度创新、体制机制创新、科技创新和文化创新，增强企业内生动力，激发全社会创新活力，破解安全生产难题，推动安全生产与经济社会协调发展。

——坚持依法监管。大力弘扬社会主义法治精神，运用法治思维和法治方式，深化安全生产监管执法体制改革，完善安全生产法律法规和标准体系，严格规范公正文明执法，增强监管执法效能，提高安全生产法治化水平。

——坚持源头防范。严格安全生产市场准入，经济社会发展要以安全为前提，把安全生产贯穿城乡规划布局、设计、建设、管理和企业生产经营活动全过程。构建风险分级管控和隐患排查治理双重预防工作机制，严防风险演变、隐患升级导致生产安全事故发生。

——坚持系统治理。严密层级治理和行业治理、政府治理、社会治理相结合的安全生产治理体系，组织动员各方面力量实施社会共治。综合运用法律、行政、经济、市场等手段，落实人防、技防、物防措施，提升全社会安全生产治理能力。

（三）目标任务。到2020年，安全生产监管体制机制基本成熟，法律制度基本完善，全国生产安全事故总量明显减少，职业病危害防治取得积极进展，重特大生产安全事故频发势头得到有效遏制，安全生产整体水平与全面建成小康社会目标相适应。到2030年，实现安全生产治理体系和治理能力现代化，全民安全文明素质全面提升，安全生产保障能力显著增强，为实现中华民族伟大复兴的中国梦奠定稳固可靠的安全生产基础。

二、健全落实安全生产责任制

（四）明确地方党委和政府领导责任。坚持党政同责、一岗双责、齐抓共管、失职追责，完善安全生产责任体系。地方各级党委和政府要始终把安全生产摆在重要位置，加强组织领导。党政主要负责人是本地区安全生产第一责任人，班子其他成员对分管范围内的安全生产工作负领导责任。地方各级安全生产委员会主任由政府主要负责人担任，成员由同级党委和政府及相关部门负责人组成。

地方各级党委要认真贯彻执行党的安全生产方针，在统揽本地区经济社会发展全局中同步推进安全生产工作,定期研究决定安全生产重大问题。加强安全生产监管机构领导班子、干部队伍建设。严格安全生产履职绩效考核和失职责任追究。强化安全生产宣传教育和舆论引导。发挥人大对安全生产工作的监督促进作用、政协对安全生产工作的民主监督作用。推动组织、宣传、政法、机构编制等单位支持保障安全生产工作。动员社会各界积极参与、支持、监督安全生产工作。

地方各级政府要把安全生产纳入经济社会发展总体规划,制定实施安全生产专项规划,健全安全投入保障制度。及时研究部署安全生产工作,严格落实属地监管责任。充分发挥安全生产委员会作用,实施安全生产责任目标管理。建立安全生产巡查制度,督促各部门和下级政府履职尽责。加强安全生产监管执法能力建设,推进安全科技创新,提升信息化管理水平。严格安全准入标准,指导管控安全风险,督促整治重大隐患,强化源头治理。加强应急管理,完善安全生产应急救援体系。依法依规开展事故调查处理,督促落实问题整改。

(五)明确部门监管责任。按照管行业必须管安全、管业务必须管安全、管生产经营必须管安全和谁主管谁负责的原则,厘清安全生产综合监管与行业监管的关系,明确各有关部门安全生产和职业健康工作职责,并落实到部门工作职责规定中。安全生产监督管理部门负责安全生产法规标准和政策规划制定修订、执法监督、事故调查处理、应急救援管理、统计分析、宣传教育培训等综合性工作,承担职责范围内行业领域安全生产和职业健康监管执法职责。负有安全生产监督管理职责的有关部门依法依规履行相关行业领域安全生产和职业健康监管职责,强化监管执法,严厉查处违法违规行为。其他行业领域主管部门负有安全生产管理责任,要将安全生产工作作为行业领域管理的重要内容,从行业规划、产业政策、法规标准、行政许可等方面加强行业安全生产工作,指导督促企事业单位加强安全管理。党委和政府其他有关部门要在职责范围内为安全生产工作提供支持保障,共同推进安全发展。

(六)严格落实企业主体责任。企业对本单位安全生产和职业健康工作负全面责任,要严格履行安全生产法定责任,建立健全自我约束、持续改进的内生机制。企业实行全员安全生产责任制度,法定代表人和实际控制人同为安全生产第一责任人,主要技术负责人负有安全生产技术决策和指挥权,强化部门安全生产职责,落实一岗双责。完善落实混合所有制企业以及跨地区、多层级和境外中资企业投资主体的安全生产责任。建立企业全过程安全生产和职业健康管理制度,做到安全责任、管理、投入、培训和应急救援"五到位"。国有企业要发挥安全生产工作示范带头作用,自觉接受属地监管。

(七)健全责任考核机制。建立与全面建成小康社会相适应和体现安全发展水平的考核评价体系。完善考核制度,统筹整合、科学设定安全生产考核指标,加大安全生产在社会治安综合治理、精神文明建设等考核中的权重。各级政府要对同级安全生产委员会成员单位和下级政府实施严格的安全生产工作责任考核,实行过程考核与结果考核相结合。各地区各单位要建立安全生产绩效与履职评定、职务晋升、奖励惩处挂钩制度,严格落实安全生产"一票否决"制度。

(八)严格责任追究制度。实行党政领导干部任期安全生产责任制,日常工作依责尽职、发生事故依责追究。依法依规制定各有关部门安全生产权力和责任清单,尽职照单免责、失职照单问责。建立企业生产经营全过程安全责任追溯制度。严肃查处安全生产领域项目审批、行政许可、监管执法中的失职渎职和权钱交易等腐败行为。严格事故直报制度,对瞒报、谎报、漏报、迟报事故的单位和个人依法依规追责。对被追究刑事责任的生产经营者依法实施相应的职业禁入,对事故发生负有重大责任的社会服务机构和人员依法严肃追究法律责任,并依法实施相应的行业禁入。

三、改革安全监管监察体制

(九)完善监督管理体制。加强各级安全生产委员会组织领导,充分发挥其统筹协调作用,切实解决突出矛盾和问题。各级安全生产监督管理部门承担本级安全生产委员会日常工作,负责指导协调、监督检查、巡查考核本级政府有关部门和下级政府安全生产工作,履行综合监管职责。负有安全生产监督管理职责的部门,依照有关法律法规和部门职责,健全安全生产监管体制,严格落实监管职责。相关部门按照各自职责建立完善安全生产工作机制,形成齐抓共管格局。坚持管安全生产必须管职业健康,建立安全生产和职业健康一体化监管执法体制。

(十)改革重点行业领域安全监管监察体制。依托国家煤矿安全监察体制,加强非煤矿山安全生产监管监察,优化安全监察机构布局,将国家煤矿安全监察机构负责的安全生产行政许可事项移交给地方政府承担。着重加强危险化学品安全监管体制改革和力量建设,明确和落实危险化学品建设项目立项、规划、设计、施工及生产、储存、使用、销售、运输、废弃处置等环节的法定安全监管责任,建立有力的协调联动机制,消除监管空白。完善海洋石油安全生产监督管理体制机制，实行政企分开。理顺民航、铁路、电力等行业跨区域监管体制，明确行业监管、区域监管与地方监管职责。

（十一）进一步完善地方监管执法体制。地方各级党委和政府要将安全生产监督管理部门作为政府工作部门和行政执法机构，加强安全生产执法队伍建设，强化行政执法职能。统筹加强安全监管力量，重点充实市、县两级安全生产监管执法人员，强化乡镇（街道）安全生产监管力量建设。完善各类开发区、工业园区、港区、风景区等功能区安全生产监管体制，明确负责安全生产监督管理的机构，以及港区安全生产地方监管和部门监管责任。

（十二）健全应急救援管理体制。按照政事分开原则，推进安全生产应急救援管理体制改革，强化行政管理职能，提高组织协调能力和现场救援时效。健全省、市、县三级安全生产应急救援管理工作机制，建设联动互通的应急救援指挥平台。依托公安消防、大型企业、工业园区等应急救援力量，加强矿山和危险化学品等应急救援基地和队伍建设，实行区域化应急救援资源共享。

四、大力推进依法治理

（十三）健全法律法规体系。建立健全安全生产法律法规立改废释工作协调机制。加强涉及安全生产相关法规一致性审查，增强安全生产法制建设的系统性、可操作性。制定安全生产中长期立法规划，加快制定修订安全生产法配套法规。加强安全生产和职业健康法律法规衔接融合。研究修改刑法有关条款，将生产经营过程中极易导致重大生产安全事故的违法行为列入刑法调整范围。制定完善高危行业领域安全规程。设区的市根据立法法的立法精神，加强安全生产地方性法规建设，解决区域性安全生产突出问题。

（十四）完善标准体系。加快安全生产标准制定修订和整合，建立以强制性国家标准为主体的安全生产标准体系。鼓励依法成立的社会团体和企业制定更加严格规范的安全生产标准，结合国情积极借鉴实施国际先进标准。国务院安全生产监督管理部门负责生产经营单位职业危害预防治理国家标准制定发布工作；统筹提出安全生产强制性国家标准立项计划，有关部门按照职责分工组织起草、审查、实施和监督执行，国务院标准化行政主管部门负责及时立项、编号、对外通报、批准并发布。

（十五）严格安全准入制度。严格高危行业领域安全准入条件。按照强化监管与便民服务相结合原则，科学设置安全生产行政许可事项和办理程序，优化工作流程，简化办事环节，实施网上公开办理，接受社会监督。对与人民群众生命财产安全直接相关的行政许可事项,依法严格管理。对取消、下放、移交的行政许可事项,要加强事中事后安全监管。

(十六)规范监管执法行为。完善安全生产监管执法制度,明确每个生产经营单位安全生产监督和管理主体,制定实施执法计划,完善执法程序规定,依法严格查处各类违法违规行为。建立行政执法和刑事司法衔接制度,负有安全生产监督管理职责的部门要加强与公安、检察院、法院等协调配合,完善安全生产违法线索通报、案件移送与协查机制。对违法行为当事人拒不执行安全生产行政执法决定的,负有安全生产监督管理职责的部门应依法申请司法机关强制执行。完善司法机关参与事故调查机制,严肃查处违法犯罪行为。研究建立安全生产民事和行政公益诉讼制度。

(十七)完善执法监督机制。各级人大常委会要定期检查安全生产法律法规实施情况,开展专题询问。各级政协要围绕安全生产突出问题开展民主监督和协商调研。建立执法行为审议制度和重大行政执法决策机制,评估执法效果,防止滥用职权。健全领导干部非法干预安全生产监管执法的记录、通报和责任追究制度。完善安全生产执法纠错和执法信息公开制度,加强社会监督和舆论监督,保证执法严明、有错必纠。

(十八)健全监管执法保障体系。制定安全生产监管监察能力建设规划,明确监管执法装备及现场执法和应急救援用车配备标准,加强监管执法技术支撑体系建设,保障监管执法需要。建立完善负有安全生产监督管理职责的部门监管执法经费保障机制,将监管执法经费纳入同级财政全额保障范围。加强监管执法制度化、标准化、信息化建设,确保规范高效监管执法。建立安全生产监管执法人员依法履行法定职责制度,激励保证监管执法人员忠于职守、履职尽责。严格监管执法人员资格管理,制定安全生产监管执法人员录用标准,提高专业监管执法人员比例。建立健全安全生产监管执法人员凡进必考、入职培训、持证上岗和定期轮训制度。统一安全生产执法标志标识和制式服装。

(十九)完善事故调查处理机制。坚持问责与整改并重,充分发挥事故查处对加强和改进安全生产工作的促进作用。完善生产安全事故调查组组长负责制。健全典型事故提级调查、跨地区协同调查和工作督导机制。建立事故调查分析技术支撑体系,所有事故调查报告要设立技术和管理问题专篇,详细分析原因并全文发布,做好解读,回应公众关切。对事故调查发现有漏洞、缺陷的有关法律法规和标准制度,及时启动制定修订工作。建立事故暴露问题整改督办制度,事故结案后一年内,负责事故调查的地方政府和国务院有关部门要组织开展评估，及时向社会公开，对履职不力、整改措施不落实的，依法依规严肃追究有关单位和人员责任。

五、建立安全预防控制体系

（二十）加强安全风险管控。地方各级政府要建立完善安全风险评估与论证机制，科学合理确定企业选址和基础设施建设、居民生活区空间布局。高危项目审批必须把安全生产作为前置条件，城乡规划布局、设计、建设、管理等各项工作必须以安全为前提，实行重大安全风险"一票否决"。加强新材料、新工艺、新业态安全风险评估和管控。紧密结合供给侧结构性改革，推动高危产业转型升级。位置相邻、行业相近、业态相似的地区和行业要建立完善重大安全风险联防联控机制。构建国家、省、市、县四级重大危险源信息管理体系，对重点行业、重点区域、重点企业实行风险预警控制，有效防范重特大生产安全事故。

（二十一）强化企业预防措施。企业要定期开展风险评估和危害辨识。针对高危工艺、设备、物品、场所和岗位，建立分级管控制度，制定落实安全操作规程。树立隐患就是事故的观念，建立健全隐患排查治理制度、重大隐患治理情况向负有安全生产监督管理职责的部门和企业职代会"双报告"制度，实行自查自改自报闭环管理。严格执行安全生产和职业健康"三同时"制度。大力推进企业安全生产标准化建设，实现安全管理、操作行为、设备设施和作业环境的标准化。开展经常性的应急演练和人员避险自救培训，着力提升现场应急处置能力。

（二十二）建立隐患治理监督机制。制定生产安全事故隐患分级和排查治理标准。负有安全生产监督管理职责的部门要建立与企业隐患排查治理系统联网的信息平台，完善线上线下配套监管制度。强化隐患排查治理监督执法，对重大隐患整改不到位的企业依法采取停产停业、停止施工、停止供电和查封扣押等强制措施，按规定给予上限经济处罚，对构成犯罪的要移交司法机关依法追究刑事责任。严格重大隐患挂牌督办制度，对整改和督办不力的纳入政府核查问责范围，实行约谈告诫、公开曝光，情节严重的依法依规追究相关人员责任。

（二十三）强化城市运行安全保障。定期排查区域内安全风险点、危险源，落实管控措施，构建系统性、现代化的城市安全保障体系，推进安全发展示范城市建设。提高基础设施安全配置标准，重点加强对城市高层建筑、大型综合体、隧道桥梁、管线管廊、轨道交通、燃气、电力设施及电梯、游乐设施等的检测维护。完善大型群众性活动安全管理制度，加强人员密集场所安全监管。加强公安、民政、国土资源、住房城乡建设、交通运输、水利、农业、安全监管、气象、地震等相关部门的协调联动，严防自然灾害引发事故。

（二十四）加强重点领域工程治理。深入推进对煤矿瓦斯、水害等重大灾害以及矿山采空区、尾矿库的工程治理。加快实施人口密集区域的危险化学品和化工企业生产、仓储场所安全搬迁工程。深化油气开采、输送、炼化、码头接卸等领域安全整治。实施高速公路、乡村公路和急弯陡坡、临水临崖危险路段公路安全生命防护工程建设。加强高速铁路、跨海大桥、海底隧道、铁路浮桥、航运枢纽、港口等防灾监测、安全检测及防护系统建设。完善长途客运车辆、旅游客车、危险物品运输车辆和船舶生产制造标准，提高安全性能，强制安装智能视频监控报警、防碰撞和整车整船安全运行监管技术装备，对已运行的要加快安全技术装备改造升级。

（二十五）建立完善职业病防治体系。将职业病防治纳入各级政府民生工程及安全生产工作考核体系，制定职业病防治中长期规划，实施职业健康促进计划。加快职业病危害严重企业技术改造、转型升级和淘汰退出，加强高危粉尘、高毒物品等职业病危害源头治理。健全职业健康监管支撑保障体系，加强职业健康技术服务机构、职业病诊断鉴定机构和职业健康体检机构建设，强化职业病危害基础研究、预防控制、诊断鉴定、综合治疗能力。完善相关规定，扩大职业病患者救治范围，将职业病失能人员纳入社会保障范围，对符合条件的职业病患者落实医疗与生活救助措施。加强企业职业健康监管执法，督促落实职业病危害告知、日常监测、定期报告、防护保障和职业健康体检等制度措施，落实职业病防治主体责任。

六、加强安全基础保障能力建设

（二十六）完善安全投入长效机制。加强中央和地方财政安全生产预防及应急相关资金使用管理，加大安全生产与职业健康投入，强化审计监督。加强安全生产经济政策研究，完善安全生产专用设备企业所得税优惠目录。落实企业安全生产费用提取管理使用制度，建立企业增加安全投入的激励约束机制。健全投融资服务体系，引导企业集聚发展灾害防治、预测预警、检测监控、个体防护、应急处置、安全文化等技术、装备和服务产业。

（二十七）建立安全科技支撑体系。优化整合国家科技计划，统筹支持安全生产和职业健康领域科研项目，加强研发基地和博士后科研工作站建设。开展事故预防理论研究和关键技术装备研发，加快成果转化和推广应用。推动工业机器人、智能装备在危险工序和环节广泛应用。提升现代信息技术与安全生产融合度，统一标准规范，加快安全生产信息化建设，构建安全生产与职业健康信息化全国"一张网"。加强安全生产理论和政策研究，运用大数据技术开展安全生产规律性、关联性特征分析，提高安全生产决策科学化水平。

（二十八）健全社会化服务体系。将安全生产专业技术服务纳入现代服务业发展规划，培育多元化服务主体。建立政府购买安全生产服务制度。支持发展安全生产专业化行业组织，强化自治自律。完善注册安全工程师制度。改革完善安全生产和职业健康技术服务机构资质管理办法。支持相关机构开展安全生产和职业健康一体化评价等技术服务，严格实施评价公开制度，进一步激活和规范专业技术服务市场。鼓励中小微企业订单式、协作式购买运用安全生产管理和技术服务。建立安全生产和职业健康技术服务机构公示制度和由第三方实施的信用评定制度，严肃查处租借资质、违法挂靠、弄虚作假、垄断收费等各类违法违规行为。

（二十九）发挥市场机制推动作用。取消安全生产风险抵押金制度，建立健全安全生产责任保险制度，在矿山、危险化学品、烟花爆竹、交通运输、建筑施工、民用爆炸物品、金属冶炼、渔业生产等高危行业领域强制实施，切实发挥保险机构参与风险评估管控和事故预防功能。完善工伤保险制度，加快制定工伤预防费用的提取比例、使用和管理具体办法。积极推进安全生产诚信体系建设，完善企业安全生产不良记录"黑名单"制度，建立失信惩戒和守信激励机制。

（三十）健全安全宣传教育体系。将安全生产监督管理纳入各级党政领导干部培训内容。把安全知识普及纳入国民教育，建立完善中小学安全教育和高危行业职业安全教育体系。把安全生产纳入农民工技能培训内容。严格落实企业安全教育培训制度，切实做到先培训、后上岗。推进安全文化建设，加强警示教育，强化全民安全意识和法治意识。发挥工会、共青团、妇联等群团组织作用，依法维护职工群众的知情权、参与权与监督权。加强安全生产公益宣传和舆论监督。建立安全生产"12350"专线与社会公共管理平台统一接报、分类处置的举报投诉机制。鼓励开展安全生产志愿服务和慈善事业。加强安全生产国际交流合作，学习借鉴国外安全生产与职业健康先进经验。

各地区各部门要加强组织领导，严格实行领导干部安全生产工作责任制，根据本意见提出的任务和要求，结合实际认真研究制定实施办法，抓紧出台推进安全生产领域改革发展的具体政策措施，明确责任分工和时间进度要求，确保各项改革举措和工作要求落实到位。贯彻落实情况要及时向党中央、国务院报告，同时抄送国务院安全生产委员会办公室。中央全面深化改革领导小组办公室将适时牵头组织开展专项监督检查。

关于推进城市安全发展的意见

随着我国城市化进程明显加快，城市人口、功能和规模不断扩大，发展方式、产业结构和区域布局发生了深刻变化，新材料、新能源、新工艺广泛应用，新产业、新业态、新领域大量涌现，城市运行系统日益复杂，安全风险不断增大。一些城市安全基础薄弱，安全管理水平与现代化城市发展要求不适应、不协调的问题比较突出。近年来，一些城市甚至大型城市相继发生重特大生产安全事故，给人民群众生命财产安全造成重大损失，暴露出城市安全管理存在不少漏洞和短板。为强化城市运行安全保障，有效防范事故发生，现就推进城市安全发展提出如下意见。

一、总体要求

（一）指导思想。全面贯彻党的十九大精神，以习近平新时代中国特色社会主义思想为指导，紧紧围绕统筹推进"五位一体"总体布局和协调推进"四个全面"战略布局，牢固树立安全发展理念，弘扬生命至上、安全第一的思想，强化安全红线意识，推进安全生产领域改革发展，切实把安全发展作为城市现代文明的重要标志，落实完善城市运行管理及相关方面的安全生产责任制，健全公共安全体系，打造共建共治共享的城市安全社会治理格局，促进建立以安全生产为基础的综合性、全方位、系统化的城市安全发展体系，全面提高城市安全保障水平，有效防范和坚决遏制重特大安全事故发生，为人民群众营造安居乐业、幸福安康的生产生活环境。

（二）基本原则。坚持生命至上、安全第一。牢固树立以人民为中心的发展思想，始终坚守发展决不能以牺牲安全为代价这条不可逾越的红线，严格落实地方各级党委和政府的领导责任、部门监管责任、企业主体责任，加强社会监督，强化城市安全生产防范措施落实，为人民群众提供更有保障、更可持续的安全感。

坚持立足长效、依法治理。加强安全生产、职业健康法律法规和标准体系建设，增强安全生产法治意识，健全安全监管机制，规范执法行为，严格执法措施，全面提升城市安全生产法治化水平，加快建立城市安全治理长效机制。

坚持系统建设、过程管控。健全公共安全体系，加强城市规划、设计、建设、运行等各个环节的安全管理，充分运用科技和信息化手段，加快推进安全风险管控、隐患排查治理体系和机制建设，强化系统性安全防范制度措施落实，严密防范各类事故发生。

坚持统筹推动、综合施策。充分调动社会各方面的积极性，优化配置城市管理资源，加强安全生产综合治理，切实将城市安全发展建立在人民群众安全意识不断增强、从业人员安全技能素质显著提高、生产经营单位和区域安全保障水平持续改进的基础上，有效解决影响城市安全的突出矛盾和问题。

（三）总体目标。到 2020 年，城市安全发展取得明显进展，建成一批与全面建成小康社会目标相适应的安全发展示范城市；在深入推进示范创建的基础上，到 2035 年，城市安全发展体系更加完善，安全文明程度显著提升，建成与基本实现社会主义现代化相适应的安全发展城市。持续推进形成系统性、现代化的城市安全保障体系，加快建成以中心城区为基础，带动周边、辐射县乡、惠及民生的安全发展型城市，为把我国建成富强民主文明和谐美丽的社会主义现代化强国提供坚实稳固的安全保障。

二、加强城市安全源头治理

（四）科学制定规划。坚持安全发展理念，严密细致制定城市经济社会发展总体规划及城市规划、城市综合防灾减灾规划等专项规划，居民生活区、商业区、经济技术开发区、工业园区、港区以及其他功能区的空间布局要以安全为前提。加强建设项目实施前的评估论证工作，将安全生产的基本要求和保障措施落实到城市发展的各个领域、各个环节。

（五）完善安全法规和标准。加强体现安全生产区域特点的地方性法规建设，形成完善的城市安全法治体系。完善城市高层建筑、大型综合体、综合交通枢纽、隧道桥梁、管线管廊、道路交通、轨道交通、燃气工程、排水防涝、垃圾填埋场、渣土受纳场、电力设施及电梯、大型游乐设施等的技术标准，提高安全和应急设施的标准要求，增强抵御事故风险、保障安全运行的能力。

（六）加强基础设施安全管理。城市基础设施建设要坚持把安全放在第一位，严格把关。有序推进城市地下管网依据规划采取综合管廊模式进行建设。加强城市交通、供水、排水防涝、供热、供气和污水、污泥、垃圾处理等基础设施建设、运营过程中的安全监督管理，严格落实安全防范措施。强化与市政设施配套的安全设施建设，及时进行更换和升级改造。加强消防站点、水源等消防安全设施建设和维护，因地制宜规划建设特勤消防站、普通消防站、小型和微型消防站,缩短灭火救援响应时间。加快推进城区铁路平交道口立交化改造,加快消除人员密集区域铁路平交道口。加强城市交通基础设施建设,优化城市路网和交通组织,科学规范设置道路交通安全设施,完善行人过街安全设施。加强城市棚户区、城中村和危房改造过程中的安全监督管理,严格治理城市建成区违法建设。

(七)加快重点产业安全改造升级。完善高危行业企业退城入园、搬迁改造和退出转产扶持奖励政策。制定中心城区安全生产禁止和限制类产业目录,推动城市产业结构调整,治理整顿安全生产条件落后的生产经营单位,经整改仍不具备安全生产条件的,要依法实施关闭。加强矿产资源型城市塌(沉)陷区治理。加快推进城镇人口密集区不符合安全和卫生防护距离要求的危险化学品生产、储存企业就地改造达标、搬迁进入规范化工园区或依法关闭退出。引导企业集聚发展安全产业,改造提升传统行业工艺技术和安全装备水平。结合企业管理创新,大力推进企业安全生产标准化建设,不断提升安全生产管理水平。

三、健全城市安全防控机制

(八)强化安全风险管控。对城市安全风险进行全面辨识评估,建立城市安全风险信息管理平台,绘制"红、橙、黄、蓝"四色等级安全风险空间分布图。编制城市安全风险白皮书,及时更新发布。研究制定重大安全风险"一票否决"的具体情形和管理办法。明确风险管控的责任部门和单位,完善重大安全风险联防联控机制。对重点人员密集场所、安全风险较高的大型群众性活动开展安全风险评估,建立大客流监测预警和应急管控处置机制。

(九)深化隐患排查治理。制定城市安全隐患排查治理规范,健全隐患排查治理体系。进一步完善城市重大危险源辨识、申报、登记、监管制度,建立动态管理数据库,加快提升在线安全监控能力。强化对各类生产经营单位和场所落实隐患排查治理制度情况的监督检查,严格实施重大事故隐患挂牌督办。督促企业建立隐患自查自改评价制度,定期分析、评估隐患治理效果,不断完善隐患治理工作机制。加强施工前作业风险评估,强化检维修作业、临时用电作业、盲板抽堵作业、高空作业、吊装作业、断路作业、动土作业、立体交叉作业、有限空间作业、焊接与热切割作业以及塔吊、脚手架在使用和拆装过程中的安全管理,严禁违章违规行为,防范事故发生。加强广告牌、灯箱和楼房外墙附着物管理,严防倒塌和坠落事故。加强老旧城区火灾隐患排查,督促整改私拉乱接、超负荷用电、线路短路、线路老化和影响消防车通行的障碍物等问题。加强城市隧道、桥梁、易积水路段等道路交通安全隐患点段排查治理,保障道路安全通行条件。加强安全社区建设。推行高层建筑消防安全经理人或楼长制度,建立自我管理机制。明确电梯使用单位安全责任,督促使用、维保单位加强检测维护,保障电梯安全运行。加强对油、气、煤等易燃易爆场所雷电灾害隐患排查。加强地震风险普查及防控,强化城市活动断层探测。

(十)提升应急管理和救援能力。坚持快速、科学、有效救援,健全城市安全生产应急救援管理体系,加快推进建立城市应急救援信息共享机制,健全多部门协同预警发布和响应处置机制,提升防灾减灾救灾能力,提高城市生产安全事故处置水平。完善事故应急救援预案,实现政府预案与部门预案、企业预案、社区预案有效衔接,定期开展应急演练。加强各类专业化应急救援基地和队伍建设,重点加强危险化学品相对集中区域的应急救援能力建设,鼓励和支持有条件的社会救援力量参与应急救援。建立完善日常应急救援技术服务制度,不具备单独建立专业应急救援队伍的中小型企业要与相邻有关专业救援队伍签订救援服务协议,或者联合建立专业应急救援队伍。完善应急救援联动机制,强化应急状态下交通管制、警戒、疏散等防范措施。健全应急物资储备调用机制。开发适用高层建筑等条件下的应急救援装备设施,加强安全使用培训。强化有限空间作业和现场应急处置技能。根据城市人口分布和规模,充分利用公园、广场、校园等宽阔地带,建立完善应急避难场所。

四、提升城市安全监管效能

(十一)落实安全生产责任。完善党政同责、一岗双责、齐抓共管、失职追责的安全生产责任体系。全面落实城市各级党委和政府对本地区安全生产工作的领导责任、党政主要负责人第一责任人的责任,及时研究推进城市安全发展重点工作。按照管行业必须管安全、管业务必须管安全、管生产经营必须管安全和谁主管谁负责的原则,落实各相关部门安全生产和职业健康工作职责,做到责任落实无空档、监督管理无盲区。严格落实各类生产经营单位安全生产与职业健康主体责任,加强全员全过程全方位安全管理。

(十二)完善安全监管体制。加强负有安全生产监督管理职责部门之间的工作衔接,推动安全生产领域内综合执法,提高城市安全监管执法实效。合理调整执法队伍种类和结构,加强安全生产基层执法力量。科学划分经济技术开发区、工业园区、港区、风景名胜区等各类功能区的类型和规模,明确健全相应的安全生产监督管理机构。完善民航、铁路、电力等监管体制,界定行业监管和属地监管职责。理顺城市无人机、新型燃料、餐饮场所、未纳入施工许可管理的建筑施工等行业领域安全监管职责，落实安全监督检查责任。推进实施联合执法，解决影响人民群众生产生活安全的"城市病"。完善放管服工作机制，提高安全监管实效。

（十三）增强监管执法能力。加强安全生产监管执法机构规范化、标准化、信息化建设，充分运用移动执法终端、电子案卷等手段提高执法效能，改善现场执法、调查取证、应急处置等监管执法装备，实施执法全过程记录。实行派驻执法、跨区域执法或委托执法等方式，加强街道（乡镇）和各类功能区安全生产执法工作。加强安全监管执法教育培训，强化法治思维和法治手段，通过组织开展公开裁定、现场模拟执法、编制运用行政处罚和行政强制指导性案例等方式，提高安全监管执法人员业务素质能力。建立完善安全生产行政执法和刑事司法衔接制度。定期开展执法效果评估，强化执法措施落实。

（十四）严格规范监管执法。完善执法人员岗位责任制和考核机制，严格执法程序，加强现场精准执法，对违法行为及时作出处罚决定。依法明确停产停业、停止施工、停止使用相关设施或设备，停止供电、停止供应民用爆炸物品，查封、扣押、取缔和上限处罚等执法决定的适用情形、时限要求、执行责任，对推诿或消极执行、拒绝执行停止供电、停止供应民用爆炸物品的有关职能部门和单位，下达执法决定的部门可将有关情况提交行业主管部门或监察机关作出处理。严格执法信息公开制度，加强执法监督和巡查考核，对负有安全生产监督管理职责的部门未依法采取相应执法措施或降低执法标准的责任人实施问责。严肃事故调查处理，依法依规追究责任单位和责任人的责任。

五、强化城市安全保障能力

（十五）健全社会化服务体系。制定完善政府购买安全生产服务指导目录，强化城市安全专业技术服务力量。大力实施安全生产责任保险，突出事故预防功能。加快推进安全信用体系建设，强化失信惩戒和守信激励，明确和落实对有关单位及人员的惩戒和激励措施。将生产经营过程中极易导致生产安全事故的违法行为纳入安全生产领域严重失信联合惩戒"黑名单"管理。完善城市社区安全网格化工作体系，强化末梢管理。

（十六）强化安全科技创新和应用。加大城市安全运行设施资金投入，积极推广先进生产工艺和安全技术，提高安全自动监测和防控能力。加强城市安全监管信息化建设，建立完善安全生产监管与市场监管、应急保障、环境保护、治安防控、消防安全、道路交通、信用管理等部门公共数据资源开放共享机制，加快实现城市安全管理的系统化、智能化。深入推进城市生命线工程建设，积极研发和推广应用先进的风险防控、灾害防治、预测预警、监测监控、个体防护、应急处置、工程抗震等安全技术和产品。建立城市安全智库、知识库、案例库，健全辅助决策机制。升级城市放射性废物库安全保卫设施。

（十七）提升市民安全素质和技能。建立完善安全生产和职业健康相关法律法规、标准的查询、解读、公众互动交流信息平台。坚持谁执法谁普法的原则，加大普法力度，切实提升人民群众的安全法治意识。推进安全生产和职业健康宣传教育进企业、进机关、进学校、进社区、进农村、进家庭、进公共场所，推广普及安全常识和职业病危害防治知识，增强社会公众对应急预案的认知、协同能力及自救互救技能。积极开展安全文化创建活动，鼓励创作和传播安全生产主题公益广告、影视剧、微视频等作品。鼓励建设具有城市特色的安全文化教育体验基地、场馆，积极推进把安全文化元素融入公园、街道、社区，营造关爱生命、关注安全的浓厚社会氛围。

六、加强统筹推动

（十八）强化组织领导。城市安全发展工作由国务院安全生产委员会统一组织，国务院安全生产委员会办公室负责实施，中央和国家机关有关部门在职责范围内负责具体工作。各省（自治区、直辖市）党委和政府要切实加强领导，完善保障措施，扎实推进本地区城市安全发展工作，不断提高城市安全发展水平。

（十九）强化协同联动。把城市安全发展纳入安全生产工作巡查和考核的重要内容，充分发挥有关部门和单位的职能作用，加强规律性研究，形成工作合力。鼓励引导社会化服务机构、公益组织和志愿者参与推进城市安全发展，完善信息公开、举报奖励等制度，维护人民群众对城市安全发展的知情权、参与权、监督权。

（二十）强化示范引领。国务院安全生产委员会负责制定安全发展示范城市评价与管理办法，国务院安全生产委员会办公室负责制定评价细则，组织第三方评价，并组织各有关部门开展复核、公示，拟定命名或撤销命名"国家安全发展示范城市"名单，报国务院安全生产委员会审议通过后，以国务院安全生产委员会名义授牌或摘牌。各省（自治区、直辖市）党委和政府负责本地区安全发展示范城市建设工作。

国 际 篇

第一部分　国　际　组　织

第一部分 国际组织

1963年机器防护公约

（第119号公约）

国际劳工组织大会：

经国际劳工局理事会召集，于1963年6月5日在日内瓦举行其第47届会议。经决定采纳本届会议议程第4项关于禁止销售、租赁和使用无适当防护装置的机器的某些提议，并确定这些提议应采取国际公约的形式。于1963年6月25日通过以下公约，引用时称之为1963年机器防护公约。

第一部分 一般规定

第1条

1. 一切动力驱动的机器，无论新旧，均应视为实施本公约时所称的机器。

2. 各国主管当局应决定由人力操作的新旧机器是否以及在何种程度上使工人有受伤害危险的机器应视为实施本公约时所称的机器。此项决定应与有关的、最有代表性的雇主组织和工人组织协商后做出。此协商应由此类组织中的任何一个发起。

3. 本公约的规定：

（a）适用于仅与操作者安全有关的开动中的公路与铁路车辆；

（b）适用于仅与操作此类机器的工人安全有关的机动农业机器。

第二部分 销售、租赁、任何其他形式的转让和展出

第2条

1. 具有本条第3、4款列明的危险部件而无适当防护的机器的销售和租赁均应由国家法律或条例予以禁止，或由其他同等有效的措施予以阻止。

2. 具有本条第3、4款列明的危险部件而无适当防护的机器的任何其他形式的转让和展出均应由国家法律或条例予以禁止，或由其他同等有效的措施予以阻止，其程度由主管当局确定。但在机器展出期间，为了展示机器，在采取了适当预防措施的情况下，对防护装置予以临时拆除不应被看作违反

本条的规定。

3. 一切螺钉、止动螺栓、键销,以及机器移动部分的突出部件,在机器开动时易于对任何接触这些部件的人员造成危险,并且已由主管当局指明的均应按能防止此类危险的方式予以设计、隐蔽或防护。

4. 一切飞轮、传动装置、锥形和柱形摩擦传动轴、凸轮、滑轮、皮带、链条、小齿轮、蜗杆传动装置、曲柄臂及滑车、轴承(包括轴颈顶端)和其他传动机器,凡是在机器开动时易于对接触这些部件的人员造成危险的,并且被主管当局指明的均应采取能防止此类危险的设计或防护措施。对机器的操纵装置也应当采取防止危险的设计和防护措施。

第 3 条

1. 第 2 条的规定不适用于该条所列举而具有下列情况的机器或危险部件:

(a) 由于其构造,其安全程度相当于已采用适当防护装置;

(b) 准备如此安装和放置,而由于其安装位置,其安全程度相当于已采用适当防护装置。

2. 第 2 条第 1、2 款所规定的禁止机器的销售、租赁、任何其他形式的转让或展出应不适用于以下机器,即仅因其设计使该条第 3、4 款的要求在机器维修、润滑、安装和调试时未得到充分遵守,而这些操作又能在符合公认的安全标准的情况下进行。

3. 第 2 条的规定不妨碍以贮存、报废或整修为目的的机器的销售或任何其他形式的转让,但此种机器在贮存或整修后不得被销售、租赁、以任何其他形式转让或展出,除非已按第 2 条规定的条件予以防护。

第 4 条

保证遵守第 2 条规定的义务应由卖方、出租人、机器的任何其他形式的转让者或展出者承担,并在根据国家法律或条例属适宜的情况下,由他们各自的代理人承担。制造商销售、出租、以任何其他形式转让或展出机器时,此义务由制造商承担。

第 5 条

1. 任何会员国得规定对第 2 条规定的暂时豁免。

2. 此种暂时豁免的期限(在任何情况下不得超过本公约对有关会员国开始生效后 3 年)和与此有关的任何其他条件应由国家法律或条例予以规定,或由其他同等有效的措施予以确定。

3. 在实施本条时主管当局应与有关的、最有代表性的雇主组织和工人组织进行协商，以及在适宜的情况下与制造商组织进行协商。

第三部分 使 用

第 6 条

1. 对于其任何危险部分（包括运行点）无适当防护的机器的使用都应由国家法律或条例予以禁止，或由其他同等有效措施予以防止，但是在不停止使用这种机器就无法充分实施此种禁止的情况下，此种禁止应在使用这种机器时所能允许的程度内实施。

2. 应以保证不违反国家职业安全卫生条例和标准的方式对机器加以防护。

第 7 条

保证遵守第 6 条规定的义务应由雇主承担。

第 8 条

1. 第 6 条的规定不适用于以下机器或其部件：从其制造、安装和位置来看，其安全程度已相当于装置了适当的安全防护设备。

2. 第 6 条和第 11 条的规定不得禁止在符合公认的安全标准的情况下对机器及其部件所做的维修、润滑、安装或调试。

第 9 条

1. 任何会员国得规定对第 6 条条款的暂时豁免。

2. 此种暂时豁免的期限（在任何情况下不得超过本公约在有关会员国开始生效后三年）和与此有关的任何其他条件应由国家法律或条例予以规定，或由其他同等有效的措施予以确定。

3. 在实施本条时，主管当局应与有关的、最有代表性的雇主组织和工人组织进行协商。

第 10 条

1. 雇主应采取步骤使工人注意有关机器防护的国家法律或条例，并在适宜情况下指导他们，使之了解在机器的使用中可能发生的危险及应采取的预防措施。

2. 雇主应制造和保持一种环境条件，使工人在本公约所指的机器上操作时不受危害。

第 11 条

1. 任何工人不得使用未将已提供的防护装置安放在位的机器，也不得要求任何工人使用未将已提供的防护装置安放在位的机器。

2. 任何使用机器的工人不得使所提供的防护装置失效，由工人使用的机器上的这种防护装置也不得使之失效。

第 12 条

本公约的批准不应影响工人根据国家社会保障或社会保险法规所拥有的权利。

第 13 条

本公约这一部分关于雇主和工人义务的规定，如经主管当局加以确定，应适用于自雇人员。

第 14 条

就本公约这一部分而言，"雇主"一词，在国家法律或条例允许时，包括雇主指定的代理人。

第四部分 实 施 措 施

第 15 条

1. 应采取一切必要措施，包括规定适当的惩罚，以保证本公约条款的有效实施。

2. 凡批准本公约的会员国承诺应提供适当的监察以监督本公约条款的实施，或查明适当的监察业已进行。

第 16 条

使本公约规定得以实施的国家法律或条例应由主管当局与有关的、最有代表性的雇主组织和工人组织，并酌情与制造商组织进行协商后予以制定。

第五部分 范 围

第 17 条

1. 本公约的规定适用于所有经济活动部门，除非批准本公约的会员国通过附于批准书的一项声明书规定了更为有限的实施范围。

2. 在提出了关于更为有限的实施范围的声明书的情况下：

（a）本公约的规定应作为企业或经济活动部门的最低实施标准，这些企业或部门系由主管当局与劳动监察机构和有关的、最有代表性的雇主组织和工人组织协商后确定为广泛使用机器者；此种协商应由此类组织中的任何一个发起。

（b）会员国应在根据国际劳工组织章程第 22 条提交的报告中说明是在更广泛地实施本公约方面取得进展。

3. 根据本条第 1 款提出声明书的任何会员国可在任何时候继之以另一声明书全部或部分撤销前一声明。

***

生效日期：1965 年 4 月 21 日。

1967年工人搬运的最大负重量公约

(第127号公约)

国际劳工组织大会：

经国际劳工局理事会召集，于1967年6月7日在日内瓦举行其第51届会议，并经决定采纳本届会议议程第6项关于工人搬运的最大负重量的某些提议，并确定这些提议应采取国际公约的形式。于1967年6月28日通过以下公约，引用时称之为1967年最大负重量公约。

第1条

就本公约而言：

(a)"人力负重运输"一词系指完全由一名工人负担重量的任何运输；包括提起和放下负重物；

(b)"正规的人力负重运输"一词系指任何连续或主要从事人力负重运输的活动，或尽管是间歇的但一般包括人力负重运输的活动；

(c)"年轻工人"一词系指18岁以下的工人。

第2条

1. 本公约适用于正规的人力负重运输。
2. 本公约适用于有关会员国设有劳动监察制度的各经济活动部门。

第3条

不得要求或允许任何工人从事该重量有可能危害其健康或安全的人力负重运输。

第4条

会员国在实施上述第3条的规定时，应考虑执行工作的各种条件。

第5条

各会员国应采取适当措施，在指派任何工人从事非轻物人力负重运输前，使其接受关于工作技巧的适当培训或指导，以便保护工人健康和预防事故。

第6条

应尽可能使用合适的技术手段以限制或方便人力负重运输。

第 7 条

1. 应限制指派妇女和年轻工人从事非轻物人力负重运输。

2. 凡妇女和年轻工人从事人力负重运输时，此种负重的最大重量应明显低于准许成年男性工人的负重。

第 8 条

各会员国应通过法律或条例或任何其他符合本国实际和条件的办法，经商最有代表性的有关雇主组织和工人组织，采取必要的措施使本公约各项规定得以生效。

1979年码头作业职业安全和卫生公约

（第152号公约）

国际劳工组织大会：

经国际劳工局理事会召集，于1979年6月6日在日内瓦举行其第65届会议，并注意到现有的与此有关的国际劳工公约和建议书，特别是1929年（航运包裹）标明重量公约，1963年机器防护公约，以及1977年工作环境（空气污染、噪声和振动）公约，经决定采纳本届会议议程第4项关于修改1932年（码头工人）事故防止公约（修订）（第32号）的某些提议，并确定这些提议应采取国际公约的形式。于1979年6月25日通过以下公约，引用时称之为1979年（码头作业）职业安全和卫生公约。

第一部分 范围和定义

第1条

就本公约而言，"码头作业"一词覆盖任何船只的装卸作业的全部和该作业的任何部分，以及除此之外的任何附带工作；此种作业的定义应通过国家法律或实践予以确立。应与有关的雇主组织和工人组织磋商，或请其参与这一定义的确立和修订。

第2条

1. 会员国对交通不正规并限于小船的任何地方的码头作业，以及与渔船有关或限定其种类的码头作业，具有下列条件者得许其豁免或除外于本公约的规定：

（a）维持安全的作业条件；

（b）主管当局在与有关的雇主组织和工人组织协商后确认这些豁免或例外在任何情况下均为合理。

2. 如果主管当局在与有关的雇主组织和工人组织协商后确认改变会带来相应的好处和提供的总体保护不低于全面实施本公约各项规定所产生的结

果,本公约第三部分的特别要求可以改变。

3. 按本条第 1 款所作的任何豁免或例外和按本条第 2 款所作的任何重大改变及其理由均应在按国际劳工组织章程第 22 条的规定提交的公约实施报告中加以说明。

第 3 条

就本公约而言:

(a)"工人"一词系指从事码头作业的任何人员;

(b)"合格人员"一词系指一名有完成一项或几项特定任务所需的知识和经验并为主管当局承认的人;

(c)"负责人"一词系指由雇主,视情况可为船长或设备所有人,指定其负责完成一项或几项特定任务而本人具有完成该项或几项任务所需的足够的知识、经验和必要的权力者;

(d)"受权人"一词系指由雇主、船长或一位负责人授权承担一项或几项特定任务并具有必要的技术知识和经验者;

(e)"起重装置"一词系指用于岸上或船上悬吊、提升或降低载荷,或在悬吊或有支撑时将它们从一地移往另一地的一切固定或移动的货物装卸装置,包括安装在岸上的动力操作的滑轨;

(f)"可卸装置"一词系指能够通过它将载荷连接于起重装置但不与起重装置或载荷形成一个整体的任何装置;

(g)"通道"一词包括出、入口;

(h)"船只"一词覆盖任何种类的船、舶、平底船、驳船或气垫船,不包括战舰。

第二部分 一 般 规 定

第 4 条

1. 国家法律或条例应规定对码头作业采取符合本公约第三部分规定的措施,做到:

(a) 提供和保持安全和无人身伤害危险的作业场所、设备和作业方法;

(b) 提供和保持安全出入任何作业场所的通道;

(c) 提供必要的信息、培训和监督,以保证工人免于因作业或在作业过程中遭遇事故或伤害危险;

(d) 在不能以其他办法为防止事故和伤害危险提供足够的保护时,为工人提供合理的、必要的任何个人保护用品、保护服装和任何救生设备;

（e）提供和维持适当的、充分的急救和救护设备；

（f）开发和建立用以处理可能发生任何紧急情况的适当程序。

2. 依照本公约应采取的措施包括：

（a）关于码头建筑物和进行码头作业的其他场所的建造、设备配置和维修的总要求；

（b）火灾和爆炸的预防及保护；

（c）关于登船、入舱、上脚手架、取用设备和接近起重装置的安全措施；

（d）工人的接送；

（e）舱口的开和关、舱口通道和舱内作业的保护；

（f）起重装置和其他货物装卸装置的建筑、维修和使用；

（g）脚手架的建筑、维修和使用；

（h）索具和船舶吊杆的使用；

（i）起重装置、可卸装置，包括链条、绳索和链钩及与载荷形成一个整体的其他起重设备的适当测试、检查、检验和发证；

（j）不同类型货物的装卸；

（k）货物的堆积和储存；

（l）作业环境中的危险物质和其他危害；

（m）个人保护用品和保护服装；

（n）卫生和洗涤设备及福利设施；

（o）医疗监督；

（p）急救和救援设备；

（q）安全和卫生组织；

（r）工人培训；

（s）职业事故和职业病的通报和调查。

3. 本条第 1 款规定要求的切实实施应由主管当局批准的技术标准或实践守则，或由符合国家实践和条件的其他适当方法予以保证或支持。

第 5 条

1. 国家法律或条例应规定合适人员，根据情况无论是雇主、业主、船长或其他人员，负责按本公约第 4 条第 1 款提到的措施办事。

2. 当两位或多位雇主在一个作业场所同时进行活动时，他们应有责任互相协作以遵守规定的措施，而不影响每一雇主对其雇员的卫生与安全所应负的责任。在适当情况下，主管当局应规定此种协作的一般程序。

第 6 条

1. 应作出安排使工人：

（a）按要求既不在没有正当原因的情况下，对为保护他们或其他人而提供的任何安全设备和装置的运行进行干扰，也不错误地使用这些设备和装置；

（b）合理地关心他们自己的安全和由于其作业中的行为或疏忽而可能影响到的别人的安全；

（c）立即向他们的直接领导报告他们有理由认为能产生危险而自己无力纠正的任何情况，以便采取纠正措施。

2. 工人应有权在任何作业场所对设备和作业方法在其控制所及范围内参与保证安全作业，并对影响安全而业已采用的作业程序提出意见。在根据本公约第 37 条规定已成立安全委员会的地方，只要国家法律和惯例允许，这项权利应通过这些委员会予以实施。

第 7 条

1. 在通过国家法律或条例或符合国家实践和条件的其他适当方法实施本公约的规定时，主管当局应与有关的雇主组织和工人组织协商采取行动。

2. 应制定条款，要求雇主和工人或其代表在实施本公约第 4 条第 1 款提到的措施时密切合作。

第三部分 技 术 措 施

第 8 条

任何时候，当某作业场所变得不安全或存在危害健康的危险时，应采取有效措施（用设置围栏、旗标或其他适当的方法，包括必要时中止作业）来保护工人，直至该作业场所恢复安全。

第 9 条

1. 在正在进行码头作业的一切场所和通向这些场所的任何道路上均应适当地和充分地照明。

2. 对起重装置、车辆和人员移动很可能构成危险的任何障碍物，如因实际原因不能移开，应做出适当的明显标记，必要时应充分照明。

第 10 条

1. 用于车辆交通或堆放货物或材料的一切地面应适用于该项用途并予适当保养。

2. 在货物或材料堆放、码垛、拆堆或拆垛的地方，应考虑到货物或材料的性质及其包装，使作业安全而有秩序地进行。

第 11 条

1. 应留出足够宽的通路以便安全使用车辆和货物装卸机具。

2. 在需要与可能的地方，应留出单供行人使用的通路；这种通路应有足够的宽度，并且只要可行，应与行车通路分开。

第 12 条

在进行码头作业的地方应提供适当的和充足的灭火器材并使之便于取用。

第 13 条

1. 机器的所有危险部件均应予以有效防护，除非它们的位置或构造与设有有效防护装置同样安全。

2. 在紧急事故中，必要时应采取有效措施立即切断供给任何机器的电流。

3. 当机器的任何清洗、保养或修理将对任何人构成危险时，在此项作业开始前该机器应予停机，并应采取足够的措施保证在此项作业完成前该机器不得重新启动；但如果一位负责人为了从事在停机时不能进行的测试或调整，得重新启动该机器。

4. 仅受权人方许：

（a）为进行作业，必要时撤去任何防护装置；

（b）为清洗、调整或修理而撤去安全设备或使其不能运转。

5. 如果撤去任何防护装置，应格外谨慎，一俟可行，应立即将防护装置重新安好。

6. 如果撤去任何安全设备或使之不能运转，一俟可行，应尽快将该设备重新安装好或使之运转，还应采取措施在安全设备重新安装好或恢复运转前，保证有关装备不能使用，也不因疏漏而使之启动。

7. 就本条而言，"机器"一词包括任何起重装置、机械化舱口盖或动力驱动装备。

第 14 条

所有电气装备和设施的建造、安装、操作和维修应避免危险并应符合主管当局承认的标准。

第 15 条

当船在码头或另一艘船侧装卸货物时，应提供安装正常和牢固的登船通道。通道应宽畅够用和安全，并随时可及。

第 16 条

1. 当需要用水路运送工人来往于船只或其他地方时，应采取充分措施保证他们安全地登船、运送和下船；应对为此目的而使用的船只所需具备的条件做出具体规定。

2. 当需要运送工人来往于陆地作业场所时，雇主应提供安全的交通工具。

第 17 条

1. 应用下列方法进入船舱或登上载货甲板：

（a）固定的楼梯，或不可行时，固定的梯子或尺寸适当、强度大和结构合理的楔耳或圈环；

（b）主管当局能同意的其他手段。

2. 只要合理可行，本条规定的通道应与舱口通道的开口分开。

3. 工人不应使用，或不应要求他们使用未在本条具体规定之列的任何其他手段进入船舱或登上载货甲板。

第 18 条

1. 舱口盖或梁应结构坚实，其强度足够当舱口盖或梁使用，并予正常维修，否则不能使用。

2. 借助起重装置控制的舱口盖应装有系吊索和其他起重设备的随时可取用的和合适的附件。

3. 在舱口盖和梁不能互换的地方，应有明显的标志标明它们从属的舱口和所在的位置。

4. 只应允许受权人（尽可能为船员）打开或关闭由动力操作的舱口盖，当这种操作很容易伤及任何人时，不应启闭舱口盖。

5. 本条第 4 款的规定在细节上已作必要修正后，应适用于船只的动力操作装备，如船体上的门、滑轨、可缩式汽车甲板或类似装备。

第 19 条

1. 在要求工人作业的甲板上，应在工人或车辆容易跌落的甲板内或甲板上的开口处采取充分的保护措施。

2. 凡未安装有足够高度和强度围栏的舱口通道均应关闭，或当舱口通道不再使用时，应将围栏放回原处，但短时间中断作业时除外。应责成一名负责人保证执行这些措施。

第 20 条

1. 当动力车辆在一条船的船舱中行驶或正在用动力驱动的装置进行装

卸操作的时候，应采取一切必要措施保证需要在船舱中或载货甲板上作业的工人的安全。

2. 当在舱口通道下的船舱中进行作业时，不应移动舱口盖和梁或将其放回原处。在开始装卸前，任何未经妥善放稳而可能移位的舱口盖或梁均应挪开。

3. 船舱内或载货甲板上应采取新鲜空气环流的方法充分通风，以防止内燃机或其他来源产生的烟气造成损害人体健康的危险。

4. 当干式散装货物在船舱内或在中间甲板装卸时或要求工人在船上的料仓或料斗内作业时，应为人员的安全作好包括安全撤离在内的充分安排。

第 21 条

构成一整体载荷的每一起重装置、可卸装置的每一部件和每一吊索或起吊设备应：

（a）设计和结构良好，具有足够的使用强度，妥善维修和保持良好的作业状态，如属起重装置，须安装正确；

（b）安全正确使用，除按规定和在合格人员指导下进行测试外，尤其在荷载时不应一批或多批超过其安全堪用载荷。

第 22 条

1. 每一起重装置和可卸装置的每一部件在第一次使用前和对易影响其安全的任何部分作重大改造或修理后，应由合格人员按国家法律或条例进行测试。

2. 成为船只设备一部分的起重装置至少每五年应重新测试一次。

3. 岸上起重装置应按主管当局规定的时间间隔进行重新测试。

4. 根据本条规定对起重装置或可卸装置的部件所作每次测试完成后，应由测试人对该起重装置或可卸装置进行彻底检查和确认。

第 23 条

1. 除第 22 条的要求外，每一起重装置和可卸装置的每一部件应由合格人员定期进行彻底检查和确认。此种检查应至少每 12 个月进行一次。

2. 就第 22 条第 4 款和本条第 1 款而言，彻底检查系指由合格人员进行详细的目检，必要时，用其他方法或措施予以补充，以便对所查起重装置或可卸装置部件的安全与否得出可靠结论。

第 24 条

1. 应在使用前定期检验可卸装置的每一部件。张开或可扔掉的吊索不应再使用。货物起吊前，对吊索应尽量经常进行合理可行的检验。

2. 就本条第 1 款而言，检验系指由一位负责人进行目检，在这种方式可以确定得了的情况下，决定装置或吊索是否可继续安全使用。

第 25 条

1. 应保存在岸上或在船上的有关起重装置和可卸装置部件安全条件初步证据的及时认证记录；记录应详细说明安全堪用载荷和本公约第 22、23 和 24 条提到的测试、彻底检查和检验的日期和结果；如属本公约第 24 条第 1 款提到的检验，只有在检验发现了缺陷时才需记录。

2. 应按主管当局规定的形式并考虑国际劳工局建议的模式，保存有关起重装置和可卸装置部件的登记簿。

3. 登记簿应包括由主管当局签发或承认有效的证书或上述证书经过证明的真实抄件，登记的形式应由主管当局规定，同时考虑国际劳工局关于对起重装置和可卸装置部件根据情况进行测试、彻底检查和检验而建议采用的模式。

第 26 条

1. 为了确保批准本公约的会员国对构成船只设备一部分的起重装置和可卸装置的测试、彻底检查、检验和证书所做的安排以及与之有关的记录得到共同承认：

（a）凡批准本公约的会员国的主管当局应指派或承认合格人员或本国或国际组织进行测试和/或彻底检查并履行有关职责，条件是指派或承认只有在令人满意地完成工作的情况下才能予以延续；

（b）批准本公约的会员国应接受或承认根据本款（a）项的规定而被指派或被承认者；或对这种接受或承认做互惠安排；不论哪种情况，接受或承认的延续均应以令人满意地完成工作为条件。

2. 不应使用起重装置、可卸装置或其他货物装卸设备，如果：

（a）已按本公约的规定进行了必要的测试、检查或检验，而主管当局查询了测试或检查的证书或经认证的记录后感到不满意；或

（b）主管当局认为该装置或设备不能安全使用。

3. 主管当局对船只使用的设备满意时，本条第 2 款不应如此予以应用以致造成该船货物装卸延期。

第 27 条

1. 具有单一安全堪用载荷的各起重装置（船只吊杆除外）和可卸装置的每一部件均应用印记明显标出其安全堪用载荷，如做不到，则用其他适当方法解决。

2. 具有一个以上安全堪用载荷的各起重装置（船只吊杆除外）应配备有效手段使司机在各种使用条件下能决定用何种安全堪用载荷。

3. 在每一船只的吊杆上（转臂起重机除外）应明显标出它在下列使用情况下所用的安全堪用载荷：

（a）用于单杆起重；

（b）与下吊货滑车联用；

（c）用于所有合理滑车位置的滑轮组。

第 28 条

每只船均应携带使其吊杆和附属装置安全安装索具所必需的索具图和其他有关资料。

第 29 条

用于盛放或支撑载荷的托盘和类似器件应结构坚固，有足够的强度和无易影响安全使用的明显缺陷。

第 30 条

载荷只有以安全的方式吊挂或系缚在起重装置上才能予以提升或降落。

第 31 条

1. 每一货物集装箱站的布局和操作应尽可能在合理可行情况下保证工人的安全。

2. 如属运载集装箱的船只，应采取措施保护捆绑或松解集装箱的工人的安全。

第 32 条

1. 任何危险货物都应根据适用于水路运输危险物品和专门处理港口装卸危险物品的国际条例的有关要求进行包装、标记、标签、装卸、储存和码垛。

2. 危险物质未经按照运输此类物质的国际条例要求进行包装、标记和标签的，不应装卸、储存或码垛。

3. 如果危险物质的贮器或容器破裂或损坏到危险的程度，有关地区的码头作业应予停止，为消除危险所必需的工作除外。工人应转移到安全地点直至危险已经消除。

4. 应采取充分措施防止工人暴露于有毒或有害物质或制剂，或处于缺氧或易燃空气中。

5. 在要求工人进入任何易存在有毒或有害物质或易缺氧的狭窄空间时，应采取充分措施以防止发生事故或伤害工人健康。

第 33 条

应采取充分措施保护工人免受作业场所过量噪声的有害影响。

第 34 条

1. 在不能通过其他方法充分保护工人免遭事故或伤害健康的危险的地方，应为工人提供和要求工人正确使用为完成其作业所合理需要的个人保护用品和防护服装。

2. 应要求工人注意维护上述个人保护用品和防护服装。

3. 雇主应适当维修个人保护用品和防护服装。

第 35 条

发生事故时，应有包括受过训练人员在内的、充分的设备可供迅速调用和取用，以救援任何遇险人员，为他们提供急救，并在合理可行、不致造成进一步伤害的情况下撤离伤员。

第 36 条

1. 各会员国通过国家法律或条例或符合本国实践和条件的其他适当方法并在与有关的雇主组织和工人组织协商后，应：

（a）在工作具有潜在危险的地方，确定进行初次体格检查或定期体格检查，或两者兼做；

（b）经恰当考虑危险的性质和程度及其具体情况，确定进行定期体格检查的最大间隔期；

（c）如工人暴露于具有特殊职业健康危害的场所，应确定认为必要的特殊调查范围；

（d）确定为工人提供职业卫生设施的适当措施。

2. 按本条第 1 款进行的一切体格检查和调查对工人应为免费。

3. 体格检查和调查的记录应予保密。

第 37 条

1. 应在有众多工人的港口成立包括雇主和工人的代表在内的安全卫生委员会。如有必要，也应在其他港口成立此种委员会。

2. 该委员会的成立、组成和职能应根据国家法律或条例或其他符合国家实践和条件的适当方法，经与有关的雇主组织和工人组织协商后根据地方情况予以确定。

第 38 条

1. 未经对工人就其工作的潜在危险和要采取的主要预防措施进行充分指导或培训，不应雇用他从事码头作业。

2. 起重装置或其他货物装卸装置只应由十八岁以上和具有必要的能力与经验的人员或由在正常监督下接受培训的人员进行操作。

第 39 条

为协助防止职业事故和职业病，应采取措施保证将其报告主管当局，并在必要时进行调查。

第 40 条

根据国家法律或条例或本国实践，应在每个码头提供足够数量的、适当和合用的卫生和洗涤设备并予正常维修，如属可行，使之距工作场所远近适宜。

第四部分　实　　　施

第 41 条

凡批准本公约的会员国应：

（a）具体规定从事码头作业的人员和机构在职业安全卫生方面的责任；

（b）采取必要措施，包括规定适当的惩罚，以实施本公约的条款；

（c）进行适当的监察以监督依照本公约采取的措施的实施情况，或查明适当的监察业已进行。

第 42 条

1. 国家法律或条例应规定在哪一限定的时间范围内本公约的条款必须运用于下列方面：

（a）船只的建造或设备配置；

（b）任何岸上起重装置或其他货物装卸装置的建造或设备配置；

（c）任何可卸装置部件的建造。

2. 依照本条第 1 款规定的时限自批准公约之日起不应超过 4 年。

第五部分　最　后　条　款

第 43 条

本公约修正 1929 年（码头工人）事故防止公约和 1932 年（码头工人）事故防止公约（修订）。

***

生效日期：1981 年 12 月 5 日。

第一部分 国际组织

1981年职业安全卫生公约

(第155号公约)

国际劳工组织大会:

经国际劳工局理事会召集,于1981年6月3日在日内瓦举行其第67届会议,经决定采纳本届会议议程第6项关于安全和卫生及工作环境的某些提议,并确定这些提议应采取国际公约的形式。于1981年6月22日通过以下公约,引用时称之为1981年职业安全和卫生公约。

第一部分 范围和定义

第1条

1. 本公约适用于经济活动的各个部门。

2. 凡批准本公约的会员国,经与有关的、有代表性的雇主组织和工人组织在尽可能最早阶段进行协商后,对于其经济活动的某些特殊部门在应用中会出现实质性特殊问题者,诸如海运或捕鱼,得部分或全部免除其应用本公约。

3. 凡批准本公约的会员国,应在其按照国际劳工组织章程第22条的规定提交的关于实施本公约的第一次报告中,列举按照本条第2款的规定予以豁免的部门,陈明豁免的理由,描述在已获豁免的部门中为适当保护工人而采取的措施,并在以后的报告中说明在扩大公约的适用面方面所取得的任何进展。

第2条

1. 本公约适用于所覆盖的经济活动的各个部门中的一切工人。

2. 凡批准本公约的会员国,经与有关的、有代表性的雇主组织和工人组织在尽可能最早阶段进行协商后,对应用本公约确有特殊困难的少数类别的工人,得部分或全部免除其应用本公约。

3. 凡批准本公约的会员国应在其按照国际劳工组织章程第22条的规定提交的关于实施本公约的第一次报告中,列举按照本条第2款的规定予以豁免的少数类别的工人,陈述豁免的理由,并在以后的报告中说明在扩大公约的适用方面所取得的任何进展。

第 3 条

就本公约而言：

1. "经济活动部门"一词覆盖雇用工人的一切部门，包括公共机构；
2. "工人"一词覆盖一切受雇人员，包括公务人员；
3. "工作场所"一词覆盖工人因工作而需在场或前往，并在雇主直接或间接控制之下的一切地点；
4. "条例"一词覆盖所有由一个或几个主管当局赋予法律效力的规定；
5. 与工作有关的"健康"一词，不仅指没有疾病或并非体弱，也包括对于与工作安全和卫生直接有关的影响健康的身心因素。

第二部分　国家政策的原则

第 4 条

1. 各会员国应根据国家条件和惯例，经与最有代表性的雇主组织和工人组织协商后，制定、实施和定期审查有关职业安全、职业卫生及工作环境的一项连贯的国家政策。
2. 这项政策的目的应是在合理可行的范围内，把工作环境中内在的危险因素减少到最低限度，以预防来源于工作、与工作有关或在工作过程中发生的事故和对健康的危害。

第 5 条

本公约第 4 条提及的政策，应考虑到对职业安全和卫生及工作环境有影响的以下主要行动领域：

1. 工作的物质要素（工作场所，工作环境，工具、机器和设备，化学、物理和生物的物质和制剂，工作过程）的设计、测试、选择、替代、安装、安排、使用和维修；
2. 工作的物质要素与进行或监督工作的人员之间的关系，以及机器、设备、工作时间、工作组织和工作过程对工人身心能力的适应；
3. 为使安全和卫生达到适当水平，对有关人员在这方面或另一方面的培训，包括必要的，进一步的培训、资格和动力；
4. 在工作班组和企业一级，以及在其他所有相应的级别直至并含国家一级之间的交流和合作；
5. 保护工人及其代表，使其不致因按照本公约第 4 条提及的政策正当地采取行动而遭受纪律制裁。

第6条

本公约第4条提及的政策的制定应阐明公共当局、雇主、工人和其他人员在职业安全和卫生及工作环境方面各自的职能和责任，同时既考虑到这些责任的补充性又考虑到国家的条件和惯例。

第7条

对于职业安全和卫生及工作环境的状况，应每隔适当时间，进行一次全面的或针对某些特定方面的审查，以鉴定主要问题之所在，找到解决这些问题的有效方法和应采取的优先行动，并评估取得的成果。

第三部分 国家一级的行动

第8条

各会员国应通过法律或条例，或通过任何其他符合国家条件和惯例的方法，并经与有关的、有代表性的雇主和工人组织协商后，采取必要步骤实施本公约第4条。

第9条

1. 实施有关职业安全和卫生及工作环境的法律和条例，应有恰当和适宜的监察制度予以保证。

2. 实施制度应规定对违反法律和条例的行为予以适当惩处。

第10条

应采取措施向雇主和工人提供指导，以帮助他们遵守法定义务。

第11条

为实施本公约第4条提及的政策，主管当局或各主管机构应保证逐步行使下列职能：

1. 当危险的性质和程度有此需要时，确定企业设计、建设和布局的条件、企业的交付使用、影响企业的主要变动或对其主要目的的修改、工作中所用技术设备的安全以及对主管当局所定程序的实施；

2. 确定哪些工作程序及物质和制剂应予禁止或限制向其暴露或应置于主管当局或各主管机构批准或监督之下；应考虑同时暴露于几种物质或制剂对健康的危害；

3. 建立和实施由雇主，或在适当情况下由保险机构或任何其他直接有关者通报工伤事故和职业病的程序，并对工伤事故和职业病建立年度统计；

4. 对发生于工作过程中或与工作有关的工伤事故、职业病或其他一切对健康的损害，如情况严重，应进行调查；

5. 每年公布按本公约第 4 条提及的政策而采取措施的情况及在工作过程中发生或与工作有关的工伤事故、职业病和对健康的其他损害的情况；

6. 在考虑国家的条件和可能的情况下，引进或扩大各种制度以审查化学、物理和生物制剂对工人健康的危险。

第 12 条

应按照国家法律和惯例采取措施，以确保设计、制作、引进、提供或转让业务上使用的机器、设备或物质者：

1. 在合理可行的范围内，查明机器、设备或物质对正确使用它们的人的安全和健康带来的危险；

2. 提供有关正确安装和使用机器和设备以及正确使用各类物质的信息，有关机器和设备的危害以及化学物质、物理和生物制剂或产品的危险性能的信息，并对如何避免已知危险进行指导；

3. 开展调查研究，或不断了解为实施本条 1、2 两项所需的科技知识。

第 13 条

凡工人有正当理由认为工作情况出现对其生命或健康有紧迫、严重危险而撤离时，应按照国家条件和惯例保护其免遭不当的处理。

第 14 条

应采取措施，以适合国家条件和惯例的方式，鼓励将职业安全和卫生及工作环境问题列入各级的教育和培训，包括高等技术、医学和专业的教育以满足所有工人训练的需要。

第 15 条

1. 为保证本公约第 4 条提及的政策的一贯性和实施该政策所采取措施的一贯性，各会员国应尽可能在最早阶段与最有代表性的雇主和工人组织酌情和其他机构协商后，做出适合本国条件和惯例的安排，以保证负责实施本公约第二和第三部分规定的各主管当局和各主管机构之间必要的协商。

2. 只要情况需要，并为国家条件和惯例所许可，这些安排应包括建立一个中央机构。

第四部分　企业一级的行动

第 16 条

1. 应要求雇主在合理可行的范围内保证其控制下的工作场所、机器、设备和工作程序安全，不会对健康产生危害。

2. 应要求雇主在合理可行的范围内保证其控制下的化学、物理和生物物质与制剂，在采取适当保护措施后，不会对健康产生危害。

3. 应要求雇主在必要时提供适当的保护服装和保护用品，以便在合理可行的范围内，预防事故危险或对健康的不利影响。

第 17 条

两个或两个以上企业如在同一工作场所同时进行活动，应相互配合实施本公约的规定。

第 18 条

应要求雇主在必要时采取应付紧急情况和事故的措施，包括适当的急救安排。

第 19 条

应在企业一级作出安排，在此安排下：

1. 工人在工作过程中协助雇主完成其承担的职责；
2. 企业中的工人代表在职业安全和卫生方面与雇主合作；
3. 企业中的工人代表应获得有关雇主为保证职业安全和卫生所采取措施的足够信息，并可在不泄露商业机密的情况下就这类信息与其代表性组织进行磋商；
4. 工人及其企业中的代表应受到职业安全和卫生方面的适当培训；
5. 应使企业中的工人或其代表和必要时其代表性组织，按照国家法律和惯例，能够查询与其工作有关的职业安全和卫生的各个方面的情况，并就此受到雇主的咨询；为此目的，经双方同意，可从企业外部带进技术顾问；
6. 工人可向其直接上级报告有充分理由认为出现对其生命和健康有紧迫、严重危险的任何情况，在雇主采取必要的补救措施之前，雇主不得要求工人回到对生命和健康仍存在紧迫、严重危险的工作环境中去。

第 20 条

管理人员与工人和/或其企业内的代表的合作，应是按本公约第 16～19 条所采取的组织措施和其他措施的重要成分。

第 21 条

职业安全和卫生措施不得使工人支付任何费用。

第五部分　最　后　条　款

第 22 条

本公约对任何公约或建议书不作修订。

第 23 条

本公约的正式批准书应送请国际劳工局长登记。

第 24 条

1. 本公约应仅对其批准书已经局长登记的国际劳工组织会员国有约束力。

2. 本公约应自两个会员国的批准书已经局长登记之日起 12 个月后生效。

3. 此后，对于任何会员国，本公约应自其批准书已经登记之日起 12 个月后生效。

第 25 条

1. 凡批准本公约的会员国，自本公约初次生效之日起满 10 年后可向国际劳工局局长通知解约，并请其登记。此项解约通知书自登记之日起满 1 年后生效。

2. 凡批准本公约的会员国，在前款所述 10 年期满后的 1 年内未行使本条所规定的解约权利者，即须再遵守 10 年，此后每当 10 年期满，可依本条的规定通知解约。

第 26 条

1. 国际劳工局局长应将国际劳工组织各会员国所送达的一切批准书和解约通知书的登记情况，通知本组织的全体会员国。

2. 局长在将所送达的第二份批准书的登记通知本组织的各会员国时，应提请本组织各会员国注意本公约开始生效的日期。

第 27 条

国际劳工局局长应将他按照以上各条规定所登记的一切批准书和解约通知书的详细情况，按照《联合国宪章》第 102 条的规定，送请联合国秘书长进行登记。

第 28 条

国际劳工局理事会在必要时，应将本公约的实施情况向大会提出报告，并审查应否将本公约的全部或部分修订问题列入大会议程。

第 29 条

1. 如大会通过新公约对本公约作全部或部分修订时，除新公约另有规定外，则：

（1）如新修订公约生效和当其生效之时，会员国对于新修订公约的批准，不需按照上述第二十五条的规定，依法应为对本公约的立即解约。

（2）自新修订公约生效之日起，本公约应立即停止接受会员国的批准。

2. 对于已批准本公约而未批准修订公约的会员国，本公约以其现有的方式和内容，在任何情况下仍应有效。

第 30 条

本公约的英文本和法文本同等为准。

1988年建筑业安全和卫生公约

（第167号公约）

国际劳工组织大会：

经国际劳工局理事会召集，于1988年6月1日在日内瓦举行其第75届会议，并注意到有关的国际劳工公约和建议书，特别是1937年（建筑业）安全规程公约和建议书、1937年（建筑业）预防事故合作建议书、1960年辐射防护公约和建议书、1963年机器防护公约和建议书、1967年最大负重量公约和建议书、1974年职业癌公约和建议书、1977年工作环境（空气污染、噪声和震动）公约和建议书、1981年职业安全和卫生公约和建议书、1985年职业卫生设施公约和建议书、1986年石棉公约和建议书，并注意到1964年工伤事故和职业病津贴公约附件、1980年经修订的职业病清单。经决定采纳本届会议议程第4项关于建筑业安全和卫生的某些提议，并确定这些提议应采取修订1937年（建筑业）安全规定公约的国际公约的形式。于1988年6月20日通过以下公约，引用时称之为1988年建筑业安全和卫生公约。

第一部分 范围和定义

第1条

1. 本公约适用于一切建筑活动，即建造、土木工程、安装与拆卸工作，包括从工地准备工作直到项目完成的建筑工地上的一切工序、作业和运输。

2. 凡批准本公约的会员国在与最有代表性的有关雇主组织和工人组织（如存在此类组织）磋商后，可对存在较重大特殊问题的特定经济活动部门或特定企业免于实施本公约或其某些条款，但应以保证安全和卫生的工作环境为条件。

3. 本公约还适用于由国家法律或条例确定的独立劳动者。

第2条

就本公约而言：

（a）"建筑"一词包括：

（1）建造，包括挖掘和建筑、改建、修复、修理、维修（包括清扫和油漆）以及拆除一切类型的建筑物或工程；

（2）土木工程，包括诸如机场、码头、港口、内河航道、水坝、河流和海滨堤坝或海防工程、公路和高速公路、铁路、桥梁、隧道、高架桥，以及用于通信、排水、污水处理、饮水和能源供应等公共工程的挖掘和建筑、改建、修理、维修及拆除；

（3）安装和拆除预制建筑物和结构，以及在建筑工地制造预制构件；

（b）"建筑工地"一词指从事上述（a）项所述任何一项工序或作业的工作场地；

（c）"工作场所"一词指工人因工作原因必须在场或前往的，并由下述（e）项限定的雇主所控制的一切场所；

（d）"工人"一词指从事建筑的任何人员；

（e）"雇主"一词指：

（1）在建筑工地雇佣一名或数名工人的任何自然人或法人；和

（2）视具体情况而定的主承包商、承包商或转包商；

（f）"主管人员"一词指具有适当资格，即能顺利地完成一些特定任务所需的经适当培训以及有足够的知识、经验和技能的人员。主管当局可规定任命此类人员的适当标准并确定赋予他们的职责；

（g）"脚手架"一词指任何固定、悬吊或活动的临时台架及其用于承载工人和物料或进入此种台架的支撑结构，不包括下述（h）项所限定的"起重机械"；

（h）"起重机械"一词指任何用于升降人员或负荷的固定或活动机械；

（i）"升降附属装置"一词指可将装载物固定在起重机械上，但不构成该机械或装载物的组成部分的任何装置。

第二部分 一 般 规 定

第3条

应就使本公约各项规定生效而采取的措施与最有代表性的有关雇主组织和工人组织进行磋商。

第4条

凡批准本公约的会员国应承诺，在对所涉及的安全和卫生危害做出评估的基础上，制定法律或条例并使之生效，以保证本公约各项规定的实施。

第5条

1. 根据上述第 4 条制定的法律或条例可通过制定技术标准或实施规则，或以其他适合国情和惯例的方法保证其具体实施。

2. 各会员国在使上述第 4 条和本条第 1 款生效时，应充分考虑在标准化领域中公认的国际组织所制定的有关标准。

第 6 条

应按照国家法律或条例规定的办法采取措施，保证雇主和工人之间的合作，以促进建筑工地的安全和卫生。

第 7 条

国家法律或条例应规定雇主和独立劳动者必须遵守工作场所安全和卫生方面所确定的措施。

第 8 条

1. 凡两个或更多雇主同时在同一建筑工地从事活动时：

（a）主承包商或实际控制或主要负责建筑工地全部活动的其他人员或机构，应负责协调安全和卫生方面规定的措施，并在符合国家法律或条例的情况下确保这些措施得以实施；

（b）如主承包商或实际控制或主要负责建筑工地全部活动的其他人员或机构不在建筑工地，则他们应在符合国家法律或条例的情况下就地指定有必要权力和手段的主管人员或机构，代表他们保证协调和遵守上述（a）项提及的措施；

（c）雇主应对其管辖下的工人执行规定措施负责。

2. 凡若干雇主或独立劳动者同时在同一建筑工地从事活动时，他们有责任按照国家法律或条例的要求在执行规定的安全和卫生措施方面进行合作。

第 9 条

负责建筑项目的设计和计划工作的人员，应根据国家法律、条例和惯例考虑建筑工人的安全和卫生。

第 10 条

国家法律或条例应规定工人有参与保证对他们所掌管的设备与工作方法的工作条件的安全性以及对所采用的可能影响安全和卫生的工作程序发表意见的权利和义务。

第 11 条

国家法律或条例应规定工人有责任：

（a）在实施规定的安全和卫生措施方面与其雇主尽可能密切合作；

（b）适当注意自己的安全和健康以及可能受到他们工作中行为或疏忽而影响其他人员的安全和卫生；

（c）使用由他们支配的设施，不得滥用为他们的自我保护或保护其他人而提供的任何设备；

（d）及时向其直接主管人以及工人安全代表（如存在此类代表）报告他们认为可能造成危险而他们自己又不能适当处理的任何情况；

（e）遵守规定的安全和卫生措施。

第 12 条

1. 国家法律或条例应规定工人应有权利在有充分理由认为对其安全或健康存在紧迫的严重危险时躲避危险，并有义务立即通知其主管人。

2. 在工人安全遇到紧迫危险时，雇主应立即采取措施停止作业并按情况安排撤离。

第三部分　预防和保护措施

第 13 条　工作场所的安全

1. 应采取一切适当预防措施保证所有工作场所安全可靠，不存在可能危及工人安全和健康的危险。

2. 应提供、保持（如属适宜）及标明出入一切工作场所的安全手段。

3. 应采取一切适宜的预防措施，保护在建筑工地或附近的人员免遭工地可能发生的任何危险。

第 14 条　脚手架和梯子

1. 当无法在地面或地面上方或建筑物的一个部分或其他固定结构上安全操作时，应提供并保持安全可靠的脚手架，或其他符合同样要求的设施。

2. 在进入不具备安全作业条件的高架工作岗位时，应提供适用作业的优质梯子，并应对其予以适当固定以防止因疏忽而移动。

3. 一切脚手架和梯子应按照国家法律和条例建造、使用。

4. 脚手架应按国家法律或条例规定的情况和时间由主管人员进行检查。

第 15 条　起重机械和升降附属装置

1. 任何起重机械和升降附属装置，包括其元件、附件、锚具和支架，均应：

（a）设计和制造良好，使用优质材料并就其使用目的而言有足够强度；

（b）安装和使用得当；

（c）保持良好工作状态；

（d）按国家法律或条例规定的期限和情况由主管人员检查测试，并应将检查测试结果记录在案；

（e）按国家法律或条例由经过适当培训的工人操作。

2. 除非是按国家法律或条例以载人为目的建造、安装和使用，起重机械不得用于提升、降落或运载人员，但有可能造成人员严重伤亡且起重机械能被安全使用的紧急情况除外。

第16条 运输机械、土方和材料搬运设备

1. 所有土方和材料搬运的设备和运载工具均应：

（a）设计和制造良好并尽可能考虑到工程生理学原理；

（b）保持良好的工作状态；

（c）使用得当；

（d）由按照国家法律或条例经过适当培训的工人操作。

2. 在使用运载工具、土方或材料搬运设备的所有建筑工地：

（a）应为此类机械和设备提供安全和适宜的通道；

（b）交通的组织和管理应保证其安全运行。

第17条 固定装置、机械、设备和手用工具

1. 固定装置、机械和设备，包括手动和电动工具应：

（a）设计和制造良好并尽可能考虑到工程生理学原理；

（b）保持良好的工作状态；

（c）只能按设计意图使用，除非主管人员对超出原设计目的以外的使用进行了全面评估并确认此种使用无危险性；

（d）由经过适当培训的工人操作。

2. 如属适宜，应由制造商或雇主以使用者能看懂的方式提供适当的安全使用说明。

3. 带有压力的装置和设备应由主管人员按国家法律或条例规定的情况和时间进行检查测试。

第18条 高空包括屋顶作业

1. 如对预防危险属必要，或工程的高度或坡度超过国家法律或条例规定，应采取预防措施防止工人、工具或其他物品或材料坠落。

2. 如工人需在以易碎材料覆盖的屋顶或其近旁或其他易于坠落的平面上工作，应采取预防措施防止工人无意中踏上易碎材料或从易碎材料处坠落。

第19条 挖方工程、竖井、土方工程、地下工程或隧道

任何挖方工程、竖井、土方工程、地下工程或隧道均须采取适当预防措施以便:

(a) 通过适当的支撑或其他措施防止土块、岩石或其他物质掉落或倒塌对工人造成危险;

(b) 防止由于人员、材料或物体坠落或水涌入挖方工程、竖井、土方工程、地下工程或隧道而造成危险;

(c) 保证所有工作场所有足够的通风,以保持空气适于呼吸,并将烟雾、瓦斯、蒸汽、尘土或其他杂质限制在对健康无危险和无害的水平及国家法律或条例规定的限度之内;

(d) 使工人在发生火灾或水或固体物质涌入时能置身于安全处;

(e) 通过进行适当调查确定冒水或瓦斯漏气的位置,使工人免遭可能发生的地下灾难。

第20条 潜水箱和沉箱

1. 每一潜水箱和沉箱应该:

(a) 制造良好,使用适宜和牢固的材料,并有足够强度;

(b) 具备适当装置使工人在水或固体物质涌入时能躲避。

2. 潜水箱或沉箱的建造、定位、改造或拆除必须在主管人员直接监督下进行。

3. 每一潜水箱或沉箱应由主管人员按规定的期限进行检验。

第21条 在压缩空气中工作

1. 在压缩空气中工作只能按国家法律或条例规定的措施进行。

2. 在压缩空气中工作只能由经体检证明具有从事此项工作体能的工人在主管人员现场监督操作的情况下进行。

第22条 构架和模板

1. 构架和构件、模板、临时支架和支撑的架设只能在主管人员监督下进行。

2. 应采取足够的预防措施防止因结构一时的不坚固或不稳定对工人造成的危险。

3. 模板、临时支架和支撑应按能安全支撑可能置于其上的一切负荷的要求设计、建造和保养。

第23条 水上作业

凡在水面以上或接近水面处作业,应采取适当措施以便:

(a) 防止工人坠入水中;

(b) 营救有溺水危险的工人;

(c) 提供安全和足够的运载手段。

第 24 条 拆除工程

当拆除任何建筑或工程可能对工人或公众造成危险时:

(a) 应按照国家法律或条例采取包括清除废弃和残余物在内的适当的预防措施、方法和程序;

(b) 拆除工作只能在主管人员监督下规划和进行。

第 25 条 照明

在工人可能需要通过的建筑工地的每一工作场所以及任何其他地点均应提供充分和适当的照明,必要时包括手提的照明设施。

第 26 条 电气设备

1. 一切电气设备与装置均应由主管人员建造、安装与维修,其使用应毫无危险。

2. 施工前和施工期间应采取适当措施,确定工地地下、地面或地面以上一切通电的电缆或电气的位置,并防止其对工人造成任何危险。

3. 在建筑工地铺设和维修电缆和电气应遵守全国通用的规则和标准。

第 27 条 炸药

炸药的贮存、搬运、装卸和使用必须:

(a) 符合国家法律或条例规定的条件;

(b) 由主管人员进行,并应采取必要措施使工人和其他人员免受危害。

第 28 条 健康危害

1. 在工人可能接触化学、物理或生物危害至可能危及其健康的程度时,应采取适当预防措施防止此类接触。

2. 上述第 1 款提及的预防措施应包括:

(a) 如属可能,以无害或危害较小的物质取代有害物质;

(b) 对机械、设备装置或操作采取技术措施;

(c) 在无法遵照上述(a)项和(b)项时,采取其他有效措施,包括使用个人防护用具和防护服。

3. 在要求工人进入空气中可能存在有毒或有害物质,或含氧不足,或含有易燃气体的任何地方时,应采取适当措施防止任何危险。

4. 建筑工地废弃物的销毁或以其他方式清除,不得危及健康。

第 29 条 防火

1. 雇主应采取一切适当措施:

（a）避免火灾危险；
（b）迅速有效地在刚起火时灭火；
（c）迅速安全地撤离人员。

2. 应有足够且适当的存放易燃液体、固体和气体的方法。

第 30 条 个人防护用具和防护服

1. 如其他方法均不足以保护工人，使其免遭事故危险或健康的损害，包括避免接触有害环境，则可由国家法律或条例作出规定，根据工种危险性质，由雇主免费向工人提供适当的个人防护用具和防护服并加以维护。

2. 雇主应向工人提供适当手段使其能使用个人防护用具，并应保证其使用得当。

3. 防护用具和防护服应符合主管当局规定的标准，并尽可能考虑到工程生物学原理。

4. 工人必须正确使用和保管供其使用的个人防护用具和防护服。

第 31 条 急救

雇主应负责保证随时提供包括训练有素人员在内的急救，并应采取措施保证遭遇事故或得急病的工人及时就医。

第 32 条 福利

1. 应在每一建筑工地或其附近地方提供足够的饮用水。

2. 应在每一建筑工地或其附近地方，按照工人人数和工期长短提供和维护以下设施：

（a）卫生和盥洗设备；
（b）更衣、存衣和衣服烘干设备；
（c）供工人就餐并在恶劣气候条件下暂停工作时躲避用的地方。

3. 应为男女工人分别提供卫生和盥洗设备。

第 33 条 信息与培训

工人应充分而适当地：

（a）获得他们在工作场所可能遇到事故或危害健康的信息；
（b）获得预防和控制这些危害以及有关保护的可行措施的指导和培训。

第 34 条 事故与疾病的报告

国家法律或条例应确定在规定期限内向主管当局报告工伤事故与职业病的情况。

第四部分 执 行

第 35 条

各会员国必须：

（a）采取一切必要措施，包括规定适当的惩罚和纠正措施，以确保有效执行本公约各项规定；

（b）提供适当检查设施，以监督根据本公约应采取的措施的执行情况，并为这些设施提供完成任务所必需的手段，或确保已进行适当检查。

第五部分 最 后 条 款

第 36 条

本公约修订 1937 年（建筑业）安全规定公约。

***

生效日期：1983 年 8 月 11 日。

第一部分 国际组织

1990年作业场所安全使用化学品公约

（第170号公约）

国际劳工组织大会：

经国际劳工局理事会召集，于1990年6月6日在日内瓦举行其第77届会议，并注意到有关的国际劳工公约和建议书，特别是1971年苯公约和建议书、1974年职业癌公约和建议书、1977年工作环境（空气污染、噪声和震动）公约和建议书、1981年职业安全卫生公约和建议书、1985年职业卫生设施公约和建议书、1986年石棉公约和建议书，以及作为1964年工伤事故和职业病津贴公约附件、1980年经修订的职业病清单；并注意到保护工人免受化学品的有害影响同样有助于保护公众和环境，工人需要并有权利获得他们在工作场所使用的化学品的有关资料；并考虑到通过下列方法预防或减少工作中化学品导致的疾病和伤害事故的重要性：

（a）保证对所有化学品的评价以确定其危害性；

（b）为雇主提供一定机制，以从供货者处得到关于工作中使用的化学品的资料，这样他们能够实施保护工人免受化学品危害的有效计划；

（c）为工人提供关于其作业场所的化学品及适当防护措施的资料，从而使他们能有效地参与保护计划；

（d）确定关于此类计划的原则，以保证化学品的安全使用，并认识到在国际劳工组织、联合国环境计划署和世界卫生组织之间，以及与联合国粮食和农业组织及联合国工业发展组织就国际化学品安全计划进行合作的需要，并注意到这些组织制定的有关文件、规则和使用指南，经决定采纳本届会议议程第5项关于作业场所安全使用化学品的某些提议，并确定这些提议应采取国际公约的形式。于1990年6月25日通过以下公约，引用时称之为1990年化学品公约。

第一部分 范围和定义

第1条

1. 本公约适用于使用化学品的所有经济活动部门。

2. 凡批准本公约的会员国主管当局，经与最有代表性的有关雇主和工人组织协商，及在评价所包含的危害和应采取的保护措施的基础上：

（1）准许某些特殊经济活动部门、企业或产品在下列情况中免于实施本公约或其若干条款；

（a）存在实质性特殊问题；

（b）依照国家法律或实践提供的全部保护不低于完全实施本公约各项条款所构成的保护；

（2）制定专门规定，以保护那些泄露给竞争对手可能对雇主的经营造成损害的机密资料，但是，只要工人的安全和健康不因此而受到损害。

3. 本公约不适用于其在正常或合理可预见条件下的使用并不造成工人接触有害化学品的物品。

4. 本公约不适用于各类有机物，但适用于有机物衍生的化学品。

第 2 条

就本公约而言：

（1）"化学品"一词系指化学元素和化合物，及其混合物，无论其为天然或人造；

（2）"有害化学品"一词包括根据第 6 条被分类为有害，或有适当资料指明其为有害的任何化学品；

（3）"作业场所使用化学品"一词系指可能使工人接触化学制品的任何作业活动，包括：

（a）化学品的生产；

（b）化学品的搬运；

（c）化学品的贮存；

（d）化学品的运输；

（e）化学品废料的处置或处理；

（f）因作业活动导致的化学品的排放；

（g）化学品设备和容器的保养、维修和清洁；

（4）"经济活动部门"一词系指雇佣工人的所有部门，其中包括公共服务机构；

（5）"物品"一词系指在生产过程中形成特定形状或构型，或以原始形状存在的一种物质，其在这种形态下，该物体的用途全部或部分地取决于其形状或构型；

(6)"工人代表"一词系指根据1971年工人代表公约被国家法律或惯例所承认的人员。

第二部分　总　　则

第 3 条

应就为使本公约各项规定生效所采取的措施与最有代表性的有关雇主组织和工人组织进行协商。

第 4 条

会员国应依照国家条件和惯例并经与最有代表性的雇主组织和工人组织协商，制定和实施一项有关作业场所安全使用化学品的政策，并进行定期检查。

第 5 条

如在安全和健康方面认为适当，主管当局应有权禁止或限制某些有害化学品的使用，或要求在使用此种化学品时事先通知主管当局并得到批准。

第三部分　分类和有关措施

第 6 条　分类制度

1. 应由主管当局，或经主管当局批准或认可的机构，根据国家或国际标准，建立适当的制度或专门标准，以按照其固有的对健康和身体的危害方式和程度对所有化学品进行分类，并对确定化学品是否有害所需的有关资料进行评价。

2. 通过以各种化学品固有危害为基础进行的评价，确定两种或多种化学品的危害特性。

3. 在运输时，此种制度和标准应考虑关于危险品运输的联合国各项建议书。

4. 分类制度及其实施应逐步推广。

第 7 条　标签和标识

1. 所有化学品应加以标识以表明其特性。

2. 有害化学品应以易于为工人理解的方式另外加贴标签，以便提供关于其分类，其具有的危害以及应遵循的安全预防措施的基本资料。

3.（1）应由主管当局，或经主管当局批准或认可的机构，根据国家或国际标准，依照本条第 1 款和第 2 款做出对化学品加以标识或加贴标签的要求。

（2）在运输时，此种要求应考虑联合国关于危险品运输的建议书。

第 8 条 化学品安全使用说明书

1. 对于有害化学品，应向雇主提供化学品安全使用说明书，其中应列明其特性、供货人、分类、危害、安全防预措施和应急处置方法的基本资料。

2. 应由主管当局，或经主管当局批准或认可的机构，根据国家或国际标准，制定关于编制化学品安全使用说明书的标准。

3. 化学品安全使用说明书中用于识别化学品的化学或通用名称应与标签上使用的名称一致。

第 9 条 供货人的责任

1. 化学品供货人，无论是制造商、进口商或经销商，均应保证：

（a）已在了解其特性和对现有资料进行查询的基础上，根据第 6 条对这些化学品进行分类，或已根据下列第 3 款对其进行评价；

（b）根据第 7 条第 1 款对这些化学品加以标识，以表明其特性；

（c）根据第 7 条第 2 款对其提供的有害化学品加贴标签；

（d）根据第 8 条第 1 款为此种有害化学品编制化学品安全使用说明书并提供给雇主。

2. 有害化学品的供货人应保证，在得到新的适当安全卫生资料时，以符合国家法律和实践的方法编制经修订的标签和化学品安全使用说明书并提供给雇主。

3. 未根据第 6 条进行分类的化学品的供货人，应在对现有资料进行查询的基础上，对其供应的化学品进行识别并对其成分进行评价以确定其是否为有害化学品。

第四部分 雇主的责任

第 10 条 识别

1. 雇主应保证作业场所使用的所有化学品均按第 7 条的要求加贴标签或加以标识，化学品安全使用说明书已按第 8 条的要求提供并可供工人及其代表使用。

2. 收到尚未按第 7 条要求加贴标签或加以标识，或尚未按第 8 条要求提供化学品安全说明书的化学品雇主，应从供货人或其他合理的可能来源处获得有关资料，在未获得此种资料前不应使用此种化学品。

3. 雇主应保证所使用的化学品都是根据第 6 条进行分类的，或根据第 9

条第 3 款进行识别或评价的,并根据第 7 条加贴标签或加以标识的化学品,同时需要保证在使用前采取必要的预防措施。

4. 雇主应参照适当的化学品安全使用说明书对作业场所使用有害化学品进行登记。所有有关工人及其代表都能查阅此种登记册。

第 11 条　化学品的转移

雇主应保证在将化学品转移到其他容器或设备时,以一定方式对其含量加以列明,以便工人明了其特性及有关的危害和应遵守的安全预防措施。

第 12 条　接触

雇主应:

(a) 保证工人接触化学品的程度不超过主管当局,或经主管当局批准或认可的机构,根据国家或国际标准制定的用于评估和控制作业环境的接触限值或其他接触标准;

(b) 判定工人接触有害化学品的情况;

(c) 在对保障工人安全和健康属必要或经主管当局决定时,监测并记录工人接触有害化学品的情况;

(d) 保证对工作环境和使用有害化学品工人的接触情况的监测记录按主管当局规定的期限加以保存及可供工人及其代表使用。

第 13 条　操作控制

1. 雇主应对作业场所中使用化学品所造成的危险进行评价,并通过适当的办法,包括下列方法使工人避免这些危险:

(a) 选用可将危险消除或减到最低程度的化学品;

(b) 选用可将危险消除或减到最低程度的技术;

(c) 使用适当的工程控制措施;

(d) 采用可将危险消除或减到最低程度的工作制度和实际做法;

(e) 采取适当的职业卫生措施;

(f) 在依靠上述措施仍然不够的情况下,免费向工人提供并适当保养个人防护装备和服装,并采取措施保证其使用。

2. 雇主应:

(a) 限制接触有害化学品以保护工人的安全与健康;

(b) 提供急救;

(c) 做好处置紧急情况的安排。

第 14 条　处置

对不再需要的有害化学品和可能残留有害化学品的空容器,应依照国家法律和惯例以一定方式加以处理或处置，以将其对安全和健康以及环境的危害加以消除或减到最低程度。

第 15 条 资料和培训

雇主应：

（a）通知工人所接触作业场所使用的化学品有关的危害；

（b）指导工人如何获得和使用就标签和化学品安全使用说明书所提供的资料；

（c）按照化学品安全使用说明书以及关于作业场所的专门资料，编制工人作业须知，如适宜，应采用书面形式；

（d）对工人经常进行作业场所安全使用化学品方面应遵循的做法和程度的培训。

第 16 条 合作

雇主在履行其责任时，应尽可能在作业场所安全使用化学品方面与工人及其代表密切合作。

第五部分　工 人 的 义 务

第 17 条

1. 在雇主履行其责任时，工人应尽可能与其雇主密切合作，并遵守与作业场所安全使用化学品有关的所有程序和做法。

2. 工人应采取一切合理步骤将作业场所使用化学品对他们自己以及他人的危险加以消除或减到最低程度。

第六部分　工人及其代表的权利

第 18 条

1. 工人应有权在有正当理由确信存在对其安全或健康的紧迫和严重危险的情况下，从使用化学品造成的危险中撤离，并应立即报告其上级主管。

2. 根据前款规定从危险中撤离或行使本公约规定的任何其他权利的工人应受保护，以免遭不适当的待遇。

3. 有关工人及其代表应有权获得：

（a）关于作业场所使用的化学品的特性、此种化学品的有害成分、预防措施、教育和培训的资料；

（b）标签和标识包含的资料；

（c）化学品安全使用说明书；

(d) 本公约要求加以保存的任何其他资料。

4. 在某种化学混合物的成分的特殊特性向竞争者透露可能对雇主的经营造成损害的情况下,雇主在提供上述第 3 款要求的资料时,可以根据第 1 条第 2 款（1）(b) 项由主管机关批准的方式对该种特性予以保密。

第七部分　出口国的责任

第 19 条

在某出口化学品的会员国因工作安全和健康原因全部或部分禁用有害化学品的情况下,此种禁用的事实和原因应由该出口会员国通知进口化学品的国家。

国 际 篇

1993年预防重大工业事故公约

（第174号公约）

国际劳工组织大会：

经国际劳工局理事会召集，于1993年6月2日在日内瓦举行其第80届会议，并注意到有关的国际劳工公约和建议书，特别是1981年职业安全和卫生公约和建议书及1990年化学品公约和建议书，强调有必要采取一种综合连贯的方式；并注意到1991年出版的国际劳工组织《预防重大工业事故工作守则》，考虑到有必要确保采取一切适宜的措施，以便：（a）预防重大事故；（b）尽量减少发生重大事故的风险；（c）尽量减轻重大事故影响，并检讨此类事故的原因，包括组织工作方面的差错、人为因素、部件失灵、偏离正常操作条件、外界干扰和自然力量；并考虑到国际劳工组织、联合国环境规划署和世界卫生组织之间，有必要在国际化学品安全计划范围内进行合作，以及同其他有关的政府间组织合作的必要性，决定采纳本届会议议程第4项关于预防重大工业事故的若干提议，并确定这些提议应采用国际公约的形式。于1993年6月2日通过以下公约，引用时称之为1993年预防重大工业事故公约。

第一部分 范围和定义

第1条

1. 本公约的目的是预防危害物质造成的重大事故，并限制此类事故的影响。

2. 本公约适用于重大危害设施。

3. 本公约不适用于：

（a）核设施和加工放射性物质的工厂，但这些设施中处理非放射性物质的部门除外；

（b）军事设施；

（c）设施现场之外的运输，但管道输送不在此例。

4. 凡批准本公约的会员国，在同有关雇主和工人的代表性组织以及可能受到影响的其他有关各方磋商后，可将已具备同等保护的设施或经济部门排除在公约的实施范围之外。

第2条

凡因出现实质性的特殊问题而无法立即实施本公约规定的全部预防和保护措施时，经与最有代表性的雇主组织和工人组织以及可能受到影响的其他有关各方协商，会员国须制定出在特定的期限之内逐步实施上述措施的计划。

第3条

就本公约而言：

（a）"危害物质"一词系指根据其单体或复合体的化学、物理或毒性特征，构成某种危害的一种物质或若干种物质的混合物；

（b）"临界数量"一词系指国家法律和条例关于特定条件下某种或某类危害物质的规定数量，若超过该数量，则列为重大危害设置；

（c）"重大危害设置"一词系指不论长期地或临时地生产、加工、搬运、使用、处理或储存超过临界数量的一种或多种危害物质或物质类别的设置；

（d）"重大事故"一词系指在重大危害设置内的一项活动过程中出现的突发性事件，诸如严重泄漏、失火或爆炸，涉及一种或一种以上的危害物质，并导致对工人、公众或环境造成即刻的或日后的严重危险；

（e）"安全报告"一词系技术、管理和操作情况的一种书面报告，内容包括某个重大危害设置具有的各种危害和风险及其控制措施，并提出为该设置的安全而采取的措施的理由；

（f）"准事故"一词系指任何涉及一种或多种危害物质的突发性事件，如果不是由于缓解措施、行动或系统，可能已升级为一起重大事故。

第二部分　总　　则

第4条

1. 根据国家法律和条例、状况和贯例，经与最有代表性的雇主组织和工人组织以及可能受到影响的其他有关各方协商，会员国须制定、实施并定期检讨有关保护工人、公众和环境免于重大事故风险的国家一贯政策。

2. 须通过为重大危害设置制定预防和保护措施来实施这一政策，并酌情促进使用最佳安全技术。

第5条

1. 根据国家法律和条例或国际标准，根据各种危害物质、危害物质类别或包括两者的一览表，以及各自的临界数量，主管当局或经主管当局批准或认可的机构，在同最有代表性的雇主组织和工人组织及可能受到影响的其他有关各方协商之后，须制定出一套制度，以识别第 3 条(c)款所限定的重大危害设置。

2. 须定期检查和修订上款中提及的制度。

第 6 条

经与有关雇主和工人的代表性组织协商，主管当局须做出专门规定，保护根据第 8、12、13 或 14 条的规定向其提交或使其获得的、一旦泄漏可能会给雇主的经营造成损失的机密资料，只要这种规定不会导致工人、公众或环境蒙受严重风险。

第三部分 雇主的责任

第 7 条 识别

雇主须根据第 5 条所述的制度，识别其管辖的任何重大危害设置。

第 8 条 通报

1. 雇主须将其已识别的任何重大危害设置向主管当局通报：
（a）如属现有设置，则须在规定的期限内通报；
（b）如属新建设施，则须在其投入运转之前通报。

2. 在重大危害设置作永久性关闭之前，雇主也应向主管当局通报。

第 9 条 设置一级的安排

雇主须为每一重大危害设置建立并保持关于重大危害控制的成文制度，包括规定：

（1）危害的识别与分析，以及对于风险的评估，包括考虑各种物质之间可能发生的相互作用；

（2）技术措施，包括设置的设计、安全系统、建造、化学品的选用、运转、维修以及有条不紊的监察；

（3）组织措施，包括对人员的培训与指导、提供保障其安全的装备、工作人员配备标准、工作时间、职责的界定，以及对外来合同人员和设置现场临时工人的管理；

（4）应急计划和步骤，包括：

（a）制定一旦发生重大事故或出现事故危险时应实施的有效的现场应急计划和步骤，包括应急医护措施、定期检验和评估其有效程度，并做必要的修订；

(b) 向主管当局以及向负责制定设置现场之外的公众和环境应急保护计划和程序的机构，提供有关可能发生的事故的资料和现场应急计划；

(c) 同此类主管当局和机构进行一切必要的协商；

(5) 控制重大事故影响的措施；

(6) 与工人及其代表进行协商；

(7) 制度的改进，包括收集信息及分析事故和准事故的措施。需同工人及其代表讨论从中汲取的教训，并根据国家法律和惯例的要求做出记录。

第 10 条 安全报告

1. 雇主须根据第 9 条的要求编写安全报告。

2. 须在下列期限内编写安全报告：

(a) 如属现有的重大危害设置，在国家法律或条例规定的通报之后一段时间内；

(b) 如属新建重大危害设置，在其投入运转之前。

第 11 条

在下列情况下，雇主须检查、增补和修改安全报告：

(a) 当设置或其工艺或者现有的危害物质的数量发生变化对于安全水平有重大影响时；

(b) 当对技术的了解或者对危害评估有所发展使得宜于这样做时；

(c) 按国家法律或条例规定的间隔时间；

(d) 主管当局要求。

第 12 条

雇主须向主管当局递交或促使主管当局获得第 10 条和第 11 条提到的安全报告。

第 13 条 事故报告

在发生重大事故后，雇主须立即通知主管当局和指定负责此事的其他机构。

第 14 条

1. 雇主须在重大事故发生后的规定期限之内，向主管当局提交一份详细报告，阐明对事故起因的分析，描述对现场的直接影响，并介绍为减轻其影响而采取的任何行动。

2. 报告须包括为防止事故再次发生而拟采取哪些行动的详细建议。

第四部分　主管当局的责任

第 15 条　现场以外的应急准备

在考虑雇主提供的信息的基础上，主管当局须确保制定应急计划和程序，列出保护每一重大危害设置现场之外的公众和环境的条款，每隔一段适当时间加以修改，并同有关当局和机构协调。

第 16 条　主管当局须保证：

（1）将发生重大事故时应采取的安全措施和正确做法的有关资料向可能受到重大事故影响的公众散发，而不等待他们索取，并每隔一段适宜的时间，加以修订和重新散发；

（2）一旦发生重大事故，尽快发出警报；

（3）当重大事故可能产生越国界的影响时，须向有关国家提供上述（1）和（2）款要求提供的资料，以利使用和协调安排。

第 17 条　重大危害设置的选址

主管当局须制定综合性选址政策，规定计划建造的重大危害设置同工作区和居民区以及公共设施适当分隔开，并规定对现有设置采取适当措施。此种政策须反映出本公约第二部分总则中所确立的原则。

第 18 条　监察

1. 主管当局须具备真正合格和经过培训具有适当技能的人员，并享有充分的技术和专业支援，以对本公约涉及的各项事务开展监察、调查、评估和咨询，以确保遵守国家法律和条例。

2. 重大危害设置的雇主代表和工人代表须有机会陪同监察人员，对于根据本公约规定的措施之贯彻情况开展监督，除非监察人员根据主管当局总的指示，认为这样做可能不利于其履行职责。

第 19 条

主管当局有权中止任何呈现重大事故险情的操作。

第五部分　工人及其代表的权利和义务

第 20 条

为确保工作安全制度，须通过适当的合作机制，同重大危害设置中的工人及其代表进行协商。尤其是工人及其代表须：

（1）充分和适当地得知同重大危害设置有关的各种危害及其可能发生的后果；

（2）得知主管当局做出的所有命令、指示或建议；

（3）就下列文件的编写参与协商，并能接触这些文件：

(a) 安全报告；

(b) 应急计划和程序；

(c) 事故报告；

（4）就预防重大事故和控制有可能导致重大事故发生的事态发展的做法和程序，以及一旦发生重大事故时应遵循的应急程序，定期得到指导和培训；

（5）在其工作范围内，并在不会处境不利的情况下，对根据接受的培训和经验而有正当理由认为重大事故迫在眉睫时，采取纠正行动，并在必要时中断活动；并酌情在采取此种行动之前或之后，立即通知其直接上级或发出警报；

（6）同雇主商讨他们认为能够产生重大事故的任何潜在危害，并有权向主管当局通报这些危害。

第 21 条 在重大危害设置现场工作的工人须：

（1）遵守重大危害设置内同预防重大事故和控制有可能导致重大事故的事态发展有关的所有做法和程序；

（2）一旦发生重大事故，遵循一切应急程序。

第六部分 出口国的责任

第 22 条

当危害物质、技术或工艺因潜在重大事故根源在出口会员国中被禁止使用时，该出口会员国须使任何进口国能够获取有关禁止使用情况和原因的资料。

国 际 篇

1995年矿山安全与卫生公约

（第176号公约）

国际劳工组织大会：

经国际劳工局理事会召集，于1995年6月6日在日内瓦举行其第82届会议，并注意到有关的国际劳工公约和建议书，特别是1957年废除强迫劳动公约、1960年辐射防护公约和建议书、1963年机器防护公约和建议书、1964年工伤事故和职业病津贴公约和建议书、1965年最低年龄（井下作业）公约和建议书、1965年未成年人体检（井下作业）公约、1977年工作环境（空气污染、噪声和震动）公约和建议书、1981年职业安全与卫生公约和建议书、1985年职业卫生设施公约和建议书、1986年石棉公约和建议书、1988年建筑业安全与卫生公约和建议书、1990年化学品公约和建议书，以及1993年预防重大工业事故公约和建议书。并考虑到工人需要并且有权利，在制定和实施与他们在采矿业面对的危害和危险有关的安全与卫生措施时，了解情况、接受培训、被真正咨询及参与其过程，认识到预防采矿作业引起的，影响工人或公众，或损害环境的任何死亡、受伤或健康危害是极为重要的，意识到需要在国际劳工组织、世界卫生组织、国际原子能机构，以及其他有关机构间进行合作；并注意到这些组织发布的有关文件、操作规程、规程和指导方针。经决定采纳本届会议议程第4项关于矿山安全与卫生的某些提议，并确定这些提议应采取国际公约的形式。于1995年6月22日通过下列公约，引用时称之为1995年矿山安全与卫生公约。

第 一 部 分

第1条

1. 就本公约而言，"矿山"一词包括：

（a）特别是从事下列活动的地面或地下场所：

（1）涉及对地层做出机械变动的矿物的开采，但不包括油和气；

（2）矿物的提取，但不包括油和气；

（3）对已提取矿物的制备，包括破碎、研磨、精选或洗选；

(b) 在上述（a）提及的活动中使用的所有机器、设备、装置、车间、建筑和土木工程结构。

2. 就本公约而言，"雇主"一词系指在一矿山雇佣一至多名工人的自然人或法人，和依不同情况下的经纪人、主承包商、承包商或分包商。

第二部分　实施范围和措施

第 2 条

1. 本公约适用于所有矿山。

2. 经与最有代表性的雇主组织和工人组织协商，批准本公约会员国的主管机关：

（a）在根据国家法律和实践对某类矿山所提供的全部保护，不少于因充分实施本公约各条款所达到的保护的情况下，对这些矿山免于适用本公约或本公约的部分条款；

（b）在依照上述（a）项对某类矿山免于适用本公约时，应制定逐步将本公约适用于所有矿山的计划。

3. 凡批准本公约并援用上述（a）项规定的会员国，应在其根据国际劳工组织章程第 22 条提交的本公约实施情况报告中，说明免于适用的矿山的具体类别以及免于适用的理由。

第 3 条

根据国家条件与实践，并经与最有代表性的有关雇主组织和工人组织协商，会员国应制定和执行有关矿山安全与卫生，特别是关于使本公约各条款生效的措施的整体政策，并进行定期检查。

第 4 条

1. 确保本公约实施的措施应符合国家法律和法规的规定。

2. 如属适宜，此种国家法律和法规应以经主管机关认可的下列方式补充：

（a）技术标准、指南或操作规程；

（b）符合国家实践的其他实施手段。

第 5 条

1. 根据第 4 条第 1 款制定的国家法律和法规，应指定负责监督和管理矿山安全与卫生各方面工作的主管机关。

2. 此种国家法律和法规应规定：

（a）矿山安全与卫生的监督；

（b）主管机关任命的监察员对矿山的监察；

（c）依照国家法律或法规的规定，对致命和严重事故、险情和矿山灾难进行报告和调查的程序；

（d）依照国家法律或法规的规定，对事故、职业病和险情统计资料的汇编和公布；

（e）主管机关因安全与卫生原因中止或限制采矿活动，直至导致中止或限制的情况得到纠正的权利；

（f）指定有效程序，保证工人及其代表行使工作场所安全与卫生事务协商，以及参与工作场所安全与卫生措施的权利。

3. 此种国家法律和法规应规定，矿山炸药和引火装置的制造、贮存、运输和使用，应由合格并经授权的人员进行，或在其直接监视下进行。

4. 此种国家法律和法规应明确规定：

（a）对矿山救护、急救和适当医疗设备的要求；

（b）对煤矿井下工人，和如属必要，对其他井下工人提供并维护适用的自救呼吸装置的义务；

（c）保证废弃矿场安全，以使其对安全与卫生的危险消除或减至最低程度的保护措施；

（d）对采矿过程中使用的有害材料和矿山所产生的废物的安全贮存、运输和处置要求；

（e）如属适宜，提供环境良好的洗浴、更衣和进餐便利条件和设施，并保持其卫生的义务。

5. 此种国家法律和法规应规定，主持矿山的雇主应保证在开工前和有任何重大变动时制定适当的矿区工作计划，并保证此种计划的定期更新及易于在矿区查阅。

第三部分　矿山的预防和保护措施

A　雇主的责任

第 6 条

在根据本公约本章采取预防和保护措施时，雇主应按下列优先次序对危险进行评估并加以处理：

（a）消除危险；

（b）控制危险源；

（c）采用包括制定安全工作制度在内的手段将危险减至最低程度；

（d）只要危险存在，规定应使用个人防护装备。

第7条

雇主应采取一切必要措施，消除在其控制之下的矿山存在的对安全与卫生的危险或将其减至最低程度，尤其应：

（a）保证矿山的设计、建造，电气、机械和其他设备包括通信系统的装备，能提供安全的操作条件和卫生的工作环境；

（b）保证矿山的投产、运转、维护和报废方式，都能使工人在不危害自己或他人安全与卫生的情况下从事所分派的工作；

（c）采取步骤维持员工因其工作面进入的区域内地层的稳定；

（d）如属可行，对每一地下工作场所设置两个出口，每一出口连接单独的通往地面的工具；

（e）保证对工作环境的监视、评估和正常检查，以发现工人可能接触的各种危害并评估其接触程度；

（f）保证所有允许进入的地下工作场所的足够通风；

（g）对怀疑有特定危害的地区，制定并实施专门的操作计划和程序，保证安全的工作制度和对工人的保护；

（h）采取适合矿山作业性质的措施和预防办法，以预防、发现和制止火灾和爆炸的发生与蔓延；

（i）在出现对工人安全与卫生的严重危险时，保证停止作业并将工人撤离至安全地点。

第8条

雇主应就合理可预见的工业和自然灾难，针对每个矿山制定应急计划。

第9条

在工人接触物理、化学和生物危害的情况下，雇主应：

（a）以易于理解的方式通知工人与其工作有关的危害，包含健康方面的危险，以及相应的预防和保护措施；

（b）采取适当措施消除接触这些危害所造成的危险或将其减至最低程度；

（c）在其他手段无法保证对事故或健康危害，包括接触有害环境进行适当预防时，为工人免费提供并维护由国家法律和法规规定的、合适的防护设备、必要的服装和其他装置；

（d）向工作场地中受伤或患病的工人提供急救、离开工作场所的交通，以及适当的医疗便利。

第10条

雇主应保证：

(a) 为工人免费提供关于安全与卫生事务，关于所从事工作的适当的培训和再培训计划，以及易于理解的指导；

(b) 根据国家法律和法规对每个班次实行适当监督和管理，保证矿山的安全操作；

(c) 建立制度，使所有井下人员的姓名及所在位置在任何时间都被准确掌握；

(d) 对国家法律和法规规定的所有事故和险情都要进行调查，并采取适当补救行动；

(e) 根据国家法律和法规的规定，向主管机关提交事故和险情报告。

第 11 条

在根据国家法律和法规中职业卫生总原则的基础上，雇主应保证向接触矿山特有职业卫生危害的工人提供定期卫生监督。

第 12 条

在两个或两个以上雇主在同一矿山从事活动的情况下，负责该矿山的雇主应协调与工人安全与卫生有关的所有措施的实施，并应对作业安全负主要责任。这并不影响其他雇主负责与他们的工人的安全与卫生有关的所有措施的实施。

B 工人及其代表的权利和责任

第 13 条

1. 依照第 4 条提到的国家法律和法规，工人应拥有下列权利：

(a) 向雇主和主管机关报告事故、险情和危害；

(b) 在有理由关心安全与卫生状况时，要求并得到雇主和主管机关的监察和调查；

(c) 了解和被告知可能影响他们安全与卫生的工作场所中的危害；

(d) 获取由雇主或主管机关掌握的与他们的安全或卫生有关的资料；

(e) 在经合理判断可能发生对他们的安全或卫生造成严重危险的情况下，从矿山的任何地点自行撤离；

(f) 集体选举安全与卫生工人代表。

2. 上述第 1 款第（f）项提及的安全与卫生工人代表，根据国家法律和法规应拥有下列权利：

(a) 在工作场所安全与卫生的所有方面，包括如属可行上述第 1 款规定的各项权利的行使，代表工人；

(b) 从事：

(1) 参与雇主和主管机关在工作场所进行的监察和调查；

(2) 监视和调查安全与卫生事务；

(c) 求助于顾问和独立的专家；

(d) 就安全与卫生事务，包括政策和措施，与雇主进行及时协商；

(e) 与主管机关进行协商；

(f) 获得与他们被安置的区域有关的事故和险情的通知。

3. 行使上述第1、2款提及的权利的程序，应以下列方式予以明确：

(a) 国家法律和法规；

(b) 通过雇主和工人及其代表的协商。

4. 国家法律和法规应保证对上述第1、2款提及的权利不受歧视或报复性得以行使。

第 14 条

依照国家法律和法规，工人应有义务根据其所接受的培训：

(a) 遵守规定的安全与卫生措施；

(b) 合理地注意他们自己，以及可能由于他们在工作中的行为或疏忽而受到影响的其他人的安全与卫生，包括适当保管和使用为此目的向他们提供的防护服装、装置和设备；

(c) 立即向他们的直接上级报告他们认为可能对他们自己或其他人的安全与卫生造成危险、他们自己又不能适当处理的情况；

(d) 与雇主合作以使雇主履行本公约对雇主规定的责任和义务。

C 合作

第 15 条

应根据国家法律和法规采取措施，鼓励雇主与工人及其代表合作，促进矿山的安全与卫生。

第四部分　实　　　施

第 16 条

会员国应：

(a) 采取所有必要措施，包括适当的惩罚和处分措施，保证本公约各项条款的有效实施；

(b) 提供适当的监察设施，监督依照本公约采取的措施的实施情况，为这些设施提供完成任务所必需的物质条件。

国 际 篇

2001年农业安全卫生公约

（第184号公约）

国际劳工组织大会：

　　经国际劳工局理事会召集，于2001年6月5日在日内瓦举行其第89届会议，并注意到有关的国际劳工公约与建议书所包含的原则，特别是1958年种植园公约与建议书、1964年工伤津贴公约与建议书、1969年（农业）劳动监察公约与建议书、1981年职业安全和卫生公约与建议书、1985年职业卫生设施公约与建议书，以及1990年化学品公约与建议书所包含的原则，并强调对农业部门需要采用协调一致的做法；并考虑到适用于该部门的国际劳工组织其他文书所包含的更广泛的原则，特别是1948年结社自由和保护组织权利公约、1949年组织权利和集体谈判权利公约、1973年最低年龄公约，以及1999年最有害的童工形式公约所包含的原则；并注意到《关于多国企业和社会政策原则的三方宣言》，以及有关的业务守则，特别是1996年《职业事故和职业病登记和报告业务守则》和1998年《林业工作中的安全与卫生业务守则》。经决定就农业中的安全与卫生问题（本届会议议程的第4个项目）通过若干建议，并确定这些建议应采用国际公约的形式。于2001年6月21日通过以下公约，引用时称之为2001年农业安全与卫生公约。

第一部分　范　　围

第1条

　　就本公约而言，"农业"一词适用于在农业企业中从事的农业和林业活动，包括由企业经营者或代表其进行的农作物生产、林业活动、畜牧业与昆虫养殖、农产品和畜牧产品初加工，以及使用和维修机器、设备、用具、工具及农业装置，包括农业企业中的同农业生产直接有关的任何加工、储存、操作或运输。

第2条

　　就本公约而言，"农业"一词不包括：

（a）自然农业；

（b）用农产品作为原材料的工业加工及有关的服务；以及

（c）森林的工业开发。

第3条

1. 批准本公约的成员国主管当局，在同有关雇主和工人的代表性组织磋商之后：

（a）在会出现实质性特殊问题时，可以将某些农业企业或有限的工人类别排除在本公约或是其某些条款的实施范围之外；以及

（b）如果有此种排除，须制定逐步覆盖所有农业企业和所有工人类别的计划。

2. 成员国须在根据《国际劳工组织章程》第22条提交的有关公约实施情况的首次报告中，列出根据本条第1款第（a）项而作出的任何排除，并说明此种排除的原因。在今后的报告中，成员国须说明为将本公约条款逐步扩大到有关工人而采取的措施。

第二部分　总　　　则

第4条

1. 成员国须根据国情和惯例，并在同有关雇主和工人的代表性组织磋商之后，制定、执行和定期审查有关农业中安全与卫生的国家连贯政策。此项政策是要通过消除、最大限度地减少或控制农业工作环境中的危害，达到预防因工作过程而引起的、同工作过程有联系的或是在工作过程中发生的事故与健康伤害的目的。

2. 为此，国家法律和条例须：

（a）指定主管当局，负责实施该项政策和执行国家有关农业中职业安全与卫生的法律和条例；

（b）具体规定雇主和工人在农业中安全与卫生方面的权利和义务；以及

（c）在农业部门的有关当局与机构之间建立部门间协调机制，并在考虑其互补性以及国家条件和惯例的情况下，确定其职能和责任。

3. 被指定的主管当局须根据国家法律和条例规定纠正措施和适当的惩罚，适宜时，可包括暂停或限制那些对工人的安全与卫生有紧迫危险的农业活动，直至导致此种暂停或限制的条件得到纠正。

第5条

1. 成员国须保证设立有针对农业工作场所的充分而适宜的监察制度，并向其提供适当的手段。

2. 根据国家立法，主管当局作为辅助手段，可以将地区或地方一级的某些监察职能委托给适宜的政府部门、公共机构，或政府管理下的私营机构，或是可与这些部门或机构联合履行此类职能。

第三部分 预防和保护措施

A 一般原则

第 6 条

1. 只要符合国家法律和条例，雇主有义务在同工作有关的各个方面保证工人的安全与卫生。

2. 国家法律和条例或是主管当局须规定，在一个农业工作场所中，凡有两个或更多个雇主从事活动，或凡有一个或更多个雇主和一个（或）更多个自营就业人员从事活动时，他们须合作执行安全与卫生要求。适宜时，主管当局须规定此种合作的一般程序。

第 7 条

为遵守公约第 4 条提到的国家政策，国家法律和条例或是主管当局在考虑企业的规模及其活动性质的情况下规定雇主须：

（a）针对工人的安全与卫生进行适宜的危险评估，并根据这些评估结果采取预防与保护措施，以保证在所有预期使用的条件下，在雇主控制之下的所有农业活动、工作场所、机器、设备、化学制品、工具和生产过程是安全的，并符合规定的安全与卫生标准；

（b）在考虑受教育水平和语言差别的情况下，保证就安全与卫生问题向农业工作中的工人提供充分与适宜的培训和易于理解的说明，以及任何必要的指导或监督，包括提供关于同其工作有关的各种危害与危险的资料，以及关于为保护他们而要采取的行动的说明；以及

（c）在存在有对安全和卫生的即刻和严重威胁的情况下，采取停止任何作业的即时措施，并视情况撤离工人。

第 8 条

1. 在农业工作中，工人须有权：

（a）被告知有关包括新技术的危险在内的安全与卫生事项并就这一事项与之磋商；

（b）参与对安全与卫生措施的实施和审议，并根据国家法律和惯例选

举安全与卫生代表和在安全与卫生委员会中的代表；以及

（c）在他们有合理的理由相信存在着对其安全与健康的即刻而严重的危险时，使自身脱离工作活动所带来的危险并将这一情况立即向上级报告。他们不得因这些行动而处于任何不利地位。

2. 农业中工人及其代表有义务遵守所规定的安全与卫生措施并同雇主合作，以使后者能遵守自己的义务和责任。

3. 须由国家法律和条例、主管当局、集体协议或其他适宜手段对行使以上第1款和第2款提到的权利与义务的程序加以规定。

4. 凡按第3款的规定实施本公约的条款时，须有与有关雇主和工人的代表性组织的事先磋商。

B 机器安全问题和工效学

第9条

国家法律和条例或主管当局须规定，农业中使用的机器，包括个人防护设备在内的设备、用具和手工工具要符合国家的或其他公认的安全与卫生标准，并恰当地予以安装、维修和防护。

主管当局须采取措施，保证制造商、进口商和供应商遵守第1款提到的标准，并以使用国的一种或多种官方语言，向用户，以及经要求，向主管当局提供充分而适宜的资料，包括危害警告标志。

雇主须保证工人能收到并能看懂制造商、进口商和供应商提供的安全与卫生资料。

第10条

国家法律和条例须规定，农业机器与设备：

（a）除非根据国家法律和惯例超出原设计目的之外的使用被评定为是安全的，否则，必须只能用于为其所设计的工作，并特别是不得用于人员运输，但为了载人而设计的或经如此改装过的农业机器与设备除外；以及

（b）必须根据国家法律和惯例，由受过培训和称职的人员操作。

C 材料的搬运和运输

第11条

在同有关雇主和工人的代表性组织磋商之后，主管当局须制定关于对材料搬运和运输，特别是对人工搬运的安全与卫生要求。根据国家法律和惯例，此类要求须在考虑其中从事工作的所有有关条件的情况下，以危险评估、技术标准和医生意见为依据。

不得要求或允许工人手工搬运或运输因其重量或性质而可能危害工人的

安全或健康的一个重物。

D 化学品的健全管理

第 12 条

主管当局须根据国家法律和惯例采取措施，以保证：

（a）有一个适宜的国家制度或主管当局批准的任何其他制度，对农业中使用的化学品的进口、分类、包装和加贴标签以及对于对其加以禁止或限制制定具体标准；

（b）那些生产、进口、提供、出售、转让、储存或处理农业中使用的化学品的人员遵守国家的或其他公认的安全与卫生标准，并以该国特定的一种或多种官方语言，向用户，以及经要求，向主管当局提供充分而适宜的资料；以及

（c）有一项关于安全收集、回收利用和处理化学废料、过期化学品及化学品空容器的适宜的制度，以避免将其用于其他目的，以及消除或最大限度地降低其对安全与卫生及环境的危险。

第 13 条

1. 国家法律和条例或主管当局须保证，企业一级对使用化学品和处理化学废料要有预防与保护措施。

2. 这些措施须特别涉及：

（a）化学品的配置、搬运、施用、储存和运输；

（b）会造成化学品分散的农业活动；

（c）化学品所使用的设备与容器的保养、修理和清洗；以及

（d）空容器的处置，化学废料和过期化学品的处理与处置。

E 接触牲畜和防止生物危险

第 14 条

国家法律和条例须保证，当处理生物制剂时，要防止诸如感染、过敏或中毒一类的危险或将这些危险维持在最低限度，而涉及动物、牲畜的活动以及畜舍范围内的活动，必须遵守国家的或其他公认的安全与卫生标准。

F 农业设施

第 15 条

农业设施的建造、维护和修理，须符合国家的法律、条例和安全与卫生要求。

第四部分 其他条款

A 青年工人与对身体有害的工作

第 16 条

分配从事因工作性质或从事工作的环境而可能损害青年人安全与卫生的农业工作，最低年龄不得低于 18 岁。

在同有关雇主和工人的代表性组织磋商之后，须由国家法律和条例或是由主管当局确定适用第 1 款的就业或工作类型。

尽管有第 1 款的规定，国家法律或条例或是主管当局在同有关雇主和工人的代表性组织磋商之后，可允许从 16 岁开始从事该款提及的工作，条件是提供适宜的先期培训，以及青年工人的安全与卫生得到充分的保护。

B 临时工和季节工人

第 17 条

须采取措施，以保证临时工和季节工人享有相同于为农业中类似的固定工人所提供的安全与卫生保护。

C 女工

第 18 条

须采取措施，以保证考虑到农业女工的关于妊娠、母乳喂养和生殖卫生的特殊需要。

D 福利设施和膳宿设施

第 19 条

国家法律和条例或是主管当局在同有关雇主和工人的代表性组织磋商之后，须规定：

（a）免费向工人提供适当的福利设施；以及

（b）因工作性质需要临时或长期在企业中居住工人的最低限度膳宿标准。

E 工时安排

第 20 条

农业中工人的工时、夜间工作和休息时间须符合国家法律和条例或符合集体协议。

F 对工伤和职业病的覆盖问题

第 21 条

1. 根据国家法律和惯例，农业中工人须由保险方案或社会保障方案对严重和非严重工伤与职业病，以及丧失工作能力和其他与工作有关的健康风险给予覆盖，所提供的保护起码相当于其他部门中工人享受的保护。

2. 此类方案可作为国家方案的组成部分，或是采用任何其他符合国家法律和惯例的适宜方式。

G 最后条款

第 22 条

本公约的正式批准书应送请国际劳工局长登记。

第 23 条

1. 本公约应仅对其批准书经局长登记的国际劳工组织成员国具有约束力。

2. 本公约应自两个成员国的批准书经局长登记之日起 12 个月后生效。

3. 此后，对于任何成员国，本公约应自其批准书经登记之日起 12 个月后生效。

第 24 条

1. 凡批准本公约的成员国，自本公约初次生效之日起满 10 年后应向国际劳工局长通知解约，并请其登记。此项解约通知书自登记之日起满 1 年后始得生效。

2. 凡批准本公约的成员国，在前款所述 10 年期满后的 1 年内未行使本条所规定的解约权利者，即须再遵守 10 年，此后每当 10 年期满，应依本条的规定通知解约。

第 25 条

1. 国际劳工局长应将国际劳工组织各成员国所送达的一切批准书和解约通知书的登记情况，通知本组织的全体成员国。

2. 局长在将所送达的第二份批准书的登记通知本组织全体成员国时，应提请本组织各成员国注意本公约开始生效的日期。

第 26 条

国际劳工局长应将他按照以上各条规定所登记的一切批准书和解约通知书的详细情况，按照联合国宪章第 102 条的规定，送请联合国秘书长进行登记。

第 27 条

国际劳工局理事会在必要时，应将本公约的实施情况向大会提出报告，并审查应否将本公约的全部或部分修订问题列入大会议程。

第 28 条

1. 如大会通过新公约对本公约作全部或部分修订时，除新公约另有规定外，应：

（a）如新修订公约生效和当其生效之时，成员国对于新修订公约的批准，不需按照上述第 24 条的规定，依法应对本公约立即解约；

（b）自新修订公约生效之日起，本公约应即停止接受成员国的批准。

2. 对于已批准本公约而未批准修订公约的成员国，本公约以其现有的形式和内容，在任何情况下仍应有效。

第 29 条

本公约的英文本和法文本同等为准。

第二部分　欧　　　盟

第二部分 欧　　盟

2012－18－EU 赛维索指令Ⅲ

I

（立法法案）

指　　令

欧洲议会和欧盟理事会通过第 2012/18/EU 号指令

2012 年 7 月 4 日

控制涉及危险物质的重大事故危害，修订并废除欧盟理事会第 96/82/EC 号指令

（全文适用于欧盟经济区）

欧洲议会和欧盟理事会，根据《欧盟运作模式条约》，特别是其中的第 192 条第 1 款，以及欧盟委员会的提案，在将立法法案的草案送达各成员国议会之后，根据欧洲经济和社会委员会的意见，经过与区域委员会协商，按照普通立法程序，通过该指令。

鉴于：

（1）1996 年 12 月 9 日的欧盟理事会第 96/82/EC 号指令对控制涉及危险物质的重大事故危害制定了有关法规，旨在预防某些工业活动可能导致的重大事故，并限制事故后果对人员健康和环境的影响。

（2）重大事故往往会造成严重的后果，如塞维索、博帕尔、瑞士施韦策哈勒、恩斯赫德、图卢兹和邦斯菲尔德油库爆炸等事故所证明。此外，事故影响还可能波及他国。这意味着必须采取适当的预防措施，以确保整个欧盟对公民、社区和环境的高度保护。因此，需要确保现有的高水平保护得以持续并提升保护力度。

（3）第 96/82/EC 号指令有效降低了此类事故发生的可能性和后果严重性，提高了整个欧盟区域内的保护水平。实施该指令以来，重大事故的发生率保持稳定。虽然现有的规定总体上符合目标，但为了进一步加强保护水平，特别是在预防重大事故方面，需要进行一些修订。同时，欧盟第 96/82/EC 号指令建立的系统应适应于该指令所涉及的物质和混合物分类系统的

修改。此外，在此次修订中对一些条款进行了澄清和更新。

（4）因此，新的指令将取代第96/82/EC号指令，以确保维持并进一步提高现有保护水平。新的指令条款应更加高效，在不影响安全、环境以及人员健康保护的前提下，如有可能，应通过精简有关程序，简化不必要的行政管理负担。与此同时，新条款应清晰、连贯和易于理解，以促进实施和可执行性，使人员健康和环境的保护水平保持不变或者有所提高。欧盟委员会应与成员国共同协作，以实施该指令。此外，这种协作应解决物质和混合物的自主分类问题。在适当情况下，鼓励保护人员健康或者环境的厂区代表、劳工组织和非政府组织等利益相关方参与本指令的实施。

（5）联合国欧洲经济委员会《工业事故跨界影响公约》，由欧盟理事会第98/685/EC号决议代表欧盟于1998年3月23日核准缔结。《工业事故跨界影响公约》针对能够导致跨国界影响的工业事故，制定了有关事故预防、应急准备、响应措施的规定以及国际合作的措施。第96/82/EC号指令将在欧盟法律范围内执行该公约。

（6）重大事故导致的后果可能会超出国界，事故的生态和经济成本不仅仅影响事故厂区所在国家，相邻国家和有关欧盟成员国也要负担事故的成本。因此，有必要制定并实施风险预防和减缓措施，以降低事故发生的可能性，减缓事故发生的风险；并在事故发生时，尽可能减少事故导致的影响，从而确保整个欧盟的高水平保护。

（7）在不违背关于工会和工作环境中有关工作场所健康和安全的欧盟法律规定，特别是不违背1989年6月12日欧盟理事会第89/391/EEC号指令关于鼓励改善工人工作安全和健康措施的前提下，本指令的规定应适用。

（8）倘若某些工业活动符合欧盟其他立法机关或者国家层面立法机关规定的同等安全水平，那么这些工业活动应该排除在本指令规定的范围之外。欧盟委员会应继续检查现有监管框架是否存在重大差距，尤其是针对其他活动以及特定危险物质所带来的风险和不断出现的新风险。并在适当的情况下，欧盟委员会应提出立法提议以解决这些差距。（译者注：例如海上石油作业平台、核工业、新化学物质及反应等，即为此条豁免内容。）

（9）第96/82/EC号指令附件一列出了属于其管辖范围内的危险物质和其他事物。其内容参考了1967年6月27日的欧盟理事会第67/548/EEC号指令关于危险物质的分类、包装和标签的法律、法规和行政规定，以及1999年5月31日欧洲议会和欧盟理事会第1999/45/EC号指令中成员国关于危险制剂的分类、包装和标签的法律、法规和行政规定。关于物质和混合物的分类、标签和包装，第 67/548/EEC 号指令和第 1999/45/EC 号指令被欧盟 2008 年 12 月 16 日"关于物质和混合物分类、标记与包装的欧洲议会和欧盟理事会第（EC）1272/2008 号法规"所取代。欧盟成员国采用并实施联合国《全球化学品统一分类和标签制度》。该法规介绍新的危险物种类和类别，仅有部分对应被废止指令中使用的类别。但是，因为旧指令的框架中缺少有关标准规范，有些物质或者混合物在旧系统中无法分类。因此，需要修订第 96/82/EC 号指令的附件一，使其与新法规保持一致，同时要确保维持或者提高旧指令所提供的保护水平。

（10）对沼气分类进行升级，考虑欧洲标准化委员会各项标准的发展情况。

（11）针对物质和混合物分类，第（EC）1272/2008 号法规做出的修订以及对法规的后续修改有可能产生不良影响。在本指令中标准规范的基础上，欧盟委员会应尽快启动评估，识别在危险物分类中，哪些危险物质不会造成重大事故危害。并在适当的情况下，提交立法提议，将这些危险物质排除在本指令范围之外。尤其是变更物质或者混合物的分类之后，更应该立即开始评估，以避免成员国的运营商和主管部门承担不必要的负担。将这些危险物质排除在本指令范围之外不应妨碍任何成员国维持或者增加更加严格的保护措施。

（12）运营商有义务采取一切必要的措施，以防止重大事故的发生、减轻事故后果并采取恢复措施。如果某厂区内存在超过一定数量的危险物质，运营商应向主管部门提供足够的信息，以便主管部门核实厂区内存在的危险物质以及潜在的危险。同时，运营商还应根据有关国家法律制定重大事故预防报告，并向主管部门提交，阐明本运营商所采取的整体安全管理方法和措施，包括用于控制重大事故危害的相关安全管理制度。当运营商识别和评估重大事故危害时，还应考虑在本厂区内发生严重事故时可能产生的危险物质及其影响范围。

（13）2004 年 4 月 21 日欧洲议会和理事会关于预防和修复环境损害的环境责任的第 2004/35/EC 号指令，通常与重大事故造成的环境损害相关。

（14）有关厂区所在地发生事故时可能会导致多米诺效应，增加重大事故发生的可能性或恶化事故后果。为了降低多米诺效应的风险，运营商应共同合作、交流有关信息，并告知公众，包括可能受影响的邻近厂区。

（15）如果某厂区内存在大量的危险物质，运营商应提交安全报告给主管部门，以证明其已经采取了一切必要的措施以防止重大事故的发生，并制定了应急预案和应对措施。安全报告应包含有关厂区的详细信息、存在的危险物质、安装或者存储设施、可能发生的重大事故情景和风险分析、预防和减缓措施,以及可用的管理制度,以预防和降低重大事故发生的风险,并能够采取必要的措施限制事故后果范围。如果由于有关厂区所在地发生自然灾害可能导致重大事故发生的风险增加,在准备重大事故应对方案的时候,也应该同时考虑自然灾害这一因素。

（16）如果有关厂区内存在大量的危险物质,在准备应急方案时,有必要建立内部和外部的突发事件应急预案,并确定相应的程序,应急预案应定期测试并在必要时修订,当重大事故可能发生或者确实发生时启用应急预案。内部应急预案应咨询有关厂区的员工意见,外部应急预案应咨询有关公众的意见。承包商可能会影响一个厂区的安全情况,各成员国应要求有关运营商在起草重大事故预防政策、安全报告或者内部应急预案时考虑这一项因素。

（17）在选择适当的操作方法（包括监测和控制操作方法）时,运营商应考虑有关最佳实践的可用信息。

（18）为了更好地保护居民区、公共区域和环境,包括特定的自然名胜区域或者敏感地区,成员国适用的土地使用或其他相关政策必须确保这些区域与存在此类危害的厂区之间的距离。如有必要,应采取额外的技术措施以使对人员或者环境的风险保持在可接受的水平。在制定有关决策时,应考虑有关风险的充分信息和有关这些风险的技术建议。如有可能,应与其他有关欧盟立法机关的程序及措施进行整合以减少行政管理负担,尤其是中小厂区的行政管理负担。

（19）为促进环境信息公开,联合国欧洲经济委员会制定了在环境问题上发布信息、公众参与决策和诉诸法律的公约（《奥胡斯公约》）,欧盟理事会 2005 年 2 月 17 日第 2005/370/EC 号指令代表欧盟通过该公约（关于代表欧洲共同体缔结《关于在环境问题上获取信息、公众参与决策和诉诸法律的公约》的决定）。特别是,应该提供充分信息给可能被重大事故影响的个人,以使这些人在重大事故中采取正确的行动。成员国应确保重大事故中被影响的人有权并能够获取有关信息。向公众公开的信息应确保言语清楚、易于理解。除了公众没有积极要求提供信息之外,也不排除其他形式的信息传播方式,还应确保信息永久可访问,并保存最新的电子版信息。同时,应该有适当的保密保障措施,以解决与安全有关的问题等。

（20）信息管理的方式应该与通信委员会 2008 年 2 月 1 日引入的共享环

境信息系统的目的一致,目的为"迈向共享环境信息系统"。同时,信息管理的方式还应该符合欧洲议会和欧盟理事会 2007 年 3 月 14 日的第 2007/2/EC 号指令,建立欧洲共同体空间信息基础设施和实施法规,旨在实现公共部门组织之间共享环境空间信息,以及更好地促使整个欧盟区域内的公众访问空间信息。这些信息应该存储在针对整个欧盟公开的数据库中,这也将有利于监控和报告实施情况。

(21) 根据《奥胡斯公约》,有效的公众参与决策是必要的,以使有关公众能够表达和决策者考虑到可能与这些决定有关的意见和关切,从而提高决策过程的问责制和透明度,促进公众对环境问题的认识和对所作决定的支持。

(22) 如果有重大事故发生,为了确保采取适当的应对措施,运营商应立即通知主管部门并传达必要的信息,使其能够评估该事故对人员健康和环境的影响。

(23) 地方相关部门会关注预防重大事故以及减轻事故后果的影响,并能够在其中担任重要的角色。在成员国实施该指令的过程中应考虑到地方部门这一因素。

(24) 为了促进信息交流和防止未来发生类似性质的事故,各成员国应将其领土内发生的重大事故信息转发给欧盟委员会,以便欧盟委员会分析有关危害,并为分发有关信息制定一套系统,尤其是涉及重大事故以及从中得到的经验教训。该种信息交流还应涵盖各成员国利用特定的技术防止重大事故的发生,并限制其后果的未遂事件信息。各成员国和欧盟委员会应致力于确保在建立的信息系统中的信息完整性,以方便交流有关重大事故的信息。

(25) 各成员国应指定主管部门负责确保运营商履行自己的义务。主管部门和欧盟委员会应在活动中共同合作,支持活动的实施,比如制定适当的指南和交流最佳做法。为避免不必要的行政管理负担,在适当的情况下,这种信息义务应与有关欧盟立法机关规定的义务进行整合。

(26) 如果有不符合本指令的情况,各成员国应确保有关主管部门采取必要措施。为了确保有效实施和执行,应建立一套检查制度,包括定期例行检查程序和非例行检查程序。在可能的情况下,有关检查要符合欧盟其他立法机关的规定,包括欧洲议会和欧盟理事会 2010 年 11 月 24 日第 2010/75/EU 号指令,该指令涉及工业排放(综合污染预防和控制)。各成员国应确保有足够的具备技能和资质的人员进行有效的检查。利用经验交流和知识巩固工具以及机制,主管部门应提供适当的支持,包括整个欧盟层面的支持。

（27）为了考虑到技术发展，应将根据《欧洲联盟运作条约》第290条通过法案采取行动的权力授权欧盟委员会，以便修改附件二至附件六，使之适应技术进步。特别重要的是，欧盟委员会在筹备工作期间，应包括专家一级进行适当协商。欧盟委员会在制定和起草授权法案时，应确保同时、及时和适当地向欧洲议会和欧盟理事会传递相关文件。

（28）为了确保实施本指令的统一条件，应授予欧盟委员会执行权力。这种实施权力的执行应符合欧洲议会和欧盟理事会2011年2月16日的第182/2011号法规，该法规规定了成员国控制欧盟委员会行使实施权力机制的规则和一般原则。

（29）各成员国应制定适用于违反根据本指令通过的国家规定的处罚规则，并确保这些规则得到实施。这些处罚应当有效、适度并具有劝诫作用。

（30）由于本指令的目标，即确保对人员健康和环境的高度保护，成员国无法充分实现，因此可以在欧盟层面更好地实现，欧盟可根据《欧洲联盟条约》第5条规定的辅助原则采取措施。根据该条规定的相称原则，本指令不超出实现该目标所必需的范围。

（31）根据2011年9月28日《成员国和欧盟委员会关于解释性文件的联合政治宣言》，成员国承诺在合理情况下提供，在发布变化措施的通知时会同时附带一份或者多份解释性文件，以解释指令项下各部分的关系以及国家转换制度的相应部分。对于本指令，立法委员认为传送该种文件是合理的。

（32）因此，应修订第96/82/EC号指令，并随后予以废除。

采用本指令：

第1条　主题

本指令制定了有关预防涉及危险物质的重大事故，以及限制事故后果对人员健康和环境的影响，旨在确保在整个欧盟实现长期有效的高度保护。

第2条　范围

1. 本指令适用于第三条第1款中所界定的厂区。

2. 此指令不适用于以下任何一项：

（1）军事设施、装置或者储存设施；

（2）源于物质的电离辐射而产生的危害；

（3）通过公路、铁路、内部水路、海上或空中运输危险物质和直接相关的临时储存，在本指令所涵盖的厂区之外，包括装卸和在码头、船坞或集装场与另一种运输工具之间的运输；

(4) 管道中危险物质的运输,包括泵站,本指令涵盖的外部设施;

(5) 开采,即在矿山和采石场勘探、开采以及加工矿物质,包括通过钻孔的方式进行开采;

(6) 海上勘探和开采矿物,包括碳氢化合物;

(7) 在海底某处储存天然气,包括专用的储存场所和矿物质(包括碳氢化合物)勘探、开采的地点;

(8) 垃圾填埋场,包括地下垃圾处理场。

尽管有上述第(5)项和第(8)项的规定,在陆地的天然地层、含水层、盐穴、废弃矿山等地下气体存储设施,与涉及危险物质的化学和热处理作业和储存,以及含有危险物质的运营尾矿处理设施(包括尾矿池或尾矿坝)都应包含在本指令的范围内。

第3条 定义

就本指令的目的,以下定义适用:

1. "厂区"是指运营商控制的整个区域,在该区域内的一个或者多个设施中存在危险物质,设施包括公共设施或者有关接触设施或者活动;这里的厂区既可以指低级别厂区,也可以指高级别厂区。

2. "低级别厂区"是指危险物质存在的量等于或者高于附件一第一部分第2栏或者第二部分第2栏中所列出的合格数量,但低于附件一第一部分第3栏或者第二部分第3栏中所列出的合格数量。适用于附件一附注4中的合计规则。

3. "高级别厂区"是指危险物质存在的量等于或者高于附件一第一部分第3栏或者第二部分第3栏中所列出的合格数量。适用于附件一附注4中的合计规则。

4. "邻近厂区"是指一个厂区所处的位置接近另外一个厂区,从而增加发生重大事故的风险或者加重重大事故的后果。

5. "新厂区"是指

(1) 于2015年6月1日当日或者之后投入运营或者建设的厂区;

(2) 于2015年6月1日当日或者之后,由于改造设施或者活动,导致危险物质的存货有所改变,成为本指令涵盖范围之内的运营地点,或者低级别厂区转变成高级别厂区,或者高级别厂区转变成低级别厂区。

6. "现有厂区"是指截至2015年5月31日属于第96/82/EC号指令所涵盖的范围,并从2015年6月1日起属于本指令所涵盖的范围的厂区,其低级别厂区或者高级别厂区的分类没有改变。

7. "其他厂区"是指，除了本条第 5 款的原因之外，于 2015 年 6 月 1 日当日或者之后，运营地点属于本指令所涵盖范围内，或者低级别厂区变更为高级别厂区，或者高级别厂区变更为低级别厂区。

8. "装置"是指一个厂区之内的技术单位。装置可能位于地面之上或者之下，危险物质从装置中产生、使用、处理或者储存；装置包括运行装置所需要的所有设备、建（构）筑物、管道、机械、工具、私人铁路专用线、码头、支持装置的卸货码头、码头、仓库，或者相似的固定的或者不固定的建筑物。

9. "运营商"是指任何经营或者控制厂区或者装置的自然人或者法人，根据国家立法机关的规定，将厂区或者装置的技术职能方面的决定性经济权或者决策权委托给这些自然人或者法人。

10. "危险物质"是指附件一第一部分涵盖和第二部分列出的物质或者混合物。这些物质或者混合物的存在形式包括原材料、产品、副产品、残渣或者中间体。

11. "混合物"是指由两种或者多种物质组成的混合物或者溶液。

12. "危险物质的存在"是指厂区内危险物质的实际存在或者预期存在，或者在合理预见的危险物质可能会在失去对过程的控制（包括储存活动）过程中产生的危险物质。这些过程涉及厂区内的任何装置，以及数量等于或者超过附件一第一部分或者第二部分规定的合格数量的危险物质。

13. "重大事故"是指本指令范围内的任何厂区，在运营的过程中出现失控而导致产生重大排放物、发生火灾或者爆炸事故，并且严重危害人员健康或者环境。影响范围涉及厂区内部或者外部。另外，这种影响既可能是即时影响，也可能是延时影响。

14. "危险源"是指危险物质或者自然环境的固有特性，可能对人员健康或者环境产生损害。

15. "风险"是指特定时间内或者在特定的情况下产生特定影响的可能性。

16. "存储"是指为了进行仓储、保管或者库存的目的，存在的一定数量的危险物质。

17. "公众"是指根据按照国家法律或者惯例规定的一个或者多个自然人或者法人，以及自然人或者法人的协会、组织或者团体。

18. "有关公众"是指被影响或者可能被影响的公众，或者关注本指令第 15 条第 1 款所涉及任何事项的决策的公众；就此定义而言，促进环境保护并且符合国家法律任何适用规定的非政府组织可以被视为关注上述信息的公众。

19."检查"是指主管部门亲自或者其授权的机构根据本指令检查和促进厂区执行本指令所采取的所有行动,包括实地考察、内部措施检查、制度、报告和后续文件,以及任何必要行动项的跟进。

第4条 特定危险物质的重大事故危害评估

1. 在合适的情况下,或者基于成员国的通知,欧盟委员会应根据第2段评估附件一第一部分涵盖和第二部分列出的特定危险物质。评估这些危险物质或能量的释放,在正常和非正常情况下都可能造成重大事故。此种评估应考虑第3款中所述的信息,并应基于以下一个或者多个特征:

(1) 危险物质在正常生产过程条件下的物理形态,或在意外失去控制的条件下的物理形态;

(2) 危险物质的固有性质,尤其是在重大事故情况下导致其扩散特性的性质,比如分子量和饱和蒸气压;

(3) 混合物中物质的最大浓度。

对于第(1)项的目的,还应该在适当的情况下考虑危险物质的盛漏政策和通用包装,尤其包括欧盟具体法令涵盖的有关范围。

2. 如果成员国认为危险物质不构成第1款规定的重大事故危害,应通知欧盟委员会,并附上证明理由,包括第3款所述信息。

3. 根据本条第1款和第3款的目的,评估有关危险物质的人身安全、健康和环境危害属性的信息应包括:

(1) 列出可能会造成人身安全、健康和环境危害的全部需评估危险物质的清单;

(2) 物质的物理性质和化学性质(例如分子量、饱和蒸气压、固有毒性、沸点、反应性、黏度、溶解性和其他有关属性);

(3) 物质可能造成健康和身体危害的性质(例如反应性、易燃性、毒性以及其他因素,如对身体的伤害类型、伤害致死率、长期影响,以及其他相关的属性);

(4) 物质可能造成环境危害的性质(例如生态毒性、持久性、生物累积性、远距离环境迁移的潜力以及其他相关的属性);

(5) 在可用的情况下,物质或混合物的欧盟CLP分类;

(6) 有关物质的特定操作条件(例如温度、压力和其他相关条件)的信息。特定操作条件是指,在可预见的非正常操作或者发生火灾等事故的情况下，危险物质的存储、使用条件。

4. 根据第一款中涉及的评估，在合适的情况下，欧盟委员会应该向欧洲议会和欧盟理事会提出立法提案，将有关危险物质排除在本指令的范围之外。

第 5 条　运营商的一般义务

1. 成员国应确保运营商有义务采取一切必要的措施，以防止重大事故的发生，并限制事故后果对人员健康和环境的影响。

2. 成员国应确保运营商在任何时间内，只要遇到第 6 条中涉及的情况，就要向主管部门提交证据，证明其已经采取了本指令规定的一切必要措施，尤其是针对第 20 条的检查和控制的目的而言。

第 6 条　主管部门

1. 在不损害运营商责任的前提下，成员国应设立或者委任一个或者多个主管部门负责履行本指令规定的义务（主管部门）。并在必要时设立机构，在技术层面协助主管部门。如果设立或者委任的主管部门超过一个，那么，成员国应确保充分协调各个主管部门履行职责的程序。

2. 主管部门和委员会应合作开展支持本指令实施的活动，并酌情让利益相关方参与。

3. 为了本指令的目的，成员国应确保主管部门接受运营商根据其他相关欧盟法律提交的等效信息，该法律符合本指令的任何要求。在这种情况下，主管部门应确保遵守本指令的要求。

第 7 条　通知

1. 成员国应要求运营商向主管部门发送包含以下信息的通知：

（1）运营商的名称和/或者商品名称，以及有关厂区的完整地址；

（2）运营商的注册营业地点和完整地址；

（3）如果与第(1)项不同，应发送负责人的姓名和职位；

（4）足以识别涉及或可能存在的危险物质和物质类别的信息；

（5）危险物质或者相关物质的数量和物理形态；

（6）装置或者储存设施的活动或者拟议的活动；

（7）厂区的当时环境，以及可能导致重大事故的因素；如果重大事故确有发生，能够加重事故后果的因素，包括相邻厂区的详细信息、本指令范围之外地点的详细信息、可能导致或者增加重大事故风险、可能导致或者增加重大事故后果，或者可能导致、发展或者加重多米诺效应的具体信息。

2. 通知或更新应在以下时限内发送给主管部门：

（1）对于新厂区，在开始建设或者运营之前的一个合理的时间段，或者改变危险物质储存量的一个合理的时间段；

（2）对于所有其他的情况，本指令适用该厂区之日起的1年之内。

3. 如果在2015年6月1日前，运营商已经按照国家法律的有关要求向主管部门提交了通知，那么上述第1款和第2款不适用。其中包含的信息符合第1款并保持不变。

4. 运营商应事先通知主管部门以下事件：

（1）在运营商根据第一款提交给主管部门的通知中，存在危险物质的数量有显著增加或者减少，或者存在危险物质的性质或者物理形态发生重大变化，或者使用过程有明显变更；

（2）改建厂区或者装置，可能导致重大事故危害的严重后果；

（3）永久性关闭厂区或者退役；其他

（4）在上述的第（1）项、第（2）项、第（3）项中提到的信息有所变化。

第8条　重大事故预防政策

1. 成员国应要求运营商以书面形式制定一份文件，列明重大事故预防政策，并确保重大事故预防政策得到正确实施。重大事故预防政策的制定应确保高度保护人员健康和环境保护，并应与重大事故的危害相匹配。另外，重大事故预防政策还应包括运营商的总体目标和行动原则、管理层的角色和责任，以及不断改进重大事故危害控制和确保高水平保护的承诺。

2. 根据国家法律要求，重大事故预防政策制定之后应在下述时限内提交给主管部门：

（1）对于新厂区，在开始建设或者运营之前的一个合理的时间段，或者改变危险物质储存量的一个合理的时间段；

（2）对于所有其他的情况，本指令适用该厂区之日起的1年之内。

3. 如果在2015年6月1日前运营商已经按照国家法律的有关要求向主管部门提交了通知，那么上述第1款和第2款不适用。其中包含的信息符合第1款并保持不变。

4. 在不影响第11条的前提下，运营商应定期审查重大事故预防政策。如有必要，运营商应定期更新重大事故预防政策。至少每5年审查或者更新一次。根据国家法律规定，在重大事故预防政策更新之后，运营商应当立即将新版重大事故预防政策提交给主管部门。

5. 关于执行重大事故预防政策，应当按照附件三的规定，使用适当的方式、结构和安全管理制度,与重大事故危害相匹配,并与组织的复杂性或者厂区的活动一致。对于低级别厂区执行重大事故预防政策,应考虑附件三中制定的原则,可以使用其他适当的方式、结构和安全管理制度,与重大事故危害相匹配。

第 9 条 多米诺效应

1. 成员国应确保主管部门根据第 7 条和第 10 条使用从经营者处收到的信息,或在主管部门要求提供补充信息后,或通过根据第 20 条进行的检查,确定由于邻近厂区或地理位置附近存储有危险物质,而导致重大事故风险或者后果增加的所有低级别厂区、高级别厂区、或者厂区群。(称为多米诺效应)

2. 如果主管部门对运营商按照第 7 条第 1 款第(7)项提供的信息有附加资料,并且对于应用本条款有必要,那么主管部门应告知运营商这些附加资料。

3. 各成员国应确保按照第 1 款确定的影响和被影响运营商:

(1)交流有关信息,以使那些厂区在重大事故预防政策、安全管理制度、安全报告和内部应急预案中考虑全部可能重大事故危害的性质和程度;

(2)互相合作,告知不属于本指令范围的公众和邻近的厂区,并提交信息给负责制定外部应急方案的有关部门。

第 10 条 安全报告

1. 成员国应要求高级别厂区的运营商为以下目的制作安全报告:

(1)证明运营商已经按照附件三规定的信息制定了重大事故预防政策和安全管理制度,并已经开始实施重大事故预防政策和安全管理制度;

(2)证明运营商已经确定重大事故危害和可能发生的重大事故情况,并已经采取必要措施防范重大事故并减缓重大事故后果对人员健康和环境的影响;

(3)证明运营商在厂区内,设计、建设、运营和维修与重大事故危害有关联的任何装置、储存设施、相关运营设备和基础设施时,已经充分考虑了安全性和可靠性。

(4)证明运营商已经制订了内部应急预案,并提供信息给有关部门,方便制定外部应急预案;

(5)向主管部门提供足够的信息,以便就现有厂区的新活动或开发项目的选址安全做出判断。

2. 安全报告应至少包含附件二中列出的数据和信息,并应列出参与制定安全报告的相关组织的名称。

3. 安全报告应按照下列阶段提交给主管部门：

（1）对于新厂区，在开始建设或者运营之前，或者改变危险物质储存量时（具体时长由各国自行决定）；

（2）对于现存的高级别厂区，在 2016 年 6 月 1 日前；

（3）对于其他厂区，本指令适用该厂区之日起的 2 年之内。

4. 如果在 2015 年 6 月 1 日前，运营商已经按照国家法律的有关要求向主管部门提交了安全报告，那么上述第 1 款、第 2 款和第 3 款不适用。其中包含的信息符合第 1 款和第 2 款并保持不变。为了遵守第 1 款和第 2 款的要求，运营商应按照主管部门拟订的格式，提交安全报告变更的部分给主管部门，并遵守第 3 款中所述的时间要求。

5. 在不损害第 11 条的前提下，运营商应定期审查安全报告。如有必要，运营商应定期更新安全报告。至少每五年审查或者更新一次。

在其厂区发生重大事故之后，运营商也应该重新审查安全报告。如有必要，应该更新安全报告。另外，在其他的任何时间，如果有关安全问题的新信息或者技术知识（包括分析事故得出的新认知或者从未遂事件中总结的认知），或者有关危害评估知识的发展信息证明有必要对安全报告进行审查或者更新，那么运营商应主动或者按照主管部门要求，审查或者更新安全报告。

运营商应将更新的安全报告或者更新的部分立即提交给主管部门。

6. 在运营商开始建设或者运营之前，或者对于本条第 3 款第(2)项、第(3)项的提到的情况，主管部门应在收到报告的合理时间之内，向运营商传达对安全报告的审查结果。如果有必要，主管部门应按照第 19 条的规定，禁止有关设施开始投入使用或者继续使用。

第 11 条　装置、厂区或者储存设施的变更

如果变更装置、厂区或者储存设施，或者程序改变，或者危险物质性质、物理形态或者数量产生变化，并能够造成重大事故危害以及产生严重后果，或者可以导致低级别厂区上升为高级别厂区，或者可以导致高级别厂区下降为低级别厂区，成员国应确保运营商审查、更新（如有必要）有关通知、重大事故预防政策、安全管理制度和安全报告，并在上述变更之前，将有关更新的详细信息告知主管部门。

第 12 条　应急计划

1. 对于所有的高级别厂区，成员国应确保：

（1）运营商应制定内部应急预案，以在厂区内采取相关措施；

（2）运营商应向主管部门提交必要的信息，以便主管部门制定外部应急预案；

（3）在收到运营商按第(2)项要求提供的必要信息之后，成员国基于上述目的而指定的部门应在两年之内制定外部应急预案。

2. 运营商应在以下时限内遵守本条第1款的第(1)项和第(2)项规定的义务：

（1）对于新厂区，在开始建设或者运营之前，或者改变危险物质储存量之前的一定时间内；

（2）对于现存的高级别厂区，2016年6月1日，除非在该日期前运营商就已经按照国家法律制定了内部应急预案，并且内部应急预案中的内容和第1款第(2)项中提及的信息符合本条规定并保持不变；

（3）对于其他厂区，本指令适用该厂区之日起的2年之内。

3. 应急预案应涵盖以下目标：

（1）遏制和控制事故，尽量将影响降到最低，并减缓事故后果对人员健康、环境和财产的损害；

（2）实施必要的措施，以保护人员健康和环境免受重大事故的影响；

（3）向公众和该地区有关的服务机构或相关部门传达必要的信息；

（4）在重大事故发生之后，恢复和清理环境。

应急预案应包含附件四中所列出的信息。

4. 成员国应确保，对于本指令涉及的内部应急预案，在制定过程中参考了厂区内工作人员（包括长期承包商的有关人员）的意见与建议。

5. 成员国应确保，在制定或者大幅修订外部应急预案时，使有关公众有机会提前表达有关外部应急预案的观点。

6. 成员国应确保，运营商和指定部门应在不超过3年的适当时间间隔内，审查并测试内部应急预案和外部应急预案，并在必要情况下更新内部应急预案和外部应急预案。审查应考虑有关厂区发生的变化、有关紧急服务部门的变化、新技术知识以及与重大事故相关的知识。

对于外部应急预案，成员国应考虑到在重大紧急情况下促进加强民防保护援助合作的必要性。

7. 成员国应确保，在重大事故发生时，或者可以合理预见能导致重大事故的失控事件发生时，运营商应立即启动应急预案。如果有必要，成员国中涉及的有关主管部门也应立即启动应急预案。

8. 主管部门可以根据安全报告中的信息，决定第 1 款中的外部应急预案不适用，并同时提供做出此决定的原因。

第 13 条 土地利用规划

1. 成员国应确保在土地规划政策或者其他有关政策中考虑预防重大事故和减缓重大事故后果对人员健康和环境影响的目标。成员国应通过以下控制来实现这些目标：

（1）新厂区的选址；

（2）第 11 条变更所涵盖的厂区；

（3）新开发项目，包括交通运输路线，公共场所和建筑物附近的居民区，其中选址或开发是导致重大事故的可能原因或可能增加重大事故的风险或后果的。

2. 成员国应确保土地利用政策或者其他有关政策，以及实施上述政策的程序应从长远来看，考虑以下必要性：

（1）符合本指令范围的厂区与居民区、建筑物、公共场所、娱乐区域以及主要交通路线之间保持适当的安全距离；

（2）通过保持适当的安全距离或者其他有关措施，保护厂区周边的自然特别敏感区或者名胜区；

（3）对于现有的厂区，按照第 5 条采取额外的技术措施，从而不增加对人员健康和环境的风险。

3. 成员国应确保负责本土决策的所有主管部门和规划部门设立适当的磋商程序，以促进实施第 1 款规定的政策。在制定决策时，应设计有关程序确保运营商提供厂区风险的充分信息，以及有关风险的技术建议。既可以针对具体情况，也可以针对一般情况制定上述程序。

成员国应确保低级别厂区的运营商按照主管部门的要求提供有关厂区风险的充分信息，以供制定土地规划使用。

4. 对于本条第 1 款、第 2 款和第 3 款的要求，适用前提是不违背欧洲议会和欧盟理事会 2011 年 12 月 13 日的第 2011/92/EU 号指令中关于评估某些公共和私人项目对环境的影响，欧洲议会和欧盟理事会 2001 年 6 月 27 日的第 2001/42/EC 号指令关于评估某些计划和方案对环境的影响，以及其他有关的欧盟立法。成员国可以提供互相协作的，或者联合的程序，以满足本条的要求，以及其他有关立法的要求，从而避免重复评估或者协商。

第 14 条 向公众提供的信息

1. 成员国应确保附件五提及的信息（包括电子版本）是永久提供给公

众的。在必要的情况下，有关资料应不断更新，包括第11条中所涵盖的变更情况。

2. 对于高级别厂区，成员国还应确保：

（1）所有可能受重大事故影响的人员都可以无须申请，定期以最适当的形式被告知有关重大事故发生时的安全措施和必要行为的清晰易懂的信息；

（2）根据第22条第3款规定，应满足公众获取安全报告的要求，向公众提供安全报告。对于适用第22条第3款规定的情况，应提供经修订的报告，例如非技术性摘要，其中至少应包括重大事故危害和重大事故对人员健康和环境的潜在影响的一般信息；

（3）根据第22条第3款规定，如果公众要求知晓危险物质的储存情况，则应满足公众的这一要求。

根据本条第1款第（1）项规定，提供的信息应至少包括附件五所述的信息。该信息同样应提供给所有建筑物和公共场所，包括学校和医院，以及对于第9条所涉厂区的所有相邻厂区。成员国应确保至少每5年提供一次该信息，并定期审查并在必要时进行更新，包括第11条所述的修改。

3. 对于高级别厂区重大事故发生跨国界影响的可能性，成员国应提供充分信息给可能受影响的成员国，以便受影响的成员国酌情适用本指令第12条、第13条以及本条中的所有相关规定。

4. 对于第12条第8款之目的，如果有关成员国确定邻近另一成员国的某厂区不会产生重大事故危害的跨界影响，因此不需要根据第12条第1款的规定制订外部应急预案，则该成员国应告知另一成员国，并提供合理的证据。

第15条 公众咨询和参与决策

1. 成员国应确保有关公众尽早有机会就与以下方面有关的具体个人项目表达观点：

（1）按照第13条规定规划新厂区；

（2）按照第11条规定，厂区有重大变更。并且变更符合第13条规定的义务；

（3）按照第13条规定，厂区周边的新开发场地，选址或者开发可能增加重大事故的风险或者后果。

2. 对于第1款中提及的具体个别项目，应以公告或者其他适当的方式（包括电子媒体）告知公众，告知信息包括以下事项。关于告知的时间应在启动决策程序的初期，或者最晚的时间是，一旦可以合理提供信息就立即提供信息告知公众。

（1）具体项目的介绍；

（2）如果适用，项目所在国家或者跨国界环境影响评估报告，或者受制于成员国之间按照第 14 条第 3 款规定的协商确定的其他报告；

（3）负责决策的主管部门的详细信息。这些主管部门负责传送有关信息，也负责收集有关评论或者问题。另外，具体信息还应包含评论或者问题传递的时间表；

（4）项目有关的决策或者决策草案（如果有的话）复印件；

（5）有关以上信息的公布时间或者时限、获取地点和方式；

（6）根据本条第 7 款的公众参与和协商的安排详情。

3. 对于本条第 1 款中提及的具体个别项目，各成员国应确保在适当的时间期限内向有关公众提供下述信息：

（1）按照国家立法，按照本条第 2 款告知有关公众时应向主管部门发出的主要报告和建议；

（2）按照欧洲议会和欧盟理事会 2003 年 1 月 28 日的第 2003/4/EC 号指令关于公众获取环境信息的有关规定，除本条第 2 款所述信息外，其他有关的信息，需根据此款要求批准后方可向有关公众提供。

4. 成员国应确保有关公众在就第 1 款所述的具体个别项目作出决定之前有权向主管部门发表评论和意见，并且应确保按照第 1 款规定得出的协商结果被合理地应用到决策中。

5. 成员国应确保在作出有关决定时，主管部门应向公众提供：

（1）决策的内容及其所依据的原因，包括任何后续更新；

（2）决策采用了之前的协商结果，并介绍如何在决策中采用有关协商结果。

6. 在制定总体规划或者方案的过程中，涉及本条第 1 款第(1)项或者第(3)项的情况时，成员国应确保有关公众有机会提前有效参与，并按照欧洲议会和欧盟理事会 2003 年 5 月 26 日的第 2003/35/EC 号指令的第 2(2) 条规定的程序进行修订或者审查。上述指令中涉及有关环境的计划和方案制定需确保公众参与了制定。

成员国应确定有权将本款的目的告知参与的公众，包括符合国家法律规定的任何相关的非政府组织，例如环境保护促进组织。

本款不适用第 2001/42/EC 号指令规定的公众参与程序中的计划和

方案。

7. 告知公众和与有关公众进行协商的具体安排应由成员国决定。（包括方式、时间、时限、地点等）

应针对不同阶段，安排合理的时间告知公众有关信息，并给他们预留足够的时限以便有关公众根据本条规定准备并有效地参与环境决策。

第16条 发生重大事故后，运营商应该提供的信息和采取的行动

成员国应确保在发生重大事故之后，运营商应尽快切实可行地使用最合适的方式：

(1) 通知主管部门；

(2) 以下信息一经获得，应立即提供给主管部门：

(a) 该事故的情况；

(b) 涉及的危险物质；

(c) 可用于评估事故对人员健康，环境和财产影响的数据；

(d) 已采取的紧急措施；

(3) 告知主管部门可用于以下目的的措施：

(a) 可减轻事故的中期影响和长期影响；

(b) 可防止此类事故再次发生；

(4) 如果进一步调查发现可能改变以上信息或已得出的结论的其他事实，需立刻更新所提供的信息。

第17条 发生重大事故后，主管部门应采取的行动

发生重大事故之后，各成员国应要求主管部门：

(1) 确保采取任何必要的紧急措施、中期措施和长期措施；

(2) 通过检测、调查或者其他适当的手段，收集必要的信息，对事故进行技术、组织（译者注：与人员组织相关的任何失误，非特指个人责任）和管理等方面的全面分析；

(3) 采取适当的行动，以确保运营商可执行任何必要的补救措施；

(4) 对未来的预防措施提出建议；

(5) 告知可能会受到影响的人员有关的信息，包括已经发生的事故，以及已经采取了何种减轻事故后果的有关措施。

第18条 发生重大事故后，成员国应提供的信息

1. 为了预防重大事故的发生以及减轻重大事故的后果，对于在其领土内发生的符合附件六标准的重大事故，成员国应告知欧盟委员会。在提供的信息中，应包括以下具体细节：

（1）成员国以及负责报告的主管部门的名称和地址；

（2）重大事故发生的日期、时间、地点，包括运营商的全名和有关厂区的地址；

（3）简要地说明重大事故发生的情况，包括所涉及危险物质，对人员健康和环境的直接影响；

（4）简要地说明已采取的应急措施，以及为防止重大事故重复发生而立即采取的预防措施；

（5）事故分析结果和改进建议。

2. 本条第1款所指的资料应在切实可行的范围内尽快使用第21条第4款规定的数据库提供，最迟不得超过事故发生之日起一年。如果在这一时限内只能提供本条第1款第（5）项下的初步资料，也需提供并列入数据库，在获得进一步分析的结果和建议后，应立即更新资料。

本条第1款第（5）项关于成员国提供信息的规定，如果信息有可能影响司法程序，那么成员国可以推迟到司法程序完成之后再提供第五项的有关信息。

3. 就本条第1款中成员国提供信息的目的，成员国应以实施法案的形式制定报告格式。这些实施法案应按照本条第27条第2款所述的审查程序予以通过。

4. 成员国应将有重大事故相关信息的机构的名称和地址告知欧盟委员会。如果其他成员国要干预已发生的重大事故，那么成员国应将能够向其他成员国主管部门提供建议的机构的名称和地址告知欧盟委员会。

第 19 条 禁止使用

1. 如果运营商用于防止和减轻重大事故所采取的措施严重不足，则成员国应禁止该运营商的任何厂区、装置、储存设施或者任何其中的部分继续使用或者投入使用。为此，成员国应考虑对检查中发现的措施严重不足采用必要行动。

如果运营商在规定时间范围内未能按照本指令的要求提交通知、报告或者其他有关信息，则成员国可以禁止该运营商的任何厂区、装置、储存设施或者任何其中的部分继续使用或者投入使用。

2. 成员国应确保运营商可以根据在第1款，对主管部门发出的禁止令向国家法律和程序确定的有关机构提出上诉。

第 20 条 检查

1. 成员国应确保主管部门制定检查制度。

2. 检查应适合有关厂区的类型。检查不应依赖于收到的安全报告或提交的任何其他报告。应该针对厂区，有计划、有系统地进行充分的检查，包括技术、人员组织或者管理方面，尤其确保：

（1）运营商能够证明其根据厂区的各种活动采取了适当措施，以防止重大事故的发生；

（2）运营商能够证明其已经在现场硬件和管理要求采取了适当措施，以限制重大事故的后果；

（3）提交的安全报告或者任何其他的报告中包含的数据和信息，充分反映了厂区的条件；

（4）已经按照第14条向公众提供了有关信息。

3. 成员国应确保国家、地区或者地方层面的检查计划覆盖了所有的厂区；并应确保定期审查该计划并酌情予以更新。

每项检查计划应当包括以下内容：

（1）相关安全问题的一般评估；

（2）检查计划涵盖的地理区域；

（3）检查计划涵盖的厂区名单；

（4）按照第9条可能产生多米诺效应的厂区群名单；

（5）特殊的外部风险或者危害源可能增加重大事故风险或者后果的厂区名单；

（6）进行例行检查的程序，包括按照第4款进行的检查等方案；

（7）按照本条第6款进行的非例行检查的程序；

（8）规定不同检查机构之间的合作。

4. 基于本条第3款中提及的检查计划，主管部门应定期制定对所有厂区进行例行检查的方案，包括对不同类型的厂区进行实地考察的频率。

除非主管部门在系统评估有关设施的重大事故危害的基础上，拟订了特殊检查计划，否则连续两次实地视察的间隔，高级别厂区不得超过1年，低级别厂区不得超过3年。

5. 根据有关厂区的重大事故危害系统评估制定的检查方案应至少基于以下标准：

（1）有关厂区对人员健康和环境的潜在影响；

（2）符合本指令要求的记录。

在合适的情况下，还应考虑按照欧盟其他立法而进行相关检查的结果。

6. 为了尽快调查严重的投诉、重大事故、未遂事件、违规的事件，应实行非例行检查。

7. 每次检查后的 4 个月内,主管部门应将检查结果和所有确定的必要举措告知运营商。主管部门应确保运营商在收到通知后的合理时间范围内采取所有必要的举措进行改善。

8. 如果检查发现有不符合本指令的重要情况,应在 6 个月内进行额外检查。

9. 如有可能,检查应与欧盟其他法例下的检查相协调,并酌情合并。

10. 成员国应鼓励主管部门提供交流经验和巩固知识的机制和工具,如有可能,并在整个欧盟层面协调该类机制。

11. 成员国应确保运营商向主管部门提供一切必要的协助,以便主管部门执行检查并获取履行其职责所需的任何信息,特别是允许主管部门获取危险物质的物理形态、工艺条件,获得评估重大事故的可能性相关信息,确定可能增加重大事故风险发生概率或者后果的范围的信息,可用于准备外部应急预案的相关信息。

第 21 条 信息系统和交流

1. 成员国和欧盟委员会应就预防重大事故的发生并限制其后果而取得的经验交流信息。信息应特别关注本指令规定措施的功能。

2. 到 2019 年 9 月 30 日和其后每 4 年,成员国应当向欧盟委员会提供一份关于实施本指令的报告。

3. 对于本指令范围之内的厂区,成员国应至少提供给欧盟委员会以下信息:

(1) 运营商的名称或者商号,以及有关厂区的完整地址;

(2) 厂区的一项或者多项生产活动。

欧盟委员会应建立并不断更新包含由成员国提供信息的数据库。对数据库的访问仅限于得到欧盟委员会或者成员国的主管部门授权的人员。

4. 欧盟委员会应为成员国建立并保留一个数据库,其中特别包含在成员国境内发生的重大事故的细节,并由成员国管理。目的如下:

(1) 在所有主管部门之间快速传阅成员国按照第 18 条第 1 款和第 18 条第 2 款规定而提供的信息;

(2) 向所有主管部门传送重大事故的原因分析以及经验教训;

(3) 向主管部门提供有关预防措施的信息;

(4) 提供有关能够就重大事故的发生,预防和缓解提供建议的组织的信息。

5. 2015年1月1日之前，欧盟委员会应采用实施法案建立本条第2款和第3款中所提的相应格式，用于交流成员国提供的信息，以及建立本条第3款和第4款提到的有关数据库。按照第27条第2款所述的审查程序予以通过。

6. 在第4款提到的数据库中，至少应包含：

（1）成员国按照第18条第1款和第18条第2款规定提供的信息；

（2）分析事故的原因；

（3）从事故中吸取的教训；

（4）防止事故再次发生所需的预防措施。

7. 欧盟委员会应公开非保密部分的数据。

第22条 获取信息和保密

1. 成员国应确保信息的透明度，主管部门必须根据第2003/4/EC号指令向任何自然人或法人提供根据本指令持有的任何信息。

2. 在符合第2003/4/EC号指令第4条规定的情况下，主管部门可以拒绝或者限制披露本指令所规定的任何信息，包括第14条规定。

3. 如果运营商根据第2003/4/EC号指令第4条的规定，要求不得披露安全报告中的某部分信息或者危险物质清单，在不损害本指令本条第2款的前提下，主管部门可以拒绝或者限制披露本指令第14条第2款和第3款的全部信息。

主管部门也可以出于同样的原因作出决定，即报告或清单的某些部分不得披露。在这种情况下，经该主管部门批准，运营商应向主管部门提供经修订的报告或清单，内容不包括不得披露的那些部分。

第23条 诉诸司法

成员国应确保：

（1）任何要求获取信息的申请人按照本指令第14条第2款或者第22条第1款的规定，可以按照第2003/4/EC号指令第6条审查有关主管部门的行为或者工作疏忽；

（2）对归于本指令第15条第1款的情况，有关公众成员在其各自的国家法律制度中，有权使用第2011/92/EU号指令第11条规定的审查程序。

第24条 指导

欧盟委员会可以制定关于安全距离和多米诺效应的技术指南。

第25条 附件修正案

欧盟委员会有权根据第26条采取授权行为，以便使附件二至附件六适应技术进步。此类修订不得导致本指令中规定的成员国和运营商的义务发生实质性变化。

第 26 条 行使授权

1. 欧盟委员会有权根据本条规定的条件采取授权行为。

2. 第 25 条所述通过授权法案的权力应授予欧盟委员会,自 2012 年 8 月 13 日起为期五年。委员会应在 5 年期限结束前 9 个月内起草一份关于授权的报告。除非欧洲议会或理事会反对在每一期间结束前 4 个月内,否则权力委托期限默认顺延一期。

3. 欧洲议会或理事会可以在任何时间内决定第 25 条所述的权力委托。撤销决定应终止该决定中规定的权力委托。撤销在欧盟官方公报上公布之日起开始生效,或者在之后的指定日期起开始生效。撤销权力委托不应营销已经生效的委托法案的有效性。

4. 一经采用授权法案,欧盟委员会应立即通知欧洲议会或者欧盟理事会。

5. 根据第 25 条通过的授权法案,如果欧洲议会或者欧盟理事会在被通知之后的两个月内没有提出任何异议,或者在上述期限期满之前,欧洲议会和欧盟理事会都通知欧盟委员会,双方均没有异议,则委托法案生效。如果欧洲议会或者欧盟理事会有倡议,则该期限应延长 2 个月。

第 27 条 委员会程序

1. 欧盟委员会应由根据第 96/82/EC 号指令设立的委员会协助。该委员会是指欧盟第 182/2011 号法规规定的委员会。

2. 凡提述本款,欧盟第 182/2011 号法规第 5 条应适用。

第 28 条 处罚

如果违反按照本指令通过的国家规定,各成员国应规定适用的处罚规则。这些处罚应当有效、适度并具有劝诫作用。成员国应在 2015 年 6 月 1 日之前将有关规定告知欧盟委员会。如果任何后续修订影响了这些规定,那么成员国应立即将后续修订告知欧盟委员会。

第 29 条 报告和审查

1. 到 2020 年 9 月 30 日及此后每四年,基于成员国按照第 18 条和第 21 条第 2 款提交信息以及第 21 条第 3 款和第 4 款提及的数据库中的信息,并考虑到第 4 条的实施,欧盟委员会应向欧洲议会和欧盟理事会提交本指令实施和有效运作的报告,包括欧盟范围内发生的重大事故信息,以及这些重大事故对实施本指令的潜在影响。欧盟委员会应在报告中首先提交修订本指令范围的必要性评估。在适当的情况下,任何报告都可以与立法提案一起提交。

2. 在相关的欧盟立法的背景下,欧盟委员会可以检查是否有必要解决运营商与重大事故相关的财务责任,包括与保险有关的问题。

第 30 条　第 96/82/EC 号指令修正案

在第 96/82/EC 号指令中,附件一第一部分的"石油产品"标题中添加了"(四)重质燃料油"一词。

第 31 条　过渡

1. 成员国应在 2015 年 5 月 31 日前实施遵守本指令所需的法律、法规和行政规定。自 2015 年 6 月 1 日起实施这些措施。

尽管有上述第一项的规定,成员国应在 2014 年 2 月 14 日之前使符合本指令第 30 条所必要的法律、规则和行政规定生效。并应从 2014 年 2 月 15 日起实施那些措施。

成员国应立即将这些规定以文字形式传达给欧盟委员会。

当成员国采用这些规定时,这些规定应包含对本指令的引用,或在正式发布时附有此类引用。标示此参考号的方式应由成员国决定。

2. 成员国应向欧盟委员会提交其在本指令范围内制定的国家法律主要规定的文本。

第 32 条　废除

1. 第 96/82/EC 号指令自 2015 年 6 月 1 日起废除。

2. 已废除指令的参考号应理解为对本指令的参考号,并应按照附件七列出的关联表解释。

第 33 条　生效

本指令应在《欧盟官方公报》上发布后第 20 日开始生效。

第 34 条　送达对象

本指令的送达对象为各成员国。2012 年 7 月在斯特拉斯堡完成。

附件一　危险物质

本附件的第一部分第 1 栏中列出的危险物质,要根据第一部分第 2 栏和第 3 栏中规定的合格数量的情况而定。

如果某一危险物质既在本附件的第一部分,也存在于第二部分,那么要根据第二部分第 2 栏和第 3 栏中规定的合格数量的情况而定。

第二部分 欧盟

第一部分 危险物质的分类

本部分涵盖属于第1栏中列出的危险品种类的所有危险物质。

第1栏	第2栏	第3栏
欧盟EC第1272/2008号法规规定的危险品分类	第3(10)条中提到的危险物质的合格数量(公吨),适用以下	
	低级别要求	高级别要求
"H"部分—健康危害		
H1—急性毒性1类,所有暴露途径	5	20
H2—急性毒性: 第二类,所有暴露途径; 第三类:吸入接触途径(见附注7)	50	200
H3—特异性靶器官毒性－单次接触 第一类特异性靶器官系统毒性—单次接触	50	200
"P"部分—物理危害		
P1a 爆炸物(见附注8) —不稳定的爆炸物,或者 —爆炸物,1.1、1.2、1.3、1.5或者1.6,或者 —按照欧盟第440/2008号法规A.14方法具有爆炸性质的物质或者混合物(见附注9)及不属于危险类有机过氧化物,或者自反应的物质和混合物	10	50
P1b 爆炸物(见附注8) 爆炸物,1.4(见附注10)	50	200
P2 易燃气体 第一类或者第二类易燃气体	10	50
P3a 易燃气溶胶[见附注11(1)]第一类或者第二类"易燃"气溶胶,含有第一类或者第二类易燃气体或者第一类易燃液体	150(净量)	500(净量)
P3b 易燃气溶胶[见附注11(1)]第一类或者第二类"易燃"气溶胶,不含第一类或者第二类易燃气体或者第一类易燃液体[见附注11(2)]	5000(净量)	50000(净量)
P4 氧化性气体 第一类氧化性气体	50	200

国 际 篇

（续）

第1栏	第2栏	第3栏
欧盟EC第1272/2008号法规规定的危险品分类	第3(10)条中提到的危险物质的合格数量(公吨)，适用以下	
	低级别要求	高级别要求
P5a 易燃液体 —第一类易燃液体，或者 —存在温度在沸点之上第二类或者第三类易燃液体，或者 —闪点≤60℃的其他液体，存在温度高于沸点(见附12)	10	50
P5b 易燃液体 —第二类或者第三类易燃液体，特定的加工条件，如高压或者高温，可能造成重大事故危害，或者 —闪点≤60℃的其他液体，特定的加工条件，如高压或者高温，可能造成重大事故危害(见附注12)	50	200
P5c 易燃液体 不属于P5a和P5b的第二类或者第三类易燃液体	5000	50000
P6a 自反应物质和混合物，以及有机过氧化物 A型或者B型自反应物质和混合物，A型或者B型有机过氧化物	10	50
P6b 自反应物质和混合物，以及有机过氧化物 C型、D型、E型或者F型自反应物质和混合物 C型、D型、E型或者F型有机过氧化物	50	200
P7 自燃液体和固体 第一类自燃液体 第一类自燃固体	50	200
P8 氧化性液体和固体 第一类、第二类或者第三类氧化性液体 第一类、第二类或者第三类氧化性固体	50	200
"E"部分—环境危害		
E1 对水环境的危险源 第一类急性或者第一类慢性	100	200
E2 对水环境的危险源 第二类慢性	200	500

第二部分 欧盟

（续）

第1栏	第2栏	第3栏
欧盟 EC 第 1272/2008 号法规规定的危险品分类	第3（10）条中提到的危险物质的合格数量（公吨），适用以下	
	低级别要求	高级别要求
"O"部分—其他危害		
O1 有危险声明的物质或者混合物 EUH014	100	500
O2 第一类遇水放出易燃气体的物质和混合物	100	500
O3 有危险声明的物质或者混合物 EUH029	50	200

第二部分 指定的危险物质

第1栏	第2栏	第3栏
危险物质	CAS 编号	适用以下的合格数量（公吨）
		低级别要求 / 高级别要求
第1栏	CAS 编号	低级别要求	高级别要求
---	---	---	---
1. 硝酸铵（见附注13）	—	5000	10000
2. 硝酸铵（见附注14）	—	1250	5000
3. 硝酸铵（见附注15）	—	350	2500
4. 硝酸铵（见附注16）	—	10	50
5. 硝酸钾（见附注17）	—	5000	10000
6. 硝酸钾（见附注18）	—	1250	5000
7. 五氧化二砷，五氧化二砷酸和/或者其盐	1303—28—2	1	2
8. 三氧化二砷，三氧化二砷酸和/或者其盐	1327—53—3		0.1
9. 溴	7726—95—6	20	100
10. 氯	7782—50—5	10	25
11. 吸入粉末状的镍化合物：一氧化镍、二氧化镍、硫化镍、二硫化三镍、三氧化二镍	—		1
12. 乙烯亚胺	151—56—4	10	20
13. 氟	7782—41—4	10	20
14. 甲醛（浓度≥90%）	50—00—0	5	50

(续)

第1栏 危险物质	CAS 编号	第2栏 适用以下的合格数量（公吨） 低级别要求	第3栏 高级别要求
15. 氢	1333—74—0	5	50
16. 氯化氢（液化气）	7647—01—0	25	250
17. 烷基铅	—	5	50
18. 第一类或者第二类液化易燃气体（包括液化石油气）和天然气（见附注19）	—	50	200
19. 乙炔	74—86—2	5	50
20. 环氧乙烷	75—21—8	5	50
21. 环氧丙烷	75—56—9	5	50
22. 甲醇	67—56—1	500	5000
23. 4,4′—亚甲基双氯苯胺和/或者其盐，粉末的形式	101—14—4		0.01
24. 异氰酸甲酯	624—83—9		0.15
25. 氧	7782—44—7	200	2000
26. 2,4—甲苯二异氰酸酯 2,6—甲苯二异氰酸酯	584—84—9 91—08—7	10	100
27. 二氯羰基（光气）	75—44—5	0.3	0.75
28. 砷化氢（三氢化砷）	7784—42—1	0.2	1
29. 磷化氢（三氢化磷）	7803—51—2	0.2	1
30. 二氯化硫	10545—99—0		1
31. 三氧化硫	7446—11—9	15	75
32. 用TCDD当量计算的聚氯二苯并呋喃和氯二苯并毒素（包括TCDD）（见附注20）	—		0.001
33. 以下致癌物或者含有致癌物质的混合物，按重量计浓度高于5%：4-氨基联苯和/或者其盐、三氯甲苯、联苯胺和/或者其盐、二（氯甲基）醚、氯甲基甲醚、1,2-二溴乙烷、硫酸二乙酯、硫酸二甲酯、二甲基氨甲酰氯、1,2-二溴-3-氯丙烷、1,2-二甲基肼、二甲基亚硝胺、六甲基磷酸三酰胺、肼、2-萘胺和/或者其盐、4-硝基联苯、1,3-丙烷磺内酯	—	0.5	2

第二部分 欧 盟

(续)

第1栏	CAS 编号	第2栏	第3栏
危险物质		适用以下的合格数量（公吨）	
		低级别要求	高级别要求
34. 石油产品和替代燃料 （一）汽油、石脑油 （二）煤油（包括喷气燃料） （三）瓦斯油（包括柴油、家用取暖油和瓦斯油混合物） （四）重燃料油 （五）可以作为替代燃料，用途与第（一）项到第（四）项提到的产品用途相同，与第（一）项到第（四）项提到的产品在可燃性和环境危害方面有类似的属性	—	2500	25000
35. 无水氨	7664—41—7	50	200
36. 三氟化硼	7637—07—2	5	20
37. 硫化氢	7783—06—4	5	20
38. 哌啶	110—89—4	50	200
39. 双（2-二甲氨基乙基）（甲基）氨基	3030—47—5	50	200
40. 3-（2-乙基己氧基）丙胺	5397—31—9	50	200
41. 次氯酸钠的混合物*列为第一类水环境急性混合物［H400］，活性氯的含量小于5%，而不是归入第一部分的任何其他危险类别下 * 如果混合物没有次氯酸钠，则不会被列入第一类水环境急性混合物［H400］		200	500
42. 丙胺（见附注21）	107—10—8	500	2000
43. 丙烯酸叔丁酯（见附注21）	1663—39—4	200	500
44. 2-甲基-3-丁烯腈（见附注21）	16529—56—9	500	2000
45. 四氢-3,5-二甲基-1,3,5-噻二嗪-2-硫酮（棉隆）（见附注21）	533—74—4	100	200
46. 丙烯酸甲酯（见附注21）	96—33—3	500	2000
47. 3-甲基吡啶（见附注21）	108—99—6	500	2000
48. 1-溴-3-氯丙烷（见附注21）	109—70—6	500	2000

注：*所示的 CAS 编号仅用作指示。

附注：

1. 根据欧盟 EC 第 1272/2008 号法规对物质和混合物进行分类。

2. 根据欧盟 EC 第 1272/2008 号法规规定的混合物的属性，或者根据适应技术进步的最新修订版本的规定，如果混合物的浓度保持在限定范围之内，则应同等对待混合物和纯物质，除非另有提供组成百分比或者其他描述。

3. 上文所列出的合格数量与每个厂区都相关。

使用有关条款的数量是指现存的或者任何时间有可能存在的最大数量。如果危险物质在厂区中的存在位置不可能导致该厂区的任何其他地方发生重大事故，只有厂区现存的危险物质数量等于或者小于有关合格数量的 2%，才可以在为计算现存总量的目的时忽略这一数量。

4. 在适当的情况下，以下控制危险物质增加或者危险物质种类的规则适用：

如果一个厂区内存在的个别危险物质的量不超过或者等于有关合格数量，那么以下规则适用于确定是否应该服从本指令的有关要求。

该指令适用于高级别厂区，如果总数量：

$q_1/QU_1 + q_2/QU_2 + q_3/QU_3 + q_4/QU_4 + q_5/QU_5 + \cdots$ 是大于或者等于 1，

Q_x——属于本附件第一部分或者第二部分范围的危险物质的数量 $\times$（或者危险物质的类别）；

QU_x——本附件第一部分第三栏或者第二部分第三栏中危险物质或者类别 $\times$ 的有关合格数量。

本指令适用于低级别厂区，如果总数量：

$q_1/QL_1 + q_2/QL_2 + q_3/QL_3 + q_4/QL_4 + q_5/QL_5 + \cdots$ 是大于或者等于 1，

Q_x——属于本附件第一部分或者第二部分范围的危险物质的数量 $\times$（或者危险物质的类别）；

QL_x——本附件第一部分第 2 栏或者第二部分第 2 栏中危险物质或者类别 $\times$ 的有关合格数量。

此规则将被用来评估健康危害、物理危害和环境危害。因此，必须应用 3 次：

（1）除了第二部分中属于第一类、第二类或者第三类急性制毒品或者第一类特异性靶器官系统毒性——单次染毒的危险物质，还包括属于第一部分的 H 部分中 H1 到 H3 项目的危险物质；

（2）除了第二部分中属于爆炸物、易燃气体、易燃气溶胶、氧化性气体、易燃液体、自反应物质和混合物、有机过氧化物、自燃液体和固体、液体氧化剂和固体的危险物质，还包括第一部分的 P 部分种 P1 到 P8 项目的危险物质；

（3）除了第二部分中属于危害水生环境的第一类急性、第一类慢性或者第二类慢性的危险物质，还包括第一部分的 E 部分中 E1 到 E2 的危险物质。

如果(1)、(2)或者(3)的任何一项总数量大于或者等于 1，那么就适用本指令的有关规定。

5. 对于欧盟 EC 第 1272/2008 号法规没有涵盖的危险物质，包括废物，但目前仍然存在或者有可能存在于厂区之内。并且，该废物的属性在厂区现有条件下具有或者可能具有重大事故的潜在风险，那么这些废物应被临时划分为最类似危险物质或者指定危险物质的项下，适用本指令的范围。

6. 如果危险物质的属性导致该危险物质不仅仅属于一个分类，那么要基于本指令的目的，适用最低合格数量。但是，针对附注 4 中的规则应用，符合分类的注 4(1)、4(2)和 4(3)中每组类别中的最低数量适用。

7. 对于通过口服途径（H 301）致毒的第三类急性毒品中的危险物质，如果既不能归于急性吸入毒性类，也不能归入急性皮肤接触毒性类，比如是由于缺乏吸入毒性和皮肤接触毒性的总结性数据，那么此种危险物质就应归于 H2 急性毒品项下。

8. 危险类爆炸物包括爆炸性物品（见欧盟 EC 第 1272/2008 号法规附件一的第 2.1 部分）。如果物品中爆炸性物质或者混合物的数量是已知的，那么这个已知的数量就应适用本指令。如果物品中爆炸性物质或者混合物的数量是未知的，就本指令之目的，整个物品就应被视为爆炸物。

9. 只有根据联合国《关于危险货物运输的建议书——试验和标准手册》（以下简称《联合国试验和标准手册》）确定物质或者混合物潜在具有爆炸物属性的规定，确定甄别程序有必要时，才会对物质和混合物的爆炸性能进行测试。

10. 如果第 1.4 节的爆炸物是散装的或者重新包装的，除非根据欧盟 EC 第 1272/2008 号法规该危险品依然符合第 1.4 节的规定，那么就应该被分类到 P1a 项下。

11.

（1）根据欧盟理事会 1975 年 5 月 20 日的指令 75/324/EEC（该指令与成员国有关法律接近是有关气溶胶喷雾器的指令），对易燃气溶胶进行分类。指令 75/324/EEC 的"极易燃"和"易燃"气溶胶分别符合欧盟 EC 第 1272/2008 号法规范围内的第一类或者第二类易燃气溶胶。

（2）为了使用此项目，必须备有证明文件，证明该气溶胶喷雾器既不含第一类或者第二类易燃气体，也不含第一类易燃液体。

12. 根据欧盟委员会 2008 年 5 月 30 日 EC 第 440/2008 号法规，对于闪点超过 35 ℃ 的液体，如果《联合国试验和标准手册》第 32 节第三部分 L.2 持续燃烧性测试得出负面结果，就不能分类到第三类。但是，如果是高温或者高压等高条件下，则负面结果无效，这种液体还是应该分到这个类别。

13. 硝酸铵（5000/10000）：能够自我持续分解的肥料。

根据联合国水槽测试（见《联合国试验和标准手册》第三部分第 38.2 小节），这适用于能够自我持续分解的硝酸铵基的化合物/复合肥料（化合物/复合肥料中含有硝酸铵与磷酸盐和/或者钾），并且硝酸铵的含氮量为：

——按重量计，在 15.75% 与 24.5% 之间，并且任何一种都不超过可燃/有机材料总量的 0.4%，或者符合欧洲议会和欧盟委员会 2003 年 10 月 13 日关于肥料的 EC 第 2003/2003 号法规附件三第（二）条的要求；

——按重量计，15.75% 或者以下，以及无限制的可燃材料。

14. 硝酸铵（1250/5000）：肥料级

这适用于符合 EC 第 2003/2003 号法规附件三第（二）条的要求的单一硝酸铵肥料和硝酸铵的化合物/复合肥料，并且硝酸铵中的氮含量为：

——超过 24.5%（按重量计），除了单一硝酸铵肥料与白云石、石灰石和/或者碳酸钙的混合物，纯度为至少 90%；

——超过 15.75%（按重量计），硝酸铵和硫酸铵的混合物；

——超过 28%（按重量计），单一硝酸铵肥料与白云石、石灰石和/或者碳酸钙的混合物，纯度为至少 90%。

15. 硝酸铵（350/2500）：技术级

这适用于硝酸铵和硝酸铵的混合物，其中硝酸铵的氮含量为：

——在 24.5% 和 28% 之间（按重量计），含有不超过 0.4% 的可燃物质；

——超过 28%（按重量计），含有不超过 0.2% 的可燃物质。

这也适用于硝酸铵水溶液，硝酸铵的浓度超过 80%（按重量计）。

16. 硝酸铵（10/50）：不履行爆炸测试的非功能材料和肥料，这适用于：

——在制造过程中的被拒材料,在附注 14 和附注 15 中提到的硝酸铵和硝酸铵的混合物,单一硝酸铵基肥料和硝酸铵基化合物/复合肥料,正在或者已经被最终用户退回到生产厂家、临时存储设施或者后处理长进行返工,因为这些材料不再符合附注 14 和附注 15 中的规范;

——不符合 EC 第 2003/2003 号法规附件三第(二)条的要求,在本附件附注 13 第一项和附注 14 中提到的肥料。

17. 硝酸钾 (5000/10000)

这也适用于与纯硝酸钾具有相同危险特性的复合硝酸钾肥料(小球状/颗粒状的形式)。

18. 硝酸钾 (1250/5000)

这也适用于与纯硝酸钾具有相同危险性的复合硝酸钾肥料(结晶的形式)。

19. 升级沼气

就实施本指令的目的,可按照附件一第二部分的 18 项对升级沼气进行分类。根据加工净化沼气和升级沼气的适用标准,确保沼气质量相当于天然气的质量,包括甲烷含量,最高为氧的 1%。

20. 多氯代二苯并呋喃(PCDFs)和多氯代二苯并二噁英(PCDDs)

利用以下因素计算多氯代二苯并呋喃和多氯代二苯并二噁英的数量:

2005 年世界卫生组织毒性当量因子			
2,3,7,8—TCDD	1	2,3,7,8—TCDF	0.1
1,2,3,7,8—PeCDD	1	2,3,4,7,8—PeCDF 1,2,3,7,8—PeCDF	0.3 0.03
1,2,3,4,7,8—HxCDD	0.1		
1,2,3,6,7,8—HxCDD	0.1	1,2,3,4,7,8—HxCDF	0.1
1,2,3,7,8,9—HxCDD	0.1	1,2,3,7,8,9—HxCDF 1,2,3,6,7,8—HxCDF	0.1 0.1
1,2,3,4,6,7,8—HpCDD	0.01	2,3,4,6,7,8—HxCDF	0.1
OCDD	0.0003	1,2,3,4,6,7,8—HpCDF 1,2,3,4,7,8,9—HpCDF OCDF	0.01 0.01 0.0003

(T = 四、P = 五、Hx = 六、Hp = 七、O = 八)

注:范登伯格等人,2005 年世界健康组织重新评估人员和哺乳动物的二噁英和二噁英类化合物的毒性当量因子。

21. 如果这种危险性物质属于 P5a 类易燃液体或者 P5b 类易燃液体,那么,就本指令的目的,应适用最低合格数量。

附件二 第 10 条提到的安全报告中必须要考虑的基本数据和信息

1. 就预防重大事故的目的,有关厂区的管理制度和组织结构的信息。这些信息应包含附件三所示的要素。

2. 介绍厂区的环境:

(一) 厂区描述和厂区的环境描述,包括地理位置、气象、地质、水文条件,如果有必要,还要介绍厂区的历史;

(二) 确定厂区能够产生重大事故危害的装置和其他活动;

(三) 在现有信息的基础上,确定邻近的厂区、本指令范围之外的地点、确定能够导致重大事故发生或者增加重大事故后果,或者产生多米诺效应的区域以及开发区;

(四) 描述可能发生重大事故的区域。

3. 装置描述:

(一) 从安全的角度出发,描述厂区重要部分的主要活动和产品,重大事故风险的来源以及能够导致重大事故发生的条件,并说明拟定的预防措施。

(二) 说明程序,尤其是操作方法;在适用的情况下,应考虑关于现有行业最佳实践的信息。

(三) 危险物质的描述:

(1) 危险物质的存放,包括:

——确定危险物质:化学名称,CAS 号,根据国际纯粹与应用化学联合会(IUPAC)命名法命名;

——存放或者可能存放危险物质的最大数量;

(2) 危险物的物理、化学、毒理特性,对人员健康和环境的急性危害和长期危害;

(3) 在正常使用条件下的物理和化学反应,或者在可预见的事故情况下的物理和化学反应。

4. 确定、事故风险分析和预防方法:

(一) 详细描述可能发生的重大事故场景,以及发生重大事故的概率或者条件,包括简要概述可能引发每个事故场景的初始事件,确定是装置内部原因还是外部原因,尤其包括:

(1) 运营的原因;(译者注:包括人员失误、设备失效和仪表失效等)

(2) 外部原因,比如那些涉及多米诺效应的原因,例如发生在本指令范围之外的地点但能够导致重大事故发生或者增加重大事故后果的事件;(译者注:例如外部火灾烘烤存储容器)

(3) 自然原因,比如地震或者洪水。

(二) 评估确定的重大事故的范围和严重性,使用包括地图、图片或者对应的说明(如适用),显示可能被厂区重大事故影响的区域。

(三) 回顾曾经因同样的物质和工艺流程而发生的事故和事件,从中吸取教训,明确提出为防止此类事故发生而采取的具体措施。

(四) 描述为保证装置安全所用的工艺技术参数和设备设施信息。(译者注:包括安全设备设施信息)

5. 减缓重大事故的后果预防和干预措施:

(一) 描述为减缓重大事故的后果对人员健康和环境的影响而在工厂里安装的设备,例如检测/保护系统;减缓意外泄漏规模的技术设备,包括水喷淋、水幕帘、紧急收集罐或者收集容器、切断阀、惰化系统、消防水收集系统。

(二) 报警和人员响应的组织机构。

(三) 可动员的内部或者外部资源。

(四) 与减轻重大事故影响有关的任何技术措施和非技术措施。

附件三 第 8 条第 5 款和第 10 条提到的为预防重大事故而制定安全管理制度和建立厂区组织机构

为实施运营商的安全管理制度,应考虑以下内容:

(一) 安全管理制度应当与厂区组织结构的复杂性、工业活动和危险源成比例,并应当建立在风险评估的基础上;安全管理制度应包括一般管理制度的部分信息,包括制定和实施重大事故预防政策的组织机构、责任、惯例、程序、步骤和资源。

(二) 安全管理制度应解决以下问题:

(1) 组织机构和人员。组织结构中管理重大危险源的各层人员的职位和职责,以及采取措施不断改进管理。确定这些人员的培训需求,并提供有关培训。基于安全考虑,要涵盖在厂区工作的员工以及相关承包商员工。

(2) 重大危险的识别和评估。采用和实施有关程序,系统地识别正常和异常运行（包括适用的承包商活动）产生的重大危险，并评估其可能性和严重性。

（3）操作控制。采用和实施安全操作程序和规范，包括维护厂房、工艺和设备，报警管理和暂时停工；为减少系统故障的风险，监测和控制应考虑现有的最优方法；管理和控制与厂区设备老化和腐蚀有关的风险；厂区设备的库存、检查和控制设备条件的策略和方法；适当的后续行动和任何必要的应对措施。

（4）变更管理。采用和实施计划修订程序，或者设计新装置、工艺或者储存设施。

（5）应急预案。采用和实施通过系统分析确定可预见的紧急情况的程序，准备、测试和审查应急预案，以应对这种紧急情况，并为具体的有关工作人员提供培训。这种培训应面向在厂区工作的所有人员，包括相关的承包商人员。

（6）监测性能。采用和实施符合运营商重大事故预防政策和安全管理制度的目标的现行评估程序，以及不符合运营商重大事故预防政策和安全管理制度的目标时，设立调查机制并采取纠正措施。程序应涵盖，运营商报告重大事故或者未遂事件的制度，特别是预防措施失效，以及基于事故教训的调查和后续措施。程序还应包括性能指标，比如安全性能指标和/或者其他相关指标。

（7）审计和审查。采用和实施定期系统地评估重大事故预防政策以及安全管理制度的有效性和持续性的程序；审查履行重大事故预防政策和安全管理制度的文件，以及由高级管理层更新的信息，包括考虑和纳入那些审计和审查所指出的必要修改。

附件四 第12条中所提到的应急预案应包含的数据和信息

1. 内部应急预案：

（一）被授权制定应急程序的人员的名称或者职位，以及负责控制现场情况的负责人员的名称或者职位。

（二）负责与制定外部应急预案的有关机构联系的人员的名称或者职位。

（三）对于可预见的能够导致重大事故的情况或者事件，说明将要采取的措施控制上述情况或者事件以限制重大事故的后果，包括说明可用的安全设备和资源。

（四）安排将限制风险安排到现场人员，包括如何提出警示，以及这些人员在收到警示之后将如何采取行动。

（五）安排向负责制定外部应急预案的有关部门传达事件的预警信息，预警应包含信息的基本情况。在具有更多的详细信息之后，再安排传达详细信息。

（六）在必要的情况下，安排对在职人员进行培训。使他们在适当的情况下能够履行应急预案并配合现场外的应急服务。

（七）安排协助现场外缓解事故后果的行动。

2. 外部应急预案：

（一）被授权制定应急程序的人员的名称或者职位，以及负责控制现场外情况的负责人员的名称或者职位。

（二）安排接收事件的预警，并安排警示和调用程序。

（三）安排协调必要的资源，实施外部应急预案。

（四）安排协助现场缓解事故后果的行动。

（五）安排现场外缓解事故后果的行动，包括对安全报告中提到的重大事故设想的回应，考虑可能产生的多米诺效应，包括那些对环境有一定的影响的反应。

（六）根据本指令第9条的规定，安排向公众，以及本指令范围之外的邻近的厂区或者地点传达关于事故以及有关应对措施的具体信息。

（七）如果重大事故可能导致跨界后果，那么应安排向其他成员国的应急服务部门提供有关信息。

附件五 第14条第1款和第2款第(1)项提到的提供给公众的信息

第一部分对于本指令范围之内的所有厂区：

1. 运营商的名称或者商号，以及有关厂区的完整地址。

2. 确认厂区遵守实施本指令的法规和/或者行政规定，并确认第7条第1款提到的通知或者第10条第1款提到的安全报告已经提交给主管部门。

3. 简单说明在厂区内进行的一项或者多项活动。

4. 如果涉及附件一第一部分提到的危险物质，那么应该提供危险物质的普通名称，或者属名，或者可能导致厂区发生重大事故的有关危险物质的危险源分类，并简要地说明这些危险物质的主要危险特性。

5. 如果有必要警示有关公众，提供给公众一般信息；如果发生重大事故，提供给公众关于适当行为的充分信息，或者提示公众去何处获取电子版信息。

6. 根据第 20 条第 4 款提到的最近现场考察的日期，或者介绍在何处可以获取电子版信息；根据第 22 条规定，如有要求，则需要提供关于检查和有关检查计划的具体信息。

7. 根据第 22 条的规定，详细介绍可以获取更多有关信息的机构。

第二部分对于高级的厂区，在本附件的第一部分提到的信息之外，还要提供：

1. 与重大事故危害的性质有关的一般信息，包括重大事故危害对人员健康和环境的潜在影响，以及有关主要类型的重大事故场景和解决重大事故的控制措施的细节概要。

2. 确认运营商在现场做出充分安排，特别是联系应急服务部门，处理重大事故并将事故影响减到最小。

3. 外部应急预案的充分信息，应对事故现场外的任何情况。还应包括建议配合事故发生时应急服务部门提出的指示或者要求。

4. 在适用的情况下，根据联合国欧洲经济委员会《工业事故跨界影响公约》，说明厂区是否邻近其他成员国的领土，并有可能产生重大事故的跨界影响。

附件六　第 18(1) 条规定向欧盟委员会通报重大事故的标准

第一部分：第一段涉及的任何重大事故或者造成第 2 段、第 3 段、第 4 段和第 5 段中描述的任何一种或者多种后果的重大事故，都应通知给欧盟委员会。

1. 涉及的危险物质

任何火灾，或者爆炸，或者危险物质的意外泄漏，含量最少为附件一第一部分第 3 栏或者附件一第二部分第 3 栏中规定的合格数量的 5%。

2. 对人员的伤害和对房地产的损害：

（一）死亡。

（二）厂区内六名人员受伤住院至少 24 小时。

（三）厂区外一名人员受伤住院至少 24 小时。

（四）事故导致厂区外的住宅建筑被损坏，并无法使用。

（五）对人员超过 2 小时的疏散或者限制（人数×小时）：数值至少是 500。

（六）饮用水、电、煤气或者电话服务中断超过 2 个小时（人×小时）：

数值至少是 1000。

3. 对环境的即时破坏：

（一）陆地生活环境的永久或者长期损害：

（1）0.5 公顷或者超过 0.5 公顷受立法保护的生活环境或者重要环保区域；

（2）10 公顷或者 10 公顷以上的大范围的生活环境，包括农业用地。

（二）淡水和海洋栖息地的重大或者长期的损害：

（1）10 公里或者 10 公里以上的河流或者运河；

（2）1 公顷或者 1 公顷以上的湖泊或者池塘；

（3）2 公顷或者 2 公顷以上的三角洲；

（4）2 公顷或者 2 公顷以上的海岸线或者公海。

（三）重大损害的含水层或者地下水：

1 公顷或者更多。

4. 对财产的损害：

（一）厂区内的财产损失至少 200 万欧元。

（二）厂区外的财产损失至少 50 万欧元。

5. 跨界损害

因为直接涉及危险物质的任何重大事故，从而对领土外的有关成员国造成影响。

第二部分：成员国认为涉及预防重大事故或者限制事故后果的特定技术利益的事故或者未遂事件，以及不符合上述量化标准的事故或者未遂事件，应该通知给欧盟委员会。

附件七 关联表

指令 96/82/EC	本 指 令
第 1 条	第 1 条
第 2(1) 条，第一小段	第 2(1) 条和第 3(2) 条、第 3(3) 条
第 2(1) 条，第二小段	第 3(12) 条
第 2(2) 条	—
第 3(1) 条	第 3(1) 条
第 3(2) 条	第 3(8) 条
第 3(3) 条	第 3(9) 条

国 际 篇

(续)

指令 96/82/EC	本 指 令
第3(4)条	第3(10)条
第3(5)条	第3(13)条
第3(6)条	第3(14)条
第3(7)条	第3(15)条
第3(8)条	第3(16)条
—	第3(2)条到(7)条,第3(11)条和(12)条第3(17)条到(19)条
第4条	第2(2)条,第一小段,第(1)项到第(6)项和第(八)项
—	第2(2)条,第一小段,第(7)项和第2(2)条,第二小段
—	第4条
第5条	第5条
第6(1)条	第7(2)条
第6(2)条,第(一)点到(七)项	第7(1)条,第(1)项到第(7)项
第6(3)条	第7(3)条
第6(4)条	第7(4)条,第(1)项到第(3)项
—	第7(4)条,第(四)项
第7(1)条	第8(1)条
—	第8(2)条,第(1)项和第(2)项
第7(1—1)条	第8(2)条,第(1)项
第7(2)条	第8(5)条
第7(3)条	—
—	第8(3)条
—	第8(4)条
—	第8(5)条
第8(1)条和(2)条	第9(1)条和(2)条
—	第9(2)条
第9(1)条	第10(1)条
第9(2)条,第一小段	第10(2)条

第二部分 欧 盟

(续)

指令 96/82/EC	本 指 令
第9(2)条,第二小段	—
第9(3)条	第10(3)条
第9(4)条	第10(6)条
第9(5)条	第10(5)条
第9(6)条	—
—	第10(4)条
第10条	第11条
第11(1)条,第(一)项和第(二)项	第12(1)条,第(1)项和第(2)项和第12(2)条
第11(1)条,第(三)项	第12(1)条,第(3)项
第11(2)条	第12(3)条
第11(3)条	第12(4)条和(5)条
第11(4)条	第12(6)条,第一小段
第11(4—1)条	第12(6)条,第二小段
第11(5)条	第12(7)条
第11(6)条	第12(8)条
第12(1)条,第一小段	第13(1)条
第12(1)条,第二小段	第13(2)条
第12(1—1)条	—
第12(2)条	第13(3)条
—	第13(4)条
第13(1)条,第一小段	第14(2)条,第一小段,第(1)项,和第14(2)条,第二小段第二句
第13(1)条,第二小段,第一句和第三句	第14(2)条,第二小段最后一句
第13(1)条,第二小段,第二句	第14(1)条
第13(1)条,第三小段	第14(2)条,第二小段,第一句
—	第14(1)条,第二句
第13(2)条	第14(3)条
第13(3)条	第14(4)条
第13(4)条,第一句	第14(2)条,第(2)项

(续)

指令 96/82/EC	本 指 令
第13(4)条,第二句和第三句	第22(3)条,第一小段和第二小段
第13(5)条	第15(1)条
第13(6)条	第14(2)条,第(3)项
—	第15(2)条到(7)条
第14(1)条	第16条
第14(2)条	第17条
第15(1)条,第(一)项到第(四)项	第18(1)条,第(1)项到第(2)项,以及第18(2)条,第一小段
第15(2)条,第一小段	第18(1)条,第(5)项和第18(3)条
第15(2)条,第二小段	第18(2)条第二小段
第15(3)条	第18(4)条
第16条	第6(1)条
—	第6(2)条,(3)条
第17条	第19条
第18(1)条	第20(1)条,(2)条
第18(2)条,第(一)项	第20(4)条
第18(2)条,第(二)项和第(三)项	第20(7)条
第18(3)条	第20(11)条
—	第20(3)条,(5)条,(6)条,(8)条,(9)条和(10)条
第19(1)条	第21(1)条
第19(1—1)条,第一小段	第21(3)条,第一小段
第19(1—1)条,第二小段	第21(3)条,第二小段
第19(2)条,第一小段	第21(4)条
第19(2)条,第二小段	第21(6)条
第19(3)条	第21(7)条
—	第21(5)条
第19(4)条	第21(2)条
第20(1)条,第一小段	第22(1)条
第20(1)条,第二小段	第22(2)条
第20(2)条	—

第二部分 欧 盟

（续）

指令 96/82/EC	本 指 令
—	第 23 条
—	第 24 条
第 21(1) 条	第 25 条
第 21(2) 条	第 21(5) 条
第 22 条	第 27 条
第 23 条	第 32 条
第 24 条	第 31 条
第 25 条	第 33 条
第 26 条	第 34 条
—	第 26 条和第 28 条到第 30 条
—	附件一，介绍段落
附件一，介绍，段落 1 到 5	附件一，附件一之附注，附注 1 到附注 3
附件一，介绍，段落 6 和 7	—
附件一，第一部分	附件一，第二部分
附件一，第一部分，第一部分之附注，附注 1 到 6	附件一，附件一之附注，附注 13 到附注 18
附件一，第一部分，第一部分之附注，附注 7	附件一，附件一之附注，附注 20
—	附件一，附件一之附注，附注 7
附件一，第二部分	附件一，第一部分
附件一，第二部分，第二部分之附注，附注 1	附件一，附件一之附注，附注 1、附注 5 和附注 6
附件一，第二部分，第二部分之附注，附注 2	附件一，附件一之附注，附注 8 到附注 10
附件一，第二部分，第二部分之附注，附注 3	附件一，附件一之附注，附注 11.1、附注 11.2 和附注 12
附件一，第二部分，第二部分之附注，附注 4	附件一，附件一之附注，附注 4
附件二，第一部分到第三部分	附件二，第 1 点到第 3 点
附件二，第四部分，第 1 点	附件二，第 4(一) 点
—	附件二，第 4(一) 点，第(1) 到第(三) 项

(续)

指令 96/82/EC	本 指 令
附件二，第四部分，第 2 点	附件二，第 4(二)点
—	附件二，第 4(三)点
附件二，第四部分，第 3 点	附件二，第 4(四)点
附件二，第五部分，第 1 点到第 3 点	附件二，第 5(一)点到第(三)点
附件二，第五部分，第 4 点	—
—	附件二，第 5(四)点
附件三，介绍段落和第（一）和（二）点	附件三，介绍段落和第(1)点，第 8(1)条和(5)条
附件三，第(三)点，第(1)到(4)项	附件三，第(二)点，第(1)到第(4)项
附件三，第(三)点，第(5)到(7)项	附件三，第(二)点，第(5)到第(7)项
附件四	附件四
附件五，第 1 点	附件五，第一部分，第 1 点
附件五，第 2 点	—
附件五，第 3 点到第 5 点	附件五，第一部分，第 2 点到第 4 点
附件五，第 6 点	附件五，第二部分，第 1 点
附件五，第 7 点和第 8 点	附件五，第一部分，第 5 点
	附件五，第一部分，第 6 点
附件五，第 9 点和第 10 点	附件五，第二部分，第 2 点和第 3 点
附件五，第 11 点	附件五，第一部分，第 7 点
—	附件五，第二部分，第 4 点
附件六，第一部分	附件六，第一部分
附件六，第二部分	附件六，第二部分
—	附件七

第二部分 欧 盟

2009104EC 关于工人在工作过程中使用设备的最低安全与健康要求

指 令

2009 年 9 月 16 日欧盟议会和欧盟理事会

第 2009/104/EC 号指令

关于工人在工作过程中使用设备的最低安全与健康要求

(89/391/EEC 指令第 16(1)条款下的第二项指令)

(已立法版本)

(欧洲经济区相关文本)

欧盟议会和欧盟理事会,根据《建立欧洲共同体条约》(以下简称《条约》)第 137(2)项特殊条款、委员会的提议,以及欧盟经济和社会委员会建议,并咨询了欧洲地区委员会,与《条约》中第 251 项条款里指定的程序保持一致。

鉴于:

(1) 欧盟理事会 1989 年 11 月 30 日的第 89/655/ECC 号指令,关于工人在工作过程中使用设备的最低安全与健康要求(第 89/391/EEC 号指令第 16(1)条款下的第二项特殊指令)已经被进行了多次修改。从明确性和合理性的角度出发,该指令应该成为法律条款。

(2) 本指令是 1989 年 6 月 2 日欧盟理事会第 89/391/EEC 号指令第 16(1)条款下的关于促进改善工人在工作过程中的安全与健康指施介绍的一项特殊指令。

因此,第 89/391/EEC 号指令中的条款完全适用于工人在工作过程中使用工具的范围,这与本指令中更加严格的或者特别指出的条款并无冲突。

(3)《条约》中的第 137(2)项条款规定欧盟理事会可以采取本指令提出的促进改善的最低要求来保护工人的健康与安全,尤其是改善工人的工作环境。

(4) 依照之前提到的条款,这些指令必须避免在行政上、财务上和法务上造成的负担,从而阻碍中小型企业的成立和发展。

　　(5) 依照《条约》中的第137(2)项条款内容,成员国接受的条款并不与其维护或推行更有力的保护工作环境的措施相冲突,二者是可以并存的。

　　(6) 依照本指令中的最低安全和健康要求来制定一个更标准化的安全和健康规范来确保工人在工作时使用工具过程中的安全和健康是必不可少的。

　　(7) 本指令的最终目的是改善工作环境中的安全条件、卫生条件和健康条件,并非出于完全经济利益上的考虑。

　　(8) 在高空中作业极有可能会对工人的健康和安全造成严重危险,最常见的是高空坠物和其他多种严重的施工事故。在这些事故中,致命的事故中所占的比例非常高。

　　(9) 本指令的制订是以欧盟境内市场达成统一规范和实用性为前提的。

　　(10) 依据欧盟议会和欧盟理事会1998年6月22日第98/34/EC号指令中规定的关于在信息社会服务中提供技术标准、条例和规则相关信息的程序,要求成员国向欧盟委员会报告其制定的与机械、工具、设备相关的技术规定的草案。

　　本指令是达成最终目标最适合的工具,是保证不会偏离最终目标的必需因素。

　　本指令不应该与附录Ⅲ中第二部分要求的成员国在规定的时间内转变成国家法律的义务相矛盾。

　　已经正式通过该指令:

第一章　总　　则

条款1　主旨

1. 本指令是第89/391/EEC号指令中的16(1)条款下的第二项特殊指令,制定了工人在工作过程中使用设备的最低安全与健康要求,具体见条款2中的定义。

2. 第89/391/EEC号指令中的规定与第一段中提及的内容完全适用,与本指令中包含的更加严格的或特别提出的规定并无任何冲突。

条款2　定义

为更好地实现本指令的作用,各项术语的具体解释如下:

(a) "设备":在工作过程中使用的任何类型的机械、仪器、工具或设备;

(b)"设备的使用":任何与设备相关的行为,例如启动或关闭该设备,设备的使用、运输、维修、改装、日常的维护保养,尤其包含该设备的清洁;

(c)"危险区域":任何对工人健康和安全造成危险的设备范围内或设备周边的区域;

(d)"被暴露的工人":任何完全或部分停留在危险区域内的工人;

(e)"操作员":直接使用设备或对该设备下达工作指令的工人。

第二章 雇主的责任义务

条款3 普通责任义务

1. 雇主应该采取必要的措施来保证设备的可靠性,确保工人接手该设备或调试该设备是为了更好地进行工作或为达成该目的而做出的适当调整,从而不会对工人造成安全和健康上的损伤。

在选择合适的设备时,尤其是考虑到在车间内工人的安全和健康,雇主应该注意特殊的工作环境、规格以及在使用和调试过程中的危险,以及任何在使用设备的过程中有可能会出现的其他危险。

2. 在无法完全保障工人在使用设备过程中的安全和健康,雇主应该采取必要的措施使风险降到最低。

条款4 与设备相关的规定

1. 与条款3不相冲突的情况下,雇主应该遵守以下条款:

(a)1992年12月31日以后第一次交付给所属企业或机构的工人使用的设备必须与以下条款相一致:

(i)欧盟理事会指令相关的适用条款;

(ii)附录Ⅰ中涉及的最低要求,在内容上没有其他的欧盟理事会指令或是部分适用的;

(b)如果设备已经在1992年12月31日之前就交付给所属企业或机构的工人使用,在交付日期之后的4年内完成附录Ⅰ中的最低要求;

(c)并不与(a)项中(i)条的内容相冲突,仅仅为任何与(a)项中(ii)条和(b)项不符合的内容做出说明,特定的设备需要遵守附录Ⅰ中第3点的要求,如果该设备已经于1998年12月5日前交付给所属企业或机构的工人使用,必须在交付日期之后的4年内完成附录Ⅰ中的最低要求。

2. 雇主应该采取有效的措施确保设备在整个使用寿命中得到有效的维护和保养,如果适用的话需与第一段中(a)项或(b)项的内容保持一致。

3. 成员国应该在与该行业双方磋商之后,并符合国家法律和/或惯例要求的前提下，开始建立与附录Ⅱ中提出的目标相一致的安全程序。

条款 5　检查设备

1. 雇主应该确保设备在不同安装条件下的安全性，应该按照国家法律和/或惯例由有相关资质的人员对设备完成最初的检查（在设备安装完毕之后和第一次使用之前）和在新地点完成组装之后的检查，并由此来确保该设备已经被正确无误的安装完毕并可以正常的运行。

2. 为确保维持健康和安全的工作条件并对在危险情况下作业造成的严重后果及时的发现和进行处置，雇主应该确保这些暴露在恶劣条件下有可能造成上述严重后果的设备：

（a）定期检查，并在适当的时候，在符合国家法律和/或惯例的范围内由有资质的人员进行测试；

（b）每一次在特殊环境下已经发生危及设备的安全使用的时候，例如经历过改装、事故、自然灾害，或长时间未使用的设备，特殊检查都应该在符合国家法律和/或惯例的范围内由有资质的人员来完成。

3. 检查的结果应该被保存，并在权威机构的安排下长期记录。检查结果必须保存足够长的时间。

当设备不在所属企业的监管下使用时，应该随该设备提供可见的证据用以证明该设备已经完成了最近一次检查。

4. 成员国应该制定在何种条件下来进行上述的各项检查。

条款 6　特殊危险环境中的设备

当在特殊环境中使用设备对工人的安全和健康造成危险时，雇主应该采取必要的措施来确保以下内容：

（a）设备只能被交付给有需要使用该设备完成工作的工人；

（b）在设备需要维修、改装、维护保养时候，只能由特别指定的工人来完成。

条款 7　人员工程学要求和职业健康

在雇主推行安全与健康的最低要求时需要完全考虑到工人在车间和工作地点使用设备时是否符合人员工程学的各项要求。

条款 8　将信息传递给工人

1. 在与第 89/391/EEC 号指令中的条款 10 不相冲突的情况下，雇主应该采取必要的措施确保工人在工作时已经取得足够的信息，并在适当的时候将书面操作指南放在设备上。

2. 上述相关信息和书面操作指南至少应该包含适当的与下列内容相关

的安全和健康信息：

(a) 设备的可工作环境；

(b) 可预见的异常情况；

(c) 适当的使用设备中的经验总结。

工人应该被告知与他们相关的危险，在工作场所或地点会出现的设备以及任何能影响这些设备的变故，因为这些变故能直接影响到工人在工作场所或地点使用的设备，即使工人不直接使用这些设备。

3. 上述相关信息和书面操作指南应该是工人可以理解的言语。

条款9 工人的培训

在与89/391/EEC指令中的条款12并不相冲突的情况下，雇主应该采取必要的措施确保以下内容：

(a) 工人受到足够关于如何使用设备的培训，包括使用该设备有可能遇到的危险；

(b) 依照条款6(b)工人应该受到足够的特殊培训。

条款10 工人的咨询和参与

工人的咨询以及工人代表对本指令中的内容，包含附录中的内容有疑问时，都需要遵守89/391/EEC号指令中的条款11的内容。

第三章 其他相关项

条款11 附录修补内容

1. 附录Ⅰ中的第3点补充增加了针对特殊设备的最低要求，欧盟理事会应该接受这些要求并与《条约》中的第137(2)项条款的程序保持一致。

2. 附录中涉及的严格的技术修改应该被接受，并与89/391/EEC号指令中的第17(2)条款中的程序保持一致，这样做会实现结果如下：

(a) 指令中涉及的与设备相关的技术上的统一化和标准化都会实现；同时/或者有

(b) 技术上的发展，与设备相关的国际规章或说明书或知识都会产生变化。

条款12 最终规定

成员国应该向欧盟委员会通报本指令中涉及的国家法律中规定的具体内容或相关领域已经被采纳。

条款13

第89/655/EEC号指令已经在本指令附录Ⅲ中的第一部分公开废除，这与本指令附录Ⅲ中的第二部分关于成员国在有限的时间内实现对本指令立法的责任义务并不相冲突。被公开废除的指令可以作为本指令的参考说明,同时需参阅本指令附录Ⅳ中的关联表。

条款 14

本指令将于刊登在欧盟官方期刊后的第 20 天开始正式生效。

条款 15

本指令适用于所有的成员国。

附录 I 最 低 要 求

[参考条款 4 中的(a)(ii)和(b)]

1. 一般注释

本附录中涉及的责任义务来源于本指令并与设备可能存在的危险保持一致。

下述的最低要求,只针对正在使用中的设备,不需要用来作为衡量新设备的基本要求。

2. 正在使用中设备的最低基本要求

2.1 能影响安全的设备控制装置必须清晰可见并可以被识别,同时在必要时需有适当的标识。

除了某些必需的控制装置外,控制装置必须被安置在危险区域之外,同时这些控制装置的操控不会引发其他的危险。控制装置不应该引发由于无意识操控所带来的其他危险。

在必要时,操作员在主要控制位置必须能够确保没有人员停留在危险区域内。如果不能实现上述要求,一个具有音效和/或视觉警告信号的安全系统必须在机械启动前自动发出信号。一个停留在危险区域内的工人必须有足够的时间迅速做出反应避免设备启动或停止时候所带来的危险的发生。

控制系统必须安全并且必须有针对失误和故障的多个备选项,同时针对不同的工作环境有相应的规定系数。

2.2 必须保证设备可以在正常的情况下被启动。同时在下述情况下正常启动:

——任何原因的停机后都可以重新启动;

——在运行条件发生重大变化的情况下（例如速度、压力等）;

只要重新启动或变化不会对暴露在危险区域的工人造成任何危险。

这些要求不适用于自动设备的正常运行周期中的重新启动或运行条件的

变化。

2.3 所有设备必须配备一个能够部分且完全关机的开关。

任何一个工作台都必须配备一个依据不同的危险能够部分或完全关闭设备的开关，来确保该设备处于一个安全的状态。该设备的关机开关必须能够控制开机关机。当该设备或危险的零部件已经停止工作时，相关驱动器的动力供应必须被关闭。

2.4 依据设备所造成的不同危险和正常的关机时间，该设备必须配备一个恰当的动力切断装置。

2.5 针对落物或喷射物所带来的危险，该设备必须配备相对应的安全装置。

针对气体、蒸气、液体或灰尘的排放所带来的危险，该设备必须在靠近危险来源的位置配备相对应的保护层和/或回收装置。

2.6 为确保工人的安全和健康，设备和其零部件必须被安全固件加固。

2.7 当设备的零部件出现破损开裂，极有可能会对工人的安全和健康造成威胁，必须采取适当的保护措施。

2.8 当有物体与设备的行动部件有直接机械接触并带来危险，且有可能造成事故时，这些零部件必须放置警示标语或安装保护装置，以防止其进入危险区域，或者在危险零部件进入危险区域前停止运行。

这些警示标语和保护装置必须：

——具有坚固耐用的结构；

——不会造成其他危险的发生；

——不能轻易地被挪动或被破坏；

——被放置在距离危险区域足够远的位置；

——不会对设备的运转周期造成不必要的影响；

——在可以不移动警示标语或保护装置的情况下，允许维护保养工作必需的操作来完成零部件的安装或更换，并限制进入工作的执行区域。

2.9 设备在其工作的区域和地点或者是在维护保养区域，必须适当的排列成行，便于进行操作。

2.10 设备的零部件处于高温或低温时必须采取有效的保护措施避免工人直接接触设备或过于靠近设备从而造成伤害。

2.11 设备上的警示标语必须是清晰可见并且是通俗易懂的。

2.12 设备只能用于工作且只能在设备被允许的条件下运行。

2.13 设备处于关闭状态时候必须能够实施正常的维护保养。如果不能实现，必须采取有效的保护措施来确保可以实施正常的维护保养或者是确保在危险区域之外实施维护保养。

如果任何设备都配有正常的维护保养日志，必须确保随时更新日志。

2.14 所有的设备必须采取清晰可见的方式来将设备与能源源头隔离开。

必须保证重新启动设备不会对工人造成危险。

2.15 设备必须配备基本的警示标语和记号来确保工人的安全。

2.16 工人必须采取安全的方式进入所有的生产、调试和维护保养区域，并且具有能确保工人在这些区域内停留的安全方式。

2.17 所有的设备在下列情况发生的时候必须具备有效的方式来保护工人的安全：当设备着火或温度过高的时候；当设备生产的、使用的或储存的气体、灰尘、液体、蒸气或其他物质有泄露的时候。

2.18 所有的设备必须具备有效的措施来防止设备本身发生爆炸时带来的危险或设备生产、使用、储存的物质发生爆炸时带来的危险。

2.19 所有设备必须具备有效的措施来保护工人直接或间接与电流接触所带来的危险。

3. 针对特殊类型设备的最低要求

3.1 针对自动推进或非自动推进流动设备的最低要求

3.1.1 能承载工人的设备必须具备能在设备行进中降低工人危险的方式。

有可能发生的危险包括工人与车轮或轨道直接接触或发生颠簸而造成的。

3.1.2 设备的可移动部件和附属部件之间的传动装置被不经意开启或拖动时有可能产生特殊的危险，这样的设备必须安装或配备了防止阻断传动装置的部件。

如果不能避免这类操作的发生，任何可能有效的措施都必须实施以防止对工人造成不利的影响。

3.1.3 设备的可移动部件上传送动力的驱动轴开始变脏或因为在地面上拖动而造成损坏时，必须配备能修复的装置。

3.1.4 可承载工人的移动设备在实际使用中必须设计成可限制设备倾翻时造成的危险：

——安装一个保护结构确保设备在做大于直角的转弯时不会发生倾斜，

或者

——大于直角转弯时发生了倾斜，一个结构能保证工人四周有足够的空隙，或者

——这些保护结构有可能是该设备的重要组成部件。

当设备运行时是固定不动的或者是非倾翻型设备，这些保护结构是不需要的。

当工人有被卡在设备的零部件和地面之间的危险时，设备必须安装可以保护工人的系统。

3.1.5 叉车携带一个或多个工人时必须配备适当的装备以减少侧翻的发生，例如：

——为司机安装一个保护外壳，或者

——为叉车安装一个预防侧翻的结构，或者

——依靠安装的预防侧翻结构，可以保证在侧翻时候叉车的零部件与地面之间可以为工人提供足够的空隙，或者

——依靠安装的结构，可以将工人限制在驾驶座位上用以防止他们由于侧翻而造成的挤压伤害。

3.1.6 可能对工人造成危险的自动推进式工作设备在使用中须满足下列条件：

（a）必须配备能阻止设备未经授权而启动的辅助设施；

（b）必须配备合适的设备以降低由台链轨式工作设备同时运作而产生碰撞的后果；

（c）必须配备刹住或者停止设备运作的装置。安全约束要求，在主要设施失灵的情况下，便利、易操作的紧急设备或自动系统必须能够刹住或停止设备；

（d）在驾驶员的直接视野不足以确保安全的情况下，必须安装适当的辅助装置来提高可见度；

（e）为在夜间或黑暗区域使用设计的工作设备必须配备适合所操作的照明，并确保工人的安全；

（f）由于工作设备自身或在拖带、运送过程中易引发火灾，并可能使工人陷入危险的情况下，如果工作区或附件无法轻易获取消防装置，则必须为其配备合适的消防装置；

（g）远程控制的工作设备一旦离开控制范围必须能够自动停止；

（h）在正常状态下能够引发挤压或撞击危险的远程工作设备必须配备

避免此类危险的设施，除非存在其他能控制撞击危险的合适装置。

3.2 针对举起货物设备的最低要求

3.2.1 当长期安装举起货物的工作设备时，在使用过程中要特别考虑要举起的货物和结构的上升或固定点引发的压力来确保设备的力度和稳定性。

3.2.2 举起货物的机械装置必须清楚标明其额定负载，同时为每组机械装置配备合适的负载金属板。

起重的附属设施必须标注安全使用所必要的识别特征。

有可能被错误使用的非专业设计举起人力的工作设备上必须清楚标明避免发生此类失误。

3.2.3 长期安装的工作设备在安装时要以减少货物危险的方式安装，预防出现下列情况：

（a）会击打到工人；

（b）无意识操作产生的危险浮动或随意滑落；

（c）被无意识的松开。

3.2.4 举起或运送工人的工作设备必须满足下列要求：

（a）在可能的条件下，通过合适装置预防出现汽车坠落的危险；

（b）在可能的条件下，预防出现使用者自己从车上掉下；

（c）预防使用者被挤压、受困或者受到击打，尤其是通过与物体的不经意接触；

（d）确保发生事故时困在汽车内的人不暴露于危险之下并能够获得解救。

如果由于场地原因和高度差异，通过任何安全措施不能避免（a）中提到的危险，应该安装增强安全系数的绳索并每天进行检查。

附录Ⅱ 工作设备使用的相关规定

［适用于条款4(3)］

本附录内容适用于前面指令及我们所谈及的工作设备中存在的相关风险。

1. 工作设备的安装、放置和使用必须按照减少设备操作工人及其他工人工作风险的原则。例如，确保工作设备的可移动部分和固定部分之间有足够空间，或者为可移动部分提供足够活动空间，所有形式的能量和材料能够通过安全方式被提供或者去除。

1.1 工作设备必须在安全环境下安装或者拆卸，尤其要遵守制造商为之提供的安装说明书。

1.2 那些在使用过程中可能被雷电击中的工作设备必须设置保护设施或者提供应对雷击的合适方案。

2. 针对使用可移动设备（不管是否是自动推动式）的相关规定

2.1 自动推动式工作设备只能由那些通过安全驾驶类设备培训的专业人员驾驶。

2.2 如果工作设备需要在工作区域来回移动，必须制定符合规定的运输规定并严格遵守。

2.3 必须在机构内部采取措施阻止工人在自动推动设备造作区域内行走。如果工作只能由徒步的工人操作，必须采取措施以防他们被机器损伤。

2.4 由机械驱动的移动工作设备运送的工人必须在提供了同样目的的安全设施条件下才能进行工作。如果工作只能在运送途中进行操作，必须按需要调整运送的速度。

2.5 配置了内燃机的移动工作设备只有在提供足够量空气的工作区域内使用，以确保工人的健康和避免出现安全危险。

3. 针对举起货物工作设备的相关规定

3.1 总则

3.1.1 可移动或可拆卸的工作设备及用来举起货物的设备必须考虑包括地面状况等所有可预见工作条件下确保设备的稳定性。

3.1.2 工人只能通过专业运送人力的设备或者辅助设施举起。在不违89/391/EEC 号指令第5项条款前提下，那些根据国家立法和/或提供适当监管实践的非专业设计用于举起人力的设备必须在采取适当措施来确保安全情况下才能应用于举起人力的目的。

当工人在专业举起货物的工作设备上时，必须保证控制站时刻有人操作。被举起的人力必须有可靠的通信手段。发生危险时，必须有疏散工人的可靠渠道。

3.1.3 必须采取措施确保工人不出现在悬浮货物下，除非该工作要求工人位于下面以确保操作的有效性。

货物不允许通过工人经常活动的未设置防护的工作区域。

存在此类风险的区域，如果工作不能得到很好的实施，必须制定合适的规程并在实践中应用。

3.1.4 必须根据需要操作的货物、控制点、附带索具及根据吊挂模式结构产生的压力状态选择相应的起重辅助设施。

3.1.5 起重辅助设施必须以确保设备不被损坏或降解的方式储存。

3.2 举起非操作性货物的工作设备

3.2.1 当举起非操作性货物工作设备的两个或多个组件被安装或者设置在与他们工作半径重叠的情况下,必须采取合适的措施以避免货物或工作设备各组件之间产生碰撞。

3.2.2 在使用移动工作设备举起非操作性货物时,必须采取措施防止设备出现倾斜、翻转,在有些情况下出现移动或滑脱。必须通过检查确保这些措施得到正确执行。

3.2.3 如果举起非操作性货物工作设备的操作员通过直接方式或辅助设备所提供的必要信息不能观察到货物运送的全路径,安全检查员必须与操作员保持联系来对其进行引导,同时机构内部必须采取措施防止货物产生碰撞使工人陷入危险的境地。

3.2.4 工作必须经过精心组织安排,工人可以在保证安全的情况下徒手捆绑或拆卸货物,尤其当工人直接或间接使用工作设备进行操控时更是如此。

3.2.5 所有的举起操作必须经过精心设计,适当监管和实施以确保工人的安全。

尤其是需要运送非操作性货物工作设备的两个或多个组件同时举起一件货物时,必须制定相应的工作程序并合理实施以确保各部分的操作员高度配合,协调工作。

3.2.6 如果举起非操作性货物的工作设备在产生完全或部分电力故障时不能维持操作,必须采取措施避免将工人暴露于因之产生的危险之下。

悬挂的货物不允许在未被监管情况下运送,除非货物运送过程中不经过危险区域并保证货物被安全悬挂和得到安全操控。

3.2.7 专业举起非操作性货物工作设备在露天情况下,当气象条件恶化到损害设备的安全使用或使工人暴露在危险之下时,必须停止使用。尤其需要采取足够有效的保护措施避免机器设备发生翻转给工人带来危险。

4. 针对高空临时作业工作设备的相关规定

4.1 总则

4.1.1 依照第 89/39/EEC 号指令第 6 项条款和该指令第 3 项条款,如果高空临时作业不能被安全实施，或操控面不能处于人机工程合适状态，必须选择最佳适用工作设备以确保和维持工作条件的安全性。集体防护措施必须优先于个人防护措施。工作设备的尺寸规格必须适合进行实施工作的性质及可预见的重力，同时在不具备危险情况下预留安全通道。

必须根据通道使用频率、成功通过的高度及使用间隔时间来选择进入临时工作场所的最佳方案。该方案在紧急危险情况下必须允许疏散。在入口两侧和平台之间的通道、甲板或梯板不能造成其他坠落的危险。

4.1.2 只有在前面4.1.1中提到的因为低风险等级和由于历时较短或雇主不能改变的已存特征而使用其他更为安全的工作设备是不合理的情况下，才能在高空作业时把梯子当作工作站使用。

4.1.3 只有在风险评估表明可以安全完成工作和使用更为安全工作设备不合理时才能使用绳索和定位技术。

考虑到风险评估，尤其依赖工作间隔和非正常约束，必须规定使用带有合适附属装置的座位。

4.1.4 根据前面所选择的工作设备类型，必须决定采取哪些合适措施将工人使用该类型设备的风险降至最低。如果必要，必须制定安装防护措施的相关规定预防滑落。这些规定必须具备适当配置和足够力量来阻止或控制高空坠落并尽可能排除对工人的伤害。预防坠落的集体防护措施只有在梯子或楼梯入口处才能中断。

4.1.5 当完成特殊任务要求暂时移走用来阻止坠落的集体性防护措施时，必须采取有效的替代性安全措施。在采取这些措施之前不能实施任务。一旦特定的任务完成，预防坠落的集体性防护措施必须在最后或临时性重新安装。

4.1.6 只有在天气状况不损害工人安全和健康情况下，高空临时作业才能被实施。

4.2 针对使用梯子的特别规定

4.2.1 梯子的放置必须确保在使用中保持其稳定性。便携式梯子应该放在稳定、结实、大小适宜、稳定的立足点上以确保梯子横档保持水平。除了绳索梯子，悬浮梯子必须用安全的方式安置，以确保梯子不被移动和摇晃。

4.2.2 便携式梯子的底部在使用过程中必须通过使梯子上端或者下端的位置直立，并使用防滑装置或任何其他类似等效的对等物以防止梯子滑倒。用作接口的梯子要保证足够长，除非已经采取其他措施保证搭手处足够稳固，伸出的部分要足够超过入口平台。必须保证联锁梯子和伸缩梯子在使用时不同部分之间不能滑动。必须保证移动梯子在被踩踏之前不能被移动。

4.2.3 梯子的使用过程中要确保工人随时可以找到可靠的抓点和安全的支撑。尤其是当需要人工在梯子上运送货物时，必须保证抓点安全的持续稳定性。

4.3 针对使用脚手架的特殊规定

4.3.1 当已选择脚手架的计算笔记不在身边或者笔记中不包括先前考虑的结构安排，除非根据得到普遍认可的标准结构配置脚手架，必须要计算脚手架的力度和稳定性。

4.3.2 根据所选脚手架的复杂性，其组装、使用和拆卸方案必须由安全检查员制定。这可作为补充脚手架特殊细节的相关物料项目的标准方案形式呈现。

4.3.3 脚手架的轴承零件不能滑落，要么准备防滑装置连接到轴承表面，要么使用其他形式的等效替代物。承重表面必须有足够的力量，必须采取措施保证脚手架的稳定性。有轮的脚手架要安装合适的装置防止高空作业时突然滑动。

4.3.4 脚手架表面的尺寸规格、形式和布局必须适合所实施工作的性质并适合搬运的货物，必须允许工作和通道处于安全状态。脚手架表面的安装组合必须保证日常使用中不能被移动。表面配件和为防止滑落设计的垂直集体防护措施之间不能存在造成危险的缝隙。

4.3.5 当脚手架个别部分不能使用时，例如当脚手架处于组装、拆卸或改变时，必须根据1992年6月国家置换委员会92/58/EEC号指令对工作安全或健康规定（89/391/EEC号指令第16款（1）内第9项特殊指令）的最低要求标注常规警示标识，同时必须通过合适的物理手段限制并防止使用危险区域。

4.3.6 只有在安全检查员和接受过针对所面临的操作专门培训过的工人的监督下才可以组装、拆卸或改变脚手架。或者出现以下情形：

（a）了解相关脚手架的组装、拆卸或改变方案；

（b）保证能够安全组装、拆卸和改变相关脚手架；

（c）采取措施预防人力或物体滑落出现危险；

（d）在出现能够有害的影响相关脚手架安全的天气状况因素时采取安全措施；

(e) 货物得到许可;

(f) 脚手架组装、拆卸或改变操作过程中造成的任何其他危险。

监督员或者相关工人必须了解4.3.2中提到的组装和拆卸方案,也包括其中所含的操作指南。

4.4 针对使用绳索和定位技术的相关具体规定

必须遵循下列条件才能使用绳索和定位技术:

(a) 系统必须包括至少两条单独的固定绳索,一条承担进入、下降和支持工作(工作绳索),另一条作为备用(安全绳索);

(b) 必须为工人提供和使用合适的安全带,并通过安全带与安全绳索相连;

(c) 工作绳索必须配备上升和下降的安全装置,配置自动上锁系统预防使用者失去对自己行动的控制掉落下来。安全绳索必须配备跟踪工人活动的移动预防滑落系统;

(d) 工人使用的工具或其他附属设施必须与工人的安全带或座位固定或通过其他合适的手段以保证安全;

(e) 必须对工作进行合理设计和监督,在发生紧急状况时能够立即对工人实施救援;

(f) 根据条款第9条,相关工人必须接受针对所面临操作的专门培训,尤其是针对救援过程的培训。

基于对风险的评估,如果使用第二条绳索会带来更大危险的特殊情况,是允许仅使用一条绳索的,但前提是根据国家立法和/或实践制定了相关合适措施来确保安全。

附 录 Ⅲ

第一部分	
被废除的指令及后续的修正案	
(参阅条款13)	
欧盟理事会第89/655/EEC号指令(OJ L 393,1989年12月30日,第13页)	
欧盟理事会第95/63/EC号指令(OJ L 335,1995年12月30日,第28页)	
欧盟议会和欧盟理事会第2001/45/EC号指令(OJ L 195,2001年7月19日,第46页)	
欧盟议会和欧盟理事会第2007/30/EC号指令(OJ L 165,2007年6月27日,第21页)	仅参考第89/655/EEC号指令中条款3第3点中的内容

国 际 篇

（续）

第二部分

转换成国家法律的时间列表

（参阅条款 13）

指令	转换时间列表
89/655/EEC	1992 年 12 月 31 日
95/63/EC	1998 年 12 月 4 日
2001/45/EC	2004 年 7 月 19 日（1）
2007/30/EC	2012 年 12 月 31 日

（1）为确保第 89/655/EEC 号指令附录 Ⅱ 中第 4 点的实施，考虑到尤其是中小型企业在实施第 2001/45/EC 号指令过程中有可能出现的不同情况，欧盟成员国有权使用的过渡时期自 2004 年 7 月 19 日算起不应超过 2 年。

指令 4

对应表

第 89/655/EEC 号指令	本指令
条款 1	条款 1
条款 2	条款 2
条款 3	条款 3
条款 4	条款 1
条款 4a(1)	条款 5(1)
条款 4a(2)，第一版和第二版	条款 5a(2)，(a)点和(b)点
条款 4a(3)	条款 5a(3)
条款 4a(4)	条款 5a(4)
条款 5，第一版和第二版	条款 6，(a)点和(b)点
条款 5a	条款 7
条款 6(1)	条款 8(1)
条款 6(2)，第一小节，第一、二、三版	条款 8(2)，第一小节，(a)点、(b)点和(c)点
条款 6(2)，第二小节	条款 8(2)，第二小节
条款 6(3)	条款 8(3)
条款 7，第一版	条款 9，(a)点
条款 7，第二版	条款 9，(b)点

第二部分 欧　　盟

（续）

指令 4	
对应表	
条款 8	条款 10
条款 9(1)	条款 11(1)
条款 9(2)，第一版和第二版	条款 11(2)，(a)点和(b)点
条款 10(1)	—
条款 10(2)	条款 12
—	条款 13
—	条款 14
1 条款 11	条款 15
附录 I	附录 I
附录 II	附录 II
—	附录 III
—	附录 IV

9992EC 改善爆炸性环境风险作业工人安全与健康防护最低要求

▶B 欧洲议会和理事会 1999 年 12 月 16 日

第 1999/92/EC 号指令

改善爆炸性环境风险作业工人安全与健康防护的最低要求

(依据第 89/391/EEC 号指令第 16(1) 条,第 15 号指令)

(L 23 号欧洲公报,2000 年 1 月 28 日,第 57 页)

  欧盟欧洲议会和理事会,鉴于《建立欧洲共同体条约》(以下简称《条约》),尤其是《条约》第 137 条,以及欧盟委员会就工作中的安全、卫生和健康防护咨询委员会,并就采矿和其他采掘行业咨询安全与健康委员会后,所给出的提议,鉴于经济和社会委员会的意见,经咨询地区委员会后,依据调解委员于 1999 年 10 月 21 日通过相关法律,按照《条约》第 251 条所规定程序执行。

  鉴于:

  (1)《条约》第 137 条规定,理事会可以通过指令方式,在工作环境中为鼓励改善而设置最低要求,以保证作业工人更好的安全与健康防护水平;

  (2) 根据该条条款,指令应避免施加行政、财务和法律约束,避免阻碍中小型企业的创新和发展;

  (3) 改善职业安全、卫生和健康是不应从纯经济角度考虑;

  (4) 如果作业工人的安全和健康防护要得到保证,必须遵守改善爆炸性环境风险作业工人安全与健康防护最低要求;

  (5) 该指令是理事会 1989 年 6 月 12 日第 89/391/EEC 号指令第 16 条关于引进措施以鼓励改善作业工人工作中的安全与健康的一个独立指令;因此,上述指令的规定,尤其与作业工人知情、咨询和参与权,以及培训相关的规定,也完全适用于爆炸性环境风险作业工人,且不损害该指令中所包含的更严格或更具体的规定;

（6）该指令可为欧共体社会创建做出实质贡献；

（7）欧洲议会和理事会 1994 年 3 月 23 日第 94/9/EC 号指令关于爆炸性环境设备和保护系统，根据《条约》第 137 条，特别是设备用途和/或类型及安装方法爆炸危险规定，起草指令；

（8）防爆对安全而言特别重要；由于火焰和压力不可控而引起爆炸以及作业工人周围空气氧气中有害物质和氧气消耗，危及作业工人生命与健康；

（9）建立预防爆炸规定，要求能在工作场所完成技术要求；第 89/391/EEC 号指令要求用人单位对作业工人工作中的安全和健康风险进行评估；规定用人单位需起草一份或一组防爆文档，以满足该指令最低要求，并及时更新；依照第 89/391/EEC 号指令第 9 条，防爆文档包括识别危险源、风险评价，以及对保护爆炸性环境风险作业工人安全和健康所采取的具体措施；防爆文档是第 89/391/EEC 号指令第 9 条所要求对工作中健康和安全风险评估的一部分；

（10）其他社区行为可以要求对爆炸风险进行评估，为避免重复工作，应允许用人单位按照国家惯例，结合文件、部分文件或其他等效报告，形成一份单一的"安全报告"；

（11）预防形成爆炸性环境也应该包括适用补充条款；

（12）同一工作场所不同企业的作业工人应该协调；

（13）如必要，当爆炸发生时，须用有效的额外措施来补充预防措施；可以通过预防措施与其他额外措施相结合保护作业工人的安全；

（14）理事会 1992 年 6 月 24 日第 92/58/EEC 号指令关于工作场所安全和/或健康标志的最低要求（包含于第 89/391/EEC 指令第 16（1）条，第 9 号独立指令）都可行，特别是在直接与危险区域相邻，烟雾、熏制、焊接及其他产生火焰或火花的危险区域；

（15）第 94/9/EC 号指令将设备和防护系统分类；该指令规定用人单位按照区域对可能产生爆炸性环境区域分类，决定每个区域应使用哪些设备和保护系统及类别。

本指令适用：

第一部分 总 则

第一条 目标及范围

1. 该指令是第 89/391/EEC 号指令第 16（1）条第 15 号独立指令，规定

第2条爆炸性环境风险作业工人安全和健康防护最低要求。

2. 该指令不适用于：

（a）患者医疗期医疗地区；

（b）按照第 90/396/EEC 号指令使用电器燃烧气体燃料；

（c）制造、处理、使用、储存和运输易爆或化学不稳定物质；

（d）第 92/91/EEC 号指令或第 92/104/EEC 号指规定矿物提取行业；

（e）根据国际协议的相关规定（如，ADNR，ADR，ICAO，IMO，RID）和对这些协议有影响力指令使用陆、水和空交通工具，不排除爆炸性环境运输。

3. 第 89/391/EEC 号指令和相关独立指令规定完全适用于第 1 条，而不损害该指令所包含的更具约束力和/或更具体的规定。

第二条　定义

"爆炸性环境"指的是在大气条件下，与空气、气体、蒸气、烟雾或粉尘中的易燃物质混合，着火后，燃烧蔓延至整个混合物。

第二部分　用人单位职责

第三条　预防和保护

根据第 89/391/EEC 号指令第 6(2) 条，用人单位应当根据以下基本原则，按照优先次序采取适合技术和/或组织措施：

——防止形成爆炸性环境；

——避免爆炸性环境着火；和

——减轻爆炸的不利影响以确保作业工人的安全和健康。

这些措施在必要时可以结合防止爆炸蔓延措施，在任何情况下都应定期排查。

第四条　风险评估

1. 第 89/391/EEC 号指令第 6(3) 条规定，用人单位应评估爆炸性环境具体风险，至少应考虑：

——爆炸性环境发生的可能性及持久性；

——点火源的可能性，包括静电放电；

——装置、使用的物质、过程及其相互作用；

——预期规模。

应全面评估爆炸风险。

2. 与爆炸性环境相同的区域应进行爆炸风险评估。

第五条 一般职责

为确保作业工人的安全和健康，根据风险评估基本原则和第三条规定，用人单位应当采取必要措施，以便：

——在爆炸性环境可能产生且危及作业工人及他人安全和健康的区域，创造一个可以安全进行的工作环境；

——在爆炸性环境可能产生且危及作业工人安全和健康的工作环境中，确保作业工人在场时能通过使用技术手段得到适当监护。

第六条 协调职责

同一工作场所不同企业的作业工人，每个用人单位必须对其控制之下事项负责。

在不损害第 89/391/EEC 号指令规定用人单位个人责任的前提下，对工作场所负责的用人单位应按照国家法律和/或惯例，协调所有有关作业工人安全和健康措施实施，并须在第八条中提及的防爆文档中声明协调的目标以及为实现该目标所采取的措施和程序。

第七条 爆炸性环境

1. 用人单位应当按照附件一对爆炸性环境按区进行归类。

2. 用人单位须保证附件二所规定的最低要求适用于第 1 条中所涵盖的区域。

3. 在必要的情况下，在可能产生爆炸且危及作业工人健康和安全的区域应按照附件三标记。

第八条 防护文件

依据第四条规定，用人单位应当确保制定文件并及时更新，以下简称为"防护文件"。

文件应特别证明：

——爆炸风险已被确定并评估；

——采取适当的措施；

——附件一中列举的已按区进行归类；

——适用于附件二中列举了最低要求的区域；

——工作场所和工作设备，包括预警设备考虑安全后而设计、操作和维护；

——已按照欧盟理事会第 89/655/EEC 号指令对工作设备的安全使用做出了安排。

先制定防护文件，并当工作场所、工作设备或工作组织发生重大变化、扩展或转换时进行修订。

用人单位可以结合现有的爆炸风险评估、文件或其他等效报告。

第九条 工作设备和场所特别要求

1. 已在使用或 2003 年 6 月 30 日之前首次投入使用的爆炸性环境工作设备，如果没有其他指令适用或者仅部分适用，应遵从附件二 A 部分中规定的最低日期要求。

2. 2003 年 6 月 30 日后首次投入使用的爆炸性环境工作设备，应遵从附件二 A 和 B 部分所规定的最低要求。

3. 2003 年 6 月 30 日后首次投入使用的爆炸性环境工作场所应遵从该指令所规定的最低要求。

4. 2003 年 6 月 30 日前已使用的爆炸性环境工作场所 3 年内应遵从该所规定指令的最低要求。

5. 如 2003 年 6 月 30 日后，爆炸性环境工作场所进行的任何修改、扩展或重组，用人单位都应采取必要的措施来保证这些修改、扩展或重组符合该指令所规定的最低要求。

第三部分 其他规定

第十条 附件调整

以下情形必须对附件做技术性调整：

——在防爆领域采用技术统一和标准化指令；和/或

——技术的进步、国际法规或规范的变化，以及防爆方面的新发现。

应按照第 89/391/EEC 号指令第十七条规定的程序进行调整。

第十一条 实践指导

欧盟委员会应制定切实可行的指导方针指导实践。该指导应涉及附件一第 3、4、5、6、7 和 8 条，附件二 A 部分规定。

欧盟委员会应根据欧盟理事会第 74/325/EEC 号决议，先就工作中的安全、卫生和健康防护咨询委员会。

依据该指令，起草关于作业工人安全和健康防护的各国政策，各成员国应充分考虑上述规定。

第十二条 企业信息

根据第十一条规定，成员国应根据要求尽力向用人单位提供所需的相关可用信息，特别是实践指导。

第十三条 最终条款

1. 成员国应于2003年6月30日之前使相关法律、法规和管理规定生效以符合该指令,并应立即通知欧盟委员会。

2. 成员国采取措施时,应当参阅该指令或官方公报相关规定。参阅方法由各成员国制定。

3. 成员国应将其已实行的国家法律规定或本指令规定范围施行的法律规定文本提交予欧盟委员会。

第十四条

该指令将于在欧洲共同体的官方公报上发布的当天生效。

第十五条

该指令适用于各成员国。

附件一 爆炸性环境归类

补充说明

以下归类适用于第3、4、7和8条中规定环境。

1. 爆炸性环境

根据该指令规定危险、可能产生爆炸且需要特殊预防措施来保护作业工人安全和健康的区域。

根据该指令规定非危险的、预计不会发生爆炸,需要特殊预防措施的区域。

可能发生爆炸、作为材料的易燃和/或可燃物质,除非调查已经表明其与空气混合后不能独立传播爆炸。

2. 危险环境归类

根据爆炸性发生频率和持续时间将危险区域按区分类。

按照附件二A部分采取相关措施。

0区

爆炸性环境,空气中连续、长期或经常含有气体、蒸气或薄雾易燃物质。

1区

爆炸性环境,空气中在正常操作下可能偶尔含有气体、蒸气或薄雾易燃物质。

2区

爆炸性环境,空气中在正常操作下不可能含有气体、蒸气或薄雾易燃物质,如果确实发生,持续时间很短。

20 区

爆炸性环境，空气中连续、长期或经常含有可燃性粉尘形式。

21 区

爆炸性环境，空气中在正常操作下可能偶尔含有可燃性粉尘形式。

22 区

爆炸性环境，空气中在正常操作下不可能偶尔含有可燃性粉尘形式，如果确实发生，持续时间很短。

注释：

1. 可燃性粉尘堆积层、沉积物和堆积物须看作其他形成爆炸性环境来源。

2. "正常操作"是指装置依照设计参数使用。

附件二

A. 加强爆炸性环境风险作业工人安全和健康防护最低要求

补充说明

本附件规定适用于：

——依照附件一归类为危险区域，工作场所、工作站、设备或物质要求；

——无危险区域，被要求或助于确保危险区域设备安全运行。

1. 组织措施

1.1 作业工人培训

用人单位须给爆炸性环境区域的作业工人提供防爆培训。

1.2 书面指令和工作许可

防护文件规定区域：

——危险区域的工作必须按照用人单位发出的书面指令进行；

——危险活动以及可能与其他工作相互作用而造成危害的活动必须申请工作许可。

工作许可必须由负责人员在工作开始前发布。

2. 防护措施

2.1 任何可能会引起爆炸的易燃气体、蒸气、雾或可燃粉尘的泄漏和/或释放，无论是有意还是无意，必须适当转移或迁移到安全区域，如果不可行，需用其他合适方法排放。

2.2 如果爆炸性环境包含几种易燃和/或可燃气体、蒸气、雾或粉尘，防护措施应当适于最大潜在风险。

2.3 作业工人工作环境为电荷载体或电荷来源区域要防止着火危害，还必须考虑静电放电。须提供给作业工人含有不会导致静电放电而点燃爆炸的材料的工作服。

2.4 车间、设备、防护系统和任何相关设备只在防护文件表明可以安全用于爆炸性环境的情况下投入使用。也适用于不包含在94/9/EC号指令内的设备、保护系统和相关设备连接部件。必须采取必要的措施来防止连接设备混淆。

2.5 必须采取一切必要措施确保作业工人工作场所、工作设备和任何相关设备正确设计、建造、安装、组装，以及维护和操作，且如果爆炸发生，须控制或减少在工作场所和/或工作设备间传播。必须采取适当的措施使爆炸对作业工人身体造成影响的风险最小化。

2.6 在必要的区域，必须给作业工人光和/或声的警告，并在爆炸条件形成前撤退。

2.7 在防护文件规定区域，逃生设施必须配置和维护，以确保一旦发生危险，作业工人可以及时和安全地离开危险地带。

2.8 爆炸性环境工作场所首次投入使用前，整体防爆安全必须验证。任何确保爆炸防护的必要条件必须满足。

此类验证必须由经验和/或专业人士执行。

2.9 在风险评估显示有必要的区域：

——在断电可以引发额外传播风险区域，保持设备和保护系统停电状态下须独立于其余装置操作；

——如果这样尚不能保证安全，须用手动操作关闭自动化的设备和保护系统。

——紧急关闭、累积能量必须尽快，尽可能安全的耗散或隔离，保证其不再构成危害。

B. 设备及防护系统的选择标准

爆炸性环境所有区域设备和防护系统也必须按照94/9/EC号指令规定的类别进行分类。

特别是，以下类别的设备必须在指明区域使用：

——0区或20区，1类设备；

——1区或21区，1类或2类设备；

——2区或22区，1类、2类或3类设备。

附件三

爆炸性环境警告标志，根据条款7(3)：

► (1) C1

爆炸性环境

特征：

——三角形

——黑边黄底黑字（黄色部分至少占标志牌面积的50%）

成员国可添加其他符号。

第二部分　欧　　盟

9258EEC 关于工作场所安全与健康标志最低标准

▶B 1992 年 6 月 24 日理事会
第 92/58/EEC 号指令
关于工作场所安全与健康标志最低标准
（依照第 89/391/EEC 号指令第 16(1) 条，第 9 号指令）
（OJ L 245，1992 年 8 月 26 日，第 23 页）

欧洲共同体理事会，根据《建立欧洲经济共同体条约》（以下简称《条约》），特别是其第 118a 条款规定，以及欧盟委员会经与咨询委员会商谈工作中安全、卫生和健康保护问题起草的提议，同欧洲议会的合作关系，经济和社会委员会的意见。

鉴于：

《条约》118a 条款规定，理事会须发布各项指令，制定最低标准提高工作水平，特别是提高工作场所员工安全与健康工作水平。

依照上述条款规定，制定指令时，应避免设定行政、财务和法律方面约束条件，限制中小型企业创新和发展。

欧盟委员会就安全、卫生、健康计划进行沟通，依照各成员国工作场所安全标志法律、法规和行政条例，为 1977 年 7 月 25 日第 77/576/EEC 号指令条款修订、范围扩展提供内容。

在 1987 年 12 月 21 日关于工作中安全、卫生和健康决议中，理事会要求欧盟委员会在短期内为上述指令修订、扩展提交提议。

第 77/576/EEC 号指令应由本指令替代，鉴于其内容清晰连贯。

本指令为单独指令，但其内容符合 1989 年 6 月 12 日理事会第 89/391/EEC 号指令第 16 条(1) 条提高员工安全与健康工作水平规定；不损害更严格或特别条款规定条件下，本指令规定完全适用于工作场所安全与健康标志标准。

欧盟委员会已颁布安全标志、危险障碍和地点标志相关准则,因此本指令仅规定有限数量标志。

因部分危险标志使用不恰当,本指令引入新标志,使员工能使识别和规避风险,确保工作安全和/或健康。

由于采用集体安全与健康保护技术、措施、方法或程序不能有效降低危害,所以必须安装安全和/或健康标志。

各成员国安全和/或健康标志不同导致标志不明确,欧共体内劳动人员流动使这一状况更突出。

工作中使用标准化标志更有利于降低因员工间语言文化差异带来的危害。

本指令是共同体社会一体化重要步骤。

欧盟委员会将根据第74/325/EEC号指令最新修正案起草有关建议。

本指令适用:

第一章 总 则

第1条 目标

1. 本指令为第9号单独指令,内容符合第89/391/EEC号指令第16(1)条,规定工作中安全和/或健康标志最低标准。

2. 本指令不适用市场危险物品、制剂、产品和/或设备标志,除非其他欧共体条约对此有具体规定。

3. 本指令不适用于一般道路、铁路、内河航道、航海或航空运输标志。

4. 指令89/391/EEC条款完全适用本条1款所涉领域,在不损害本指令条件下,可以采用更严格和/或具体规定。

第2条 定义

下列术语定义为:

(a) 安全和/或健康标志是指特定物体、行为或情形标志,通过标志牌、颜色、发光标志、声音信号、语言信号、手势等方式表明安全和/或健康信息或指示;

(b) 禁止标志是指行为可能造成或发生危险的标志;

(c) 警告标志是指警告注意危险的标志;

(d) 指示标志是指按规定行为的标志;

(e) 紧急出口或急救标志是指指示紧急逃生、急救或救急设施的标志;

(f) 信息标志是指(b)、(e)标志外,提供信息的标志;

（g）标志牌是指为视觉效果而标示的标志牌，通过几何形状、颜色、符号、图标的组合传递特定信息；

（h）附属标志牌是指和(g)中标志牌联合使用的标志牌，起补充信息的作用；

（i）安全色是指设定具体含义的颜色；

（j）图形或图标是指用于标志牌或发光标志，表明特定行为或状况的符号；

（k）发光标志是指透明或半透明材料制成的标志，从内部或后方照明，显出发光面；

（l）声音信号是指装置发出或传送的一组编码声波讯号，不使用人或人工语音；

（m）语言信号是指由人或人工语音传达的预定信息；

（n）手势是指手和/或手臂的运动和位置，以编码的形式传递进行指挥。

第二章 用人单位职责

第3条 总则

1. 用人单位应当根据本指令，在使用集体防护措施、方法、程序技术无法规避危险处，安装安全和/或健康标志或确认标志安装位置正确。

用人单位应考虑指令89/391/EEC第6(3)(a)条规定的风险评估。

2. 不违反附件五规定条件下，在运输工具、工作场所安装相应道路、铁路、内河航道、航海和航空运输标志。

第4条 新安全和/或健康标志使用

不违反本指令第6条规定的条件下，在第11(1)条规定期限内或规定期限后，工作中初次使用的新安全和/或健康标志必须达到附件一至九规定的最低要求。

第5条 旧安全和/或健康标志使用

不违背本指令第6条规定的条件下，在第11(1)条规定日期前，工作中使用的旧安全和/或健康标志必须在18个月有效期内达到附件一至九规定的最低标准。

第6条 免除使用安全和/或健康标志

1. 根据作业方式、企业规模，各成员国可划定企业种类，允许全部、部分或暂时调整发光标志、声音信号标志，采用替代方法达到防护标准。

2. 各成员国咨询用人单位和员工意见后，可酌情减少附件八第二部分和/或附件九第三部分措施，采用替代方法达到防护标准。

3. 各成员国适用本条 1 款时，应根据国家相关法律、法规咨询用人单位和员工组织。

第 7 条 员工信息权

1. 不违背指令 89/391/EEC 第 10 条规定条件下，应告知员工和/或其代表所有工作中安全和/或健康标志信息。

2. 不违背指令 89/391/EEC 第 10 条规定条件下，应给予员工工作中安全和/或健康标志方面恰当指导。

上述指导行为应包含标志含义，特别是文字图标的含义以及一般和特定行为的含义。

第 8 条 员工征询参与权

根据指令 89/391/EEC 第 11 条规定，员工和/或其代表有权就本指令及附件一到附件九内容发表意见并进行参与。

第三章 杂 项 规 定

第 9 条 附件适用性

在以下情形中，依照指令 89/391/EEC 第 17 条相关规定，应当采用附件一到附件九的技术条款：

——为保障安全和/或健康标志或装置设计和制造技术统一、标准化，适用附件相应条款；

——技术进步，国际准则、规格变更，安全和/或健康标志信息更新。

第 10 条

1. 依照本指令第 11 条第 1 款规定指令 77/576/EEC 应于本指令生效时废止。

但是如出现本指令第 5 条规定的情况，上述指令适用期最多延长 18 个月，自本指令生效之日算起。

2. 上述废止指令条款应参阅本指令相关条款。

第 11 条 最后条款

1. 各成员国应使本指令适用的各法律、法规、行政条例不迟于 1994 年 6 月 24 日生效。

各成员国应立即通知欧委会相关情况。

2. 各成员国立定相关法律条文时，应参阅本指令内容或其他官方文件，参阅方法应由各成员国制定。

3. 成员国应就本指令规定范围，本国已经实行或正在实行的条款文本内容同欧委会协商。

第 12 条

本指令适用于各成员国。

附件一　安全和/或健康标志最低标准总则

1. 序言

1.1　本指令第 3 条规定的安全和/或健康标志必须符合附件二到附件九规定的标准。

1.2　本附件设定标准，介绍安全和/或健康标志不同使用方法，制定标志交叉冲突适用准则。

1.3　本附件安全和/或健康标志仅用于传达本指令特定信息。

2. 标志类别

2.1　永久性标志

2.1.1　永久性标志牌用于标记禁止标志、警告标志和指示标志，如危险地段、紧急出口、急救设施。

标志牌和/或安全色必须用于永久标记危险地段和防火设施。

2.1.2　容器和管道上的标记牌应按照附件三规定安放。

2.1.3　易出现滑坡或落物地段应长期安放安全色和/或标志牌。

2.1.4　交通道路应长期标记安全色。

2.2　暂时性标志

2.2.1　发光标志、声音信号和/或语言信号应根据相关标准及下述条目 3 对换用和合用标志的规定，标记危险，指示人员做出相应应急反应。

2.2.2　手势和/或语言信号应根据相关标准，指示人员避险。

3. 换用和合用标志

3.1　如指示效果相同，下列标志可换用：

——安全色或标志牌均可标记危险或易出现落物地段；

——发光标志、声音信号或语言信号；

——手势或语言信号。

3.2　下列标志可合用：

——发光标志和声音信号；

——发光标志和语言信号；

——手势和语言信号。

4. 下表标志指示适用于所有带安全色的标志：

颜　色	含义或目的	指令和提示
红色	禁止标志	危险行为
	危险标志	停止，关机，紧急关断设施疏散
	消防设备	识别和定位
黄色或琥珀色	警告标志	小心戒备，事先检查
蓝色	指示标志	特定行为需要穿戴个人防护设备
绿色	紧急逃生，急救标志	门，出口，路径，设备，装置
	无危险	恢复正常

5. 必须避免标志的有效性受不利因素干扰：

5.1　可见性或可闻度相同类型标志，应特别

5.1.1　避免紧密安放太多标志。

5.1.2　避免同时安放两盏发光标志，以免混淆。

5.1.3　发光标志不适宜接近其他类似照明源。

5.1.4　两套声音信号不应同时使用。

5.1.5　周遭噪声太大时，不能使用声音信号。

5.2　标志或信号装置设计不良、数量不足、定位不准确、维修不佳或操作不正确。

6. 据相关标准，对标志和信号装置进行清洗、维护、检查、修理，以及如有必要定期更换，以确保功能正常。

7. 依照危险或风险程度、覆盖区域面积大小决定标志或信号装置安装数量和地点。

8. 信号装置需外接电源时，应保障应急电源防止停电状况出现，危险状况已排除除外。

9. 需触发的发光标志和/或声音信号，应在实施防护措施时，保持打开状态。使用后，应重新激活发光标志和声音信号。

10. 发光标志和声音信号使用前和频繁时间间隔中应进行检查，确保运行正常有效。

11. 如作业人员听力或视力受损，包含佩戴个人防护装备造成的损伤，

必须采取措施补充或替代相关标志设施。

12. 存储较大数量危险物品或制剂的厂区、厂房或机箱必须按照附件二条款 3.2 规定竖立相关警告牌，或按照附件三第一部分内容规定做标记，包裹或容器已贴有警告标记除外。

▼B

附件二 标志牌最低标准总则

1. 特征

1.1 标志牌的形状和颜色应根据具体目的，按照第三章节规定设定（标志牌包括禁止、警告、指示、逃生路线紧急情况或消防器材标志）。

1.2 图标必须尽可能设计简单，并应仅含必要细节。

1.3 所使用的图标可能会略有不同或比第三章节所示更详细，条件是它们表达相同含义，无差异或差异模糊。

1.4 标志牌材质耐抗性和耐气候性应适应周围环境。

1.5 标志牌的尺寸、色泽、光度必须易于可见和辨识。

2. 使用条件

2.1 标志牌原则上应安装于高度、光线适合，无障碍位置，如在一般危险情况区域入口，或紧邻特定危险情况或物品、光亮、出入方便处。

在不违背指令 89/654/EEC 条款规定条件下，当自然光线不足，应当使用荧光色、反光材质或人工照明。

2.2 相关指示情形不复存在时，标志牌必须拆除。

3. 标志牌

3.1 禁止标志

特点：

——圆形

——黑色图形符号，白色衬底加红色边框，标有对角线（红色部分至少占标志牌面积的 35%）

禁止吸烟

禁止烟火

行人止步

▼B

禁止用水灭火

禁止饮用

禁止非授权人士进入

禁止厂内车辆通行

禁止触碰

3.2 警告标志

特点：

——三角形

——黑色图形符号，黄色衬底加黑色边框（黄色部分至少占标志牌面积的 50%）

小心易燃物品或高温

小心爆炸

小心中毒

小心腐蚀

小心电离辐射

小心吊物

▼B

小心厂内车辆

小心触电

注意安全

小心激光

小心助燃物

小心非电离辐射

小心强磁场

小心障碍物

小心跌落

小心感染

小心低温

小心有害或刺激性物质

3.3 指示标志

特点：

——圆形

国 际 篇

——白色图形符号，蓝色衬底（蓝色部分至少占据标志牌面积的50%）

▼B

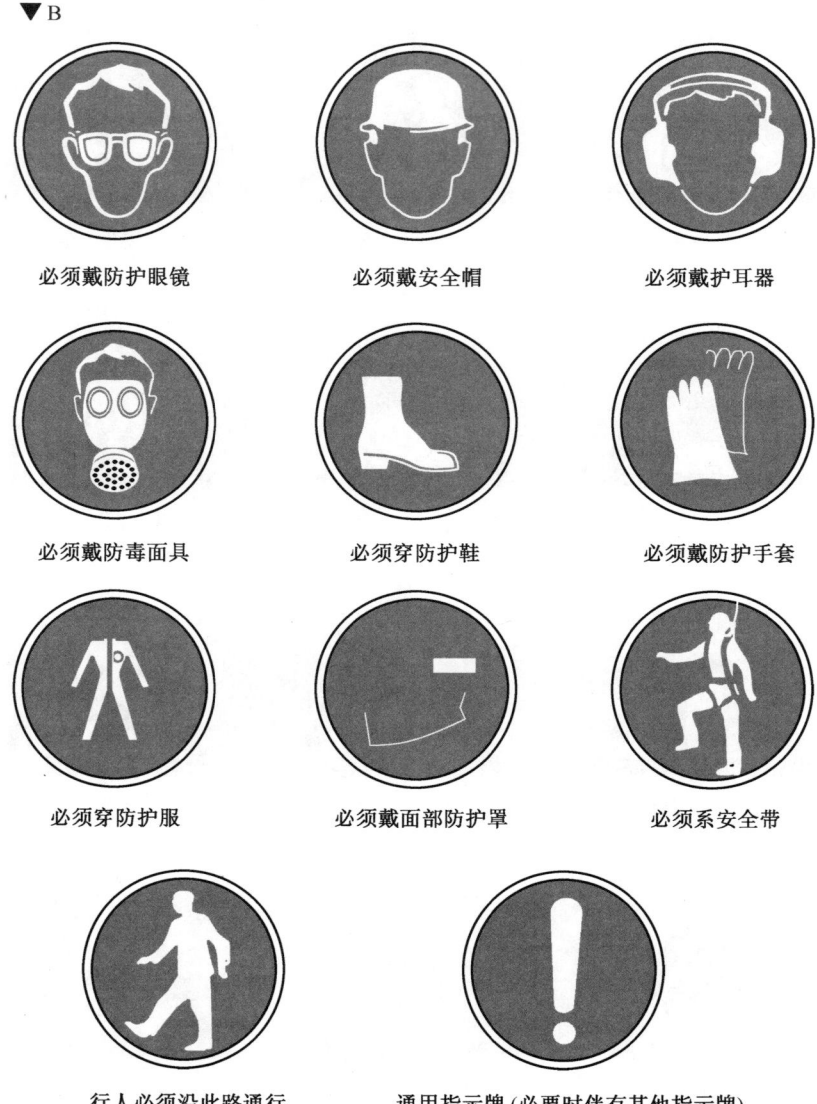

必须戴防护眼镜	必须戴安全帽	必须戴护耳器
必须戴防毒面具	必须穿防护鞋	必须戴防护手套
必须穿防护服	必须戴面部防护罩	必须系安全带
行人必须沿此路通行	通用指示牌(必要时伴有其他指示牌)	

3.4 紧急出口或急救标志牌

特点：

——矩形或方形

——白色图形符号，绿色衬底（绿色部分至少占标志牌面积的50％）

紧急出口、逃生路线

方向(辅助标志)

急救站　　　　担架　　　　安全沐浴　　　眼睛冲洗

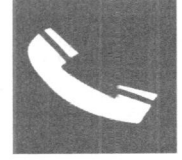

急救或逃生应急电话

3.5　消防标志牌

特点：
　　——矩形或方形
　　——白色图形符号，红色衬底（红色部分至少占标志牌面积的50％）

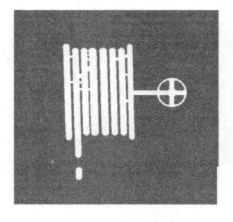   

消防栓　　　　　　消防梯　　　　　　灭火器　　　　火警应急电话

附件三　容器和管道标志最低标准

1. 指令 67/548/EEC 和指令 67/548/EEC 定义的工作中存储危险物品和制剂容器或可见管道，必须根据相关规定贴上标签（带彩色背景的图标、符号）。

上条规定不适用于短期盛放或盛放物品频繁更换的容器，条件是采取替代措施，特别是已告知员工信息和/或对其培训，保障相关人员安全与健康。

上述标签应：

——根据附件二规定由警告标志代替，并使用相同图标或符号；

——补充信息，如危险物品或制剂名称、配方、具体危害；

——运输时，为运送危险物品或制剂交通工具补充或替换合适标签。

2. 标签必须按照如下规定粘贴：

——贴于可见侧面；

——用强力不干胶或手绘。

3. 本附件第 1 条中规定的标签必须符合附件二条款 1.4 定义的特征，并且必须满足附件二条款 2 规定的使用条件。

4. 不损害本附件第 1、2、3 条规定的条件下，管道上使用的标签必须放置在最危险点附近，间隔合理，如阀门、接合点。

5. 存储较大数量危险物品或制剂的厂区、厂房或机箱必须根据附件二条款 3.2 相关规定标明警告标志，或根据附件三条款 1 相关规定做标记，单个包裹或容器根据附件二条款 1.5 相关规定已贴有标签除外。

销售一定数量危险物品或制剂商店需标明一般危险警告标志。

上述标志或标签必须合理放置在危险物品、制剂存储区周边或出入门口。

附件四　消防器材识别和位置最低标准

1. 前言

本附件适用于消防器材。

2. 消防器材或位置指示牌必须确定适用一种特定颜色，以标明器材存放地点或地点入口。

3. 确认消防器材颜色为红色。

红色区域须醒目，以便于识别。

4. 根据附件二条款 3.5 规定须为消防器材标记位置。

附件五 障碍、危险地段和交通路线标志最低标准

1. 障碍、危险地段标志

1.1 已建成区存在路障、坠物或落物风险的地段，应标记黄黑或红白相间条纹带，提醒过往工作人员注意。

1.2 标识尺寸大小须同障碍物或危险地段大小相称。

1.3 黄黑或红白条纹带须倾斜约 45°角。

1.4 图例：

2. 交通路线标志

2.1 车辆行车路线须用连续条纹带清晰颜色标明，考虑地面颜色优先选用白色或黄色。

2.2 须用条纹带划定车辆与周围物体、车辆与行人安全车距。

2.3 工作区域外已建成区的固定交通路线应尽可能做相似标记，已设置栅栏或人行道除外。

附件六 发光标志的最低标准

1. 特征

1.1 根据发光标志的性能，标志发出的光线须同周围环境有适宜发光对比，但应避免光线过量造成眩光，或光量不足可见度低。

1.2 发光标志发光区域可为纯色或背景特定的图标。

1.3 纯色色彩须符合色彩意象和附件一条款 4 中色彩含义。

1.4 发光标志内图标须符合附件二相关规定。

2. 使用详规

2.1 发光标志可发出连续或间断光源时，则选择间断光源指示更高级别危险或更紧迫救援请求。

光亮长短和频率设定应：

——确保信息感知正确；

——避免连续光源和间断光源使用混乱。

2.2 如发光信号应由声音信号替换或连同使用，须使用相同编码。

2.3 在极度危险状况下，发光标志须特别监视或配备备用灯。

附件七　声音信号最低标准

1. 特征

1.1 声音信号须：

（a）远高于环境噪声分贝，可辨识，但应避免噪声过大、刺耳；

（b）脉冲或脉冲组长短、间隔易辨识，有别于其他声音信号和环境噪声。

1.2 如信号标志可用可变和恒定频率发射声音信号，则选择变频信号指示更高级别危险或更紧迫救援请求。

2. 信号

疏散信号必须保持连续。

附件八　语言信号最低标准

1. 特征

1.1 扬声器或说话者与一到多名听众间的语言信号应采取短文本、短语、词组或单字（有时是编码）等形式。

1.2 语言信息应尽量简短、清晰；说话者的言语表达能力和听话者的听力应保持沟通。

1.3 语言信号分为直接（人与人沟通）或间接（人与人工语音沟通）信号。

2. 使用详规

2.1 语言信号相关各方应熟知所用语言，能够正确发音、理解言语信息，据此做出相应安全和/或健康反应。

2.2 如语言信号由手势替换或连同使用，编码信息应按如下规定使用：

第二部分 欧　　盟

开始	指示命令的开始
停止	行动中断或终止
结束	操作结束
升高	负载升高
降低	负载降低
向前	配合相应的手势
向后	
向右	
向左	
危险	紧急停止
迅速	为了安全加快行动

附件九　手势最低标准

1. 特征

手势须精确、简单、幅度大，易于表示和理解，特征明显易于辨别。

同时使用双臂发出信号时，应使双臂动作对称。

如已达到上述条件，所发信号与条款 3 所示略有不同时，意义作用相同。

2. 使用详规

2.1　发信号人员，以下简称信号员，使用臂/手动作向信号接收人员，以下简称操作员，发出调度指示。

2.2　信号员应在安全状态下监控全部调度情况。

2.3　信号员职责应包括直接调度车辆，确保周边作业人员安全。

2.4　如条款 2.2 要求未达到，应增派一到多名信号员。

2.5　当操作员无法操作已收到的指令时，为确保安全，须中断正在进行的调度工作，请求新指示。

2.6　其他：

操作者应能够无困难地辨认信号员。

信号员应穿戴一到多件特殊衣物，如夹克、头盔、袖套、袖章或佩带指挥棒。

上述衣服应色彩鲜明、统一，专门用于信号员使用。

3. 手势信号

在不损害欧盟委员会其他手势规定的条件下，下列手势适用于部分领域相同调度工作：

含义	描述	图解
A. 通用标志		
开始 注意 命令开始	双臂水平伸开，双掌掌心向前	
停止 中断 行动结束	右臂向上，掌心向前	
操作结束	双臂弯曲，双掌掌心贴紧并平放于腹部	
B. 垂直移动		
升高	右臂向上，掌心向前并缓慢画圈	

第二部分 欧 盟

(续)

含 义	描 述	图 解
降低	右臂向下,掌心向前并缓慢画圈	
垂直距离	双手指示相应的距离	

C. 水平移动

含 义	描 述	图 解
向前移动	双臂弯曲,双掌掌心向上,前臂缓慢向身体方向移动	
向后移动	双臂弯曲,双掌掌心向下,前臂缓慢向远离身体方向移动	
向右 发令者的右边	右臂近似水平伸直,掌心向下并小幅度向右移动	

国 际 篇

(续)

含 义	描 述	图 解
向左 发令者的左边	左臂近似水平伸直，掌心向下并小幅度向左移动	
水平距离	双手指示相应的距离	

D. 危险

含 义	描 述	图 解
危险 紧急停止	双臂向上，掌心向前	
加快	所有运动加速运行	—
减慢	所有运动减速运行	—

# 第 2007/30/EC 号指令：关于劳动者在工作场所使用个体防护设备的最低安全和健康要求

理事会指令
1989 年 11 月 30 日
关于劳动者在工作场所使用个体防护设备的最低安全和健康要求
（第 16 条第 1 款所指的第三项独立指令）
（指令编码 89/391/EEC）
（89/656/EEC）

欧洲共同体理事会，考虑到《建立欧洲经济共同体条约》（以下简称《条约》），特别是其中第 118a 条，考虑到委员会的建议[①]，在与工作场所安全、卫生和健康保护咨询委员会协商后提交，与欧洲议会合作[②]，考虑到经济及社会委员会的意见[③]。

鉴于《条约》第 118a 条规定，理事会应通过指令，设定最低限度的要求，以鼓励对工作环境的改善，保证对劳动者的健康和安全提供更有效的保护。

鉴于该条，这种指令应避免施加行政、财政和法律方面的限制，以免阻碍中小型企业的创立和发展。

鉴于委员会就其有关工作安全、卫生及健康的计划[④]订定通过一项关于在工作时使用个体防护装备的指令。

鉴于理事会 1987 年 12 月 21 日关于工作安全、卫生及健康的决议[⑤]，注意到委员会拟定在近期提出对有关组织工作劳动者安全和健康的最低要求。

鉴于遵守旨在保障个体防护设备使用者的更大安全和健康的最低要求，对于确保劳动者的安全和健康至关重要。

鉴于本指令是 1989 年 6 月 12 日理事会第 89/391/EEC 号，《关于采取措施鼓励改善工作场所劳动者的安全与健康的指令》第 16[①]条含义内的独立指令⑥；因此，上述指令的条文完全适用于劳动者在工作地点使用个体防护装备的情况，而不影响本指令所载更严格及/或具体的条文。

鉴于本指令是实现国内市场的社会层面的一个实际步骤，集体保护手段应优先于个体防护装备；要求用人单位提供安全设备并采取安全措施。

鉴于本指令中规定的要求不应导致对设计和制造符合共同体有关工作安全与健康指令的个体防护设备的更改。

鉴于应规定会员国在制定个体防护装备的一般规则时可使用的说明。

鉴于根据第74/325/EEC号决定（在1985年《加入法》最近一次修订后），委员会与工作场所安全、卫生和健康保护咨询委员会协商，以拟订这一领域的建议。

现颁布本指令。

第一章 总 则

第一条 主题

1. 本指令是89/391/EEC指令第16[①]条含义内的第三项独立指令，规定了劳动者在工作中使用的个体防护设备的最低要求。

2. 第89/391/EEC号指令的规定完全适用于第1款所述的全部范围，但并不影响本指令中更严格的措施和/或具体规定。

第二条 定义

1. 就本指令而言，个体防护设备是指为保护劳动者免受可能危及其在工作中安全和健康的一种或多种危害而设计的所有设备，以及为实现这一目标而设计的任何附加设备或装置。

2. 第1款的定义不包括：

（a）非专门为保护劳动者的安全和健康而设计的普通工作服及制服；

（b）应急和救援部门使用的设备；

（c）军队、警察和其他公共秩序机构穿戴或使用的个体防护设备；

（d）道路运输工具的个体防护设备；

注释：①OJ No C 161, 20.6.1988, p.1, OJ No C 115, 8.5.1989, p.27 and OJ No C 287, 15.11.1989, p.11；②OJ No C 12, 16.1.1989, p.92 and OJ No C 256, 9.10.1989, p.61；③OJ No C 318, 12.12.1988, p.30；④OJ No C 28, 3.2.1988, p.3；⑤OJ No C 28, 3.2.1988, p.1；⑥OJ No L 183, 29.6.1989, p.1。

（e）运动器材；

（f）自卫或威慑设备；

（g）探测危险和隐患并发出告警的各类便携装置。

第三条 通用规则

通过集体防护技术手段或工作组织的措施、方法或程序无法避免或充分限制风险时，应当使用个体防护装备。

第二章 用人单位的义务

第四条 一般规定

1. 个体防护设备必须符合行业关于安全与健康设计、制造的相关规定。所有个体防护装备必须：

（a）适合所涉风险，但本身不会导致风险增加；

（b）符合工作地点的现有条件；

（c）考虑人体工程学要求和劳动者的健康状况；

（d）经过必要的调整后，穿戴者可正确穿戴。

2. 当存在一种以上的风险时，劳动者必须同时穿戴一种以上的个体防护设备，这些设备必须是兼容的，并持续对所涉风险有效。

3. 个体防护设备的使用条件，尤其是可穿戴期限，应在确定风险的严重性、暴露于风险的频率、每个劳动者的工作岗位特点和个体防护设备性能的基础上进行确定。

4. 一套个体防护装备原则上只供一人使用。

如果情况需要一人以上穿戴此个体防护设备，则应采取适当措施，确保此类使用不会对不同的使用者造成任何健康或卫生问题。

5. 企业和（或）机构应提供有关第1款和第2款所要求的每一项个体防护装备的充分资料。

6. 用人单位应免费提供个体防护装备，并应通过必要的保养、修理和更换，确保其良好的工作状态和令人满意的卫生条件。

但是，会员国可根据其国家惯例规定，劳动者在除工作场所外其他情况下使用某些个体防护设备时需分摊其费用。

7. 用人单位应提前将穿戴个体防护装备所要预防的风险告知劳动者。

8. 用人单位应安排培训，并视情况进行穿戴个体防护装备的示范。

注释：①OJ No L 185，1974年7月，第15页。

9. 除特殊情况外，个体防护装备只能用于规定目的。

必须按照说明书使用个体防护用品。

所提供的说明书必须让劳动者们能够理解。

第五条 评估个体防护装备

1. 在选择个体防护装备前，用人单位须评估其拟使用的个体防护装备是否符合第四条第1及2款的要求。

评估应包括：

（a）对无法通过其他方法避免的风险进行分析和评估；

（b）需定义个体防护装备必须具备的可有效抵御（a）项所提及风险的特性，且须顾及该装备本身可能产生的任何风险；

（c）将现有的个体防护设备的特性与（b）项所述的特性相比较。

2. 第1款规定的评估如有任何变动，应予以审查。

第六条* 使用规则

1. 在不影响第3条、第4条和第5条的前提下，各成员国须制定关于个体防护设备使用的一般规则和/或关于用人单位必须提供个体防护设备情况的规则，并考虑欧洲共同体关于此类设备自由移动的立法。本规则应特别指明在不影响优先使用集体保护手段的情况下，有必要使用个体防护装备的情况或危险情况。

本指令附件一、附件二和附件三载有制定这种规则的可用资料。

2. 会员国在调整第1款所述规则时，应考虑到技术发展对风险、集体保护手段和个体防护装备带来的任何重大变化。

3. 成员国应就第1款和第2款所述的规则与用人单位和劳动者组织协商。

第七条 劳动者知情

在不损害第89/391/EEC号指令第10条的情况下，当劳动者在工作中使用个体防护设备时，应将有关劳动者安全和健康的所有措施告知劳动者和/或他们的代表。

第八条 职工协商和职工参与

劳动者和/或他们的代表应根据89/391/EEC指令第11条，就本指令，包括其附件所涵盖的事项进行协商和参与。

注释：* 见委员会来文（OJ第C 328号，1989年第30.12.30页）。

第三章 其他规定

第九条 附件调整

对附件一、附件二和附件三作出严格技术性的改动，原因如下：

（1）通过与个体防护设备有关的技术协调和标准化指令；和/或

（2）在个体防护装备领域的国际法规和规范或知识的技术进步和变化；

应按照89/391/EEC指令第17条规定的程序通过。

第十条 最后条款

1. 成员国应提出为遵守本指令所必需的本国法律、条例和行政规定，不迟于1992年12月31日生效。成员国应立即将此事通知委员会。

2. 成员国应将其在本指令所涵盖领域中通过的以及已通过的国内法条款的文本告知委员会。

第十一条

本指令适用于各成员国。

附件一 个体防护装备使用风险调查表格式样

		各类使用风险															
		物理因素										化学因素				生物因素		
		机械能				热能		辐射能			气溶胶		液体					
		高处坠落	冲击切割挤压	刺伤割伤	振动	滑倒绊倒	高温	寒冷	电能	非电离辐射	电离辐射	噪声	粉尘纤维	烟尘	烟雾	浸润	喷溅	气体和气态物	有害细菌	有害病毒	真菌	非微生物抗原
身体部位	头部 颅骨																					
	耳部																					
	眼睛																					
	呼吸道																					
	面部																					
	整个头部																					

(续)

		各类使用风险												
		物理因素								化学因素			生物因素		
		机械能				热能		辐射能			气溶胶		液体					
		高处坠落	冲击切割挤压	刺伤割伤	振动	滑倒绊倒	高温	寒冷	电能	非电离辐射	电离辐射	噪声	粉尘纤维	烟尘	烟雾	浸润	喷溅	气体和气态物	有害细菌	有害病毒	真菌	非微生物抗原
---	---	---	---	---	---	---	---	---	---	---	---	---	---	---	---	---	---	---	---	---	---
身体部位	上肢	手部																				
		手臂（各部位）																				
	下肢	脚部																				
		腿部（各部位）																				
	综合	皮肤																				
		体干、腹部																				
		生殖器官																				
		全身																				

附件二 个体防护装备清单指南（非完全列举）

头部保护

——用于工业（矿山、建筑工地、其他工业用途）的防护头盔；

——头皮保护（软帽、帽子、带眼罩发网、不带眼罩发网）；

——防护帽（软帽、帽子、西裤等织物、涂胶织物）。

听力保护

——耳塞和类似装置；

——全隔音头盔；

——可安装在工业头盔上的耳罩；

——带有接收器的低频感应回路耳朵防御器；

——使用对讲设备保护耳朵。

眼睛和脸部保护

——眼镜；

——护目镜；

——X光防护镜，激光束防护镜，紫外线、红外线、可见光防护镜；

——面部保护罩；

——弧焊面罩和头盔（手面罩、头巾面罩或可安装在防护头盔上的面罩）。

呼吸保护

——灰尘过滤器、气体过滤器和放射性灰尘过滤器；

——有空气供应的绝缘器具；

——呼吸装置，包括可拆卸焊接面罩；

——潜水设备；

——潜水服。

手和手臂的保护

——提供保护的手套；

——防止机械（穿刺、割伤、振动等）；

——防止化学物质；

——防止电和热；

——连指手套；

——护指手套；

——套袖；

——重工作时的手腕保护；

——无指手套；

——防护手套。

足部及腿部保护

——低腰鞋、及踝靴、及小腿靴和安全靴；

——可以迅速解开鞋带或无鞋带的鞋子；

——有额外保护脚趾的鞋；

——有耐热鞋底的鞋子和套鞋；

——耐热鞋、靴子和长筒靴；

——保暖鞋，靴子和长筒靴；

——防震鞋、防震靴和防震长筒靴；

——防静电鞋、防静电靴和防静电长筒靴；

——绝缘鞋、绝缘靴和绝缘长筒靴；

——链锯操作员的防护靴；

——木底鞋；

——护膝；

——可拆卸脚背保护器；

——长筒橡胶靴；

——可拆卸鞋底（耐热、防刺穿、防汗）；

——可拆卸的冰爪、雪爪或滑地钉。

皮肤保护

——隔离霜/药膏。

躯干和腹部保护

——保护性背心、夹克和围裙，以提供保护免受机械伤害（穿刺、切割、熔化的金属飞溅等）；

——防护背心、夹克衫和围裙，以防止化学品的侵害；

——加热背心；

——救生衣；

——X射线防护围裙；

——安全束带。

全身保护

——防止跌倒的设备（包括所有必要配件的全套设备）；

——吸收动能的制动设备（全套设备及所有必要配件）；

——身体保持装置（安全带）；

——防护服；

——"安全"工作服（两件式和工装裤）；

——防止机器（穿孔、切割等）伤害的衣物；

——防护化学品的衣物；

——防止熔融金属飞溅及红外线辐射的衣物；

——耐热服；

——保暖服；

——防止放射性污染的衣物；

——防尘衣；

——防毒衣；

——荧光信号、反光服装和配饰（臂章、手套等）；

——保护罩。

附件三　可能需要提供个体防护装备的生产活动和生产部门指南（非完全列举）

1. 头部防护（颅骨防护）

防护头盔

——建筑工作，特别是在地下、脚手架附近和高架工作场所，安装和剥离模板、装配和安装工作、在脚手架上的工作和拆除工作；

——在钢桥、钢结构、桅杆、塔、钢液压结构、高炉、钢铁厂和轧钢厂，大型集装箱、大型管道、锅炉厂和发电站的工作；

——在坑、沟、轴和隧道中工作；

——岩土和岩石工程；

——在地下、采石场、露天挖掘场、煤炭切削厂工作；

——使用螺栓驱动工具；

——爆破工作；

——在升降机、起重装置、起重机和输送机附近工作；

——在高炉、直接还原车间、钢铁厂、轧制厂、金属厂、锻造厂、落锤锻造厂和铸造厂工作；

——使用工业炉、容器、机械、筒仓、掩体和管道；

——造船业；

——铁路扳道工作；

——屠宰场。

2. 足部防护

穿戴防刺穿安全鞋

——建筑架构作业、基建作业和道路工程；

——脚手架作业；

——拆除建筑架构作业；

——使用涉及模板安装和剥离的混凝土结构和预制件的工作；

——在承包商的仓库工作；

——屋顶作业。

穿戴普通安全鞋

——在钢桥、钢结构建筑、桅杆、塔、升降机、钢制液压结构、高炉、钢铁厂和轧钢厂，大型容器、大型管道、起重机、锅炉厂和电力站工作；

——熔炉设备的通风装置及金属装配工作；

——转换和维护工作；

——在高炉、直接还原车间、钢铁厂、轧制厂、金属厂、锻造厂、落锤锻造厂、热压车间工作；

——在采石场、露天挖掘场、煤炭切削厂工作；

——岩石加工；

——平面玻璃制品和玻璃容器的制造、加工和处理工作；

——在陶瓷厂工作；

——陶瓷工业的窑炉衬作业；

——陶瓷制品和建材行业的模具工作；

——运输和存储；

——处理冷冻肉块和保鲜食品包装工作；

——造船业；

——铁路分流工作。

穿戴有厚根或靴腰的防穿刺安全鞋

——屋顶工作。

穿戴隔热保护鞋

——使用超高温或超低温的材料。

穿戴易于拆卸的安全鞋

——存在熔融物质渗透风险的地方。

3. 眼睛或脸部防护

护目镜、防护面罩或防护遮板

——焊接、研磨和分离工作；
——封堵和开凿工作；
——岩石加工工作；
——使用螺栓驱动工具；
——用于小型切屑的库存拆卸机；
——落锤锻造工作；
——碎片的清理和打碎工作；
——磨料喷洒作业；
——使用酸、腐蚀性溶液、消毒剂和腐蚀性清洁产品；
——使用液体喷雾剂；
——在熔融物质附近工作；
——热辐射作业；
——激光作业。

4. 呼吸道防护

口罩/呼吸器

——在可能有空气或氧气不足的集装箱、限制区和燃气工业炉中工作；
——在高炉加料装置附近工作；
——在气体转换器和高炉燃气管附近工作；
——在可能存在重金属烟雾的高炉气阀附近工作；
——在可能存在灰尘的熔炉和钢包里工作；
——在通风不良处的喷漆工作；
——在与污水道相连的矿井、下水道和其他地下区域工作；
——在存在制冷剂泄漏危险的制冷设备中工作。

5. 耳部防护

耳罩

——使用金属印刷机；
——使用气动钻头；
——从事机场地勤工作的人员；
——打桩作业；
——木材和纺织工作。

6. 身体、手臂和手部防护

防护服

——使用酸和腐蚀性溶液、消毒剂和腐蚀性清洁物质；

——在高温材料附近或者能感受到热的环境工作；

——从事平面玻璃制作；

——爆破放炮；

——在冷冻室工作。

防火服

——在受限空间进行焊接。

防穿孔围裙

——剔骨和切割工作；

——使用手刀时握刀方向朝向身体的工作。

皮革围裙

——焊接；

——锻造；

——铸造。

前臂保护

——剔骨和切割工作。

手套

——焊接；

——处理锋利的物体，但手套有绞进机器风险的工作除外；

——无保护地使用酸和腐蚀性溶液。

金属网手套

——进行剔骨和切割工作；

——定期使用手刀进行生产和屠宰切割工作；

——更换切割机的刀具。

7. 防风防雨服

——在雨中和寒冷天气中的露天工作。

8. 反光服

——要求个体劳动者清晰可见的工作。

9. 安全鞍带

——在脚手架上工作；

——预制件的组装；

——在桅杆上工作。

10. 安全绳

——在高空起重机驾驶室中工作；

——在仓库搬运和吊索设备的高空操作室工作；

——在高空钻井塔的工作；

——在井和下水道中工作。

11. 皮肤保护

——涂层材料加工工作；

——皮肤易晒伤的工作。

9824EC 化工行业工作人员健康安全风险控制

1998年4月7日理事会指令
98/24/EC
关于化工行业工作人员健康安全风险控制
（依照指令89/391/EEC 第16(1)条，第14号指令）
（OJ L 131，1998年5月5日，第11页）

欧盟理事会，根据《建立欧共体条约》（以下简称《条约》），特别是条款118a，以及欧盟委员会同安全、卫生、健康保护咨询委员会商议后提出的建议，鉴于经济和社会委员会观点，按照程序行事《条约》189a条款规定，鉴于：

(1)《条约》118a条款规定理事会应遵照各指令鼓励提高工作水平最低标准，特别是鼓励提高工作环境水平，以更好保护员工安全与健康。

(2) 依照《条约》118a条款，各项指令应避免设立行政、财务、法律约束条件，限制中小型企业创新和发展。

(3) 提高员工安全、卫生、健康是指令目标，不应屈从于经济考虑的目标。

(4) 制定化工行业员工健康安全最低标准，不仅保障每位员工健康安全，同时也为共同体行业内安全与健康防护设立最低水平。

(5) 为保持欧共体化工行业风险防控水平一致，不设立具体规范要求，要搭建防控总则框架，保障各成员国最低标准相同。

(6) 化工行业作业人员工作可能面临健康安全风险。

(7) 1980年11月27日理事会指令80/1107/EEC规定保护员工规避接触化学、物理、生物制剂风险，1982年7月28日理事会指令82/605/EEC规定保护员工规避接触金属铅和铅化物风险（依照指令88/364/EEC条款8规定），1998年6月9日理事会指令规定保护员工，禁止某些特定单位和/或某些特定工作（依照指令80/1107/EEC条款8，第14号指令）。为保持一致清晰及技术原因，上述指令应修订整合为一个保护化工单位员工健康安全最低要求的单独指令；上述各指令可发止。

（8）本指令为单独指令，依照1989年6月12日理事会指令89/391//EEC规定，鼓励改善员工工作安全与健康。

（9）本指令条款适用于所有接触化学物品员工，不损害本指令更严格和/或特殊规定条件下。

（10）属于国际协定和公约的欧共体公路、铁路、航海和航空危险物品运输条款对危险化学品运输有更严格和/或具体规定。

（11）理事会在指令67/548/EEC和指令88/379/EEC相关危险物品和制剂分类、包装、贴标法律、法规、行政条例中为危险物品和剂剂分类设立一套分类标准。

（12）危险化学品定义应包含任何符合标准的化学物品，和因其物理化学性、化学性、有毒性、不符合标准但使用方式、使用地点对员工安全与健康造成潜在危险的化学物品。

（13）欧盟委员会指令90/492/EEC对通告危险化学物品和制剂信息做出规定，要求以安全数据表形式告知化工单位，使其采取必要措施，确保员工工作安全与健康；1992年6月24日理事会关于安全与健康标志最低标准指令92/58/EEC（依照指令89/391/EEC第16(1)条，第9号指令）对标记放置危险物品或制剂容器和管道做出规定。

（14）用人单位应对工作场所任何影响员工安全与健康风险进行评估，以根据本指令规定采取必要预防措施。

（15）用人单位评估风险，采取防护措施时，应同样考虑维护公共健康和保护环境的需要。

（16）告知相关作业人员补充信息，利于改善防护工作，员工和其代表应被告知化学品可能对健康安全造成的危害，为减少危险采取的措施和检查防护措施方法。

（17）监护上述评估的风险对员工健康影响状况，用人单位可继续采取预防措施。

（18）用人单位须定期进行评估和监测，并注意技术的新发展，以更好地保护员工安全和健康。

（19）最新的科学数据应由单独的科学机构验证，协助欧盟委员会制定职业接触危险物品最低值。

（20）虽然在现阶段科技水平接触某种化学品低于危险健康值，但仍应减少接触，降低风险。

（21）欧盟委员会在指令 91/322/EEC 和指令 96/94/EC 中为指令 80/1107/EEC 设立指示限值；指令 80/1107/EEC 应保持当前结构。

（22）欧盟委员会须依照指令 89/391/EEC 中咨询委员会须协助欧盟委员会对各指令进行技术调整的规定，与咨询委员会协商对本指令进行必要技术调整；欧盟委员会应依照指令 74/325/EEC 向安全、卫生、健康咨询委员会问询后为本指令适用制定实用指南。

（23）废止指令 80/1107/EEC 不能降低现有化学、物理、生物物品防护标准；本指令和任何修订文本应至少保持上述指令规定的标准。

（24）本指令对共同体社会层面有实际贡献。

已采纳本指令：

第一章 总 则

第1条 目标和范围

1. 本指令依照指令 89/391/EEC 第 16(1) 条，为第 14 号单独指令，规定保护员工规避工作场所或工作过程接触化学品安全与健康风险最低标准。

2. 本指令标准适用于工作场所现有或可能存在的化学危险品，不损害欧洲原子能共同体建立条约对化学品辐射防护的其他指令规定。

3. 本指令对工作中致癌物质的规定，不损害 1990 年 6 月 28 日理事会指令 90/394/EEC 对接触致癌物质防护更严格和/或具体规定（依照指令 89/391/EEC 第 16(1) 条，第 6 号指令）。

4. 指令 89/391/EEC 条款应完全适用于条约所涉及的整个领域，不损害本指令更严格和/或具体规定。

5. 本指令危险化学品运输条款从本指令生效之日适用于国际民航组织安全运输危险物品，不损害指令 94/55/EC、指令 96/49/EC、指令 93/75/EEC 条款 2 中《国际海运危险货物准则》、《国际散装危险化学品船舶构造和设备规则》和《国际散装运输液化气体船舶构造和设备规则》条款相关规定，及欧洲协定在内河道运输危险物品和在莱茵河运输危险物品有关规定。

第2条 定义

为执行本指令，所有词汇应具有以下含义：

（a）"化学制剂"是指工作中使用或产生的任何单体或混合、自然状态或生产的化学元素或化合物，包括废弃物，不论是否有意生产或是否投放市场；

（b）"危险化学品"是指：

（i）任何根据指令 67/548/EEC 附件Ⅵ规定标准，符合危险物品划分标准的化学品，包括只符合危害环境分类标准的化学品；

（ii）任何根据指令 88/379/EEC 条款规定，符合危险物品分类标准的化学品，包括只符合危害环境分类标准的化学品；

（iii）任何因物理化学性、化学性、毒性不符合上述（i）和（ii）危险物品分类标准，但使用方式、使用地点对员工安全与健康造成潜在危险的化学物品，包括任何符合条款 3 规定职业接触限值的化学物品；

（c）"接触化学品工作"是指任何工作过程中使用或计划使用化学品生产、处理、储存、运输、支配处理或相关的工作；

（d）"职业接触限值"是指在特定时间空气中员工呼吸区域化学品平均浓度时间限值，另有具体规定除外；

（e）"生物限值"是指接触化学品及其代谢产物量或其引起生物反应的限量值；

（f）"健康监测"是指通过各种检查和分析，评估工作中化学品对接触者健康的影响及程度；

（g）"危险"是指化学品可能造成伤害的本质属性；

（h）"风险"是指使用和/或接触化学品造成伤害的可能性。

第 3 条 职业接触限值和生物限值

1. 欧盟委员会应当采用最新科学数据独立科学评估危险化学品对健康的影响和职业接触限值间的关系。

2. 在本条第 1 款所述的评估基础上，欧盟委员会应先咨询安全、卫生、健康保护咨询委员会后，提出保护员工安全与健康职业接触限值欧共体基本标准建议。

职业接触限值设定与修订，应采用恰当测量技术，根据指令 89/391/EEC 第 17 条规定的程序进行。各成员国应告知员工和用人单位组织保护员工安全与健康职业接触限值欧共体基本标准。

3. 对于任何设定职业接触限值基本标准的化学品，各成员国应根据欧共体标准和各国相关法律法规设定各国相应职业接触限值标准。

4. 设定有约束力的职业接触限值应灵活考虑各种实际因素。职业接触限值设定应依照《条约》118a 条款，写入本指令附录一。

5. 对于任何化学品设定有约束力的职业接触限值，各成员国应据此设定本国相应有约束力的职业接触限值，但不应超过欧共体标准。

6. 设定生物限值应设定欧共体基本标准，采用恰当测量技术，反应实际灵活因素。生物限值设定应依照《条约》118a 条款规定程序进行，记入本指令附录二，健康监测信息也记入附录二。

7. 对于任何化学品设定有约束力的生物限值，各成员国应据此设定相应本国有约束力的生物限值，但不应超过欧共体标准。

8. 成员国设定或修改本国化学品职业接触限值或生物限值时，应通知欧盟委员会和其他成员国，提供相关科学技术数据。欧盟委员会应采取对应措施。

9. 各成员国依照第 15 条规定提交报告，欧盟委员会应据此评估各成员国根据欧共体限值标准设定本国相应标准工作。

10. 根据本指令第 12 条第 2 款的规定，制定测定与评估工作场所职业接触限值空气浓度标准方法。

第二章 用人单位职责

第 4 条 危险化学品风险测定与评估

1. 根据指令 89/391/EEC 第 6(3) 条和第 9(1) 条规定，用人单位应首先确认工作场所是否存在危险化学品。如存在危险化学品，用人单位应根据以下内容评估化学品安全与健康风险：

——化学品危险属性；

——供应商提供化学品的安全与健康信息（如指令 67/548/EEC 或指令 88/379/EEC 规定的相关安全数据表）；

——与化学品接触程度、方式和时间；

——化学品作业环境，包括化学品数量；

——成员国设定的任何职业接触限值或生物限值标准；

——已采取或将采取的防护措施作用；

——已实施的健康监测结论。

用人单位应从供应商或其他消息来源获得更多信息，以评估化学品安全与健康风险。在适当情况下，应包括对使用者风险具体评估情况。

2. 用人单位须按照指令 89/391/EEC 第 9 条规定进行风险评估，按照本指令的第 5 条和第 6 条规定确定已采取的防护措施。风险评估应按照国家相应法律法规以合适的文件形式加以记录，内容包含用人单位对化学品风险性质和程度的测定。风险评估应及时更新，特别是出现新情况或健康监测结果显示有必要进行新一轮风险评估。

3. 风险评估应包括评估可能因在工作场所大量接触化学品或其他原因采取所有预防措施仍造成安全与健康危害的作业，如维修作业。

4. 评估接触若干危险化学品作业时，应考虑所有化学品组合的风险。

5. 接触危险化学品新作业应在评估该作业风险和实施已测定防护措施后进行。

6. 依照第12(2)条制定测定和评估风险及审查、调整实用指南。

第5条 危险化学品风险控制一般原则

1. 为履行保障危险化学品作业员工安全与健康，用人单位应按照指令89/391/EEC第6(1)条和第6(2)条及本指令规定的防护措施实行。

2. 员工工作场所危险化学品安全与健康风险应通过以下方式消除或降低到最小值：

——工作场所作业流程设计与工作组织制度；

——确保化学品作业和维修程序安全，设备适当正常；

——减少接触或可能接触危险化学品员工最少数量；

——减少最低接触时间和强度；

——采取恰当卫生措施；

——减少工作场所作业所需化学品最小量；

——采取恰当程序，包括在工作场所安全处理、储存和运输危险化学品和废弃物。

依照第12条第2款的规定制定风险控制防护措施实用指南。

3. 第4条第1款规定的员工安全与健康风险评估结果适用于第6、7、10条中保护、预防、监测措施具体规定。

4. 第4条第1款规定的员工安全与健康风险评估结果表明，因危险化学品数量对员工安全与健康有轻微影响，可依照本条1和2款采取措施，无须适用第6、7、10条规定。

第6条 保护和预防措施

1. 用人单位应确保员工工作中危险化学品安全与健康风险消除或降低到最小。

2. 用人单位应避免使用危险化学品取代不危险或危险系数小的化学品或作业。

如相关作业风险无法消除，用人单位应采取保护和预防措施、进行风险评估，确保风险降低到最小值，根据优先顺序相关工作包括：

（a）设计相应工作流程和工程控制，使用恰当设备和材料，从而消除或降低危险化学品风险到最小值；

（b）对风险源头采取集体防范措施，如通风良好；

（c）无法避免接触危险化学品时，应启动个人防护措施，包括个人防护装备。

依照第12条第2款规定制定风险控制保护和预防措施实用指南。

3. 本条第2款应依照第10条健康监测规定适用。

4. 除用人单位明确表明已采取充足预防和保护措施外，用人单位应当定期开展对影响员工接触化学品变化条件检查。

5. 用人单位采取相关防护措施时，应考虑依照本条第4款程序的检查结果。

如成员国设定的职业接触限值超过标准，用人单位应立即采取预防和保护措施，纠正上述情况。

6. 根据第4、5条整体评估情况，用人单位应采取技术和/或适当的组织措施，存储、处理、隔离化学品，保护员工安全与健康。用人单位特别应采取措施，按照优先顺序以：

（a）禁止工作场所存放工作不允许的危险高浓度易燃物品或化学性不稳定的危险化学品；

（b）禁止存放易于引起火灾、爆炸的易燃物品和出现易于不稳定化学品或混合物产生有害物质的不利条件；

（c）降低易燃物品燃烧引起的火灾、爆炸和不稳定化学品或混合物产生有害物质对员工安全与健康造成的危害。

用人单位提供的工作环境和防护措施应当符合欧盟相关健康安全设计、制造和供应规定。用人单位技术和/或组织措施实施应依照指令94/9/EC附件 I 和1994年3月23日理事会就爆炸性环境设备和保护措施相关规定。

用人单位应采取措施，控制厂房、设备及机器安全，提供抑爆设备和泄压措施。

第7条 紧急事件处理

1. 不违背指令89/391/EEC第8条规定条件下，用人单位为保障工作场所危险化学品事件员工安全与健康，应设定程序（行动计划），考虑事件发生时间采取恰当应急措施。相关措施应包含定期的紧急事件安全训练及提供急救设施。

2. 若发生本条第 1 款设定事件，用人单位应立即采取步骤，减轻事件影响，并通告相关工作人员。

为恢复作业正常：

——用人单位应尽快采取适当措施，以纠正险情；

——仅有维修和其他抢险作业人员允许留在事故现场。

3. 允许进入抢险现场的作业人员应配备适当防护服、防护设备、专门安全设备；无防护装备的作业人员不允许在事故现场逗留。

4. 不违背指令 89/391/EEC 第 9 条规定的情况下，用人单位应采取必要措施，警告或以其他方式标明危害安全与健康风险升级，以实施回应、治疗、救援、逃生等应急行动。

5. 用人单位应确保危险化学品应急措施信息畅通，包含以下相关内部和外部事故状况和应急措施信息：

——提前通知相关工作危险性、辨识危险源措施、注意事项和程序，以便及时响应应急程序和防范措施；

——紧急事件中，任何引发或可能引发危险的信息。

第 8 条 员工知情和培训权

1. 不违背指令 89/391/EEC 第 10 条和第 12 条规定条件下，用人单位应为员工和/或其代表提供：

——本指令第 4 条所得数据及更新；

——工作场所危险化学品信息，如化学品性质、安全与健康风险及职业接触限值等；

——为确保员工自身和他人安全，提供相关防护措施信息和培训；

——访问任何供应商依照指令 88/379/EEC 第 10 条和指令 92/32/EEC 第 27 条规定提供的安全数据表；

并且上述信息应：

——依照本指令第 4 条规定提供适当风险评估结果，并根据评估风险的性质和程度，风险评估结果可通过口头交流、书面形式进行个人指导与培训；

——根据不断变化的情况及时更新。

2. 工作场所所用存放危险化学品的容器和管道依照相关欧共体法律未做标记时，在不损害上述法律规定情况下，用人单位应确保存放危险化学品容器和管道可清楚地识别。

3. 各成员国可采取必要措施确保用人单位优先从生产商或供应商获取

本指令第 4 条第 1 款规定的所有危险化学品信息，如指令 67/548/EEC 和指令 88/379/EEC 没有规定提供信息职责。

第三章 其 他 规 定

第 9 条 禁止行为

1. 为保护员工接触化学品和/或相关作业安全与健康，应禁止附录三中规定的化学品生产、制造或在工作中使用。

2. 在下列情形下，各成员国可以允许降低本条第 1 款中的规定要求：

——单纯科学研究和试验，包括数据分析；

——旨在消除化学品副产品或废弃物的活动；

——用在本条第 1 款中作为化学品中间物的生产活动。

本条第 1 款中员工化学品接触行为必须加以禁止，特别是作为中间产物的化学品生产和使用作业应在一个封闭系统内进行，上述化学品仅在监测过程或其他状态下可以移动。

3. 本条第 2 款规定标准降低执行时，有关单位应要求用人单位提交以下信息：

——请求降低执行标准的原因；

——每年化学品使用量；

——相关作业和/或反应或过程；

——参与员工人数；

——员工安全与健康防护措施；

——员工安全与健康防护技术和组织措施。

4. 理事会依照《条约》118a 条款相关规定可以修改本条第 1 款规定的禁令条款，以涵盖更多化学品或相关作业。

第 10 条 健康监测

1. 在不违背指令 89/391/EEC 第 14 条相关规定的条件下，各成员国应采取措施，依照本指令第 4 条健康风险评估结果对员工进行健康监测。健康监测应遵循各国相关法律和/或法规。

健康监测结果应在以下特定工作场合实施防护措施时加以进行：

——员工接触危险化学品，可能导致可确定的疾病或不良健康影响；

——员工在特殊条件下工作可能导致疾病或不良健康影响；

——技术调查显示安全风险为低级。

另外，应当有疾病或不良健康影响有效技术监测方法。

附录二已设定有约束力的生物限值,因此健康监测依照附件设定的程序成为强制性要求。员工在签署涉及接触危险化学品工作时应被告知有权进行健康监测。

2. 各成员国应当采取措施,确保每位员工得到健康监测,个人健康和危险化学品接触情况得到记录并更新。

3. 员工健康和危险化学品接触情况记录应包含健康监测简要结果和相关接触危险化学品监测数据。

员工健康和危险化学品接触情况记录应考虑其机密性妥善保存,以便以后查询。

应向相关主管单位提交员工健康和危险化学品接触情况记录副件。员工个人有权查阅个人健康情况和危险化学品接触记录。

健康监测暂停时,相关单位可以查阅员工健康和危险化学品接触记录情况信息。

4. 健康监测结果中:

——发现员工患有可确认的疾病或受到不良健康影响,经医生或职业保健医生确定因接触危险化学品所致;

——发现员工生物限值超标;

医生或其他合适人选应告知员工其健康监测结果及建议。

用人单位应:

——审查风险评估;

——审查消除或降低风险措施;

——根据职业保健人员、其他专业人士和主管单位建议采取措施,消除或降低风险,包括指派员工调换到不存在安全与健康风险的工作;

——安排进一步健康监测,审查该工作岗位其他员工健康状况,并对该员工进行体检。

第 11 条 员工征询参与权

员工和/或员工代表依照指令 89/391/EEC 第 11 条规定对本指令及附件规定应有征询参与权。

第 12 条 附件调整,技术指导编写与适用

1. 对附件进行严格技术性调整,应做到:

——指令适用技术协调和标准化;和/或

——出现技术进步,国际标准或规格变更,新发现。

应依照指令 89/391/EEC 第 17 条规定适用。

2. 欧盟委员会应起草不具约束力切实可行的准则。准则应包含第 3、4、5 条及附录二第一部分所涉及议题。

欧盟委员会应首先依照指令 74/325/EEC 规定向安全、卫生和健康保护咨询委员会进行咨询。

各成员国适用本指令前提下，应尽可能起草本国保护劳动者健康安全的法规。

第 13 条 指令废止与修订

1. 指令 80/1107/EEC、82/605/EEC 和 88/364/EEC 应按照第 14 条第 1 款相关规定废止。

2. 1983 年 9 月 19 日理事会指令 83/477/EEC 关于保护接触石棉工作人员（依照指令 80/1107/EEC 第 8 条，第 2 号指令），现做如下修订：

（a）在第 1 条第 1 款的第一句中，下列词语应被删除：

"指令 80/1107/EEC 第 8 条所指的第二个单独指令"；

（b）条款 9(2) 应以下文取代：

"为改进本指令附录以适应技术进步所做的必然修订应按照 1989 年 6 月 12 日颁布的 89/391/EEC 第 17 条进行，该指令中给出促进改善工作场所工人安全与健康的诸多措施"；

（c）条款 15(1) 第二段文字

"按照指令 80/1107/EEC 第 10 条进行应替换为'按照指令 89/391/EEC 第 17 条进行'"；

3. 1986 年 5 月 12 日理事会指令 86/188/EEC 关于保护员工避免接触噪声风险，应做如下修订：

（a）在条款 1(1) 中，应删除下列语句：

"指令 80/1107/EEC 所指的第三个单独指令"；

（b）在条款 12(2) 中，第二段应由下文取代：

"附录一和附录二应按照 1989 年 6 月 12 日颁布的指令 89/391/EEC 第 17 条进行调整以适应技术进步，第 17 条中给出促进改善工作场所工人安全与健康的诸多措施"；

4. 任何在指令 83/477/EEC 和指令 86/188/EEC 中参阅指令 80/1107/EEC 相关规定应在指令 80/1107/EEC 废止之日废弃。

5. 指令 91/322/EEC 和指令 96/94/EC 仍然有效。

第四章 最后条款

第 14 条

1. 各成员国应使本指令适用的各法律、法规、行政条例不迟于 2001 年 5 月 5 日生效,并立刻通告欧盟委员会。

各成员国立定相关法律条文时,应参阅本指令内容或其他官方文件,参阅方法应由各成员国制定。

2. 各成员国应就本指令规定范围,本国已经实行或正在实行的条款文本内容同欧盟委员会协商。

第 15 条

成员国应每 5 年向委员会报告本指令的实际执行情况,并说明雇主和工人的意见。

委员会应通知欧洲议会、理事会以及经济和社会委员会。

第 16 条

本指令应在《欧共体官方公报》上刊登 20 天后生效。

第 17 条

本指令适用于各成员国。

附录一 职业接触限值名录

药剂名称	EINECS No[①]	CAS No[②]	职业接触限值 8h[③]		短时间职业接触限值[④]	
			mg/m³[⑤]	ppm[⑥]	mg/m³	ppm
无机铅及其化合物			0.15			

注:① EINECS:欧洲现有商业化学物质名录。

② CAS:化学文摘服务社。

③ 8 h 内时间加权平均浓度测量或计算值。

④ 上限值,除非特别说明,以 15 分钟计。

⑤ mg/m³ = 在 20 ℃和 101,3k 帕斯卡下,每立方米空气的质量(以毫克计)。

⑥ ppm = 每立方米空气中百万分之一(mL/m³)。

附录二 有约束力的生物限值及健康监视措施

1. 铅及铅离子化合物

1.1 生物监测必须包含通过吸收光谱或其他等效方法测定的血铅含量

水平。有约束力的生物限值包括 70 μg Pb/100 mL 血液。

1.2　以下情况必须执行医疗监督：

——暴露在含铅量大于 0.075 mg/m³ 的空气中，含铅量为每周平均 40 h 时间加权值；或

——每 100 mL 工人的血液，铅浓度大于 40 μg。

1.3 生物监测和医疗监督实用指南必须与第 12 条第 2 款规定相符，须包含推荐的生物指标（例如 ALAU，ZPP，ALAD）和生物监测方法。

附录三　禁　　止

禁止下列化学制剂的生产、制造或使用。如下列化学制剂出现在另一种化学制剂中，是废物的成分或单位浓度低于限值，则本禁令不适用。

（a）化学制剂

EINECS No[①]	CAS No[②]	药 剂 名 称	豁免的浓度限值
202—080—4	91—59—8	2—萘胺及其盐	0.1% w/w
202—177—1	92—67—1	4—氨基联苯及其盐	0.1% w/w
202—199—1	92—87—5	联苯氨及其盐	0.1% w/w
202—204—7	92—93—3	4—硝基二苯	0.1% w/w

注：① EINECS：欧洲现有商业化学物质名录；
　　② CAS：化学文摘服务社。

（b）工作活动

（无）

第二部分 欧　　　盟

第92104EEC号指令：关于改善露天和井工采矿工人安全与健康防护的最低要求

欧洲共同体理事会1992年12月3日第92/104/EEC指令
关于改善露天和井工采矿工人的安全与健康防护的最低要求
（第89/391/EEC号指令第16（1）条内的第十二项独立指令）
（OJ l 404，31.12.1992，第10页）

欧洲共同体理事会，考虑《建立欧洲经济共同体条约》（以下简称《条约》），特别是《条约》中第118a条，考虑到理事会在与采矿和其他采掘业安全与健康理事会协商后拟订的提案，与欧洲议会的合作，经济及社会理事会的意见。

鉴于《条约》第118a条规定，议会应通过鼓励改善特别是工作环境的最低要求的规定，以保证更好地保护工人的安全与健康。

鉴于该条中指出这种指示必须避免施加行政、财政和法律方面的限制，以免阻碍中小企业的创立和发展。

鉴于改善工人在工作中的安全、卫生和健康不应该是一个简单屈从于经济考虑的目标。

鉴于议会1989年11月30日关于工作场所最低安全和卫生要求的第89/654/EEC号指令（第89/391/EEC号指令第16(1)条内的第一项独立指令）不适用于采掘业。

鉴于遵守保证露天和井工采矿业更好的安全与健康标准的最低要求，对于确保工人的安全与健康至关重要。

鉴于露天和井工采矿业构成了一个可能使工人面临特别高风险的活动领域。

鉴于本指令是理事会1989年6月12日第89/391/EEC号指令第16(1)条含义范围内的一项独立指令，而第16(1)条中规定采取措施鼓励改善工作中工人的安全与健康；因此，上述指令的规定完全适用于露天和井工采矿业，但不影响本指令所载的更严格和更具体的规定。

鉴于对本指令第二条第(a)款所界定的露天和井工采矿工业并非必不可缺，露天和井工采矿工业的附属地面设施须遵守第89/654/EEC号指令的规定。

鉴于议会于1992年11月3日通过了第92/91/EEC号指令，其中规定了改善采矿业工人安全与健康保护的最低要求，即通过（第89/391/EEC号指令第16(1)内的第十一项独立指令）。

鉴于本指令从社会层面创造对内部市场做出了实际贡献。

现正式颁布本指令：

第一章 一 般 规 定

第一条 主题

1. 该指令是第89/391/EEC号指令第16(1)条所涉的第十二项独立指令，规定了第2(a)条界定的露天和井工采矿业工人的安全与健康防护的最低要求。

2. 第89/391/EEC号指令的规定应完全适用于本条第1款所指的领域，但不妨碍本指令所载的更严格和更具体的规定。

第二条 定义

就本指令而言：

（a）露天和井工采矿业指所有从事以下工作的行业：

——严格意义上的露天或井工开采矿物；

——为了这种开采而进行勘探；

——配制供出售的萃取物料，但不包括处理萃取物料的活动。

第92/91/EEC号指令第2(a)条所定义的通过钻探的矿物进行提取的工业门类不包括在内；

（b）工作场所是指与露天或井工采矿业直接和辅助活动及设施有关的工作场所的整个区域，包括表土倾倒场和各类提供给工人在其工作范围内可以接触使用的设施和住所。

第二章 雇 主 责 任

第三条 一般义务

1. 为保障工人的安全与健康，雇主应采取必要措施来确保：

（a）工作场所的设计、建造、装备、委托、操作和维护，均须符合工人的工作能力，在保证其安全及其他工作人员的安全与健康的情况下给他们分配工作；

（b）工人应在工作场所在负责人的监督下操作；

（c）涉及特殊风险的工作只委托给合格的工作人员，并按照指示进行；

（d）所有相关工人需要理解所有安全指示；

（e）提供适当的急救设施；

（f）定期进行相关的安全演习。

2. 雇主应确保起草并更新有关安全与健康的文件，以下称为"安全与健康文件"，其中包括第 89/391/EEC 号指令第 6、9 和 10 条规定的有关要求。

安全与健康文件应特别证明：

——已评估并确定工作场所工人所面临的风险；

——将采取适当措施以确保本指令的目标实现；

——工作地点和设备的设计、使用和保养是安全的。

安全与健康文件必须在作业开始前拟定，如果工作场所经历了重大变化、扩建或改造，则必须进行修订。

3. 若多个企业的工人在同一工作场所，每个用人单位应对其所属的一切事项负责。

根据国家法律和/或惯例负责工作场所的雇主应协调实施有关工人安全与健康的所有措施，并应在其安全与健康文件中说明这种协调的目的以及实施这种协调的措施和程序。

协调不应影响指令 89/391/EEC 规定的个别雇主的责任。

4. 雇主应尽快向主管部门报告任何严重或致命的职业事故和严重危险情况。

第四条 防止火灾、爆炸和有毒气体

雇主应根据作业性质采取适当的措施和预防措施避免、侦测及扑灭火警及爆炸的起火及蔓延，以及防止爆炸及/或危害健康的气体产生。

第五条 逃生和救援设施

雇主应提供和保持适当的逃生和救援手段，以确保工人在发生危险时有足够的机会迅速和安全地离开工作场所。

第六条 通信、警报和报警系统

雇主应采取必要措施，提供必要的警报和其他通信系统，以便在需要时

立即展开援助、逃生和救援行动。

第七条 让员工了解情况

在不违背第 89/391/EEC 号指令第 10 条的情况下，应向工人和工人代表通报将在工作场所采取的一切有关安全与健康的措施，特别是与执行第 3 至第 6 条有关的措施。

这些信息必须为有关工人所理解。

第八条 健康监测

1. 为确保工人接受与其在工作中遭受的健康和安全风险相适应的健康监测，应根据国家法律或惯例采取措施。

2. 本条第 1 款中所述措施应当在每个工人被指派从事与第 2 条所述活动有关的工作之前开展，并随后定期接受健康监测。

3. 健康监测可作为国家卫生体系的一部分提供。

第九条 工人咨询及工人参与

工人和工人代表应根据第 89/391/EEC 号指令第 11 条，就本指令所涵盖的事项进行协商和参与。

第十条 对安全与健康的最低要求

1. 第十三条第 1 款所指的本指令生效之日后首次使用的工作场所，必须满足附件中规定的最低安全与健康要求。

2. 在第十三条第 1 款所指的本指令生效之日前已经投入使用的工作场所，必须尽快且至少在该日期之后的 9 年内，满足附件中规定的最低安全与健康要求。

3. 如果工作场所在第十三条第 1 款所述本指令生效之日后发生变更、延期和/或转换，雇主应采取必要措施，确保这些变更、延期和/或转换符合附件规定的相应最低要求。

第三章 其 他 规 定

第十一条 对附件的调整

附件纯属技术性调整，应符合下列规定：通过关于地面或井工采矿业技术协调和标准化领域的指令，技术进步、国际法规或规格的变化以及地面或井工采矿业的新发现，应按照第 89/391/EEC 号指令第 17 条规定的程序采用。

第十二条 通过硫酸提取矿物

成员国有权不将本指令适用于通过硫酸进行的矿物开采，但须确保按照本指令规定的保护工人安全与健康的一般原则保护有关工人，同时考虑通过硫酸进行矿物开采所涉及的具体风险。

第十三条 最后条款

1. 成员国应在本指令通过后 24 个月内，使本国遵守本指令所必需的法律、法规和行政规定生效。生效后应立即通知理事会。

2. 在成员国采取第 1 款所述措施时，这些措施应提及本指令，或在其正式出版物时提及本指令。提供此类参考的方法应由成员国规定。

3. 成员国应向理事会通报它们在本指令管辖的领域已经通过，或将要通过的国内法令规定的案文。

第十四条 本指令针对全体成员国。

附件 指令第十条规定下可参考的最低安全与健康要求

初步注释

本附件规定的义务适用于工作场所、活动、情况或具体风险的特定场所的任何时候。

A 部分 适用于露天和井工采矿业和附属地面设施的共同最低要求

1. 监督和组织

1.1 工作场所的组织

1.1.1 工作场所必须组织有序，以提供足够的危险防护。工作场所必须保持良好的秩序，清除或控制任何有害物质或杂物，以免危及工人的健康和安全。

1.1.2 工作岗位必须根据人体工程学原理设计和建造，同时考虑到工人能够实时掌握工作岗位内发生的情况。

1.1.3 当工作岗位是单独的工人进行工作时，必须提供充分的监督或通信手段。

1.2 负责人

根据国家法律和惯例，具备履行这一职责所需技能和能力的负责人，必须由雇主任命，在工人在场的任何时候负责每一个工作场所。

如果雇主根据国家法律和惯例具备为此目的所需的技能和能力，他可以亲自承担第一项所述工作场所的责任。

1.3 监督

为了确保在所有作业期间工人的安全与健康保护，必须由具备这项能力的人员根据国家法律和惯例提供必要的监督，这些人是由雇主指定并代表雇主行事的。

在安全与健康文件要求的情况下,主管必须在每个班次至少访问一次有人作业工作岗位。

如果雇主根据国家法律和惯例具备为此目的所需的能力,他可以亲自承担第 1 和第 2 分段所述的监督工作。

1.4 有能力的工人

当工人在任何工作场所工作时,必须有足够数量的具有必要技能、经验和训练的工人来完成分配给他们的任务。

1.5 信息、指示和培训

必须向工人提供必要的信息、指示、培训和再培训,以确保他们的健康和安全。

雇主必须确保工人得到可理解的指示,以免危及他们或其他工人的安全与健康。

1.6 书面说明

必须为每个工作场所起草书面说明,规定必须遵守的规则,以确保工人的安全与健康以及设备的安全使用。

这些说明必须包括关于使用紧急设备的信息以及在工作场所或附近发生紧急情况时应采取的行动。

1.7 安全工作方法

必须在每个工作场所或每项活动中使用安全的工作方法。

1.8 工作许可证

在安全与健康文件要求的情况下,必须建立工作许可证制度,以便进行危险活动和直接可能造成严重危险的其他活动。

工作许可证必须在工作开始之前由负责人签发,并且必须具体说明在工作之前、期间和之后应满足的条件并采取的预防措施。

1.9 定期审查安全及健康措施

雇主必须确保定期审查为保护工人的安全与健康而采取的措施,包括安全与健康管理制度,以确保遵守本指令。

2. 机电设备及厂房

2.1 通用规定

机械和电气设备的选择、安装、调试、操作和维护必须充分考虑到工人的安全与健康,同时考虑到本指令和第 89/392/EEC(1)和第 89/655/EEC(2)号指令的其他规定。

如果位于存在或可能存在气体、蒸气或挥发性液体点燃引起火灾或爆炸危险的地区，设备必须适合在该场所使用。

必要时，设备必须配备合适的保护装置和故障安全系统。

2.2　具体规定

机械设备和设备必须具有足够的强度，没有本质缺陷，并且适合于预期目的。

电气设备和设备必须具有足够的功率，才能达到预期的目的。

机电设备和装置的安装和保护必须能够防止危险。

3. 维修保养

3.1　一般维修保养

应当制定一个适当的计划，对机电设备和矿场进行系统的检查、维护，并在适当的情况下进行测试。

厂房和设备的任何部分的所有维护、检查和测试都必须由合格人员进行。

必须以适当的方式形成并保存检查和测试的记录。

3.2　安全设备维修

充足的安全设备必须随时待用，保持良好的工作状态。

维修工作必须适当考虑到操作情况。

4. 防止爆炸危险、有害气体和火灾危险

4.1　通用规定

4.1.1　必须采取措施评估大气中是否存在有害或潜在的爆炸性物质，并测量这些物质的浓度。

根据安全与健康文件的要求，必须提供自动和连续测量指定地点气体浓度的监测装置、自动报警器和自动切断电力装置及内燃机电源的装置。

在提供自动测量的情况下，测量值必须按照安全与健康文件的规定进行记录和保存。

4.1.2　禁止在有特殊火灾或爆炸危险的地方吸烟。

除非采取适当的安全预防措施防止火灾或爆炸的发生，否则禁止使用明火和进行任何可能引起起火危险的工作。

4.2　防止爆炸危险

4.2.1　必须采取一切必要的措施防止爆炸性大气的形成和积聚。

4.2.2　在存在爆炸危险的地区，必须采取一切必要措施，防止爆炸性气体的点燃。

4.2.3 必须准备一份详细说明所需设备和措施的防爆计划。

4.3 保护自己免受有害空气污染

4.3.1 当有害物质在大气中积累或可能积累时,必须采取适当措施以确保:

(a) 从源头上予以管控;

(b) 在源头上抑制或移除;

(c) 以安全的方式稀释有害物质的积累。

这个系统必须能够排解这些有害物质,这样工人就不会有危险。

4.3.2 在不妨碍第 89/656/EEC(1) 号指令的情况下,必须在工人可能接触有害健康大气的地方提供适当和充足的呼吸和复苏设备。

在这种情况下,必须有足够数量的经过培训的工人在工作场所使用这种设备。

设备必须妥善储存和维护。

4.3.3 如果大气中存在或可能存在有毒气体,必须有详细说明现有防护设备和采取的预防措施的保护计划。

4.4 防火保护

4.4.1 无论在何处设计、建造、装备、调试、运营或维护工作场所,都必须采取适当措施,防止火灾从安全与健康文件中确定的源头发生和蔓延。

必须为快速有效的灭火做好准备。

4.4.2 工作场所必须配备适当的灭火设备,并在必要时配备火警探测器和报警系统。

4.4.3 非自动灭火设备必须易于获取,使用简单。

4.4.4 必须按照本指令第 3、4、5 和 6 条的规定,在现场保存一份详细说明应采取的预防措施的防火计划,以防止火灾的爆发和蔓延。

4.4.5 根据将第 92/58/EEC(1) 号指令转化为法律的国家条例,消防设备必须以标志表示。

这些标志必须长期放置在适当的位置。

5. 爆炸物和引爆装置

涉及储存、运输和使用爆炸物和起爆装置的作业必须由经正式授权的主管人员进行。

这些操作必须有组织地执行,确保对工人没有任何危险。

6. 交通路线

6.1 必须能够在没有危险的情况下到达工作场所,并在紧急情况下迅速、安全地离开工作场所。

6.2 交通路线,包括楼梯、固定梯子、装货区和斜道,必须经过计算、尺寸和位置确定,以确保行人或车辆能够方便、安全和适当地通行,而不危及这些交通路线附近的工人。

6.3 行人或货物运输所使用的路线,必须根据潜在使用者的数目和承办商的类型来确定路线的尺寸。

如果在交通路线上使用交通工具,必须为行人提供足够的安全通行许可。

6.4 车辆交通路线与门、闸、行人通道、走廊、楼梯之间必须有足够的净空。

6.5 为了保护工人,运输和进出路线必须明确标识。

6.6 车辆或机器进入工作场所时,必须制定交通规则。

7. 户外工作场所

7.1 劳动者在活动过程中占用或者使用的工作岗位、交通路线和其他室外场所或者设施,必须组织好,使行人和车辆能够安全通行。

7.2 如果日光不足,室外工作场所必须采用人工照明。

7.3 当工人受雇于室外工作岗位时,对于工人,此类工作岗位必须尽可能满足以下条件:

(a) 在恶劣天气条件下进行保护,必要时要防止物体坠落;

(b) 不暴露于有害的噪声水平或有害的环境因素,如气体、蒸气或灰尘等;

(c) 在发生危险时能够迅速离开工作场所或能够迅速得到帮助;

(d) 不会滑倒或坠落。

8. 危险区域

8.1 必须清楚标明危险区域。

8.2 如果工作场所的危险区域由于工作性质存在风险,包括工人或物体坠落的风险,则必须尽可能在这些场所配备装置,防止未经许可的工人进入这些区域。

8.3 必须采取适当措施保护获准进入危险区域的工人。

9. 紧急路线和出口

9.1 一旦发生危险,工人必须能够迅速、安全地撤离工作岗位。

9.2 紧急路线和出口必须保持畅通,并以最直接的方式通向户外或安全区域、安全集合点或安全疏散点。

9.3 紧急路线和出口的数量、分布和规模取决于工作场所的用途、设备和规模以及可能在场的最大人数。

9.4 应急门必须向外打开。应急门不应上锁或扣紧,以免在紧急情况下,有需要的人不能轻易、及时地打开。

9.5 安全门不得上锁。

紧急路线和出口,以及通往它们的路线和门,必须清除各类障碍物,以便它们可以在任何时候都能不受阻碍地使用。

9.6 需要照明的应急路线和出口必须配备足够强度的应急照明,以防照明失灵。

9.7 根据将 92/58/EEC 指令转化为法律的国家法规,具体的紧急通道和出口必须用标志标明。

10. 疏散与逃生方式

10.1 必须训练工人在紧急情况下采取适当的行动。

10.2 救援设备必须提供在方便和适当的位置,并随时准备使用,必须根据将第 92/58/EEC 号指令转化为法律的国家法规以标志表明。

11. 安全演习

在工人通常在场的所有工作场所,必须定期举行安全演习。

这些演习的主要目的是训练和检查在紧急情况下被指派的工作人员的技能,紧急情况涉及应急设备的使用、处理或操作。

在适当的情况下,还应训练工人正确使用、搬运或操作应急设备。

12. 急救设施

12.1 在工作条件要求的所有地方都必须有急救设备,并且必须与操作相适应。这些设备必须有适当的标志,易于获取。

12.2 必须提供一个或多个急救室,根据场地大小、开展的活动类型和事故频率确定。发生事故时,必须在这些房间内展示清晰可见的急救说明。

12.3 急救室必须配备必要的急救设施和设备,并便于担架进入。

它们必须按照将指令 92/58/EEC 转换为法律的国家法规进行标示。

12.4 此外,必须在工作条件需要的所有地方提供急救设备。

该设备必须有适当的标记并易于接近。

12.5 必须培训足够数量的工人使用所提供的急救设备。

13. 自然和人工照明

13.1 每个工作地点必须设有照明设备，以提供足够照明，确保工作地点内人员的健康和安全。

13.2 工作场所必须尽可能获得足够的自然光，并考虑到气候条件，配备人工照明，以保护工人的安全与健康。

13.3 在设有工作场所的房间和通道内的照明装置，必须以不会对工人构成意外风险的方式放置。

13.4 在人工照明失效的情况下，有可能使工人面临危险的工作场所，必须配备足够强度的应急照明。

在无法达到要求的情况下，必须为工人提供个人灯具。

14. 卫生设施

14.1 更衣室和储物柜

14.1.1 如果工人必须穿特殊工作服，并且出于健康或礼仪原因，不能在另一个房间换衣，则必须为他们提供适当的更衣室。

更衣室必须易于进入，容量足够，并配有座位。

14.1.2 更衣室必须足够大，并配备设施，使每个工人能够在工作时间锁好自己的衣服。如果情况需要（例如危险物质、湿度、灰尘），工作服的储物柜必须与普通衣服的储物柜分开。

必须做好准备，使湿工作服能够干燥。

14.1.3 必须为男女提供单独的更衣室或单独使用更衣室。

14.1.4 在符合第14.1.1条前提下，若不需要更衣室，则必须为每位工人提供存放衣服的地方。

14.2 淋浴和洗脸盆

14.2.1 如果工作性质或健康原因需要，必须为工人提供足够和合适的淋浴。

必须为男女提供单独的淋浴间或单独使用淋浴间。

14.2.2 淋浴间必须足够大，以允许每个工人在符合适当卫生标准的条件下无障碍地清洗。

淋浴间必须配备热水和冷水。

14.2.3 在14.2.1满足的条件下，若不需要淋浴，则必须在工作岗位和更衣室附近提供足够和合适的带冷热水的洗脸盆。

出于礼节需要，这种洗脸盆男女必须分开使用。

14.3 盥洗室和洗脸盆

必须在工作岗位、休息室、更衣室和容纳淋浴或洗脸盆的房间附近提供单独的设施，并配备足够数量的盥洗室和洗脸盆。

必须提供男女分开使用的厕所。

对于井工采矿业，本章中提及的卫生设施可位于地表。

15. 表土倾倒区和其他倾倒区

表土堆、弃土堆和其他尾矿设施，以及沉淀池的设计、建造、操作和维护必须确保其稳定性以及工人的安全与健康。

16. 辅助地面装置（附加特殊规定）

16.1 稳定性和坚固性

工作场所的设计、建造、安装、操作、监督和维护必须能承受预期的环境力量。

它们必须具有适合其使用性质的结构和坚固性。

16.2 房间的地板、墙壁、天花板和屋顶

16.2.1 工作场所的地板必须没有危险的凸起、孔洞或斜坡，并且必须固定、稳定且不打滑。

包含工作岗位的工作场所必须充分隔热，同时也要考虑到所涉及的工作类型和工人的体力活动。

16.2.2 房间内地板、墙壁和天花板的表面必须能够按照适当的卫生标准进行清洁或翻新。

16.2.3 透明或半透明的墙壁，特别是全玻璃隔板、室内或工作场所和交通路线附近的墙壁，必须明确标示，并用安全材料制成，或者在这些场所或交通路线之外加以屏障，以防止工人接触墙壁或在墙壁破碎时受伤。

16.2.4 除非提供设备以确保工程可以安全地进行，否则不得进入强度不足的物料制成的屋顶。

16.3 房间尺寸和房间空间、工作岗位的移动自由度

16.3.1 工作间必须有足够的表面积、高度和空间，以允许工人在不危及其安全、健康的情况下进行工作。

16.3.2 工作岗位空闲区域的尺寸必须允许工人有足够的行动自由，并使他们能够安全地完成工作

16.4 窗户和天窗

16.4.1 窗户、天窗和通风装置的设计必须确保能够安全地进行这些操作。

它们的位置必须充分考虑，不得在打开时对工人构成危险。

16.4.2 必须能够在没有危险的情况下清洁窗户和天窗。

16.5 门和大门

16.5.1 门和大门的位置、数量和尺寸，以及在其建造中使用的材料，取决于房间或区域的性质和用途。

16.5.2 透明门必须在显眼的位置进行适当标记。

16.5.3 旋转门必须是透明的，或有透明面板的。

16.5.4 如果门和闸门中的透明或半透明表面不是由安全材料制成的，并且如果门或闸门破裂有可能导致工人受伤，则必须保护表面以防止破损。

16.5.5 滑动门必须配备安全装置，以防止其滑出轨道和意外坠落。

16.5.6 向上打开的门必须安装制动装置，以防止它们意外地回落。

16.5.7 沿逃生路线的门必须适当标记。必须能够在没有特殊帮助的情况下随时从内部打开它们。

工作场所有人时，必须能够打开门。

16.5.8 除非行人可以安全通过，否则在任何主要供车辆行驶的门附近，必须设置供行人使用的门；这些门必须有清楚的标记，而且必须永远畅通无阻。

16.5.9 机械门和闸门必须能够正常工作而不会给工人带来发生事故的风险。

它们必须配备易于识别和接近的紧急关闭装置，除了在断电时自动打开，也须能够手动打开。

16.6 封闭工作场所的通风

16.6.1 须考虑所采用的工作方法及对工人的体能要求，采取措施确保密闭工作场所有足够的新鲜空气。

如果使用强制通风系统，必须使其保持工作状态。

任何故障必须由控制系统指示，这对工人的健康是必要的。

16.6.2 如果使用空调或机械通风装置，其操作方式必须确保工人不会暴露在会引起不适的气流中。

任何可能通过污染大气对工人健康造成直接危险的沉积物或污垢必须立即清除。

16.7 室温

16.7.1 在工作时间内，包含工作岗位的房间的温度必须适宜，并要考虑到所使用的工作方法和对工人的身体要求。

16.7.2 休息区、值班室、卫生设施、食堂和急救室的温度必须与这些区域的特定用途相适应。

16.7.3 窗户、天窗和玻璃隔墙应考虑到工作和工作场所的性质,避免阳光对工作场所的过度影响。

16.8 休息室

16.8.1 如果考虑到工人的安全或健康有需要,必须为工人提供一个方便进出的休息室。

如果工人在办公室或类似的工作室工作,并在休息时间提供同等的放松,则不适用这项规定。

16.8.2 休息室必须足够大,并配备足够数量的桌子和带靠背的椅子,以供工人使用。

16.8.3 在休息室,必须采取适当措施,防止不吸烟者因烟味而感到不适。

16.8.4 如果工作时间经常中断,而且没有休息室,为了工人的安全或健康,必须提供其他房间,以便工人在中断期间可以留在那里。

应采取适当措施保护不吸烟者免受烟草烟雾引起的不适。

17. 孕妇和哺乳期母亲

孕妇和哺乳期母亲必须能够在适当的条件下躺下休息。

18. 残疾工人

必要时,工作场所必须考虑到残疾工人。

本规定特别适用于残疾工人直接使用或占用的门、通道、楼梯、淋浴、洗脸盆、厕所和工作岗位。

B 部分 适用于露天矿物开采行业的特殊最低要求

1. 总则

1.1 在不影响第 3 条第 2 款的情况下,根据国家立法和惯例,负责 B 部分所涵盖工作场所的雇主必须确保安全与健康文件表明已采取所有相关措施,以保护正常和危急情况下工人的安全与健康。

1.2 安全与健康文件必须定期更新,并可在工作场所进行检查。工作必须按照安全与健康文件进行。

2. 操作

2.1 必须规划工作,同时考虑到涉及地面坠落或滑落风险的安全与健康文件各项要素。

因此,作为一项预防措施,高陡边坡和开采面的高度和坡度必须与地面的性质和稳定性以及工作方法相适应。

2.2 矿场的长坡和运输道路必须足够稳定。

它们必须以安全标准建造和维护,确保在采区内能够安全移动。

2.3 在开始或重新开始工作之前,必须检查工作区域或运输道路上方的剥离和提取面,以检查是否有松动的地面或岩石。

必须在必要时进行松脱岩体的剥离。

2.4 采面和采段的开采工作决不能产生不稳定地况。

C 部分 适用于地下采掘业的特殊最低要求

1. 通用

1.1 雇主在不损害第3条第2款的情况下,根据国家立法和/或惯例,负责C部分所涵盖的工作场所的雇主必须确保安全与健康文件表明,在正常和危急的情况下,应采取一切相关措施保护工人的安全与健康。

1.2 安全与健康文件必须定期更新,并可在工作场所接受检查。

工作必须按照安全与健康文件进行。

2. 井下巷道计划

2.1 必须编制具有明确代表性的井下巷道计划。

除了道路和备采煤区外,它们还必须显示可能影响工作和安全的已知特征。

它们必须易于访问,并且必须保存,只要出于安全目的需要。

2.2 井下巷道计划必须定期更新,并在工作场所提供。

3. 出口

所有经过处理的巷道必须至少具备两个独立的通向井口的出口,这些出口必须支护良好,使井下工人很容易进入。

如果开启出口需要相当大的体力劳动,这些出口必须提供机械操纵或手动操纵设施。

4. 巷道

进行地下作业的巷道的建造、操作、装备和维护,必须便于工人能够以最小的风险开展作业、进行移动。

道路必须有路标,以帮助工人找到工作的位置。

5. 运输

5.1 运输设施的安装、操作和维护,必须确保附近司机、使用者和其他人的安全与健康。

5.2 必须按照书面指示正确安装和使用机械操纵或操纵装置。

6. 支护和围岩稳定

挖掘后必须尽快提供支护,除非围岩稳定性对工人的安全并非必要。支护必须按照计划和书面说明安装。

必须定期检查人行巷道,以确保围岩稳定,并相应地维持支护。

7. 通风

7.1 所有允许进入的井下巷道必须以适当的方式通风。

必须提供连续通风,以保持安全:

——健康的大气环境;

——可抑制爆炸与控制可吸入粉尘的风险;

——在考虑到所使用的工作方法和对工人的身体要求的情况下,充分考虑在巷道行进工人的需要。

7.2 如果自然通风无法满足7.1的要求,则必须通过一个或多个机械风扇提供通风。

必须采取措施确保稳定和持续通风。

必须持续监控主风机,自动报警出现时,必须按照指示停工。

7.3 通风参数必须定期测量和记录。

必须编制包含通风系统相关细节的通风计划,定期整理并保存在工作台账上。

8. 瓦斯矿井

8.1 如果气体发生爆炸的风险无法排除,那么井下巷道的气体就被视为毒气。

8.2 主要通风必须由一个或多个风机提供。

8.3 各巷道必须考虑到瓦斯释出问题。

必须采取措施,尽可能消除由瓦斯引起的危险。

8.4 辅助通风仅限于掘进巷道、回采巷道以及与主要风流直接连接的位置。

只有在采取适当额外措施确保工人安全与健康的情况下,辅助系统才能对生产巷道进行通风降瓦斯。

8.5 第7.3款中所述的通风测量必须通过测定瓦斯含量来补充。

如果安全与健康文件要求,还必须持续监测使用机械化提取或支撑的生产单位的通风巷道,以及机械化独头掘进工作面的可燃气体水平。

8.6 只能使用专门用于瓦斯矿的炸药和启动装置。

8.7 对 A 部分 4.1.2 的规定如下：

——禁止吸烟、携带香烟以及任何可能用来产生火焰的物品；

——只有在特殊情况下，喷焰切割、焊接和其他类似操作才允许进行，并须采取具体措施确保工人的安全与健康。

9. 含有易燃粉尘的矿井

9.1 除非安全与健康文件可证明正在工作的煤层中不含容易爆炸的灰尘，否则煤矿易受易燃粉尘的影响。

9.2 在有易燃粉尘的矿井中，本部分 8.6 和 8.7 的规定在作必要修改后适用。

9.3 必须采取措施减少易燃粉尘沉积，并消除各类隐患。

9.4 必须通过安装抑爆防火系统来限制易燃粉尘和/或易燃爆炸物的传播，这些爆炸物可能引发进一步的易燃粉尘爆炸。

此类抑爆防火系统的位置必须在一份文件中注明，该文件要定期修订并在工作场所保存一份。

10. 瓦斯突出、岩爆、突水

10.1 在矿物或岩石爆裂或水突出，或易发生瓦斯突出的地区，必须制定并实施作业计划，以确保制定尽可能安全的工作制度和对工人的保护计划。

10.2 必须采取措施查明危险区，保护接近或穿越这些区域的工人，并控制风险。

11. 火灾、燃烧和升温

11.1 必须为预防和及早发现自燃做出预防规定。

11.2 进入井下巷道的易燃材料必须控制其绝对必要的数量。

11.3 在需要使用液压流体（用于传输静力和动液压力机械能量的流体）时，必须尽可能使用难以点燃的流体，以避免火灾风险及其扩散。

液压油必须符合与耐火性和卫生标准相关的规定和测试条件。

如果液压油的使用不符合第二章所述的规格、条件和标准，则必须采取额外的预防措施，以避免火灾风险增加及其蔓延。

12. 工人撤离注意事项

为了安全撤离，工人必须在必要时获得自救呼吸防护装置，他们必须始终保持触手可及。

必须培训工人使用这些设备。

这些设备必须留在现场，并定期检查，以确保它们处于良好状态。

13. 照明

参照 A 部分第 13 条的规定如下：

——必须向工人提供合适的个人灯具；

——工作岗位必须尽可能配备足以保护工人安全与健康的人工照明；

——照明装置的放置方式必须确保不会对工人造成事故风险。

14. 井下劳动人员数量核算

必须随时准确地知道谁在井下。

15. 救援组织

为了在发生重大事故时迅速有效地采取适当行动，必须建立一个合适的救援组织。

救援组织必须具备足够的训练有素的救援人员和充足的救援设备，才能在进行井工开采巷道的任何地点采取行动。

第三部分 亚太国家

2012 年韩国《职业安全与健康法》

【2012 年 1 月 26 日起实施】【第 10968 号法案于 2011 年 7 月进行部分修订】就业和劳动部（02-6922-0915）

第一章 总 则

第 1 条（目的）

本法的目的是通过制定职业安全与健康标准，明确责任所在，预防工业事故，创造舒适的工作环境，维护和促进工人的安全与健康。

2009 年 2 月 6 日第 9434 号法案对本条进行了全面修订。

第 2 条（定义）

（1）工伤事故，是指劳动者因与工作有关的构筑物、设备、原材料、气体、蒸汽、粉末、粉尘等，或者因工作、工作原因而死亡、受伤或者患疾病的事故。

（2）工人，指《劳动标准法》第 2 条第 1 款所规定的人。

（3）雇主，是指利用劳动者从事经营活动的人。

（4）职工代表，是指超过半数职工组成的工会；若没有过半数职工组成的工会，则是指代表过半数职工的人。

（5）工作环境监测，是指雇主制定对劳动者或者工作场所的监测方案，采集样本，并进行分析、评价，了解工作环境的实际状况。

（6）安全与健康诊断，是指就业劳动部指定人员，发现潜在危险，制定改善措施，防止工业事故发生所进行的调查与评估。

（7）重大事故，是指就业劳动部条例所规定的如死亡等程度严重的工业事故。〈根据 2010 年 6 月 4 日第 10339 号法案修订〉

2009 年 2 月 6 日第 9434 号法案对本条进行了全面修订。

第 3 条（适用范围）

（1）本法适用于所有企业或工作场所（以下称为"企业"），但考虑到危害程度、企业类型和规模，本法不得全部或部分适用于总统令规定的企业、营业地点等。

（2）本法和根据本法发布的任何命令适用于国家和地方政府，以及《公共机构管理法》第 5 条规定的公共机构。

2009 年 2 月 6 日第 9434 号法案对本条进行了全面修订。

第 4 条（政府职责）

（1）为实现本法第 1 条的目标，政府应当忠实履行下列职责：

1. 制定、执行、协调和控制职业安全卫生方针；
2. 对事故、疾病多发场所的预防事故、疾病工作给予支持和指导；
3. 有害、危险的机器、仪器、设备、防护用品、个人防护用品等进行安全评价和改进；
4. 制定安全卫生措施标准，对有害、危险的机器、仪器、设备、材料等进行指导检查；
5. 支持工作场所建立自主的安全与健康管理体系；
6. 通过公共关系活动、教育、无事故宣传等方式促进安全文化建设，提高公众安全卫生意识；
7. 安全卫生设施的技术研发和安装运行；
8. 工业事故调查统计系统的维护管理；
9. 支持、指导和检查有关安全卫生组织；
10. 保护和促进劳动者安全与健康的其他事项。

（2）政府应制定政策，以有效执行第（1）款中各项所述事项，并在认为必要时，可根据《韩国职业安全与健康机构法》向韩国职业安全与健康机构（以下称"机构"）及其他相关组织和研究机构提供行政和财政支持。

2009 年 2 月 6 日第 9434 号法案对本条进行了全面修订。

第 5 条（雇主的职责）

（1）雇主应遵守本法和根据本法发布的任何命令所规定的预防工业事故的标准，向工人提供有关工作场所安全和健康的信息，防止工人因身体疲劳、精神压力等引起健康问题，保护工人的生命。通过改善工作条件、创造适当的工作环境，以及遵守国家的工业事故和疾病预防政策来维护和促进工人的安全和健康。

（2）下列人员在设计、制造、进口、建造物体时，应当遵守本法规定的标准和命令，并努力防止因使用该设备发生工业事故：

1. 设计、制造或进口机器、仪器及其他设备的人员；
2. 生产、进口原材料等的人员；
3. 设计或建造建筑物的人员。

2009年2月6日第9434号法案对本条进行了全面修订。

第6条（工人的职责）

劳动者应当遵守本法和本法规定的预防工伤事故的标准，并接受雇主或者其他有关组织采取的预防工伤事故的措施。

2009年2月6日第9434号法案对本条进行了全面修订。

第7条（删除）

〈根据2009年10月9日第9796号法案修订〉

第8条（预防工伤事故计划的制定和公布）

（1）就业和劳动部应当制定预防工伤事故的中长期基本计划。〈根据2010年6月4日第10339号法案修订〉

（2）根据第(1)款制定的工伤事故和疾病预防计划，经工伤事故赔偿保险和预防审议委员会根据《工伤事故赔偿保险法》第8条第(1)款审议后，由就业和劳动部予以公布。本条款也适用于其拟修改该计划的情况。〈根据2009年10月9日第9796号法案和2010年6月4日第10339号法案修订〉

第9条（合作要求等）

（1）如果认为有效执行工业事故和疾病预防计划是必要的，就业劳动部可根据《公共机构管理法》第4条要求有关行政机构负责人或公共机构负责人提供必要的合作。〈根据2010年6月4日第10339号法案修订〉

（2）如果行政机构负责人（不包括就业和劳动部；以下同样适用于本法案）准备监管工作场所的安全和健康，应事先咨询就业和劳动部。〈根据2010年6月4日第10339号法案修订〉

（3）如果就业和劳动部在第(2)款所述的咨询过程中要求对法规进行任何修改，行政机构负责人应予以遵守，必要时，就业和劳动部可以向总理报告，确认已协商和协调的事项。〈经2010年6月4日第10339号法案修订〉

（4）如果认为有必要预防工业事故，就业和劳动部可以向雇主、雇主组织和其他有关人员提出必要的事项，或要求其合作。〈根据2010年6月4日第10339号法案修订〉

2009年2月6日第9434号法案对本条进行了全面修订。

第9－2条（工作场所发生工伤事故次数的公告等）

（1）如果认为有必要预防工业事故，就业和劳动部可公开宣布总统法令规定的工业事故数量、事故率和工作场所排名。〈根据2010年6月4日第10339号法案修订〉

（2）第(1)款所规定公告程序和方法的必要事宜，由就业和劳动部条例

规定。〈根据 2010 年 6 月 4 日第 10339 号法案修订〉

2009 年 2 月 6 日第 9434 号法案对本条进行了全面修订。

第 10 条　（工业事故和疾病登记的命令和报告）

（1）当发生工业事故或疾病时，雇主应记录事故和疾病的原因，并按就业和劳动部条例的规定保存 3 年。〈根据 2010 年 6 月 4 日第 10339 号法案修订〉

（2）关于就业和劳动部条例所规定的根据第（1）款记录的工业事故，雇主应按照就业和劳动部条例的规定，向就业和劳动部报告其背景、原因、报告日期、防止再次发生的计划等，但对于《工伤赔偿保险法》第 41 条、本法第 91 条之五规定的医疗保险金、第 62 条规定的遗属保险金，以及依本法第 91 条之四规定申请尘肺病人遗属抚恤金者的，则不适用本条。〈根据 2010 年 5 月 20 日第 10305 号法案和 2010 年 6 月 4 日第 10339 号法案修订〉

2009 年 2 月 6 日第 9434 法案对本条进行了全面修订。

第 10 − 2 条　（删除）

〈根据 2009 年 2 月 6 日第 9434 号法案修订〉

第 11 条　（张贴法案的主要内容等）

（1）雇主应通过在每个工作场所张贴或保存本法和遵守本法发布的任何命令，使工人了解本法的主要内容。

（2）职工代表可以要求雇主将下列事项的内容或者结果通知职工代表，雇主应当忠实履行：〈根据 2010 年 6 月 4 日第 10339 号法案和 2011 年 7 月 25 日第 10968 号法案修订〉

1. 职业安全与健康委员会（依第 29 − 2 条规定设立及运作之劳工管理咨询机构，指劳工管理咨询机构）依第 19 条第（2）款所定事项；

2. 第 20 条第（1）款各款所定事项；

3. 第 29 条第（2）款各款所定事项；

4. 第 41 条所定事项；

5. 第 42 条第（2）款规定的工作环境监测事项；

6. 就业和劳动部条例规定的其他安全卫生事项。

2009 年 2 月 6 日第 9434 号法案对本条进行了全面修订。

第 12 条　（安全卫生标志附件等）

雇主须按就业和劳动部条例的规定安装或附加安全与健康标志，警示工作场所有害或者危险的设施、场所，通报应急措施，并提高其他安全意识。在此情况下，根据《外国工人就业法》第 2 条等，雇用外国工人的雇主应按照就业和劳动部的规定,用外语陈上安全与健康标志和安全规则。〈根据 2010 年 6 月 4 日第 10339 号法案修订〉

2009 年 2 月 6 日第 9434 号法案对本条进行了全面修订。

第二章 安全卫生管理体系

第 13 条（安全与健康管理人员）

（1）雇主应指派一名安全与健康管理人员（以下称为"安全与健康管理人员"），负责以下事项的全面管理和控制：〈根据 2010 年 6 月 4 日第 10339 号法案修订〉

1. 制定工伤事故和疾病预防计划的有关事项；
2. 第 20 条安全与健康管理规定的制定和修改事项；
3. 第 31 条规定的职工安全与健康教育事项；
4. 第 42 条规定的工作环境监测等工作环境检查、改善事项；
5. 第 43 条规定的办理劳工健康检查等健康管理事项；
6. 调查工伤事故原因，制定预防措施的事项；
7. 工伤事故统计的记录和保存事项；
8. 涉及安全卫生的安全装置和个人防护用品在购买时是否符合产品标准的决定事项；
9. 就业和劳动部条例第四章规定的防止劳工伤害及危害的其他事项。

（2）安全与健康管理人员对第 15 条规定的安全管理人员和第 16 条规定的健康管理人员进行指导和监督。

（3）指派安全与健康管理人员的业务种类、规模及其他必要事项，适用总统令有关规定。

2009 年 2 月 6 日第 9434 号法案对本条进行了全面修订。

第 14 条（监督）

（1）雇主应当设立工作场所的监督人（指管理机构内直接管理、监督生产工作的负责人和从业人员或者分管职务的负责人，以下适用）执行总统令规定的安全与健康相关职责，如安全与健康检查。但对于总统令规定的工作，特别是需要预防危险的工作，除总统令规定的安全与健康相关职责外，还需对参与此类工作的员工进行特殊教育。

（2）若雇主有第(1)款中规定的监督者，根据《施工技术管理法》第 26-3 条第(1)款第 2 和 3 项，应视为有安全管理人员。

2009 年 2 月 6 日第 9434 号法案对本条进行了全面修订。

第 15 条 （安全管理人员等）

（1）雇主应当在工作场所设置安全管理人员，协助雇主或者安全与健康管理人员处理本法第 13 条第（1）款各项所列安全技术事项，并就有关事项向监理人作出指示和建议。

（2）安全管理人员的业务种类和规模，安全管理人员的人数、资格、职责、权限和任命办法，以及其他必要事项，适用总统令有关规定。

（3）如果认为有必要预防工业事故，就业和劳动部可以任命超过固定人数的安全管理人员，或命令更换一名安全管理人员。〈根据 2010 年 6 月 4 日第 10339 号法案修订〉

（4）总统指定类型和规模的企业的雇主可将安全管理人员的职责委托给专业机构（以下称"安全管理服务机构"），以执行就业和劳动部指定的安全管理措施。〈根据 2010 年 6 月 4 日第 10339 号法案修订〉

（5）认定安全管理服务机构的要求和程序的事项，由总统令规定；安全管理服务机构的绩效标准和服务领域的其他必要事项，由就业和劳动部条例规定。〈根据 2010 年 6 月 4 日第 10339 号法案修订〉

2009 年 2 月 6 日第 9434 号法案对本条进行了全面修订。

第 15 - 2 条 （撤销）

（1）如果安全管理服务机构有下列情形之一的，就业和劳动部可撤销该安全管理服务机构的认定或暂停其服务长达 6 个月：但若安全管理服务机构有下列第 1 项或者第 2 项情形的，应当直接撤销。

〈根据 2010 年 6 月 4 日第 10339 号法案和 2011 年 7 月 25 日第 10968 号法案修订〉

1. 以伪造或者其他欺诈手段指定的；
2. 停业期间提供服务的；
3. 不符合指定条件的；
4. 违反指定事项和规定提供服务的；
5. 总统令另有规定的。

（2）依照第（1）款规定被撤销的安全管理服务机构，自撤销之日起 2 年内不得被指定为安全管理服务机构。

2009 年 2 月 6 日第 9434 号法案对本条进行了全面修订。

第 15 - 3 条 （罚款）

（1）当就业和劳动部根据第 15 - 2 条下令停业时，如认为暂停服务会对服务使用者造成严重不便或损害公众利益，可处以不超过 1 亿韩元的罚款附加费,以代替暂停服务。〈根据 2010 年 6 月 4 日第 10339 号法案和 2011 年 7 月 25 日第 10968 号法案修订〉

(2) 依照第(1)款规定加收罚款附加费者,逾期未缴纳的,按照追缴国家拖欠税款的程序征收。

(3) 第(1)款罚款附加费的征收标准及其他必要事项,由总统令规定。

2009 年 2 月 6 日第 9434 号法案对本条进行了全面修订。

第 16 条 (健康管理人员等)

(1) 雇主应在工作场所指派一名健康管理人员,协助雇主或安全与健康管理人员处理第 13 条第(1)款各项所述事项中与健康有关的技术事项,并就这些事项向监理人发出通知和建议。

(2) 健康管理人员的业务种类、规模,健康管理人员的人数、资格、职责、职权和任命办法,以及其他必要事项,适用总统令有关规定。

(3) 本法第 15 条第(3)款至第(5)款、第 15-2 条、第 15-3 条适用于卫生管理人员。

2009 年 2 月 6 日第 9434 号法案对本条进行了全面修订。

第 16-2 条 (安全管理人员的指导和建议等)

第 15 条规定的安全管理人员或者第 16 条规定的健康管理人员,向雇主或者安全与健康管理人员提出第 13 条第(1)款各项规定的安全卫生技术事项,或者就此事项向监理人作出指示和建议时,雇主的安全与健康管理人员和监督员应采取相应的措施。

2009 年 2 月 6 日第 9434 号法案对本条进行了全面修订。

第 17 条 (职业医生)

(1) 雇主应指派职业医生到工作场所指导工人的健康管理和健康管理人员的其他职责,但被指派的健康管理人员是医生的情况除外。

(2) 被任命的职业医生的资格、职责、职权和聘任办法,由取决于其用人单位业务种类和规模;其他必要事项,适用总统令有关规定。

2009 年 2 月 6 日第 9434 号法案对本条进行了全面修订。

第 18 条 (安全与健康主管)

(1) 依总统令,在同一地点开展下列业务之一的雇主,都应当指定该业务的安全与健康管理人员为安全与健康主管进行总体管理和控制,旨在防止雇主雇佣的工人及其承包商(包括分包商;以下同样适用)在同一地点一起工作时可能发生的工业事故。在此情况下,如果雇主认为业务不需要指派安全与健康主管,则应指定总体管理和控制该业务的人为安全与健康主

管:〈根据 2011 年 7 月 25 日第 10968 号法案修订〉

1. 一部分根据合同分离和开展的业务;

2. 在由特殊工程组成的施工项目下进行的业务,以及根据合同进行的每项特殊工程。

(2) 若依据第 1 条规定指定了安全与健康主管,则《施工技术管理法》第 26-3 条第(1)款第 1 项规定的安全主管则视为已被指定。

(3) 安全与健康主管的职责和权力以及其他必要事项应由总统令规定。

2009 年 2 月 6 日第 9434 号法案对本条进行了全面修订。

第 19 条 (职业安全与健康委员会)

(1) 雇主为审议或者决定有关职业安全与健康的重要事项,应当建立和运行由同等数量的劳动者和雇主组成的职业安全与健康委员会。

(2) 雇主应当由职业安全与健康委员会审议决定下列事项:

1. 与第 13 条第(1)款第 1 项至第 5 项和第 7 项规定的事项;

2. 第 13 条第(1)款第 6 项所定重大工业事故事项;

3. 引进有害、危险的机器、仪器和其他设备应当采取的安全与健康措施事项。

(3) 职业安全与健康委员会的会议应按照总统令的规定举行,并应记录和保存会议记录。

(4) 职业安全与健康委员会可决定维护和改善工作场所工人安全与健康的必要事项。

(5) 雇主和劳动者应当履行职业安全与健康委员会依照第(2)款和第(4)款的规定审议、决定或者确立的事项。

(6) 职业安全与健康委员会依第(2)款和第(4)款规定审议、决定或确立,不得违背本法及本法所定命令、集体协议、用工规则及第 20 条所定安全与健康管理办法。

(7) 雇主不得因职业安全与健康委员会委员依法履职而对其不利。

(8) 设立职业安全与健康委员会的必要事项,业务类型和规模、职业安全与健康委员会的组成和运作,以及如何处理本法未作规定的事项,均适用总统令有关规定。

2009 年 2 月 6 日第 9434 号法案对本条进行了全面修订。

第三章 安全卫生管理章程

第 20 条 (安全与健康管理规定的制定等)

（1）雇主为维护工作场所的安全与健康，应当制定包括下列事项的安全与健康管理规定，在工作场所张贴或者保存，并通知劳动者：

1. 安全与健康管理机构及其职责事项；
2. 安全与健康教育事项；
3. 作业场所安全管理事项；
4. 工作场所健康管理事项；
5. 事故调查和制定事故预防方案的有关事项；
6. 其他安全与健康事项。

（2）第（1）款所述的安全与健康管理条例不得违反适用于有关工作场所的集体协议和雇用规则。安全与健康管理规定的任何部分违反集体合同或者用人规则的，按照集体合同或者用人规则规定的标准执行。

（3）关于制定安全与健康管理条例所需的业务类型和规模的必要事项，以及应纳入安全与健康管理条例的细节，应由就业和劳动部条例规定。〈根据2010年6月4日第10339号法案修订〉

2009年2月6日第9434号法案对本条进行了全面修订。

第21条（《安全与健康管理章程》的编制和修改程序）

雇主依照本法第20条的规定制定或者修改安全与健康管理规定时，应当经职业安全与健康委员会依照本法第19条的规定审议；对于未设立职业安全与健康委员会的工作场所，雇主应当征得劳动者代表的同意。

2009年2月6日第9434号法案对本条进行了全面修订。

第22条（《安全与健康管理章程》的遵守情况）

（1）雇主和工人应遵守安全与健康管理规定。

（2）除本法规定外，《劳动标准法》关于就业条例的规定应酌情适用于安全与健康管理条例，除非它们与其性质相反。

2009年2月6日第9434号法案对本条进行了全面修订。

第四章　预防危害措施

第23条（安全措施）

（1）雇主应当采取必要的措施，防止下列危害发生：

1. 仪器或者其他设备造成的危害；
2. 爆炸性、可燃性、易燃性物质造成的危害；
3. 由电、热或其他能量引起的危害。

（2）雇主应当采取必要措施，防止在挖掘、采石、装卸、支护、运输、作业、拆除、搬运重物等工作中，由于工作方法不当造成的危害。

（3）雇主应当采取必要措施，防止劳动者在作业过程中可能坠落的场所、砂土及构筑物等可能倒塌的场所、物体可能坠落、脱落的场所或者其他可能发生自然灾害危害的场所发生危险。

（4）雇主根据第（1）款至第（3）款采取的安全措施由《就业和劳动部条例》规定。〈根据 2010 年 6 月 4 日第 10339 号法案修订〉

2009 年 2 月 6 日第 9434 号法案对本条进行了全面修订。

第 24 条（健康措施）

（1）雇主在开展业务时，应采取必要措施，防止下列健康问题：

1. 因原料、气体、蒸汽、粉尘、烟尘、雾气、缺氧空气、病原体等引起的健康问题；

2. 辐射、有害射线、高温、低温、超声波、噪声、振动、气压异常等引起的健康问题；

3. 工作场所排放的气体、液体、残渣等引起的健康问题；

4. 计量器具监测、计算机终端操作、精密作业等造成的健康问题；

5. 因简单重复劳动或者过度体力劳动造成的健康问题；

6. 通风、采光、照明、隔热、防潮、清洁等标准不符合规定而引起的健康问题。

（2）雇主根据第（1）款采取的卫生措施应由就业和劳动部条例规定。〈根据 2010 年 6 月 4 日第 10339 号法案修订〉

2009 年 2 月 6 日第 9434 号法案对本条进行了全面修订。

第 25 条（工人应遵守的事项）

工人应遵守雇主根据第 23 条和第 24 条以及就业和劳动部条例规定所采取的措施。〈根据 2010 年 6 月 4 日第 10339 号法案修订〉

2009 年 2 月 6 日第 9434 号法案对本条进行了全面修订。

第 26 条（停工等）

（1）有发生工业事故和疾病的危险或者发生严重事故和疾病的风险时，雇主应当采取必要的安全卫生措施，如立即停止作业、工人撤离工作场所等，过段时间后恢复工作。

（2）劳动者因有发生工伤事故和疾病的紧急危险而停工避险的，应当及时向直属上级人员报告，由直属上级人员采取适当措施予以处理。

（3）如果有合理理由相信存在任何即将发生的工业事故和疾病的危险，雇主不得因为工人已根据第（2）款暂停作业并采取撤离措施而解雇他们或降低待遇。

（4）如果发生严重事故和疾病，就业和劳动部可以对事故进行调查，查明原因或制定预防措施，并可以由劳动检查员和有关专家作出安全和健康诊断，采取就业劳动部规定的其他必要措施。〈根据 2010 年 6 月 4 日第 10339 号法案修订〉

（5）任何人不得破坏发生严重事故的现场，干扰第（4）款规定的查明原因的调查。

2009 年 2 月 6 日第 9434 号法案对本条进行了全面修订。

第 27 条（技术方针和工作环境标准）

（1）就业和劳动部可以就下列事项制定技术方针和工作环境标准，向雇主作出指示和建议。〈根据 2010 年 6 月 4 日第 10339 号法案和 2011 年 7 月 25 日第 10968 号法案修订〉

1. 雇主根据第 5 条第（1）款后半部分和第 23、24 和 26 条采取措施；
2. 为防止工业事故属于第 5 条第（1）款第 1 项规定的人员根据第 5 条第（2）款采取措施。

（2）如果有必要制定第（1）款所述的指导方针和标准，就业和劳动部可按领域设立和运行标准制定委员会。〈根据 2010 年 6 月 4 日第 10339 号法案修订〉

（3）标准制定委员会的设立和运行以及其他必要事项应由就业和劳动部决定。〈根据 2010 年 6 月 4 日第 10339 号法案修订〉

2009 年 2 月 6 日第 9434 号法案对本条进行了全面修订。

第 28 条（禁止对有害工作进行承包）

（1）未经就业和劳动部授权，不得将总统令规定的有害或有危害安全与健康风险的工作分离和外包（包括分包）。〈根据 2010 年 6 月 4 日第 10339 号法案修订〉

（2）根据第（1）条，承包有害或危险工作时，应遵守的安全与健康措施标准应由就业和劳动部条例规定。〈经 2010 年 6 月 4 日第 10339 号法案修订〉

（3）如果就业和劳动部给予第（1）款所述的授权，则应根据第 49 条进行安全与健康评估。〈根据 2010 年 6 月 4 日第 10339 号法案修订〉

（4）如果第（1）款中所述的被授权人未遵守第（2）款所述标准，就业和劳动部应取消授权。〈根据 2010 年 6 月 4 日第 10339 号法案修订〉

2009 年 2 月 6 日第 9434 号法案对本条进行了全面修订。

第 29 条（合同企业的安全与健康措施）

（1）总统令规定的、在同一地点开展的、属于下列任何一项的、任何企业的雇主，应采取措施防止其雇佣的工人与其承包商雇佣的工人在同一地点工作时可能发生的工伤事故：〈根据 2010 年 6 月 4 日第 10339 号法案和 2011 年 7 月 25 日第 10968 号法案修订〉

1. 一部分根据合同分离和开展的业务；
2. 在由特殊工程组成的施工项目下进行的业务，以及根据合同进行的每项特殊工程。

（2）根据第（1）款各项以外的部分，为防止工业事故而采取的措施如下：〈根据 2011 年 7 月 25 日第 10968 条法案修订〉

1. 安全与健康咨询机构的组织及运作；
2. 安全卫生管理，如工作场所巡视；
3. 指导和支持承包商对工人进行安全与健康教育；
4. 第 42 条第（1）款规定的工作环境监测；
5. 警报操作，并将警报操作事宜通知承包商和承包商雇佣的工人以应对以下任何情况：

A. 在工地进行爆破作业；

B. 如果发生火灾或涉及工地土壤和岩石崩塌的事故。

（3）第（1）款所指的雇主，如果其承包商雇用的工人在就业和劳动部条例指定的可能发生工业事故的地区工作，应采取就业和劳动部条例规定的预防工业事故措施。〈根据 2010 年 6 月 4 日第 10339 号法案和 2011 年 7 月 25 日第 10968 号法案修订〉

（4）第（1）款所指的雇主应定期或在必要时，按照就业与劳动部条例的规定，与其工人、承包商和承包商雇佣的工人一起，对工作场所进行安全与健康检查。〈根据 2010 年 6 月 4 日第 10339 号法案和 2011 年 7 月 25 日第 10968 号法案修订〉

（5）第（1）款所指的雇主，如果其承包商或工人违反本法或根据本法发布的与相关工程有关的任何命令，且认为对防止工伤事故有必要，可要求纠正此类违法行为。〈根据 2011 年 7 月 25 日第 10968 号法案修订〉

（6）除非有正当理由，否则承包商及其工人应遵守第（1）款至第（5）款规定的措施或要求。〈根据 2011 年 7 月 25 日第 10968 号法案修订〉

（7）将业务外包给他人的人员应遵守以下事项，以确保工作的安全和卫生性能：〈根据 2011 年 7 月 25 日第 10968 号法案修订〉

1. 按设计图纸、文件等计算的工期不得缩短;

2. 不得采用有风险的施工工艺,不得无故改变施工工艺,以降低施工成本。

(8) 将业务外包给他人的人员应提供适当的合作,例如提供承包商可设置卫生设施的空间或允许承包商的工人使用其卫生设施,以便承包商能够遵守就业和劳动部条例规定的卫生设施标准。〈根据 2011 年 7 月 25 日第 10968 条法案修改〉

(9) 第(2)款第 1 项所述协商机构的设立和运行所需的事项,由就业和劳动部条例规定。〈根据 2010 年 6 月 4 日第 10339 号法案和 2011 年 7 月 25 日第 10968 号法案修订〉

2009 年 2 月 6 日第 9434 号法案对本条进行了全面修订。

第 29-2 条 (安全与健康咨询机构的设立和运行的特殊情况)

(1) 属于第 29 条第(1)款的企业的雇主,可以设立和运行由同等数量的职工和雇主组成的安全与健康劳动管理咨询机构(以下称"劳动管理咨询机构")。

(2) 如果雇主根据第(1)款设立和运行劳动管理咨询机构,应视为根据第 19 条第(1)款设立和运行职业安全与健康委员会,根据第 29 条第(2)款第 1 项设立和运行安全与健康咨询机构。〈根据 2011 年 7 月 25 日第 10968 号法案修订〉

(3) 雇主依照第(1)款规定设立和运行劳动管理咨询机构的,由劳动管理咨询机构对第 19 条第(2)款各项规定的事项进行审议决定。在这种情况下,如何处理未经劳动管理咨询机构决定的事项,由总统令规定。

(4) 劳动管理咨询机构的会议应当按照总统令的规定举行,并应当作会议记录。

(5) 劳动管理咨询机构可以决定必要的事项,以维护和加强工作场所工人的安全与健康。

(6) 劳动管理咨询机构应当根据就业和劳动部条例规定的事项进行咨询,如工业事故预防和发生工业事故时的撤离方法。〈根据 2010 年 6 月 4 日第 10339 号法案修订〉

(7) 雇主和劳动者依照第(1)款的规定设立和运行劳动管理咨询机构的,应当严格执行劳动管理咨询机构依照第(3)款和第(5)款的规定审议确立或者决定的事项。

(8) 第 19 条第(6)款和第(7)款适用于劳动管理咨询机构。

2009年2月6日第9434号法案对本条进行了全面修订。

第30条（职业安全与健康管理费用的拨付）

（1）为建筑、造船、修理行业或总统令指定的其他业务提供工作合同并独立经营的人，若签订合同或制定独立的商业计划，应当在就业和劳动部确定和宣布的条件下，承担预防工业事故的职业安全与健康管理费用或劳动费用。〈根据2010年6月4日第10339号法案修订〉

（2）为了有效执行第(1)款所述的职业安全与健康管理费用，就业和劳动部可制定以下事项的标准：〈根据2010年6月4日第10339号法案修订〉

1. 根据工程进度支出费用的标准；
2. 按业务规模和种类拨付的方法和具体内容；
3. 职业安全与健康管理费使用需要的其他事项。

（3）第(1)款所称承办商或独立经营业务之人，不得将职业安全与健康管理费用作他用。在这种情况下，对于根据第(2)款确定标准的职业安全与健康管理费用，应按照该标准使用该费用，并按照就业和劳动部条例规定编制和保存支出记录。〈根据2010年6月4日第10339号法案修订〉

（4）根据就业和劳动部条例规定的独立经营业务的承包商或人打算使用职业安全与健康管理费，应事先接受就业劳动部指定的专门机构（以下称"事故预防指导专门机构"）的使用方法、事故预防措施等的指导。〈根据2010年6月4日第10339号法案修订〉

（5）指定事故预防指导机构的条件、程序、指导内容和其他必要事项，由总统令规定。

（6）第15条第(2)款、第(3)款，适用于事故预防指导专门机构。

2009年2月6日第9434号法案对本条进行了全面修订。

第31条（安全与健康教育）

（1）雇主应当按照就业和劳动部条例规定定期对工作场所的劳动者进行安全与健康教育。〈根据2010年6月4日第10339号法案修订〉

（2）雇主招用劳动者（不包括聘用建筑日工的情形）改变工作内容的，应当按照就业和劳动部条例规定对劳动者进行与工作有关的安全与健康教育。〈根据2010年6月4日年第10339号法案和2011年7月25日第10968号法案修订〉

（3）雇主聘用从事有害、危险工作的劳动者，应当按照就业和劳动部条例规定进行与工作有关的专项安全与健康教育。〈根据2010年6月4日第10339号法案修订〉

(4）雇主可将第(1)款至第(3)款所述的安全与健康教育委托给配备该教育所需的人力、设施和设备，且由就业和劳动部指定的特殊机构。〈根据 2010 年 6 月 4 日第 10339 号法案修订〉

2009 年 2 月 6 日第 9434 号法案对本条进行了全面修订。

第 31-2 条 （建筑业基本安全卫生教育）

（1）建筑业雇主聘用建筑日工时，应当让其在就业和劳动部登记的机构内完成建筑业基本安全卫生教育（以下称"建筑业基本教育"），该机构也应当满足总统令对机构人力、设施、装备等的规定。但如果建筑日工在受雇于政府之前已完成建筑业的基本教育，则不适用此规定。

（2）第(1)款登记程序的必要事项，由总统令规定。

（3）建筑业基本教育的时间、内容和方法，由《就业和劳动部条例》规定。

本条根据 2011 年 7 月 25 日第 10968 号法案新增。

第 32 条 （安全与健康管理人员教育等）

（1）下列人员，应当接受由就业和劳动部开展的安全与健康岗位能力教育（以下称"岗位能力教育"）:〈根据 2010 年 6 月 4 日第 10339 号法案修订〉

1. 安全与健康管理人员、第 15 条规定的安全管理人员、第 16 条规定的健康管理人员；

2. 事故预防指导的专门机构的工作人员。

（2）尽管有第(1)款的规定，在《就业和劳动部条例》规定的情况下，例如依据其他法律和附属法规接受教育的情况，可免除全部或部分岗位能力教育。〈根据 2010 年 6 月 4 日第 10339 号法案修订〉

（3）拟根据第(1)款接受委托提供职业能力教育的机构，应在满足总统令规定的资格、人力、设施和设备等要求后，向就业和劳动部登记。〈根据 2010 年 6 月 4 日第 10339 号法案修订〉

（4）岗位能力教育的时间、内容和方法，由就业和劳动部条例规定。〈根据 2010 年 6 月 4 日第 10339 号法案和 2011 年 7 月 25 日第 10968 号法案修订〉

（5）有关第(3)款所述登记程序的必要事项应由总统令规定。〈根据 2011 年 7 月 25 日第 10968 号法案新增〉

2009 年 2 月 6 日第 9434 号法案对本条进行了全面修订。

第 32-2 条 （注册机构之评估）

（1）就业和劳工部对依据第 31-2 条第(1)款或第 32 条第(3)款注册的

机构进行评估，并公布结果。

（2）有关第（1）款所述评估的标准和方法以及结果披露的必要事项，由就业和劳动部条例规定。

本条根据 2011 年 7 月 25 日第 10968 号法案新增。

第 32 – 3 条（比照适用）

第 15 – 2 条应比照适用于依据第 31 – 2 第（1）款或第 32 条第（3）款在就业和劳动部登记的机构。在这种情况下，"安全卫生服务机构"应理解为"根据第 31 – 2 条第（1）款或第 32 条第（3）款在就业和劳动部处注册的机构"，"认定"应理解为"注册"。

本条根据 2011 年 7 月 25 日第 10968 号法案新增。

第 33 条（对有害、危险的机器、仪器等的防护措施等）

（1）需要从事有害、危险工作的机器、仪器，或者用动力操作的机器、仪器，未按照就业和劳动部的规定采取预防伤害和危害的保护措施的，不得转让、出租、安装、使用或者以转让、出租为目的展示。〈根据 2010 年 6 月 4 日第 10339 号法案修订〉

（2）将总统令规定的机器、仪器、设备、建筑物等借给他人或者向他人借用的，应当采取就业和劳动部条例规定的必要措施，防止危害。〈根据 2010 年 6 月 4 日第 10339 号法案修订〉

2009 年 2 月 6 日第 9434 号法案对本条进行了全面修订。

第 34 条（安全认证）

（1）评估有害或危险的机器、仪器、设备、防护装置和个人防护设备（以下称"经安全认证的机器、仪器等"）的安全性，就业和劳动部可确定并公布有关安全性能、制造商技术能力、生产系统等的安全认证标准（以下称"安全认证标准"）。在这种情况下，安全认证标准可按种类、标准和类型制定。〈根据 2010 年 6 月 4 日第 10339 号法案修订〉

（2）如果制造需安全认证的机器、仪器（以下称"需强制性安全认证的机器、仪器等"）的人员（包括制造机器、仪器等），经国外安全认证出口到韩国，或需经安全认证安装机器、仪器以及改变主要结构的；以下适用于第 34 条第（2）款至第 34 条第（4）款，被认为对工人的安全与健康是必要的，且总统令有规定。那么这些人应接受就业和劳动部规定的安全认证，也应了解需要强制性安全认证的机器、仪器是否符合安全认证标准：但在就业劳动部条例规定的情况下，如进口二手机器，经国外强制性安全认证后，进口商可获得安全认证。〈根据 2010 年 6 月 4 日第 10339 号法案修订〉

（3）符合下列任何一种情况都可以依据就业和劳动部条例的规定，免除第（2）款规定的全部或部分安全认证义务：〈根据 2010 年 6 月 4 日第 10339 号法案修订〉

1. 以研究开发为目的的制造、进口或者以出口为目的制造机器、仪器等的；
2. 由就业劳动部确定并公告并由外国安全认证机构认证的；
3. 已经依据其他法律及附属法规进行了安全检查或认证的。

（4）机器、仪器等的性能受到安全认证而不是强制性安全认证评估，制造商可以向就业和劳动部申请安全认证。在这种情况下，安全认证可根据就业和劳动部确定和宣布的安全认证标准进行认证。〈根据 2010 年 6 月 4 日第 10339 号法案修订〉

（5）若制造商已依据第（2）款和第（4）款获得安全认证（以下称"安全认证"），则应依据就业和劳动部条例规定在不超过 3 年的时间间隔内检查其是否遵守安全认证标准；如果该制造商根据第（3）款部分免除了安全认证，则可省略全部或部分检查。〈根据 2010 年 6 月 4 日第 10339 号法案和 2011 年 7 月 25 日第 10968 号法案修订〉

（6）根据第（2）款获得安全认证的人员应记录已取得安全认证的产品的有关事项，如产品名称、型号、生产数量、销售数量、销售网点现状等，并按就业和劳动部条例规定保存记录。〈根据 2011 年 7 月 25 日第 10968 号法案新增〉

（7）如果就业和劳动部认为有必要保障工人的安全与健康，根据就业和劳动部条例规定，要求制造、进口或销售经强制性安全认证的机器、仪器等的人员需向管理局提交有关资料并提供强制性安全认证。〈经根据 2011 年 7 月 25 日第 10968 号法案新增〉

（8）有关安全认证的申请、方法和程序以及第（5）款规定进行检查的方法和程序的必要事项，应由《就业和劳动部条例》规定。〈经根据 2010 年 6 月 4 日第 10339 号法案和 2011 年 7 月 25 日第 10968 号法案修订〉

2009 年 2 月 6 日第 9434 号法案对本条进行了全面修订。

第 34-2 条（安全认证标志等）

（1）根据《就业和劳动部条例》规定，获得安全认证的人员应在机器、仪器等设备以及机器、仪器等的包装和容器上设置安全认证标志（以下简称"安全认证标志"）。〈根据 2010 年 6 月 4 日第 10339 号法案修订〉

（2）除已取得安全认证的机器、仪器外，接受安全认证的机器、仪器不得有安全认证标志或者其他类似标志，不得用于安全认证广告。

（3）制造、进口、转让、出借已取得安全认证的机器、仪器等，不得擅自更换、移除安全认证标志。

（4）在下列情况下，就业和劳动部应责令移除安全认证标志或其他类似标志：〈根据 2010 年 6 月 4 日第 10339 法案修订〉

1. 违反第(2)款规定设置安全认证标志或者其他类似标志的；

2. 依第 34-3 条第(1)款规定，撤销安全认证或禁止使用安全认证标志者。

2009 年 2 月 6 日第 9434 号法案对本条进行了全面修订。

第 34-3 条（修订等）

（1）获得安全认证的人员有下列情形之一的，就业和劳动部可以撤销安全认证，并禁止其使用安全认证标志，禁止期限在 6 个月以内或者责令按照安全认证标准进行改进。但对于第 1 项情形，应当直接撤销安全认证：〈根据 2010 年 6 月 4 日第 10339 号法修正〉

1. 以伪造或者其他欺诈手段领取证明的；

2. 取得安全认证的机器、仪器等，其安全性能等不符合安全认证标准的；

3. 无正当理由拒绝、规避或干扰第 34 条第(5)款检查的。

（2）如果就业和劳动部根据第(1)款撤销了安全认证，应按照就业和劳动部条例予以公告。〈根据 2010 年 6 月 4 日第 10339 号法案修订〉

（3）依照第(1)条被撤销安全认证的人，自撤销之日起一年内，不得申请领取尺寸和形状相同的机器、仪器等的安全认证。

2009 年 2 月 6 日第 9434 号法案对本条进行了全面修订。

第 34-4 条（禁止制造、进口、使用经强制性安全认证指机器、仪器）

（1）需经强制性安全认证的机器、仪器等，不得制造、进口、转让、租赁或以转让或租赁为目的而使用或展示：〈根据 2010 年 7 月 4 日第 10339 号法案和 2011 年 7 月 25 日第 10968 号法案修订〉

1. 机器、仪器等未取得安全认证的（不包括根据第 34 条第(3)款规定免除全部安全认证义务的情况）；

2. 机器、仪器等不符合就业和劳动部根据第 34 条第(1)款确定和宣布的安全认证标准的；

3. 撤销安全认证或者责令禁止使用安全认证标志的。

（2）就业和劳动部可命令违反第(1)款规定制造、进口、转让或租赁须经强制性安全认证的机器、仪器等的人召回和销毁就业和劳动部条例规定的机器、仪器等。〈根据2010年6月4日第10339号法案修订〉

2009年2月6日第9434号法案对本条进行了全面修订。

第34-5条（安全认证机构的指定）

（1）就业和劳动部门可以指定特定机构（以下称"安全认证机构"）接受委托，按照本法第34条第(5)款的规定进行安全认证工作和核查工作。

（2）为保证安全认证工作的有效开展，就业和劳动部可以对安全认证机构的工作情况进行调查、评估，或者对其工作处理情况进行指导、检查。

（3）关于安全认证机构的人力、设施、设备等要求和安全认证机构的指定程序的必要事项，由总统令规定。

（4）第15-2条适用于安全认证机构。其中，"安全管理服务机构"应理解为"安全认证机构"。

本条根据2011年7月25日第10958号法案新增。

第34-6条（删除）

〈根据2007年7月27日第8562号法案修订〉

第35条（安全自查报告）

（1）制造或进口（包括安装接受安全自查的机器、仪器等）或改变其主要结构的情况；以下同样适用于第35条第(2)款至第35条第(4)款）的机器、仪器等（以下称"需进行安全自查的机器、仪器等"）应进行自我安全检查（以下称"安全自查"），以查看机器、仪器的安全性能是否符合就业和劳动部确定并公布的安全标准（以下称"安全自查标准"），然后将结果报告就业和劳动部（包括报告事项发生变更的情况）。但有下列情形之一的，可以免除向就业和劳动部报告的义务：〈根据2010年6月4日第10339号法案修订〉

1. 以研究开发为目的制造、进口或者以出口为目的制造机器、仪器等的；

2. 已依第34条第(4)款规定取得安全认证的（安全认证已被撤销或已被责令禁止使用安全认证标志的除外）；

3. 根据就业和劳动部条例规定的其他法律和附属法规获得进行安全检查或认证的。

（2）依照第(1)款作出报告的人，应当保存证明接受安全自查的机器、仪器等符合安全自查标准的文件。

（3）第(1)款所述报告的方式等必要事项，应由就业和劳动部条例规

定。〈根据2010年6月4日第10339号法案修订〉

2009年2月6日第9434号法案对本条进行了全面修订。

第35-2条（安全自查标志等）

(1) 依照第35条第(1)款规定报告的人员，应当在接受安全自查的机器、仪器或在《就业和劳动部条例》所规定的机器、仪器等的容器及包装上，加上安全自查标志（以下称"安全自查标志"）。〈根据2010年6月4日第10339号法案修订〉

(2) 除依照第35条第(1)款规定申报进行安全自查的机器、仪器等外，不得设置安全自查标志或者与其类似的标志，并用于安全自查的广告宣传。

(3) 制造、进口、转让、租赁依照本法第35条第(1)款规定的需要进行安全自查的机器、仪器等的，不得擅自更换或者拆除安全自查标志。

(4) 在下列任何情况下，就业和劳动部应发布命令，移除其安全自查标志或类似标志：〈根据2010年6月4日第10339号法案和2011年7月25日第10968号法案修订〉

1. 违反第(2)款规定设置安全自查标志或类似标志的；
2. 以伪造或者其他欺诈手段作出第35条第(1)款规定的报告的；
3. 依第35-3条第(1)款规定，禁止使用自我安全检查标志的；

2009年2月6日第9434号法案对本条进行了全面修订。

第35-3条（安全自查标志的禁用等）

(1) 根据第35条第(1)款报告需接受安全自查的机器、仪器等的安全性能不符合安全自查标准的，就业和劳动部可根据第35条(1)款的规定禁止报告人使用安全自查标志，或责令其整改，以达到安全自查标准，禁止和整改期限最长不超过6个月。〈根据2010年6月4日第10339号法案和2011年7月25日第10968号法案修订〉

(2) 如果就业和劳动部根据第(1)款禁止使用安全自查标志，应将这一事实予以公告。〈根据2011年7月25日第10968号法案新增〉

(3) 第(2)款公告的内容、方式、程序及其他必要事项，由就业和劳动部条例确定。〈根据2011年7月25日第10968号法案新增〉

2009年2月6日第9434号法案对本条进行了全面修订。

第35-4条（禁止制造、进口、使用等）

(1) 须接受安全自查的机器、仪器等，属于下列情况的，不得制造、进口、转让或出租，也不得以转让或出租为目的展示：〈经2010年6月4日

第 10339 号法案及 2010 年 7 月 4 日第 10968 号法案修订〉

1. 未依据第 35 条第(1)款规定报告的（依据第 35 条第(1)款规定免除报告义务的除外）；

2. 第 35 条第(1)款规定的报告有伪造或其他欺诈情节的；

3. 机器、仪器等不符合就业和劳动部根据第 35 条第(1)款规定确定和公布的安全自查标准的；

4. 依第 35-3 条第(1)款规定，被禁止使用安全自查标志者。

（2）依据《就业和劳动部条例》的规定，就业和劳动部可命令违反第(1)款规定制造、进口、转让或租赁须接受安全自查的机器、仪器等的人召回或销毁须接受安全自查的机器、仪器等的。〈根据 2010 年 6 月 4 日第 10339 号法案修订〉

2009 年 2 月 6 日第 9434 号法案对本条进行了全面修订。

第 36 条（安全检查）

（1）总统令规定的雇主（包括不雇佣工人的雇主；后文同样适用）使用有害或危险机器、仪器和设备（以下称"有害或危险机器等"）应接受就业和劳动部管理的有害或危险机器的检查（以下称"安全检查"），检查有害或危险机器的安全性能等是否符合就业和劳动部确定和宣布的检验标准。在这种情况下，如果有害或有危险机器等的使用者与所有者不一致，则有害或危险机器等的所有者应接受安全检查。〈根据 2010 年 6 月 4 日第 10339 号法案修订〉

（2）尽管有第(1)款的规定，如果雇主根据就业和劳动部条例规定的其他法案和附属法规接受了安全检查或认证，则可以免于安全检查。〈根据 2011 年 7 月 25 日第 10968 号法案新增〉

（3）雇主使用经安全检查合格的有害、危险机械时，应当标明有害、危险机器等安全检查合格的标志。〈根据 2011 年 7 月 25 日第 10968 号法修订〉

（4）属于下列情形之一的有害或有危险的机器，禁止使用：〈经根据 2011 年 7 月 25 日第 10968 号法案修正〉

1. 未经安全检查的有害或有危险机械等（依第(2)项规定免受安全检查者除外）

2. 未通过安全检查的有害或有危险机器等。

（5）就业和劳动部可指定委托机构（以下称为"安全检查机构"）进行安全检查工作。〈根据 2011 年 7 月 25 日第 10968 号法案新增〉

(6) 安全检查机构发现第(4)款各项规定的有害或有危险机械等,应当及时向当地就业和劳动主管部门负责人报告。〈根据 2011 年 7 月 25 日第 10968 法案新增〉

(7) 为保证安全检查工作有效开展,就业和劳动部可以对安全检查机构的工作情况进行调查,或者对其工作处理情况进行指导和检查。〈根据 2011 年 7 月 25 日第 10968 号法案新增〉

(8) 安全检查机构的人力、设施、设备等必要事项和安全检查机构的设立程序,由总统令规定。〈根据 2011 年 7 月 25 日第 10968 号法案新增〉

(9) 有关申请安全检查、检查周期和机器说明等安全检查合格的必要事项,由就业和劳动部条例规定。在这种情况下,应根据有害或有危险机器等设备的类型、寿命和危险性确定检查周期。〈根据 2010 年 6 月 4 日第 10339 号法案和 2011 年 7 月 25 日第 10968 号法案修订〉

(10) 第 15-2 条适用于安全检查机构。其中,"安全管理服务机构"应理解为"安全检查机构"。

2009 年 2 月 6 日第 9434 号法案对本条进行了全面修订。

第 36-2 条（安全自查项目中的安全检查）

(1) 尽管第 36 条第(1)款的规定,如果必须接受安全检查的人员确定了符合第 36 条第(1)款主要规定的检查标准的检查方案（以下称为"自检方案"）和检查周期和机器说明,并根据第 36 条第（9）款,在与工人代表协商（不包括没有雇用工人的情况）并获得就业和劳动部的授权后,根据其规定对有害或危险机器等的安全性能进行了检查。则这种情况应被视为接受了安全检查。自检方案的有效期为 2 年。〈根据 2010 年 6 月 4 日第 10339 法案和 2011 年 7 月 25 日 10968 法案修订〉

(2) 如果第 36 条第(1)款规定必须接受安全检查的人员打算根据自检计划进行检查,应让下列人员进行检查,并应记录和保存检查结果：〈根据 2010 年 6 月 4 日第 10339 号法案和 2011 年 7 月 25 日第 10968 号法案修订〉

1. 具有就业和劳动部条例所定资格及经验的人；
2. 完成就业和劳动部条例规定教育的人。

(3) 根据第 31 条第(1)款,必须接受安全检查的人员可以将第(2)款规定的检查委托给就业和劳动部指定的检查机构（以下称"指定检查机构"）。〈根据 2010 年 6 月 4 日第 10339 号法案和 2011 年 7 月 25 日第 10968 号法案修订〉

(4) 如果获得自检方案授权的人员有下列之一的错误,就业和劳动部可以撤销对该人员自查计划的授权,或命令该人员作出改进,例如根据已授权人员的自检方案进行自查等,但有第一项情形者,直接撤销授权:〈根据2010年6月4日第10339号法案修订〉

1. 以伪造或者其他欺诈手段取得自检方案授权的;
2. 接受自检方案授权后未进行自检的;
3. 未按照授权自检方案的内容进行自检的;
4. 第(2)款规定的有资格检查的人员或指定检查机构未进行检查的。

(5) 不得使用根据第(4)款被撤销自检程序授权的有害或危险机器等。

(6) 自检方案的内容、自检方案授权的条件、方式和程序,指定检验机构获得认定的条件、方式和程序等必要事项,由就业和劳动部条例规定。〈经根据2010年6月4日第10339号法案修订〉

(7) 第15-2条适用于指定检验机构。在这种情况下,"安全管理服务机构"应理解为"指定检查机构"。〈根据2011年7月25日第10968号法案修订〉

2009年2月6日第9434号法案对本条进行了全面修订。

第36-3条 （支持制造业企业）

(1) 为提高产品质量和安全、设计和施工能力等方面,针对须接受强制性安全认证的机器、仪器等,须接受安全自查的机器、仪器等或者引起大量工业事故并在改进时需要支持的机器、仪器和设备的生产者,以及改善工作条件的设备的设计者和建造者,就业和劳动部可在预算范围内对其提供必要的支持。〈根据2010年6月4日第10339号法案和2011年7月25日第10968号法案修订〉

(2) 根据第(1)款获得支持的人,应在满足《就业和劳动部条例》规定的要求后,向就业和劳动部登记。〈根据2010年6月4日第10339号法案修订〉

(3) 如果根据第(2)款登记的有以下情形之一,就业和劳动部可以撤销登记或限制第(1)款所述的支持,如果其属于第1项,则直接撤销登记:〈根据2010年6月4日第10339号法案和2011年7月25日第10968号法案修订〉

1. 以伪造或者其他欺诈手段登记的;
2. 不符合第(2)款登记条件的;
3. 依据第34-3条第(1)款规定安全认证被撤销的。

(4) 如果根据第(1)款获得支持的人有以下情形之一,就业和劳动部应收回相关资金或同等数额的资金。如果该人属于第1项的范围，则可以并处不超过支持资金数额的罚款：〈根据2011年7月25日第10968号法案新增〉

1. 以伪造或者其他欺诈手段获得支持的；
2. 因第(3)款第1项事由被撤销注册的；
3. 将支持金额用于第(1)款规定的原支持目的以外的目的。

（5）就业和劳动部规定依据第(3)款被撤销注册的人员自撤销之日起2年内不得根据第(2)款再注册。〈根据2011年7月25日第10968号法案新增〉

（6）第(1)款至第(5)款规定的支持、登记程序、撤销登记和归还酬金、限制登记的要求和其他必要事项的细节，应由就业和劳动部的条例规定。〈根据2010年6月4日第10339号法案和2011年7月25日第10968号法案修订〉

2009年2月6日第9434号法案对本条进行了全面修订。

第36-4条（全面管理有害或危险机器等的安全信息）

（1）就业劳动部可全面管理工作场所有害或危险机器等的安全信息，如当前持有状况和安全检查历史，并且提供综合管理信息等。

（2）为了全面管理第(1)款规定的信息，就业和劳动部可要求安全检查机构提交必要的材料，如工作场所有害或危险机器的持有现状和安全检查历史等。在这种情况下，被请求的安全检查机构应当遵守，但有特殊理由无法遵守的除外。

（3）就业和劳动部应建立和运行一个有关有害或危险机器安全的综合信息网络，如持有状况和安全检查的历史，以便全面管理第(1)款所述的信息。〈根据2011年7月25日第10968号法案新增〉

第37条（禁止制造等）

（1）任何人不得制造、进口、转让、提供或使用总统令规定的下列物质：

1. 经证明能引起职业性癌症，并被确认对劳动者健康特别有害的物质；
2. 依照第39条的规定对危害性进行评估，依照第40条的规定进行调查，被评估为可能给劳动者造成严重健康问题的有害试剂。

（2）尽管有第(1)款的规定，但第(1)款所述物质可在就业和劳动部批准的情况下制造、进口或使用，前提是这些物质用于试验或研究，且符合就业和劳动部条例规定的标准。〈根据2010年6月4日第10339号法案修订〉

（3）如果根据第(2)款获得批准的人员不符合该款中提及的标准，就业和劳动部应取消批准。〈根据2010年6月4日第10339号法案修订〉

2009年2月6日第9434号法案对本条进行了全面修订。

第38条 （制造商等的许可）

（1） 任何人如果打算制造或使用属于第37条第（1）款和总统令规定的物质，应事先获得就业和劳动部的许可，依照就业和劳动部条例的规定。若要更改任何被允许的内容，也应适用本规定。〈根据2010年6月4日第10339号法案修订〉

（2） 生产或使用第（1）款所提及物质的设备、有关该类物质的工作方法和其他许可标准，应由就业和劳动部条例规定。〈根据2010年6月4日第10339号法案修订〉

（3） 根据第（1）款获得许可的人（以下称为"有害物质制造商、使用者等"）应当按照第（2）款所指的标准维护该制造或者使用有害物质的设备，并按照符合第（2）款规定的工作方法制造或者使用该物质。

（4） 如果制造或使用有害物质的设备或有害物质制造商、使用者等人使用该设备的工作方法被认为不符合第（2）款所述的标准，就业和劳动部可命令有害物质制造商、使用者等人修理、改造或转让设备，使其符合此类标准，或按照符合此类标准的工作方法制造或使用物质。〈根据2010年6月4日第10339号法案修订〉

（5） 如果有害物质制造商、使用者等人有以下情形之一，就业和劳动部可以撤销许可，或处最长6个月的停业，但如果属于第1项，则应撤销许可：〈根据2010年6月4日第10339条法案修订〉

1. 以伪造或者其他欺诈手段取得许可的；
2. 不符合第（2）款许可标准的；
3. 违反第（3）款规定的；
4. 违反第（4）款规定的；
5. 自检发现问题后，未及时修复并采取必要措施的；
6. 第（1）款许可之申请程序及其他必要事项，由总统令规定。

2009年2月6日第9434号法案对本条进行了全面修订。

第38-2条 （石棉调查）

（1） 要拆除构筑物或设施，构筑物或设施的所有人或承租人等（以下称为"构筑物或设施的所有人等"）应就下列事项进行调查（以下称为"一般石棉调查"），并记录和保存其结果：

1. 建筑物、设施是否含有石棉；
2. 建筑物或设施所含含石棉材料的种类、位置及大小。

(2) 第(1)款规定的构筑物或设施的所有人等人，其规模等于或大于总统令规定的规模的，应设立就业和劳动部指定的机构（以下称为"石棉调查机构"），对第(1)款各款规定的事项以及相关结构或设施中所含石棉的类型和数量进行调查（以下称为"机构石棉调查"），并记录和保存调查结果。如果存在总统令规定的任何理由，如在结构或设施中明显含有石棉的情况下，根据就业和劳动部条例规定的程序，可以不进行机构石棉调查。

(3) 如果根据《石棉安全管理法》等其他法律对建筑结构或设施已经进行了石棉调查，则应视为已经按照就业和劳动部条例的规定进行了一般石棉调查或机构石棉调查。

(4) 如果构筑物或设施的所有者等人在未进行一般石棉调查或机构石棉调查的情况下拆除或拆分构筑物或设施，就业和劳动部可下令采取以下任何措施：

1. 命令有关构筑物或设施的所有人等人遵从一般石棉调查或机构石棉调查；

2. 责令拆除或拆分有关构筑物或者设施的人暂停工作，直至第1项合规令的结果被报告为止。

(5) 为了确保机构石棉调查的准确性和可靠性，就业和劳动部可评估石棉调查机构进行此类调查的能力，并根据评估结果指导和教育石棉调查机构。在这种情况下，评估、指导和教育的方法、程序等应由就业和劳动部确定和公布。

(6) 指定石棉调查机构的要求和程序应由总统令规定，机构石棉调查方法和其他必要事项应由就业和劳动部条例规定。

(7) 第15-2条适用于石棉调查机构。在这种情况下，"安全管理服务机构"应理解为"石棉调查机构"。

2011年7月25日第10968号法案对本条进行了全面修订。

第38-3条（石棉处理或清除工作标准的遵守）

拆除或拆分含有石棉的构筑物或者设施的，应当遵守就业劳动部条例规定的石棉处置和清除工作标准。〈根据2010年6月4日第10339号法案和2011年7月25日第10968号法案修订〉

本条根据2009年2月6日第9434号法案新增。

第38-4条（石棉处置或由石棉处置或清除服务提供商进行的石棉处置或清除）

(1) 接受机构石棉调查的建筑物或设施的所有人等人，其所含石棉的数量和大小等于或大于总统令规定的数量和大小,应在就业和劳动部登记一名人员(以下称为"石棉处理或清除服务提供者")处理或清除石棉。若是业主有总统令所规定的任何理由,如建筑物或设施的有人等人在人力、设备方面的能力与石棉处置或清除服务提供者相当,则该拥有人可自行处置或清除石棉。〈根据2010年6月4日第10339号法案和2011年7月25日第10968号法案修订〉

(2) 对有关构筑物或设施进行机构石棉调查的机构,不得进行第(1)款所提及的石棉处置或清除业务。

(3) 石棉处理或清除服务提供者(在第(1)款限制性条款的情况下,指构筑物或设施的所有人等人;下文第38-5条也同样适用)应在根据第(1)款进行处理或清除工作之前向就业和劳动部报告,并保存关于第(1)款所指的石棉处置或清除工作的文件。〈根据2010年6月4日第10339号法案和2011年7月25日第10968号法案修订〉

(4) 为保持石棉处理或清除服务提供商的可靠性,就业和劳动部可评估石棉处理或清除工作的安全性,并公布结果。〈根据2010年6月4日第10339号法案修订〉

(5) 第(1)款规定的注册要求和程序应由总统令规定,第(3)款规定的报告程序以及第(4)款规定的评估标准和方法以及公布方法应由就业和劳动部条例规定。〈根据2010年6月4日第10339号法案修订〉

(6) 第15-2条适用于石棉处理或清除服务提供者。

本条根据2009年2月6日第9434号法案新增。

第38-5条（石棉浓度标准的遵守）

(1) 石棉处理或清除服务提供商完成第38-4条第(1)款规定的石棉处理或清除工作后,应确保相关工作场所空气中的石棉浓度不高于总统令规定的标准(以下称为"石棉浓度标准"),并向就业和劳动部提交证据材料。〈根据2010年6月4日第10339号法案和2011年7月25日第10968号法案修订〉

(2) 根据第(1)款测量空气中石棉浓度的人员的资格和测量方法应由就业和劳动部的条例规定。〈根据2010年6月4日第10339号法案修订〉

(2) 如果工作场所石棉处理或清除工作完成后,工作场所空气中的石棉浓度超过的石棉浓度标准,构筑物或设施的所有人等不得拆除或拆除相关构筑物或设施。〈根据2011年7月25日第10968号法案修订〉

本条根据2009年2月6日第9434号法案新增。

第 39 条 （管理等）

（1）就业和劳动部应当按照相关条例规定的分类标准，对造成劳动者健康问题的化学品、物理制剂等（以下简称"有害制剂"）进行分类管理。〈根据 2010 年 6 月 4 日第 10339 号法案修订〉

（2）就业和劳动部应制定有害物质的职业接触限值，并在政府公报上公布。〈根据 2010 年 6 月 4 日第 10339 条法案修订〉

（3）就业和劳动部部长可评估有害物质对工人健康的危害性，并在政府公报等上公布结果。〈根据 2010 年 6 月 4 日第 10339 号法案修订〉

（4）关于根据第（3）款选择进行危害性和危险性评估的物质的标准以及进行这种评估的方法的必要事项，应由就业和劳动部条例规定。〈根据 2010 年 6 月 4 日第 10339 号法案修订〉

2009 年 2 月 6 日第 9434 号法案对本条款进行了全面修订。

第 39 - 2 条 （遵守有害物质的许可标准）

（1）关于总统令规定的可能对工人造成严重健康问题的有害物质，如致癌物，雇主应将工作场所接触此类代理人的程度保持在就业和劳动部条例规定的许可标准以下，但以下情况除外：〈根据 2010 年 6 月 4 日第 10339 号法案修订〉

1. 现有技术无法安装、改造设施设备的；
2. 因自然灾害等原因造成设施设备严重缺陷的；
3. 就业和劳动部条例所定临时工或短期工者。
4. 总统令规定的其他情形。

（2）尽管有第（1）款的但书，雇主仍须尽量使接触有害物质的程度低于第（1）款所述标准。

2009 年 2 月 6 日第 9434 号法案对本条进行了全面修订。

第 40 条 （新化学品的危害性和危险性调查）

（1）打算制造或进口总统令规定以外的化学品（以下称为"新化学品"）的雇主（如有代表雇主进口的人，则指代表雇主进口的人）应该做到：在就业和劳动部条例规定的条件下调查新化学品的危害性和危险性，向就业和劳动部提交调查报告，防止化学品引起工人的健康问题，但以下情况除外：〈根据 2010 年 6 月 4 日第 10339 号法案修订〉

1. 就业和劳动部条例规定进口新化学品供应一般消费者生活用品的案件；
2. 《就业和劳动部法令》所定新化学品进口量小或危害程度低的案件。

（2）用人单位应当根据第1项危害性调查的结果，立即采取必要措施，防止有关新化学品可能造成劳动者健康问题。

（3）就业和劳动部部长收到第（1）款所述新化学品的危害性和危险性调查报告后，应公布并通知有关政府机构新化学品的名称、危害性和危险性以及所采取的措施等。〈根据2010年6月4日第10339号法令修订〉

（4）如果根据第（1）款提交的危害性和危险性调查报告的结果认为有必要预防工人的健康问题，就业和劳动部部长可以命令雇主采取必要预防措施，例如安装或维护设施以及提供个人防护装备等。〈根据2010年6月4日第10339号法案修订〉

（5）如果雇主转让或供应新的化学品，雇主应提供一份文件，说明根据第（4）款必须采取的防止工人健康出现问题的措施。

2009年2月6日第9434号法案对本条进行了全面修订。

第41条（物质安全资料表之制备、保管等）

（1）转让或供应符合《就业和劳动部法令》第39条规定分类标准的化学品及含化学品制剂（总统令规定之制剂除外）者（1）（以下称为"目标化学品"）应按照就业和劳动部条例规定的方法，制作和提供一份包含以下所有事项的文件（以下称为"材料安全数据表"），该文件应包含以下所列事项：在这种情况下，当就业和劳动部对材料安全数据表中包含的事项或就业和劳动部条例中材料安全数据表的制作方法决策时，应就有毒化学品控制法的相关事宜咨询环境部长：〈根据2010年6月4日第10339号法案和2011年7月25日第10968号法案修订〉

1. 目标化学品的名称和成分；
2. 处理目标化学品的安全与健康的预防措施；
3. 对人体和环境的影响；
4. 就业和劳动部条例规定的其他事项。

（2）尽管有第（1）款的规定，当转让或供应目标化学品的人员编制材料安全数据表时，不得输入就业和劳动部条例规定的信息，以便能够具体确定以下任何事项：但不得适用于就业和劳动部部长确定的目标化学品，这些化学品可能会对工人造成严重的健康问题：

1. 被认定为商业秘密值得保护的化学品；
2. 含有第1项所称化学物质的剂量。〈根据2010年6月4日第10339号法案和2011年7月25日第10968号法案修订〉

（3）拟处理目标化学品的雇主，须在处理目标化学品的工作场所且工人可以看见的地方，按照就业和劳动部法令规定的方法公示根据第（1）款提供的材料安全数据表。〈根据2011年7月25日第10968号法令修订〉

（4）转移或供应目标化学品的人员应按照就业和劳动部条例规定的方法在容器和包装上贴上警告标签；但如果使用容器和包装以外的任何方式转移或供应目标化学品，则应提供一份文件清单，在警告标签上注明的项目应按照就业和劳动部部长要求提供。〈根据2011年7月25日第10968号法案修订〉

（5）雇主应按照就业和劳动部条例规定的方法，在工作场所使用的目标化学品容器上贴上警告标签，但这不适用于就业和劳动部条例规定的情况，例如已经在集装箱上贴上警告标签的情况。〈根据2011年7月25日第10968号法案修订〉

（6）转移或供应目标化学品的人员，如果需要根据第（1）款更改材料安全数据表的内容，应该在表中反映变化情况，及时将变更后的数据表提供给接收目标化学品的人员。在这种情况下，供应的方法和细节以及其他必要事项应由就业和劳动部部长决定和宣布。〈根据2011年7月25日第10968号法案新增〉

（7）为了第（1）款所指处理目标化学品的工人的安全和健康，雇主应采取适当措施，例如对工人进行培训。培训的时间、内容和方法应根据就业和劳动部法令规定。〈根据2011年7月25日第10968号法案新增〉

（8）为维护目标化学品作业工人的安全和健康，必要时，就业和劳动部部长可决定供应目标化学品的人员或处理目标化学品的雇主提交材料安全数据表，或根据第（1）款各项规定进行修改。〈根据2011年7月25日第10968号法案新增〉

（9）雇主应在每个工作阶段设置处理目标化学品的控制点。〈2011年7月25日第10968号法案新增〉

（10）如果有必要维护工人的安全和健康，就业和劳动部部长可以向工人和雇主提供与材料安全数据表相关的信息。〈根据2011年7月25日第10968号法案新增〉

（11）为维护工人的安全和健康，为工人治疗的医生，第16条规定的卫生管理人员（含该条第三项规定的卫生管理服务机构）、第17条规定的职业医师或者劳动者代表等，如果出现就业和劳动部条例规定的工人有严重的健康问题等情况，可要求目标化学品供应人员或处理目标化学品的雇主提供第（2）款规定的材料安全数据表中未包含的信息。在这种情况下，被要求提供信息的人应提供就业和劳动部部长要求的信息。〈根据 2011 年 7 月 25 日第 10968 号法案新增〉

2009 年 2 月 6 日第 9434 号法案对本条进行了全面修订。

第五章　职工健康管理

第 42 条　（工作环境监测等）

（1）雇主应指派一名具有就业和劳动部条例规定资格的人员，对就业和劳动部条例规定的工作场所的工作环境进行监测和评估。进行不利于工人健康的工作时，应按照就业和劳动部条例的规定，记录和保存结果并向就业和劳动部上报。在这种情况下，应工人代表要求，允许其在工作环境监测期间在场。〈根据 2010 年 6 月 4 日第 10339 号法案修订〉

（2）第（1）款所述工作环境监测的方法和频率以及其他必要事项应由就业和劳动部条例规定。〈根据 2010 年 6 月 4 日第 10339 号法案修订〉

（3）用人单位应当将第（1）款所述工作环境监测结果告知工作场所的劳动者，并根据监测结果对有关设施、设备进行安装、改造等采取适当措施，保护劳动者健康。

（4）用人单位可以将第（1）款所指的工作环境监测和样品分析委托给劳动就业部指定的监测机构（以下称为"指定监测机构"）。〈根据 2010 年 6 月 4 日第 10339 号法案修订〉

（5）雇主根据第（4）款委托进行工作环境监测的指定监测机构，进行工作环境监测后，应根据就业和劳动部条例的规定将结果以电子形式提交给就业和劳动部。在这种情况下，雇主应被视为已根据第（1）款报告了工作环境监测结果。〈根据 2010 年 6 月 4 日第 10339 号法案修订〉

（6）用人单位应当根据本法第 19 条规定，按照职业安全与健康委员会或者劳动者代表要求，直接召开工作环境监测结果说明会，该会议也可由进行工作环境监测的机构召开。

（7）由总统令规定指定监测机构的种类、业务范围、设置条件和程序以及其他必要事项。

（8）就业和劳动部应当对指定的监测机构进行工作环境监测和分析能力进行评估，并根据评估结果进行指导和教育，确保工作环境监测的准确性和可靠性。在这种情况下，评估、指导和教育的方法、程序等应由就业和劳动部部长决定并公布。〈根据 2010 年 6 月 4 日第 10339 号法案修订〉

（9）就业和劳动部部长认为如有必要提高工作环境监测水平的，可以对指定的监测机构进行评估（包括第（8）款规定的评估），并公布评估结果。在这种情况下，评估标准等由就业和劳动部条例规定。〈根据 2010 年 6 月 4 日第 10339 号法案修订〉

（10）第 15 条法律第（2）款，参照指定监测机构的有关规定。

2009 年 2 月 6 日第 9434 号法案对本条进行了全面修订。

第 42－2 条（工作环境监测可靠性评估）

（1）如果认为有必要根据第 42 条第（1）款评估工作环境监测结果的准确性和精确性，就业和劳动部部长将开展评估。〈根据 2010 年 6 月 4 日第 10339 号法案修订〉

（2）在接受可靠性评估时，雇主或工人应积极配合。

（3）可靠性评估的方法、对象、程序等必要事项，由财政部的条例规定。〈根据 2010 年 6 月 4 日第 10339 号法案修订〉

2009 年 2 月 6 日第 9434 号法案对本条进行了全面修订。

第 43 条（健康检查）

（1）用人单位应当在就业和劳动部指定的机构或者按照《国家健康保险法》通过健康检查机构（以下称为"健康检查机构"）对劳动者进行健康检查，保护劳动者健康。在这种情况下，应工人代表的要求，应允许其在健康检查期间在场。〈根据 2010 年 6 月 4 日第 10339 号法案修订〉

（2）如果认为有必要保护工人的健康，就业和劳动部部长可以命令雇主对特定工人进行临时健康检查或采取其他必要措施。〈根据 2010 年 6 月 4 日第 10339 号法案修订〉

（3）劳动者应当接受用人单位根据第（1）款和第（1）款规定进行的健康检查，但劳动者不愿意接受用人单位指定的医生、牙医或者健康检查机构健康检查的，可以接受不同健康检查机构的同等健康检查，并向雇主提交证明结果的文件。

（4）如果健康检查机构根据第（1）款和第（2）款进行了健康检查，应将检查结果通知雇主和工人，并将其报告给就业和劳动部部长。〈根据 2010 年 6 月 4 日第 10339 号法案修订〉

（5）第（1）款和第（2）款健康检查或其他法令、法规认为有必要采取措施维护劳动者健康的，用人单位应当改变工作场所、变更工作、缩短工作时间、进行工作环境监测、安装或者改进设施设备，或者采取其他适当的措施。

(6) 用人单位应当直接说明健康检查结果,或者根据第 19 条职业安全与健康委员会或者劳动者代表的要求,由进行健康检查的健康检查机构说明健康检查结果。劳动者的健康检查结果未经工人个人同意,不得披露。

(7) 雇主不得将第(1)款和第(2)款所提述的健康检查结果用作保护及维持工人健康以外的用途。

(8) 由就业和劳动部规定健康检查的种类、时间、频率、项目和费用,指定和管理第(1)款所指健康检查机构,规范第(2)款所指的暂定健康检查、第(5)款所指的适当措施,以及健康检查所需的其他事项。〈根据 2010 年 6 月 4 日第 10339 号法案修订〉

(9) 就业和劳动部部长应评估健康检查机构的健康检查和分析能力,并根据评估结果提供指导和教育,确保健康检查的准确性和可靠性。在这种情况下,评估、指导和教育的方法、程序等应由就业和劳动部部长决定并公布。〈根据 2010 年 6 月 4 日第 10339 号法案修订〉

(10) 为了提高健康检查水平,就业和劳动部部长可以根据第(1)款指定的健康检查机构进行评估(包括根据第(9)款进行评估),并公布结果。在这种情况下,有关评估标准、评估方法、公布方法等的必要事项应由就业和劳动部条例规定。〈根据 2010 年 6 月 4 日第 10339 号法案修订〉

(11) 第 15 条第 2 款应参照适用于第(1)款指定的健康检查机构。〈根据 2010 年 6 月 4 日第 10339 号法案修订〉

2009 年 2 月 6 日第 9434 号法案对本条进行了全面修订。

第 43-2 条 (疾病调查)

(1) 如果认为有必要诊断和预防职业病并查明其原因,就业和劳动部部长可以进行职业病调查(以下简称"疾病调查"),并研究关于劳动者疾病与工作场所有害因素的相关性。〈根据 2010 年 6 月 4 日第 10339 法案修订〉

(2) 进行疾病调查的,用人单位或者劳动者应当积极配合,不得无理拒绝、阻挠、逃避。〈根据 2011 年 7 月 25 日第 10968 号法修订〉

(3) 如果有必要进行疾病调查,就业和劳动部部长可以要求有关机构根据第 43 条、《国家健康保险法》规定的提供医疗福利记录和健康检查结果、《就业保险法》规定的就业信息、《癌症管理法》规定的疾病和死亡原因信息等提供工人健康检查结果。在这种情况下,除非有特殊理由,否则各机构都应遵守。〈根据 2010 年 6 月 4 日第 10339 号法案修订〉

(4) 疾病调查的对象、方法、程序和其他必要事项,由就业和劳动部

条例规定。〈根据 2010 年 6 月 4 日第 10339 号法案修订〉

2009 年 2 月 6 日第 9434 号法案对本条进行了全面修订。

第 44 条（健康管理手册）

（1）就业和劳动部部长应向从事就业和劳动部条例规定的可能导致健康问题的工作的工人发放健康管理手册，不短于就业和劳动部条例规定的期限。〈根据 2010 年 6 月 4 日第 10339 号法案修订〉

（2）任何人收到第（1）款所提述的健康管理小册子后，不得将其转让或借给他人。

（3）《健康管理手册》的内容、形式、用途以及发放所需的其他事项，由就业和劳动部条例规定。〈根据 2010 年 6 月 4 日第 10339 号法案修订〉

2009 年 2 月 6 日第 9434 号法案对本条进行了全面修订。

第 45 条（禁止和限制患有疾病工人进行工作）

（1）对于受传染病或精神病影响的人，或受就业和劳动部条例规定可能因工作疾病恶化的人，雇主应根据医生的诊断禁止和限制其工作。〈根据 2009 年 12 月 29 日第 9847 号法案和 2010 年 6 月 4 日第 10339 号法案修订〉

（2）根据第（1）款被禁止或限制工作的工人恢复健康时，雇主应立即允许其恢复工作。

2009 年 2 月 6 日第 9434 号法案对本条进行了全面修订。

第 46 条（延长工作时间的限制）

对于从事总统令规定的有害或危险工作的工人，雇主不得让他每天工作超过 6 小时或每周工作超过 34 小时。

2009 年 2 月 6 日第 9434 号法案对本条进行了全面修订。

第 47 条（就业资格限制等）

（1）对于就业和劳动部条例规定的有害或危险工作，雇主不得允许不具备工作所需资格、执照、经验或技能的人从事此类工作。〈根据 2010 年 6 月 4 日第 10339 号法案修订〉

（2）就业和劳动部部长可指定培训机构培养第（1）款所述的资格或培养员工获取执照，帮助工人培训技能。〈根据 2010 年 6 月 4 日第 10339 号法案修订〉

（3）由就业和劳动部条例规定第（1）款和第（2）款规定的资格、执照、经验和技能、指定培训机构的要求和程序以及其他必要事项。〈根据 2010 年 6 月 4 日第 10339 号法案修订〉

（4）培训机构选用参照第 15 条第（2）款。

2009年2月6日第9434号法案对本条进行了全面修订。

第六章　监　督　与　秩　序

第48条　（危害和危害预防方案的提交等）

（1）当经营总统令规定类型和规模的企业的雇主安装或移动与生产过程直接相关的整个机器、仪器、设备等，或改变其任何主要结构部件时，应制定"伤害和危害预防计划"（以下简称计划）防止伤害和危害，并按照就业和劳动部条例的规定提交给就业和劳动部部长。〈根据2010年6月4日第10339号法案修订〉

（2）打算安装或移动就业和劳动部条例规定的机器、仪器、设备等的雇主，或打算改变其任何主要结构部分，可参照第(1)款规定。

这些机器、仪器、设备等如下：

1. 需要从事有害或危险工作的机器、仪器、设备等；
2. 在有害或危险场所使用的机器、仪器、设备等；
3. 用于预防健康问题的机器、仪器、设备等。〈根据2010年6月4日第10339号法案修订〉

（3）雇主如果打算开始就业和劳动部条例规定的建筑工程，应在听取具有就业和劳动部条例规定资格的人员意见后，制定一份伤害和危害预防计划，并提交给就业和劳动部部长。考虑工业事故率等因素后，应在符合就业和劳动部条例规定标准的建筑业，编制伤害和危害预防计划，听取具有就业和劳动部条例规定的资格的专家的意见，审查计划并编写审查结果报告。此报告将提交就业和劳动部部长，并保存在工作场所。〈根据2010年6月4日第10339号法案和2011年7月25日第10968号法案修订〉

（4）如果就业和劳动部部长在审查了第(1)款至第(3)款所述的伤害和危害预防计划后，认为有必要保护工人的安全和健康，可以命令停止施工或修改计划。〈根据2010年6月4日第10339号法案修订〉

（5）已根据第(1)款至第(3)款提交伤害和危害预防计划的雇主应按照就业和劳动部条例的规定获得其认可。〈根据2010年6月4日第10339号法案修订〉

2009年2月6日第9434号法案对本条进行了全面修订。

第49条　（安全与健康诊断）

（1）就业和劳动部部长可命令就业和劳动部条例规定的工作场所接受指定的机构（以下简称"安全和健康诊断机构"）进行的安全和健康诊断。

〈根据 2010 年 6 月 4 日第 10339 号法案修订〉

（2）雇主应积极配合第(1)款所述的安全与健康诊断活动，不得无正当理由拒绝、干扰或逃避此类活动。在这种情况下，雇主应根据工人代表的要求，允许其参加安全和健康诊断。

（3）第(1)款所指的安全和健康诊断的内容、指定的要求和程序以及其他必要事项应按照总统令规定。

（4）第 15 条第(2)款参照安全与健康诊断机构的确定方法。

2009 年 2 月 6 日第 9434 号法案对本条进行了全面修订。

第 49－2 条（提交等）

（1）雇主使用总统令规定的有害或危险设备的工作场所，应编制安全报告，并将其提交就业和劳动部部长审查，防止由于设备泄漏、火灾、爆炸等危险物质可能对工作场所的工人造成直接伤害，或对工作场所附近区域造成损害。此类伤害在本条中称作"严重工业事故"。在这种情况下，在通知安全报告的内容适用于预防严重工业事故之前，不得使用相关设备。〈根据 2010 年 6 月 4 日第 10339 号法案和 2011 年 7 月 25 日第 10968 号法案修订〉

（2）用人单位编制安全报告时，应依第 19 条规定经职业安全与健康委员会审议。未设职业安全与健康委员会的作业场所，应听取劳工代表意见。

（3）就业和劳动部部长应审查根据第(1)款提交的、由就业和劳动部条例规定的安全报告，如认为有必要维护和促进工人的安全和健康，可以命令其修改安全报告。〈根据 2010 年 6 月 4 日第 10339 号法案和 2011 年 7 月 25 日第 10968 号法案修订〉

（4）如果审查根据第(1)款提交的安全报告，就业和劳动部部长认为其内容适用于预防严重工业事故，应将结果书面通知雇主。〈2011 年 7 月 25 日第 10968 号法案新增〉

（5）如果根据第(4)款已通知安全报告的检查结果，雇主应将安全报告保存在工作场所。〈2011 年 7 月 25 日第 10968 号法案新增〉

（6）第(5)款所指的雇主应获得就业和劳动部部长的确认。〈根据 2010 年 6 月 4 日第 10339 号法案和 2011 年 7 月 25 日第 10968 号法案修订〉

（7）雇主和工人应遵守安全报告的内容。〈根据 2011 年 7 月 25 日第 10968 号法案修订〉

（8）如果有任何理由修改根据第(5)款保存在工作场所的安全报告的内容，雇主应立即补充。〈根据 2011 年 7 月 25 日第 10968 号法案修订〉

（9）就业和劳动部部长可根据就业和劳动部条例的规定，定期评估安全报告实施情况。〈根据 2010 年 6 月 4 日第 10339 号法案和 2011 年 7 月 25 日第 10968 号法案修订〉

（10）就业和劳动部部长可命令第（8）款规定的雇主评估第（9）款规定的安全报告的执行情况，评估修改后再次提交安全报告。〈根据 2010 年 6 月 4 日第 10339 号法案和 2011 年 7 月 25 日第 10968 号法案修订〉

2009 年 2 月 6 日第 9434 号法案对本条进行了全面修订。

第 50 条 （安全和健康改进计划）

（1）如果认为有必要采取综合改进措施，防止工作场所、设施和其他事项引发工伤事故，就业和劳动部可命令雇主根据就业和劳动部条例的规定，制定并执行工作场所、设施和其他事项的安全和健康完善计划。〈根据 2010 年 6 月 4 日第 10339 号法案修订〉

（2）当就业和劳动部部长根据第（1）款发布命令时，如认为有必要，可以命令雇主接受第 49 条第（1）条款的安全和健康诊断，并按照就业和劳动部条例的规定制定和提交安全和健康改善计划。〈根据 2010 年 6 月 4 日第 10339 号法案修订〉

（3）用人单位根据第（1）款规定制定安全与健康改善计划，还需根据第十九条规定，经职业安全与健康委员会审议。未设职业安全与健康委员会的工作场所，应听取职工代表的意见。

（4）雇主和工人应遵守安全和健康改善计划。

2009 年 2 月 6 日第 9434 号法案对本条进行了全面修订。

第 51 条 （监督措施）

（1）在执行本法或根据本法发布的任何命令时，劳动和就业部《劳动标准法》第 101 条规定的劳动监察人员，可以向有关人员提问，查阅账簿、文件和其他资料，可以进行安全卫生检查，检查产品、原材料或检查所需仪器。在这种情况下，监察员应将结果书面通知雇主。〈根据 2010 年 6 月 4 日第 10339 号法案和 2011 年 7 月 25 日第 10968 号法案修订〉

以上所提到的场所包括：

1. 工作场所；
2. 第 15 条第（4）款、第 16 条第（3）款、第 30 条第（4）款、第 31 条第（4）款、第 31 条第 2 部分第（1）款、第 32 条第（3）款、第 36 条第 2 部分第（3）款、第 38 条第 2 部分第（2）款、第 42 条第（4）款、第 43 条第（1）款和第 49 条第（1）款中规定的场所和机构；
3. 石棉处理或清除服务提供者的办事处；

4. 根据第52条第4部分注册的顾问办公室。

（2）根据第52条第4款，如认为有必要执行本法或根据本法发布的任何命令，就业和劳工部部长可要求任何雇主、工人或顾问提交报告或出席。〈根据2010年6月4日第10339号法案修订〉

（3）根据第65条，如认为有必要赋予管理机构权力，就业和劳动部可命令本管理机构雇员进入工作场所，进行任何检查、指导等工作，预防工业事故或进行疾病调查。本机构雇员可向有关人士提出问题，并要求其提交必要文件。

（4）如果该机构雇员根据第（3）款进行了检查或指导等，应将结果报告给就业和劳动部部长。〈根据2010年6月4日第10339号法案修订〉

（5）根据第（1）款和第（3）款，进入工作场所或顾问办公室的人员，应携带证明其身份的证件并向相关人员出示。

（6）如果根据第（1）款和第（4）款，经检查认为确有必要，就业和劳动部部长可命令雇主更换、停止使用或拆除任何建筑结构或其附件、机械、仪器、设备或原材料，改善设施或者采取其他必要的卫生安全措施。在这种情况下，就业和劳动部可要求雇主按照规定在工人容易看到的地方张贴更换事项清单。〈根据2010年6月4日第10339号法案修订〉

（7）如有发生意外及疾病危险，或根据第（6）款所述的危险状况没有消除或改善，就业和劳动部部长可命令暂停部分或全部机械和设备相关的工作。〈根据2010年6月4日第10339号法案修订〉

（8）在第（1）款和第（4）款所述情况下，如认为有必要预防工业事故，就业和劳动部部长可命令工人采取适当措施，如遵守第20条规定的安全与健康管理条例等。〈根据2010年6月4日第10339号法修订〉

2010年2月6日第9434号法案对本条进行了全面修订。

第51-2条（要求暂停营业）

（1）如果雇主发生了属于下列任何一项的工伤事故，就业和劳动部部长可根据相关法案法规，要求相关行政机构负责人暂停相关业务或实施其他制裁，或根据《事业单位管理法》规定，要求事业单位负责人，对雇主进行必要的限制：〈根据2010年6月4日第10339号法修订〉

以上所提工伤事故包括：

1. 违反第23条、第24条、第29条规定致使大量工人死亡或对工作场所邻近地区造成严重损害；

2. 违反第51条第（6）款或第（7）款规定致使劳动者丧失生命。

（2）收到第（1）款要求的行政机构或公共机构负责人应按照该要求执行。除有正当理由外，必须将这些措施的改善结果通知就业和劳动部部长。〈根据2010年6月4日第10339号法案修订〉

（3）第（1）款所述的停业请求程序和其他必要事项应由就业和劳动部条例规定。〈根据2010年6月4日第10339号法令修订〉

2009年2月6日第9434号法案对本条进行了全面修订。

第52条（向监管机构报告）

（1）如果在工作场所发生违反本法或根据本法发布的命令的行为，任何工人都可以向就业和劳动部部长报告。雇佣和劳动或劳动检查员。〈根据2010年6月4日第10339号法案修订〉

（2）用人单位不得因劳动者作第（1）款报告而辞退劳动者或者给予其他不利待遇。

2009年2月6日第9434号法案对本条进行了全面修订。

第六章 第2部分 职业安全顾问和职业健康顾问

第52-2条（顾问的职责）

（1）职业安全顾问应履行以下职责：

1. 评价和指导作业过程安全；
2. 评价和指导预防危害措施；
3. 拟定第（1）款和第（2）款所提报告；
4. 总统令规定的其他职业安全事项。

（2）职业健康顾问应当履行下列职责：

1. 评价和指导改善工作环境的方案；
2. 制定改善工作环境的计划和报告；
3. 开展职业健康调查研究；
4. 总统令规定的其他职业健康事项。

（3）由总统令规定职业安全顾问和职业健康顾问（以下称为"顾问"）提供服务的领域、范围等必要事项。

2009年2月6日第9434号法案对本条进行了全面修订。

第52-3条（顾问的资格和考评）

（1）拟担任顾问的人员应通过就业和劳动部组织的顾问考试。〈根据2010年6月4日第10339号法案修订〉

（2）持有就业和劳动部条例规定的资格的人可免于参加第（1）款所述的

部分顾问考试。〈根据 2010 年 6 月 4 日第 10339 号法令修订〉

（3）就业和劳动部部长可将第(1)款所述的顾问考试的管理委托给测试机构。〈根据 2010 年 6 月 4 日第 10339 号法令修订〉

（4）第(3)款委托管理顾问考试机构的人员，依刑法第 129 条至第 132 条规定，视为公职人员。

（5）顾问的考试科目、免试范围和其他必要事项，由总统令规定。

2009 年 2 月 6 日第 9434 号法案对本条进行了全面修订。

第 52 -4 条（顾问的注册）

（1）如果顾问打算开始工作，应按照就业和劳动部条例的规定在就业和劳动部进行注册。〈根据 2010 年 6 月 4 日第 10339 号法案修订〉

（2）可以设立一个机构，组织根据第(1)款注册的顾问，系统专业地提供服务。

（3）有下列情形者不得登记注册：

1. 不称职或准不合格的人；
2. 被宣告破产，尚未恢复原状的；
3. 被判处无期徒刑、无期徒刑或者从重处罚，自执行终止或者免除之日起未满 2 年的；
4. 因无期徒刑或者从重处罚被判处缓刑，仍在缓刑的；
5. 因违反本法被判处罚金，自判决之日起未满 1 年的；
6. 自根据第(4)款取消注册以来未满 2 年的人。

（4）根据第 3 条第(1)款至第(5)款，就业和劳动部部长可以取消注册。如果顾问违反第 52 -6 条，就业和劳动部部长可以取消注册，或者责令其停业不超过 6 个月。〈根据 2010 年 6 月 4 日第 10339 号法案修订〉

（5）对于第(2)款所述代理机构，适用《商业法》中关于合伙人的规定。

2009 年 2 月 6 日第 9434 号法案对本条进行了全面修订。

第 52 -5 条（顾问的指示等）

就业和劳动部部长可委托该机构开展以下服务：

1. 指导和联络顾问，建立和维护信息共享系统；
2. 解决用人单位因顾问提供服务而产生的申诉、投诉，调解损害的纠纷；
3. 就业和劳动部法令规定的其他发展顾问服务所需事项。〈根据 2010 年 6 月 4 日第 10339 号法案修订〉

2009年2月6日第9434号法案对本条进行了全面修订。

第52-6条（保密）

任何顾问不得泄露或窃取其在履行职责过程中获悉的任何秘密。

2009年2月6日第9434号法案对本条进行了全面修订。

第52-7条（损害赔偿责任）

（1）如果咨询顾问在履行其服务过程中因故意或过失对客户造成任何损害，应负责赔偿损害。

（2）根据第52-4条第(1)款注册的顾问应按照总统令的规定购买安全保险或采取其他必要措施，避免出现第(1)款所述的损害赔偿责任。

2009年2月6日第9434号法案对本条进行了全面修订。

第52-8条（禁止使用类似名称）

除根据第52-4条第(1)款注册的顾问外，任何人不得使用职业安全顾问或职业健康顾问或类似头衔。

2009年2月6日第9434号法案对本条进行了全面修订。

第52-9条（对考试作弊者的处罚）

对在顾问考试中作弊者，就业和劳动部应取消其考试资格，并自作弊之日起5年内暂停其参加考试。〈2011年7月25日第10968号法案新增〉

（第七章第53条~第60条删除）

第八章 补 充 规 定

第61条（工业识别预防设施）

就业和劳动部部长可安装和采取以下工业事故预防设施：

1. 对职业安全与健康进行指导、研究、教育〈根据2010年6月4日第10339号法案修订〉；

2. 采取工作环境监测和安全与健康诊断设施；

3. 就业和劳动部条例规定的防止工业事故的其他设施。〈根据2010年6月4日第10339号法令修订〉

2009年2月6日第9434号法案对本条进行了全面修订。

第61-2条（名誉国家安全检查员）

（1）为参与预防工业事故，就业和劳动部部长可以从工人和雇主组织的成员以及专业工业事故预防机构的人员中任命一名名誉职业安全检查员。〈根据2010年6月4日第10339号法案修订〉

（2）用人单位不得以名誉职业安全检查员的合法行为为由做对其不利

的事。

（3）第（1）款荣誉职业安全检查员的委任方式、工作范围及其他必要事项由总统令规定。

2009年2月6日第9434号法案对本条进行了全面修订。

第61-3条（预防犯罪的资金来源）

有下列情形之一的，应当按照《工伤赔偿法》第95条第1款的规定，从工伤赔偿保险和预防基金中拨付：〈根据2010年6月4日第10339号法案修订〉

1. 与事故预防有关的设施及其运行所需的费用；

2. 事故预防项目、委托非营利组织从事的工作和基金运作管理所必需的费用；

3. 经就业和劳动部批准的预防事故所必需的其他项目的运行费用。

2009年2月6日第9434号法案对本条进行了全面修订。

第62条（工业事故预防措施）

（1）政府可以对用人单位、劳动者组织、专业的工业事故预防机构、研究机构等提供全部或者部分补贴。在预算范围内实施总统令规定的预防工业事故项目，或者给予其他必要的支持（以下称为"补贴或者支持"）。在这种情况下，就业和劳动部部长应管理和监督此类补贴或支持，以确保其有效用于工业事故预防项目。〈根据2010年6月4日第10339号法案修订〉

（2）如果根据第（1）款获得补贴和支持的人属于下列任一情况，就业和劳动部部长应全部或部分取消补贴或支持。在第1款和第2款的情况下，补贴或支持应全部取消：〈2011年7月25日第10968号法案新增〉

1. 以虚假或者其他欺诈手段领取补助的；

2. 被补助人、被扶助人停业或者破产的；

3. 未将补贴对象、扶持对象维持、管理或者使用，擅自变卖、损毁、丢失的；

4. 未按第一款规定将补助金或扶助金用于工业事故预防的；

5. 补贴、扶持期限届满前，将补贴、补助的设施、设备转移到境外的；

6. 根据就业和劳动部条例规定，获得补贴或支持的雇主因违反第23条第（1）款至第（3）款或第24条第（1）款规定未采取安全措施而造成工伤事故。

（3）如果补贴或支持根据第（2）款全部或部分取消，就业和劳工部部长应收回相关金额或相当于支持的金额，在第（2）条第1款的情况下，他/她可以收回不超过已付金额的额外金额。因第（2）条第2款规定的受补贴人或

受支持人破产而取消补贴或支持的情况不适用。〈根据 2007 年 7 月 25 日第 10968 号法案修订〉

(4) 根据第(2)款被完全或部分取消补贴或支持的人员,自就业和劳动部条例规定的取消之日起三年内不得获得补贴或支持。〈根据 2011 年 7 月 25 日第 10968 号法案修订〉

(5) 第(2)款和第(3)款规定的补贴或者支持的主体、方式、程序、管理和监督、取消和恢复的方法以及其他必要的事项,由就业和劳动部决定并公布。〈根据 2010 年 6 月 4 日第 10339 号法案和 2011 年 7 月 25 日第 10968 号法案修订〉

2009 年 2 月 6 日第 9434 号法案对本条进行了全面修订。

第 63 条 (保密)

从事第 34 条规定的安全认证、第 35 条规定的接报、第 36 条规定的安全检查、第 36 条第 2 部分规定的自查项目授权事项的人员,根据第 40 条第(1)款提交的危害性和危险性调查报告,根据第 41 条第(8)款提交的材料安全数据表,根据第 41 条第(11)款提供的材料安全数据表中未包含的信息,第 43 条进行健康检查,根据第 43-2 条进行疾病调查,根据第 48 条提交的伤害和危害预防计划,根据第 49 条进行安全和健康诊断的人员或根据第 49-2 条检查安全的人员,不得泄露其在履行职责过程中获得的任何机密信息。这不适用于就业和劳动部认为有必要防止工人受伤的情况。〈根据 2010 年 6 月 4 日第 10339 号法案和 2011 年 7 月 25 日第 10968 号法案修订〉

2009 年 2 月 6 日第 9434 号法案对本条进行了全面修订。

第 63-2 条 (听证和处置标准)

(1) 如果就业和劳动部部长打算作出下列任何决定,应举办听证会:〈根据 2010 年 6 月 4 日第 10339 号法令和 2011 年 7 月 25 日第 10968 号法令修订〉

1. 根据第 15-2 条第(1)款撤销指定(包括依据第 16 条第(3)款、第 36 条第(6)款、第 34-5 条第(4)款、第 36 条第(10)款、第 36-2) 第(7)款、第 38-2 条第(7)款、第 42 (10)、43(11)、47(4)、49(4));

2. 根据第 28 条第(4)款撤销授权;

3. 根据第 34-3 条第(1)款规定撤销安全认证的;

4. 根据第 36-2 条第(4)款撤销对自检程序的授权;

5. 根据第 37 条第(3)款条撤销批准的;

6. 根据第 38 条第(5)款规定撤销许可的;

7. 根据第 32-3 条、第 36-3 条第(3)款、第 38-4 条第(6)款、第 52-4 条规定撤销登记的;

8. 根据第 62 条第(2)款规定撤销补贴或支持的。

（2）根据第 15-2 条第(1)款（包括根据第 16 条第(3)款、第 30 条第(6)款、第 32-3 条、第 34-5 条第(4)款、第 36 条第(10)款、第 36-2 条第(7)款、第 38-2 条第(7)款、第 38-2 条第(7)款参照适用的情况）撤销、暂停、禁止使用或命令改进的标准，应根据就业和劳动部法令规定。〈根据 2010 年 6 月 4 日第 10339 号法案和 2011 年 7 月 25 日第 10968 号法案修订〉

2009 年 2 月 6 日第 9434 号法案对本条进行了全面修订。

第 64 条 （文件保存）

（1）雇主应保存以下材料 2 年：第 10 条第(1)款规定的工业事故发生记录，以及第 13、15、16 和 17 条规定的安全与健康管理人员、安全管理人员、健康管理人员以及职业医生的任命文件，还需保存第 24 条就业和劳动部条例规定的卫生措施的文件、第 40 条规定的新化学品危害性调查文件、第 42 条规定的工作环境监测文件以及第 43 条规定的健康检查文件、根据第 19 条第(3)款和第 29 条第(4)款的会议记录。如就业和劳动部部长认为有必要，保存期可以根据相关规定延长。〈根据 2010 年 6 月 4 日第 10339 号法案和 2011 年 7 月 25 日第 10968 号法案修订〉

（2）取得安全认证的人员应当保存根据第 34 条第(6)款取得安全认证的产品的记录文件，保存期限为 3 年；制造或者进口接受自我安全检查的机器、仪器等的人员应当保存证明机器、仪器等符合要求的文件，根据第 35 条第(2)款的自我安全标准、第 36 条第(1)款必须接受安全检查的人员应将根据第 36-2 条第(2)款的自我检查规定进行的检查结果的文件保存 2 年。〈2011 年 7 月 25 日第 10968 号法案新增〉

（3）已进行一般石棉调查的，在拆除建筑物或设施的工作完成前，应保存有关调查结果的文件，并将调查结果文件保存 3 年。〈2011 年 7 月 25 日第 10968 号法案新增〉

（4）指定的监测机构应将记录环境监测事项的文件保存 3 年。〈根据 2010 年 6 月 4 日第 10339 号法案和 2011 年 7 月 25 日第 10968 号法案修订〉

（5）顾问应将记录就业和劳动部条例规定的与其服务有关的事项的文件保存 5 年。〈根据 2010 年 6 月 4 日第 10339 号法案和 2011 年 7 月 25 日第 10968 号法案修订〉

(6) 石棉处理或清除机构应将就业和劳动部条例规定的关于第38-4条第(3)款下石棉处理和清除工作的文件保存30年。〈根据2010年6月4日第10339号法案和2011年7月25日第10968号法案修订〉

(7) 在第(1)款至第(6)款的情况下，如有电子数据，则可保留此类数据以代替相关文件。〈根据2011年7月25日第10968号法案修订〉

2009年2月6日第9434号法案对本条进行了全面修订。

第65条 （权力委托）

(1) 根据总统令的规定，就业和劳工部部长在本法下的部分权力可下放地方就业和劳动部门负责人。〈根据2010年6月4日第10339号法案修订〉

(2) 就业和劳动部部长可将其在本法规定的下列工作委托给政府规定的机构、非营利公司或有关专业机构：〈根据2010年6月4日第10339号法案和2011年7月25日第10968号法案修订〉

1. 第4条第(3)款、第(6)款、第(8)款、第(10)款所规定的工作；

2. 第27条第(2)款规定的标准制定委员会的组织和运作；

3. 第28条第(3)款规定的安全与健康评估；

3-2. 根据第31-2条第(1)款的规定提供建筑业基础教育的机构的登记工作；

4. 第32条(1)款规定的安全与健康教育工作；

4-2. 根据第32-2条第(1)款的规定进行的有关评价的工作；

5. 第34条第(2)款、第(4)款规定的安全认证工作；

6. 第34条第(5)款规定的安全认证；

7. 关于依据第35条第(1)款规定提出报告的工作；

8. 依据第36条第(1)款规定的安全检查；

9. 根据第36-2条第(1)款规定的授权自检项目；

10. 第36-3条第(1)款和第(2)款规定的注册工作；

10-2. 根据第36-4条第(1)款规定的全面管理有害和危险机器等安全信息的工作；

11. 根据第38-2条第(5)款进行石棉调查的能力以及指导和教育的工作；

12. 根据第41条提供与材料安全数据表有关的信息的工作；

13. 根据第42条第(8)款规定进行工作环境监测分析指导教育能力的评估工作；

14. 第43条第(9)款规定的健康检查和指导教育能力评估工作；

15. 根据第 43 – 2 条第(1)条进行的疾病调查工作；

16. 第 44 条第(1)款规定的发放卫生管理手册；

17. 第 48 条规定的接收、审查及确认危害及灾害预防计划；

18. 第 49 – 2 条第(1)款和第(3)款以及第(6)款所述的确认工作；

19. 第 62 条第(1)款至第(3)款规定的有关补贴或支持以及补贴或支补贴取消和归还的工作。

(3) 根据第(2)款规定，受托工作的非营利公司或相关专业机构的主管人员及职员，依刑法第 129 条至第 132 条规定，视为公职人员。

2009 年 2 月 6 日第 9434 号法案对本条进行了全面修订。

第 66 条 (费用等)

(1) 符合下列任何一个情况，应按照就业和劳动部条例的规定向劳动者支付费用：〈根据 2010 年 6 月 4 日第 10339 号法案修订〉

1. 根据第 28 条规定接受安全与健康评估者；

2. 第 32 条第(1)款规定的接受职业能力培训者；

3. 第 34 条第(2)款及第(4)款规定的取得安全认证者；

4. 第 34 条第(5)款规定的拟接受支票的人；

5. 第 36 条第(1)款规定的安全检查人员；

6. 第 36 – 2 条第(1)款规定的自查程序的授权者；

7. 第 38 条第(1)款规定的取得许可者；

8. 第 47 条规定的取得资格证书且接受教育者；

9. 第 48 条第(1)款至第(3)款规定的接受损害及危害预防计划检查者；

10. 第 49 条第(2)款规定的接受安全审查者；

11. 第 52 – 3 条规定的申请顾问考试者；

12. 第 52 条第(4)款规定的登记者；

13. 总统令规定的其他与职业安全卫生相关的人员。

(2) 经就业和劳动部部长批准，监管机构可让任何受益于监管服务的人员承担享受服务所需的全部或部分费用。〈根据 2010 年 6 月 4 日第 10339 号法案修订〉

2009 年 2 月 6 日第 9434 号法案对本条进行了全面修订。

第九章　刑　法　规　定

第 66 – 2 条 (刑法规定)

违反第 23 条第(1)款至第(3)款或第 24 条第(1)款造成工人死亡的，应处以7年以下监禁或1亿韩元以下罚款。

2009年2月6日第9434号法案对本条进行了全面修订。

第67条（刑法规定）

有下列情形之一的，处5年以下有期徒刑或者5000万韩元以下罚金：

1. 违反第23条第(1)款至第(3)款、第24条第(1)款、第26条第(1)款、第28条第(1)款、第33条第(1)款、第37条第(1)款、第38条第(1)款、第38-4条第(1)款或第52条第(2)款；

2. 违反第38条第(5)款、第48条第(4)款或第51条第(7)款。

2009年2月6日第9434号法案对本条进行了全面修订。

第68条（刑法规定）

如有下列情形之一，处一年以下有期徒刑或者一千万韩元以下罚金：

1. 违反第26条第(5)款规定，破坏重大事故发生现场；

2. 违反第29条第(3)款，第34条第(2)、(3)款，第35条第(4)款，第52条第(6)款，第63条规定的；

3. 违反第34条第(2)款和第(4)款或第35条第(2)款的。〈根据2011年7月25日第10968号法案修订〉

2009年2月6日第9434号法案对本条进行了全面修订。

第69条（刑法规定）

有下列情形之一的，处1000万韩元以下罚款：

1. 违反第29条第7款、第35条第(1)款、第35条第(2)款、第(3)款、第40条第(2)款、第42条第(3)款、第43条规定者；

2. 违反第35条第(2)款和第(4)款或第40条第(4)款之命令者。〈根据2011年7月25日第10968号法令修正〉

2009年2月6日第9434号法案对本条进行了全面修订。

第70条（刑法规定）

违反第29条第(1)款或第(4)款的将被处以不超过500万韩元的罚款。〈根据2011年7月25日第10968号法案修订〉

2009年2月6日第9434号法案对本条进行了全面修订。

第71条（联合刑法规定）

公司的代表、代理人、受雇员、其他雇员或者个人，就公司或者个人业务，违反第66-2条、第67条，或者第68条至第70条的，处以该条规定的罚款。除非该单位或个人为防止违反规定而忽略对有关业务的监督，否则不适用本条。

2009年2月6日第9434号法案对本条进行了全面修订。

第72条（过失罚款）

（1）有下列情形之一的，处以5000万韩元以下的过失罚款：

1. 没有根据第38-2条第(2)款规定接受机构石棉调查而拆除建筑物或设施的；

2. 违反第38-5条第(3)款规定，拆除建筑物、设施的。〈根据2011年7月25日第10968号法案修订〉

（2）违反第43-2条第(2)款或第49条第(2)款的将因过失被处以不超过1500万韩元的罚款。〈根据2011年7月25日第10968号法案修订〉

（3）属于下列任何一项的人将因过失被处以不超过1000万韩元的罚款：1. 未根据第10条第(2)款规定申报或申报不实者；

2. 违反第30条第(1)款、第(3)款、第34-2条第(1)款、第36条第(1)款、第(4)款、第36-2条第(5)款、第39-2条第(1)款、第48条第(1)款至第(3)款的规定（不包括未听取有资格的人的意见而编制和提交报告的），或者违反第49-2条第(1)款、第(5)款、第(7)款规定的；

3. 违反第41条第(8)款、第49条第(1)款或第50条第(1)款的；

4. 未根据第42条第(1)款规定实施作业环境监测的；

5. 未根据第43条第(1)款规定为劳动者进行健康检查的；6. 拒绝、干扰或规避第51条第(1)项规定的劳动监督和检查的。〈根据2011年7月25日第10968号法案修订〉

（4）有下列情形之一的，因过失被处以500万韩元以下的罚款：

1. 违反第11条第(1)款、第20条第(1)款或第41条第(3)款规定，未将本法摘要或依本法规定的规范原则、安全卫生管理办法或重大安全资料表保存及张贴的；

2. 违反第41条第(1)款、第（11）款规定，未编制、提供材料安全数据表的；

3. 违反第12条、第13条第(1)款、第14条第(1)款、第15条第(1)款、第16条第(1)款、第17条第(1)款、第18条第(1)款、第19条第(1)款、第21条、第29条第(6)和(8)款、第29-2条第(7)款、第31条第(1)款至第(3)款、第31-2条第(2)款、第32条第(1)款、第35-2条第(1)款、第36条第(3)款、第38-4条第(2)款、第38-5条第(1)款、第42条第(6)款、第43条第(6)款、第44条第(2)款，第49-2条第(2)款，第50条第(3)款和第(4)款或第52-4条第(1)款；

4. 违反第 15 条第(3)款的（包括依据第 16 条第(3)款规定的情形）或第 51 条第(8)款的；

5. 根据第 42 条第(1)款规定进行工作环境监测或根据第 43 条第(1)款规定进行健康检查时，未按职工代表请求，准许其参加工作环境监测或健康检查的；

6. 根据第 51 条第(2)款，在收到就业和劳动部部长提出的要求后，未作出报告或出席会议，或作出虚假报告的；

7. 违反第 51 条第(6)款后半部分规定，未将就业和劳动部规定事项向职工公告。〈根据 2010 年 6 月 4 日第 10968 号法案修订〉

（5）有下列情形之一的，处 300 万韩元以下的罚款：

1. 违反第 11 条第(2)款规定，未通知职工代表的；

2. 违反第 25 条、第 40 条第(5)款、第 43 条第(3)和(7)款，或第 52-8 条；

3. 违反第 30 条第(4)款规定，未经指导而支出安全卫生管理费用的；

4. 违反第 32 条第(1)款规定，未接受岗位教育的，包括以下两条：一是，不遵守根据第 34 条第（7）款条上报信息的人；二是，未根据第 38-2 条第(1)款进行一般石棉调查而拆除或拆除建筑结构或设施的；

5. 违反第 38-4 条第(3)款规定，未向就业和劳动部报告的；

6. 未根据第 38-5 条第(1)款规定提交证明材料的；

7. 违反第 40 条第(1)款规定，未提交危害性和危险性调查报告者；

8. 违反第 41 条第(4)款至第(6)款规定，未设置警示标识或提供反映变更的安全数据表，或违反该条第(7)款规定，未对职工进行教育的；

9. 未根据第 42 条第(1)款、第 43 条第(4)款规定申报或申报不实者；

10. 违反第 48 条第(3)款规定，未征求有资格专家意见提交伤害及危害预防计划者；

11. 违反第 48 条第(5)款或第 49-2 条第(6)款规定，未获得就业和劳动部认证的人员；

12. 拒绝、干扰、回避或虚假回答第 51 条第(1)款问题的；

13. 违反第 64 条第(1)款至第(6)款规定，未保存文件的。〈根据 2010 年 6 月 4 日第 10339 号法案和 2011 年 7 月 25 日第 10968 号法案修订〉

（6）第(1)款至第(5)款规定的过失罚款应由就业和劳动部征收。〈根据 2010 年 6 月 4 日第 10339 号法案修订〉

2009 年 2 月 6 日第 9434 号法案对本条进行了全面修订。

2009年新加坡《工作场所安全与健康法》

该法与工作场所中人员的安全、健康和福利有关。

第一部分 序 言

第1条 法律简称
该法被称为《工作场所安全与健康法》。

第2条 法律适用
除另有规定外，本法的规定应适用于所有工作场所。

第3条 政府对于该法的适用情况
（1）除第（2）款规定的情况外，本法对政府具有约束力，并适用于：
（a）全部或部分由政府拥有或使用的所有工作场所；
（b）由政府或代表政府进行建筑作业或建筑工程的任何经营场所。
（2）本法中的任何规定均不得使政府因违法而受到起诉。
（3）为避免产生疑问，任何人不得以受聘为政府提供服务为原因而免于因违反本法受到的起诉。

第二部分 解 释

第4条 一般解释
（1）在本法中，除非上下文另有要求：
"经授权的培训机构"是指经专员授权，为第31条中所述目的提供安全与健康培训课程的培训机构。
"空气容器"指：
（a）任何盛载压缩空气并与空气压缩装置连接的容器（管子、盘管、配件以及压缩机的零配件除外）；
（b）任何盛载压缩空气并用作启动内燃机的固定容器；
（c）任何鼓风瓶；
（d）任何贮存固体或液体物质的容器，且该物质是由压缩空气制出。
"经批准的业务守则"是指根据第40B条发布或通过的任何业务守则，

包括根据该条要求不时修订的任何业务守则。

"在工作"指：

(a) 就雇员而言，指该雇员从事与其雇主所经营的贸易、业务、专业或事业有关的工作的所有时间，不论该工作在何处进行；

(b) 就个体经营人员而言，指该人员以个体经营身份工作的所有时间，不论该工作是在何处进行；

(c) 如属其他情况，指该人员在雇用他的其他人的指示下进行工作的所有时间，不论该工作在何处进行。

"授权检验员"是指专员根据第33条以执行以下项目规定检验或测试为目的而批准的人员，项目包括：

(a) 起重机和升降机；

(b) 起重装置；

(c) 起重器具或机械；

(d) 蒸汽锅炉；

(e) 容汽器；

(f) 空气容器；

(g) 制冷设备压力接收器；

(h) 压力容器；

(i) 本法要求由授权检验员检验或测试的任何其他机械。

"身体损伤"包括对健康的伤害、疾病的感染以及任何身体伤害或疾病的加重、加速或复发。

"建筑物"包括：

(a) 任何房屋或其他结构的全部或部分，不论是否用作供人居住或其他目的；

(b) 与(a)款所述的房屋或结构连接的任何结构、支撑或地基。

"建筑作业"指：

(a) 建筑物的建造、结构改动、维修或保养（包括任何电力装置的重新布线，电梯、空调装置和建筑附属管道的更换，以及结构的再次勾缝、重新装修和外部清洁）；

(b) 建筑物的拆除；

(c) 为拟建的建筑物准备施工场地和奠定地基，

但不包括属于工程建设的作业。

"类别或描述"就工作场所而言，包括参照地点描述的一组工作场所。

"专员"指根据第 7 条任命的工作场所安全与健康专员。

"劳务合同"指不论口头或书面、明确或隐含形式，规定任何人同意雇用另一人为雇员，而受雇用人员也同意以雇员身份为其提供服务的任何合同，其包括学徒合约。

"承包商"是指由另一人（在本法中称为总承包人）雇用的人员，而不是根据劳务合同雇用的人员：

（a）为了收益或报酬而提供任何劳动；

（b）为收益或报酬而做任何工作；

与总承包人所经营的任何贸易、业务、专业或事业有关。

"委员会"指根据第 39 条成立的工作场所安全与健康委员会。

"危险事故"指附件 1 中所描述的任何事故。

"副专员"指根据第 7 条任命的工作场所安全与健康副专员。

"电力装置"指用于或附带用于电力输送、控制或使用的任何电缆、电线、配件、附件、器具或其他装置。

"雇用"是指雇用任何人从事劳务合同规定的任何工作，有报酬或无报酬。

"气体"包括任何气态或液态的气体。

"气体装置"含义：指用以制造或贮存任何气体的任何工业装置、设备或机械；包括用以将气体输送至该气体使用地方的管道和器具。

"监察员"指根据第 7(3) 条委任的监察员，包括专员和副专员。

"升降机"包括用于载人的任何起重装置或起重机械，不论是否连同货物一起使用。

"起重器具"包括滑轮组、吊重轮、环链滑车或环链滑车组。

"起重装置"包括：

（a）任何链条、绳索、链条吊索、吊装带、绳索吊索、吊环、吊钩、钩环、转环或有眼螺栓；

（b）从起重机的载重线悬吊下来时用以载人的吊笼或工作平台。

"起重机械"包括：

（a）任何起重机、滑车、绞车、卷扬机、滑道、运输机、桩架或桩机；

（b）任何可由攀爬器、绞车或其他动力装置升起或降下的工作平台或悬吊式棚架。

"机械"包括：

（a）任何重油发动机、燃气发动机、蒸汽机及任何其他作机械运动的

机器,机械运动可以作直线运动或旋转运动,或两者兼而;

(b) 任何蒸汽锅炉、气瓶、空气容器、容汽器、蒸汽甑或制冷设备压力接收器;

(c) 任何以绳索、皮带、链条、传动带或传动装置传递动力的装置;

(d) 任何发电机或电动机;

但不包括任何仅用于推进车辆的机械。

"维护"是指保持有效状态和有效工作秩序,且维修良好。

"机械动力"指来自蒸汽、水、风、电、压缩空气或气体的能量,或来自燃烧燃料和爆炸物的能量,用于驱动或操作任何机械。

"职业病"指附件2描述的任何疾病,以及直接归因于因受雇工作或在受雇工作期间接触任何化学剂或生物剂而引致的任何其他疾病。

"占用人",就任何场所或场所的任何部分而言,指:

(a) 对于根据法规必须取得与场所相关的注册证书的工厂,指证书持有人或必须持有证书的人;

(b) 对于根据法规必须提交与工厂相关的通知的工厂,指通知中指名的人员或需要提交通知的人员;

(c) 对于其他场所,指自己或以他人代理人的身份负责、管理或控制该场所的人员,不论其是否是该场所的拥有人。

"所有人",就任何场所而言,指:

(a) 当时因出租该场所而收取租金或利润的人,不论是独自收取或作为他人代理人或受托人而收取;

(b) 如该场所已出租,将收取租金或利润的人。

"场所"包括任何场所,无论其是否封闭或增建或其他,无论其位于地下或水下,尤其包括:

(a) 任何建筑物、车辆、船舶或飞机;

(b) 任何结构,无论是固定结构还是活动结构,如帐篷;

(c) 任何场所的任何部分,包括属于(a)或(b)段所提述类别的场所的任何部分。

"压力容器"包括:

(a) 任何用以盛载受压物质的容器或器皿;

(b) 任何蒸汽锅炉、蒸汽容器、蒸汽甑、空气容器、冷冻设备压力容器及气瓶。

"原动机"是指通过蒸汽、水、风、电、燃料燃烧或其他能源提供机械能的所有发动机、电动机或其他设备。

"总承包人"是指与其经营的任何贸易、业务、专业或事业有关，以劳务合同之外的形式雇用他人的人。受雇人员包括：

(a) 为了利益或报酬提供任何劳动的人；

(b) 为利益或报酬而做任何工作的人。

"制冷设备压力接收器"指在受压状态装有制冷剂的任何容器。

"注册医师"是指根据《医药注册法》（第174章）已注册或当作已注册的人员。

"条例"指根据本法制定的条例。

"已废除法案"指被本法案废除的《工厂法》（第104章，1998年版）。

"个体经营人员"指并非根据劳务合约而为利益或报酬工作的人，不论其是否雇用他人。

"船舶"包括各类用于航行的船只、浮式钻井平台、驳船或用于任何形式海上作业的平台。

"蒸汽锅炉"包括：

(a) 任何目的而在大于大气压力的压力环境下产生蒸汽的密闭容器；

(b) 用于对输入容器内的水进行加热的节热器，和用来加热蒸汽的过热器。

"蒸汽甑"是指符合以下条件的任何容器（蒸汽管或盘管除外）：

(a) 建有一个通向大气或压力不超过大气压力的空间的永久性出口；

(b) 蒸汽在大气压力下或在近似于大气压力的压力环境下通过该通道以用于加热、沸腾、干燥、蒸发或类似目的。

"容汽器"指用以容纳压力高于大气压力的蒸汽的任何容器或器具（蒸汽锅炉、蒸汽甑、蒸汽管或盘管或原动机的一部分除外）。

"分包商"是指由任何承包商或分包商雇用（而不是根据劳务合同）的人员：

(a) 为了利益或报酬而提供任何劳动；

(b) 为利益或报酬而做任何工作。

"工程建设工作"指附件3描述的任何工作。

"工作场所安全与健康审查员"指根据第30条委任的工作场所安全与健康审查员。

"工作场所安全与健康委员会"指根据第29条委任的工作场所安全与健康委员会。

"工作场所安全与健康协调员"指根据第 28 条委任的工作场所安全与健康协调员。

"工作场所安全与健康官员"指根据第 28 条委任的工作场所安全与健康官员。

(2) 为了本法目的：

(a) 机械动力不应仅因为工作场所或其任何部分加热、通风、冷却、空调或照明目的这一原因而被当作在工作场所使用。

(b) 若提及一个人的健康，如果该人员怀孕，则包括提到该人员所怀胎儿的健康情况。

(3) 为免生疑问，就本法而言，无论某人是否合法地在工作场所工作，均应被视为在该工作场所工作。

第 5 条 "工作场所"和"工厂"的含义

(1) 在本法中，"工作场所"是指一个人正在工作或将要工作、暂时工作或通常工作的任何场所，包括工厂。

(2) 根据本条规定，"工厂"是指以下任何场所：

(a) 在以下任何工作环节中雇用人员的场所：

(i) 处理、分类、包装、贮存、更改、修理、建造、加工或制造任何货品或产品；

(ii) 处理、分类、包装、储存、加工、制造或使用任何危险物质；

(iii) 任何船只或车辆的修理、建造或制造；

(iv) 任何建筑作业或工程建设工作；

(v) 与提供公用事业有关的设施或系统的运营与维修。

(b) 附件 4 所列明的。

［注释：原文无（3）］

(4) 凡任何人在工作场所内进行第(2)款所述的工作时，获得该工作场所占用人的明示或默示准许，或根据与该工作场所占用人订立的任何协议，则即使该人员并非该工作地点占用人的雇员：

(a) 为本法之目的，工作场所应被视为工厂；

(b) 本法有关工厂占用人义务的规定应适用于工作场所的占用人。

(5) 尽管有第(2)款的规定，但对于工厂内仅用作工序以外用途的任何地方：

(a) 就本法而言，该场所不应被视为构成工厂的一部分；

(b) 就本法而言，如果该场所本来是工厂，则应视为单独的工厂。

(6) 为本法之目的，经专员书面批准，工厂的一部分可被视为一个单独的工厂。

(7) 两个或两个以上的工厂，经专员书面批准，可视为本法所指的单一工厂。

(8) 为免生疑问，任何场所不得仅因属露天处所而被排除于"工厂"的定义之外。

(9) 任何由政府、法定委员会、团体或代表政府、法定委员会、团体进行工作的场所，不得仅因其所进行工作不是以商业交易为方式或以牟利为目的而被排除于"工厂"的定义之外。

第6条 "雇员"和"雇主"的含义

(1) 根据第(2)、(3)、(4) 和(5)款，在本法中：

"雇员"指雇主根据劳务合同雇用从事任何工作的人员。

"雇主"指在其贸易、业务、专业或事业过程中雇用任何人根据劳务合同从事工作的人。

(2) 为本法之目的，任何提及雇员之处均应包括下列志愿人员：

(a) 在另一人知情或同意下为该人员工作；

(b) 为该人员进行持续和定期的工作，

其属于与该人员所从事的任何贸易、商业、专业或事业有关的工作，本法应适用于：

(i) 如同志愿人员是另一人的雇员一样；

(ii) 如同另一人是志愿人员的雇主一样；

(iii) 如同志愿人员在为另一人工作一样。

(3) 为本法之目的，任何提及雇员之处应包括在工作场所接受在职培训或获得工作经验的人员（在本款中称为人员 A），包括在康复计划下的人员，本法应适用于：

(a) 如同人员 A 是同意提供在职训练或工作经验的人（在本款中称为人 B）的雇员一样；

(b) 如同人员 B 是人员 A 的雇主一样；

如同人员 A 在工作场所为了接受在职培训或获得工作经验而工作一样。

(4) 其中：

(a) 雇主将雇员（在本款中称为借调雇员）交由另一人安排为该人员工作；

(b) 雇主与另一人之间不存在关于借调雇员所从事工作的合同关系。

那么，为了本法的目的：

(i) 当借调雇员为另一人工作时，该借调雇员应被视为另一人（而非其雇主）的雇员；

(ii) 在借调雇员为另一人工作时，该另一人应被视为是借调雇员的雇主；

(iii) 该借调雇员在为另一人工作时，应被视为在工作。

(5) 如有人员在工厂进行任何工作：

(a) 工厂的占用人应当作为该人员的雇主；

(b) 本法规定应如同工厂的占用人是该人员的雇主一样适用，

除非工厂的占用人证明其不是该人员的雇主。

第三部分　本法实施

第7条　工作场所安全与健康专员及其他人员的委任

(1) 部长可任命任何人为工作场所安全与健康专员，并任命其他人员（按个人或职务）为工作场所安全与健康副专员。

(2) 专员应根据部长的一般或特别指示，负责执行本法，履行本法或任何其他成文法规定的职责和授予的权力。

(3) 专员可根据协助专员执行本法的需要，按个人或职务任命一定数量的人员为监察员，并任命一定数量的其他人员为经授权官员。

(4) 专员经部长批准，可将本法赋予他的全部或任一部分权力或职责（本款赋予的授权除外）委托给任何副专员、监察员或经授权官员行使，但须符合专员规定的条件或限制。

(5) 所有根据本条作出的委任公告，均须在公报上发布。

第8条　专员、副专员、检察员、经授权官员等应为公务员

专员和根据第7条任命的每一位副专员、监察员和经授权官员以及委员会的每一位成员应被视为《刑法典》(第224章) 所指的公务员。

第9条　监察员和经授权官员的身份

每个监察员和经授权官员应：

(a) 具备被委任为监察员或经授权官员（视具体情况而定）的委任书；

(b) 在根据本法行使任何权力时，应要求向因行使权力时受影响的人员出示其委任书。

第四部分 工作场所人员的一般职责

第 10 条 不同身份人员的职责

为免生疑问,特此声明:

(1) 一个人可以在任何时候具有以下 2 项或 2 项以上的身份:

(a) 雇主;

(b) 承包商;

(c) 分包商;

(d) 总承包人;

(e) 个体经营者;

(f) 工作场所占有人;

(g) 工作中使用的任何机械、设备或危险物质的设计商、制造商或供应商;

(h) 工作中使用的机器或设备的装配工、安装工或修改工;

(i) 通过机械动力移动机械的机械所有人、租借人或承租人,或机械维护人员,

本法可据此对个人规定义务或责任。

(2) 本法可在任何时候对 2 个或 2 个以上具有相同或不同身份的人规定同样的义务或责任。

(3) 本法对任何人规定的义务或责任,不因其对一人或多人规定的义务或责任而减少或受到影响,无论这些人的身份相同还是不同。

第 11 条 工作场所占用人的职责

任何工作场所的占用人均有责任在合理切实可行范围内采取措施,以确保:

(1) 工作场所;

(2) 进出工作场所的所有途径;

(3) 在工作场所存放的任何机械、设备、装置、物品或物质;

对该场所内每一个人(不论该人员是否正在工作或是否为占用人的雇员)的安全和健康,均不会构成危险。

第 12 条 雇主的职责

(1) 每名雇主均有责任在合理切实可行的范围内,采取所需措施,以确保其雇员在工作时的安全与健康。

(2) 每名雇主均有责任在合理切实可行的范围内,采取所需措施,以

确保可能因其工作场所内作业而受影响的人员（并非其雇员）的安全与健康。

（3）就第（1）款而言，确保工作人员安全与健康所需的措施包括：

（a）为工作人员提供及维持一个安全、没有健康风险的工作环境，并为他们的工作福利提供足够的设施与安排；

（b）确保就工作人员所使用的任何机械、设备、装置、物品或工序采取足够的安全措施；

（c）确保工作人员不会因以下场所物品的安排、处置、操作、组织、加工、储存、运输、工作或使用而暴露于危险之中：

（i）在他们的工作场所；

（ii）在其工作场所附近并在雇主的管控下。

（d）制定和执行处理可能出现的紧急情况的程序。

（e）确保工作人员获得工作必需的充分指导、信息、培训和监督。

（4）凡条例有所规定，每名雇主均应向并非属其雇员的人员，提供规定信息，说明这些非雇员人员在其工作场所时雇主的业务方式中可能影响这些人员安全或健康的各方面情况。

第13条 *个体经营者的职责*

（1）每名个体经营者（不论同时是否还是承包商或分包商）均有责任在合理切实可行的范围内，采取所需措施，以确保可能因其在工作场所进行的任何工作而受影响的人员（并非其雇员）安全与健康。

（2）如条例有所规定，每名个体经营者应向并非属其雇员的人员提供规定信息，说明这些非雇员人员在其工作场所时个体经营者的业务方式中可能影响这些人员安全或健康的各方面情况。

第14条 *总承包人的职责*

（1）除第（2）款另有规定外，每名总承包人均有责任在合理切实可行的范围内采取所需措施，以确保以下人员的安全与健康：

（a）总承包人在工作时雇用的任何承包商；

（b）此类承包商在工作时雇用的任何直接或间接分包商；

（c）此类承包商或分包商在工作时雇用的任何雇员。

（2）第（1）款所施加于总承包人的责任，只适用于该款所提述的承包商、分包商或雇员在总承包人指示下开展有关工作的情况。

（3）每名总承包人均有责任在合理切实可行范围内，尽量采取所需措施，以确保可能受其工作场所进行业务影响的人员（第（1）款（a）、（b）项或(c)款所提述的在总承包人指示下工作的人除外)的安全与健康。

(4) 就第(1)款而言,确保工作人员安全与健康所需的措施包括:

(a) 为工作人员提供及维持一个安全、没有健康风险的工作环境,并为他们的工作福利提供足够的设施与安排;

(b) 确保工作人员所使用的任何机械、设备、装置、物品或工序采取足够的安全措施;

(c) 确保工作人员不会因以下场所的物品安排、处置、操作、组织、加工、储存、运输、工作或使用而暴露于危险之中:

(i) 在他们的工作场所;

(ii) 在工作场所附近,并在总承包人的管控下。

(d) 制定和执行处理可能出现的紧急情况的程序。

(5) 如条例有所规定,每名总承包人均应向其工作场所的人员(第(1)款(a)、(b) 或(c)项所提述的人除外)提供规定信息,说明在工作场所时雇主的业务方式中可能影响这些人员安全或健康的各方面情况。

第 14 条之二　与承包商有关的总承包人的其他职责

(1) 在合理可行的范围内,每个总承包人都有责任采取必要措施,确保在 2011 年《工作场所安全与健康法(修正)》第 5 条生效之日起,由总承包人雇用的任何承包商应当符合以下情况:

(a) 具有必要的专业知识,以执行总承包人委托承包商执行的工作;

(b) 对承包商或承包商所雇用的雇员使用或将使用的机械、设备、装置、物品或工序采取了足够的安全和健康措施。

(2) 根据第(1)款(a)项规定的每名总承包人的职责,包括确定总承包人所雇用的承包商及该承包商的任何雇员符合以下情况:

(a) 具有足够的经验和培训,以执行总承包人委托承包商进行的工作;

(b) 已获得任何必要的执照、许可证、证书或其他文件,以便开展总承包人委托承包商开展的工作。

(3) 根据第(1)款(b)项规定于每名总承包人的职责,包括确定总承包商所雇用的承包商:

(a) 已进行风险评估,以评估总承包人聘用承包商进行的工作对可能受影响人员的安全与健康所构成的风险情况;

(b) 对可能受承包商被总承包人委托从事的工作所影响的人员,已向其告知该工作所涉及的风险性质以及在工作场所实施的措施或安全工作程序;

（4）在就违反本条的有关法律程序中，总承包人如仅通过与其承包商订立的合约条款直接或间接地规定该承包商已遵从或将遵从第(1)款（a）项或（b）项所提述的规定，来证明其已在合理切实可行的范围内采取所需的措施以确保本条的规定得到遵从，这种情况不能作为免责事由。

（5）在本条中，"风险评估"是指评估因暴露于已识别的危害而导致伤害或疾病的可能性和后果，并确定适当的风险控制措施的过程。

第15条 工作人员的职责

（1）每名工作人员都有职责：

（a）使用为确保其工作安全、健康和福利而提供的任何适当器具、防护用品、便利设施、设备、其他工具或物品（不论是供其单独使用或与他人共同使用）；

（b）与其雇主或总承包人以及其他人合作，使其雇主、总承包人或其他人（视情况而定）能够遵守本法的规定。

（2）对于根据本法为确保工作人员（包括其本人）的安全、健康或福利而提供的任何器具、防护服、便利设施、设备、其他工具或物品（无论是供其单独使用还是与他人共同使用），任何工作人员都不得故意或鲁莽地对其干扰和滥用。

（3）任何工作人员，无合理因由而故意或过失作出危害本人或他人安全与健康的行为，即属犯罪。

（3A）任何工作人员，如无合理因由而作出任何危及本人或他人安全与健康的疏忽行为，即属犯罪，一经定罪，处2年以下有期徒刑，或处30000新币以下罚金，或两者并处。

（4）任何人员违反第(1)或(2)款的规定，即属犯罪，一经定罪，1000新币以下罚金，若非初犯，处2000新币以下罚金。

第16条 工作中使用的机械、设备或危险物质的制造商和供应商的职责

（1）在符合本条规定的情况下，制造或供应任何工作中使用的机械、设备或危险物质的任何人员有责任在合理可行的范围内确保：

（a）向在工作中使用机械、设备或危险物质的任何人员提供以下有关安全使用的信息：

（i）为正确使用和维护机械、设备或危险物质而采取的预防措施（如有）；

（ii）与机械、设备或危险物质相关的健康危害（如有）；

（iii）根据(c)项对机械、设备或危险物质进行与安全使用有关的检验或测试的资料及结果；

（b）机械、设备或危险物质在正确使用时是安全的，不会危害健康；

（c）对机械、设备或危险物质进行检查和测试，以履行(b)项规定的职责。

（2）第（1）款所规定的工作人员职责应：

（a）仅适用于机械、设备或危险物质的制造或在该人员经营的贸易、业务、专业或事业过程中供应，不论是否以营利为目的；

（b）无论机械、设备或危险物质是否专门为工作人员使用而制造或提供，均适用；

（c）扩展至以出售、转让、租赁或出租的方式（无论是作为总承包人还是代理人）提供机械、设备或危险物质，以及向他人提供机械、设备或危险物质。

（3）第(1)款所规定的工作人员职责，仅以在租购协议、有条件售卖协议或赊售协议下向另一人（此条中称为客户）提供机械或设备为原因的这类人员，在客户从他人融资采购机械或设备过程中，不适用于该职责。

（4）凡任何人员（在本款中称为名义供应商）根据租购协议、有条件销售协议或赊销协议向客户提供任何机械或设备供其在工作中使用，该名义供应商：

（a）通过此类协议开展为他人购置货物提供资金的业务；

（b）在该业务的过程中，作为客户从第三人（在本款中称为"有效供应商"）处获取其提供给客户的机械或设备的融资方式，获取其在该机械或设备中的权益，

就本条而言，有效供应商须被视为向客户而非向表面上的供应商供应机械或设备，而第(1)款施加于供应商的任何责任，须据此适用于有效供应商，而非表面上的供应商。

（5）凡有人设计、制造或供应任何在工作中使用的机械、设备或危险物质，并根据另一方的书面承诺采取具体措施，在合理可行的范围内充分确保机械、设备或危险物质在正确使用时安全和不会危害健康，则承诺书应具有解除第(1)款(b)项中首次提及人员职责的效力，其职责解除程度应合理考虑事业情况。

（6）根据第(1)款(c)项规定要求的人员，应确保任何机械、设备或危险物质得到检验和测试，以履行第(1)款(b)项所规定的职责，则被视为在

以下范围内遵守了第(1)款(c)项规定：

(a) 该项检验或测试并非由该人员或代表该人员的人进行；

(b) 该人员依靠检验或测试是合理的。

(7) 就本条而言，不安全或对健康构成危险的情况，如能证明是不能合理地预见发生的，则无须理会。

(8) 在本条中，就任何机械、设备或危险物质而言，"供应商"不包括供应这些物品时的制造商，但包括供应这些物品时的进口商。

(9) 本条只适用于附件 5 所指明的机械、设备或危险物质。

第 17 条 架设、安装、修改机械或设备的人员职责和管控机械使用的人员职责

(1) 任何架设、安装或修改任何供工作使用的机械或设备的人员，均有责任在合理可行范围内，确保该机械或设备的架设、安装或修改方式，在适当使用时是安全的，且无健康危害。

(2) 根据第(1)款规定的架设、安装或修改机械或设备的人员责任，只适用于该机械或设备是在该人员的贸易、业务、专业或事业的过程中使用。

(3) 根据第(1)款应确保任何机械或设备的架设、安装或修改方式，使其在适当使用时安全且不会危害健康，在以下范围内应视为已遵从该款的规定：

(a) 该人员在合理可行范围内，确保该机械或设备的架设、安装或修改是按照该机械或设备的设计人、制造商或供应商就其架设、安装或修改工作所提供的资料进行的；

(b) 该人员依靠此信息是合理的。

(4) 如在工作场所使用通过机械动力移动的机械，则无论本法有何规定，机械所有者都有责任确保：

(a) 在合理切实可行范围内，尽量将机械保持在安全状况；

(b) 为安全使用该机械而须采取的预防措施（如有），以及与该机械有关的健康危害（如有）信息，均需向使用人员提供。

(5) 凡任何以机械动力移动的机械所有人已与租厍人或承租人订立租用合约或租约，则根据第(4)款规定的责任则适用于该机械的租用人或承租人而非该所有人。

(6) 凡任何以机械动力移动的机械所有人、租用人或承租人已与另一人订立合约以维护该机械，则第(4)款(a)项规定的责任则适用于该维护人，而非该机械的所有人、租用人或承租人。

(7) 第(1)、(2)(3)款只适用于附件5第一部分所指明的机械或设备。

第18条 占用人和雇主的其他相关责任

(1) 雇主不得:

(a) 扣除或容许扣除其按合约需支付雇员的款项;

(b) 收取或容许其任何代理人收取其雇员的任何付款,

为确保其雇员在工作中的安全、健康或福利,雇主应根据本法履行其职责。

(2) 雇主不得因雇员的下列原因解雇或以解雇威胁雇员:

(a) 协助(通过提供信息或其他方式)监察员、经授权人员或任何其他公共当局根据本法对违反本法或涉嫌违反本法的行为进行任何检查或调查,或提议这样做;

(b) 计划或已经就安全与健康事宜以良好诚信的态度向监察员或经授权人员寻求协助或作出报告;

(c) 以良好诚信的态度履行其作为工作场所安全与健康委员会成员的职责;

(d) 遵守第21条的规定和命令,或在其他方面遵守本法,或提议这样做。

(3) 工作场所的占用人应安排在该工作场所备存以下记录:

(a) 专员根据本法规定签发的与工作场所有关的所有文件;

(b) 根据本法要求向专员提交的每份通知的副本;

(c) 根据本法编写的有关工作场所的所有报告和细节。

(4) 工作场所的占用人应:

(a) 确保第(3)款所提述的记录,由记录日期起或在规定其他期间内备存不少于5年;

(b) 在该期间内,每当有需要时,备好记录并向监察员提供,以供查阅。

(5) 任何人违反第(1)款或第(2)款,即属犯罪,一经定罪,处6个月以下有期徒刑,或5000新币罚金,或两者并处。

(6) 任何人违反第(3)款或第(4)款,即属犯罪,一经定罪,处2000新币以下罚金。

第19条 公共区域占用人的职责

(1) 就第(2)款而言,凡一处建筑物包括一个或多个工作场所,则工作人员在工作中使用或穿行的该建筑物的任何公共财产或有限公共财产(在本条中称为公共区域），均应视为其工作场所的一部分。

（2）公共区域的占用人有责任在以下方面遵守该法规定：

（a）位于公共区域的发电机和电动机；

（b）位于公用区域的升降机、起重机、起重装置、起重器具及起重机械；

（c）公共区域的出入途径；

（d）位于公共区域内的任何机械或工业装置，而该机械或工业装置是属于公共区域所有人或占用人的，或是由公共区域所有人或占用人供应的。

（3）在本条规定中：

"公共财产"和"有限公共财产"的含义与《建筑物维护和物业管理法》（第30C章）中的含义相同；

"占用人"就公共区域而言，包括该公共区域的管理机构或附属管理机构（视具体情况而定）。

第20条 本部分规定的失职违法行为

凡违反本部分规定的有关职责，该人员即属犯罪。

第五部分 专员的权力

第21条 发布补偿命令或停工命令的权力

（1）在专员满足以下情况时适用本条：

（a）任何工作场所的条件或位置情况，或工作场所内的机械、设备、装置或物品任何部分的使用情况，令该工作场所进行的工作或工序影响到工作人员的安全、健康和福利；

（b）任何人违反本法规定的有关职责；

（c）任何人已作出某行为或没有作出某行为，而在专员认为会对工作人员的安全、健康及福利构成或可能构成风险。

（2）在本条适用的情况下，专员可对工作场所的以下人员发出补偿命令或停工命令：

（a）管控该工作场所或在该工作场所进行工作或工序的人；

（b）根据本法其职责是确保工作场所工作人员安全、健康和福利的任何人；

（c）对在工作场所工作人员安全、健康和福利构成或可能构成风险的任何人。

（3）本条规定的补偿命令应：

(a) 指示命令接收人员采取以下措施，令专员满意：

(i) 对任何危险作出补救，使在工作场所进行的工作或工序能适当顾及工作人员的安全、健康和福利；

(ii) 遵守本法规定的任何义务；

(iii) 作出或不作出第(1)款(c)项所提述的任何行为。

(b) 规定命令生效日期和有效期限（该期限应从补偿命令生效之日起算），命令有效期间采取其要求的有关措施。

(4) 停工命令应：

(a) 指示命令接收人员立即停止进行的任何工作或工序：

(i) 无限期；

(ii) 直至已采取专员所规定的措施以对危险作出补救，使在工作场所进行的工作或工序能适当顾及在工作人员的安全、健康和福利，而该措施令专员满意为止。

(b) 规定命令生效日期。

(5) 专员可将发出补偿命令或停工命令的权力转授予副专员。

(6) 任何人如不遵守补偿命令，即属犯罪，一经定罪，处12个月以下有期徒刑，或处50000新币以下罚金，或两者并处，如属持续犯罪，则在定罪后持续犯罪的每1日（不足1日也作1日计）处以不超过5000新币以下的罚金。

(7) 任何人不遵守停工命令即属犯罪，一经定罪，处12个月以下有期徒刑，或处500000新币以下罚金，或两者并处，如属持续犯罪，则在定罪后持续犯罪的每1日（不足1日也作1日计）处以不超过20000新币以下的罚金。

(8) 凡任何人没有遵守补偿命令或停工命令，专员可：

(a) 在所有合理时间进入该工作场所，并采取所需措施及进行所需工作，以执行该命令；

(b) 采取适当措施防止：

(i) 未经授权进入工作区域；

(ii) 未经授权使用任何受命令影响的机械、设备、装置、物品。

(9) 专员根据第(8)款发生的任何费用及开支，可从补偿命令或停工命令的接收人员身上弥补，作为对政府的所欠债务。

(10) 如专员已根据第(8)款(b)项就任何区域或机械、设备、装置、物品采取有关措施，则任何人在明知已采取该措施的情况下，未经专员授权而进入该区域或取用该机械、设备、装置、物品,即属犯罪,一经定罪,处 6 个月以下有期徒刑,或处 5000 新币以下罚金,或两者并处。

第 22 条 对专员命令提起上诉

(1) 任何人因专员根据第 21 条发出的命令受到影响,可在命令送达之日起 14 天内向部长提出上诉,部长可撤销或变更该命令。

(2) 如果针对任何补偿命令向部长提出上诉,在上诉结果公布前,该命令不应生效。

(3) 如果针对任何停工命令向部长提出上诉,受影响的人应在上诉结果出来之前遵守停工命令,而停工命令在被撤销或更改之前一直有效。

第 23 条 暂时吊销证书的权力

(1) 专员如认为适当,可暂时吊销其根据本法签发的与任何工作或工作场所有关的证书,并应书面通知证书中指名的人被吊销以及吊销的原因。

(2) 凡根据第(1)款暂时吊销证书,受影响的人应立即停止在任何工作场所从事需要持有该证书的工作。

(3) 任何人违反第(2)款,即属犯罪行为,一经定罪,处 6 个月以下有期徒刑,或处 5000 新币以下罚金,或两者并处。

第六部分 对事故、危险事件与职业病进行调查、询问与报告

第 24 条 对事故、危险事件等的调查

凡专员得悉在工作场所发生任何意外事故、危险事件或职业病,专员可指示监察员调查该事故、危险事件或职业病的情况。

第 25 条 对机器、设备等的改动或增加

(1) 未经专员同意,任何人不得:

(a) 更改、更换、移走或增添任何机械、设备、装置、物品,而该机械、设备、装置、物品可能是引致任何人意外事故死亡或引致任何危险事件或职业病的原因之一;

(b) 改变死亡事故、危险事故现场或者职业病发生的现场。

(2) 发生意外事故、危险事件或职业病的工作场所的占用人应采取一切合理措施,防止任何人:

(a) 更改、更换、移走或增添任何机械、设备、装置、物品,而该更改、更换、移走或增添可能是导致任何人意外事故死亡或危险事故或职业病发生的原因;

(b) 改变死亡事故、危险事件现场或者职业病发生的现场。

(3) 除非相反证明成立,否则应推定第(1)款所提述的任何更改、更换、移走或增设是由工作场所的占用人作出的。

(4) 第(1)或(2)款的任何行为,均不得干扰救援工作,以及不得干扰为保护生命财产安全的必要工作。

(5) 任何人违反第(1)款,以及任何工作场所占用人违反第(2)款,即属犯罪行为,一经定罪,处12个月以下有期徒刑,或处10000新币以下罚金,或两者并处。

第26条 部长可指示进行调查

(1) 部长可任命一个调查委员会,对工作场所发生的任何事故、危险事件或职业病及其原因和情况进行调查,并指示委员会向部长报告其调查结果。

(2) 第(1)款所提述的调查委员会应由以下人员组成:

(a) 由部长在咨询首席地区法官后任命的地区法官;

(b) 由部长任命的一名或多名顾问。

(3) 调查委员会应在公开法庭进行调查,而调查的方式和条件,应按调查委员会认为对以下事宜最有成效的情况而定:

(a) 查明事故、危险事件或职业病的原因和情况;

(b) 使其能够向部长进行报告。

(4) 为进行调查,调查委员会应具有以下权力:

(a) 地方法院在根据本法审理罪行时的所有权力;

(b) 本法案赋予监察员的所有权力;

(c) 以下所有权力:

(i) 进入及监察调查委员会认为调查所需的任何场所;

(ii) 通过地区法院法官签署的传票,要求调查委员会认为适合的人员接受调查,并要求调查委员会回答或就其认为适合的调查提交报告;

(iii) 要求交出调查委员会认为对调查目的重要的所有簿册、文据及文件;

(iv) 实施宣誓,要求任何接受调查的人作出及签署一份声明,表明其在接受讯问时所作陈述属实。

(5) 调查结束后,调查委员会应向部长提交报告:

(a) 说明事故、危险事件或职业病的原因和情况;

(b) 加入调查委员会认为适当的意见或建议。

（6）如果地区法官认为应当对与事故、危险事件或职业病有关的任何人提起刑事诉讼，其还应将报告副本送交检察官。

（7）任何人属于以下情况视为犯罪，一经定罪，处 2000 新币以下罚金：

（a）没有遵从地区法院法官的传票、命令和要求；

（b）阻止或妨碍调查委员会执行其职责；

（8）被控犯第（7）款（a）项所述罪行的人如证明其有合理辩解而没有遵从地区法院法官的传票、命令和要求，即为免责辩护。

（9）部长可安排在其认为合适的时间以其认为合适的方式公布调查委员会的报告。

第 27 条 通知和报告事故和危险事件等

（1）如果在规定的工作场所发生事故、危险事件或职业病，部长可通过条例要求雇主、占用人、注册医师或任何其他人通知专员或向专员提交报告。

（2）根据第（1）款所订立的条例，可适用于附件 6 所指明的正从事工作的获豁免人员。

第七部分　安全与健康管理安排

第 28 条 工作场所安全与健康官员和协调员

（1）在规定等级或类别的每个工作场所内，均需委任一名工作场所安全与健康官员或一名工作场所安全与健康协调员。

（2）为本条目的，部长可规定：

（a）工作场所安全与健康官员和协调员的委任方式；

（b）工作场所安全与健康官员和协调员的职能与职责；

（c）工作场所安全与健康官员和协调员的权力，为官员和协调员根据本法履行其职能和职责的必要权力。

第 29 条 工作场所安全与健康委员会

（1）在规定等级或类别的每个工作场所内，均需委任工作场所安全与健康委员会。

（2）工作场所的每个工作场所安全与健康委员会应包括工作场所雇员和雇主的代表。

（3）工作场所安全与健康委员会的职能如下：

（a）不断检查工作场所内影响或可能影响工作场所内人员安全与健康

的情况；

（b）促进管理层和员工之间的合作，以实现和保持安全与健康的工作条件；

（c）为了雇员的安全和健康，不时对任何事故或危险事件的现场进行监察；

（d）行使本法规定或赋予委员会的其他职责；

（e）可能规定的其他职能。

（4）管理人员应向工作安全与健康委员会提供有关设施和协助，这些设施和协助是委员会根据本法履行其职能和职责的合理要求。

（5）工作场所安全与健康委员会应拥有规定的权力，这些权力是委员会根据本法履行其职能和职责的必要权力。

第 30 条 工作场所安全与健康审查员

（1）在规定等级和类别的每个工作场所内，均需委任一名工作场所安全与健康审查员。

（2）就任何工作场所委任的安全与健康审查员的职能，是按专员所决定的方式，审查以下全部或任何事项，以确保该工作场所人员的安全、健康和福利：

（a）工作场所安全与健康管理体系；

（b）与该工作场所或在该工作场所进行的工作有关的任何风险评估；

（c）工作场所的任何工作流程；

（d）工作场所。

（3）工作场所安全与健康审查员应拥有规定的权力，这些权力是审查员履行本法规定职责所必需的权力。

（4）在本条中，"风险评估"是指评估因暴露于已识别的危害而导致伤害或疾病的可能性和后果，并确定适当的风险控制措施的过程。

第 31 条 安全与健康培训课程

（1）部长可通过在《政府公报》上发布的命令，要求规定等级或类别的人员参加命令中提及的培训课程。

（2）根据第（1）款规定需参加培训课程的人员，其雇主应确保该人员完成或已完成该安全与健康培训课程，然后才容许该人员从事需要培训资质的工作。

（3）第（1）款所提述的安全与健康培训应由经认可的附属培训机构举办。

(4) 即使某人已完成本条所规定的安全与健康培训课程，专员如认为有需要开办复修课程，仍可发出书面指示，规定该人员参加另一项该培训课程。

(5) 雇主如违反第(2)款的规定，即属犯罪，一经定罪，处 6 个月以下有期徒刑，或处 5000 新币以下罚金，或两者并处。

第 32 条 专员批准的需要

若无专员批准（本部分称为经授权人员），任何人都不得担任：

(1) 经授权检验员，以对下列项目进行规定检验或测试为目的：

(a) 起重机和升降机；

(b) 起重装置；

(c) 起重器具或起重机械；

(d) 蒸汽锅炉；

(e) 容汽器；

(f) 空气容器；

(g) 制冷设备压力接收器；

(h) 压力容器；

(i) 本法要求由授权检验员检验或测试的任何其他机械；

(2) 工作场所安全与健康官员；

(3) 工作场所安全与健康协调员；

(4) 工作场所安全与健康审查员；

(5) 经授权的培训提供者。

第 33 条 批准的申请与授予

(1) 申请批准成为经授权人员，其申请应符合以下要求：

(a) 形式由专员决定；

(b) 需附有专员所要求的资料、陈述及文件；

(c) 需附规定费用。

(2) 专员在收到根据第(1)款提出的申请后，可以：

(a) 无条件或在专员认为适当的条件下，批准申请；

(b) 拒绝申请。

(3) 除非专员确信申请人符合以下条件，否则专员不得批准任何人为经授权人员：

(a) 具备规定的资格和实际经验；

(b) 对于被委托执行相关经授权人员的工作，具有足够的能力，并且在其他所有方面适合。

(4) 专员可随时更改或撤销根据第(2)款规定的任何现有条件，或施加新条件。

(5) 在批准某人为经授权人后，专员应向申请人发出一份批准证书作为有关经授权人的证明书，其中专员会在批准证书上指明委任对象、任职期限以及条款条件。

第 34 条 批准期限

(1) 依照第 35 条规定，任何人员获批准为经授权人员的有效期均由专员决定。

(2) 专员可应书面申请且在规定费用缴付后，批准经授权人员的续期。

第 35 条 取消批准

(1) 在以下情况下，专员可暂停或取消某人作为经授权人员的批准：

(a) 经授权人员满足以下情况：

(i) 以欺诈或失实陈述取得或促成其批准实现；

(ii) 违反了授予批准所依据的任何条款或条件；

(iii) 不再是担任相关经授权人员的适当人选。

(b) 专员认为这样做是符合公众利益的。

(2) 在根据第(1)款取消对某人作为经授权人的批准之前，专员应：

(a) 向受影响的人发出书面通知，述明其意向；

(b) 在通知日期后不少于 21 天的时间内，指明取消生效的日期；

(c) 要求受影响人员向专员提出不应取消其认可资格的理由。

(3) 如根据第(2)款收到通知的人员符合以下情况，则专员需以书面通知该人员本项批准取消的生效日期：

(a) 没有在所给予的期限内或专员所容许的较长期限内提出因由；

(b) 未能提出充分的理由。

(4) 作为授权批准被取消的人员，可在收到第(3)款所述通知后 14 天内，就取消一事向部长提出书面上诉，部长的决定为最终决定。

第 36 条 交回证书

被专员根据第 35 条取消授权批准的人员，需在取消日期后 7 天内交回其根据第 33 条第(5)款发出的批准证书。

第 37 条 虚假的任职

任何人不得声称或暗示其已获专员批准为有关经授权人员，除非其已被专员根据第 33 条批准为有关经授权人员。

第 38 条 本部分违法处罚

任何人违反第 32、36、37 条,即属犯罪,一经定罪,处 6 个月以下有期徒刑,或处 5000 新币以下罚金,或两者并处。

第八部分 工作场所安全与健康委员会

第 39 条 成立工作场所安全与健康委员会

(1) 应设立一个工作场所安全与健康委员会,由以下成员组成,每个成员应由部长根据本条规定任命:

(a) 一位主席;

(b) 副主席;

(c) 至少 10 名但不超过 18 名其他成员。

(2) 委员会主席、副主席及每名成员的任期不得超过 3 年,并有资格再获委任。

(3) 部长可随时撤销对委员会主席、副主席或任何成员的任命。

(4) 如果委员会的任何成员死亡、辞职或被免职,部长可任命其他人员填补空缺,被任命的人应在该空缺成员被任命的剩余任期内任职。

(5) 委员会的权力不受其成员空缺的影响。

第 40 条 委员会的权力与程序

(1) 根据本法的规定,委员会可决定自己的程序。

(2) 在委员会的任何会议上,5 名成员即构成法定人数。

(3) 委员会所有会议均由委员会主席主持,如主席缺席,则由委员会副主席主持;如主席和副主席均缺席,则由出席会议的委员互选一人主持。

(4) 委员会副主席可根据委员会主席发出的指示,行使委员会主席根据本法可行使的所有或任何权力。

(5) 委员会可从其本身的成员中,或从非委员会人员中,选取其认为适当数目的人员组成分委员会,分委会组成可以为委员会成员或非委员会人员或两者皆有,其目标为通过分委员会的设立和运转实现更好的管理和控制。

第 40 条之二 委员会的职能

委员会的职能如下:

(a) 制定或促进制定与工作场所安全、健康和福利有关的可接受做法;

(b) 促进采纳与工作安全、健康和福利有关的可接受做法;

(c) 设计、组织、实施有关项目和活动,为任何人员或组织提供支援、协助和意见，以维持、改善和促进工作安全、健康及福利；

（d）促进和推动工作人员在工作安全、健康和福利方面的能力、技能和专业知识的发展和提升；

（e）研究任何与工作安全、健康和福利有关的事宜；

（f）颁发奖励和奖学金，并在大学和其他教育机构设立和资助与工作安全、健康和福利有关科目的讲师职位；

（g）就本法有关工作安全、健康和福利的要求提供实际指导；

（h）完成本法授权或要求完成的所有工作。

第 40 条之三 业务守则

（1）为了就本法有关工作安全、健康和福利的要求提供实际指导，委员会可以不时采取以下所有或任何行动：

（a）发布一份或多份业务守则，而业务守则可包括根据另一成文法例发布或批准（如委员会认为该业务守则适合此目的）的任何业务守则；

（b）如委员会认为由委员会以外的任何人员或组织拟备的文件是适合作为业务守则的文件，则批准该文件作为业务守则；

（c）修订或撤销根据本条发出或批准的任何业务守则。

（2）委员会根据第(1)款(a)项或(b)项发布或批准业务守则的权力，包括发布或批准该业务守则或文件一部分的权力，不管业务守则或文件是根据另一成文法发布或批准，或是由委员会以外人员或组织拟备。

（3）凡委员会根据第(1)款发布、批准、修订或撤销业务守则，委员会应：

（a）发布关于业务守则发布、批准、修订或撤销（视具体情况而定）的通知，发布通知的方式应确保对此类发布、批准、修订或撤销进行足够的宣传；

（b）在(a)项所提述的通知中指明：

（i）发布、批准、修订或撤销（视具体情况而定）的日期；

（ii）就其发布、批准、修订或撤销业务守则有关的危险、活动和物品类别；

（iii）业务守则作为通知主题可受到检查的时间与地点（或互联网网站）。

（c）确保只要《业务守则》仍然有效，该守则的副本以及该守则的所有修正案均方便获得：

（i）供公众免费检查；

(ii) 供公众以合理价格购买。

(4) 在有关公告按照第(3)款发布前,任何业务守则、任何对经批准的业务守则的修订,以及任何对经批准的业务守则的撤销,均不具任何效力。

(5) 经批准的业务守则,不管是根据另一成文法发布或批准的业务守则,还是由委员会以外的人员或组织拟备的文件,都应包括该守则或文件在根据本条发布或批准为经批准的业务守则当日已存在的内容。

(6) 如果任何经批准的业务守则条款与本法的任何条款不一致,则此类条款在不一致的范围内:

(a) 符合本法规定的业务守则条款具有效力;

(b) 仅与根据本法的条款有关,则业务守则条款不具有效力。

(7) 任何经批准的业务守则都不应被视为附属法律。

第40条之四 在刑事诉讼中使用经批准的业务守则

(1) 任何人不得仅因其未能遵守任何经批准的行为守则而受刑事诉讼。

(2) 在对本法规定罪行进行的任何诉讼中,与控方为确定犯罪事实而必须证明的有关经批准的业务守则,应可作为诉讼中的证据。

(3) 在不影响任何其他证据方法的情况下,在对本法规定罪行的任何诉讼中:

(a) 凡声称为委员会根据第40条之三第(3)款(a)项发布的通知副本,可作为通知使用,直至相反证明成立为止;

(a) 制定、修订或撤回的业务守则,凡声称为根据第40条之三第(3)款(a)项的通知主题,应被视为该通知的主题,直至相反证明成立为止。

(4) 在确定本法任何条款的目的,是否能确保任何机械、设备、装置或物品具有良好结构、完好材料、足够强度或符合普遍认可的安全良好的实践原则时,应考虑有关的任何新加坡标准(由标准、生产力和创新委员会根据《标准、生产力和创新委员会法》第303A章制定和发布),以及委员会可接受的其他此类标准、业务守则或指南。

第九部分 监察和其他执法权力

第41条 监察员的权力

(1) 为执行本法之目的,监察员有权采取下列所有或任何行动:

(a) 随时进入、检查及检测任何工作场所;

(b) 在任何合理时间进入、检查和检测其有合理因由相信是:

(i) 工作场所;

（ii）工作场所的组成部分；

（c）检查及检验(a)及(b)项所述的任何地方的任何机械、设备、装置、物品；

（d）要求出示根据本法保存或要求保存的工作场所记录、证明、通知和文件，并进行检查和检验，以及对材料复印备份；

（e）对工作场所和工作人员进行必要的审查和调查，确定本法的规定得到遵守；

（f）要求其在工作场所找到的任何人员提供关于雇主和工作场所占用人等的所知信息；

（g）对于身为注册医师的监察员，对正在或曾经在工作场所工作的任何人员进行必要的医疗检查，以履行本法规定的职责；

（h）采集工作场所中发现或正在排出的任何材料或物质的样本，用于分析或检测；

（i）评估工作场所噪声、照明、温度、有害性或危险物质的水平，以及人员的暴露情况；

（j）要求任何医院、诊所或太平间提供任何在工作场所工作或曾在工作场所工作过的人员信息（包括医疗记录），该人员在工作场所事故中受伤或怀疑患有工作场所感染的职业病，并且正在医院或诊所接受治疗；

（k）采集其认为有必要记录的关于工作场所和工序的照片或录像，因为这些工作场所和工序情况可能会对工作人员的安全和健康造成威胁；

（l）要求任何人员出示与本法规定的调查或询问有关的物品，如有必要，则此类物品进行保管；

（m）要求其在工作场所找到的任何人员出示本人身份证明。

（2）在工作场所发现的任何人应向监察员提供所有必要的协助和合作，以便进入、检查、检测、询问、取样或以其他方式行使本法规定的与该工作场所有关的权力。

（3）如果无法进入工作场所，监察员可以：

（a）破坏通往工作场所的内外门窗；

（b）强行进入该工作场所及其每一部分；

（c）强行移走任何妨碍进入或搜查工作场所的障碍物。

（4）任何人员有以下行为，即属犯罪，一经定罪，处6个月以下有期徒刑，或处5000新币以下罚金，或两者并处：

（a）妨碍或阻延监察员行使其在本条下的权力；

(b) 未能遵守监察员根据本条发出的任何命令, 或未能出示本法要求其出示的任何记录、证明、通知或文件;

(c) 隐瞒有关该工作场所的雇主或占用人的任何资料;

(d) 隐藏、阻止或企图隐藏、阻止有关人员出现在监察员面前或被检查。

第 42 条 取样权

(1) 监察员在通知工作场所占用人或类似工作场所主管人员后, 可随时采取足够的以下样本作分析:

(a) 在工作场所使用或拟使用的任何物质;

(b) 在工作场所发现的根据本法进行调查或询问所需的任何物质;

(c) 怀疑在工作场所使用或存在本法禁止的任何物质;

(d) 在该工作场所发现的任何物质, 经分析后认为该物质极有可能会或证明极有可能会对工作场所人员造成身体伤害。

(2) 工作场所的占用人或类似工作场所主管人员, 可在根据本条采取样本时, 并在提供所需的器具后, 要求监察员将样本分成 3 份, 并根据样本特点在每一份加上标记及密封或紧固, 以及:

(a) 将其中一份交予该工作场所占用人或类似工作场所主管人员;

(b) 保留一部分以供将来进行比较;

(c) 将其中一部分提交给卫生科学局或专员指定的任何检测实验室进行分析。

(3) 由专员根据第(2)款(c)项指定的卫生科学局或检测实验室的分析员就根据本条对样品进行分析的结果而出具的证明书, 在根据本法进行的任何诉讼中, 应作为其所述事项的证据, 但任何一方均可要求传召检测分析人员作为证人。

(4) 任何人不得干扰用以监察工作场所或抽取样本作分析的设备、仪器或装置。

(5) 任何人员有以下行为, 即属犯罪, 一经定罪, 处 6 个月以下有期徒刑, 或处 5000 新币以下罚金, 或两者并处:

(a) 违反第(4)款;

(b) 未经专员许可, 公布或向任何人披露根据本条作出的分析结果。

第 43 条 检查及确保出席的权力

(1) 监察员可以:

(a) 对任何被认为了解工作场所发生的事故、危险事件、职业病事实和情况，或与本法规定的任何事项有关的人员进行口头检查，并将被检查人员所作的陈述整理成文；

（b）以书面命令的形式要求新加坡境内有关人员出席，所提供的或其他资料表明该人员对本法规定事项的事实和情况有所了解，该人员应按要求出席。

（2）第（1）款（a）项提到的人员必须如实陈述其所了解的与本法规定事项有关的事实和情况，但可以拒绝就任何事实或情况作出可能使其面临刑事指控、处罚或没收的陈述。

（3）任何人根据本条作出的陈述，需仔细阅读，并在作出更正后（如有需要）由本人签署。

（4）如有人员没有按照根据第（1）款（b）项做出命令的规定出席，监察员可向地方法官报告此事，而法官可随即发执行令，以确保该人员按命令规定出席。

第44条　监察员作为证人的资格

在任何情况下，如果根据本法提出的起诉是由监察员提出或由监察员进行，则不得对监察员作为证人提供证据的资格提出异议。

第45条　监察人员不得泄露受保护信息

（1）如果行使本法规定的监察员职能的人员获得关于另一人事务的受保护信息，其不得向他人披露该受保护信息，除非披露：

（a）是在该信息所关乎人员的书面同意下作出；

（b）是为了实施或执行本法；

（c）遵从任何法院、特别法庭、主管当局或具有合法权限人员的规定，要求出示文件或回答问题。

（2）任何人如违反第（1）款的规定，即属犯罪，一经定罪，处2年以下有期徒刑，或处10000新币以下罚金，或两者并处。

（3）就本条而言，凡提述任何人披露受保护信息，即包括该人准许他人取用载有受保护信息的任何记录、文件或其他物件，而该记录、文件或物件是凭借该人现时或曾经是监察员而由该人管理或控制的。

（4）在本条中，"受保护信息"是指如果披露将会或可以合理地预期会披露商业秘密或对某人合法商业事务产生不利影响的信息。

第十部分　违法、处罚和诉讼

第46条　未注册工厂

(1) 在以下情况下，任何人不得占用或使用任何场所作为工厂：

(a) 条例规定要求有关人员需持有根据该条例出具的工厂注册证明；

(b) 该人员并无持有有效的工厂注册证明。

(2) 任何人违反第(1)款，即属犯罪，一经定罪，可处罚如下：

(a) 处6个月以下有期徒刑，或处5000新币以下罚金，或两者并处；

(b) 如属持续违法行为，可就定罪后罪行持续的每1日（不足1日也作1日计）处以500新币的罚金或另处不超过7日的有期徒刑，或两者并处。

第47条 证明合理可行的责任

在根据本法规定的违法行为诉讼中，如任何人没有履行在合理可行情况下采取行动的义务，则应由被告来证明：

(a) 采取比实际情况更多的行动来履行义务，并不合理可行；

(b) 以实际情况来履行义务已是最合理可行的办法。

第48条 单位犯罪

(1) 如果某一法人团体犯下了本法规定的罪行，该法人团体的高级人员即属犯罪，应受到起诉和相应的惩罚，除非其证明：

(a) 该罪行是在没有其同意或纵容下犯下的；

(b) 在考虑到所有情况下其本该行使职能的性质和能力，其已尽全力防止犯罪行为发生。

(2) 凡法人团体的事务是由其成员管理的，则第(1)款适用于成员管理职能有关的行为和失责，如同该成员是该法人团体的董事。

(3) 如果本法规定的罪行是由个人合伙或法人团体合伙实施的，则合伙个人或合伙法人团体的高级人员均犯有该罪行，应受到相应的起诉和惩罚，除非其证明：

(a) 该罪行是在没有其同意或纵容下犯下的；

(b) 考虑到所有情况下其本该行使职能的性质和能力，其已尽全力防止犯罪行为发生。

(4) 如果非法人团体组织（合伙企业除外）犯下本法规定的罪行，则该非法人团体的高级人员或理事机构的成员均犯下该罪行，应受到相应的起诉和惩罚，除非其证明：

(a) 该罪行是在没有其同意或纵容下犯下的；

(b) 考虑到所有情况下其本该行使职能的性质和能力，其已尽全力防止犯罪行为发生。

(5) 在本条中:

"法人团体"包括有限责任合伙企业;

"高级人员":

(a) 就任何法人团体而言,指该法人团体的任何董事、合伙人、管理委员会成员、总裁、经理、秘书或其他类似高级人员,包括任何具备类似能力和身份行事的人;

(b) 就非法人团体组织(合伙企业除外)而言,指该非法人团体组织的主席、秘书或委员会的任何成员,或任何担任类似主席职位的人,包括声称以任何该等身份行事的人。

"合伙人"包括声称以合伙人身份行事的人。

(6) 条例可规定,在部长认为适当的情况下,对根据新加坡境外领土法律成立或承认的任何法人团体或非法人团体协会适用本节的任何条款,作出适当修改。

第 49 条 逮捕被控违反第 15 条第(3)款或第 21 条第(7)款规定的人

(1) 任何被合理怀疑犯有第 15 条第(3)款或第 21 条第(7)款所述罪行的人,可在没有逮捕令的情况下由任何警官或经专员授权的监察员逮捕,并提交地方法院或地区法院。

(2) 尽管任何其他成文法另有规定,任何警官或监察员在按照第(1)款执行逮捕后,如信纳被捕者的身份、姓名及住址,可将一份规定通知送达该人,要求该人按照通知指明的日期及时间出庭,可代替将该人直接带到法院或警局。

(3) 为了警官或监察员信纳被逮捕人员的身份信息,其可要求该人提供必要的身份证明。

(4) 根据第(2)款送达的通知复本,应由警官或监察员(视具体情况而定)拟备,并在法院要求下由该警官或监察员向法院交出。

(5) 凡被控人按照根据第(2)款送达的通知出庭,法院应审理指称的罪行,如同被控人是依据第(1)款出庭审理。

(6) 根据第(2)款接收送达通知的人,如没有按照通知规定出庭受审,法院可发出逮捕令。

(7) 凡根据第(6)款逮捕令被捕人员出庭,法院需进行聆讯,如同被控人根据第(1)款出庭审理,并需在法律程序结束时,传召该人提出因由,解释其没有遵从根据第(2)款送达通知而出庭这样的行为为何不应受惩罚。

(8) 如没有根据第(7)款提出正当因由,法庭可命令该人缴付不超过

2000 新币的罚金，或处不超过 2 个月的有期徒刑。

第 50 条　一般处罚

凡犯下本法（但不包括条例）未明确规定惩罚的罪行者，经定罪后应负以下责任：

（a）对自然人，处 200000 新币以下罚金，或处 2 年以下有期徒刑，或两者并处；

（b）对法人团体，处 500000 新币以下的罚金；

如在定罪后犯罪行为仍然继续（除第 52 条另有规定外），即属再次犯罪，并可处罚金：

（i）如属自然人，在定罪后持续犯罪的期间，每 1 日（不足 1 日也作 1 日计）不超过 2000 新币；

（ii）如属法人团体，在定罪后持续犯罪的期间，每 1 日（不足 1 日也作 1 日计）不超过 5000 新币。

第 51 条　对累犯的处罚

当一个人：

（a）至少曾有一次被判犯有本法（但不包括条例）规定的导致任何人死亡的罪行；

（b）随后被判定犯有导致另一人死亡的相同罪行，

除规定的任何自由刑外，法院还可对该人处以下处罚：

（i）如属自然人，处 400000 新币以下罚金，如属持续犯罪，则就定罪后持续犯罪期间，每 1 日（不足 1 日也作 1 日计）另处不超过 2000 新币的罚金；

（ii）如属法人团体，处 1000000 新币以下的罚金，如属持续犯罪，则就定罪后持续犯罪期间，每 1 日（不足 1 日也作 1 日计）另处不超过 5000 新币的罚金。

第 52 条　法院命令就违法事项作出补救的权力

（1）如果任何人被判犯有本法规定的罪行，法院可在命令规定的时间内（或在法院可能允许的更长时间内），命令其采取规定的措施，以对违法事项进行补救，而不是对其处以任何惩罚。

（2）在不违反第（3）款的情况下，如果根据第（1）款发出命令，则被定罪人在命令规定时间内或法院允许对违法事项进行补救的时间内，不因违法行为的持续而承担本法规定的责任。

（3）如在该命令所规定的期限届满后，或在法院根据第（1）款容许的期限届满后,该命令仍未获遵守,则该款所提述的人即属犯罪,一经定罪,可就首次定罪日期后该命令仍未获遵守的期间,处以每日不超过1000新币的罚金。

第53条 伪造证书、虚假条目和虚假声明

如果任何人:

(a) 伪造本法要求提供的任何证书;

(b) 在明知有重大虚假事项的前提下,签署或提供本法要求的任何证书;

(c) 故意发出为适应本法而伪造、变造的任何证书;

(d) 故意发出本法要求提供,但不适用于本法案的任何证书;

(e) 为适应本法,在证书中故意伪造虚假法人;

(f) 冒充监察员;

(g) 故意纵容(a)至(f)项所述的任何事项;

(h) 在本法要求保存、发送的任何记录、证书、通知或文件中,私自提供虚假记录;

(i) 故意伪造本法要求提供的声明事项;或

(j) 故意使用(h)至(i)项所述的任何虚假条款或声明,即属犯罪,一经定罪,处6个月以下有期徒刑,或处5000新币以下罚金,或两者并处。

第54条 法院管辖权

尽管《刑事诉讼法》第68条有不同规定,但地区法院有权审判本法项下的任何罪行,并有权对犯罪行为施加处罚。

第55条 裁判官何时可以审判罪行

根据2010年《刑事诉讼法》第151条,在收到检察官签署的书面申请后,法官必须根据该法第153条发出传票或逮捕令。

第56条 犯罪构成

(1) 专员可酌情对本法规定为"可和解罪行"的任何犯罪进行和解,向犯罪人收取不超过最高罚金数额的一半或5000新币的罚金,并以较低数额为准。

(2) 缴清罚金后,不得就该罪行对该人采取进一步的法律诉讼。

(3) 根据本条收取的所有罚金,均须支付给"综合基金"。

第57条 修改协议的权力

(1) 由于工作场所所有人和占用人协议,整个或部分工作场所外租,则所有人或占用人不得擅自更改工作场所内部结构(本法强制规定的情况

除外)。可向高等法院申请撤销或修改与租赁协议相关的条款。

(2) 高等法院在聆讯各方及任何一方拟传召的证人证词后,可做出公平决议,即撤销或修改协议条款。

第 58 条 分摊费用的权力

(1) 若租赁的工作场所受本法要求,需要进行房屋结构改造,而所有人及占用人同意分摊改造费(视情况而定),可向高等法院申请分摊比例的获批。

(2) 高等法院在聆讯各方及任何一方拟传召的证人证词后,可就合约内容、改造费的分摊比例做出公平决议,或可应所有人或占用人请求,做出特殊决议。

第十一部分 总 则

第 59 条 与其他法律的关系

本法或任何经批准的业务守则中的任何内容均不得减损任何其他现行成文法的效力。

第 60 条 民事责任

(1) 本法中的任何内容均不得解释为:

(a) 在任何民事诉讼中,就任何违反本法的行为(无论是作为或不作为)授予诉讼权;

(b) 在任何民事法律程序中,为诉讼提供抗辩,或以其他方式影响民事法律诉讼权;

(2) 第(1)款与根据违反本法行为提出的诉讼不相冲突。

第 61 条 个人责任保护

(1) 如果在对第(2)款所列物品进行依法检验或检查的过程中,造成物品损害,则不得针对以下个人提出诉讼或行使法律程序:

(a) 专员;

(b) 副专员;

(c) 监察员;或

(d) 授权监察员。

(2) 第(1)款仅适用于下列物品:

(a) 起重机或升降机;

(b) 起重装置;

(c) 起重设备或机械;

(d) 蒸汽锅炉；

(e) 容汽器；

(f) 空气容器；

(g) 制冷设备压力接收器；

(h) 压力容器；或

(i) 依本法要求，由授权监察员检查或测试的任何其他机械设备。

(3) 在专员或副专员履行第 21 条职责的过程中，只要尽职尽责，无论初衷好坏，不得针对其个人提起诉讼。

第 62 条 豁免工人、工作场所和设备等

(1) 本法不适用于附件 6 指定的工作人员，即便他们的工作是在工作场所进行。

(2) 部长可发布公报，有条件或无条件地豁免：

(a) 本法条款中对各类工作场所的描述；

(b) 遵守本法规定的各类工作人员；或者

(c) 本法条款中对机械、设备、厂房、装置或物品等类别的描述。

(3) 专员可以根据部长的一般或特别指示，通过书面声明，有条件或无条件地豁免：

(a) 本法条款中任何具体的机械、设备、厂房、装置或物品；

(b) 任何证书中阐明的遵法合法人士。

(4) 若根据本条有条件授予豁免，则必须在条件得到遵守的情况下，豁免生效。

第 63 条 文件服务等

(1) 根据本法授权投递的任何文件（包括任何传票或命令）：

(a) 可直接交付、邮寄给任何人；

(b) 可交付给该公司的合伙人，或直接邮寄到公司办公室；

(c) 任何场所、设备的所有人或工作场所占用人（可以是根据《公司法》第 50 章注册的公司，或根据《合作社法》第 62 章成立的合作社）可以通过上述方式将原本或副本交付给工作场所的经理、领班或其他负责人。

(2) 为了将上述类别的文件投递给工作场所占用人，可将邮寄地址直接署名为"工作场所占用人"，无须填写具体姓名或附加说明。

(3) 经必要修改后，第(1)和(2)款适用于根据本法要求，授权投递给任何个人、公司或工作场所所有人或占用人的文件，以及此类文件的发送、处理和交付。

第64条 附件的修订

（1）在遵守本条规定的前提下，部长可通过在《政府公报》上发布命令，对任何附件进行修订。

（2）部长可在第(1)款命令中，对过渡条款加以解释。

（3）根据第(1)款做出的命令，须在刊登公报后尽快呈交议会。

第65条 法规

（1）为更好地执行本法，部长可制定相关法规。

（2）在不与第(1)款冲突的前提下，部长可就下列事项制定法规：

(a) 任何与工厂注册有关的事宜，包括：

(i) 需注册的工厂类别或描述；

(ii) 申请注册的方式；

(iii) 注册条件；

(iv) 在何种情况下可以批准或拒绝注册申请；

(v) 颁发工厂注册证书；

(vi) 证书有效期；

(vii) 任何工厂登记册的格式、保管及维护；

(viii) 工厂注册证书可以延期或撤销的情形；

(ix) 若与工厂相关的任何事项发生变化，工厂租用者有义务向专员汇报此类信息；

(x) 就工厂注册或证书问题向部长提出上诉；

(b) 工作场所的照明、通风、温度、湿度、辐射热、噪声、排水和卫生，以及相关标准；

(c) 提供急救资源和在工作场所任命的急救人员；

(d) 任何工作场所发生火灾时所需的程序和资源；

(e) 去除工作场所空气杂质和降低工作场所温度、噪声所需的方法；

(f) 任何有毒有害物质（无论是固体、液体、气体或蒸汽）的允许暴露水平、控制及处置；

(g) 处理、储存及处置任何有害生物或物质；

(h) 任何危险机械或设备的使用和控制，及使用保障和安全措施；

(i) 工作中使用的衣物和工具类型；

(j) 就任何升降机、起重装置、蒸汽锅炉、空气容器、制冷装置、压力容器或任何其他机器而言：

(i) 可使用的条件及安全要求；

（ii）建造、使用或维修；

（iii）向可经营、掌管及控制该公司的人发出合格证书；

（iv）须进行的任何安全检查或测试；

（v）设备安全检查员或测试员；

（vi）检查或测试方式；

（vii）检查或测试频率；

（viii）检查或测试证明书，及相应报告格式的保管；

（ix）检查员及测试员职责；

（x）对相关人施加责任，以确保操作安全和工作人员的生命健康安全；

（k）就本法事项签发文件所支付的费用；

（l）向掌管或操作内燃机的人员颁发合格证书；

（m）向上款所述人员告知相应资格证的考试性质、委员会的组成、证书形式，及考试费；

（n）对相关培训机构进行资质认证，为义务参训人员开设安全与健康培训课程，建立培训机构认证计划，根据该计划支付相应费用；

（o）可使用的任何气体装置的性质；

（p）可在任何类型的气体装置中使用的配件及管道类型；

（q）气体装置的检查；

（r）如在任何工作地点使用的机器、装备、物品、工序或所进行的任何工作可造成身体伤害，或对个人健康构成危害，应停止或尽量减低该风险；

（s）为医疗监督、医疗检查（不包括预防性医疗）以及为消除工作人员健康安全风险而制定的计划；

（t）以下工种的健康、安全和福利：

（i）以商业经营为目的的建筑作业；

（ii）以商业经营为目的的工程建设；

（iii）建筑业务或工程建设工作的设计和管理；

（iv）涉及使用或接触农药的工作；

（v）道路的保养和修理；

（vi）房屋修缮工程；

（vii）电梯维护保养；

（viii）在密闭空间内工作；

（ix）涉及使用视觉显示装置的工作；

(x) 涉及蒸汽锅炉、蒸汽容器或气体设备的工作,以及任何其他工序、流程或操作:

(xa) 其性质足以对工作人员造成身体伤害;

(xb) 对工作人员的健康构成危害;

(u) 任何风险评估行为,以及占用人、雇主或其他人对该行为应负的职责;

(v) 任何推行安全与健康管理体系,以及占用人、雇主或其他人对该行为应负的职责;

(va) 就议会而言,向非公务员的议会议员支付津贴;

(w) 本法规定的任何其他事项。

(3) 根据上款制定的法规,可对任何违规行为定罪,一经定罪,处 2 年以下有期徒刑,或处 20000 新币以下的罚金。

(4) 条例可对控制或影响工作场所安全或健康的任何人施加责任,包括但不限于任何所有人、占用人、雇主、制造商、设计者或受雇人员等。

(5) 除其他事项外,根据第(2)款(r)项制定的法规可以:

(a) 禁止雇用任何与制造、机械、工业装置、工序等种类有关的工作人员,或修改、限制其工作时间;

(b) 禁止、限制或控制任何材料或工艺的使用;

(c) 规定任何人在工作中可携带或移动的最大物质重量;

(d) 规定任何使用机械或设备的工作人员资格、最低年龄以及培训资质;

(e) 规定在开展工作前必需的流程。

(6) 根据第(2)款(s)项制定的法规可以:

(a) 按照规定,由健康专员进行医学监督和观察;

(b) 规定健康专员须具备的资质或其他条件。

(7) 根据第(2)款(t)项制定的法规可以:

(a) 将本法的任何规定应用于该小节中提到的场所、过程或操作等类别;

(b) 对该款涉及的工作人员类别施加义务,包括开发商、承包商、建筑师或工程师;

(c) 规定上述人员应当具备的资质和培训。

(8) 根据本节制定的所有法规,应在刊登公报后尽快提交议会。

第 66 条 保留条文和过渡性规定

（1）2006年3月1日之前的首席监察员应被视为根据本法第7条（1）款任命的工作场所安全与健康专员。该人首席监察员的身份应在其作为专员被任命的日期起被注销。若未颁布本法，则专员身份被注销。

（2）任何在2006年3月1日之前，根据已废除的第84（1）条被任命为监察员的人，应继续担任先前职务。

（3）在2006年3月1日之前：

（a）根据已废除法案第71条任命的安全员；

（b）根据已废除法案第71A条任命的安全协调员，应继续担任先前职务，且各自的任命应在到期之日届满。

（4）在2006年3月1日之前，根据已废除的法案第72条成立的安全委员会，应在符合本法的前提下，被视作根据本法成立的工作场所安全和健康委员会。

（5）在2006年3月1日之前，根据已废除的法案第71B条被任命的审计员，应继续担任该职务，并被视作根据本法任命的工作场所安全和健康审计员。若该人在颁布本法前任期终止，则不再继续担任相应职务。

（6）在2006年3月1日之前，根据已废除法案，由总监察员批准或授权的锅炉监察员应继续担任该职务，如同根据本法第33条被任命。若该人在颁布本法前任期终止，则不再继续担任相应职务。

（7）根据已废除的法案或法规授予或批准的任何许可、证书或报告，只要不与本法相抵触，应被视作依本法相应条款授予或批准。本法或任何其他成文法另有规定除外。

（8）2006年3月1日之前，根据已废除法案提交批准的任何申请或其他文件，若在指定日期前未获批准，则被视作依据本法提交。

（9）若根据被废除的法案第50条向部长提出上诉，且在2006年3月1日之前未得到处理，可以继续参考被废除法案的内容，不受本法影响。

（10）本法案不得影响：

（a）在2006年3月1日之前根据已废除法案第五部分开始或待决的任何调查或询问，以及其他相关事项。调查可在该日期之后继续进行，并不受本法影响；

（b）总督或部长在2006年3月1日前根据已废除法案作出的任何命令、指示或决定，可以继续实施或生效；

（c）在2006年3月1日前，根据任何命令、指示或决定产生的上诉权。

（11）在2006年3月1日之前根据已废除法案注册的任何工厂，应被视作根据本法注册。

（12）任何批准、通知、指示、命令、要求或豁免：

（a）根据已废除法案给予、发布或制定；

（b）若在2006年3月1日前生效，除非本法另有规定，否则仍具效力。

（13）对2006年3月1日之前依据被废除法案规定的生效期，本法案应具有等同效力。就本法而言（在不影响上述规定的前提下），任何指定的时间段，应当是：

（a）从上述日期之前的起始日开始；

（b）若在本法未颁布之时，任何权利、优先权、责任、救济、义务、要求、权力、职责或豁免已开始生效，则在本法到期时（本法延长条款也适用）终止，上述期限的持续时间或结束时间应同时符合本法规定。

（14）根据已废除法案制定并在2006年3月1日前生效的任何附属立法，只要不与本法冲突，可继续生效，直至其被撤销或废除。

（15）任何提及已废除法案或其他任何条款的书面法律或文件，应尽可能解释为与本法按有关的相应条款（视情况而定）。

附件1 危险事件

1. 旋转容器、砂轮、磨石或砂轮在机械力作用下爆裂。

2. 起重机、吊杆、绞盘、起重机、打桩架、用于升降人员及货物的其他装置，或其任何承重部分的倒塌或故障（链条或吊索断裂除外），或起重机的倾覆。

3. 任何工作场所的机器或设备发生爆炸、火灾及损坏，并导致正常工作中断、机器或设备停转5小时以上，且爆炸或火灾源于粉尘、气体、蒸汽、合成塑料或其合成物。

4. 电气机械、装置发生短路或故障，引起爆炸、火灾或对其结构造成损坏，造成停工时间大于5小时。

5. 爆炸或火灾影响人员在场所内正常工作，工作中断时间不少于24小时。

6. 蒸汽锅炉或贮存任何气体（包括空气）、液体或固体的容器或储藏罐，在压力高于大气压的情况下，因气体压缩发生爆炸或结构故障。

7. 模板或支架的破坏、倒塌。

8. 高于15米的棚架或2米的悬空棚架全部或部分倒塌。

9. 海水意外渗透进干船坞或浮船坞，导致船身浸水。

附件 2　职业病

1. 苯胺中毒
2. 炭疽
3. 砷中毒
4. 石棉肺
5. 气压伤
6. 铍中毒
7. 鼻窦炎
8. 镉中毒
9. 氨基甲酸酯中毒
10. 压缩空气疾病或后遗症，包括减压性骨坏死
11. 氰化物中毒
12. 电离子辐射引起的疾病
13. 高温引起的疾病
14. 硫化氢中毒
15. 铅中毒
16. 钩端螺旋体病
17. 肝血管肉瘤
18. 锰中毒
19. 汞中毒
20. 间皮瘤
21. 噪声性耳聋
22. 职业性哮喘
23. 职业性皮肤癌
24. 职业性皮肤病
25. 有机磷中毒
26. 磷中毒
27. 苯或苯同系物中毒
28. 一氧化碳中毒
29. 二硫化碳中毒
30. 氮氧化物中毒
31. 碳氢化合物卤素衍生物中毒
32. 上肢肌肉骨骼疾病

33. 矽肺

34. 中毒性贫血

35. 中毒性肝炎

附件3 工程建设

1. 任何铁路线或铁路侧线的建造。

2. 任何码头、港口、内河航运、隧道、桥梁、高架桥、水务工程、水库、管道、渡槽、下水道、污水工程或煤气柜的建造、结构变更、修理（包括重新勾缝、粉刷）或拆除。

3. 建筑、铺设、结构改造、检查、维护、修理、拆除或拆分：

（a）任何输送水、气或任何其他物质的管道；

（b）任何排水渠（不论是明渠或有盖），但位于住所的明渠除外；或

（c）任何地下电缆和通信电缆。

4. 检查、修理或维护任何检修孔、集水槽、检查室、阀室及任何布有管道、地下电缆和通信电缆通路的密闭结构。

5. 任何道路或停车场的建设。

6. 任何土地的开垦。

附件4 名为"工厂"的工作场所

1. 使用装配线制造工艺，或使用机械动力制造产品（不包括餐厅或厨房）以获取商业利益。

2. 用于制造金属制品、机械或设备，以获取商业利益。

3. 使用机械动力制造木制品，以获取商业利益。

4. 任何用于生产商用气体的场所。

5. 任何用于制造医药产品或中间体的场所。

6. 以凸版印刷机、柯式印刷机、平版印刷机、照相凹版印刷机、轮转凹版印刷机或其他类似工艺印刷，或装订该类印刷品的场所。

7. 任何使用机械动力进行物品分类、包装、搬运或储存的场所。

8. 用于加工或制造易燃、腐蚀性或有毒物质的任何场所，包括石油、石油产品，或石化产品。

9. 对涉及使用易燃、腐蚀性或有毒物质的金属产品进行处理、涂层或电镀的任何场所。

10. 对装有或曾经装有易燃、腐蚀性或有毒物质的瓶子、容器进行清洗

或填充的任何场所,不包括给车辆加注燃料的商业性场所。

11. 任何用储存容量不少于 140 立方米的容器储存气体(包括液化气体)的场所,但不包括为车辆充装气体燃料的商业性场所。

12. 任何用贮存容量不少于 5000 立方米的容器(非地下容器)散装贮存有毒或易燃液体(不包括液化气体)的场所。

13. 进行船舶建造、改建、修理、改装、整修或拆毁的任何场所(包括任何船坞、码头及其辖区),包括与建造、改建、整修任何与该处毗邻的水域。上述行为应由该处占用人或占用人代表实施。

14. 为运输、商业经营目的而建造、重建或修理机车、飞机、车辆或其他装置的任何处所,但不包括存放场所。在上述场所内,仅进行飞机或车辆的清洁、清洗、修理或微调。

15. 进行建筑作业或工程建设的任何场所。

16. 为进行建筑作业或工程建设而制造设备或物品的场所,非工程建设场所。

17. 任何进行商业发电工程的场所。

18. 任何与供水有关或使用相关机械动力的场所。

19. 任何使用机械动力的污水处理厂或泵站。

附件 5 机械、设备或有害物质

第一部分 机 械 设 备

1. 脚手架和任何相关的材料或组件。
2. 所有起重设备。
3. 叉车。
4. 动力压力机。
5. 钢筋弯曲机。
6. 任何拟在压力下操作的设备或管道,包括所有法定压力容器。
7. 含有腐蚀性、有毒或易燃物质的任何设备或管道。
8. 焊接设备,包括使用焊接设备所需的任何附件、仪器或配件。
9. 用于建造支撑结构的材料或部件。
10. 爆炸动力工具。
11. 喷砂设备,包括使用和操作所需的任何附件、仪器或配件。

第二部分 有害物质

1. 腐蚀性物质
2. 易燃物质
3. 炸药
4. 氧化物质
5. 自燃物质
6. 受压气体
7. 有机过氧化物
8. 自热物质
9. 自反应物质
10. 遇水释放易燃气体的物质
11. 有毒物质
12. 诱变剂
13. 致癌物
14. 致畸剂
15. 光敏化剂
16. 刺激物
17. 对水域环境有害的物质

附件6 可豁免的工作人员

1. 新加坡警察部队（包括特警）、新加坡监狱管理局、国内安全部、中央禁毒局、新加坡武装部队、新加坡民防部队和移民检查站在勤期间的任何成员。

2. 在任何船舶、飞机或其他国际运输方式上工作的船员，且不会对船内及船外任何人员构成健康安全风险。

2011 年泰国《职业安全与健康和环境法》

泰国国王普密蓬·阿杜德
颁布日期：佛历 2554 年（公元 2011 年）1 月 12 日

普密蓬·阿杜德国王陛下荣幸地宣布：
鉴于制定职业安全、健康和环境法是合宜的；
本法载有关于限制个人权利和自由的某些规定，对此，《泰王国宪法》第 29 条连同第 33 条、第 41 条和第 43 条依法允许相关内容；
因此，国王在征得泰国国家立法议会的意见和同意后，特此颁布本法，具体内容如下：

第 1 条 本法称为佛历 2554 年《职业安全、健康和环境法》。
第 2 条 本法自在《政府公报》上公布之日起满 180 天后生效。
第 3 条 本法不适用于：
（1）中央行政部门、区域省级行政部门和地方政府行政部门；
（2）部级条例规定的其他全部或部分企业。
第（1）款规定的中央行政部门、区域省级行政部门、地方政府行政部门及部级条例规定的其他事业单位，应就其工作单位之职业安全、健康及环境提供行政和管理标准，标准水平不低于本法的职业安全、健康及环境标准。
第 4 条 在本法中：
"职业安全、健康和环境"是指不会因工作引起或与之相关的任何原因而对生命、体质、心理或健康造成危险的行动或工作条件。
"雇主"是指《劳工保护法》中规定的雇主，也指允许任何人为企业工作或为企业提供福利的企业家，无论是否在企业家的责任范围下部分或完全工作或提供福利或进行部分生产过程或业务。
"雇员"是指劳动保护法下的雇员，以及被允许为雇主工作或在雇主的企业中为雇主提供福利的人，无论使用何种名称。
"执行人员"是指工作单位中管理层及以上的一名雇员。

"主管"是指根据工作单位的职能履行管理、监督、指挥或命令其他雇员工作的职责的一名雇员。

"安全员"是指由雇主任命根据本法履行职业安全、健康和环境职责的雇员。

"企业"是指有一名雇员在里面工作的雇主的各个工作单位。

"委员会"是指职业安全、健康和环境委员会。

"基金"是指职业安全、健康和环境基金。

"安全检查员"是指部长为执行本法规定而任命的人员。

"厅长"是指福利与劳动保障厅厅长。

"部长"是指负责执行本法的部长。

第5条 劳工部部长应负责本法的执行工作,并有权任命安全检查员,出于执行本法之目的发布部级条例、通知和规则,包括发布规定相关费用不超过本法所附费率以及费用豁免等内容的部级条例。

在任命安全检查员时,劳工部部长还可以规定任职资格、权力和职责范围以及履行职责的条件。

部级条例、通知和规则应在《政府公报》上公布之后开始生效。

第1章 一 般 规 定

第6条 雇主有责任为企业和雇员提供并保持安全卫生的工作条件和工作环境,包括支持和促进防止雇员生命、身体、心理和健康受到伤害的雇员行动。

雇员有义务与雇主合作开展和促进职业安全、健康和环境工作,以确保雇员和企业的安全。

第7条 如果是本法要求雇主执行行动的,那么行动产生的费用应由雇主承担。

第2章 职业安全、健康和环境的管理、经营和运作

第8条 雇主必须按照部级条例规定的标准管理、经营和运作职业安全、健康和环境。

在根据第1段制定标准时,雇主应提供经由部级条例规定的人员或法人检查或认证的文件或报告。

根据第1段规定的标准,雇员有义务遵守职业安全、健康和环境的相关标准。

第 9 条 任何人如打算提供测量、检查、测试、认证、风险评估等服务（包括安排培训或提供咨询意见），以根据第 8 条发布的部级条例中的标准促进职业安全、健康和环境工作的，均应到福利与劳动保障厅职业安全与健康局进行登记。

根据第一段申请登记之人的资格、登记、许可证替代物的颁发、登记撤销、服务费规定和服务提供方法等，均应符合部级条例规定的标准、方法和条款。

第 10 条 如果福利与劳动保障厅职业安全与健康局拒绝第 9 条下的登记或撤销登记，申请登记或登记被撤销的人员有权在确认登记被拒绝或被撤销之日起 30 天内，以书面形式向厅长提出上诉。

厅长的决定为最终决定。

第 11 条 任何法人如打算提供测量、检查、测试、认证、风险评估等服务（包括安排培训或提供咨询意见），以根据第 8 条发布的部级条例中的标准促进职业安全、健康和环境工作的，均应获得厅长的许可。

根据第一段申请许可之人的资格、许可申请书、许可、许可证续期申请、许可证替代物的颁发、许可证的中止和撤销、服务费规定和服务提供方法等，均应符合部级条例规定的标准、方法和条款。

第 12 条 如果厅长拒绝颁发许可证、更新许可证、颁发许可证的替代物、中止或撤销已经颁发给第 11 条项下的法人的许可证，则该法人有权在收到厅长发出的拒绝颁发许可证、拒绝更新许可证或撤销许可证通知函之日起 30 天内向委员会提出书面上诉。

委员会的决定应为最终决定。

第 13 条 雇主应根据部级条例中规定的标准、方法和条款，规定安全员、工作人员、工作单位或一组人员在企业内进行安全操作。

本条的安全员和工作人员应到福利与劳动保障厅登记备案。

第 9 条第二段和第 10 条的规定经必要修改后应适用于安全员的登记。

第 14 条 如果雇主安排雇员到一个可能对雇员的生命、身体、心理和健康有危害的工作条件或环境中工作的，雇主应告知雇员工作中可能出现的危险，并在开始工作、更换工作或更换工作场所之前，向每位雇员分发工作手册。

第 15 条 如果雇主收到厅长的警告、命令或决定、安全检查员的命令或委员会关于法律遵守的决定，则雇主应在收到这些警告、命令或决定之后予以通报或将其张贴在企业的显眼位置，张贴的时间不少于 15 天。

第16条 为了安全地管理、经营和运作职业安全、健康和环境，雇主应提供职业安全、健康和环境培训，培训参加人员包括一名执行人员、一名主管和一名雇员。

如果雇主聘用雇员工作、变更工作、变更工作场所或更换可能对雇员的生命、身体、心理和健康有危害的机械或设备，则雇主应在工作开始之前对每个雇员提供培训。

本条规定的培训应符合厅长规定的标准、方法或条件。

第17条 雇主应在企业内的显著位置张贴警告标志和职业安全、健康和环境标志，包括厅长规定的雇主与雇员的权利和义务声明。

第18条 如果有多个企业设置在不同的场所，那么所在场所的企业雇主应按照本法规定合作开展职业安全、健康和环境方面的工作。

本条规定的企业中工作的雇员，包括在不属于雇主的其他工作场所工作的雇员，均应遵守适用于该企业的职业安全、健康和环境标准。

第19条 如果雇主租赁建筑物、场所、工具、机械、设备或任何其他将用于企业的设备，则雇主有权根据第8条发布的部级条例中规定的标准，采取与所租赁建筑物、场所、工具、机械、设备或任何其他设备相关的职业安全、健康和环境行动。

本条提及的行动不得享有建筑物、场所、工具、机器、设备或租赁物之所有人或证书的权利，进而要求损害赔偿或终止租赁合同。

第20条 执行人员或主管有责任支持和协调雇主和其他人员按照第8条、第16条、第18条和第22条的规定采取相关行动。

第21条 雇员有义务根据第8条发布的部级条例规定的标准维护工作环境，以便在工作条件和雇员负责的领域创造生命、身体、心理和健康上的安全。

如果雇员发现缺陷或损坏，且无法自行纠正，则雇员应通知安全员、主管或执行人员，然后由安全员、主管或执行人员立即书面通知雇主。

如果主管意识到任何可能会对雇员的生命、身体、心理和健康造成危害的缺陷或损害，则主管应在其职责范围内或在意识到缺陷或损害之后立即分配的范围内采取措施，防止造成危害。如果不能采取相关措施，则主管应立即通知执行人员或雇主解决问题。

第22条 雇主应规定并管理雇员穿戴厅长规定的标准个人防护设备。

雇员有义务正确穿戴个人防护设备，并在整个工作期间，使第一段规定的设备保持在一个良好的工作状态和性质。

如果雇员不佩戴个人防护设备，则雇主应下令雇员停止工作，直到雇员正确佩戴好个人防护设备。

第23条 劳动保护法规定的总承包商和分包商有责任像雇主一样开展职业安全、健康和环境方面的行动。

如果雇主是分包商，拥有下一级分包商，那么雇员在同一企业工作的所有下级分包商和总承包商有责任展开合作，使工作场所保持安全卫生的工作环境，以便为雇员提供安全保障。

第3章 职业安全、健康和环境委员会

第24条 应设立一个"职业安全、健康和环境委员会"，由劳工部的常任秘书担任主席，污染控制局局长、疾病管制局局长、技能发展局局长、公共工程、城镇和国家规划局局长、工业工程局局长、地方行政管理局局长和福利与劳动保障厅厅长作为委员会成员，包括雇主方和雇员方分别派出的8名代表和部长任命的6名合格人员。

部长可以任命福利与劳动保障厅的一名官员为秘书。

第一段规定的雇主方和雇员方代表的任职和休假应符合部长就性别平等参与规定的标准、方法和条款。

合格人员应具备职业安全、健康和环境领域在性别平等参与方面的知识、技能、成就或经验。

第25条 委员会应具有以下权力和职责：

（1）就职业安全、健康和环境相关的政策、工作计划或措施向部长提交建议；

（2）就颁布部级条例、通知和本法的执行规则向部长提出建议；

（3）就职业安全、健康和环境的促进工作向政府机构提出意见；

（4）根据第12条、第33条第三段和第40条第二段对上诉进行裁决。

（5）执行本法或其他法律规定的属于委员会权力和职责的任何其他行动或部长指派的任何其他行动。

第26条 合格人员担任委员会成员的，其任期为两年。已经离职的委员会成员可以重新任命。

如果合格人员担任的委员会成员在其任期届满前离职，则部长应任命一名成员填补职位空缺。被任命的委员会成员应代替先前的委员会成员，在剩余的任期内任职。

如果合格人员担任的委员会成员在其任期届满时已离职，但尚未任命新

的委员会成员,则已离任的委员会成员应继续暂时履行其职责,直至任命新的委员会成员。

第 27 条 除了在任期届满时离任之外,合格人员担任的委员会成员还应在以下情况下离职:

(1) 死亡;
(2) 辞职;
(3) 部长无合理理由连续三次缺席相关会议而被解雇的;
(4) 被宣告破产;
(5) 精神不健全或患有精神疾病的人;
(6) 不称职或准不称职的人;
(7) 被判定犯有本法规定的罪行;
(8) 因犯罪在终审判决中被判处有期徒刑(因疏忽、诽谤而犯的罪或轻微犯罪除外)。

第 28 条 委员会会议的参会人数应不少于委员会成员总数的一半,其中至少有一名成员来自雇主方,一名成员来自雇主方,才能构成法定人数。

在任何裁决上诉的会议上,如果未能根据第一段达到法定人数,则应在第一次会议约定之日起的 15 天内举行另一次会议。在随后举行的会议上,即使没有雇主方或雇员方的委员会成员出席会议,只要有至少一半的委员会成员出席会议,也应构成法定人数。

在任何会议上,如果委员会主席未能出席会议或不能履行职责,则出席会议的委员会成员应从参会人员中选举一人,担任会议主席。

会议的决定须以多数票通过。每一位委员会成员均享有一票表决权。如果票数相等,则会议主席有额外的决定性一票。

第 29 条 委员会有权任命小组委员,对委员会所指派的任何职责进行审议或履行。

委员会应确定法定人数要求和其认为适合的小组委员会应遵循的程序。

第 30 条 在履行本法规定的职责时,委员会和小组委员会应根据部长按照财政部的批准而规定的条例,领取会议津贴和其他福利。

第 31 条 福利与劳动保障厅劳工部应负责该委员会的行政任务,并具有以下权力和职责:

(1) 选择、汇编和分析有关与职业安全、健康和环境有关的数据,以便制定相关的政策、计划和项目,并提交给委员会;
(2) 制定指导方针,规定将由提交给委员会的职业安全、健康和环境标准；

（3）制定提交给委员会的职业安全、健康和环境年度实施计划；

（4）协调委员会和小组委员会（包括相关机构）的工作计划和工作操作；

（5）跟踪和评估委员会决议的执行情况；

（6）负责小组委员会的行政管理工作；

（7）执行委员会或小组委员会委派的其他任务。

第 4 章　控制、监督和管理

第 32 条　为了控制、监督和管理职业安全、健康和环境方面的运作，雇主应履行下列职责：

（1）进行危害评估；

（2）对影响雇员的工作条件进行影响研究；

（3）为雇员和企业制定职业安全、健康和环境的实施计划和监督计划；

（4）向厅长或厅长委托的人员提交(1)、(2)和(3)项下的危害评估、影响研究、实施计划和监督计划的相关结果。

上述标准、方法和条件、业务类型、要求经营的业务规模和经营期限等，均应符合部长在《政府公报》中公布的规定。

在执行本条所述的工作时，雇主应遵守职业安全、健康和环境专家的建议，且相关结果应经过专家的认证。

第 33 条　担任职业安全、健康和环境专家的任何人员均应持有厅长根据本法颁发的许可证。

根据第一段的规定，许可证的申请、颁发、专家资格、对被许可方运营的控制、许可证的更新、许可证替代物的颁发、许可证的暂停和撤销等，均应符合部级条例规定的标准、方法和条件。

第 12 条的规定经必要修订后应适用于职业安全、健康和环境专家执照的申请。

第 34 条　如果任何企业发生严重事故或雇员遭遇工作危险，则雇主应采取以下措施：

（1）如果雇员死亡，雇主在知晓之后应立即通过电话、传真或任何其他方式上报给安全检查员，告知其足够的细节，并在雇员死亡之日起 7 天内以书面形式报告死亡的细节和原因；

（2）如果因火灾、爆炸、泄漏或其他服务器事件，导致企业受损或不得不停止生产过程，或工作场所有人遇到危险或受伤，则雇主应在确认此类事件之后，立即通过电话、传真或任何其他方式向安全检查员报告，并在事故发生之日起 7 天内提交书面报告，说明所造成危险、损坏或受伤的原因、纠正和预防措施，防止再次发生。

（3）根据《工人抚恤金法》，如果雇员遇到危险或生病时，在雇主依法向社会保障局报告相关危险或疾病事件后，雇主还须在 7 天内向安全检查员提交一份报告副本。

上述报告应符合厅长规定的格式，上报给安全检查员之后，应立即采取检查和危险预防措施。

第 5 章 安 全 检 查 员

第 35 条 安全检查员在履行本法规定的职责时，应具有以下权力：
（1）在工作时间或发生事故时进入雇主的企业或办公室；
（2）检查或记录与职业安全、健康和环境工作条件相关的图像和声音；
（3）使用工具测量或检查企业中的机械或设备；
（4）收集任何样品材料或产品，进行安全性分析；
（5）询问事实或调查权力范围内的任何事项，传唤相关人员进行澄清，包括检查或要求提交相关证明文件，并尽快向厅长提出危险预防措施。

第 36 条 如果安全检查员发现雇主、雇员或任何相关人员违反或未能遵守本法或根据本法发布的部级条例，或发现雇员所使用的工作条件、建筑物、场所、机械或设备可能对雇员有危险，则安全检查员应有权命令此类人员停止违反行为，或在 30 天内纠正、改进或进行正确、适当的遵守。如果因必要原因使得无法在 30 天限期内完成操作，则安全检查员可延长该期限（不超过两次），从该期限到期日起每次延长 30 天。

如有必要情况，经厅长或厅长委托的人员许可，在遵守安全检查员命令期间，安全检查员应有权下令停止使用机械或设备、建筑物、房屋或限制并标记可能会对该雇员造成全部或部分严重危险的材料。当雇主已经作出纠正和改进，以便正确符合第一段规定的安全检查员的指令，雇主应通知厅长或厅长委托的人考虑撤销该命令。

第 37 条 如果雇主未能遵守第 36 条规定的安全检查员的指令，且发生了福利与劳动保障厅认为有必要接管作业、可能导致严重危险的事件，则厅长或厅长委托的人员应有权命令安全检查员或指派任何人进行纠正，以符合此类命令。在这方面，雇主应承担实际支付的接管费用。

在厅长或厅长的委托人员执行第一段规定的操作之前，应首先发出书面警告通知，要求雇主在规定期限内遵守安全检查员的命令。警告通知可与安全检查员的命令一起发出。

福利与劳动保障厅在根据第一段的规定进行操作时，应向基金申请补贴，作为预付款用以支付操作，并在收到雇主的付款后向基金偿还。

第38条 厅长有权发出书面命令，扣押、查封和拍卖未能根据第37条支付运营费用的雇主的相关财产。但是，该金额仅适用于实际支付的接管费用。

只有在向雇主发出书面通知，要求雇主在收到警告通知后的至少30天的规定期限内，支付到期款项，且雇主未能在规定期限内支付款项的情况下，才能发出第一段规定的扣押或查封财产的命令。

根据第一段扣押、查封和拍卖财产的标准、方法和条件应符合部长规定的条例。但是，《民事诉讼法》的标准、方法和条件经必要修订之后应适用。

第37条规定需由雇主支付的扣押、查封和拍卖费用应从拍卖这些财产所得的款项中扣除，剩余款项应尽快返还给雇主。安全检查员应通过挂号信发出剩余款项的收讫书面通知。如果雇主未能在通知日期起的五年内索要款项，则该款项应归基金所有。

第39条 在第36条规定的停工或生产过程停止期间，雇主应向工作内容与停工或生产过程停止相关的雇员支付费用，费用金额相当于该雇员应得的工资或任何其他福利，但雇员故意采取任何行动导致停工或生产过程停止的除外。

第40条 如果安全检查员根据第36条第一段规定发出命令，但雇主、雇员或任何相关人员反对该命令的，那么此类人员有权在收到该命令之日起的30天内针对该命令以书面形式向厅长提出上诉。厅长在收到上诉后，应在30天内对上诉作出裁决。厅长的决定应为最终决定。

如果安全检查员根据第36条第二段规定发出命令，但雇主、雇员或任何相关人员反对该命令，那么此类人员有权在收到该命令之日起30天内，针对该命令以书面形式向委员会提出上诉。委员会在收到上诉之后，应在30天内对上诉作出裁决。委员会的决定应为最终决定。

上诉不应解除相关人员遵守安全检查员命令的责任，厅长或委员会（视情况而定）另行发布命令的除外。

第41条 安全检查员在履行其职责时，应有关人员的要求，应出示其指定身份证。

安全检查员的身份证应符合部长规定的格式。

第 42 条 禁止雇主以雇员对本法规定的安全检查员或委员会或法院提出指控、作证或提供职业安全、健康和环境相关信息为由,终止雇员的雇佣关系或重新安排其职务。

第 43 条 如果雇主、雇员或相关人员在规定期限内遵守了安全检查员根据第 36 条发出的命令,则针对雇主、雇员或相关人员提出的刑事诉讼应终止。

第 6 章 职业安全、健康和环境基金

第 44 条 福利与劳动保障厅应设立一个基金,基金名称为"职业安全、健康和环境基金",用作本法规定的职业安全、健康和环境工作的资本支出。

第 45 条 基金应由以下部分构成:

(1) 政府拨付的启动资金;

(2) 根据《工人抚恤金法》,从工人赔偿基金中拨付的年度资金;

(3) 根据本法对违法者惩处所收到的罚款;

(4) 政府支付的补贴;

(5) 捐款或捐赠的财产;

(6) 从基金中获得的收益;

(7) 第 9 条、第 11 条、第 13 条和第 33 条下的执照和注册证书费用;

(8) 基金的资金或财产带来的利益或收益;

(9) 其他收益。

第 46 条 基金提供的资金应用于以下业务:

(1) 经职业安全、健康和环境基金管理委员会批准,用以促进职业安全、健康和环境,以及发展、改进和管理职业安全、健康和环境工作的相关活动;

(2) 协助和资助相关政府部门、协会、基金会、私人组织或提出项目或计划的个人,以便促进和支持职业安全、健康和环境方面的研究、学习和发展;

(3) 支付第 30 条下的基金管理费用;

(4) 每年酌情支持职业安全、健康和环境促进协会的运作;

(5) 向雇主提供贷款,以整改不安全的情况或防止因工作引起事故或

疾病。

（6）第37条规定的操作预付款。

第（1）、（2）、（3）、（4）、（5）、（6）款下的操作均应符合职业安全、健康和环境基金管理委员会规定的标准、方法和条件。此外，用于支付第（1）、（2）和（3）款下运营费用的基金利息和收益不得超过基金年利息或收益的75%。

第47条 根据第45条获得的基金资金和财产不得作为国家收入交给财政部。

第48条 应设立一个"职业安全、健康和环境基金管理委员会"，由福利与劳动保障厅厅长担任主席，财政部的一名代表、社会保障局的一名代表、预算局的一名代表和部长任命的一位合格人员以及雇主方和雇员方分别派出的5名代表组成。

福利与劳动保障厅厅长可以任命一名工作人员担任秘书。

第一段规定的雇主和雇员代表应按照部长规定的标准、方法和条件确定，同时考虑男性和女性的参与。

第49条 第26条、第27条和第28条第一段、第三段和第四段的规定应适用于职业安全、健康和环境基金管理委员会的任职、离职和会议等事宜。第29条经必要修订后适用于职业安全、健康和环境基金管理委员会小组委员会的任命。

第50条 职业安全、健康和环境基金管理委员会拥有以下权力和职责：

（1）监督基金的管理和运作情况；

（2）考虑将基金资金分配用于职业安全、健康和环境运作的供款和补贴、贷款提供、预付款和财政支持等；

（3）经财政部同意，制定基金所属资金的收款、付款和妥善保管以及基金资金收益的获取等规则；

（4）就提供捐款和补贴、申请捐款和补贴、批准预付款、申请预付款、提供贷款和偿还基金等事宜的标准、方法和条件制定相关规则；

（5）履行本法或任何其他法律规定的或部长指派的属于职业安全、健康和环境基金管理委员会的权力和职责的任何其他行动。

第51条 在财政年度结束后的120天内，职业安全、健康和环境基金管理委员会应向泰国审计长公署提交一份资产负债表和基金上一年度的收支报告进行批准和证明，然后提交给委员会。

委员会应将上述资产负债表和收支报告提交给部长，然后由部长提交内阁确认，并在《政府公报》上予以公布。

第7章 职业安全、健康和环境促进协会

第52条 应设立职业安全、健康和环境促进协会，以促进职业安全、健康和环境相关工作。促进协会拥有的权力和职责如下：

（1）促进和解决职业安全、健康和环境相关问题；

（2）制定和支持相关标准的编制，以促进职业安全、健康和环境工作；

（3）经营、促进、支持公共和私营部门的职业安全、健康和环境机构，并与其联合经营；

（4）从个人发展和技术发展角度安排一次关于促进职业安全、健康和环境的调查研究；

（5）法律规定的其他权力和职责。

劳工部应在本法生效后的一年之内，在部长的监督下设置职业安全、健康和环境促进协会。

第8章 处 罚 规 定

第53条 任何雇主如果违反或未能遵守根据第8条发布的部级条例所规定的标准，均将被处以一年以内的监禁或400000铢以下的罚款，或两者并处。

第54条 按照根据第8条第二段发布的部级条例，负责对证明文件或报告进行认证或审查的人员，如在证明或审查文件或报告时填写虚假陈述，将被处以6个月以下的监禁或200000铢以内的罚款，或两者并处。

第55条 提供测量、检查、测试、认证、风险评估、培训或咨询等服务，但未根据第9条进行注册或未根据第11条获得许可的任何人员，应被处以6个月以下的监禁或200000铢以内的罚款，或两者并处。

第56条 任何雇主，如不遵守第13条、第16条或第32条规定的，将被处以6个月以下的监禁或200000铢以内的罚款，或两者并处。

第57条 任何雇主，如不遵守第14条或第34条规定的，将被处以50000铢以下的罚款。

第58条 任何雇主，如未遵守第15条或第17条规定的，将被处以3个月以下的监禁或100000铢以内的罚款，或两者并处。

第59条 任何雇主，如不遵守第18条第一段规定的，将被处以1年以下的监禁或400000铢以内的罚款，或两者并处。

第 60 条　任何雇主，如不遵守第 18 条第二段规定的，将被处以 3 个月以内的监禁或 100000 铢以下的罚款，或两者并处。

第 61 条　任何人无正当理由妨碍雇主履行第 19 条规定的职责，或妨碍安全检查员或第 37 条第一段项下指定的人员履行相关职责的，应处以六个月以内的监禁或 200000 铢以下的罚款，或两者并处。

第 62 条　任何人员，如不遵守第 22 条第一段或第 23 条规定的，将被处以 3 个月以下的监禁或 100000 铢以内的罚款，或两者并处。

第 63 条　任何人未获得第 33 条规定的许可证却担任职业安全、健康和环境专家的，将被处以 6 个月以下的监禁或 200000 铢以内的罚款，或两者并处。

第 64 条　任何人妨碍或未能协助安全检查员履行第 35 条或第 36 条第二段项下的任何职责的，应被处以 6 个月以内的监禁或 200000 铢以下的罚款，或两者并处。

第 65 条　任何人违反或不遵守第 36 条第一段项下安全检查员的命令的，将被处以 6 个月以内的监禁或 200000 铢以下的罚款，或两者并处。

第 66 条　任何人在遵守第 36 条第二段项下的安全检查员命令期间，如违反规定或采取任何行动恢复已被安全检查员下令停止的作业或重新启用由安全检查员限制和盖章的材料的，应处以两年以内的监禁或 800000 铢以下的罚款，或两者并处，并处以每天不超过 5000 铢的额外罚款，直至命令得到遵守为止。

第 67 条　任何雇主如不遵守第 39 条规定的，将被处以每次不超过 50000 铢的罚款。

第 68 条　任何雇主如违反第 42 条规定的，将被处以 6 个月以下的监禁或 200000 铢以内的罚款，或两者并处。

第 69 条　如果违法者是一名法人，因任何人之命令或行为，或忽视命令，或疏于执行董事或负责实施该法人业务之人之职责，致违法者违法的，应按照违反规定进行处罚。

第 70 条　任何人披露其因履行本法而获得或确定与雇主业务有关的任何事实，而该事实通常是雇主要保密的，应处以 1 个月以下的监禁或 40000 铢以内的罚款，或两者并处；但为了正式履行本法，或为了劳动保护、劳动关系或案件调查或审议的利益而披露的除外。

第 71 条　对于根据该法可处以 1 年以内监禁或 400000 铢以下罚款的所有违法行为，如果下列官员认为违法者不应受到监禁处罚或在法庭上被起诉，则这些官员有权解决以下问题：

（1）厅长或厅长委托的人员：针对曼谷大都会地区发生的违法行为；

（2）省长或省长委托的人员：针对发生在各省的违法行为。

如果进行调查，调查员发现有人违法犯罪，而调查员有权根据第一段规定解决此问题且违法者同意解决结果的，则调查员应在该人同意解决之日起7天内向厅长或省长（视情况而定）提出此案。

如果违法者在30天内按照确定金额缴纳罚款，则该案件应根据《刑事诉讼法》被视为终止。

如果违法者拒绝和解，或者同意但未在第三段规定的期限内缴纳罚款的，应当进一步处理。

第72条 对于第66条所列的违法行为，如果案件处理委员会认为该违法者不应受到监禁处罚或在法庭上被起诉，则该官员应有权处理该案件，第71条第二段、第三段和第四段经必要修订后应适用。案件处理委员会由厅长、泰国皇家警察总署的总长或一名代表和检查总长或一名代表构成。

暂行规定

第73条 在初始阶段，在本法生效之日任职的佛历2541年（公元1998年）《劳动保护法》下的职业安全、健康和环境委员会应继续根据本法履行委员会职责，直到本法下的委员会被任命为止，任命日期不得超过本法生效之日起180天。

第74条 在部级条例、通知和本法执行规则尚未发布期间，根据佛历2541年（公元1998年）《劳动保护法》第8章规定发布的部级条例经必要修订后适用。

备注：

颁布本法的原因

目前，各种技术、工具、机械、设备、化学品和危险化学品被投入到生产过程、建设和服务中使用，但相关知识和理解却没有与这些用途并行发展。因此，它们影响了职业安全、健康和环境方面的劳动力。而且，工作危险甚至受伤、残疾或死亡以及职业病的趋势变得更高、更加严重。此外，泰国佛历2541年（公元1998年）《劳动保护法》中的大多数原则是关于一般劳动保护问题，范围有限，不能用来规定有效管理安全工作的机制和措施。因此，为了对职业安全、健康和环境的控制、监督和管理问题规定相应的适当措施，进而保护和保存人力资源这项国家重要劳动力，需要专门针对职业安全、健康和环境制定一部法律，因此颁布了本法。

收费标准

（1）提供职业安全、健康和环境相关服务的许可证每本 20000 铢。

（2）职业安全、健康和环境专家执照每本 5000 铢。

（3）第 9 节和第 13 节下的人员注册证书每本 5000 铢。

（4）许可证替代物每份 500 铢。

（5）注册证书替代物每份 500 铢。

（6）执照或注册证书更新每次费用相当于办理执照或证书需支付的费用。

第三部分 亚太国家

2015 年越南《职业安全与健康法》

依照《越南社会主义共和国宪法》
国会特此颁布《职业安全与健康法》

第一章 总 则

第 1 条 调整范围

本法规定了保证职业安全与健康（OSH）的措施、政策以及对职业事故和职业病受害者的赔偿；单位和个人在职业安全与健康及其管理方面的责任及权利。

第 2 条 适用对象

1. 按照劳动合同工作的劳动者、试用期劳动者、学徒和实习人员。
2. 干部、公务员、公职人员、人民武装力量人员。
3. 未签订劳动合同的工作人员。
4. 按照劳动合同赴国外工作的越南籍劳动者；在越南工作的外籍劳动者。
5. 雇主。
6. 与职业安全与健康有关的机构、组织和个人。

本条第1、2、3、4款中规定的主体，以下简称为劳动者。

第 3 条 术语解释

本法中的术语作如下解释：

1. 生产或经营企业是指开展生产活动或商业活动的企业、合作社、个体户或单位。
2. 职业安全是指为了确保人们在劳动过程中避免伤亡，而采取的用于预防及消除有害因素的措施。
3. 职业健康是指在劳动过程中，为了预防和消除可能导致疾病或影响人体健康的有毒因素而采取的措施。
4. 有害因素是指在劳动过程中，可能会造成不安全状况、人员伤亡的因素。

5. 有毒因素是指在劳动过程中，会给劳动者带来疾病及损害人体健康的因素。

6. 导致职业安全与健康事故的技术事件是指因机械、设备、材料、物资受损程度超过规定的技术安全准许值，在劳动过程中造成损失或可能会危及劳动者的生命安全或使财产和环境受损的因素。

7. 导致职业安全与健康事故的严重技术事件指的是能够导致重大职业安全与健康事故发生的技术事件，事件涉及面广，超出生产经营企业、机关、单位、地方的控制能力范围。

8. 职业事故是指在劳动过程中以及执行分配工作和任务过程中，造成身体任何部位、功能受伤或导致劳动者死亡的事故。

9. 职业病是指劳动者在有害的条件下工作所引发的疾病。

10. 环境监测是指对工作场所工作环境中元素的数据收集、分析和评估，以便制定能够最大限度地减少对健康的危害、预防和消除职业病的措施。

第 4 条 国家职业安全与健康政策

1. 为雇主、劳动者、机关、单位和相关个人创造良好条件，采取措施保证劳动过程中的职业安全与健康；鼓励雇主和劳动者在劳动过程中应用技术标准、先进和现代的管理体系、高科技和先进的环保技术。

2. 加大职业安全与健康的科研与应用的投入；支持符合国家职业安全与健康标准的实验室建设。

3. 对存在职业事故和职业病风险的部门和领域提供支持；鼓励单位在劳动过程中制定、发布和应用先进和现代的职业安全与健康技术标准。

4. 支持为没有签订劳动合同并且从事具有严格职业安全与健康要求的岗位的劳动者提供职业安全与健康培训。

5. 增加自愿参加工伤保险人数；制定灵活的薪酬机制，最大限度地减少劳动者面临的风险。

第 5 条 保障职业安全与健康的原则

1. 保证劳动者享有安全与健康的工作条件。

2. 保证落实劳动过程中的职业安全与健康保护措施；优先考虑能够预防、排除和控制劳动过程中有毒有害因素的措施。

3. 与工会、雇主代表单位、各级职业安全与健康理事会协商制定实施职业安全与健康政策、法规和方案。

第 6 条 劳动者的职业安全与健康权利和义务

1. 签订了劳动合同的劳动者享有以下权利:

(a) 劳动条件公平、安全,能保证职业安全与健康;要求雇主保证在劳动过程和工作场所中的享有安全与健康工作条件;

(b) 充分了解工作场所中存在的有害有毒因素以及预防措施的信息;接受职业安全与健康培训;

(c) 享受劳保制度、卫生保健、职业病检测权益;雇主为其缴纳职业事故和职业病保险费;如遭遇职业事故或患职业病,可获得全额赔偿;支付职业事故和职业病造成的伤害或疾病的医疗鉴定费用;积极开展医疗鉴定,认定工作能力下降的程度,并在医疗鉴定结果显示他们有资格获得职业事故或职业病增加津贴的情况下,由雇主为其支付鉴定费用;

(d) 职业事故或职业病处理完成后,要求雇主安排适当的工作岗位;

(dd) 当清楚地意识到出现严重威胁生命或健康的职业事故风险时,拒绝接受工作或离开工作场所,但可获得全额报酬,而不视为违反工作原则,但必须立即通知直属主管解决;只有当直属主管和职业安全与健康主管解决了已确定的风险以保证职业安全与健康时,才继续工作;

(e) 依法投诉、检举或诉讼。

2. 签订了劳动合同的劳动者具有以下义务:

(a) 遵守工作场所的职业安全与健康条例、程序和措施;遵守就业合同或集体劳动协议中提到的职业安全与健康承诺;

(b) 在工作场所使用和维护所提供的个人防护装备和其他职业安全与健康工具;

(c) 及时向负责人报告任何可能导致职业安全与健康事故、职业事故或职业病的风险;按照事件解决和应急救援预案的规定,或根据雇主或国家主管部门的要求,积极提供急救并处理事件、职业事故的后果。

3. 未签订劳动合同的劳动者享有以下权利:

(a) 在安全与健康条件下工作;在国家、社会和家庭的支持下,在安全与健康环境中工作;

(b) 提供职业安全与健康信息,并开展宣传和教育;对于具有严格的职业安全与健康要求的工作岗位,劳动者需接受职业安全与健康培训;

(c) 参保政府规定的自愿职业事故和职业病保险并获益;

根据每一时期的社会经济发展状况和国家预算,政府应说明对自愿支付职业事故和职业病保险费的具体支持措施;

(d) 依法提出投诉、检举或诉讼。

4. 未签订劳动合同的劳动者具有以下义务：

（a）对自己的职业安全与健康负责；

（b）确保劳动过程中相关人员的职业安全与健康；

（c）及时告知地方当局不安全行为，以便及时预防和解决。

5. 除其他法律规范性文件另有规定外，干部、公务员、公职人员、人民武装力量人员在职业安全与健康方面享有本条第1款和第2款规定的劳动者权利和义务。

6. 为雇主工作的学徒和实习生享有职业安全与健康权利和义务，此等权利和义务与本条第1款和第2款规定的劳动者权利和义务相同。

7. 在越南工作的外籍劳动者享有职业安全与健康权利和义务，此等权利和义务与本条第1款和第2款规定的劳动者权利和义务相同；关于外籍劳动者参保职业事故和职业病保险的问题，将按照政府条例进行。

第7条 雇主的职业安全与健康权利及义务

1. 雇主享有以下权利：

（a）要求劳动者遵守工作场所的职业安全与健康条例、程序和措施；

（b）对遵守职业安全与健康纪律的劳动者给予奖励，对违反职业安全与健康纪律的员工给予处罚；

（c）依法提出投诉、检举或诉讼；

（d）动员劳动者参与紧急情况下的急救，并处理事故和职业事故的后果。

2. 雇主具有以下义务：

（a）制定、实施及主动配合各机关单位，保证劳动者和相关人员在自己管理的工作场所的职业安全与健康措施到位；为劳动者缴纳职业事故和职业病保险费；

（b）提供有关职业安全与健康条例、规则、程序和措施的培训与指导；充分提供职业设备和工具，以确保职业安全与健康；提供卫生保健及职业病体检；为职业事故和职业病受害者提供全额赔偿；

（c）存在可能严重威胁劳动者生命或健康的职业事故风险时，不要求劳动者继续工作或返回工作场所；

（d）指派工作人员监督检查法定的工作场所职业安全与健康条例、程序和措施的实施情况；

（dd）指派部门或人员负责职业安全与健康工作；配合企业工会执行委员会组建职业安全与健康代表联络网；职业安全与健康权责分工明确；

（e）通报、调查、盘点和报告职业事故、职业病和导致严重职业安全与健康事故的技术事件；编制有关职业安全与健康实施情况的统计数据与报告；执行职业安全与健康检查员的检查结果；

（f）咨询企业工会执行委员会的意见后，制定职业安全与健康规划、内容、程序和措施。

第8条 越南祖国阵线及其成员单位和其他社会单位的权利与责任

1. 越南祖国阵线及其成员单位和其他社会组织、社会专业机构负责在各自权责范围内：

（a）配合相关部门组织职业安全与健康宣传、教育及培训；发展职业安全与健康服务；

（b）在制定法律规定的职业安全与健康机制、政策和立法过程中提供意见、监督和批判性反馈；

（c）连同国家主管部门，提出改善工作条件和预防职业事故和职业病的解决方案；开展科学研究；

（d）鼓励各自的成员参与职业安全与健康活动；

（cd）发现违反职业安全与健康条例的行为上报国家主管机关，以便及时处理。

2. 雇主的代表单位负责实施本条第1款规定的权利和责任；加入本法第88条规定的职业安全与健康委员会；鼓励雇主组织工作场所的对话、集体协商、集体劳动协议，并采取措施改善工作条件，以确保工作场所的职业安全与健康。

第9条 工会的职业安全与健康权利和责任

1. 同国家机关一起制定职业安全与健康政策和立法；在制定、修订和补充与劳动者职业安全与健康权利和义务有关的政策和立法时，向国家主管机关提出建议。

2. 参与及配合国家机关检查、监测和监督与劳动者权利和义务有关的职业安全与健康政策和立法的实施情况；参与制定、指导和监督职业安全与健康规定、条例和措施的实施，以改善劳动者在工作场所的工作条件；参与法律规定的职业事故调查。

3. 要求相关部门、单位、企业和个人及时采取措施确保职业安全与健康，实施整改措施，包括在劳动过程中发现工作场所存在可能危害人体健康和生命的有毒有害因素时停止作业。

4. 鼓励劳动者遵守条例、规则、程序和措施，以确保职业安全与健康。

5. 当劳动者集体的职业安全与健康权利受到侵犯时,代表劳动者集体提起诉讼;当劳动者的职业安全与健康权利受到侵犯时,代表劳动者提起诉讼。

6. 学习和应用科学技术,组织开展职业安全与健康培训;为劳动者提出改善工作条件和预防职业事故和职业病的解决方案。

7. 配合国家机关组织职业安全与健康竞赛;组织动员公众参与职业安全与健康活动;组织指导职业安全与健康代表联络网的运行。

8. 按照越南劳动总联合会指示,为职业安全与健康活动或运动颁发奖励。

第 10 条 企业工会的职业安全与健康权利和责任

1. 配合雇主,监督职业安全与健康计划、条例、规则、程序和措施的实施情况,以及改善工作条件的计划、条例、规则、程序和措施的实施情况。

2. 代表劳动者谈判、签署和监督集体劳动协议中职业安全与健康规定的实施情况;当劳动者的合法权益受到侵犯时,帮助劳动者进行投诉和诉讼。

3. 与雇主对话,解决有关劳动者和雇主之间的职业安全与健康权利义务的问题。

4. 配合雇主,监督检查职业安全与健康活动;监督并要求雇主遵守职业安全与健康条例;配合雇主调查职业事故,监督为职业事故和职业病受害者提供补偿、职业培训和工作岗位调整的情况。

5. 要求雇主、主管机关和单位实施职业安全与健康措施,处理导致职业安全与健康事故的技术事件、职业事故的后果,处理违反职业安全与健康的行为。

6. 传达、鼓励劳动者和雇主遵守工作场所的职业安全与健康法规、标准、条例、流程和措施;配合雇主,为工会工作人员和劳动者组织职业安全与健康培训。

7. 在发现可能对劳动者健康和生命有害的风险时,要求负责人采取职业安全与健康措施,必要时可暂停相关企业运行。

8. 担任本法第 35 条第 1 款规定的企业职业事故调查组成员;参与及配合雇主救援,整改导致职业安全与健康事故的技术事件。如果雇主不履行本法第 34 条规定的通知义务,则由工会负责通知本法第 35 条规定的国家主管部门开展调查。

9. 配合雇主，组织公众参与职业安全与健康活动的竞赛和运动，发展工作场所的安全工作文化；管理及指导职业安全与健康代表联络网的运行。

10. 在没有工会的生产经营企业中，如果此类企业劳动者提出要求，上级工会应直接指导企业履行本条规定的权利和责任。

第 11 条 越南农民协会的权利和责任

1. 连同国家机关，制定农民职业安全与健康政策和法规；在制定、修订和补充与农民职业安全与健康权利和义务有关的政策和立法时，向国家主管机关提出建议。

2. 参与配合国家机关检查、监测和监督有关农民权利和义务的职业安全与健康政策的实施情况；参与调查农民发生的职业事故。

3. 参加针对农民的职业安全与健康宣传和培训活动。

4. 配合国家机关改善工作条件，预防农民职业事故和职业病。

5. 鼓励农民依法参与农民职业安全与健康运动。

第 12 条 职业安全与健康工作中禁止的行为

1. 职业事故和职业病的瞒报和错报；不落实职业安全与健康措施，造成或可能造成人员、财产和环境损害；当存在严重威胁健康和生命的职业事故风险时，仍要求劳动者工作或不离开工作场所，或在此类风险尚未解决时要求他们继续工作。

2. 不缴或晚缴职业事故与疾病保险费；不拨或晚拨职业事故和职业病保险费及福利；制造有关职业事故和职业病保险的欺诈案和假档案；不向劳动者支付职业事故和事故保险福利；违法滥用职业事故和职业病保险基金；非法访问及利用职业事故和职业病保险数据库。

3. 使用未经过鉴定，未达到规定标准，源头、来源不明，过期、质量不达标且可能造成环境污染的机械、设备和材料，此类机械、设备和材料应严格符合职业安全与健康的要求。

4. 在安全评估、职业安全与健康培训、工作环境监测、遇到职业事故和职业病时，在确定工作能力下降程度的医疗鉴定等方面存在欺诈行为；为劳动者和雇主的法定职业安全与健康权利和福利制造障碍、困难或损害。

5. 在职业安全与健康中区分性别对待；由于存在严重威胁劳动者生命或健康的职业事故风险，劳动者拒绝工作或离开工作场所时歧视对待；对职业安全与健康管理人员、职业安全与健康代表、卫生人员在工作场所的职业安全与健康表现歧视对待。

6. 在具有严格职业安全与健康要求的工作岗位中，聘用未接受职业安全与健康培训的劳动者。

7. 以现金支付代替实物补助。

第二章　针对劳动者有毒有害因素的防控措施

第1节　职业安全与健康信息、宣传、教育及培训

第13条　有关职业安全与健康的信息、宣传和教育

1. 雇主必须向劳动者提供关于职业安全与健康、有毒有害因素和工作场所职业安全与健康措施的信息，并进行宣传和教育；对来访者及其企业的劳动者提供有关职业安全与健康的指导。

2. 针对劳动过程中会给用户造成不安全状况货物和产品，制造商必须提供有关货物和产品的职业安全与健康措施信息。

3. 各机关、单位和家庭负责向各自的劳动者传达和宣传职业安全与健康知识技能；宣传和倡导消除劳动过程中对劳动者健康和社区有害和危险的落后做法及不安全习惯。

根据地方具体情况，针对在地方工作的未签订劳动合同的劳动者，各级人民委员会每年负责提供职业安全与健康的信息，并开展宣传和教育。

4. 大众媒体负责提供信息、传达及宣传职业安全与健康政策、立法和知识，将职业事故和职业病预防的信息整合到其他宣传方案与活动中。

第14条　职业安全与健康培训

1. 生产经营企业的职业安全与健康管理负责人、职业安全与健康管理人员、卫生人员和职业安全与健康代表必须参加职业安全与健康培训，经职业安全与健康培训机构组织的考试合格后，取得机构颁发的证书。

职业安全与健康政策、法规或职业安全与健康科学技术出现变更时，必须更新知识和技能。

2. 如岗位具有严格职业安全与健康要求的，雇主必须对该岗位劳动者组织培训，在提供安全卡后才安排劳动者上岗。

国家具有相应政策，可对参加本条所述培训的劳动者补贴学费。补贴由政府根据每个时期的社会经济发展状况决定。

3. 对于具有严格职业安全与健康要求的工作岗位，未签订劳动合同的劳动者在上岗前必须接受职业安全与健康培训，并获发安全卡。

4. 雇主自行组织职业安全与健康培训，并负责本条第1、2、3款未规定的劳动者、受训人员、学徒和正式招聘或试用期劳动者的职业安全与健康

培训质量；提供定期复训，以便充分掌握必要的知识技能，确保劳动过程中的职业安全与健康以及与工作岗位相关的职业安全与健康。

5. 本条规定的职业安全与健康培训应当符合各专业、工作岗位、企业数量的特点和性质，不得给生产经营活动造成阻碍。根据生产经营企业的具体情况，雇主应决定组织单独的职业安全与健康培训或职业安全与健康、防火、消防或专门法律规定的综合培训。

6. 劳动、荣军和社会事务部部长应先与相关部门协商，然后公布有严格职业安全与健康要求的工作岗位清单。

7. 根据《投资法》和本法，职业安全与健康培训机构应包括公共非营利机构和职业安全与健康培训服务提供者。

企业自行组织本条第1、2、3款规定项目的职业安全与健康培训，必须符合职业安全与健康培训机构的条件。

8. 政府应详细说明确定基础设施、技术、职业安全与健康培训师标准的主管部门，以及本条第7款中规定的职业安全与健康培训机构的经营许可证颁发、审核、续期或收回的命令、程序；职业安全与健康培训和自我培训。

第2节 保证工作场所职业安全与健康的条例、程序和措施

第15条 保证职业安全与健康的条例和程序

雇主应根据国家职业安全与健康立法标准、条例、地方职业安全与健康技术条例及其生产和工作条件，制定、发布和组织实施保证职业安全与健康的条例和规程。

第16条 雇主保障工作场所职业安全与健康的责任

1. 保证工作场所满足对于空间、通风、尘土、蒸汽、有毒气体、辐射、电磁场、热、湿气、噪声、振动、微生物等其他危险和有毒因素等的相关技术条例要求；定期检查测定上述因素；按照卫生部长的规定，确保工作场所配备足够的适用的淋浴室和厕所。

2. 保证在工作场所使用、操作、维护和保养的机械、设备、用品符合国家职业安全与健康技术条例，符合已颁布和实施的职业安全与健康技术标准，符合工作场所的职业安全与健康规程。

3. 当劳动者从事存在有毒有害因素的工作时，应为其提供足够的个人防护装备；在工作场所配备职业安全与健康设施。

4. 每年或在必要时，检查鉴定工作场所的有毒有害因素，以便实施技

术和工艺措施，排除及最大限度地减少这些因素；改善工作条件；关心劳动者的健康。

5. 定期检查维护机械、设备、用品、物资、车间、仓库。

6. 对于具有严格职业安全与健康要求的机械、设备、用品和物质，其在工作场所的储存、保存和使用区域，必须有明显可见的职业安全与健康警告和指示牌，同时采用越南语和当地劳动者通用语言书写。

7. 向劳动者提供有关职业安全与健康条例、规则、程序、措施的信息，进行宣传开展培训，以防控工作场所与劳动者工作相关的有毒有害因素。

8. 制定、发布工作场所的事件解决和应急救援计划；处理事件，提供应急救援，组建救援力量，在发现风险或发生导致雇主无法控制的工作场所职业事故和/或导致职业安全与健康事故的技术事件时，及时上报负责人。

第 17 条 劳动者保证工作场所职业安全与健康的责任

1. 遵守国家主管机关或雇主发布的与劳动者工作相关的职业安全与健康条例、规则、程序和要求。

2. 遵守法规，掌握保证工作场所职业安全与健康措施的知识技能；在执行分配的工作或职责时，使用和维护工作场所提供的个人防护装备和职业安全与健康设施。

3. 使用具有严格职业安全与健康要求的机械、设备、用品和物料前，须参加职业安全与健康培训。

4. 预防职业安全与健康事故、违反工作场所职业安全与健康条例的直接风险；发现职业事故、事件风险或职业病风险时，及时上报负责人；根据应急救援计划或应国家主管机关或雇主的要求，主动参与救援、处理事件和职业事故。

第 18 条 工作场所的有毒有害因素控制

1. 雇主必须评估和控制工作场所的有毒有害因素，以便制定职业安全与健康技术措施，关心劳动者健康；对有毒或污染元素的区域净化灭菌。

2. 关于卫生部长规定的限制接触以最大限度地减少其对劳动者健康危害的有毒因素，雇主必须提供工作环境监测，至少每年评估一次有毒因素。实施工作环境监测的单位必须满足基础设施、设备和人力要求。

3. 雇主必须根据技术要求定期管控有害因素，以确保工作场所的职业安全与健康，并根据法律规定每年至少组织一次有害因素检查及评估。

4. 得出工作环境有毒有害因素的监测、检查和评估结果后，雇主必须：

（a）公开告知区域内工作的劳动者，在工作区域内实施工作环境监测与有害因素检查、评估和管理；

（b）应工会、主管机关和机构的要求，提供相关信息；

（c）采取措施解决和控制工作场所的有毒有害因素，以确保职业安全与健康，为劳动者提供卫生保健。

5. 政府应根据《投资法》和《企业法》，详细说明工作场所的有害因素、有毒因素控制情况以及工作环境监测实施状况。

第 19 条 解决导致严重职业安全与健康事故的技术事件的措施，提供应急救援

1. 雇主必须制定计划，解决造成严重职业安全与健康事故的技术事件，提供应急救援，并依法定期组织演练；提供技术和医疗设施，以保证在发生导致严重职业安全与健康事故和职业事故的技术事件时，能够迅速开展救援与急救。

2. 解决造成严重职业安全与健康事故的技术事件和提供应急救援的责任。

（a）对于可能造成职业事故、造成严重职业安全与健康事故的技术事件，雇主必须立即下令及时停止机械、设备运行、用品、物料使用和工作场所的活动；如果未消除严重威胁劳动者生命或健康的职业事故风险，则不得强迫劳动者继续工作或返回工作场所；根据造成严重职业安全与健康事故的技术事件解决方案，实施整改等措施，提供应急救援以拯救人员、挽救财产，保护劳动者和工作场所附近人员、财产和环境；及时通知事故或应急救援发生地的有关部门；

（b）在生产经营企业发生造成严重职业安全与健康事故的技术事件时，事故发生地企业雇主和当局应负责迅速调动人力、物力和手段，按照专门法律的规定及时应对事件；

（c）发生与各种生产经营企业和或地方有关的、造成严重职业安全与健康事故的技术事件时，事件发生地的企业的雇主应负责处理事件，并按照法律的规定上报直属管理层。

如果事件超出了生产经营企业和或地方的响应能力范围，必须立即上报直属管理层，以便及时动员其他生产经营企业和地区来支持响应。动员的生产经营企业和地方必须在各自的能力和权力范围内合作，提供紧急支持。

3. 政府应详细说明本条款。

第 20 条 改善工作条件，发展安全工作文化

1. 雇主必须定期配合企业的工会执行委员会，让劳动者参与改善工作

条件及发展工作场所安全文化的活动中。

2. 鼓励雇主在生产经营活动中采用技术标准、先进的管理体系，高科技和环保技术，以改善工作条件，确保劳动者的职业安全与健康。

第3节 劳动者的劳动保护和卫生保健

第21条 劳动者体检和职业病治疗

1. 雇主必须每年至少为劳动者提供一次体检；对于从事重作业、有害有毒作业，或极重作业、有毒有害作业的职业的劳动者、失能劳动者、未成年劳动者、老年劳动者，必须至少每六个月做一次体检。

2. 在提供本条第1款规定的体检时，必须为女性劳动者提供妇科体检，在有职业病致病因素的环境中工作者，必须为其提供职业病医学检查。

3. 雇主在给劳动者分配工作岗位之前，在劳动者换岗至更重、更有害、更有毒的工作岗位之前，或在劳动者接受职业事故和职业病治疗返岗之后，必须为他们组织体检。医疗鉴定委员会已评估其工作能力下降程度的情况除外。

4. 雇主必须安排符合技术要求和标准的卫生设施，为劳动者提供体检和职业病检查。

5. 雇主必须将被诊断为患有职业病的劳动者送至符合技术标准的卫生设施处，按照卫生部部长规定的治疗方案进行治疗。

6. 本条第1、2、3、5款规定的雇主为劳动者支付的体检、职业病医学检查、职业病治疗等费用，应当在依照《企业所得税法》确定应纳税所得额时，计为可抵扣费用，并计为行政机关和无劳务活动非营业单位的经常性支出业务。

第22条 重作业、有毒有害作业或职业

1. 重作业、有毒有害作业或职业和极重作业、有毒有害作业或职业，根据每个作业和职业的特点和工作条件进行分类。

2. 劳动、荣军和社会事务部部长应在咨询卫生部后，发布重作业、有毒有害作业和极重作业清单；严格按工作条件对劳动者进行分类。

3. 雇主应依法为从事重作业、有毒有害作业和极重作业、有毒有害作业或职业的劳动者充分实施劳动保护和卫生保健条例。

第23条 工作时的个人防护装备

1. 雇主应为工作会接触有毒有害因素的劳动者提供充足的个人防护装备，劳动者在劳动过程中应使用这些设备。

2. 雇主应当采取技术、工艺措施，采用设备，排除或最大限度地减少有毒有害因素，改善劳动条件。

3. 雇主在提供个人防护装备时，应遵守以下原则：

（a）按照国家技术标准和条例，确保个人防护装备的类型、使用人、数量和质量；

（b）不能以现金发放方式来代替个人防护装备；不要求劳动者自行购买个人防护装备或向劳动者收取购买个人防护装备的费用；

（c）指导和监督劳动者使用个人防护装备的情况；

（d）组织实施解毒、消毒和放射性灭菌，以确保在有中毒、感染和放射性污染风险地区使用卫生的个人防护装备。

4. 劳动、荣军和社会事务部部长规定提供个人防护装备的条例。

第 24 条 实物补助

1. 劳动者在工作中会接触有毒有害因素，雇主应以实物补助。

2. 提供实物补助须遵循如下原则

（a）有助于增强身体抵抗力和解毒；

（b）确保食品安全卫生、便捷；

（c）除了雇主不能向工作场所所有符合条件的劳动者提供实物补助的特殊情况之外，须在工作班次和工作日落实。

3. 劳动、荣军和社会事务部部长应制定提供实物补助的规定。

第 25 条 有毒有害因素工作条件下的工作时间

1. 雇主应确保将劳动者接触有毒有害因素的时间限制在相关国家技术条例和法规规定的安全限度内。

2. 从事重作业、有毒有害作业的劳动者的工作时间应符合劳动法规定。

第 26 条 调养康复

鼓励雇主每年为从事重作业、有毒有害作业或职业和极重作业，有害作业和有毒作业或职业的劳动者以及健康状况不佳的劳动者组织调养康复活动。

第 27 条 劳动者健康管理

1. 雇主必须根据为每项工作岗位或职业规定的健康标准和体检结果，给劳动者分配工作岗位。

2. 雇主负责建立和管理劳动者的职业健康记录、职业病受害者的健康记录；向劳动者通报体检和职业病医学检查结果；每年向主管卫生管理机关报告劳动者的健康状况。

第 4 节　具有严格职业安全与健康要求的机械、设备、用品和物质的管理

第 28 条　具有严格职业安全与健康要求的机械、设备、用品和物质

1. 具有严格职业安全与健康要求的机械、设备、用品和物质，是指在生产和劳动过程中，即便按照制造商的指示，进行适当的运输、储存、保存和使用，仍有可能引发职业事故和对人体健康和生命造成严重后果的物质。

2. 劳动、荣军和社会事务部部长应根据本法第 33 条规定，发布具有严格职业安全与健康要求的机械、设备、用品和物质清单。

第 29 条　建造、扩建或翻新用于生产、使用、保存和储存具有严格职业安全与健康要求的机械、设备、用品和物质的工程、基础设施时，需制定职业安全与健康方案

1. 投资者和雇主提交供主管机构批准的档案，即为机械、设备、用品和物质的生产、使用、保存和储存服务的工程和基础设施的建造、扩建或翻新等必须符合严格的职业安全与健康要求，必须包括工作场所和环境的职业安全与健康方案。

2. 职业安全与健康方案必须包含以下内容：

（a）基础设施和工程的位置与规模；

（b）基础设施和工程项目清单及描述；

（c）有毒有害因素的清单及描述；解决导致严重职业安全与健康事故的技术事件的措施，应急救援；

（d）最大限度地减少和消除有毒有害因素的措施；事件处理和应急救援计划。

第 30 条　使用符合严格职业安全与健康要求的机械、设备、用品和物质

1. 除有专门法律规定外，其他具有严格职业安全与健康要求的机械、设备和用品必须来源明确，在有效期内、质量良好，并按照本法第 31 条第 1 款的规定进行鉴定。

2. 除有专门法律规定外，其他具有严格职业安全与健康要求的机械、设备、用品和物质在使用、停止和报废时，单位和个人必须通知各省和中央直辖市（以下简称省级）人民委员会下属的专门机关，此类机构按照本法第 33 条第 1 款和第 2 款规定的权限使用此类产品。

3. 在有严格职业安全与健康要求的机械、设备和用品的运行或使用过

程中，单位和个人有责任定期检查和维护，并根据相关技术条例建立和归档技术安全记录。

具有严格职业安全与健康要求的物质，在使用时必须符合化学法规和专门法律。

第 31 条 具有严格职业安全要求的机械、设备和用品鉴定

1. 有严格职业安全要求的机械、设备和用品使用前必须进行鉴定，在使用过程中，由职业安全鉴定机构定期检查。

2. 鉴定具有严格职业安全要求的机械、设备和用品时，必须做到准确、公开、透明。

3. 政府应详细说明确立基础设施、技术、秩序、程序和档案要求的主管当局，以颁发、审核、延期或收回鉴定机构颁发的经营许可证；鉴定人员满足服务用户鉴定需求的标准；对具有严格职业安全要求的机械、设备和物品进行鉴定。

第 32 条 职业安全鉴定机构的权利及义务

1. 职业安全鉴定机构应包括公共非盈利部门和职业安全鉴定服务商。

2. 职业安全鉴定机构享有的权利如下：

（a）根据服务合同开展鉴定活动；

（b）如果不符合机械、设备和用品鉴定所需的安全条件，则拒绝提供鉴定服务；

（c）申诉、投诉、检举阻碍鉴定活动的行为；

（d）要求被鉴定的单位和个人提供所需资料和信息。

3. 职业安全鉴定机构的义务如下：

（a）在鉴定服务经营许可证规定的范围内提供鉴定服务；

（b）按照鉴定流程实施鉴定；

（c）对鉴定结果承担责任，依法赔偿因鉴定活动造成的损失；发现错误时，撤销已发布的鉴定结果；

（d）每年向本法第 33 条第 1 款和第 2 款规定的专门管理机关和国家劳动部门上报依法开展的鉴定活动；

（dd）归档鉴定记录。

第 33 条 各部委对具有严格职业安全与健康要求的机械、设备、材料、用品和物质的责任

1. 各部委对具有严格职业安全与健康要求的机械、设备、材料、用品和物质的责任如下：

（a）卫生部负责具有严格职业安全与健康要求的机械、设备、材料、用品和物质的管理，具体包括涉及食品、药品、疫苗、医用品、化妆品、生产药品的材料、人体用药品、家用化学品、杀虫剂和消毒剂、医疗设备等的机械、设备、材料、用品和物质；

（b）农业与农村发展部负责具有严格职业安全与健康要求的机械、设备、材料、用品和物质的管理，具体包括涉及作物、牲畜、肥料、饲养者、杀虫剂、兽药、农业、林业、盐生产、渔业中使用的生物产品、灌溉工程、堤坝的机械、设备、材料、用品和物质；

（c）交通运输部负责具有严格职业安全与健康要求的机械、设备、材料、用品和物质的管理，具体包括涉及运输工具、装卸设备和设施、运输服务、海洋勘探开采设备和设施、交通基础设施等的机械、设备、材料、用品和物质；

（d）工贸部负责具有严格职业安全与健康要求的机械、设备、材料、用品和物质的管理，具体包括涉及压力设备、工业起重设备、化学品、工业炸药、采矿设施、石油和天然气等的机械、设备、材料、用品和物质，但海洋勘探开采设备和设施除外；

（dd）建设部负责具有严格职业安全与健康要求的施工用机械、设备、材料、用品和物质的管理；

（e）科技部负责核反应堆、核材料、源核材料、放射性材料、辐射设备的管理；

（f）通信信息部负责广播电视使用的机械和设备的管理；

（g）国防部负责国防和国防工程用军事手段和装备、武器、弹药、材料和产品的管理；

（h）除本条款第（h）项另有规定外，公安部负责消防设备、技术设备、武器、弹药、材料、辅助工具的管理；

（i）劳动、荣军和社会事务部负责具有严格职业安全与健康要求的劳动者个人防护装备、机械、设备、材料、用品和物质的管理，这些个人防护装备、机械、设备、材料、用品和物质未在本款第（a）、（b）、（c）、（d）、（dd）、（e）、（f）、（g）、（h）、（i）项中列出。

2. 根据社会经济发展状况和管理要求，劳动、荣军和社会事务部应负责配合相关部委和部门，向政府提交新机械设备、用品和物质的管理机构和部门。这些新机械设备、用品和物质属于本条第1款规定的严格职业安全与健康要求的机械、设备、用品和物质，涉及多个部委或部门管理，但本条第

1款的没有明确规定由哪些部委或部门管理。

3. 根据本条第1款和第2款规定的具有严格职业安全与健康要求的机械、设备、用品和物质的管理权,以及本法第28条第2款规定的具有严格职业安全与健康要求的机械、设备、用品和物质清单,各部委应:

(a) 制定其管理的具有严格职业安全与健康要求的机械、设备、用品和物质的详细清单,将清单发送给劳动、荣军和社会事务部予以发布;

(b) 咨询劳动、荣军和社会事务部后,发布对其管理下具有严格职业安全与健康要求的机械、设备、用品和物质的鉴定程序;

(c) 检查本条第1款和第2款规定的管理下的鉴定活动的效果;

(d) 除专门法律另有规定外,每年向劳动、荣军和社会事务部发送报告,说明本条第1款和第2款规定具有严格职业安全与健康要求的机械、设备、用品和物质的管理情况。

4. 劳动、荣军和社会事务部应配合相关部委,牵头审查具有严格职业安全与健康要求的机械、设备、用品和物质清单,以提交政府修订和补充,使此类机械、设备、用品和物质匹配每一时期的社会经济发展、科技和管理水平。

5. 劳动、荣军和社会事务部应配合相关部委,牵头审查具有严格职业安全与健康要求的机械、设备、用品和物质清单,以进行修订和补充,使此类机械、设备、用品和物质适合每一时期的社会经济发展、科技和管理水平。

第三章　解决导致职业安全与健康事故、职业事故和职业病的技术事件的措施

第1节　导致职业安全与健康事故、职业事故和职业病的技术事件的告知、盘点、报告和调查

第34条　职业事故和导致职业安全与健康事故的技术事件通知

1. 职业事故和导致职业安全与健康事故的技术事件告知应按照以下方式进行:

(a) 发生导致工作场所职业安全与健康事故的职业事故和/或技术事件时,事故受害者或目击者应立即上报直属主管和/或雇主,以采取整改措施;

(b) 若发生本款第(a)项所述事故,造成至少2名劳动者死亡或受伤的,雇主应立即通知事故发生地的省级劳动管理部门;发生致命职业事故

时，还应通知区、镇、省辖市、中央直辖市（以下简称区级）的公安机关；

（c）核电、石油和天然气勘探开采、铁路、水路、公路、航空运输及人民武装部队发生事故和事件时，雇主应负责按照专门法律的规定发出通知；

（d）未签订劳动合同的劳动者发生造成伤亡的职业事故时，受害者家属或目击者应立即告知事故发生地的公社、区、镇（以下简称乡级）人民委员会，以便及时干预。

若发生造成至少2名劳动者死亡或受伤的事故，公社人民委员会应告知事故发生地的区级公安机关和省级劳动部门，以便及时干预。

未签订劳动合同的劳动者发生导致职业安全与健康事故的技术事件时，目击者应通知发生技术事件的公社人民委员会，并按照本法第19条、第36条的规定上报。

2. 在各自的职责范围内，各主管当局和单位应考虑及处理有关职业事故、导致职业安全与健康事故的技术事件的信息。在通报此类事故/事件的机关、单位和个人的要求下，告知其干预措施，并采取必要措施保护举报人的合法权益。

第35条 职业事故、导致职业安全与健康事故的技术事件、导致严重职业安全与健康事故的技术事件的调查

1. 雇主负责成立企业内部调查组，调查对其管理下的劳动者造成轻伤或重伤的职业事故，但不包括本条第2款和第3款规定的已接受调查的事故，以及有专门法律规定的由国家主管机关调查的职业事故。

企业事故调查组成员应包括担任组长的雇主或雇主的书面授权人员，以及企业工会执行委员会代表或劳动者代表，如果企业没有工会执行委员会时要包含职业安全与健康管理人员、卫生人员。

若未签订劳动合同的劳动者出现重伤的职业事故，则事故发生地的公社人民委员会应当做好事故记录，并上报事故发生地的区人民委员会。

2. 除非本条第4款另有规定外，省级劳动部门应负责成立省级调查组，针对造成至少2名劳动者死亡和/或重伤的职业事故进行调查，包括未签订劳动合同的劳动者；有投诉、检举或必要时，重新调查企业内部调查过的事故。省级职业事故调查组成员应包括组长及组员，其中组长由省级专职职业安全与健康监察员代表担任，成员由省级卫生部、省级劳工联合会的代表和其他代表担任。

3. 劳动、荣军和社会事务部部长或国家主管机关应成立中央级调查组，

调查性质严重的职业事故或调查复杂性超出省级调查组能力的职业事故；重新调查经过省级调查组调查的职业事故。

中央职业事故调查组成员应包括劳动、荣军和社会事务部、卫生部、越南劳动总联合会代表及其他成员。

4. 关于本法第 34 条第 1 款(c)项规定的事故和事件，应根据专门法律、《劳动法》的规定，配合职业安全与健康监察员开展调查。

5. 导致职业安全与健康事故或严重职业安全与健康事故的，职业事故和/或技术事件相关的雇主和个人必须配合调查组，提供一切相关信息，不得拒绝或妨碍调查程序。对于劳动者往返工作场所时发生的事故，国家主管机关有责任向调查组提供以下文件：

（a）现场检查记录和事故现场示意图；

（b）交通事故调查记录；

（c）针对本款(a)项和(b)项中规定的文件，事故发生的公社、区、镇公安机关必须按照劳动者或其家属的要求出具事故书面确认书。

6. 本条第 1、2、3 款中规定的企业调查组、省级调查组和中央调查组对职业事故的调查时长应从收到职业事故信息或通知计起，到发布职业事故调查记录结束，具体如下：

（a）对劳动者造成轻伤的职业事故：最多 4 天；

（b）对劳动者造成重伤的职业事故：最多 7 天；

（c）造成至少 2 名劳动者重伤的职业事故：最多 20 天；

（d）致命职业事故：最多 30 天；需要技术评估或法医检查的职业事故：最多 60 天。如果调查机关调查的职业事故有犯罪迹象，但随后决定不予起诉，则调查期限应自职业事故调查组收到有关事故的一切文件、物品和方法之日计起。

对于本款第(b)、(c)、(d)项中规定的、进展复杂的职业事故，可延长一次调查期限，但延长时间不得超过上述规定时限；调查组组长必须就本款第(b)、(c)、(d)项规定的职业事故提出延期，并获得调查组成立决定人的批准。

7. 在调查本条第 1、2、3 款规定的职业事故时，若发现任何犯罪迹象，调查组应向调查机关发送一份书面报告和有关的文件、物品和方法（如有），以便根据刑事诉讼法律规定进行审议和起诉。

处理起诉的时限应符合刑事诉讼立法；若调查机关决定不起诉，则应当在作出不起诉决定之日起 5 日内，向事故调查组提供并移交职业事故的相关文件、物品和方法。

8. 事故调查记录必须在会议上公布，会议由调查组组长主持，参会人员包括职业事故调查组成员、雇主或雇主书面授权者、工会代表、受害者或其家属、目击者、事故相关人员；若为致命职业事故，则参会人员还应包括公安机关和人民检察院代表。

职业事故调查记录和宣布职业事故调查记录的会议记录必须上报调查组成员所在机关、劳动管理部门、企业雇主、事故受害者或家属。

9. 公布职业事故调查记录和其他职业事故有关的必要信息的职责如下：

（a）如果本条第 1 款规定的职业事故调查是由雇主组织的，则应由雇主公布信息；如果职业事故记录由公社人民委员会编写，则应由公社人民委员会公布信息；

（b）职业事故调查组组长负责调查本条第 2 款和第 3 款所述职业事故的国家机关应公布信息；

（c）除专门法律另有规定外，职业事故调查组组长或负责调查职业事故的国家机关应公布信息；

雇主收到职业事故调查记录和公布职业事故调查记录的会议记录后，必须向其所在企业的劳动者公布；如果未签订劳动合同的劳动者发生职业事故，则社区人民委员会必须向公众公布；

（d）除专门法律另有规定外，负责调查本条第 4 款规定的职业事故和事件、导致职业安全与健康事故或严重职业安全与健康事故的技术事件的调查组组长或国家机关，应负责在调查期限结束后公布调查记录和其他相关必要信息。

10. 本条规定的职业事故、造成职业安全卫生事故或者严重职业安全与健康事故的技术事件调查超出时限，造成劳动者合法权益受损的，雇主应当依法赔偿。

11. 政府应详细说明职业事故、导致职业安全与健康事故或严重职业安全与健康事故的技术事件的分类、通报、调查和报告，以及对职业事故受害者的赔偿。

第 36 条 职业事故、导致严重职业安全与健康事故的技术事件盘点与报告

1. 除专门法律另有规定外，雇主应每半年和每年向省级劳动管理部门盘点及报告企业发生的职业事故、导致严重职业安全与健康事故的技术事件。

2. 公社人民委员会应每半年和每年向区人民委员会盘点和报告与本条第34条第1款(d)项中规定的、未签订劳动合同劳动者相关的职业事故和导致严重职业安全与健康事故的技术事件;向省级劳动管理部门报告。

3. 省级劳动管理部门应按照本条第1款和第2款的规定,向劳动、荣军和社会事务部报告已盘点和报告的职业事故和导致严重职业安全与健康事故的技术事件,具体如下:

(a) 地方发生致命职业事故和导致严重职业安全与健康事故的技术事件时,立即提交报告;

(b) 提交关于地方职业事故、导致严重职业安全与健康事故的技术事件和职业安全与健康活动的半年度报告和年度报告。

4. 卫生部应每半年和每年盘点一次职业事故,在此类事故中,受害者接受了卫生设施处的医学检查和治疗;向劳动、荣军和社会事务部发送报告。

5. 劳动、荣军和社会事务部应组织、指导、收集、储存、汇总、提供、公布和评估关于职业事故、造成严重职业安全与健康事故的技术事件的数据;组织、开发和管理全国职业安全数据库。

第37条 职业病盘点和报告

1. 所有职业病病例都应按照卫生部长的规定做好记录和报告。

职业病名录应由部长咨询劳动、荣军和社会事务部、越南劳动总联合会、雇主代表单位和相关社会组织后发布,并进行修订和补充审查,使名录适应工作环境、设备和技术变更。

2. 雇主每年应当向省级卫生部门提交职业病防控报告和统计资料,供其上报卫生部。

3. 卫生部每年应向劳动、荣军和社会事务部发送关于职业病状况、职业病防控的报告和统计数据,供其上报总理。

4. 卫生部应组织指导收集、存储、汇总、提供、公布和评估职业病数据;组织开发管理职业病防控数据库;组织职业病调查。

第2节 雇主对职业事故和职业病受害者的责任

第38条 雇主对职业事故和职业病受害者的责任

对职业事故和职业病受害者,雇主应承担以下责任:

1. 及时对遭遇职业事故的劳动者实施急救和护理,垫付职业事故和职业病受害者的急救费、急救护理费和治疗费。

2. 从职业事故和职业病受害者的急救到完成医疗救治,支付此过程产生的所有医疗费用,包括:

(a) 履行共同支付责任,劳动者加入了健康保险计划的,为其支付健康保险以外的所有服务费用;

(b) 支付医疗鉴定费用,用于确定工作能力下降程度。对于工作能力确定下降小于5%的劳动者,由雇主送至医疗鉴定委员会做医疗鉴定,以确定工作能力下降的程度;

(c) 如果劳动者未在健康保险计划范围内,雇主应支付产生的一切医疗费用。

3. 在劳动者遭受职业事故和职业病后的医疗救治休假与职业康复期间,对其支付全额工资。

4. 劳动者遭遇并非完全由劳动者的过失造成的职业事故,以及患有职业病的,应对该劳动者做出以下补偿:

(a) 劳动者工作能力下降5.0%~10%的,补偿至少1.5个月的工资。根据劳动合同,每增加1.0%,劳动者应获得0.4个月的额外工资;此规定适用于劳动者工作能力下降11%~80%的情况。

(b) 如果劳动者的工作能力下降至少81%,或劳动者丧生于职业事故和职业病,应向劳动者或劳动者家属支付至少30个月的工资。

5. 如果由于劳动者的过失发生职业事故,他/她应获得相当于本条第4款规定的相当于其工作能力下降补偿金额至少40%的津贴。

6. 将遭受职业事故和职业病的劳动者送去做医疗鉴定,以确定工作能力下降的程度,以便其获得法律规定的医疗救治、调养康复和职业康复。

7. 在医疗鉴定委员会发布关于工作能力下降程度的结论后5天内,或在出现致命职业事故时,在职业事故调查组公布职业事故调查记录后5天内,为职业事故和职业病的受害者提供赔偿和津贴。

8. 根据医疗鉴定委员会的结论,在遭受职业事故和职业病的劳动者接受完医疗救治和职业康复回归后(如果他们继续工作),应为劳动者安排适当的工作。

9. 按照本章第3节的规定,编制劳动者在职业事故和职业病保险基金中获得职业事故和职业病补偿的档案。

10. 本条第3款、第4款和第5款规定的向因职业事故和职业病而退休的劳动者支付补偿、津贴、工资的基础的薪水包括《劳动法》规定的工资标准、津贴和其他额外付款。

11. 劳动、荣军和社会事务部应详细说明本条第3、4、5款内容。

第 39 条 雇主对职业事故特殊案例的赔偿和津贴的责任

1. 如果劳动者在其机关、企业、单位、合作社所在地之外执行任务或听从雇主的指示而发生职业事故，如果事故由他人造成或事故原因无法认定，则雇主必须根据本法第 38 条第 4 款的规定向劳动者支付补偿款。

2. 如果劳动者在合理的时间和路线内往返工作场所时发生职业事故，如果事故由他人造成或事故原因无法认定，则雇主应当依照本法第 38 条第 5 款的规定向劳动者支付补偿款。

3. 如果雇主从保险服务商处为职业事故受害者购买了事故保险，则该受害者有权根据与保险服务商签订的合同获得赔偿和付款。如果保险服务商向职业事故受害者支付的金额低于本法第 38 条第 4 款和第 5 款规定的金额，则雇主必须支付差额，使职业事故受害者或其家属收到的总金额至少等于本法第 38 条第 4 款和第 5 款规定的补偿款和津贴。

4. 如果雇主不按照《社会保险法》的规定为劳动者缴纳保险费，如果劳动者发生职业事故和职业病，则雇主除支付本法第 38 条规定的补偿款和津贴外，还应当支付相当于本章第 3 节规定的职业事故和职业病补偿款。应一次性付款或由相关方商定按每年支付；如未达成协议，将根据劳动者的要求支付此类款项。

5. 劳动、荣军和社会事务部部长应详细说明本条内容。

第 40 条 劳动者无权获得雇主的职业事故津贴的情况

1. 在下列情况下，职业事故受害者无权获得本法第 38 条和第 39 条规定的雇主赔偿：

（a）事故因受害者和肇事者之间的个人冲突造成，与任何工作/任务的实施无关；

（b）事故因受害者的故意行为造成；

（c）事故因非法使用毒品和其他麻醉品造成。

2. 劳动、荣军和社会事务部部长应详细说明本条内容。

第 3 节 职业事故和职业病保险赔偿金

第 41 条 职业事故和职业病保险基金向职业事故和职业病受害者提供保险赔偿金的原则

1. 职业事故和职业病保险基金是社会保险基金的组成部分；该基金的保险费支付、收益和管理应符合本法和《社会保险法》。

2. 职业事故和职业病保险费根据劳动者的月工资计算，由雇主支付。

3. 职业事故和职业病受害者的赔偿率和津贴根据工作能力下降的程度、保险费和向基金缴纳保险费的期限计算。

4. 向职业事故和职业病保险基金的参保者提供赔偿金的方式必须简单、方便、及时，且必须保障所有劳动者的权益。

第 42 条 职业事故和职业病保险基金的用途

1. 支付本法第 45 条和第 46 条规定的、符合条件的职业事故和职业病造成受伤与疾病的医疗鉴定费用；根据本法第 47 条第 1 款第（b）项和第 3 款的规定，劳动者主动接受医疗鉴定，以确定其工作能力下降程度，且鉴定结果表明劳动者有资格获得职业事故和职业病赔偿金的，用以支付医疗鉴定费用。

2. 一次性津贴；月津贴；服务津贴

3. 辅助和矫形设备费用。

4. 休息和康复费用。

5. 预防和分担职业事故和职业病风险的费用。

6. 支持职业事故和职业病受害者重返工作岗位时更换工作或职业的费用。

7. 《社会保险法》规定的职业事故和职业病保险管理费。

8. 为停止工作并享受月津贴的职业事故和职业病受害者支付健康保险费。

第 43 条 有权获得职业事故和职业病保险赔偿金的主体

1. 本款规定的有权获得职业事故和职业病赔偿金的主体是加入《社会保险法》第 2 条第 1 款第（a）、（b）、（c）、（d）、（dd）、（e）、（h）项规定的强制性社会保险计划的劳动者和第 2 条第 3 款规定的雇主。

2. 劳动者与多名雇主签订劳动合同，如果劳动者必须参加强制性社会保险，则雇主必须根据每份劳动合同为劳动者支付职业事故和职业病保险费。如果劳动者遭受职业事故或职业病，则应根据政府规定的保险费支付和赔偿原则，获得职业事故和职业病保险赔偿金。

第 44 条 职业事故和职业病保险基金的费率与来源

1. 雇主每月应向职业事故和职业病保险基金支付最高相当于工资基金 1% 的金额，该工资基金用作支付本法第 43 条规定的劳动者社会保险费。

2. 职业事故和职业病保险基金来源如下：

（a）本条第 1 款规定的雇主缴款；

(b)《社会保险法》第90条和第91条规定的基金投资活动利润所得；

(c) 其他合法收入。

3. 根据职业事故和职业病保险基金的平衡能力，政府应详细说明向本条第1款规定的基金缴纳的保险费率。

第45条 获得职业事故赔偿的条件

如果加入职业事故和职业病保险的劳动者符合下列条件，则有权获得职业事故赔偿金：

1. 发生以下情形中的事故：

(a) 在工作场所和工作时间内发生的，即使是劳动者在工作场所和在《劳动法》及其生产经营企业条例允许的工作时间从事个人活动，包括工作中的休息时间、轮班时的用餐时间、实物用餐、经期休息、淋浴时间、哺乳时间、如厕时间；

(b) 在工作场所或工作时间之外执行雇主或雇主书面授权者要求的任务时；

(c) 在合理时间和路线内往返工作场所的途中。

2. 因本条第1款规定的事故导致工作能力下降至少5%的。

3. 如属于本法第40条第1款规定的情形之一，则劳动者无权享有职业事故和职业病保险基金支付的赔偿金。

第46条 获得职业病赔偿金的条件

1. 如果加入职业事故和职业病保险的劳动者符合下列条件，则有权获得赔偿：

(a) 患有本法第37条第1款规定的、由部长发布的职业病名录中的职业病；

(b) 因本条款第(a)项规定的疾病导致其工作能力下降至少5%。

2. 根据本法第37条第1款规定的、由部长发布的职业病名录，在退休或不再从事名录中职业病风险的工作岗位或职业后，如果劳动者在规定的时间内发现他们患上了职业病，则应按照政府的规定做医疗鉴定，考虑是否补偿。

第47条 工作能力下降程度评估

1. 出现下列情况时，职业事故和职业病受害者应接受检查、复查，以确定工作能力下降的程度：

(a) 首次治疗结束后，仍对其健康有影响的；

(b) 复发性伤病治疗完成后；

(c) 如果受伤或职业病无法完全康复到卫生部长规定的程度，则劳动者可在治疗前或治疗过程中走医疗鉴定程序。

2. 在下列情况下，劳动者应接受全面鉴定，以确定工作能力下降的程度：

（a）同时遭受职业事故和职业病的；

（b）多次遭遇职业事故；

（c）患了多种职业病。

3. 本条第1款中规定的劳动者有权在医疗鉴定委员会发布关于工作能力下降程度结论后24个月内获得职业事故和职业病的医疗重新鉴定；如果劳动者患上职业病，使其健康状况迅速下降，则应按照卫生部长的规定，尽早做医疗鉴定。

第 48 条 一次性津贴

1. 劳动者工作能力下降5%~30%的，有权获得一次性津贴。

2. 一次性津贴比率如下：

（a）工作能力下降5%的劳动者有权获得相当于基本工资标准5倍的津贴，每增加1.0%，将获得基本工资标准0.5倍的额外津贴；

（b）除本款第（a）项规定的津贴外，劳动者还应有权获得额外津贴，该津贴根据职业事故和职业病保险基金的保费支付年限计算。如果保费缴纳时间少于1年，则津贴应等于半个月工资；向该基金缴纳保费每增加1年的，将额外获得其在发生职业事故或被诊断患有职业病的前1个月向该基金支付的0.3个月工资；劳动者在向基金缴纳保费的前几个月或者从间歇工作期返工的，若发生职业事故，则津贴应按当月工资为计算基础。

3. 劳动、荣军和社会事务部部长应详细说明职业事故和职业病赔偿的计算方法，以避免在取得医疗重新评估或全面评估结果后劳动者还享受另一种赔偿率。

第 49 条 月津贴

1. 工作能力下降至少31%的劳动者将获得月津贴。

2. 每月津贴的规定如下：

（a）如果工作能力下降31%，津贴应等于基本工资标准的30%，工作能力下降每增加1%，劳动者应额外获得基本工资标准的2%；

（b）除了本款第（a）项规定的津贴外，劳动者还应有权获得额外津贴，该津贴根据职业事故和职业病保险基金的保费支付年数计算。如果保费缴纳时间少于一年，则津贴应等于半个月工资；向该基金缴纳保费每增加一年的,将额外获得其在发生职业事故或被诊断患有职业病的前一个月向该基金支付的0.3个月工资;劳动者在向基金缴纳保费的前几个月或者从间歇工作期返工的,若发生职业事故,则津贴应按当月工资为计算基础。

3. 暂停、继续支付职业事故和职业病的月津贴和服务津贴应按照《社会保险法》第64条的规定;继续支付职业事故和职业病月津贴的档案和结算顺序应符合《社会保险法》第113条和第114条的规定。《社会保险法》第64条第1款(c)项规定的中止赔偿的,社会保险经办机关应当书面告知并说明理由;终止赔偿的决定必须基于国家主管机关的结论和决定。

4. 当月度职业事故津贴的受益人搬到国内的另一个居住地并希望在新的居住地领取津贴时,他们必须向目前给他们提供津贴的社会保险机关提出申请。社会保险经办机关自收到申请之日起5日内必须予以解决;如果机关不批准申请,则必须书面答复并说明理由。

5. 当职业事故和职业病月津贴的受益人迁移到另一个国家生活时,将向他们提供一次性津贴;一次总付津贴的金额应等于3个月现有月津贴的总额。一次性补助的档案和结算顺序应符合《社会保险法》第109条第2、3款和第110条第4款的规定。

6. 应根据《社会保险法》的规定调整职业事故和职业病的月津贴和服务费率。

第50条 领取津贴的期限

1. 领取本法第48条、第49条、第52条规定的津贴的期限,从职工完成医疗救治、出院当月起计算,职工未接受住院治疗的,从医疗鉴定委员会作出结论当月起计算;按照本法第47条第2款的规定对劳动者进行全面评估以确定其工作能力下降程度的,从其完成治疗并因上一次职业事故和(或)疾病出院的当月起计算,或者如果劳动者未接受住院治疗,则从医疗鉴定委员会发布结论的当月起计算。

2. 劳动者发生职业事故和职业病,但不能确定何时完成医疗救治并出院的,职业事故和职业病津贴的领取期限从医疗鉴定委员会作出结论的当月起计算;如果劳动者因职业事故感染艾滋病毒或艾滋病,领取津贴的期限应从他们获得证明他们因职业事故感染艾滋病毒或艾滋病的文件的当月开始计算。

3. 劳动者因本法第47条第1款和第2款(b)项规定的劳动能力下降程度而接受医疗鉴定的,领取新津贴的期限从医疗鉴定委员会作出鉴定结论的当月起计算。

第 51 条 辅助和矫形设备

1. 对身体机能造成伤害的职业事故和职业病的受害者，应根据伤害和疾病的严重程度，按照卫生、矫形和康复设施的规定，在一段时间内购买辅助和矫形设备，保证专业和技术的要求和条件。

2. 劳动、荣军和社会事务部部长应详细说明辅助和矫形设备的类型、购买辅助和矫形设备的期限和金额、实施的顺序。

第 52 条 服务津贴

除了本法第 49 条规定的津贴之外，因脊髓瘫痪、双眼失明、截肢或双臂/双腿瘫痪或精神疾病而工作能力下降至少 81% 的劳动者，有权获得相当于基本工资标准的月度服务津贴。

第 53 条 因职业事故和职业病死亡的劳动者的一次性津贴

根据《社会保险法》的规定，在下列情况下，应向劳动者家属提供相当于劳动者死亡当月基本工资 36 倍的一次性津贴和死亡抚恤金：

1. 劳动者在劳动过程中死于职业事故和职业病；

2. 劳动者在第一次医疗期间死于职业事故和职业病；

3. 劳动者在接受医疗鉴定以确定工作能力下降程度之前，在伤病治疗期间死亡。劳动者死于职业事故和职业病时领取死亡抚恤金的档案材料应符合《社会保险法》的规定。

第 54 条 伤病医疗后的休息和恢复

1. 职业事故或职业病造成的伤害治疗结束后，在恢复工作的前 30 天内，未完全康复的职工，每次发生职业事故和职业病，有权休息 5～10 天。

如果劳动者在重返工作岗位的前 30 天内没有收到医疗鉴定委员会关于其工作能力下降程度的结论，如果医疗鉴定委员会认为其工作能力下降程度符合职业事故和职业病保险赔偿的条件，则他们在治疗本条第 2 款规定的伤害或疾病后仍应享有适用于劳动者的休息和恢复天数。

2. 本条第 1 款规定的休息和恢复天数应由雇主和企业工会执行委员会规定。如果企业没有工会，只能由雇主决定。休息和恢复时间规定如下：

（a）工作能力下降至少 51% 的职业事故和职业病受害者，最多 10 天；

（b）工作能力下降 31%～50% 的职业事故和职业病受害者，最多 7 天；

（c）工作能力下降 15%～30% 的职业事故和职业病受害者，最多 5 天。

3. 本条第 1 款规定的劳动者每日应获得相当于基本工资 30% 的津贴。

第 55 条 支持职业事故和职业病的受害者在重返工作岗位时更换职业

1. 根据本法第 38 条第 8 款的规定，雇主应为职业事故和职业病受害者安排新工作，并且新工作需要培训的，劳动者有权获得学费资助。

2. 财政资助不得超过学费总额的 50% 和基本工资标准的 15 倍；每个劳动者获得资助的次数不得超过两次。劳动者每年可以获得一次资助。

第 56 条 支持预防和分担职业事故和职业病的风险

1. 职业事故和职业病保险基金每年最多保留 10% 的收入，用于支持预防和分担职业事故和职业病的风险。

2. 与预防和分担需要资助的职业事故和职业病风险有关的活动包括：

（a）职业病体检和医疗救治；

（b）职业康复；

（c）应社会保险经办机关的要求，重新调查职业事故和职业病；

（d）职业事故与疾病保险计划参与者及本法第 14 条第 1 款、第 2 款规定人员的职业安全与健康培训。

3. 对本条第(a)项和第(b)项规定的活动的支持不包括健康保险基金根据《健康保险法》支付的费用或本法第 38 条第 2 款规定的雇主支付的费用。

4. 政府应详细说明资助条件、所需档案、财政资助率、期限、指令、程序、决定资助的主管部门、本法第 55 条和第 56 条规定的财政资助组织，以确保职业事故和职业病保险基金的平衡。

第 57 条 领取职业事故津贴的档案

1. 社会保险书。

2. 职业事故住院治疗结束后的出院单或病历复印件。

3. 医疗鉴定委员会总结工作能力下降程度的会议记录。

4. 在咨询劳动、荣军和社会事务部后，越南社会保障部门发布的职业事故赔偿请求（规定模板）。

第 58 条 领取职业病津贴的档案

1. 社会保险书。

2. 职业病治疗结束后的出院单或病历复印件；如果劳动者没有接受住院治疗，他们必须出示职业病检查单。

3. 医疗鉴定委员会关于工作能力下降程度的会议记录；如果劳动者因职业事故感染艾滋病毒/艾滋病，他们必须出示证明他们因职业事故感染艾滋病毒/艾滋病的文件。

4. 在咨询劳动、荣军和社会事务部后，越南社会保障部门发布的模板中的职业病赔偿请求。

第59条 职业事故和职业病保险赔偿金的结算

1. 雇主应在收到本法第57条和第58条规定的职业事故和职业病赔偿请求后30天内向社会保险经办机关提交档案。

2. 社会保险经办机关自收到符合条件的档案之日起10个工作日内，负责解决职业事故和职业病的保险赔偿；如果拒绝赔偿，必须提供书面答复，明确说明拒绝的原因。

第60条 职业事故和职业病后休息和恢复津贴的结算

1. 雇主应当按照本法第54条第1款的规定，自劳动者被认定为未完全康复之日起10日内，将已获得职业事故和职业病保险补偿但未完全康复的劳动者名单报送社会保险经办机关。

2. 社会保险经办机关自收到名单之日起10个工作日内，负责解决职工的休息和恢复津贴，并向其任职企业转账；如果拒绝，必须提供书面答复，明确说明拒绝的原因。

3. 自收到社会保险经办机关的款项之日起5个工作日内，雇主负责向劳动者支付津贴。

第61条 职业事故和职业病保险赔偿金的迟付

1. 职业事故和职业病保险赔偿金的结算不在本法第59条和第60条第1款规定的期限内完成的，必须出具书面文件说明理由。

2. 职业事故和职业病保险赔偿金迟付，津贴迟发，对合法权益受益人造成损害的，必须依法给予赔偿，但因受害人或者死者家属过错造成的除外。

第62条 确定工作能力下降程度的医疗鉴定归档和顺序，用于解决职业事故和职业病的保险赔偿

1. 确定工作能力下降程度的医疗鉴定归档和顺序应由卫生部长规定。

2. 确定工作能力下降程度的医疗鉴定必须准确、公开和透明地进行。医疗鉴定委员会依法对鉴定结果的准确性负责。

第四章　特殊劳动者职业安全与健康的保障

第63条 对于女性、未成年、残疾劳动者的职业安全与健康

对于女性、未成年、残疾劳动者的职业安全与健康工作，依照《劳动法》、《残疾法》和本法规定执行。

第64条 雇用高龄劳动者从事繁重、有毒或危险工作的条件

1. 当完全满足下列条件时，雇主才能雇用高龄劳动者从事繁重、有毒

和危险工作或对其健康有不利影响的极重、有毒和危险工作:

（a）对于从事工作15年以上，具有一定工作经验、高技能的高龄劳动者；依照法律规定持有行业证书或被认定为技工的；

（b）高龄劳动者具备从事繁重、有毒和危险工作，并符合卫生部颁布和经专业部委同意意见的健康标准条件的；

（c）每名高龄劳动者的雇佣时间不得超过5年；

（d）至少有一位不属于高龄劳动者与其一起工作；

（dd）遵循高龄劳动者自愿工作原则。

2. 政府应详细说明本条款。

第65条 外包时的职业安全与健康要求

1. 承包方应承担以下责任：

（a）与外包方协商保证外包劳动者的合法职业安全与健康权益，不得少于外包方同等资质、做相同工作或做相同价值工作的劳动者；将上述内容纳入外包合同，履行《劳动法》和本法规定的雇主义务；

（b）与外包方合作，检查外包方是否保证外包劳动者的职业安全与健康；如果外包方未能履行已签署的外包合同中对职业安全与健康实施的承诺，承包方应负责保证外包劳动者的所有权利和利益；

（c）归档与外包劳动者相关的职业安全与健康记录；对本法第36条、第37条规定的职业事故和职业病进行报告。

2. 外包方应承担以下责任：

（a）全面履行外包合同中的承诺；保证外包劳动者的职业安全与健康，并确保外包劳动者受到与内部员工相同的平等待遇；

（b）外包劳动者发生职业事故或导致职业安全与健康事故的技术事故时，外包方必须及时对受害者进行急救和急救护理，同时通知承包方，并按照本法第34条和第35条的规定进行通报、检查；

（c）依照本法规定，组织外包劳动者的职业安全与健康培训，但承包方对外包劳动者所从事的工作进行了适当培训的除外；每半年和每年收集外包劳动者的职业事故和职业病资料，并将其发送给承包方；

（d）与承包方合作调查职业事故，归档与外包劳动者相关的职业安全与健康记录。

3. 外包劳动者必须遵守由外包方颁发的职业安全与健康条例、程序和措施。

4. 政府应详细说明外包时的职业安全与健康要求；承包方和外包方对

外包劳动者的责任，保证外包劳动者的合法权利和利益符合《劳动法》和本法的规定。

第 66 条 有多个雇主的劳动者在工作场所的职业安全与健康

工作场所劳动者们受雇于多个雇主，投资者或项目所有者必须为这些雇主创造条件，共同制定一份文件，明确规定每个雇主的职业安全与健康责任，并指派工作人员与其他人合作，共同做好职业安全与健康检查工作。

第 67 条 海外越南劳动者的职业安全与健康要求

1. 本条规定的被指派到海外工作的越南劳动者包括被雇主指派到海外工作的人和根据《越南契约劳动者出国工作法》规定的在海外工作的人。

2. 雇主必须遵守国外的职业安全与健康条例，遵守以下原则：

（a）保证充分实施本法规定的职业安全与健康措施、职业事故和职业病的保险赔偿、雇主对劳动者的义务；如果外国的规定对劳动者更有利，则应适用外国规定；

（b）与外国主管部门合作调查职业事故和职业病；

（c）关于致命的职业事故和严重的职业事故，必须向雇主总部所在的越南省级职业安全与健康监察员提供与职业事故有关的档案和材料。

3. 在海外工作的越南劳动者必须遵守越南法律和国外法律，越南社会主义共和国签署的国际公约/协定另有规定的除外。

第 68 条 家政工人的职业安全与健康

1. 雇主有责任指导家政工人如何在家中使用机器、设施和器具、消防设备来为其家政工作服务；实施其他机制，保障家庭佣工的职业安全与健康。

2. 家政工人有责任遵守机器、器具、设施和消防设备的使用说明。

3. 劳动、荣军和社会事务部部长应具体规定适用于家政工人的职业安全与健康规定。

第 69 条 家政工人的职业安全与健康

1. 如果劳动者能够在分配给他们的工作中保证职业安全与健康，他们应与雇主就在家工作达成书面协议。

2. 如果在家劳动的过程中发生职业事故，家政工人或其家人应立即通知雇主。

如果职业事故的受害者参加了职业事故和职业病保险，他们将能得到本法规定的适用于职业事故和职业病受害者的赔偿。

职业事故受害者因为非必要原因未参加职业事故和职业病保险的，雇主应当按照本法第 38 条第 1、2、3、4、5、6、7、8、10 款的规定，负责赔偿。

3. 雇主应负责检查家政工人工作场所的职业安全与健康状况；履行与家庭佣工协议中的承诺；通过本法第 36 条规定的职业事故总报告，共同报告家政工人发生的职业事故。

第 70 条 未成年人、学生、学徒、实习生和见习劳动者的职业安全与健康

1. 教育和职业培训管理部门负责保障本法第 15、16、18、19、20、23、24、25 条和第 27 条第 1 款规定的未成年人、学生和学徒在实习和职业培训期间的职业安全与健康管理。

2. 雇主负责执行本法规定的受训人员、学徒和试用期劳动者的职业安全与健康条例，包括职业事故案例。

3. 在实习、职业培训和学徒期间，未成年人、学生和学徒必须遵守教育、职业培训部门的职业安全与健康条例。

如果未成年人/学生在实习期间发生职业事故，他们将得到政府规定的支助。

第五章 生产经营企业职业安全与健康保障

第 71 条 生产经营企业的职业安全与健康

生产经营企业履行职业安全与健康工作时，除遵守本法第一、二、三、四章的职业安全与健康条例外，还需执行本章的相关规定。

1. 经济区、工业区、进出口加工区、高新科技区管委会，依照权限范围内，有责任指导生产经营企业执行职业安全与健康相关规定；配合职业安全与健康部门进行检查，并向国家主管部门报告职业安全与健康违规违纪行为，专门法律另行规定的除外。

2. 根据劳动规模、性质、职业事故和职业病的风险、工作条件，政府对其他企业做适用职业安全与健康条例具体规定；本条第 2 款规定的经济区、工业区、进口加工区、高新科技区，符合劳动条件、组织结构、机关、职能的，依照本规定和其他专项法规执行。

第 72 条 职业安全与健康部门

1. 根据劳动规模、性质、职业事故和职业病的风险、工作条件，雇主必须指派职业安全与健康管理人员或在其企业中设立一个职业安全与健康部门。

政府应详细说明本条款。

2. 职业安全与健康管理人员或职业安全与健康部门应负责协助雇主在生产经营企业开展职业安全与健康工作，并向雇主提供咨询，主要职责如下：

（a）制定职业安全与健康条例、程序和措施；保证设施内的消防和预防工作；

（b）制定并监督落实职业安全与健康年度计划；评估风险并制定应急救援计划；

（c）制定机械、设备和材料的告知书并监督其是否严格符合的职业安全与健康要求；

（d）组织职业安全与健康方面的信息、沟通和培训活动；组织职工的急救、急救护理和职业病防治；

（dd）组织职业安全与健康自查；依法调查导致职业安全与健康事故的职业和技术事故；

（e）主持并与卫生部门合作监测和控制危险因素、有毒因素；

（f）汇总并要求雇主处理检验小组、检查小组、部门和劳动者的职业安全与健康建议；

（g）与企业工会执行委员会合作，指导职业安全与健康代表的工作；

（h）组织竞赛、表彰/奖励、惩戒、编制职业安全与健康统计和报告。

3. 职业安全与健康管理人员和职业安全与健康部门应享有下列权利：

（a）如果意识到职业事故的风险，要求生产单位负责人下令停工或（在紧急情况下）临时停工，以开展职业安全与健康措施；同时向雇主报告；

（b）停止运行不符合安全要求或已过期的机械设备；

（c）雇主安排培训和再培训，以依法提高职业安全与健康知识。

4. 职业安全与健康管理人员必须具备技术知识、技能和对企业生产经营活动的良好理解。

5. 生产经营企业没有本条第1、4款规定的职业安全与健康管理人员或者职业安全与健康部门的，必须依法聘请具有相应能力的部门履行本条第2款规定的职业安全与健康管理职责。

第73条 卫生部门

1. 生产经营企业必须根据规模、劳动性质、职业事故和职业病风险、劳动条件等，安排卫生人员或成立卫生部门，负责劳动者的保健和健康管理工作。

政府应对本款做具体规定。

2. 卫生人员、卫生部门有义务协助和为雇主提供咨询服务，同时直接开展劳动者的健康管理工作，主要职责如下：

（a）为职业事故受害者提供急救和急救护理、基本药物和应急救援计划和设施；组织工作场所的劳动者进行急救和急救护理培训工作；

（b）制定体检、职业病诊断体检计划，当发生职业事故和职业病时，对工作能力下降做医疗鉴定，提供职业病预防措施和劳动康复咨询服务；根据劳动者的健康状况，提出适合劳动岗位工作；

（c）在工作场所组织常规疾病的医疗检查和治疗，并按规定为职业事故、导致职业安全与健康事故的技术事故的受害者提供急救、急救护理；

（d）交流和宣传职业安全与健康、职业病预防、工作场所健康促进的信息；检查卫生法规的执行情况，组织流行病的预防，保证工作场所劳动者的食品安全；

（dd）收集和管理工作场所的职业安全与健康信息；组织工作环境监测，评估有毒因素；管理劳动者和职业病受害者（如果有）的健康记录；

（e）配合职业安全与健康部门实施本法第72条第2款规定的有关任务。

3. 卫生人员和卫生部门有权享有下列权利：

（a）如果发现可能对劳动者造成伤害、疾病的违规迹象或风险，要求生产部门负责人下令暂停工作或（在紧急情况下）临时暂停工作；同时向雇主报告情况；管理医疗设备、药品，在工作场所提供急救和急救护理；指导企业劳动者进行急救和急救护理；

（b）停止使用不符合职业安全与健康要求的物质；

（c）经由雇主派遣参加与当地卫生部门或卫生部的会议和研讨会，以提高专业知识并加强合作。

4. 企业的卫生人员必须具有职业健康领域的健康背景和证书。

5. 如果生产经营企业既没有本条第1款和第4款规定的卫生人员，也没有本条第1款和第4款规定的卫生部门，则必须与卫生部规定的有能力的卫生部门签订合同，以确保本条第2款规定的劳动者保健工作。

第74条 职业安全与健康代表

1. 生产经营企业中的每个生产团队在工作时间必须至少有1名兼职职业安全与健康代表。雇主应在咨询该企业的工会执行委员会（如果该企业有工会执行委员会的话)后,颁布关于建立和运作职业安全与健康代表联络网的决定。

2. 职业安全与健康代表应为具备职业安全与健康知识的劳动者,自愿、敬业并严格遵守职业安全与健康条例,并由其团队中的劳动者选举产生。

3. 职业安全与健康代表按照职业安全与健康代表联络网的运作规则,在企业工会执行委员会的管理和指导下运作;在执行任务时,与职业安全与健康管理人员或职业安全与健康部门、卫生工作者或卫生部门进行技术合作。

4. 职业安全与健康代表有以下职责:

(a) 督促、提醒、指导班组、车间的每一个人严格遵守职业安全与健康条例,保管好安全设施、个人防护装备;提醒班组、车间负责人遵守职业安全与健康条例;

(b) 监督职业安全与健康标准、程序和法规的实施,识别不具备安全与健康条件的机械、设备、用品、物质和工作场所的错误和违规行为;

(c) 参与制定职业安全与健康计划,并向团队中的新员工传授安全工作措施;

(d) 要求组长或主管全面执行劳动保护和职业安全与健康措施的规定,及时处理不安全和不卫生的机械、设备、用品、物质和工作场所;

(dd) 发现在工作场所有违反职业安全与健康条例的情况或有不安全的机械、设备、供应品和物质,且这些情况已向雇主汇报,但尚未得到解决时,应向工会或劳动监察员报告。

5. 职业安全与健康代表应享有以下权利:

(a) 向其提供雇主为保证工作场所的职业安全与健康而采取的措施的信息;

(b) 花费部分工作时间履行职业安全与健康代表的职责,获得这些时间的报酬,并得到履行额外职责的津贴;

职业安全与健康代表额外职责的津贴率应由雇主和企业工会执行委员会决定,并应在职业安全与健康代表联络网的操作条例中说明;

(c) 如果意识到可能导致事故/职业事故的风险,要求团队中的劳动者停止作业,并对该决定负责;

(d) 参与培训和再培训,提高专业知识和效率。

第 75 条 企业的职业安全与健康委员会

1. 根据劳动规模、性质、职业事故和职业病的风险、工作条件,雇主应在其企业中设立一个职业安全与健康委员会。

政府应对本款做具体规定。

2. 职业安全与健康委员会有以下职责和权利：

（a）在制定法规、程序、计划和措施时，向雇主提供咨询并与之合作，以保证生产经营企业的职业安全与健康；

（b）每年在工作场所组织雇主和劳动者之间的对话，以分享信息，增进理解，提高劳动者平等和安全的工作条件；提高生产经营企业实施职业安全与健康政策和法规的有效性；

（c）检查生产经营企业中职业安全与健康活动的实施情况；

（d）如果发现不安全情况或风险，要求雇主实施整改措施。

3. 职业安全与健康委员会成员包括：

（a）雇主代表应担任委员会主席；

（b）企业工会执行委员会的代表或没有工会的企业的劳动者代表应担任委员会副主席；

（c）该企业的职业安全与健康管理人员应担任理事会的常设成员和秘书；

（d）企业的卫生人员；

（dd）其他相关成员。

根据性别平等原则和企业的实际情况，理事会应有一定比例的女性成员。

第 76 条 职业安全与健康计划

1. 雇主应每年制定并组织实施职业安全与健康计划。如果出现意外问题，必须将其添加到职业安全与健康计划中。

2. 在制定职业安全与健康计划时，必须收集企业工会执行委员会的意见，并以下列基础为依据：

（a）工作场所职业安全与健康风险评估；危险因素、有毒因素的控制和应急救援计划；

（b）前几年职业安全与健康活动的实施结果；

（c）每年的生产经营任务、方向、计划和职工情况；

（d）劳动者、工会、检验和检查小组的建议。

3. 职业安全与健康计划必须包括以下主要内容：

（a）职业安全和消防技术措施；

（b）职业健康、有毒因素防治和改善工作条件的技术措施；

（c）提供个人防护装备；
（d）为劳动者提供医疗保健服务；
（e）职业安全与健康方面的信息、宣传、教育和培训。

第 77 条　职业安全与健康风险评估

1. 职业安全与健康风险评估是指在工作场所对危险因素、有毒因素的风险和损害进行分析和检测，以主动预防职业事故和职业病，改善工作条件。

2. 雇主必须定期组织风险评估，并指导劳动者在工作前、工作过程中定期或在必要时自我评估职业安全与健康风险。

3. 在职业事故和职业病风险高的部门和职业中，应强制进行职业安全与健康风险评估，并将其纳入工作条例。

4. 劳动、荣军和社会事务部部长应在咨询卫生部长后对本条第 2 款和第 3 款做具体规定。

第 78 条　应急救援计划

1. 根据工作场所职业事故和职业病的风险和法律框架，雇主必须制定工作场所应急救援计划。

2. 应急救援计划必须包括以下主要内容：
（a）从危险区域疏散计划；
（b）对受害者的应急和急救措施；
（c）预防和克服事故造成的后果的措施；
（d）救援设施；
（dd）现场救援力量；与外部力量合作的计划；演习计划。

3. 应急救援计划的审批顺序、程序和权限应当依法执行。

第 79 条　建立应急救援力量

1. 在接触危险因素和有毒因素的工作场所，雇主应当负责建立法律规定的兼职或者专职应急救援力量，并为劳动者提供急救、急救护理培训。

2. 必须向应急救援力量提供技术和医疗设备，以确保及时救援、急救和急救护理，并且必须接受培训。

3. 卫生部长应详细说明工作场所应急救援力量的组织、设备和培训。

第 80 条　职业安全与健康自查

1. 雇主必须计划和组织在其企业中实施定期和专项的职业安全与健康自查。

2. 自查的内容、形式和持续时间必须确保有效性，并与劳动者的规模和特点、职业事故和职业病的风险、企业的工作条件相适应。

3. 劳动、荣军和社会事务部部长应在咨询卫生部长后对本条款做具体规定。

第 81 条 职业安全与健康统计和报告

1. 雇主每年必须编制工作场所职业安全与健康的统计数据和报告：

（a）向省级劳动管理部门和省级卫生管理部门提交职业安全与健康报告，专门法律另有规定的除外。

（b）编制本法第 36 条、第 37 条规定的引发职业安全与健康事故的职业事故和职业病、技术事故的统计报表。

2. 劳动、荣军和社会事务部部长应在咨询卫生部长后详细说明本条第 1 款的(a)项。

第六章 国家层面职业安全与健康的管理

第 82 条 国家层面职业安全与健康管理的内容

1. 颁布并组织实施有关职业安全与健康的法律规范性文件；在各自权限内制定、颁布或公布国家职业安全与健康标准和技术法规，地方职业安全与健康技术法规。

2. 进行职业安全与健康立法的宣传、传播和教育。

3. 监测、记录和提供有关职业事故和职业病的信息；制定国家职业安全与健康计划和记录。

4. 管理职业安全与健康服务机构的组织和运行。

5. 组织和开展职业安全与健康方面的科研和应用。

6. 审查、检查和处理有关职业安全与健康的投诉、检举和违反职业安全与健康的行为。

7. 提供职业安全与健康方面的培训和再培训。

8. 加强职业安全与健康领域的国际合作。

第 83 条 国家层面职业安全与健康的管理责任

1. 政府应规范国家对职业安全与健康的管理责任。

2. 劳动、荣军和社会事务部应负责职业安全与健康管理。

3. 各部委在各自的职责和权力范围内，负责职业安全与健康管理工作。

4. 各级人民委员会在各自的职权范围内，负责职业安全与健康管理工作。

第 84 条 劳动、荣军和社会事务部部长对职业安全与健康的管理责任

1. 牵头制定职业安全与健康立法、政策、计划并提交国家主管机关发布，或在其权限内发布并组织实施；建立国家职业安全与健康记录。

2. 发布本法第 28 条规定的对职业安全与健康有严格要求的机械、设备和材料清单；带头对职业安全与健康培训活动进行管理，并对有严格职业安全要求的机械、设备、供应品和物质进行评估。

3. 在其职权范围内，制定或参与制定本法第 87 条规定的国家职业安全与健康标准和技术法规。

4. 汇总和提供职业安全与健康信息；根据统计法规收集职业安全与健康统计数据。

5. 带头进行职业安全与健康立法的宣传和教育；预防职业安全与健康事故、职业事故和职业病的技术事故。

6. 在必要情况下，向政府提交解决方案，以保护与劳动者职业事故和职业病保险相关的合法权利和利益。

7. 检查、审查和处理违反职业安全与健康的行为；调查并合作调查导致职业安全与健康事故的职业和技术事件；提议公安部和最高人民检察院调查和处理有犯罪迹象的职业事故。

8. 加强职业安全与健康方面的国际合作。

第 85 条 卫生部长对职业安全与健康的管理责任

1. 牵头制定关于工作环境监测的法律文件，并提交国家主管机关发布，或在其职权范围内发布；评估、控制和管理工作场所的有毒因素；管理和组织工作环境监控。

2. 制定适用于工作环境中职业健康相关因素的国家职业安全与健康标准和技术法规；对本法第 87 条第 5 款规定的职权范围内的职业健康内容提出意见。

3. 指导职业健康管理和职业病防治工作。

4. 指导为职业事故和职业病受害者提供体检、职业病检查、确定工作能力下降程度的医疗鉴定、治疗和康复；管理劳动者的健康记录。

5. 与劳动、荣军和社会事务部合作，制定职业安全与健康培训内容，就职业安全与健康立法进行交流、宣传和教育。

6. 制定、公布并定期审查、修订和补充本法第 37 条第 1 款规定的职业病名录；组织职业病医疗鉴定；在咨询相关部委/部门后，为每个职业/工种制定和颁布健康标准。

7. 汇总和提供职业安全与健康信息；编制统计数据并开发职业病数

库；管理工作场所的劳动者健康。

8. 与劳动、荣军和社会事务部合作，为繁重、危险和有毒职业以及极为繁重、危险和有毒职业清单制定评估标准。

9. 与劳动、荣军和社会事务部合作，检查和监督法律规定的职业安全与健康立法的执行情况。

10. 每年向劳动、荣军和社会事务部提交一份关于其管理下的职业安全与健康政策和立法执行情况的报告。

第 86 条 各级人民委员会对职业安全与健康的管理责任

1. 制定法律规范性文件和地方法规，提交国家主管部门发布，或在其权限内发布。

2. 负责当地的职业安全与健康管理；在当地制定和执行职业安全与健康立法。

3. 每年向同级人民委员会提交本地区职业安全与健康政策和法规执行情况的报告，或者根据法律规定，根据国家主管机关的要求编写专题报告。

4. 每年根据当地的实际特点，提供资源在当地开展有关职业安全与健康立法的宣传、传播和教育活动；将针对在当地工作的无劳动合同劳动者的职业安全与健康立法的宣传、传播和教育作为优先事项。

5. 在其职权范围内检查、审查和处理本地区的职业安全与健康违法行为。

第 87 条 负责制定、公布国家职业安全与健康标准，制定、颁布国家职业安全与健康技术法规

1. 科技部批准国家职业安全与健康标准的制定计划，并公布国家职业安全与健康标准。

2. 劳动、荣军和社会事务部应与相关部委合作，牵头制定国家职业安全与健康技术法规的计划。

3. 各部委应在获得劳动、荣军和社会事务部的同意后，牵头制定国家职业安全与健康标准，制定政府指定的国家职业安全与健康技术条例；如有异议，负责制定国家职业安全与健康标准和技术法规的部门应向总理报告，以供审议和决定。

国家职业安全与健康标准和技术规范的评价，由科技部按照《标准和技术规范法》的规定开展。

4. 劳动、荣军和社会事务部应根据本条第 3 款的规定，在其职权范围内制定国家职业安全与健康标准，颁布国家职业安全与健康技术法规；与各

部委合作，向总理提交制定国家职业安全与健康标准的责任的决定，制定和颁布新的或与多个部委管理相关的国家职业安全与健康技术法规。

5. 卫生部根据本法第 85 条的规定，在其职权范围内制定国家职业安全卫生标准，发布国家职业安全卫生技术规范；对其他部委制定的国家职业安全与健康标准和技术法规中的职业安全与健康内容提出意见。

第 88 条 国家职业安全与健康委员会和省级职业安全与健康委员会

1. 国家职业安全与健康委员会是一个咨询机构，协助政府制定、修订或补充职业安全与健康政策和立法。该委员会应由总理设立，成员包括劳动、荣军和社会事务部、卫生部、越南劳动总联合会、越南农民联合会、雇主代表组织、相关部委/部门、职业安全与健康专家和科学家的代表。

2. 省级职业安全与健康委员会是协助省级人民委员会在当地组织实施职业安全与健康政策和立法的咨询机构。委员会应由省级人民委员会主席设立，成员为省级劳动、荣军和社会事务部门、卫生部门、劳工联合会、农民联合会、企业、机构、组织、当地职业安全与健康专家和科学家的代表。

3. 职业安全与健康理事会每年应在工作场所组织对话，以分享信息，增进雇主、劳动者、工会、雇主代表组织和国家机关之间的理解，促进劳动者享有平等和安全的工作条件，提高执行职业安全与健康政策和立法的效力。

4. 政府应详细说明国家职业安全与健康委员会和省级职业安全与健康委员会的设立、职能、职责、组织和运作。

第 89 条 职业安全与健康监察员

1. 职业安全与健康监察员是来自中央和省级劳动状态管理机关的专业监察员。

2. 辐射、油气勘探开发、铁路、水路、公路、航空运输或人民武装部队等领域的职业安全与健康监察，由国家主管部门协同职业安全与健康监察员实施。

3. 政府应详细说明本条第 1 款规定的职业安全与健康监察员的组织和职责，以及本条第 2 款规定的部门间合作机制。

第 90 条 对违反职业安全与健康条例的处理

1. 违反职业安全与健康条例，根据违反的性质和程度，将受到行政处罚或起诉；造成损害的，应按照法律规定进行赔偿。

2. 任何人利用职务和权力违反本法的规定、国家利益、组织和个人的合法权利，根据违反的性质和程度，应受到纪律措施处理或起诉，造成损害的，应按照法律规定进行赔偿。

3. 雇主未缴或者缓缴职业事故和职业病保险费、挪用职业事故和职业病保险费和本法第 12 条第 2 款规定的福利经费超过 30 日的，除应当足额缴纳未缴保险费并依法处理外，还应当根据未缴保险费的金额和缓缴天数，按照上一年度社会保险基金利率的 2 倍支付利息；如果雇主未能遵守这一规定，根据主管部门、银行、其他信贷机构的要求，国库应从其存款账户中扣除一笔款项，以向社会保险机构支付这笔款项的未付金额和利息。

4. 政府应详细说明本法规定的职业安全与健康行政违法行为的行动、形式和制裁率。

第 91 条 职业安全与健康合作机制

1. 职业安全与健康合作机制的运行如下：

（a）劳动、荣军和社会事务部应在其职责范围内牵头并与其他部委、部级机关、政府机关、省级人民委员会合作开展本条第 2 款规定的合作活动；

（b）各级职业安全与健康管理部门应在相关领域的职业安全与健康活动中与相关政治组织、社会政治组织、社会政治专业组织、社会专业组织和其他组织合作。

2. 职业安全与健康合作的内容：

（a）制定职业安全与健康政策和法规；职业安全与健康标准和技术法规；

（b）制定国家职业安全与健康方案和记录；

（c）职业事故调查；导致职业安全与健康事故的意外事故和技术事故；职业事故和职业病受害者的赔偿政策和福利；

（d）提供职业安全与健康信息、通信、教育、培训、统计和报告；严格按照职业安全与健康要求对机械、设备和用品进行评估；

（dd）职业安全与健康检查、审查和监督；违反职业安全与健康行为的处理；

（e）与职业安全与健康相关的表彰和奖励；

（f）职业安全与健康科技研究和应用。

3. 政府应详细说明本条款。

第七章 实 施 条 款

第 92 条 生效

1. 本法自 2016 年 7 月 1 日起生效。

2. 第 58/2014/QH13 号《社会保险法》第三章第 3 节第 84 条第 4 款，第 86 条第 1 款 b 点和第 2 款 a 点，第 104、105、106、107、116 和 117 条关于职业事故和职业病保险的规定自本法生效之日起失效。

3. 该法施行前开办的职业安全评价机关和职业安全与健康培训机关，应当继续经营，直至经营许可证到期。

第 93 条 详细条款

政府和主管国家机关应对本法的条款做具体规定。

该法于 2015 年 6 月 25 日由越南社会主义共和国第 13 届国会第 9 次会议通过。

2019 年缅甸《职业安全与健康法》

（2019 年缅甸联邦议会第 8 号法）
2019 年 3 月 15 日

联邦议会特此颁布本法。

第一章 名称、生效日期和定义

1.（a）本法称为《职业安全与健康法》；
（b）本法自总统通知指定之日起生效。
2. 本法律所含的下述表达的含义如下：
（a）政府指缅甸联邦共和国的缅甸联邦政府；
（b）劳动者指在本法适用的工作场所利用其体力或智力技能谋生的人员；
（c）用人单位指依照本法规定，承担用人单位规定的义务，在工作场所和工业/企业为劳动者授予福利的人员。该表达包括行业/企业创始人、主承包商或分包商、个体经营人士、用人单位的授权管理代理人、代表用人单位行事的经理、用人单位继任人、授权股份接管人或在公司、企业或合伙企业中注册履行用人单位职责的人员；
（d）工作场所指开展本法第三章规定的任何行业/企业流程的场所；
（e）职业事故指因工作或工作期间发生的死亡或伤害；
（f）委员会指根据本法成立的国家职业安全和健康委员会，由政府、用人单位和劳动者的代表组成；
（g）职业病指委员会与卫生和体育部协调后，以通告的方式确定的在工作期间因遭遇任何危险事件而发生的任何类型的疾病；
（h）职业感染指委员会以通告的方式确定的因接触工作场所的任何危险事件而发生的感染，或工作期间发生的感染；
（i）危险事件指委员会以通告的方式确定的任何可能对工作场所或公共场所的人员造成疾病或伤害的事件；
（j）危险材料指委员会根据本法以通告的方式指定为危险材料的任何

材料；

（k）危险机器指委员会根据本法以通告的方式指定为危险机器的任何机器；

（l）危险行业/企业和工作场所指委员会以通告的方式指定为危险行业/企业和工作场所的任何行业/企业和工作场所；

（m）重大和严重职业事故指由于流程、危险材料或危险机器而发生的爆炸、散射、泄漏、燃烧或倒塌，可能会立即或在一定时间内对工作场所内外或其附近的人员造成重大和严重的危害；

（n）部门指联邦劳工、移民和人口部；

（o）厅指工厂和一般劳工法检察厅；

（p）厅长指工厂和一般劳工法检察厅厅长；

（q）首席检察官指厅长；

（r）检查员指本厅的职业安全与健康检查员；

（s）职业安全与健康负责人指用人单位根据本法，出于职业安全与健康目的，对其分配职责的职业安全与健康经理、高管、主管或协调员；

（t）职业安全与健康委员会指由用人单位根据本法规定的行业/企业类型，出于职业安全与健康目的而成立的机构；

（u）注册医生指持有缅甸医学委员会或缅甸牙科和口腔委员会颁发的注册证书的人员；

（v）认可医生指部门认可的持有职业健康证书的人员；

（w）授权检验员指由厅长根据规定向其颁发认可证书的人员，以便在测试危险机器后颁发与危险机器相关的安全证书；

（x）培训师指由厅长经过筛选后进行职业安全与健康学科的教学和培训，并向其颁发认可证书的人员；

（y）培训中心创始人指投资现金、土地、建筑物、财产或家具，开设培训职业安全与健康相关课程的人员；

（z）培训中心指由厅长向其签发注册证书以开设和教授职业安全与健康课程的机构；

（aa）注册证书指由厅长向符合规定的培训中心签发并认可的证书；

（bb）认可证书指厅长向符合本法规定担任授权检验员或培训师的人员签发的证书；

（cc）制造商指制造用于本法适用的任何行业/企业或工作场所的危险材料或危险机器的人员；

（dd）进口商和卖方指直接进口或销售用于本法适用的任何行业/企业或工作场所的危险材料或危险机器的人员；

（ee）安装或拆卸人员指安装或拆卸用于本法适用的任何行业/企业或工作场所的危险机器的人员；

（ff）建造或拆除人员指建造或拆除本法适用的行业/企业或工作场所内的任何工厂或建筑物的人员；

（gg）流程指在本法适用的任何工作场所进行的任何流程。

第二章 目 标

3. 本法的目标如下：

（a）在相关行业/企业中有效实施职业安全与健康事务；

（b）确定适用本法的相关人员（包括用人单位和劳动者）的职责，以减少和减轻职业病和职业事故的发生；

（c）使适用本法的有关人员、用人单位和劳动者采取预防措施，预防职业危害和职业病；

（d）通过防止职业事故和职业病的发生来确保劳动者的安全，从而提高其生产力和改善其健康状况；

（e）在考虑国际和区域标准后，对与联邦情况相关的职业安全与健康标准作出规定，创造安全和有益健康的工作场所；

（f）支持和协助为发展职业安全与健康事务而开展的研究活动。

第三章 指定符合条件的行业/企业并取消指定

4. 本法适用于政府部门或组织、合作企业、国民或外国人在私人或合资企业中拥有的下列行业/企业：

（a）《1951年工厂法》涵盖的工厂、车间和仓库；

（b）《2016年商店与企业法》涵盖的行业/企业；

（c）制造行业/企业；

（d）使用或不使用机器经营的行业/企业；

（e）施工；

（f）工程设计；

（g）矿产勘探与升级以及宝石勘探与升级；

（h）石油和天然气行业/企业；

（i）港口行业/企业；

(j) 农业行业/企业；

(k) 牲畜行业/企业；

(l) 海上和近海海洋渔业；

(m) 教育服务；

(n) 保健服务；

(o) 通信；

(p) 运输；

(q) 酒店和旅游服务；以及

(r) 部门在与相关部委、委员会和董事会协调后，经政府同意，不时以通告的方式确定的本法涵盖的其他行业/企业。

5. 在政府同意的情况下，通过与相关部委、委员会和董事会协调，部门应：

(a) 以通告的方式规定与第 4 节中指定的行业/企业相关的监管行业/企业的区域、类型和规模；

(b) 部门可修改、增加或删除第 4 节指定的行业/企业名单。

第四章　委员会的组成及其职责

6. 政府应：

(a) 与下列人员组成委员会：

(i)	劳工、移民和人口部部长	主席
(ii)	厅长	成员
	建设部，住房发展厅	
(iii)	厅长	成员
	卫生和体育部，公共卫生厅	
(iv)	厅长	成员
	卫生和体育部，医疗服务厅	
(v)	厅长	成员
	自然资源和环境保护部，矿业厅	
(vi)	总经理	成员
	缅甸电力和能源部，石油天然气企业	
(vii)	总经理	成员
	缅甸交通运输和电信部，港务局	
(viii)	厅长	成员

工业部，工业监督检验厅

(ix) 厅长 　　　　　　　　　　　　　　　成员

缅甸内政部，消防队

(x) 厅长 　　　　　　　　　　　　　　　　成员

农业畜牧和灌溉部，农业发展厅

(xi) 厅长 　　　　　　　　　　　　　　　成员

劳工移民和人口部，社会保障厅

(xii) 厅长 　　　　　　　　　　　　　　　成员

教育部，技术职业教育培训厅

(xiii) 厅长 　　　　　　　　　　　　　　成员

酒店和旅游部，酒店和旅游管理厅

(xiv) 用人单位组织的三名代表 　　　　　成员

(xv) 劳工组织的三名代表 　　　　　　　成员

(xvi) 职业安全与健康领域的三名专家 　　成员

(xvii) 副厅长　工厂与劳工法监察局秘书

劳工、移民和人口部

(xviii) 厅长 　　　　　　　　　　　　　联合秘书

工厂与劳工法监察局，劳工、移民和人口部

(b) 政府可根据需要重组(a)款成立的委员会。

7. 委员会的职责如下：

(a) 规定国家级的政策和程序、审查、重新评估和修订这些政策和程序，以成功实施本法规定；

(b) 与相关政府部门、政府实体、地方和国际组织就职业安全与健康事务进行协调；

(c) 以通告的方式规定职业病、职业感染、危险事件、危险材料、危险机器、危险行业/企业和工作场所的清单及其危险程度或等级；

(d) 收集有关职业事故、职业病、职业感染、重大和严重职业事故和危险事件的统计数据和信息，并宣布为防止其发生而采取的预防措施；

(e) 指导教育和培训部门纳入并教授职业安全与健康相关的课程；

(f) 组建上诉委员会和其他必要的委员会，委员会成员由委员会主席选举产生，并确定其职责，以审理和检查根据第44条和第45条提交的上诉案件；

(g) 向政府提交关于履行职责的报告。

第五章 注　　册

8. (a) 任何目前正在从事或希望从事本法适用的任何行业/企业的人员，应按照规定向本厅申请注册，以便能够开展职业安全与健康事务。

(b) 本厅应记录根据第(a)款指定注册的行业/企业名单。

9. 出于职业安全和健康目的，希望从事下列活动的人员应通知本厅：

(a) 建造、扩建或拆除工厂或建筑物；或者

(b) 根据流程放置、安装机器，扩展或改变机器的用途。

10. 如果根据第8(a)款注册的任何行业/企业关闭或终止或迁移或其企业或用人单位的性质发生变化，应通知本厅。

11. 本厅应修改登记册，删除任何终止或关闭的行业/企业，并更新其企业场所、企业或用人单位性质发生变化的任何行业/企业。

第六章　任命职业安全与健康负责人以及成立职业安全与健康委员会

12. 用人单位应根据部门规定：

(a) 任命职业安全与健康负责人，根据行业/企业类型密切监督劳动者的安全和健康；

(b) 根据行业/企业的类型成立各自的职业安全与健康委员会，委员会由同等数量的用人单位和劳动者代表组成，以成为安全和健康的工作场所，但条件是其行业/企业中的劳动者人数超过部门为此目的确定的人数。在组建此类职业安全与健康委员会时，应根据行业/企业的性质考虑女性劳动者的职业安全与健康。

13. 职业安全与健康委员会的职能如下：

(a) 定期检查任何可能损害职业安全和健康的情况，并在相关委员会会议上报告对上述情况的审查情况；

(b) 建议用人单位制定预防和教育计划，以免发生职业事故；

(c) 加强用人单位与劳动者之间的协作，使用设备设施为开发职业安全与健康条件提供培训；

(d) 监督职业安全与健康管理计划的相关风险评估；

(e) 履行部门和本厅分配的职业安全与健康职责。

14. 职业安全与健康负责人应遵守本法以及根据本法制定的规则、命令、指令和程序，使工作场所安全且有益健康。

第七章　监察员的任命以及首席监察官和监察员的权力和职责

15. 部门可根据需要任命监察员,以实现本法的目标。

16. 监察员应进入本法适用的工作场所,监察职业安全与健康条件,指导用人单位遵守这些条件,并向首席监察官报告调查结果。

17. 监察员有权根据其行为准则履行以下职业安全与健康权力:

（a）有权在任何时候不出示搜查证进入、监察和询问与本法有关的任何工作场所；

（b）有权查看、复制和扣押与工作场所和流程相关的所需文件和记录作为证据；

（c）有权对可能危害职业安全与健康的工作场所和流程拍照录像；

（d）有权评估、测量和记录由于响度、光、热、冷、颗粒、气体和危险材料对工作场所环境造成的损害程度和持续时间,并在需要时获得相关研究领域专家的协助；

（e）在认可医生的协助下,有权在工作时间询问工作场所的任何人员,以监察使劳动者发生或可能使其发生职业病的任何情况；

（f）有权要求诊所或医院的负责人按照规定的安全等级,提供正在接受治疗的劳动者的医疗记录或有关因职业事故或职业病所致死亡的信息,或本厅以规定形式要求的尸检结果。

18. 如果监察员认为由于以下原因而发生或可能发生职业事故、职业病、危险事件或重大和严重职业事故,经首席监察官批准,监察人员应勒令用人单位暂时关闭整个或部分工作场所,并在需要时通知相关厅:

（a）由于危险的工作场所条件、劳动者进行的不安全操作、危险材料和危险机器的存在、工作场所的布局和功能、机器或设备的一部分,继续从事该行业/企业是不合适的；

（b）因违反或不符合本法任何规定而不宜继续从事该行业/企业；

（c）认为工作场所的劳动者由于作为、不作为、疏忽或粗心而处于危险之中；或者

（d）由于职业事故或事故即将发生,需要将劳动者撤离危险区域。

19. 监察员应:

（a）在发现用人单位提交的关于其符合第18条规定的临时关闭工作场所的命令的文件完整无误后,批准整个或部分工作场所的重新开放；

(b) 通知相关厅和用人单位批准根据第(a)款恢复工作场所。

20. 首席监察官可：

(a) 对任何未能遵守根据第18条发布的命令的人员采取相关行动，或按照要求将责任分配给相关监察员以采取相关行动；以及

(b) 就根据第18条规定发布的临时关闭整个或部分工作场所的命令，根据变更或改善情况，通过设定相关条款和条件，批准某些活动的运作。

21. 监察员：

(a) 如果有理由认为劳动者可能受到身体伤害或其健康可能受到威胁，或任何材料可能受到损坏，可以书面指示用人单位在规定的时间内修改和更新条件；

(b) 应通过出示完整的记录和证据，促使用人单位在规定时间内提交对根据第(a)款做出的指示的遵守情况和完成情况；以及

(c) 如果用人单位不遵守第(a)款规定的指示，可禁止用人单位继续经营该行业/企业。

22. 首席监察官应具体指派监察员列出使用危险材料的工作场所清单，必要时进行特殊检查，并禁止或限制此类危险材料的使用。

23. 监察员应指示用人单位培训其劳动者学习和观察急救护理、灭火、紧急情况下系统的应用和处理、预防计划以及根据第22条规定列出的工作场所发生危险的可能性。

24. 首席监察官可指派任何监察员在相关法院起诉违反本法规定的人员。

25. 首席监察官和监察员不得参加任何工厂、车间、行业/企业或机构或任何与其直接或间接相关的企业。

第八章 用人单位和劳动者的责任

26. 用人单位应负责：

(a) 根据需要进行安排，评估工作场所、流程以及所使用的机器和材料的风险；

(b) 根据需要进行安排，评估工作场所和环境发生危险的可能性；

(c) 按照规定，安排劳动者接受认可医生的医疗检查，查看其是否患有职业病；

(d) 根据第(a)、(b)和(c)款的调查结果，安排改善工作场所，直至其

安全且有益健康；

（e）免费向劳动者提供足量的由本厅规定和批准的个人防护服、材料和设施，并促使劳动者在工作时穿戴防护服及防护设备；

（f）规定预防计划和应急预案；

（g）提供诊所，任命注册医生和护士，并为劳动者人数不少于本厅确定人数的任何行业/企业提供药品和辅助设备；

（h）为经理、劳动者和职业安全与健康委员会成员（包括用人单位本人）作出必要安排，以便其参加本厅根据其部门或工种规定的职业安全与健康培训课程；

（i）作出必要安排，以便在劳动者遭受职业事故或其生命或健康可能处于危险的情况下，能够立即向职业安全与健康负责人或经理报告；

（j）作出安排，防止工作场所中的任何人员因工作场所或流程中使用的材料、机器或废物而面临职业安全与健康风险；

（k）如果任何职业事故即将发生，应立即停止流程，疏散劳动者并实施必要的救援计划。在可能的情况下，劳动者将被重新安置到另一个合适的安全工作场所；

（l）按照规定，展示职业安全与健康指令、危险标志、通知、海报和指示标志；

（m）进入受限危险工作场所时，作出安排以遵守预防措施；

（n）作出安排，向劳动者和相关人员传播由相关部委发布的职业安全与健康手册和指南，以获取知识、技术、信息和技能，或提高其对此的认识或知识；

（o）制定消防安全计划，进行消防演习，培训劳动者系统地使用灭火器；

（p）允许首席监察官和监察员进入工作场所，询问、要求提供文件和资料或扣押证据；

（q）如果劳动者必须在危险行业/企业和工作场所工作，安排其只在规定的工作时间内工作；

（r）承担职业安全与健康事务的费用。

27. 以下情况下，任何用人单位不得解雇劳动者或给劳动者降职：

（a）在注册医生就职业伤害出具医疗证明或认可医生就接触职业病签发医疗证明之前的任何期间；

（b）因所述劳动者处理了关于危险或有害健康状况的投诉；

（c）因所述劳动者履行了职业安全与健康委员会的职责；或者

（d）因所述劳动者拒绝在即将发生职业事故或职业病的任何情况下工作。

28. 如果任何因职业事故受伤或接触职业病的劳动者不在《2012年社会保障法》的涵盖范围内，用人单位必须支付医疗费用，以检查此类劳动者的能力下降程度和残疾等级。

29. 用人单位：

（a）可以禁止或限制由于注册医生根据行业/企业的需要和性质所进行的体检结果而不符合健康标准的劳动者进行工作；

（b）对于根据第（a）款被禁止或限制在原岗位或有关工作场所工作的工人，在其提交健康改善证明后，必须立即雇用该工人；

（c）必须在工作场所做出必要安排，以免损害怀孕或哺乳女性劳动者的健康。

30. 劳动者：

（a）必须按照职业安全与健康厅的规定，系统地使用用人单位提供的个人防护服和材料，并系统且正确地使用机器和设备；

（b）必须遵守用人单位、职业安全与健康委员会或职业安全与健康负责人出于职业安全与健康目的根据本法及根据本法制定的规则作出的指示和建议；

（c）必须遵守职业安全与健康指令、条件、标志、海报、通知、警告和禁令；

（d）必须系统地使用和处理工作场所使用的设备、机器、机器零件、车辆、电力和其他材料；

（e）必须特别注意，以免因劳动者在劳动场所的作为或不作为而损害本人和其他劳动者的安全和健康；

（f）根据本法履行职责时，必须与用人单位和职业安全与健康负责人配合；

（g）如果发现任何对职业安全与健康有负面影响的情况或事件，必须立即由劳动者本人或通过直接主管向用人单位、职业安全与健康负责人或经理报告；

（h）可以拒绝在任何可能发生危险的情况下继续工作，但如果用人单位安排并重新安置其在安全的工作场所工作，则不得拒绝工作；

（i）可选择代表及时与劳工组织或劳动者合作和联络，以确保劳动者在各自工作场所的职业安全与健康。

第九章 制造商、进口商和卖方、安装或拆卸人员或建造或拆除人员的责任

31. 制造商、进口商和卖方、工作场所的安装或拆卸人员或建造或拆除人员、流程和使用的危险材料必须获得授权监察员或相关部门颁发的安全证书。

32. 制造商或进口商和卖方应就危险材料和危险机器承担以下责任：
（a）在不损害健康的情况下，提供与安全使用相关的信息；
（b）出于安全和健康的目的进行测试，并告知用户测试结果。

33. 安装或拆卸人员或建造或拆除人员必须按照安全和健康规定执行。

第十章 通知、监察和报告

34. 用人单位负责按规定承担以下责任：
（a）发生职业事故、危险事件或重大和严重职业事故时通知本厅；
（b）如果劳动者接触到规定的职业病，或由于使用的材料或在某个流程中而被感染或可能被感染，将报告连同认可医生编制的医疗报告一并发送到本厅。

35. 为患有规定职业病的前任或现任劳动者提供治疗的注册医生必须将包含规定事实的报告发送给相关用人单位和厅，并将报告副本发送给卫生和体育部。

36. （a）如果发生任何职业事故、危险事件、职业病或职业感染，监察员必须按要求进行检查；
（b）未经首席监察官同意，任何人不得删除、隐藏、添加或更改与发生职业事故、危险事件、职业病或职业感染相关的全部或部分材料、机器、设备、布局、文件或标志；
（c）第（b）款中的禁令不适用于为拯救生命、财产和人员安全而进行的救援和相关活动；
（d）如果第（b）款中的禁令可能导致后续负面影响，首席监察官可以批准删除、废除、添加或更改材料、机器和设备以及布局。

37. 委员会可成立由相关研究领域的专家组成的监察委员会，监察危险事件、职业病以及重大和严重职业事故的发生情况。

38. 根据第37条规定成立的监察委员会：

（a）为检查第 37 条规定的事务，有权进入和监察与监察相关的场所；

（b）有权传唤、询问和录取有关人员的证言，以便进行监察；

（c）有权获得必要的文件、统计资料、合同、证据、表格和样本；

（d）必须在规定期限内向委员会提交报告，包括调查结果、评估信息和建议。

第十一章　担任授权审查员或培训师与运营培训中心

39. 认证审查员或培训师如果符合规定的任职资格，应根据规定向厅长申请认可证书或注册证书（如果想成为培训中心创始人）。

40. 厅长：

（a）在按照规定对第 39 条规定提出的申请进行筛选后，可以批准或拒绝签发认可证书或注册证书；

（b）如果申请人根据第（a）款规定获得批准，必须促使申请人缴纳部门确定的费用，并通过规定证书的条款和条件，向授权审查员或培训师签发认可证书，或向培训中心创始人签发注册证书；

（c）必须对获得认可证书的授权审查员和培训师或根据第（c）款规定获得注册证书的培训中心创始人进行注册。

41.（a）根据第 40 条第（b）款规定持有认可证书或注册证书的人员，如果想继续担任授权审查员或培训师，必须在证书到期前 30 天内向厅长申请续期；

（b）厅长应筛选根据第（a）款提交的申请，并可根据规定批准或拒绝续期。如果申请符合续期标准，厅长必须促使申请人缴纳部门确定的续期费，并续证。

42.（a）授权审查员必须在监察危险机器的职业安全和健康情况并认为其安全后，向用人单位颁发安全证书；

（b）授权审查员、培训师或培训中心创始人必须严格遵守厅规定的条件。

第十二章　行　政　措　施

43. 厅长应：

（a）向授权审查员、培训师或培训中心创始人发送通知，告知其在以下情况下暂停经营业务的权利：

（i）在申请担任授权审查员、培训师或培训中心创始人证书时提交的信息不正确；

（ii）发现其不适合继续担任授权审查员或培训师或运营培训中心；或者；

（iii）其违反厅规定的任何条件；

（b）授权审查员、培训师或培训中心创始人有权在收到通知之后的指定期限内，根据第（a）款的规定，就暂停业务运营权的通知做出解释；

（c）厅长必须在发现授权审查员、培训师或培训中心创始人根据第（b）小节作出的解释不可靠或不相关后，促使其支付行政罚款，或限期暂停或永久取消其认可证书或注册证书。

第十三章　上　　诉

44.（a）任何人如不满意监察员根据第18节规定发布的命令或其根据第21条第（c）款做出的继续开展行业/企业的任何禁令，可在命令或禁令发布之日起30天内向委员会成立的上诉委员会提出上诉；

（b）上诉委员会应根据第（a）款规定审查上诉情况，并可批准、修改或撤销监察员作出的命令或禁令。

45.（a）任何人如对厅长根据第43条规定作出的行政决定不满意，可在决定作出之日起30天内向上诉委员会提出上诉；

（b）上诉委员会应根据第（a）款规定审查上诉情况，并可批准或修改或撤销厅长作出的行政决定。

46. 上诉委员会关于上诉案件的决定应为最终决定。

47. 即使提出上诉，授权审查员、培训师或培训中心创始人应在其未对根据第43条规定撤销或取消认可证书或注册证书的决定提出上诉的30天后的7天内，或在上诉委员会根据第45条第（b）款规定批准厅长的决定之后的7天内，将认可证书或注册证书返还给本厅。

第十四章　禁　　令

48.（a）任何目前正在经营或想要经营本法适用的任何行业/企业的人员都必须向本厅注册；

（b）任何人必须按照规定通知本厅，其将按照职业安全和健康规定建造、扩建或改造建筑物，安置、安装本法适用的行业/企业的各流程中的机器，并扩展或改变其使用的情况；

（c）在未获得厅长签发的认可证书的情况下，任何人不得担任授权审查员或培训师,在未获得厅长签发的注册证书的情况下任何人不得担任培训中心创始人。

49. 用人单位必须:

(a) 按照第 18 条的规定遵守临时关闭工作场所的命令;

(b) 符合第 20 条第(b)款规定的条件;

(c) 遵守监察员根据第 21 条第(a)款发布的指示;

(d) 不得要求劳动者超过根据第 26 条第(q)款规定的时间工作;或者

(e) 支付第 26 条第(r)款规定的职业安全与健康费用。

50. 未经首席监察官同意,任何人不得违反第 36 条第(b)款的规定。

51. 任何履行本法规定职责的人员,在任职期间或卸任后,不得披露其任职期间所知的任何机密信息,法院案件除外。

第十五章 违法行为与处罚措施

52. 任何职业安全与健康负责人被判定未能履行第 14 节规定的职责,将被处以 3 个月以下监禁或 500000 缅元以上 1000000 缅元以下的罚款,或两者并罚。

53. 任何用人单位被判定违反第 12 条、第 26 条(a)款至(p)款、第 27 条、第 29 条(b)款和第 29 条(c)款的规定,将被处以 3 个月以下监禁或 1000000 缅元以上 5000000 缅元以下的罚款,或两者并罚。

54. 任何劳动者被判定违反第 30 条第(a)、(b)、(c)、(d)、(f)和(h)款的规定,将被处以最高 30000 缅元的罚款。

55. 任何劳动者被判定故意违反第 30 条(e)款和(g)款的规定,将被处以 3 个月以下的监禁或最高 100000 缅元的罚款,或两者并罚。

56. 任何制造商、进口商和卖方、安装或拆卸人员或建造或拆除人员被判定违反第 31、32 和 33 条的规定时,将被处以 3 个月以下监禁或 1000000 缅元以上 5000000 缅元以下的罚款,或两者并罚。

57. 任何用人单位被判定违反第 34 条的规定时,将被处以 1 个月以下监禁或至少 2000000 缅元的罚款,或两者并罚。

58. 任何注册医生被判定违反第 35 条的规定时,将被处以最高 500000 缅元的罚款。

59. (a) 任何授权审查员在被判定违反第 42 条(b)款的规定时,将被处以 3 个月以下监禁或 1000000 缅元以上 5000000 缅元以下的罚款,或两者并罚;

(b) 任何培训师在被判定违反第 42 条(b)款的规定时,将被处以 500000 缅元以上 1000000 缅元以下的罚款;

(c) 任何培训中心创始人在被判定违反第 42 条(b)款的规定时,应被处以 1000000 缅元以上 5000000 缅元以下的罚款。

60. 任何人员:

(a) 在被判定违反第 48 条(a)款和(b)款的规定时,将被处以 1000000 缅元以上 5000000 缅元以下的罚款;或者

(b) 在被判定违反第 48 条(c)款规定的禁令时,将被处 3 个月以下监禁,或 5000000 缅元以上 10000000 缅元以下的罚款,或两者并罚。

61. 任何用人单位:

(a) 在被判定违反第 49 条(a)、(b) 和(c)款的规定时,将被处以 3 个月以下监禁或 3000000 缅元以上 5000000 缅元以下的罚款,或两者并罚;

(b) 如果在根据第(a)款定罪后,违规行为仍在继续,则可处以进一步罚款,违规行为持续期间每天最多罚款 100000 缅元。

62. 任何用人单位在被判定违反第 49 条(d)和(e)款的规定时,将被处以 3 个月以下监禁或 2000000 缅元以上 5000000 缅元以下的罚款,或两者并罚。

63. 任何人在被判定违反第 50 条的规定时,将被处以 3 个月以下监禁或 3000000 缅元以上 10000000 缅元以下的罚款,或两者并罚。

64. 任何履行本法规定职责的人员在被判定违反第 25 条和第 51 条的规定时,将被处以 3 个月以下监禁或 500000 缅元以上 1500000 缅元以下的罚款,或两者并罚。

65. 任何人被判定违反根据本法制定的规则或条例时,将被处以 3 个月以下监禁或不低于 2000000 缅元的罚款,或两者并罚。

第十六章 职业安全与健康的管理性预防措施

66. 委员会应利用部门资金采取以下行动,以有效执行用人单位和劳动者的职业安全与健康规定:

(a) 发展职业安全与健康的行动和活动;

(b) 与职业安全与健康事务有关的研究和教育行动;

(c) 与当地和国际组织合作,进行职业安全与健康的发展和改善事务。

第十七章 其 他

67. 在联邦发生任何紧急情况时，政府可发布通知，在其认为合适的期限和条件下，任何工作场所不受本法全部或任何规定的约束。

68. 非公务员的委员会成员、工作委员会成员和监察委员会成员在依据本法履行其职责时，视为公务员。

69. 非公务员的委员会成员、工作委员会成员、监察委员会成员和上诉委员会成员有权获得政府批准的津贴和薪酬。

70. 部门应组建这些机构，任命委员会的管理人员，并向其分配职责。

71. 根据本法成立的工作委员会的费用应由部门资金支付。

72. 部门可任命副首席监察官，以履行首席监察官的职责。

73. 执行本法规定时：

（a）经政府批准，部门可发布细则和条例；

（b）委员会和部门可发布通告、命令、指令和业务守则；以及

（c）厅可发布命令和指示。

2013年老挝《劳动法》(节选)

第八节 劳工的职业安全与健康

第1章 保护劳工的安全与健康

第117条 (新增部分)劳工的职业安全与健康

劳工的职业健康与安全是用人单位与雇员为保证工作场所的职业安全和健康而开展的联合活动,包括工作环境的风险评估、减少危害与风险的适当措施、防范工作场所出现事故的方法、预防伤害和职业病的措施以及始终在工作场所逐步建立安全文化等。

第118条 (新增部分)国家义务

国家的义务如下:

1. 通过以下方式来确定、执行和修订关系劳工的健康与安全、并与国家社会经济发展计划相符的政策和国家战略:

(a) 通过减少因工作环境可能产生的隐患,防范工作场所出现事故或职业病;

(b) 确定相关政府部门、用人单位、雇员及其他相关部门在保护工作场所的健康与安全一事上的职责和责任。

2. 确定健康与安全措施,并确保所有相关方都参与到劳工的健康与安全中。

3. 每隔一段时间便确立、制定和改善劳工的健康与安全体系,将责任机构、雇员与用人单位间的参与、信息提供、咨询服务、培训、伤害与职业病数据的收集与分析等纳入其中。

4. 为生产工具或装备来保护安全与健康(包括个人防护用具)的那些工作单位提供适当的研究投资、协助或便利。

5. 在与管辖用人单位或雇员的相关机构的代表进行磋商后,创建职业病病历,包括生理方面和精神方面的。

6. 有各种措施来保护雇员,或工作单位内那些被告知在工作场所的健康与安全方面行为不当或有所疏忽的人员。

第 119 条 （新增部分）用人单位义务

用人单位的义务如下：

1. 持续引入合适的措施，以确保在其管理下工作的雇员处于健康且安全的工作场所中。

2. 确保在工作单位内生产金属或化学品及炸药的工作场所、机械、设备和程序都是安全的，或不会对雇员的健康构成危险。

3. 定期检查所有安全措施，并改进任何不当之处。

4. 每年至少评估一次雇员的健康与安全风险，然后报告给劳动行政管理局。

5. 工作时对工作场所、安全系统、环境和氛围进行维护，以确保雇员拥有良好的健康状况。

6. 适当推动工作场所内的雇员福利。

7. 为雇员提供信息、建议、培训和保护，使其可以安全地开展自身工作。

8. 按照国际标准向雇员提供状况良好的全套个人安全用具。

9. 禁止在工作场所中或周围吸食成瘾物质、饮酒或吸食任何改变心理状况的物质。

10. 每年至少为雇员开展一次关于基本健康与安全知识以及防护职业病（即 HIV）的培训。

11. 任命负责劳工健康与安全的雇员。

12. 法律规定的其他义务。

第 120 条 （新增部分）雇员义务

雇员必须严格遵守工作单位的健康与安全条例。雇员必须参与用人单位或组织举行的健康与安全活动。

如果雇员注意到或认为工作场所会出现任何安全或健康危害，那么该雇员必须尽快向负责健康与安全的一方或工作单位的主管通知此事。

当把工作场所中的危险通知用人单位后，如果该用人单位并不重视或并未解决问题，那么该雇员就必须通知劳动行政管理局、负责健康与安全的政府单位或其他相关组织。

第 121 条 （新增部分）设计者、生产者、进口商、供应商和安装者的义务

设计者、生产者、进口商、供应商或递送者以及安装机械、设备或材料的人员都必须确保健康与安全。具体如下：

1. 确保正确使用机械、设备或材料，且不会对用户的健康与安全构成危险。

2. 推荐安装和使用机械、设备及其他材料的方法，为可能使用的机械、设备与化学品提供其危险方面的信息，以及推荐各种防范方法。

3. 研究与前两项相符的科学和新知识，或提供这方面的培训。

第 122 条 （新增部分）风险评估和内部条例的创制

用人单位必须定期检查和评估工作单位内和工作场所中的安全与健康风险，且每年必须向劳动行政管理局至少报告一次风险评估结果。可由用人单位、劳动监察官或经劳动行政管理局授权的劳动健康与安全服务组织来开展风险评估。

用人单位必须制定符合相关法律的内部规章，并顺利完成与工会、雇员代表或工作单位内大部分雇员之间的磋商。

第 123 条 （新增部分）工作单位内负责劳工健康与安全的官员与小组

雇员不超过 100 人的营利性工作单位必须至少有一名雇员负责劳工的健康与安全。

在施工区或矿区工作的工作单位或工作场所中必须至少有一名雇员负责劳工的健康与安全。

雇员超过 100 人的工作单位必须指定一个小组来负责劳工的健康与安全，必要时还应成立一个安全与健康委员会来负责劳工的健康与安全。

负责劳工健康与安全的雇员必须具备相应知识，或经过培训，或拥有劳动行政管理局认可的劳工健康与安全相关的院校或组织颁发的学位或证书。

第 124 条 （新增部分）工作单位内的医疗人员

雇员不少于 50 人，且位于郊区或偏远地区的工作单位必须拥有隶属于该单位的医生。

雇员不足 50 人的工作单位必须配备一个药柜，并由一名雇员担任责任护士。

第 125 条 （新增部分）记录和报告工作场所的事故

一旦工作单位内发生的事故导致雇员停工 4 天或更久，用人单位就必须详细记录事故原因，并将其报告给劳动行政管理局。

一旦工作场所的事故或职业病导致雇员受伤、重伤或死亡，用人单位就必须在 3 天内向劳动行政管理局报告此事。

第 126 条 （新增部分）雇员的医学检查

用人单位每年必须为雇员提供至少一次体检的福利。在危险区域工作或夜间工作的雇员每年必须接受至少两次体检。

第 2 章　工伤事故和职业病

第 127 条　（修订部分）工伤事故和职业病

工伤事故是指当雇员在工作场所内工作时、因公外出时、工间临时休息或在上下班途中发生的事故。

如果发生事故时劳动者所执行的任务并非用人单位或其代表指定的任务，或完成指定工作后才发生事故，那么就不得将该事故视为工伤事故。

职业病是指由职业导致的任何一种疾病。职业病的类型取决于具体规章。

第 128 条　（新增部分）治疗工伤事故和职业病的受害者

如果雇员因工伤事故或职业病受伤，用人单位或社会保险实施机构必须按照《社会保险法》的规定承担治疗费用。

在治疗和康复过程中，雇员有权从用人单位获得正常的薪水或工资，但时间不得超过 6 个月。如果达到时限，用人单位或社会保险实施机构将会按《社会保险法》支付相关费用。

如果雇员因工伤事故或职业病死亡，用人单位或社会保险实施机构必须按照《社会保险法》的规定承担丧葬费和相关赔偿。

如果劳动者在被用人单位指派到另一处工作场所时死亡，用人单位应承担将其遗体或遗骸转交给亲属的费用。

如果雇员因工伤事故或职业病丧失了肢体或器官，用人单位或社会保险实施机构必须支付《社会保险法》中规定的赔偿。

第 129 条　（修订部分）雇员因工伤事故或职业病以外的原因死亡时的薪水或工资以及津贴

如果雇员遭受了工伤事故和职业病以外的事故或疾病，连续请假治疗和康复超过 1 个月以上，那么在其持有医学证明的情况下，该雇员有权从用人单位获得 1 个月或 1 年 30 天的薪水和工资。如果继续治疗，该雇员将从用人单位或社会保险实施机构获得《社会保障法》中规定的疾病补助。

如果雇员死亡，用人单位或社会保险实施机构必须按照《社会保障法》的规定向该雇员的亲属或继承人一次性支付赔偿。

第四部分 英美国家

第四部分 英 美 国 家

1974年英国《工作中安全与健康法》

1974 第37章

本法对下列方面做出进一步的规定：确保工作人员健康、安全和福利；保护他人不因工作人员活动面临健康与安全风险；以及管制危险物质保管和使用及防止其非法购买、占有和使用；控制某些大气排放物；进一步规定就业医疗咨询服务；对有关建筑条例和1959年《（苏格兰）建筑法》进行修改；以及相关目的。【1974年7月31日】

本法经上议院和下议院提出并同意后，在国会会议上通过，并由女王陛下颁布。具体内容如下：

第一部分　与工作、管控危险物质和控制某些大气排放物相关的健康、安全和福利

序　　言

1. (1) 本部分规定已经生效，其旨在

(a) 确保工作人员在工作中的健康、安全和福利；

(b) 保护除工作人员以外的其他人免受因工作人员的活动而导致或与之相关的健康与安全风险；

(c) 管控爆炸性、高度易燃或其他危险物质的保管和使用，防止非法购买、占有和使用此类物质；和

(d) 在本法所述的任何类型的场所中，控制其向大气中排放有毒和其他有害气体。

(2) 本部分中有关制定健康与安全法规和农业健康与安全法则，以及编制和审批实施法规的相关规定应具有效力，目的是将附表1第3列所载法规，以及依据该法规制定的条例、命令及其他文书，逐步由法规体系和经批准实施规定及本部分的其他规定所取代，并旨在维持或提高依据这些法规制定的健康、安全和福利标准。

(3) 在本部分中，因工作人员的活动而导致或与之相关的风险，应当

视为包括因工作方式、工作中所用的装置和物质,以及工作场所条件或其任何部分所导致的风险。

(4) 本部分中凡提及本部分一般目的,是指本条第(1)款中所述目的。

一 般 义 务

雇主对雇员的一般义务

2. (1) 每个雇主均应当在合理可行的范围内确保其所有雇员的健康、安全和福利。

(2) 在不影响前面所述雇主义务普遍适用性的前提下,雇主义务适用的事务应当特别扩展至下列方面:

(a) 提供和维护工作装置和系统,即在合理可行范围内确保安全、没有健康风险;

(b) 在合理可行范围内做出安排确保物品和物质的使用、搬运、存储和运输安全、无风险;

(c) 提供必要信息、指导、培训和监督,在合理可行范围内确保雇员在工作中的健康与安全;

(d) 在合理可行范围内确保雇主控制的任何工作场所安全、无健康风险,提供出入口并保持安全、无健康风险;

(e) 在合理可行范围内为雇员提供并维持安全、无健康风险的工作环境,以及保障工作中雇员福利的设施和安排。

(3) 除规定情况外,各雇主应当编制有关雇员健康和工作安全的一般政策、当前实施此类政策的组织和安排的书面声明,并适时作出修改,并将任何修改及时告知所有雇员。

(4) 在有关情况下国务大臣制定的法规可以规定任命雇员安全代表组成认可的工会组织(定义在法规中做出规定),任命的安全代表应当作为雇员代表依据本条第(6)款的规定与雇主展开协商,并承担对其规定的其他职能。

(5) 在有关情况下国务大臣制定的法规可以规定选举雇员的安全代表,当选安全代表应当作为雇员代表依据本条第(6)款的规定与雇主展开协商,并承担对其规定的其他职能。

(6) 各雇主应当征求所有安全代表的意见,以做出和展开适当安排,促使雇员能够有效展开合作,推进措施执行,确保雇员在工作中的健康与安全,并检查措施的有效性。

（7）在规定情况下，各雇主应当依据本条第(4)款、第(5)款所述安全代表的要求，依据国务大臣制定的法规，成立一个安全委员会，负责适时审查所采取措施，以确保雇员在工作中的健康与安全，并履行规定的其他职能。

雇主和个体户对除雇员外其他人的一般义务

3.（1）各雇主应当在合理可行范围内尽力确保企业运营不会导致除雇员外的其他人存在健康与安全风险。

（2）各个体户应当在合理可行范围内尽力确保企业运营不会导致自己和其他人（非其雇员）存在健康与安全风险。

（3）在规定的情况下，各雇主和个体户应当按照规定的方式向可能受其经营影响的人（非其雇员）提供有关其经营方式可能影响他们健康与安全方面的信息。

工作场所相关人员对除雇员外其他人的一般义务

4.（1）本条对下列人员的有关义务进行了规定：

（a）并非雇主的雇员；但

（b）使用所提供的非住宅楼宇作为工作场所，或作为其使用所提供的装置或物质的场所，并且适用于上述提供的楼宇和用于其相关用途的非住宅楼宇。

（2）在任何程度上控制本条所适用的楼宇、其出入途径，或此类场所的任何装置或物质的每个人，应当在其职务范围内采取合理措施，在合理可行范围内确保这些场所及出入场所的所有途径能够供使用场所及场所内任何装置和物质的人使用，并确保场所和出入场所的所有途径安全、无健康风险。

（3）依据合同或租约在任何程度上承担有关下列方面义务的人：

（a）本条所适用的任何场所或其任何出入途径的维护或修理；

（b）任何此类场所的装置或物质的安全、无健康风险。

在本条第(2)款方面，该人应当视为对其义务所涉及的事务具有控制权的人。

（4）本条所述对任何场所或事务具有控制权的人，是指在该人进行交易、业务或其他事宜（不论是否以营利为目的）方面对该场所或事务具有控制权的人。

某些场所的人员对有关有害大气排放物进行控制的一般义务

5.（1）对第1条第(1)款第(d)项所述类型的任何场所具有控制权的

人，应当在可行范围内采取一切措施防止该场所向大气中排放有毒和有害物质，确保向大气中排放物质的方式对该场所无毒、无害。

（2）本条第(1)款所述方式，包括排放方式的装置，并且该款适用于对有关物质排放的任何操作进行监督。

（3）本条第(1)款规定的在有关方面视为有毒或有害的任何物质，在其他条款规定的方面也应视为有毒或有害物质（视具体情况而定）。

（4）本条所述对任何场所具有控制权的人，是指在该人进行交易、业务或其他事宜（不论是否以营利为目的）方面对该场所或事务具有控制权的人，本条对该人规定的任何义务只适用于其控制范围内的事宜。

制造商对使用物品和物质等有关工作中的一般义务

6.（1）设计、制造、进口，或提供工作中使用任何物品的人，应当

（a）在合理可行范围内确保物品的设计和构造能够保障在正确使用时是安全、无健康风险的；

（b）开展或安排进行该人执行上一段规定的义务所需的测试和检查；

（c）采取必要的措施确保在工作场所能够提供使用物品的设计和测试情况的必要和充分信息，以及确保使用时安全、无健康风险的其他必要信息。

（2）设计和制造工作中使用任何物品的任何人，应当开展或安排有关该物品及其设计可能产生的任何健康与安全风险的所有必要的研究，并在合理可行的范围内消除或尽量减少健康和安全风险。

（3）在工作场所架设或安装工作中使用任何物品的任何人，应当在合理可行范围内确保架设或安装的任何东西在正确使用时不会导致不安全因素和健康风险。

（4）制造、进口或提供工作中使用任何物质的人，应当

（a）在合理可行范围内确保该物质在正确使用时安全、无健康风险；

（b）开展或安排开展该人在执行上一段规定义务所需的测试和检查；

（c）采取必要措施确保在工作场所提供有关所用物品的任何相关测试结果，以及确保使用安全、无健康风险的其他必要条件的充分信息。

（5）制造工作中使用任何物质的任何人，应当开展或安排开展对有关该物质可能产生的任何健康与安全风险的所有必要研究，在合理可行范围内消除或尽量减少健康和安全风险。

（6）如果任何人已经进行的其他任何测试、检查或研究的结果可以用于本条上述规定目的，则本条上述规定不得视为要求任何人重复进行上述已

经进行过的任何测试、检查或研究。

（7）本条上述条款规定任何人的所有义务，仅应扩展至该人进行交易、业务或其他事宜（不论是否以营利为目的）的过程中所做事情和该人控制范围内的事宜。

（8）如果为其他人设计、制造、进口或者提供物品的人书面承诺将按规定采取充分措施在合理可行范围内确保正确使用该物品时是安全、无健康风险的，则该书面承诺具有在合理范围内免除设计、制造、进口或者提供该物品的人与本条第(1)款第(a)项与承诺条款相关义务的效力。

（9）依据租购协议、附条件买卖协议或信用销售协议为其他人（"客户"）提供工作中使用的任何物品或物质的人（"直接供应商"），如果

（a）按照上述协议通过其他人展开货物采购的融资业务；并且

（b）作为由客户出资从第三人（"有效供应商"）处采购货物的一种方式，在业务过程中获得供应给客户的物品或物质利益，则在本条中，"有效供应商"而非直接供应商应当视为向客户提供物品和物质的人，本条上述条文规定的供应商所有义务由有效供应商而非直接供应商独立承担。

（10）本条中所述任何物品或物质的使用，在某人未提供有关设计、制造、进口或供应该物品或物质的信息和建议的情况下，不得视为妥善使用。

雇员在工作中的一般义务

7. 在工作中，每个雇员应当

（a）对自己和可能会因其工作中的行为或疏忽而受到影响的其他人，在安全与健康方面尽到合理审慎义务；

（b）执行和遵守雇主和与该雇员合作的任何其他人赋予的义务以及任何有关其他法律法规的要求。

不得干扰或滥用依据有关规定提供东西

8. 任何人不得故意干扰、罔顾后果地滥用依据有关法律法规提供的与健康、安全和福利方面的权益相关的任何东西。

不得对于雇员依据有关规定所做事情和提供东西收取费用

9. 对于依据有关法律法规的任何具体要求做的任何事情和提供的任何东西，任何人不得对其任何雇员收取任何费用，也不得允许他人对其任何雇员收取任何费用。

健康与安全委员会和健康与安全管理局

委员会和管理局的设立

10.（1）应当设立健康与安全委员会和健康与安全管理局两个法人组织，其构成应当符合本条的下列规定。

（2）健康与安全委员会（在本法中，以下简称"委员会"）应设主席一人，由国务大臣任命，其他成员人数不得少于6人、不得超过9人，由国务大臣依据本条第(3)款的规定进行任命。

（3）在任命委员会成员（不包括主席）之前，国务大臣应当

(a) 对于其中3人，与国务大臣认为适当的雇主代表组织协商确定；

(b) 对于其他3人，与国务大臣认为适当的雇员代表组织协商确定；

(c) 对于国务大臣任命的任何其他成员，与代表当地主管部门的组织和国务大臣认为适当的其他组织协商确定，包括其成员活动涉及本部分规定的任何一般目的的专业机构。

（4）国务大臣可以将委员的成员之一任命为委员会副主席。

（5）健康与安全管理局（在本法中，以下简称"管理局"）由3名成员组成，其中一人经国务大臣批准后由委员会任命为管理局局长，其他成员由委员会与局长协商确定，并经国务大臣批准后任命。

（6）附表2的规定适用于委员会和管理局。

（7）委员会和管理局及其官员和工作人员应当代表内阁履行职能。

委员会和管理局的一般职能

11.（1）除本法赋予委员会的其他职能外，在不影响本条第(3)款规定的前提下，委员会的一般职能是为实现本部分的一般目的，落实委员会认为适当的事情、实施委员会认为适当的安排，但不包括有关农业经营方面的事宜。

（2）除上述职能外，委员会应当

(a) 协助并鼓励与本部分的任何一般目的相关的人进一步实现这些目的；

(b) 做出委员会认为适当的安排，以展开相关研究、发表研究成果、提供与这些目的相关的培训和信息，并鼓励其他人展开相关研究和提供相关的培训和信息；

(c) 做出委员会认为适当的安排，以确保为政府有关部门、雇主、雇员、代表雇主和雇员的组织，以及与本部分的任何目的有关的人提供资料及咨询服务，并随时通报有关事项、提供充分建议；

(d) 及时向有权依据任何有关法律法规制定相关法规的政府部门提交委员会认为适当的提案。

(3) 委员会应当

(a) 及时向国务大臣提交为执行其职能目的而提出的详细提案；

(b) 按照规定下述行事确保其活动符合国务大臣批准的提案；

(c) 落实国务大臣对委员会做出的所有指示。

(4) 除本部分赋予管理局的任何其他职能外，管理局应当

(a) 代表委员会行使委员会指示其行使的委员会职能；

(b) 落实委员会对管理局做出的除本条第(a)项之外的其他所有指示；但除非是落实国务大臣对委员会做出的指示，在特定情况下，委员会不得向管理局做出有关执行任何其他相关法律法规的任何指示。

(5) 在不影响本条第(2)款规定的前提下，经内阁阁员要求后，管理局应当

(a) 向内阁阁员提供所需的有关管理局活动的任何方面的信息；

(b) 从管理局任何官员或工作人员获取，并向内阁阁员提供所需但与本部分任何一般目的不相关的专业建议。

(6) 在不违反依据本部分规定对其做出的任何指示的前提下，委员会和管理局有权做旨在有利于委员会和管理局履行各自职能的任何事情（除借款外）（包括按照本款赋予其的职能）。

委员会由国务大臣领导

12. 国务大臣可以

(1) 批准依据第 11 条第(3)款第(a)项的规定向其提交的任何提案，对提交提案可以进行修改或不修改；

(2) 随时向委员会做出国务大臣认为适当的有关委员会职能的任何指示（包括修改其职能的指示，不包括授予委员会职能的指示，但在先前依据本款做出指示撤销委员会职能后，可以再做出指示授予该职能），以及国务大臣认为对国家安全利益必要或权益的任何指示。

委员会的其他权力

13. (1) 委员会有权

(a) 与任何政府部门、任何政府部门人员和代表委员会或管理局的人达成协议，执行委员会或管理局（视具体情况而定）的任何职能；

(b) 在国务大臣认为委员会能够执行与委员会职能相关的国务大臣职能时，依据本条第(2)款的规定，与任何内阁阁员、政府部门、其他公共机构达成有关由委员会代表该阁员、政府部门和公共机构执行其各自职能的协议（不论有无报酬）（包括非由法律法规赋予阁员的职能）；

（c）任何政府部门或其他公共机构为执行任何职能而提出要求后，提供该部门或机构要求的符合本部分一般目的的服务和设施（不论有无报酬）；

（d）指定有关人员或其他委员会向健康与安全委员会提供有关其任何职能的建议，并且（在不影响下款普遍适用性的前提下）由国务大臣决定并经内政大臣批准后，向指定人或其他委员会支付报酬；

（e）由国务大臣决定并经内政大臣批准后，向任何人支付与执行委员会任何职能相关的差旅费、生活津贴和报酬以及时间损失补偿；

（f）展开、安排展开与委员会任何职能相关的任何事务的研究，支付研究费用，宣传或安排宣传研究得出的信息或者支付相关费用；

（g）在委员会对自己或其代表提供有关设施或服务做出的任何安排中，包括向委员会或者代表安排其他方和使用这些设施或服务的人的代表支付费用的条款。

（2）第(1)款(b)项的任何规定授权委员会执行任何大臣、阁员、部门和机构的职能时，不得包含有关制定法规和发布具有立法特点的其他文书的职能。

委员会指导调查和询问的权力

14.（1）本条适用于下列事务，即任何意外、事件、情况和委员会为了调查本部分的任何一般目的、制定与本部分的任何一般目的相关法规而认为必要或适当的其他事务；在本款规定的方面，管理局是否负责确保执行有关此类事务的法律法规并不重要。

（2）委员会可以随时

（a）指示管理局或授权任何其他人调查本条所适用的任何事务、对本条所适用的任何事务做出特别报告；

（b）经国务大臣同意后，指示对任何此类事务展开调查的指示；但不得进行在特定情况下国务大臣认为仅涉及农业经营方面的事宜。

（3）依据本条第(2)款第(b)项的规定展开的任何调查，应当符合国务大臣为本款目的而制定的法规，并且应当公开进行，但有关法规另有规定的除外。

（4）为本条第(3)款的目的而制定的法规，尤其可以包括下列规定：

（a）对展开上述任何调查人员和协助调查人员，授予出入和检查的权利；

（b）对上述任何人授予传召证人作证或出示文件的权力，以及对证据宣誓、管理证据、要求做出声明的权力；

(c) 在内阁阁员指示的范围内，要求在非公开地点、以非公开方式展开上述任何调查。

(5) 对于依据本条第(2)款第(a)项的规定提出的特别报告以及依据本条第(2)款第(b)项的规定展开调查的人提出的特别报告，委员会可以在其认为适当的时间、按照其认为适当的方式公开任何报告。

(6) 委员会

(a) 对于依据本条第(2)款第(a)项的规定展开的调查和提出的特别报告（不包括管理局的官员或工作人员展开的调查和提出的报告），经国务大臣决定并经内政大臣批准后，可以向展开调查或提出特别报告的人员支付适当的报酬和费用；

(b) 对于依据本条第(2)款第(c)项的规定展开的任何调查，经国务大臣决定并经内政大臣批准后，可以向展开调查人员、任命协助委员会的任何评估人员，以及作为见证人参加调查的人员支付适当报酬并承担合理费用；

(c) 可以在国务大臣确定的范围内支付其他任何此类调查和特殊报告或询问的费用（如有）。

(7) 在苏格兰发生人员死亡事件后，如果依据适用的本条第(2)款第(b)项的指示对该事件进行询问，依据1895年《(苏格兰)死亡事故调查法》无须就该死亡进行询问，但检察长另有指示的除外。

健康与安全条例及经批准的惯例规范

健康与安全条例

15. (1) 在不违反第50条规定的前提下，国务大臣有权为本部分的任何一般目的制定法规（在本部分中简称为"健康与安全条例"），但不包括有关农业经营方面的事宜。

(2) 在不影响前款规定普遍适用性的前提下，为实现本条的任何一般目的，健康与安全条例可以对所述的任何目的做出规定。

(3) 健康与安全条例

(a) 可以废止或修改任何现有的法规条文；

(b) 可以废除或修改第2条至第9条或任何现有法规条文中有关任何特定种类案件的规定；

(c) 可以具体指定一个或一类主管部门在规定范围内负责执行任何相关的法规。

(4) 健康与安全条例

(a) 可以实施要求委员会或任何其他具体机构或个人批准的要求；

(b) 可以在法规中引用任何具体文件作为该文件不时修订和再版的参考。

(5) 健康与安全条例

(a) 可以对有关法律法规实施的任何要求和禁止规定做出例外规定（可以无条件或附一定条件，有时间限制或无时间限制）；

(b) 可以对任何具体人员或具体主管部门授权的任何人员豁免任何相关法律法规实施的任何要求和禁止规定（可以无条件或附一定条件，有时间限制或无时间限制）。

(6) 健康与安全条例

(a) 可以在法律法规实施的任何要求或禁止规定发生冲突时，规定具体人员或具体类别人员有罪，不论是对其他人或其他类别的人做出补充或排除规定；

(b) 可以对有关法律法规规定的任何罪行在诉讼程序中的任何具体抗辩做出规定，包括在一般情况下和特定情况下；

(c) 可以对违反现有任何法律法规、本法第 2 条至第 9 条以及健康与安全条例实施的要求和禁止规定的情况，做出豁免相关诉讼程序的规定；

(d) 可以对本条第(c)项中所述的任何罪行，做出限制处罚的规定。

(7) 在不影响第 35 条规定的前提下，健康与安全条例可以做出规定，将有关法律法规规定的罪行视为在任何执行部门责任范围内的任何罪行，或授予任何法院对任何此类罪行的司法管辖权。

(8) 健康与安全条例可以采用仅适用于特定情况的形式，也可以采用仅适用于一种特定案件的形式（例如，仅适用于特定场所的法规）。

(9) 如果议会依据第 84 条第(3)款的规定发布命令，规定本条仅适用于或仅涉及大不列颠以外的人、场所或工作，则根据该命令，健康与安全条例不得适用于或涉及大不列颠以外的飞行中飞机、船舶、离岸设施以及在大不列颠以外进行与海底电缆、海底管道相关工作的人，但法律法规明确做出相反规定的除外。

(10) 在本条中，"规定"一词是指在健康与安全条例中规定的。

委员会批准的惯例规范

16. (1) 为了在健康与安全条例中做出有关适用本法第 2 条至第 7 条或任何现行法律法规任何规定的指导意见，除涉及农业经营方面的事宜外，委员会可以依据下款的规定：

（a）批准和发布委员会认为适合该目的的惯例规范（不论是否是由委员会编制）；

（b）批准由其他单位发布或提出并且委员会认为适合该目的的惯例规范。

（2）未经国务大臣同意，委员会不得依据上文第(1)款的规定批准惯例规范，在征求国务大臣同意之前，委员会应当在下列情况下征求下列单位的意见：

（a）征求委员会认为适当的任何政府部门或其他机构（特别是有关电磁辐射、国家辐射保护委员会的惯例规范）的意见；

（b）国务大臣做出指示要求对惯例规范涉及的内容征求上述政府部门和其他机构（如有）的意见时，依据本条规定征求上述政府部门和其他机构的意见。

（3）依据本条第(1)款的规定核准惯例规范后，委员会须发出书面通知：

（a）确定规范，并说明委员会批准生效的日期；

（b）说明本条第(1)款中所述的哪些规定获得了批准。

（4）委员会可以

（a）不时修订其依据本条规定编制的任何惯例规范的全部或任何部分；

（b）批准对当前依据本条规定批准的任何惯例规范的任何部分做出或提出的任何修订；

本条第(2)款、第(3)款的规定经必要修改后，适用于依据本款规定的任何修订批准，其效力与依据本条第(1)款的规定批准惯例规范相同。

（5）经国务大臣同意后，委员会可随时撤销依据本条规定批准的任何惯例规范，但如果该惯例规范是提交给委员会并由其进行批准，在征求国务大臣同意之前，委员会应当征求本条第(2)款规定的政府部门或其他机构的意见。

（6）如果委员会依据前款的规定撤销依据本条批准的惯例规范，委员会应当发出书面通知对撤销批准的惯例规范进行确认，并说明委员会的批准停止生效的日期。

（7）本条中所指的经批准惯例规范，是指该惯例规范当前有效的版本及其依据本条规定经批准后修订的全部或任何部分。

（8）由本条第(1)款第(b)项规定的委员会批准其他单位发布或提出发

布惯例规范的权力，应当包括批准此类惯例规范一部分的权力；本部分中所述的"惯例规范"一词可以相应地理解为包括此类惯例规范的一部分。

在刑事诉讼中经批准惯例规范的使用

17.（1）不遵守经批准惯例规范任何规定的任何人，不得因此提出任何民事或刑事诉讼；但在任何刑事诉讼中一方因违反第16条第（1）款中的任何要求或禁止规定而被指控犯有任何罪行，并且指控的罪行涉及该款中规定的经批准惯例规范时，本条第（2）款的规定适用于有关此类诉讼的惯例规范。

（2）法院认为惯例规范的任何规定涉及被指控违反的要求或禁止规定时，在诉讼中该规定应作为可接受的证据依据；如有证据证明违反惯例规范任何规定的情况持续了一定时间，法院在诉讼中认为必须对违反规定的情况提供证据，以认定确实违反该要求或禁止规定。此情况下可视为针对违反规定的情况提供了证据，但法院有理由认为虽然没有遵守上述惯例规范的规定，但并未违反被指控违反的要求或禁止规定的除外。

（3）在任何刑事诉讼中

（a）委员会依据第16条规定以通知形式发布的文件应当视为是通知，但另有相反规定的除外；

（b）法院认为属于通知标的的惯例规范，应当视为是该通知标的，但另有相反规定的除外。

执　　行

负责执行有关法律法规的主管部门

18.（1）管理局应当对执行有关法律法规做出充分安排，但不包括依据本条第（2）款所述规定和法规由其他主管部门或其他类别的主管部门负责执行的部分。

（2）国务大臣可依法

（a）在规定范围内要求地方政府部门负责执行有关法律法规；

（b）在法规规定范围内，对执行任何相关法律法规的下列责任做出规定：

（i）管理局委托给地方政府部门的责任或地方政府部门委托给管理局的责任；或

（ii）地方政府部门对于各自依据本款规定负责执行法律法规的责任范围不明确，为消除任何不确定性而分派给管理局的责任。

并且依据本条第(2)款制定的任何法规,应当包括有关确保将上述委托或分派责任的情况通知给受其影响的人的规定。

(3) 按照前款规定依据法规做出的任何规定,不得违反第 15 条第(3)款第(c)项中有关健康与安全条例及农业健康与安全条例的任何规定。

(4) 各当地主管部门应当

(a) 在本条第(2)款所述任何规定和法规的范围内,对各自地区内执行有关法律法规做出充分安排;

(b) 按照委员会指导意见,履行前款规定的义务及任何相关法规条文规定的职能。

(5) 如果任何相关法律法规或本条第(2)款所述的法规要求,在任何范围内除农业大臣、管理局和当地主管部门以外的任何其他主管部门负责执行其中任何一项规定,该主管部门应当

(a) 在规定范围内对执行这些规定做出充分安排;

(b) 按照委员会指导意见,履行前款规定由该部门履行的义务及任何相关法规条文规定由该部门履行的职能。

(6) 本法及依据本法制定的任何法规中有关就任何相关法律法规的执行对苏格兰的任何人提起诉讼的任何规定,不得视为授予该人对任何罪行提起诉讼的权利。

(7) 在本部分中

(a) "执行部门"是指管理局或依据任何相关法律法规或上文第(2)款规定负责在任何范围内执行这些规定的任何其他部门;

(b) 本文所述执行部门的责任范围,是指该部门当前负责执行这些规定的责任范围;但若依据第 13 条第(1)款第(a)项规定,将由委员会或管理局执行的任何职能委托给政府部门或个人,则为使在必要范围内依据该款规定达成的任何协议生效,本部分任何条文中所指的委员会或管理局(或该执行部门为管理局时,所指的执行部门)在涉及相应的职能时,应当理解为该部门或个人;所指的任何执行部门的任何责任范围,应当相应地理解为该部门或该人当前负责履行该职能的责任范围。

督察的任命

19. (1) 各执行部门可以在必要情况下,将其认为符合适当资格的人任命为督察(或随时确定的任何职务),负责按照规定的职能范围实施相关法律法规,并可以终止依据本条规定任命的督察。

(2) 依据本条规定任命任何督察时,应当采用书面文书形式,其中应

当对有关法律法规授权该督察可行使的权力做出规定；并且，依据本条规定任命的督察应

（a）仅有权行使按照上述要求规定的权力；

（b）仅有权在任命时规定的责任范围内行使规定的权力；

（3）任命督察的文书中有关其权力范围的规定，可以由任命其的执行部门进行变更。

（4）督察在行使任何相关法律法规授予的权力时，一经要求，应当出示委任文书或经正式认证的副本。

督察的权力

20.（1）在不违反第19条和本条规定的前提下，督察在按照任命其的执行部门规定的责任范围内实施任何相关法律法规时，可以行使本条第（2）款所述权力。

（2）第（1）款所述督察的权力如下：

（a）在任何合理时间（或在可能发生危险或该督察认为危险的情况下），随时进入其有理由认为出于本条第（1）款中所述目的有必要进入的任何场所；

（b）在其有合理理由认为可能严重妨碍其执行职务时，在一名警官的陪同下执行职务；

（c）在不影响第（1）款规定的前提下，依据本款第（a）项的规定进入任何场所后：

（i）可以在其（督察）所在的执行部门正式授权的任何其他个人的陪同下执行职务；

（ii）可以携带为执行职务任何目的所需的任何设备或材料执行职务；

（d）在本条第（1）款中所述任何情况下，展开必要的检查和调查；

（e）在展开本款第（d）项所述的任何检查或调查时，在其认为必要并且有理由的情况下，对于其有权进入的任何场所，指示保持该场所、其任何部分，或其中任何东西原封不动（不论在一般情况下，或在特定方面）；

（f）在展开本款第（d）项所述的任何检查或调查时，在其有理由认为必要的情况下，进行测量、拍照、录音录像；

（g）对于其有权进入的任何场所以及该场所内或附近大气中发现的任何物品或物质采集样本；

（h）在其有权进入的任何场所内发现其认为实际或可能会导致健康或安全危险的任何物品或物质时，可要求拆除该场所，或采取任何程序或测试

(除了出于本条第(1)款中所述目的所必需的情况外,不得要求破坏或毁损);

(i) 对于前款所述的任何此类物品或物质,在出于下列任何或所有目的并且必要时,可接管或扣留该物品或物质:

(i) 对该物质或物品进行检查,并行使前款规定的任何权力;

(ii) 确保在完成检查之前不被篡改;

(iii) 确保该物品或物质可以在依据任何相关法律法规提起的诉讼或与第21条或第22条规定的通知有关的任何诉讼中用作罪证;

(j) 要求其有理由认为能够提供与本款第(d)项规定的任何检查或调查相关信息的任何人回答督察认为适当的问题,并在回答记录上签署真实性声明(在该人不能到场的情况下,由该人指定的其他人到场,并允许督察认为适当的任何人到场见证);

(k) 要求出示、检查、复印下列文件或其中的任何内容:

(i) 任何相关法律法规要求保存的任何账簿或文件;

(ii) 督察认为展开本款第(d)项规定的任何检查或调查所需的任何其他账簿或文件;

(l) 在督察行使本条规定的任何权力时,在必要情况下要求任何人向督察提供该人控制的或与该人的责任相关的便利和协助;

(m) 出于本条第(1)款中所述目的所需的任何其他权力。

(3) 国务大臣可以制定法规对有关本条第(2)款第(g)项规定的采样做出相关程序规定(包括规定对采集样本进行处理的方式)。

(4) 在任何场所发现任何物品或物质的情况下,督察提出行使本条第(2)款第(h)项授予的权力时,经当时在场人员和该场所相关责任人员提出要求后,督察应当在该人员在场的情况下行使相应权力,但督察认为该人员在场会有损于国家安全的情况除外。

(5) 在发现任何物品或物质的情况下行使本条第(2)款第(h)项授予的权力之前,确定依法行使任何权力可能存在的危险时,督察应当征求其认为适当的人的意见。

(6) 如果督察依据本条第(2)款第(i)项授予的权力接管在任何场所中发现的物品或物质时,督察应当在现场给负责人留下一份通知,如不可行,可将通知固定在明显位置,通知中应当包含足以确认该物品或物质的详细信息,并说明督察已依法接管该物品或物质;在依法接管该物品或物质之前,督察应当在可行的情况下对该物品或物质采样,给该场所在场的负责人留下部分样本,并用足以分辨的方式加以标识。

(7) 任何人依据本条第(2)款第(j)项规定做出的回答,不得在任何诉讼中作为针对该人或该人配偶的证据。

(8) 本条的任何规定,不得视为要求任何人出示依据高等法院的任何诉讼调查令,或依据高等民事法院的诉讼文件出示令(视具体情况而定),有权以法律职业特权为由不予出示任何文件。

改进通知

21. 如果督察认为任何人

(a) 将会违反一个或多个相关法律法规;或

(b) 已经违反一个或多个相关法律法规,并且违反情形将会持续或重复;

则督察可以向违反规定的人发出通知(在本部分中称为"改进通知"),对督察意见进行明确说明,指明督察意见所依据的具体规定,对督察为何持有此意见的原因进行详细说明,并要求该人在通知规定的期限内(该期限不得早于可以依据第24条规定对通知提出上诉的期间)对违反规定的情况或导致违反规定的事件(视具体情况而定)采取补救措施。

禁止通知

22. (1) 本条适用于任何人正在开展和即将开展,或在该人控制下开展和即将开展、现在和将来任何相关法律法规适用的任何活动。

(2) 如果对于本条所适用的任何活动,督察认为正在开展和即将开展,或在该人的控制下开展和即将开展的活动涉及或将会涉及严重的人身伤害风险,则督察可以向该人发出通知(在本部分中称为"禁止通知")。

(3) 禁止通知应当

(a) 对督察意见进行说明;

(b) 指出督察认为导致上述风险或将会导致(视具体情况而定)上述风险的事项;

(c) 如果督察认为任何事项涉及或将会涉及(视具体情况而定)违反任何相关法律法规的情况,则通知中应当指明督察意见所依据的具体规定,详细说明督察持有此意见的原因;

(d) 要求通知中所涉及的活动不能由送达通知的人展开,也不得在该人的控制下展开,但依据本款第(c)项的规定指出的事项和依据第(b)段规定指明的违反规定的任何情况已得到补救的除外。

(4) 如果督察认为会造成严重人身伤害的风险迫在眉睫或将会迫在眉

睫,则依据本条第(3)款第(d)项做出的指示立即生效,在其他任何情况下在通知规定的期限结束后仍然有效。

第21条和第22条补充规定

23. (1) 在本部分中,"通知"是指改进通知或禁止通知。

(2) 通知可以(但不是必须)包括有关下列方面的指示:对任何违反规定的情况进行补救或对通知中涉及事项采取措施;任何此类措施

(a) 可以在任何程度上参照任何惯例规范拟定范围;

(b) 拟定范围可以允许送达通知的人从违反规定的情况或事项的不同补救方式中做出选择。

(3) 如果任何相关法律法规的规定适用于建筑物或与建筑物有关的任何事项,并且督察提出送达与该建筑物或该事项相关的上述改进通知,则通知中指示的相应补救措施不得比新建该建筑物时确保建筑物或该事项必须符合当时有效的任何建筑条例的法规更加苛刻,但有关规定提出的具体要求比任何此类建筑条例对该建筑物或有关法规对该事项的要求更苛刻的除外。

在本款中,"相关建筑物"一词,对于建筑物而言,是指一幢具体建筑物,对于事项而言,是指与该事项相关的建筑物。

(4) 如果督察送达与作为工作场所正在使用或将要使用的任何场所相关的通知,要求采取或可能导致采取的措施将对该场所配备或应配备的火灾逃生设施造成影响,在送达通知之前,督察应当征求消防部门的意见。

在本款中,"消防部门"定义见1971年《火灾预防法》第43条第(1)款的规定。

(5) 如果送达的改进通知或禁止通知不会立即生效

(a) 通知中依据第21条、第22条第(4)款(视具体情况而定)规定的期限结束之前,督察可随时撤销通知;

(b) 在针对通知提出的上诉未决期间,督察可以延长或进一步延长规定期限。

(6) 本条在苏格兰适用时

(a) 第(3)款中,"新建该建筑物时……更苛刻的除外",替代为以下规定:

"(a) 在新建该建筑物时该建筑物或该事项必须符合建筑标准法规的任何规定;或

(b) 如果在依据1959年《(苏格兰)建筑法》第16条规定向地方司法长官提出下列上诉后:

（i）对依据该法第 10 条发布的要求为确保建筑物或事项符合建筑标准法规而执行必要操作的命令提出的上诉；

（ii）对依据该法第 11 条发布的要求建筑物或事项符合建筑标准法规具体规定的命令提出的上诉；地方司法长官按照命令的要求，依据上文第（a）段所述的建筑物标准法规变更了命令，除有关法律法规提出的具体要求比上述建筑标准法规任何规定的要求更苛刻，或比地方行政长官变更后的命令提出的要求更苛刻外；

（b）在第（5）款后加入下款规定：

"（5A）上述第（3）款所述的'建筑标准法规'，与 1959 年《（苏格兰）建筑法》第 3 条规定的含义相同。"

对改进或禁止通知的上诉

24.（1）在本部分中，"通知"是指改进通知或禁止通知。

（2）送达通知的人可以自通知送达之日起，在通知中规定的期限内向劳资法庭提出上诉；提出上诉后，法庭可以撤销该通知或确认该通知，确认该通知时，法庭可以采用通知原来的形式，也可以按照具体情况进行适当修改。

（3）如果在前款允许期间内对通知提出本条所述的上诉，则

（a）在改进通知的情况下，提出上诉具有中止通知的效力，直到上诉被最终处理，或上诉被撤销；

（b）在禁止通知的情况下，只有在上诉人按照法庭的指示提出申请后（并且只有在法庭做出该指示后）才具有相同的效力。

（4）可以指定一个或多个陪审员依据本条规定向劳资法庭提起任何诉讼。

处理紧迫危险原因的权力

25.（1）如果督察在有权进入的任何场所内发现任何物品或物质后，有合理理由认为在此情况下该物品或物质是导致严重人身伤害的紧迫危险原因，则督察可以没收该物品或物质，并要求对该物品或物质进行无害化处理（销毁或其他方式）。

（2）在依据本条的要求对下列各项进行无害化处理之前

（a）构成一批类似物品中一部分的任何物品；或

（b）任何物质，

督察应当在可行情况下对该物品或物质采样，并给该场所的负责人留下一部分样本，并以足以分辨的方式加以标识。

（3）在依据本条规定没收任何物品或物质或进行无害化处理之后，督察应当编制并签署一份书面报告，说明没收该物品或物质或进行无害化处理的情况，并且应当

（a）向发现该物品或物质的场所在场的负责人提供一份报告的签字副本；

（b）同时向该物品或物质的所有人提供一份报告的签字副本，其与场所在场的负责人为同一人的除外；

如果本款第（b）款的规定适用，督察在经过适当询问后不能确定所有人的姓名和地址，则报告副本可以交给前段规定的人转交给该场所的所有人。

执行部门对督察进行补偿的权力

26. 如果对督察执行有关法律法规任何规定的行为提起诉讼，在这种情况下，督察可以要求任命其的执行部门对其做出补偿，如果执行部门有理由认为督察的行为在其权力范围内，并且督察的职能符合要求和授予其的权力，则执行部门可以对法庭判决督察承担的和督察实际承担的任何损害赔偿、费用或开支的全部或任何部分做出补偿。

信息的获取和披露

委员会、管理局、执行部门等获取信息

27. （1）为获得下列信息

（a）委员会执行职能所需的任何信息；或

（b）执行部门执行职能所需的任何信息，经国务大臣同意后，委员会可以向任何人送达通知，要求该人向委员会或执行部门（视具体情况而定）提供与通知中所述事项相关的信息，并规定提供信息的形式、方式和时间要求。

在本款中，"同意"包括扩展至任何类型的一般同意。

（2）1947年《贸易统计法》（限制披露依据该法获得的信息）的任何规定不得阻止和惩罚下列行为：

（a）内阁阁员向委员会或管理局披露依据该法获得的与该法规定的企业相关的信息，包括企业负责人的姓名和地址、企业活动的性质、企业中不同类型工作者的人数、企业过去和现在展开活动的地址或场所、在该地址或场所展开活动的性质、该地址或场所不同类型工作者的人数；

（b）人力资源服务委员会、就业服务局或培训服务局向委员会或管理局披露国务大臣依据本款规定发送至信息披露方和信息接收方的书面通知中

对类型进行规定的信息。

（3）在第（2）款中，所指的任何内阁阁员、委员会、管理局、人力资源服务委员会或上述机构之一，分别包括该阁员或该机构的高级管理人员，对于委员会而言，还包括：

（a）依据第13条第（1）款第（a）项的规定以委员会或管理局的名义履行任何职能的人；

（b）履行任何此类职能的机构的管理人员；以及

（c）依据第13条第（1）款第（d）项任命的顾问。

（4）接受依据上文第（2）款披露的信息的人，不得将信息用于除委员会或管理局（视具体情况而定）的目的之外的其他目的。

信息披露的限制

28.（1）在本款和以下两款中：

（a）"相关信息"是指第27条第（1）款所述人员获得的信息，或依据任何相关法律法规提供给任何人的信息；

（b）"接收方"，对于任何相关信息而言，是指获得该信息时持有该信息的人或提供该信息的人（视具体情况而定）。

（2）在不违反第（3）款规定的前提下，未经提供相关信息的人同意，不得披露该信息。

（3）第（2）款规定不适用于下列情况：

（a）不适用于向委员会、管理局、政府部门或任何执行部门披露信息的情况；

（b）在不影响本款第（a）项规定的前提下，不适用于信息接收方为执行任何相关法律法规授予信息接收方的职能而向任何人披露信息的情况；

（c）在不影响本款第（a）项规定的前提下，不适用于信息接收方向下列人员披露信息的情况：

（i）获得当地主管部门授权接收信息的官员；

（ii）水资源主管部门或水资源发展委员会对接收信息的官员进行授权；

（iii）获得河流净化委员会授权接收信息的官员；

（iv）警察局高级警官授权接收信息的初级警官；

（d）不适用于信息接收方以旨在防止该信息被确认为与特定的人或案件相关的特定形式披露信息的情况；

（e）不适用于为依据第14条第（2）款规定展开的任何法律诉讼或任何调查或询问目的而披露信息的情况，也不适用于为编制任何此类程序或调查的报告或依据第14条第(2)款规定编制报告的目的而披露信息的情况。

（4）在前款中，凡提及委员会、管理局、政府部门或执行部门分别是指该机构或部门的官员（对于执行部门而言，还包括由该执行部门任命的任何督察），也包括

（a）依据第13条第(1)款第(a)项的规定以委员会或管理局的名义履行任何职能的人；

（b）任何机构任命并履行任何此类职能的官员；以及

（c）依据第13条第(1)款第(d)项任命的顾问。

（5）接受依据上文第(3)款披露信息的人员，不得将信息用于除下列目的之外的其他目的：

（a）在本款第(a)项所述的情况下，除委员会、管理局或相关政府部门的目的以及执行部门与法律规定相关的目的（视具体情况而定）之外，不得将信息用于任何其他目的；

（b）对于提供给当地主管部门、水资源主管部门、河流净化委员会、水资源发展委员任何官员的信息，除这些部门和委员会与公共卫生、公共安全或环境保护相关的法律法规、任何性质的条例相关目的之外，不得将信息用于任何其他目的；

（c）对于提供给警官的信息，除警方与公共卫生、公共安全或国家安全相关的法律法规、任何性质的条例相关目的之外，不得将信息用于任何其他目的；

（6）1975年5月16日之前，上文第(3)款第(c)项、第(5)款所提及水资源主管部门，在苏格兰是指区域水资源委员会。

（7）任何人不得披露行使第14条第(4)款第(a)项或第20条授予的任何权力时获得的任何信息（特别是包括在行使上述任何权力时在进入任何场所后获得的与任何商业秘密的相关消息），但下列情况除外：

（a）为执行其职能目的而披露；或

（b）为依据第14条第(2)款规定展开的任何法律诉讼或任何调查或询问的目的而披露的，或为编制任何此类程序或调查的报告或依据第14条第(2)款规定编制报告的目的而披露；或

（c）获得相关同意后披露。

在本款中，"相关同意"一词，对于依据第20条的规定提供的信息而言，是指提供信息的人同意；在任何其他情况下，是指获得信息的场所承担相关责任的人同意。

(8) 尽管前款中有任何规定，为协助任何场所聘用的人（或其代表）充分了解影响其健康、安全和福利的有关情况，督察应当在任何必要的情况下向这些人或其代表说明下列说明信息：

(a) 本款所述督察获得与这些场所、场所中过去或现在的任何事项、场所中过去或现在做的事情相关的事实信息；

(b) 与督察提起、拟提起的任何诉讼相关的信息，以及督察在履行职能的过程获得的与这些场所相关的信息；并且，如果督察在上述情况下向这些人或其代表说明上述信息，督察还应当同时将这些信息提供给这些人的雇主。

有关农业的特别规定

负责相关农业目的的大臣的一般职能

29.（1）农业大臣应当

(a) 为实现相关农业目的而做其认为适当的事情及安排；

(b) 做出其认为适当的安排，以确保为雇主、雇员、代表雇主和雇员的组织以及与本部分任何目的有关的人员对有关事项、提供充分的建议进行随时通报。

（2）农业、渔业和食品大臣应当依据有关法律规定每年向议会提交年度收益报告，收益报告可以依据1948年《农业工资法》第13条的规定包括在年度报告中。

（3）在苏格兰农业方面，国务大臣应当依据有关法律规定向议会提交年度收益报告。

农业健康与安全条例

30.（1）可以出于任何相关的农业目的制定本条所述条例（在本部分称为"农业健康与安全条例"）。

（2）农业健康与安全条例可以是由农业、渔业和食品大臣与国务大臣共同颁布的适用于大不列颠的条例，也可以是由农业、渔业和食品大臣颁布的仅适用于英格兰和威尔士的条例，也可以是由国务大臣颁布的仅适用于苏格兰的条例。

（3）健康与安全条例出于任何目的而对农业经营有关的事务做出相关规定（而非专门规定）时，

(a) 在健康与安全条例的相关规定仍然在有效期间内，农业健康与安全条例不得出于相同目的对相同事务做出规定，但制定农业健康与安全条例

的部门认为农业经营的特殊情况下有必要或适当时,可以对健康与安全条例的相关规定做出补充规定;

(b) 健康与安全条例和农业健康与安全条例中与农业经营相关事宜的规定之间发生冲突的,以健康与安全条例的规定为准。

(4) 第 15 条第(2)款至第(10)款规定,在与农业健康与安全条例相关方面的效力,经下列修改后,在与健康与安全条例相关方面具有相同的效力:

(a) 所指的相关法律法规或现有法律法规应理解为与农业相关的法律法规;

(b) 在第 15 条第(4)款中,所指委员会应理解为相应农业大臣;

(c) 在第 15 条第(6)款和第(10)款及附表 3 第 23 段中,健康与安全条例应理解为农业健康与安全条例。

(5) 在不影响本条第(1)款普遍适用性的前提下,在依据任何相关法律法规颁发农业许可证方面,农业健康与安全条例可以做出要求有权颁发、续期、变更、转让或撤销许可证的规定,主管部门向下列人员发出下列通知

(a) 任何人申请颁发、续期、变更、转让许可证的,主管部门拟做出不予批准申请的决定后,就该决定向申请人发出通知;

(b) 主管部门做出拟撤销任何许可证或对许可证的任何期限、条款或限制进行变更的决定的,就该决定向许可证持有人发出通知;

任何人如对主管部门做出的上述任何决定不服,可依据有关法规规定的期限和方式,向相关主管部门或其指定的人提出上诉。

(6) 对于依据附表 3 第 2 段的规定制定并依据本条规定适用的任何农业健康与安全条例,本条第(2)款在"大不列颠"一词后插入"或联合王国"。

有关农业法律法规的执行

31. 在不违反依据第 15 条、第 18 条或第 30 条规定制定的任何法规的前提下,农业大臣应当根据相关法律法规在仅涉及农业目的的相关事宜中的适用性,做出充分安排。

本部分的规定在农业方面的适用性

32. (1) 在本部分,本条的下列规定在有关农业大臣和仅涉及农业目的相关事宜的适用方面具有效力。

(2) 在不违反第(3)款规定的前提下:

(a) 第 13 条、第 14 条、第 17 条第(3)款、第 27 条和第 28 条适用于农

业大臣的规定,同样适用于委员会;

(b) 第 16 条适用于仅涉及农业相关事务的规定,同样适用于其他事务。

(3) 在前一节的适用中,附表 4 第一列所述本部分规定,在按照第二列中的规定修改后生效

有关犯罪的规定

犯罪

33. (1) 任何人的下列行为构成犯罪:

(a) 未履行第 2 条至第 7 条规定的职能的;

(b) 违反第 8 条或第 9 条规定的;

(c) 构成违反相关健康与安全条例、农业健康与安全条例或依据这些条例实施的有关要求或禁止规定(包括依据这些条例颁发、发出或授予的任何许可证、批准、豁免,或其他权力所附的期限、任何条件或限制中必须遵守的要求或禁止规定);

(d) 违反依据第 14 条规定实施的任何要求,或故意妨碍任何人依据该条规定行使权力;

(e) 违反督察依据第 20 条或第 25 条的规定实施的任何要求;

(f) 阻止或试图阻止任何其他人与督察会面,阻止或试图阻止任何其他人回答督察依据第 20(2)条规定提出的任何问题;

(g) 违反改进通知或禁止通知(包括在上诉后做出修改的任何通知)中提出的任何要求或禁止规定;

(h) 故意妨碍督察行使权力或执行职能;

(i) 违反第 27 条第(1)款规定通知中提出的任何要求;

(j) 违反第 27 条第(4)款或第 28 条规定使用或披露任何信息;

(k) 发表本人已知是错误但仍轻率地发表下列错误的声明:

(i) 声称符合任何相关法律法规实施的提供任何信息的要求;或

(ii) 为获得依据任何相关法律法规向本人或他人颁发的文件;

(l) 以欺骗或使用本人已知错误的任何填报信息为目的,故意在任何相关法律法规要求保存、提交或发出的任何登记簿、账册、通知或其他文件中填报错误信息;

(m) 以欺骗为目的,伪造或使用依据任何相关法律法规出于任何目的而发布、授权发布或要求的文件,或者以欺骗为目的编制或占有与该文件相

似的任何文件；

（n）假扮警察；

（o）不服从法院依据第 42 条规定做出的命令。

（2）犯有本条第（1）款第（d）项、第（f）项、第（h）项或第（n）项所述罪行的，或犯有第（1）款第（e）项所述罪行涉及督察依据第 20 条实施要求的，对犯有罪行的人应当通过简易程序处以 400 英镑以下的罚款。

（3）在不违反第 15 条第（6）款第（d）项或依据附表 3 第 2 条第（2）项任何规定的前提下，犯有上文第（1）款任何一项所述但前款未提及罪行的人，或犯有第（1）款第（e）项所述但前款未提及罪行的人，或犯有任何现行法规中做出规定但未规定其他处罚的罪行的人，应当承担下列处罚：

（a）通过简易程序处以 400 英镑以下的罚款；

（b）下列罪行通过公诉程序分别做出以下判决：

（i）该罪行是本款适用罪行的，处以 2 年以下有期徒刑，并处或者单处罚金；

（ii）该罪行是前一项适用的罪行的，单处罚金。

（4）上文第（3）条第（b）款第（i）项适用于下列行为所犯的罪行：

（a）违反任何相关法律但不属于管理局或相应农业大臣颁发的许可证授予的权力范围之内的，并且该行为必须依据相关法律法规颁发必要的许可证予以授权方可做出；

（b）违反上一段所述任何许可证的期限或所附条件或限制的；

（c）违反任何相关法律法规规定，获取或者企图获取、占有或使用爆炸性物品或物质（定义见相关法律法规的规定）的；

（d）上述第（1）款第（g）项规定的违反禁止通知实施的要求或禁止规定的；

（e）上述第（1）款第（j）项规定的犯罪。

（5）任何人犯有上文第（1）款第（g）项或（1）款第（o）项所述罪行，并且在定罪之后犯罪行为仍在持续的，应当［依据第 42 条第（3）款的规定］认定为累犯，对违法行为持续的期间每天处以 50 英镑以下的罚金。

（6）在本条中所述的"伪造"一词，对于英格兰和威尔士而言，具有 1913 年《伪造法》规定的相应含义。

提起简易程序时间的延长

34.（1）在下列情况下：

（a）依据本法第 14 条第（2）款第（a）项规定对该款所适用的任何事务编

制特别报告；或

(b) 依据本法第 14 条第(2)款第(b)项的规定，对任何此类事务展开调查的人员编制报告；或

(c) 验尸官对可能因工作期间发生事故，或因感染疾病、工作期间感染疾病、与工作相关的任何性质的任何事故、行为或过失导致死亡的任何人死因进行勘验；或

(d) 依据 1895 年《(苏格兰)死亡事故调查法》或 1906 年《(苏格兰)死亡事故或突发死亡事件调查法》对任何死亡事件展开公开调查，并且调查程序或勘验程序的报告显示或在本款第(c)项或第(d)项所述的情况下，违反任何相关法律法规的情况发生在与上述报告、调查或质询的标的相关的重要时间，自编制报告之日起 3 个月内，或在本款第(c)项或第(d)项所述的情况下自完成调查或勘验之日起 3 个月内，可以对违法行为人提起简易程序。

(2) 如果任何相关法律法规规定的罪行是由于在规定时间或期限内不作为导致的，在完成要求的行为之前，该罪行应当视为在持续。

(3) 有关执行部门了解具有足够证据证明可以对本款适用的任何罪行提起诉讼的，自知情日期后 6 个月内可随时提起诉讼；对于本款的规定而言：

(a) 证明在规定日期知情上述证据的执行部门证书，应当构成该事实的确凿证据；

(b) 与上述证书具有相同效力并经相关执行部门或其代表签字的文件，应当推定为上述证书，但另有相反证据的除外。

(4) 前款规定适用于任何设计师、制造商、进口商或供应商违反任何相关法律法规的任何规定或要求所犯的任何罪行；在该款中，"有关执行部门"是指依据第 35 条规定或其他规定负责执行犯罪行为适用的法律法规部门。

(5) 本条第(3)款在苏格兰适用时：

(a) 自"证明可以"一词开始至"提起诉讼"，替代为"认为可向检察长提交起诉审议报告的，自知道日期后 6 个月内可以随时提起诉讼"；

(b) 在第(b)项后增加一款："(c)：1954 年《(苏格兰)简易程序管辖权法》第 23 条第(2)款（诉讼开始日期）与该条的规定具有相同的效力。"

地点

35. 任何罪行涉及违反有关任何装置或物质的任何相关法律法规的，在

对任何执行部门责任范围内的罪行向任何法院提起诉讼或对任何法院授予对该罪行的司法管辖权时如有必要,该装置或物质所在的地区可以视为该罪行的行为地。

因他人过失而导致的犯罪

36.(1)如果任何人违反任何法律法规的行为是由于其他人的行为或过失导致,该其他人应当视为实际违法行为人,不论是否对上述任何人提起诉讼,可以对实际违法行为人提起诉讼并判处有罪。

(2)如果内阁犯有第33条规定的任何罪行,但该条规定对内阁不具有约束力,并且这种情况是由于除内阁阁员之外的其他人的行为或过失导致,则该人应当视为实际违法行为人;在任何其他情况下,内阁阁员应当视为违法行为人,可以对阁员提起诉讼并判处相应的罪行。

(3)本条的上述规定不得违反第15条第(6)款的规定。

法人犯罪

37.(1)如果任何法人组织违反任何相关法律法规,并且有证据证明该违法行为获得了该法人组织的任何董事、经理、秘书或其他类似管理人员或声称以上述任何身份行事的人或其代表的同意或默许,或者是由于上述任何人的任何疏忽所导致的,则该人和该法人组织均应视为犯有该罪行,应当对其提起诉讼并判处相应的罪行。

(2)如果法人组织的事务由其股东管理经营,在此情况下,股东应当视为该法人组织的董事,前款规定同样适用于有关股东管理职能的行为和过失。

在英格兰和威尔士提起诉讼的限制

38.在英格兰和威尔士,除督察或经检察长同意的人员以外,其他任何人不得对违反任何相关法律法规的犯罪行为提起诉讼。

督察提起的检控

39.(1)督察即使不是法律顾问或律师,但经任命其的执行部门授权后,可以代表该部门对违反任何相关法律法规的犯罪行为向地方法院提起诉讼。

(2)在苏格兰本条不适用。

对实际限制等的举证义务

40.如果违反任何法律法规的犯罪行为构成未在可行、合理可行或最近可行范围内履行义务或满足要求,则在任何诉讼程序中,被告人应当提供证据证明该义务或要求不属于可行或合理可行范围内,或者没有更加可行的手段来履行该义务或满足该要求。

证据

41.（1）如果任何相关法律法规要求在任何登记簿或任何记录中登记任何内容，则登记的内容应当视为针对该人或其代表的可接受证据，在苏格兰应当视为所登记事实的充分证据。

（2）如果任何相关法律法规要求登记的任何内容而实际未登记，则未登记情况应视为不遵守该要求的可接受证据，在苏格兰应当视为不遵守要求的充分证据。

法院发出命令要求对违法行为进行补救和在某些情况下没收的权利

42.（1）如果任何人犯有任何相关法律法规有关任何事务的罪行，并且法院认为若该事务在违法行为人的权力范围内，则可对其进行补救，法院可以发布有关该事务的补救措施和补救期限的命令，也可以对违法行为人单处或并处任何处罚。

（2）对于依据本条第（1）款规定发布的命令中规定的期限，在该期限届满前提出申请后，法院可以发布命令延长原定期限或再次延长已延长过的期限（视具体情况而定）。

（3）依据本条第（1）款规定向任何人发布有关任何事务的补救命令的，在命令中规定的期限内及本条第（2）款规定的任何延长期限内，该人对于该事务继续违反任何相关法律法规的情况不承担任何责任。

（4）在不违反第（5）款规定的前提下，如果法院判定任何人犯有第33条第（4）款第（c）项所述有关任何爆炸性物品或物质的罪行，则法院可以发布命令要求没收并销毁或以命令中规定的其他方式对该爆炸性物品或物质进行处置。

（5）如果任何人向法院提出对上述爆炸性物品或物质的所有权或其他权益的主张，法院不得依据前款规定发布命令没收上述爆炸性物品或物质，并给提出主张的人机会证明不应发布命令的原因。

财　务　规　定

财务规定

43.（1）国务大臣应当向委员会支付适当的费用，确保委员会能够履行其职能，费用总额应当由财政部批准；委员会应当向管理局支付适当的费用，确保管理局能够履行其职能，费用总额由委员会确定。

（2）对于任何部门、其代表履行本款规定的任何职务或任何相关法律法规规定的任何职务应当对其支付的费用,可以在有关条例中做出规定或依据有关条例进行确定。

(3) 本条第(2)款适用于委员会、管理局、国务大臣、农业、渔业和食品大臣、各执行部门任何法律法规授予职能的任何其他人或任何其他部门。

(4) 本条所述条例中可以对依据这些条例应当支付给任何费用的人员做出规定;但此类费用不能由下列身份的人承担:就业人员、寻求就业的人员、接受就业培训的人员、寻求就业培训的人员。

(5) 在不影响第 82 条第(3)项规定的前提下,本条所述条例中可以确定不同职能或不同情况下的相同职能适用的不同费用,或对确定这些费用的方法做出规定。

(6) 本条所述的有关条例,应当由下列部门分别制定:

(a) 除涉及农业经营外的有关其他职能的条例,由国务大臣制定;

(b) 仅涉及相关农业事务的职能有关的条例,由相应的农业主管部门制定。

(7) 本条所述与本条第(6)款第(b)项规定职务的相关条例,可以是由农业、渔业和食品大臣与国务大臣共同颁布的适用于大不列颠的条例,也可以是由农业、渔业和食品大臣颁布的仅适用于英格兰和威尔士的条例,也可以是由国务大臣颁布的仅适用于苏格兰的条例;本条第(6)款第(b)项中所述的"相应的农业主管部门"应据此解释。

(8) 本条第(4)款所述寻求就业的人员和寻求就业培训的人员,应当分别包括参加 1973 年《就业和培训法》规定的工业复兴课程的人员和寻求参加该课程的人员。

(9) 在本条中,督察执行其职能的行为,应当视为任命督察的执行部门履行任何相关法律法规授予该部门职能的行为。

其他规定和补充规定

相关法律法规中关于许可规定的上诉

44. (1) 任何人如对于有权依据任何相关法律法规颁发许可证(除农业许可证和核设施许可证之外)的任何主管部门做出的以下决定不服:

(a) 拒绝颁发许可证、拒绝续期该人持有的许可证,或拒绝将其他人持有的许可证转让给该人;

(b) 颁发附带任何期限、条件或限制的许可证;

(c) 对该人持有的许可证变更或拒绝变更任何期限、条件或限制;或

(d) 撤销其持有的许可证;

则该人可以向国务大臣提出上诉。

(2) 根据上诉问题的性质,国务大臣可以在认为适当的情况下做出指示,指定一名代表以国务大臣的名义对本条所述的上诉作出决定。

(3) 在对上诉作出决定之前,国务大臣应当针对是否愿意到场参加听证会,分别征求上诉人和做出决定的被诉主管部门的意见,并且

(a) 如果双方均表示不愿意到场参加听证会,可以不举行听证会直接对上诉作出决定;

(b) 如果任何一方表示愿意到场参加听证会,国务大臣应当给予双方参加听证会的机会。

(4) 1971年《法庭和调查法》适用于依据本条第(2)款的规定指定一人召开的听证会,也适用于国务大臣展开的司法调查,但该法第12条第(1)款(做出决定的原因)中所述国务大臣做出的任何决定,应当视为包括国务大臣指定人做出的决定。

(5) 国务大臣及代表国务大臣依据本条规定决定上诉的人,在做出决定后,可以给出其认为适当的指示来实施做出的决定。

(6) 对于依据本条规定指定的代表国务大臣对上诉召开听证会或作出决定的任何人,国务大臣可以支付适当报酬和津贴,具体数额由国务大臣确定并经内政大臣批准。

(7) 在本条中

(a) "许可证"是指依据任何相关法律法规颁发的许可证,不包括农业许可证或核设施许可证;

(b) "核设施许可证"是指以安装或经营下款规定的核设施为目的使用场地的许可证。

(8) 前款所述的"核设施"是指:

(a) 核反应堆(除陆地、水上或航空交通工具中的反应堆外);或

(b) 在本段或1965年《核设施法》第1条第(1)款第(b)项,包括任何类型或任何描述、设计或改装后用于下列目的的任何其他设施:

(i) 生产或利用原子能;或

(ii) 开展以生产或利用原子能为目的并且涉及或能够引起电离辐射发射的任何准备性或辅助性过程;或

(iii) 储存、加工或处理大量的其他放射性物质,包括在生产或使用核燃料的过程中核燃料所产生或辐射的放射性物质;

在本款中：

"原子能"具有1946年《原子能法》所规定的含义；

"核反应堆"是指设计或改装后用于通过不使用额外中子源即可保持控制链反应的裂变过程来生产原子能的任何装置（包括任何机械、设备或电器，不论是否固定在地面）。

违约的权力

45.（1）如果当地主管部门是执行部门，并且委员会认为应该针对当地主管部门是否存在不履行职能的情况展开调查，委员会可以向国务大臣提出一份报告。

（2）在审议依据前款规定提交的报告之后，国务大臣可以展开本地调查；1972年《地方政府法》第250条第（2）款至第（5）款有关本地调查的规定，在不影响该法第250条第（1）款规定普遍适用性的前提下，适用于国务大臣依据该条规定展开的本地调查。

（3）在对有关事务展开本地调查后，国务大臣有理由认为当地主管部门没有履行任何执行职能的，国务大臣可以发布命令宣布该主管部门不作为。

（4）为了补救不作为情况，依据前款规定宣布该主管部门（在本条中以下简称"不作为部门"）不作为的命令中，可以指示该部门履行相应职能，并可以对履行职能方式、时间和期限作出具体指示。

（5）不作为部门不遵守命令中所做任何指示的，国务大臣可以不经发出书面履职令，直接发布命令将不作为部门的执行职能委托给管理局。

（6）依据前款规定委托不作为部门执行功能的，管理局在履行委托职能时产生的所有费用，经要求后应当由不作为部门支付。

（7）依据本条规定委托不作为部门的执行职能后按照前款规定要求不作为部门支付费用的，支付费用的方式和金额与相应执行职能由该不作为部门实际履行并且不委托给管理局的情况下相同。

（8）要求不作为部门支付上述费用的，不作为部门有权按照自行履行相应执行职能时筹集费用的方式来筹集应当支付给管理局的费用。

（9）在国务大臣认为适当的情况下，依据本条第（5）款规定发布的委托不作为部门任何执行职能的命令中，可以规定将不作为部门的有关权利、责任和义务委托给管理局；在命令撤销的情况下，国务大臣可以发布撤销令或后续命令，对委托给管理局的执行职能中相应的权利、责任和义务做出规定。

（10）国务大臣可以依据本条规定发布命令对先前发布的任何命令进行变更、撤销。

（11）在本部分中，"执行职能"一词与当地主管部门相关时，是指作为执行部门的当地主管部门的职能。

（12）本条在苏格兰适用时

（a）第（2）款中"1972年《地方政府法》第250条第（2）款至第（5）款"，替代为"1973年《（苏格兰）地方政府法》第210条第（2）款至第（8）款"，但在1975年5月16日前，上述内容应当替代为"1947年《地方政府法》第355条第（2）款至第（9）款"；

（b）删除第（5）款中"不发出书面履职令"。

通知的送达

46.（1）任何相关法律法规要求或授权向督察发送或送达的任何通知，可以通过专人递送、留置、邮寄的方式发送或送达督查办事处。

（2）要求或授权向除督察之外的其他人发送或送达的任何通知，可以通过专人递送、留置、邮寄的方式发送或送达该人的相应地址。

（3）任何上述通知

（a）收件人为法人组织的，可以发送或送达该法人组织的秘书或文员；

（b）收件人为合伙企业的，可以发送或送达任何一个合伙人或对合伙企业的业务具有控制权或经营管理权的任何人。

（4）在本条中以及1889年《解释法》第26条（通过邮寄送达文件）适用于本条时，向任何人发送或送达通知的相应地址，是指最后已知该人的地址，但下列情况除外：

（a）收件人是法人组织或法人组织的秘书或文员的，地址为该法人组织的注册办事处或主要办事处的地址；

（b）收件人是合伙企业或对合伙企业的业务具有控制权或经营管理权的任何人，地址为该合伙企业主要办事处的地址；

根据本款规定，在英国以外注册的公司或在英国以外开展业务的合伙企业的主要办事处，是指各自在英国的主要办事处。

（5）如果任何此类通知的收件人在英国国内指定的接收通知地址并非本条第（4）款规定的相应地址，该收件人指定地址应当视为本条及1889年《解释法》第26条规定的相应地址。

（6）在不影响本条款任何其他规定的前提下，要求或授权发送或送达给任何场所（不论是否是法人组织）的所有人或占有人的任何此类通知，可以将相应所有人或占有人作为收件人，通过邮寄方式发送或送达该场所，或在通知中注明收件人并交付给在该场所居住或工作的人转交。

（7）经合理调查后，前款所述要求、授权发送或送达任何此类通知的任何场所的所有人或占有人姓名或地址不能确定的，可以将通知发送或送达给相应场所的描述中所显示的"所有人"或"占有人"，并交付给在该场所居住或工作的人转交；不存在上述转交人的，可以将通知或通知的副本粘贴在该场所显眼位置处。

（8）本条前款规定适用于文件发送或送达时的效力，与适用于通知发送或送达时相同。

民事义务

47.（1）本部分任何规定不得解释为

（a）对于不遵守第2条至第7条规定的任何义务和违反第8条任何规定的任何行为，在任何民事诉讼程序中授予采取任何行动的权利；

（b）对于违反任何法定义务的任何行为的可诉性造成影响；

（c）对于1965年《核设施法》第12条（依据该法某些规定获得赔偿的权利）的实施造成影响。

（2）违反健康与安全条例及农业健康与安全条例有关义务的行为造成任何损失，属于可诉违法行为，但这些条例另有规定的除外。

（3）依据第15条第(6)款第(b)项做出的任何规定，不得作为任何民事诉讼程序中的抗辩理由，不论该诉讼是否是依据本条第(2)款规定而提起；但对于本条第(2)款所述任何义务，健康与安全条例或农业健康与安全条例（视具体情况而定）中可以在与违反该义务的任何诉讼相关的条款中对任何抗辩理由做出规定。

（4）本条第(1)款第(a)项、第(2)款的规定不得影响本法规定之外的任何其他诉讼权利，上文第(3)款规定不得影响本法规定之外的任何其他辩护权利。

（5）旨在排除或限制本条第(2)款适用的任何协议条款以及因该款规定产生的任何法律责任均无效，但健康与安全条例或农业健康与安全条例（视具体情况而定）另有规定的除外。

（6）在本条中，"损害"一词包括任何人的死亡或伤害（包括任何人的任何疾病、对任何人的身体或精神状态造成的任何损害）。

对政府的适用

48.（1）在不违反本条规定的前提下，本部分除第 21 条至第 25 条和第 33 条至第 42 条之外的其他规定，以及依据本部分的规定制定的条例，对内阁均具有约束力。

（2）第 33 条至第 42 条的规定虽然不对内阁具有约束力，但适用于内阁工作人员时与适用于其他人时具有相同的效力。

（3）在本条中，内阁工作人员不论在本款之外的其他规定中是否视为内阁雇员，但在本条及依据本条规定制定的其他条例中均应视为是内阁的雇员。

（4）在不影响第 15 条第（5）款规定的前提下，国务大臣认为对于国家安全利益或被依法拘留的人的安全利益必要或适当的情况下，根据本条第（1）款，可以发布命令普遍免除本部分所有或任何规定对于内阁的普遍约束力或在特定方面的约束力。

（5）依据本条规定发布命令的权力应当通过立法文书的形式行使，任何该等命令可以通过后续发布命令对其进行变更或撤销。

（6）本条任何规定，均不授予任何人对女王陛下以私人身份提起诉讼的权利，解释本款时应当视为 1947 年《王室刑事诉讼法》第 38 条第（3）款（该法中对女王陛下私人身份的解释）的规定包含在本法中。

法规改编适应公制单位或适当公制单位

49.（1）有关大臣可以通过制定条例对下列内容进行修改：

（a）相关法律法规的任何规定；

（b）与本部分的任何一般目的相关但不属于相关法律法规的任何条文规定；

（c）依据前款所述任何条文编写或生效的任何文书的任何规定；

修改方法可以是通过将以公制单位表示的金额或数量替代为其他单位表示的金额或数量，或通过将条例中特定描述的以公制单位表示的金额或数量替代为不同描述的以公制单位表示的金额或数量。

（2）修改目的应当旨在保持上述规定的效力，但有关大臣认为有必要采用以方便和适当术语来表示该金额的除外。

（3）有关大臣依据本款规定制定的条例，属于本条第（1）款第（a）项至第（c）项所述规定并且包含除公制单位之外的其他单位词语的，如果有关大臣认为可以删除这些词语而不会改变该条文的效力，则条例中可以删除这些词语。

（4）本条中，有关大臣是指：

（a）在除涉及农业经营之外的其他相关规定中，是指国务大臣；

（b）在除涉及农业目的之外适用于大不列颠或英国的其他相关规定中，是指各农业大臣；

（c）在仅适用于英格兰和威尔士的任何规定中，是指农业、渔业和食品大臣；

（d）在仅适用于苏格兰的任何规定中，是指国务大臣。

依据有关法规制定的条例

50.（1）在不违反下文第（5）款前提下，为了（经修改后或不做修改）实施委员会提交给国务大臣的制定条例提案，国务大臣可以行使任何相关法律法规授予国务大臣制定条例的任何权力，国务大臣也可在未提交任何此类提案的情况下单独行使这项权利，但在未提交任何此类提案的情况下单独行使这项权利之前，国务大臣应当征求委员会和国务大臣认为适当的其他机构的意见。

（2）如果国务大臣为实施前款所述提交的任何提案而拟行使前款所述的任何权力，在制定条例之前，国务大臣应当征求委员会的意见。

（3）除第43条第（2）款规定的制定条例提案外，如果委员会拟向国务大臣提交本条第（1）款中所述的任何提案，在提交之前，委员会应当：

（a）征求委员会认为适当的任何政府部门或其他机构的意见（特别是，对于依据第18（2）条规定制定条例的提案应当征求代表当地主管部门的任何人的意见，对于制定电磁辐射相关条例的提案应当征求国家辐射保护委员会的意见）；

（b）国务大臣做出指示要求对提案涉及内容征求上述政府部门和其他机构（如有）的意见时，按照本款规定征求上述政府部门和其他机构的意见。

（4）如果农业、渔业和食品大臣和/或国务大臣拟依据任何相关法律法规制定任何条例，农业、渔业和食品大臣和/或国务大臣在制定条例之前应当征求委员会和/或其认为适当的其他机构的意见。

（5）本条第（1）款至第（3）款不适用于国务大臣可以与农业、渔业和食品大臣共同为大不列颠行使的制定条例的任何权力。

不适用于国内就业

51.本部分任何规定不适用于在私人家庭中雇佣家庭佣工或以家庭佣工的身份受雇于私人家庭的任何人。

工作和工作中的含义

52. (1) 在本部分中

(a)"工作"是指作为雇员或作为个体经营者的工作;

(b) 雇员在受聘整个过程中的任何时间均视为在工作中;

(c) 个体经营者以个体经营者的身份参加工作过程中的任何时间均视为在工作中;

在不违反第(2)款规定的前提下,"工作"和"工作中"等词,在任何情况下应作相应解释。

(2) 依据本款制定的条例,可以

(a) 为本部分目的而扩展"工作"和"工作中"等词的含义;

(b) 在这方面制定任何相关的法规条文来实施条例中做出的修改。

(3) 依据本条第(2)款制定条例的权力应当由以下相关部门行使

(a) 除涉及农业经营之外的其他活动方面的权力,由国务大臣行使;

(b) 仅涉及农业目的的相关事宜方面的权力,由相应农业主管部门行使。

(4) 本条第(2)款所述与本条第(3)款第(b)项中所述的活动的相关条例,可以是由农业、渔业和食品大臣与国务大臣共同颁布的适用于大不列颠的条例,也可以是由农业、渔业和食品大臣颁布的仅适用于英格兰和威尔士的条例,也可以是由国务大臣颁布的仅适用于苏格兰的条例;本条第(3)款第(b)项中所述的"相应的农业主管部门"应据此解释。

第一部分的一般解释

53. (1) 在本部分中,除文义另有要求外,

"农业"一词在本条第(3)款中,园艺、果树栽培、制种、奶牛养殖、畜禽育种与饲养(包括畜禽屠宰或从英国出口之前的管理)、林业、使用土地作为牧场、草地、林地、商品菜园和苗圃场,以及为农业目的整地,"农业"一词应据此解释;

"农业大臣"是指农业、渔业和食品大臣和国务大臣,在农业大臣的任何作为方面,是指这些农业大臣的共同作为;

"农业健康与安全条例"具有第31条第(1)款规定的含义;

"农业许可证"是指农业大臣依据任何相关法律法规颁发的许可证;

"农业经营",除在贸易、商业或其他经营过程中进行的农业经营(不论是否以盈利为目的)之外,不包括其他任何经营,但在下文第(2)款中包括在此类贸易、商业或其他经营过程中附带的任何农业经营;

"相应农业大臣",在英格兰和威尔士适用的任何相关法律法规中是指

农业、渔业和食品大臣；在苏格兰适用的任何相关法律法规中是指国务大臣；

"工作中使用的物品"是指：

(a) 设计用于在工作中由人使用或操作的任何装置（不论是否是专门由人使用或操作的）；

(b) 设计用作任何此类装置部件的任何物品；

"惯例规范"（在不影响第16条第(8)款规定的前提下）包括标准、规范和实践指导形式的任何其他文件；

"委员会"具有第10条第(2)款规定的含义；

"附条件买卖协议"是指符合下列条件的货物买卖协议：购买价款或部分购买价款可以通过分期付款的方式进行支付、在满足协议中规定的有关分期付款条件或其他条件之前，商品财产权属于卖方所有（尽管买方实际占有该货物）；

"聘用合同"是指聘用或学徒合同（不论是明示或暗示，在明示情况下，不论是书面或口头形式）；

"信用销售协议"是指规定了购买价款或部分购买价款可以通过分期付款方式支付的货物销售协议，但不是附条件买卖协议；

"住所"是指作为私人住宅占用的场所（包括不是由同一住所的多个共同居住者共同使用的任何花园、庭院、车库、厕所或其他附属物）；"非住所"应据此解释；

"雇员"是指依据聘用合同工作的个人，相关表述应据此解释；

"执行部门"具有第18条第(7)款规定的含义；

"管理局"具有第10条第(5)款规定的含义；

"现行法律法规"是指当前有效的下列法律法规：附表1第3列所述法律法规以及依据任何规定制定、颁布或生效的条例、命令和具有立法特征的其他文书；

"林业"包括：

(a) 树木砍伐和树林或森林生长过程中对树木的提取和初级转换；以及

(b) 土地用于其他农业目的时，将土地作为林地的附属而使用；

"本部分的一般目的"具有第1条规定的含义；

"健康与安全条例"具有第15条第(1)款规定的含义；

"租购协议"是指除附条件买卖协议之外做出下列规定的其他协议：

（a）货物被购买或（在苏格兰）租赁后，由购买方或租赁人定期进行付款；并且

（b）在满足协议条件后或发生下列一个或多个事件后，货物财产权转移给购买方或租赁人：

（i）购买方或租赁人行使了购买选择权；

（ii）协议的任何一方按照协议规定做出任何其他行为；

（iii）发生任何其他事件；

"租购"应据此解释；

"改进通知"是指第 21 条规定的通知；

"督察"是指依据第 19 条任命的督察；

"家畜"包括为生产食品、羊毛、毛皮或皮毛或为满足任何农业活动中使用目的而饲养的任何生物；

"当地主管部门"是指：

（a）对于英格兰和威尔士而言，是指郡议会、大伦敦议会、区议会、伦敦自治市议会、伦敦金融城共同委员会、内殿副财长或中殿副财长；

（b）对于苏格兰而言，是指地区、岛屿或区的议会，但在 1975 年 5 月 16 日之前，是指镇议会或郡议会；

"离岸设施"是指用于水下开采矿产资源或为开采目的而进行勘探的任何设施；

"人身伤害"包括任何人的任何疾病、对任何人的身体或精神状态造成的任何损害；

"装置"包括任何机械、设备或电器；

"场所"包括任何地方，特别是包括：

（a）任何车辆、船舶、飞机或气垫船；

（b）陆地上（包括间歇性被水覆盖的前滩和其他土地上）安装的任何设施、任何离岸设施和任何其他设施（包括在海床和底土浮动或搁置的、在被水覆盖的其他土地以及在水下底土搁置的）；

（c）任何帐篷或活动结构；

"规定"是指国务大臣制定条例中规定的；

"禁止通知"是指第 22 条规定的通知；

"相关农业目的"是指下列目的：

（a）确保从事农业经营的人员在工作中的健康、安全和福利；

（b）保护除从事农业经营人员以外的其他人免受因农业经营活动而导

致或与之相关的健康与安全风险；

本条第（b）项所述风险应依据第1条第（3）款规定进行解释；

"相关法律法规"是指

（a）本部分和任何健康与安全条例和农业健康与安全条例的规定；以及

（b）现行法律法规；

"个体经营者"是指除通过聘用合同（无论自己是否雇佣其他人）以外的其他方式以赚取利润或奖励为目的的个人；

"物质"是指任何天然或人造物质，无论是固体或液体形态，或是气体或蒸汽形态；

"工作中使用的物质"是指在工作过程中由人使用的任何物质（不论是否专门由人使用）；

"供应"是指通过出售、租赁、租借或租购的方式（无论是作为委托人或代理人）供应的物品或物质。

（2）在任何特定情况下，确定某种经营是否是前款"农业经营"定义范围内附带的农业经营时，应当从经营范围、经营规模以及所有其他相关情况进行考虑。

（3）可以通过发布命令的形式，规定命令中所述属于或不属于本部分定义的农业范围内的任何活动或经营，在与本部分相关的方面应当视为或不得视为（视具体情况而定）是农业。

（4）本条第(3)款所述命令可以是由农业、渔业和食品大臣与国务大臣共同发布的适用于大不列颠的命令，由农业、渔业和食品大臣发布的仅适用于英格兰和威尔士的命令，也可以是由国务大臣发布的仅适用于苏格兰的命令。

（5）本条第(3)款所述命令可以由最初发布的部门后续发布命令对其进行变更或撤销。

（6）发布本条第(3)款所述命令的权力应当通过立法文书形式行使，但上议院和下议院均有权通过决议予以废止。

第一部分适用于锡利群岛

54. 本条规定适用于锡利群岛时，锡利群岛应当视为是一个地方政府区域，锡利群岛议会应当视为当地主管部门。

第二部分 就业医疗咨询服务

维护就业医疗咨询服务的职能及责任

55. (1) 应当为下列目的而持续提供就业医疗咨询服务：

(a) 确保国务大臣、健康与安全委员会、人力资源服务委员会以及与就业人员、寻求就业的人员、接受就业培训的人员、寻求就业培训的人员相关的其他人及时提供和通报有关事项并提供充分的建议，并分别采取相应的措施保障和改善上述人员的健康状况；

(b) 为就业人员、寻求就业的人员、接受就业培训的人员、寻求就业培训的人员提供有关职业健康和就业培训方面的信息和建议；

(c) 与国务大臣就业职能相关的其他目的。

(2) 国务大臣负责上述服务的保障工作；但如果国务大臣作出安排将有关职能委托给健康与安全委员会或某些其他机构以国务大臣的名义执行，则在这种安排的运作期间，接受委托的单位（而非国务大臣）负责上述服务的保障工作。

(3) 当前负责保障上述服务的主管部门也可为本条第(1)款所述目的以及为协助就业医疗顾问执行其职能，对有关上述方面的任何事项和有关就业医疗顾问职能的任何事项中出现的问题展开调查或作出安排，并可支付相关费用，也可以为上述调查或协助调查目的而提供主管部门认为必要的实验室及其他服务。

(4) 国务大臣依据本条第(2)款的规定作出的任何安排可以由国务大臣随时终止，但不得妨碍任何时间依据该规定作出的任何其他安排（包括在先前的任何安排终止时开始运作的安排）。

(5) 在不影响第 11 条第(4)款第(a)项和第 12 条第(2)款规定的前提下，经国务大臣做出指示后，健康与安全委员会应当与国务大臣进行适当安排，由委员会负责上述服务的保障工作。

(6) 在本条第(1)款中

(a) 所述接受就业培训的人员应当包括参加 1973 年《就业和培训法》规定的工业复兴课程的人员；

(b) 所述的与就业人员、寻求就业的人员、接受就业培训的人员、寻求就业培训的人员相关的其他人，应当分别视为包括雇主代表组织、雇员代表组织、职业健康从业人员代表组织。

服务维护负责部门的职能

56.(1)当前负责保障就业医疗咨询服务的主管部门将这一职责委托给其他人时,应当委托给就业医疗顾问,也可决定委托给其他官员或公务人员,但应当获得下列必要批准:

(a)主管部门为国务大臣,由内政大臣批准;

(b)在其他情况下,经内政大臣同意后由国务大臣批准。

(2)任命的就业医疗顾问必须为正式注册的医疗从业者。

(3)当前负责维护就业医疗咨询服务的主管部门可以确定任何或所有就业医疗顾问履行和行使依据本法和其他法律法规授予其的职责和权力。

(4)依据第55条第(2)款规定作出安排后,若当前负责保障就业医疗咨询服务的主管部门发生变化,之前依据本条第(1)款规定任命的任何职务继续有效,在发生这种变化后继续有效任命,自变化之日起视为是新主管部门作出的任命。

费用

57.(1)对于当前负责维护就业医疗咨询服务的主管部门履行本部分或相关法律法规规定的任何职务应当支付的费用,可以由国务大臣做出规定或依据有关条例进行确定。

(2)在本条中,就业医疗顾问履行其职能的行为,应当视为任命该就业医疗顾问的主管部门履行前款所述维护就业医疗咨询服务的职能的行为。

(3)第43条第(4)款、第(5)款和第(8)款的适用于本条所述的有关条例时,应当进行如下修改:该条第(2)款相应地理解为本条第(1)款。

(4)如果当前负责保障就业医疗咨询服务的主管部门是除国务大臣之外的其他部门,国务大臣在依据本条规定制定任何条例之前应当征求该部门意见。

其他财务规定

58.(1)当前负责维护就业医疗咨询服务的主管部门可以

(a)向就业医疗顾问支付薪酬、费用、差旅费或其他补助;

(b)向其他应邀就该部门执行本条所述职能提供相关建议的其他人支付差旅费、其他补助或时间损失补偿;

(c)向参加就业医疗顾问展开或安排展开的医疗检查(包括病理、生理及影像学检查及类似调查等)人员支付差旅费、生活津贴或其他收入损失补偿;

具体由主管部门确定,并经必要批准。

(2)前款所述的必要批准是指

(a) 主管部门为国务大臣，由内政大臣批准；

(b) 在其他情况下，经内政大臣同意后由国务大臣批准。

(3) 如果当前负责维护就业医疗咨询服务的主管部门是除国务大臣之外的其他部门，为确保接受委托的部门能够履行委托的职能，国务大臣应当向该部门支付适当费用，具体数额由国务大臣决定并经财政部批准。

主管部门的记账和报告义务

59. (1) 当前负责维护就业医疗咨询服务的主管部门应当

(a) 对与就业医疗咨询服务相关的账目和记录进行详细记录并保存；

(b) 编制每一会计年度有关就业医疗咨询服务的账目报表，报表的形式由国务大臣做出指示并经财政部批准；

(c) 在报表相应的审计年度之次年 11 月末之前，向国务大臣、审计员和审计长发送报表的副本。

(2) 审计员和审计长应当检查、确认和报告依据本条第(1)款的规定收到的每份报表，并将每份报表及其审计报告的副本提交给议会两院。

(3) 负责维护就业医疗咨询服务的主管部门应当每一会计年度结束后向国务大臣提交一份与该年度的服务相关的履职报告；国务大臣应当向议会两院提交依据本款规定并提交给国务大臣的每份报告的副本。

(4) 依据第 55 条第(2)款规定作出安排后，若当前负责维护就业医疗咨询服务的主管部门发生变化，则之前依据本条规定委托给任何机构负责维护就业医疗咨询服务的任何义务不发生变化。

(5) 本条第(1)款或第(3)款授予当前负责维护就业医疗咨询服务的主管部门的任何义务，应当由委员会（负责规定的相应职责）或国务大臣承担。

(6) 在本条中，"会计年度"一词，是指任何一个年度于 3 月 31 日结束的 12 个月的期间，但国务大臣另有指示除外。

补充规定

60. (1) 国务大臣应当确保每个当地卫生主管部门安排的官员中，其中获得正式注册医疗从业资格的人，负责按照就业医疗顾问提出的申请提供未满十八岁人员的详细在校医疗记录，以及就业医疗顾问为有效地履行职能而合理要求的其他病史相关信息；但就业医疗顾问不得为除有效履行职能之外的其他目的而向他人披露向提供给其的有关任何人的上述记录和信息。

(2) 前款规定适用于苏格兰时，"各当地卫生主管部门"应替代为"苏格兰当地卫生主管部门"。

（3）为确保主管部门（除国务大臣外）对就业医疗顾问的聘用在其他方面得到类似待遇，国务大臣可以通过立法文书发布相应的命令，上议院和下议院均有权依据1973年《就业和培训法》第7条第（3）款和第（4）款的规定（其中对相关部门聘用人员的连续期限或视同国家公务员的人员的连续聘用期限作了规定，旨在实施1972年《就业合同法》第1条和第2条及1971年《劳资关系法》某些条款中有关雇员权利的规定，防止雇员被不公平地解雇，延长了上述两类人员的连续聘用期限）通过决议废止国务院发布的上述命令。

本款所述命令可以通过后续发布命令予以变更或撤销。

（4）任何法律法规或依据任何法律法规制备的文书中所述的"首席就业医疗顾问"或"副首席就业医疗顾问"，应当理解为主管部门依据相应规定任命负责维护就业医疗咨询服务的人。

（5）1972年《就业医疗咨询服务法》的下列规定（在本部分中由前述规定所取代，按照相关规定予以删除），即第1条和第6条及附表1，不再具有效力；但是

（a）如果依据上述第1条或附表1作出的任何行为也可依据或本部分相应的规定进行，则本法删除该条和附表1后，此类行为仍然有效，与依据或本部分的相应规定做出的行为具有相同效力；

（b）依据上述第6条规定发布的在本法废除该条之前仍然有效的任何命令，在废除之后仍然有效，但可以通过依据第43条第（2）款或第57条制定的条例予以撤销或变更，视同其为依据第43条第（2）款或第57条（视具体情况而定）的规定编制的包含该条例的文书。

（6）前款所述任何法律（不论是否是在通过本法的同一届会议上或之前通过的）或任何文件中所指（无论是明示或暗示）的1972年《就业医疗咨询服务法》任何规定中所包含的任何法律法规，应当解释为包括本法的相应条款，但文义另有所指的除外。

（7）本条第（5）款或第（6）款的任何规定不得影响1889年《解释法》第38条（有关废止的效果）的实施。

第三部分 建筑条例和1959年《（苏格兰）建筑法》修正案

有关建筑条例修正案

61.（1）1936年《公共卫生法》第61条和第62条（制定建筑条例的

权力、建筑条例对现有建筑物的适用），由以下条款替代：

制定建筑条例的权力

第61条第（1）款在不违反1961年《公共卫生法》规定的前提下，国务大臣有权为本条第（2）款中所述的任何目的，与建筑物的设计和施工以及建筑物内或与建筑物相关的服务、配件和设备制定相关条例。

本款的条例称为建筑条例

（2）前款中所述目的如下：

（a）确保建筑物内或建筑物附近人员以及可能受到建筑物或与建筑物相关事务影响的其他人的健康、安全、福利和方便；

（b）促进燃料和动力的保护；

（c）防止水资源浪费、过度消费、滥用或污染。

（3）建筑条例可以

（a）规定对于在建筑物中使用或与建筑物相关的施工方法、材料类型或其他手段必须遵守的条例的具体要求；

（b）在任何程度上参照国务大臣或任何其他人出版或以这些人的名义出版的文件，或在任何程度上参照规定的任何人或机构批准或要求来确定框架。

（4）建筑条例可以包括有关下列方面的规定：

（a）发出通知；

（b）保存拟定工作的计划或已执行工作的计划（包括有关保存副本数量的规定）；

（c）当地主管部门保留依法提交的计划副本；

（d）工作的检查和测试；

（e）采样。

（5）建筑条例可以在任何或所有建筑条例的规定中排除任何规定类型的建筑物、服务、配件或设备。

（6）国务大臣可以做出指示要求在任何或所有建筑条例的规定中排除任何特定的建筑物、与任何特定位置相关的任何特定类型的建筑物，并且在这两种情况下，上述要求可以不附带条件，也可以要求遵守指示中规定的任何条件。

（7）任何人违反前款所述在指示中规定的任何条件，或允许任何人违反上述任何条件，应当处以400英镑以下的罚金，自违法行为开始之日后若仍然继续，每天处50英镑以下的罚金。

（8）按照在建筑条例和依据建筑条例作出的任何指示或制定的文书，建筑可以按其大小、描述、设计、用途、位置或任何其他特性进行分类。

建筑条例适用于现存建筑物等

第62条 （1）建筑条例可以作出下列方面的规定：

（a）建筑物改建和扩建、建筑物内或与建筑物相关的服务、配件和设备的改建和扩建；

（b）在建筑物内提供或提供与建筑物相关的新服务、配件或设备；

（c）受下列方面影响的建筑物和服务、建筑物内或与建筑物相关的配件和设备：

（i）建筑物改建或扩建；或

（ii）建筑物内或与建筑物相关的，新的改建或扩建的服务、配件或设备；

（d）任何建筑物连同建筑物内提供的或与建筑物相关的任何服务、配件或设备整体，并且依据1974年《工作中安全与健康法》第74条第（1）款第（c）项的规定展开或拟展开任何作业的，该整体构成本条规定的建筑施工；

（e）建筑物或建筑物各部分连同建筑物内提供或与建筑物相关的任何服务、配件或设备，在此情况下，使用建筑物或建筑物任何部分的目的、方式或情况发生变化，发生的变化构成建筑条例中规定适用于本款的实质性变化。

（2）涉及前款所述事项的建筑条例，可以制定成适用于或有关该条例生效之前修建的建筑物，但除上述之外（并且在不违反1974年《工作中安全与健康法》第65条第（2）款规定的前提下），不得适用于该日期之前修建的建筑物。

（2）在不影响1936年《公共卫生法》第61条第（1）款普遍适用性的前提下，建筑条例可以为该条第（2）款所述任何目的，做出有关所述任何事项的规定，可以要求在建筑物内提供或做出有关的事情或事务（也可以对建筑物内或与建筑物相关的事情或事务予以调整），并可以规定展开工作的方式。

（3）与建筑条例的相关规定，按照附表6第一部分的规定进一步修订后生效。

（4）1936年《公共卫生法》第65条和1961年《公共卫生法》第4条、第6条和第7条，在前款规定生效后开始实施，载于上述附表6的第二部分中。

(5) 1936年《公共卫生法》第71条（豁免某些建筑物对建筑条例的适用）停止生效。

(6) 1961年《公共卫生法》第4条所述自本法第4条第(1)款废止之前有效的任何条例，在本法第4条第(1)款废止之后仍然有效，但应当视为依据本法取代1936年《公共卫生法》第61条第(1)款做出的规定。

建筑条例可规定的其他事宜

62.（1）建筑条例可以做出规定要求当地主管部门在规定情况下，在按规定采取与建筑条例所适用的任何工作或事务相关的任何措施之前按要求征求相关人员的意见。

(2) 建筑条例。

(a) 可以授权当地主管部门将与有关事务相关的任何类别的人、符合任何条件的人，或国务大臣在任何特定情况下以书面方式指定的人提供的证书，视为已经或将满足建筑条例中与任何规定事务相关要求的证据；

(b) 可以规定当地主管部门在采取一切合理措施展开调查之后，在特定情况下如果能够确认满足建筑条例有关任何规定事务方面的要求，当地主管部门应当颁发相应证书，并规定颁发的证书可作为符合建筑条例的证据（但并非确凿证据）；

(c) 可以作出下列方面的规定：

(i) 在规定情况下，禁止展开涉及特定事务的规定类型工作，但向规定的主管部门交存了与特定事务相关证书的除外，本条第(a)项中所述的证书；

(ii) 在依据上述规定交存证书的情况下，允许将有关是否颁发证书的任何争议提交给国务大臣；

(iii) 允许国务大臣或任何类似职务人员在认为适当的情况下做出相关指示。

(3) 建筑条例可以授权当地主管部门收取规定费用，用于履行建筑条例规定或与之相关的职能。

(4) 建筑条例可规定由特定人或特定类别的人（而非当地主管部门）负责当局在建筑条例或与之相关的规定职能，并为此目的，可规定与建筑条例相关的任何规定法规和建筑条例（经任何修改后）所适用的任何规定条款适用于特定的人、特定类型的人的任何规定。正如该法规或条款适用于当地主管部门。

（5）如果国务大臣认为本款适用的任何规定与建筑条例相关法规中包含或依此法规作出的任何规定不一致，或不必要或需要修改，则建筑条例可以撤销或修改任何此类规定。

本款适用于本法、与本法在同一届会议上或之前通过的任何其他法律的任何规定，但1936年《公共卫生法》第61条至第71条、1961年《公共卫生法》第4条至第11条和附表1以及本部分除外。

与规划批准相关的其他规定

63.（1）当地主管部门按照建筑条例交存任何拟定工作计划后，可以在规定情况下按照建筑条例的规定分阶段通过这些计划；如果当地主管部门在有限范围内通过任何此类计划

（a）当地主管部门应附加针对有关拟定工作提交进一步计划的条件；

（b）当地主管部门应当提出适当条件，以确保在提交进一步计划之前拟议的工作不会展开，但建筑条例另有授权的除外。

（2）任何人违反当地主管部门依据本条第（1）款提出的除提交进一步计划之外的任何其他条件，或允许任何人违反上述任何条件的，应当处以400英镑以下的罚金，自违法行为开始之日后仍然继续的，每天处50英镑以下的罚金。

（3）即使按照建筑条例的规定，交存的任何拟定工作计划存在缺陷或表明将会违反任何建筑条例，但如果交存的计划经适当修改弥补了存在的缺陷或避免了违反任何建筑条例的情况，在批准通知中对修改情况加以说明，并且若符合下列条件，接收工作计划的当地主管部门也可暂时通过交存的计划：

（a）在规定时间内按照规定的方式，表明接收通知的人或其代表通知主管部门同意做出修改，则计划应当视为经修改后通过；

（b）否则，计划视为不予通过。

（4）如果依据第（1）款或第（3）款规定分阶段或暂时通过计划，1936年《公共卫生法》第64条第（1）款至第（3）款按规定做出修改后生效。

（5）当地主管部门依据1936年《公共卫生法》第64条的规定通过任何拟议工作计划之后，向当地主管部门交存计划的人或其代表可以在规定的情况下向当地主管部门提出批准计划中的任何偏离或背离，该款适用于依据本款规定交存的计划，也适用于最初交存的计划。

（6）如果按照任何现行法规（不论采用何种措辞，也不论其框架范围）将拟建任何规定类型建筑物的计划提交给内阁阁员批准：

（a）不得要求按照建筑条例规定为达到1936年《公共卫生法》第64条目的而向当地主管部门交存拟建建筑物的计划；

（b）内阁阁员有理由认为拟建建筑物将会满足建筑条例的实体性要求后方可批准该计划；

（c）内阁阁员批准该计划的效力和方式，应当与当地主管部门批准该计划的效力和方式相同；

（d）对于拟建的建筑物，内阁阁员可以行使与1961年《公共卫生法》第6条授予国务大臣和当地主管部门的豁免或放宽建筑条例相应要求的权力（但不包括下文第(7)款规定的豁免权力）相同的权利，但内阁阁员应当遵守第62(1)条对当地主管部门提出的征求意见的相同要求（如有）（但不包括1961年《公共卫生法》第6条规定的征求当地主管部门意见的要求），以及1961年《公共卫生法》第8条对国务大臣提出的相同要求（就放宽建筑条例要求的提案做出陈述的机会）。

（7）前款所述的"现行法规"，是指在该款生效之前通过的法规，不包括有关城乡规划法规；该款第(d)项排除的权力是当地主管部门可以依据第62(4)条规定行使的一项权力。

有关不适合永久性建筑物的材料等的特别规定

64.（1）本条适用于

（a）构成建筑物一部分、作为使用任何材料或部件进行施工的一部分、用于本条第(2)款所述用途的任何工程；

（b）由本段所述用途一类设备的服务、安装或项目构成，并在建筑物内提供的或与建筑物相关的任何工程。

（2）国务大臣可以通过建筑条例做出下列方面的规定：

（a）为实现本条第(1)款第(a)项目的，如果对建筑物使用不存在相关条件的规定，或对国务大臣认为可能不适合于在永久性建筑物特定部分施工中使用的材料或部件类型的规定，国务大臣可以做出这些方面的规定；

（b）为本条第(1)款第(b)项的目的，如果对建筑物的使用不存在相关条件的规定，或对国务大臣认为可能不适合于为永久性建筑物提供或与之相关的服务、配件或设备类型的规定，国务大臣可以做出这些方面的规定。

（3）如果按照建筑条例规定将任何拟议工作计划交存给当地主管部门，并且计划中显示拟议工作将包括或包含本条适用的工作，则即使工作计划符合建筑条例规定，该主管部门也可以

（a）不予批准计划；或

(b) 在通过计划时,对本条适用的工程规定一个固定有效期限,或要求将(通过计划时主管部门指示的)相关建筑物拆除,并且在主管部门认为适当的情况下,对相关建筑物或本条适用工程的使用附加合理条件(如有),但对相关建筑物使用的任何附加条件不得与1971年《城乡规划法》冲突或产生相同效力。

(4) 如果任何工程的工作计划应当按照建筑条例的规定交存当地主管部门但尚未交存,并且当地主管部门认为该工程包含或包括本条的适用工程,则在不影响对违反建筑条例的诉讼权利前提下,当地主管部门可以对本条所适用的工程规定一个固定有效期限,或要求将(规定有效期限时主管部门指示的)相关建筑物拆除,并且在主管部门认为适当的情况下,在通过尚未交存工作计划的工程时附加前款规定的任何条件;但在规定届满期限或附加任何条件后,应当立即向相关建筑物的所有人发出相应的通知。

(5) 如果当地主管部门认为任何工程属于上文第(1)款第(b)项所述的情况,工程计划未按照建筑条例的要求交存给当地主管部门,自该工程竣工之日起12个月的期限内仍未交存的,主管部门可以随时规定一个固定届满期限,要求在该期限内必须拆除该工程,并且在主管部门认为适当的情况下,即使该工程的计划已经按要求缴存,主管部门也可以在通过计划时附加上文第(3)款规定的任何条件;但在规定有效期限或附加任何条件后,应当立即向相关建筑物的所有人发出相应通知。

(6) 当地主管部门可随时延长任何固定期限,或变更依据本条规定附加的任何条件。但在此情况下,除非相关建筑物所有人向当地主管部门提出申请,当地主管部门不得行使变更上述附加条件的权力,但批准延长或进一步延长工程或建筑物(视具体情况而定)固定期限的权力除外。

(7) 当地主管部门依据本条规定不予批准计划、规定任何期限或不予批准延长任何期限、附加或不予批准变更任何条件的任何人,当事人可以在规定期限内按照规定方式向国务大臣提出上诉。

(8) 如果对使用本条的任何工程规定了固定期限或规定了与相关建筑物有关的固定期限,在该期限或延长期限届满(视具体情况而定)后,该建筑物的所有人应当拆除与该期限相关的工程或建筑物:所有人不拆除的,当地主管部门可以拆除该工程或建筑物(视具体情况而定),并可以向所有人追偿拆除时产生的合理费用。

(9) 对于任何人的以下行为应当处以400英镑以下的罚金,自违法行为开始之日后仍然继续或不拆除相应工程或建筑物的(视具体情况而定),

每天处 50 英镑以下的罚金；但本款规定不得解释为损害上文第(8)款授予当地主管部门的权利。

（a）违反或允许他人违反依据本条规定附加的任何条件；

（b）违反上文第(8)款规定；

（10）在本条中，"相关建筑物"一词，在任何特定情况下是指上文第(1)款第(a)项或第(b)项（视具体情况而定）所述的建筑物。

（11）1936 年《公共卫生法》第 53 条（由本条前述条文所取代）应停止生效，但

（a）依据该条规定制定的任何建筑条例、规定的任何期限、附加的任何条件或采取的任何其他措施，应当视为依据本条规定制定的建筑条例、规定的期限、附加的条件或采取的措施；

（b）依据 1936 年《公共卫生法》第 53 条的规定实施的任何事情可以继续依据本法继续实施，其效力与依据本条规定实施的事情效力相同，但是依据 1936 年《公共卫生法》第 53 条第(4)款提出的在该条失效时仍然未决的任何上诉，以及因上诉引起的任何诉讼，仍应按照该条规定进行，在此情况下该条视为仍然有效。

持续性需求

65.（1）建筑条例可以对适用建筑物的所有人和占有人提出国务大臣认为适当的持续要求，以确保建筑条例中明确规定与这些要求相关的条文得以顺利实施；但依据本款规定提出的持续要求必须与建筑条例中明确规定与这些要求相关的条文相一致。

（2）建筑条例可以对适用的任何规定类别的建筑物（不论建造时间，也不论在建造时是否适用于任何建筑条例）所有人和占有人提出与下列任何或所有事项相关的持续要求：

（a）任何建筑物内或与建筑物相关的服务、配件和设备必须符合的条件；

（b）按照上述要求提供的任何服务、配件或设备的检查和维护；以及

（c）编制并向规定的任何主管部门提交有关上述任何服务、配件或设备的报告；

1936 年《公共卫生法》第 62 条中有关限制建筑条例适用的规定，不适用于依据本条规定制定的条例。

（3）任何人违反依据本条规定提出的任何持续要求，在不影响对违法行为所处罚金相关诉讼权利的前提下，当地主管部门可以执行任何工作或采

取任何其他行动补救违法的情况,并可以向违法行为人追偿因执行任何工作或采取任何其他行动而产生的合理费用。

(4) 如果当地主管部门依据前款规定执行任何工作或采取任何其他行动,当地主管部门可以不行使这项权力而发出通知要求与违法行为相关的建筑物的所有人或占有人执行上述工作或采取上述行动。

1936 年《公共卫生法》第十二部分中与要求执行工作的通知的相关上诉及强制执行方面的规定,适用于依据本条规定发出的任何通知,但这些规定中所指的执行工作应当理解为是指执行工作或采取其他行动,所指的工作据此解释。

(5) 1961 年《公共卫生法》第 6 条、第 7 条和第 8 条规定(建筑条例中免除或放宽要求的权力及相关规定),经以下修改后适用于依据本条提出的持续要求:

(a) 依据上述第 6 条规定做出的指示,在指示中规定的期限结束后停止生效;

(b) 在上述第 7 条第(1)款(经本法修订)中,所指的附条件批准申请,应提及在一定期限内批准申请。

建筑条例类型放宽

66.(1) 如果国务大臣认为建筑条例中实施的任何要求对于特定类型的事务而言并不合理,则国务大臣可以自行决定或经申请后做出对该类型的事务普遍豁免或放宽该要求的指示。该指示可以不附带任何条件,也可以要求必须符合与豁免或放宽要求的事项直接相关的任何条件。

(2) 本条第(1)款所述指示

(a) 在指示中规定的期限结束后停止生效;

(b) 可以由国务大臣后续做出指示予以变更或撤销。

(3) 建筑条例可以要求本条第(1)款所述提出申请的人员向各位国务大臣支付规定的费用;在不影响 1961 年《公共卫生法》第 4 条第(2)款规定的前提下,依据本款规定制定的条例可以对不同情况下的不同费用做出规定。但国务大臣可以在任何特定情况下支付依据本款应付的任何全部或部分费用。

(4) 在依据本条规定做出指示之前,国务大臣应当征求利益相关方代表的意见(特别是在做出与任何职能的要求相关的任何指示之前,征求国家水资源委员会代表的意见)。

(5) 国务大臣依据本条规定做出指示后,应当按照其认为适当的方式告知做出指示的情况。

（6）在指示中任何人违反本条所述规定的任何条件，或允许任何人违反上述任何条件的，应当处以 400 英镑以下的罚金，自违法行为开始之日后仍然继续的，每天处 50 英镑以下的罚金。

（7）如果在任何时间，本条第(1)款所述豁免或放宽建筑条例要求的指示依据上文第(2)款第(a)项的规定停止生效后，或依据第(2)款第(b)项的规定变更或撤销后，在任何情况下在该时间之前发生下列事件的，不得影响该指示（及指示中附加的任何条件）继续发生效力

（a）拟议工作计划已按照建筑条例的规定交存至当地主管部门；或

（b）依据 1939 年《伦敦建筑法规（修订）法》第 83 条的规定向地区工程检查员送达了建筑通知。

（8）在本条和第 67 条中，"建筑事务"是指任何建筑事务和建筑条例在任何情况下适用的任何其他事务。

国务大臣批准建筑类型等的权力

67.（1）为使国务大臣可以自行决定或经申请后普遍批准或在任何一种类别情况下批准符合建筑条例特别要求的任何特定类型的建筑事务，本条以下条文具有效力。

（2）依据本条规定对一种类型的建筑事务提出的批准申请，应当符合建筑条例有关适用性和具体细节的所有规定。

（3）如果依据本条第(1)款规定，国务大臣普遍批准或在任何一种类别的情况下批准符合建筑条例特别要求的任何特定类型的建筑事务，则国务大臣可以颁发相应的证书，其中应当载明

（a）证书涉及的建筑事务类型；

（b）与证书相关的建筑条例要求；以及

（c）证书适用的一种或多种情况（如适用）。

（4）本条规定的证书，在证书规定期限（如有）结束后停止生效。

（5）如果在本条规定的证书有效期间内，经调查后发现，与涉及证书中相关建筑事务类型的任何特定情况下，此建筑事务属于证书所适用的建筑事务类型，此情况也属于证书所适用的情况，则该建筑事务在此特定情况下应当视为符合建筑条例中有关证书的相应要求。

（6）国务大臣可以自行决定或经申请后对本条规定的证书进行变更；但如果证书是依据本条第(1)款规定经任何人申请后颁发的，国务大臣在变更证书之前，应当向申请人发出合理通知对将要变更证书的情况加以说明，

但经该人提出申请后变更的除外。

（7）建筑条例可以要求本条第（1）款或第（6）款所述提出申请的人向各位向国务大臣支付规定的费用；在不影响1961年《公共卫生法》第4条第（2）款规定的前提下，依据本款规定制定的条例可以对不同情况下的不同费用做出规定。但国务大臣可以在任何特定情况下支付依据本款应付的任何全部或部分费用。

（8）国务大臣可撤销依据本条的规定颁发的证书，但如果是上文第（1）款规定的经申请后颁发的证书，在撤销证书之前，国务大臣应当向颁发给证书的人发出合理通知说明即将变更证书的情况。

（9）如果国务大臣依据本条规定颁发证书，或变更或撤销颁发的证书，则国务大臣可以按照其认为适当的方式公告颁发、变更或撤销证书的情况。

（10）如果在任何时间，本条规定的证书依据上文第（4）款规定停止生效，或依据本条上述规定被变更或撤销，在任何情况下在该时间之前发生下列事件，不得影响该证书依据上文第（5）款的规定继续发生效力：

（a）拟议工作计划已按照建筑条例的规定交存给当地主管部门；或

（b）依据1939年《伦敦建筑法规（修订）法》第83条的规定向地区工程检查员送达了建筑通知。

（11）对于本条第（3）款或第（6）款规定的任何证书的变更而言，上述一类情况可以按照国务大臣认为适当的方式确定范围。

（12）国务大臣可以通过制定建筑条例，按照国务大臣认为适当的范围和条件，将本条授予国务大臣的批准权委托给任何个人或机构；按照上述规定将批准权委托给任何个人或机构后，本条上述规定（第（7）款作为具有优先权的一款）以及依据该款制定的任何建筑条例（附带规定的任何条件）适用于接受委托的任何个人或机构，其中的"国务大臣"一词视为相应地替代为接受委托的个人或机构。

要求或展开建筑条例合规性测试的权力

68.（1）下款规定旨在允许当地主管部门在各种负责实施的建筑条例适用的任何工程或拟建工程方面，能够确定已完工或拟建工程是否在任何方面违反建筑条例的任何规定。

（2）对此方面，当地主管部门有权

（a）要求承担已完工、在建或拟建工程的任何人亲自或委派代表，按要求对工程展开合理测试或与工程相关的合理测试。

（b）自行对工程展开合理测试或与工程相关的合理测试，采集任何必要的样本，以便能够展开任何此类测试。

（3）在不影响前款规定普遍适用性的前提下，前款要求展开的测试内容包括：

（a）任何施工现场的土壤或地基的测试；

（b）施工中已使用、正在使用、拟使用的任何材料、部件及组合部件的测试，以及建筑物中已提供、正在提供、拟提供或与建筑物相关的任何服务、配件及设备的测试。

（4）为确定任何建筑物是否存在违反适用于该建筑物的任何持续要求的情况，当地主管部门有权

（a）要求该建筑物的所有人或占用人进行本款要求的合理测试；或

（b）自行展开有权依据前款规定要求所有人或占有人展开的任何测试，并采集任何必要的样本，以便能够展开任何此类测试。

在本款中，"持续要求"是指依据第65条第（1）款或第（2）款规定通过建筑条例实施的持续要求。

（5）任何人依据本款要求展开任何测试的费用，应当由本人承担；但是经申请后，在当地主管部门认为合理的情况下，可以做出指示要求展开任何此类测试的费用或指示中规定的费用部分由当地主管部门承担。

（6）当地主管部门与任何人之间依据本条就以下各项的合理性产生的问题：

（a）当地主管部门依据本条规定对该人提出要求展开的测试；或

（b）当地主管部门在该人提出申请后拒绝本条第（5）款规定做出的指示；或

（c）对上述申请依据本条第（5）款规定做出的指示；

可以经该人申请由法院通过简易程序确定。在本款第（b）项或第（c）项所述的情况下，可以发布命令要求由当地主管部门在法院认为公正的范围内承担相应费用。

关于依据某些规定向国务大臣提出上诉等的规定

69.（1）依据1936年《公共卫生法》第64条、1961年《公共卫生法》第7条或本法第64条规定向国务大臣提出上诉之后，国务大臣可以酌情给予上诉人和当地主管部门到场参加听证会的机会，听证会由国务大臣指定人员召开。

（2）在对本条第（1）款实施的任何此类上诉作出决定之后，国务大臣应当作出适当指示实施做出的决定。

(3) 如果国务大臣在诉讼中作出以下方面的决定:
(a) 对本条第(1)款中所述的任何上诉做出决定;或
(b) 1936年《公共卫生法》第67条规定的决定;或
(c) 1961年《公共卫生法》第6条规定的任何指示申请做出决定,在此情况下决定权不能由当地主管部门行使;

相关个人或当地主管部门可以依法对该决定向高等法院提出上诉。

在本款中,"相关人员"一词,
(i) 对于本款第(a)项中所述上诉而言,是指上诉人;
(ii) 在第67条中,是指(与当地主管部门共同)提出该条所述申请的人;
(iii) 对于本款第(c)项中所述的任何申请而言,是指申请人。

(4) 在前款所述任何此类上诉、决定或申请的任何诉讼阶段中,国务大臣可以采用特殊案件形式将诉讼过程中出现的任何法律问题提交给高等法院作出决定;高等法院对依据本款规定提交的案件做出的决定,应当视为1925年《最高法院司法(整合)法》第27条(上诉法院对高等法院判决展开听证会和作出决定的司法管辖权)规定的法院判决。

(5) 在依据本条规定向高等法院或上诉法院提起的任何法律程序方面,制定法院规则的权力应当包括制定下列规则的权力:
(a) 规定高等法院或上诉法院按照法庭意见或指示将案件移交国务大臣再次听证和做出决定的权力;以及
(b) 规定国务大臣在一般情况下或在规则规定的情况下被视为诉讼程序的一方,并有权出庭和参加相应的听证会。

(6) 有关本条第(5)款所述任何诉讼程序的法院规则,可以规定排除1925年法第63条第(1)款中要求向高等法院提出上诉和由下级法院展开听证会并作出决定的规定;但向上诉法院提出的任何上诉不得依据本条规定提出,经高等法院或上诉法院批准的除外。

(7) 在本条中,"决定"包括指示,作出决定应据此解释。

(8) 在不影响1961年《公共卫生法》第4条第(5)款规定的前提下,在本条第(1)款中所述的任何上诉方面,建筑条例可以包括国务大臣认为适当的有关程序的补充规定。

为伦敦中心区制定建筑条例的权力

70.(1) 以下规定(有关制定建筑条例的权力和有关建筑条例的其他事务),即1936年《公共卫生法》第61条、第62条和第67条、1961年

《公共卫生法》第 4 条第(2)款和第(5)款至第(7)款；以及 1961 年《公共卫生法》第 5 条和第 7 条，（除《公共卫生法》第 75 条和附表 7 外）适用于整个伦敦中心区及英格兰和威尔士的其他地方，但在不影响本款规定权力的前提下，本款不得造成本款生效之前制定的任何建筑条例适用于伦敦中心区。

（2）在不违反依据第 62 条第(4)款做出任何规定的前提下，大伦敦议会应当负责在伦敦中心区实施任何适用的建筑条例，但 1930 年至 1939 年《伦敦建筑法》含义范围内的其他当地主管部门或地区工程检查员应依据建筑条例的规定，负责实施适用的建筑条例。

（3）如果依据本条或第 62 条第(4)款的规定，由当地主管部门或规定的任何人或一类人（除当地主管部门外）负责在伦敦中心区执行或履行有效的建筑条例规定的职能或与有效的建筑条例相关的职能，则在不影响上述第 62 条第(4)款规定的前提下，建筑条例可以在这方面作出第 76 条第(1)款第(a)项或第(b)项所述但本条第(1)款中未提及的任何规定，做出的规定（经任何适当的修改，并且尽管有 1963 年《伦敦政府法》附表 11 第 12 条或第 34 条的规定）适用于上述任何当地主管部门或规定的任何人或一类人，与适用于伦敦中心区以外的当地主管部门时具有相同的效力。

（4）在不影响第 62 条第(5)款普遍适用性的前提下，如果国务大臣依据本条规定或与适用于伦敦中心区任何部分的相关规定，认为废止或修改（视具体情况而定）本款的任何规定是适当的，则建筑条例可以废止或修改本款所适用的任何规定。

（5）第(4)项适用于下列法律法规中符合下列条件的任何规定：

（a）1930 年至 1939 年《伦敦建筑法》；

（b）本法（除本部分外）、在通过本法的同一届会议上或之前通过的任何其他法律所包含的任何法规

（i）适用于伦敦中心区或其任何部分；并且

（ii）有关适用于伦敦中心区或其任何部分并且涉及建筑条例中可以做出规定的任何事务方面的细则、此类细则的制定；

（c）依据上述法律制定或发生效力的任何细则、本条第(b)段第(ii)条所述的任何细则。

（6）建筑条例中对前款所适用的任何规定的废除或修改做出规定的，在制定此类建筑条例之前，国务大臣（在不影响 1961 年《公共卫生法》第 9 条第(3)款有关征求意见的要求的前提下）应当征求大伦敦议会和国务大

臣认为相关的任何其他当地主管部门的意见。

（7）在本条中，"伦敦中心区"是指包括伦敦中心区的各区、伦敦市、内殿和中殿在内的地区。

（8）在1963年《伦敦政府法》附表11（对《公共卫生法》的修改）中，

（a）在第12段中，"第53条至第55条，以及第57条至第71条"替代为"第54条、第55条、第57条至第60条、第64条至第65条、第69条、第70条以及（如截至目前尚未废除）第71条"；

（b）在第34段中，"第4条至第11条"替代为"第4条第(3)款和第(4)款、第6条至第8条、第10条以及（但1974年《工作中安全与健康法》第70条第(1)款中所述任何规定修正案除外）第11条"。

民事义务

71.（1）在不违反本条规定的前提下，若违反建筑条例规定的任何义务而造成损失，应当属于可诉的违法行为，但相应的建筑条例另有规定的除外；对于建筑条例规定的任何义务，建筑条例中可以对依据本款规定就违反义务的情况提起的任何诉讼中可用的任何辩护理由做出规定。

（2）本条第(1)款和依据本条第(1)款制定的条例中规定的任何辩护理由，不适用于违反义务涉及在该款生效之日前所建建筑物的情况，但规定该义务的条例适用于1936年《公共卫生法》第62条或本法第65条第(2)款规定的建筑物的除外。

（3）本条的任何规定，均不得被视为对违反下列义务的范围（如果有）造成影响：

（a）本部分或与建筑条例有关的任何其他法规规定的或与之相关的义务；或

（b）建筑条例对上文第(1)款不适用情况下规定的义务；

为可诉的违法行为，也不得视为影响与建筑条例有关的任何其他法规范围之外的任何诉讼权利。

（4）在本条中，"损害"一词包括任何人的死亡或伤害（包括任何人的任何疾病、对任何人的身体或精神状态造成的任何损害）。

适用于英国皇家

72.（1）除建筑条例另有规定外，建筑条例的实体性规定：

（a）适用于由皇家主管部门或以皇家主管部门的名义建设或拟建的工程（不论是否与皇家建筑物相关），与适用于非由皇家主管部门或非以皇家主管部门的名义建设或拟建的工程时具有相同的效力；

（b）包含持续要求的，适用于皇家主管部门（不论是否与皇家建筑物相关），与适用于除皇家主管部门之外的其他人时具有相同的效力。

（2）建筑条例中对建筑条例的任何实体性要求做出规定的，这些要求适用于本条第（1）款第（a）项中所述伦敦中心区的在建或拟建的工程，包括持续要求，适用于本条第（1）款第（b）项中所述的皇家主管部门；但这些要求不适用于除皇家主管部门和以皇家主管部门的名义展开的在建和拟建工程之外的其他工程，包含持续要求的，也不适用于除皇家主管部门之外的人。

在本款中，"伦敦中心区"的含义见第70条规定。

（3）除建筑条例另有规定外，建筑条例和涉及建筑条例的法规

（a）适用于非由皇家主管部门和非以皇家主管部门的名义展开但与皇家建筑物相关的在建和拟建工程，第65条及依据第65条制定的建筑条例涉及皇家建筑物时适用于除皇家主管部门之外的其他人，与该建筑物并非皇家建筑物的情况下具有相同效力；

（b）适用于由代表除皇家主管部门之外的其他人行事的政府部门或以该政府部门名义建设或拟建的工程，与适用于该工程不是由该人建设的情况下具有相同的效力。

（4）1936年《公共卫生法》第341条（将该法的规定适用于内阁财产的权力）不适用于与建筑条例相关的条款。

（5）第71条及依据71条第（1）款制定的任何建筑条例，依据本条以上几款的规定适用于建筑条例中规定的义务。

（6）在由皇家主管部门或以皇家主管部门名义建设或拟建工程的情况下，以及现在或将来皇家主管现在或将来必须遵守任何持续要求的情况下（但将来豁免和放宽的情况除外），相应的主管部门可以行使豁免或放宽建筑条例实体性要求的权力，或（视具体情况而定）1961年《公共卫生法》第6条授予国务大臣和当地主管部门有关持续要求的相同权力（但不包括下款所排除的权力），但行使上述权力时必须遵守第62条第（1）款对当地主管部门提出的征求意见的要求（如果有）（但不包括1961年《公共卫生法》第6条规定的征求当地主管部门意见的要求），1961年《公共卫生法》第8条对国务大臣提出的相同要求（就放宽建筑条例要求的提案做出陈述的机会）；按照本款规定行使任何权力时不需要提出任何申请。

有关任何存续要求时，在本款中所指的上述第6条，是指经第65（5）条修改后的第6条。

(7) 前款所排除的权力，是依据第 62 条第(4)款的规定行使的权力，但当地主管部门不得行使该权力。

(8) 适用于本条第(6)款时，由代表除皇家主管部门之外的其他人行事的政府部门或以该政府部门的名义建设或拟建的工程，应当视为由该政府部门或以该政府部门的名义（而非由皇家主管部门或以皇家主管部门的名义）建设或拟建的工程。

(9) 在本条中

"持续要求"是指依据第 65 条第(1)款、第(2)款第(a)项或第(2)款第(b)项的规定通过建筑条例实施的持续要求。

"皇家主管部门"是指皇家财产专员、内阁阁员、政府部门、以内阁名义执行其职能的任何其他个人和机构（不包括有私人身份代表女王陛下执行其职能的个人和机构）、行使兰开斯特公国或康沃尔公国权利的任何人。

"皇家建筑物"是指包含皇室利益或公国利益的建筑物。

"皇家利益"是指女王陛下以皇室名义享有的利益，或属于政府部门的利益，或为政府部门的目的而为女皇陛下持有的利益。

"公国利益"是指女王陛下以兰开斯特公国的名义所享有的利益，或属于康沃尔公国的利益。

(10) 对本条第(6)款所述皇家主管部门有权依据本条规定行使的任何权力发生任何争议的，该争议应当提交给财政部裁决，财政部做出的决定是最终决定。

(11) 本条上述规定经任何必要修改后，适用于为实施 1936 年《公共卫生法》第 62 条第(1)款第(e)项（由本部分所取代）而制定的建筑条例中所规定的建筑物用途的重大变更。

适用于英国原子能管理局

73.（1）第 72 条规定，除第(2)款至第(4)款外，适用于英国原子能管理局（以下简称"原子能管理局"），与适用于下列情况时具有相同效力：

（a）原子能管理局是皇家主管部门；

（b）由原子能管理局所有或占有的任何建筑物属于皇家建筑物；

（c）第(1)款所述不是皇家主管部门，是指既不是皇家主管部门，也不是原子能管理局；

但上述规定不得依据本款规定适用于住宅和由原子能管理局所有或占有的任何办公室。

（2）在不违反依据前款适用规定的前提下，建筑条例和有关建筑条例的法规不适用于由原子能管理局所有或占有的任何建筑物，包括住宅和办公室。

建筑的解释以及有关建筑条例的其他规定

74.（1）在本款适用的任何法规中

（a）"建筑物"是指任何永久性或临时性建筑物，除文义另有所指外，包括任何种类或性质的任何其他构筑物或搭建物（无论是永久性或临时性的），在本款中，"构筑物或搭建物"在规定的情况下（国务大臣认为应当视为建筑物的情况下）包括车辆、船舶、气垫船、飞机或任何种类的其他移动物体。

（b）除文义另有所指外，所指任何建筑物包括建筑物的一部分，所指在建筑物内提供或提供与建筑物相关的服务、配件或设备，或建筑物内的，或与建筑物相关的服务、配件或设备，包括对建筑物附属任何东西，或（视具体情况而定）建筑物所附属的任何东西。

（c）所指的建筑物建造或架设，包括：

（i）展开建筑条例中视为建筑物的建造或架设的任何作业（包括建筑物的重建、在墙壁或建筑物之间的开放空间安装顶棚和屋顶，以及其他方式的作业）；

（ii）使用移动物体在建筑物上方展开上文第(a)项所述的作业。

"建造"和"架设"作为动词和名词均应据此解释。

（2）前款适用于1936年《公共卫生法》第61条至第71条以及与建筑条例相关的任何其他法规（不论是否包含在1936年《公共卫生法》或本法中），"建筑物"或"建筑"根据上下文，具有与1936年《公共卫生法》第61条至第71条中相同的含义。

（3）除文义另有所指外，在任何特定情况下当前有关建筑条例的任何要求依据1961年《公共卫生法》第6条、本法第66条或任何其他法规的规定被免除、放弃、放款或修改后，本法或任何其他任何法规中所述的建筑条例（不论是在本法之前或之后通过的）应当理解为是指在这些情况下所适用的建筑条例。

75. 1959年《（苏格兰）建筑法》依据规定予以修订后实施。

第三部分和有关建筑条例其他规定的解释

76.（1）下列规定，即

（a）1936年《公共卫生法》有关建筑条例的规定；

(b) 1961年《公共卫生法》有关建筑条例的规定；以及

(c) 本部分，除第75条及外；

应当视为是同一个部分；实施1936年《公共卫生法》第十二部分时，视为第(b)项、第(c)项中所述的（以及第(a)项中所述的）规定包含在该法中。

(2) 适用于本条第(1)款第(a)项至第(c)段中的规定时

(a) "当地主管部门"是指区议会、大伦敦议会、伦敦自治市议会、内殿副财长或中殿副财长，并包括锡利群岛议会；

(b) 1936年《公共卫生法》第1条第(2)款和1961年《公共卫生法》第2(3)条中"当地主管部门"的定义不适用；

在1961年《公共卫生法》第1条第(1)款中（该法视为是1936年《公共卫生法》的），在"本法"后插入"但有关建筑条例的除外"。

(3) 在本部分中

"1936年法"是指1936年《公共卫生法》；

"1961年法"是指1961年《公共卫生法》；

"建筑条例的实体性要求"是指建筑条例有关建筑物的设计和施工以及建筑物内的或与建筑物相关的服务、配件和设备的提供相关的要求（包括依据第65条第(1)款或第(2)款第(a)项或第(b)项实施的要求），与程序性要求相对应。

(4) 在本部分、1936年《公共卫生法》第61条至第71条、1961年《公共卫生法》第4条至第8条中，"规定"是指建筑条例规定的。

第四部分 其他规定和一般规定

1970年《放射保护法》修正案

77. (1) 1970年《放射保护法》第1条（国家辐射防护委员会的设立与职能）应依据本款的下列规定进行修订：

(a) 在第(6)款后插入第(6A)款：

"(6A) 在执行与健康与安全委员会的职能相关事务的职能时，委员会应当（在不影响下文第(7)款规定的前提下）征求健康与安全委员会的意见，并遵守健康与安全委员会有关此类事务的政策。"；

(b) 在第(7)款后插入第(7A)和(7B)款：

"(7A) 在不影响上文第(6)款或第(7)款规定的前提下，经卫生部长做出指示后，委员会应当与健康与安全委员会之间达成协议，由委员会以健康与安全委员会的名义行使有关电离辐射和指示中规定的其他辐射（包括不属于电磁辐射的其他辐射）职能，并且委员会有权执行按照本款所述的指示达成的协议。

（7B）本条第（7）款规定的征求意见的要求不适用于依据第（7A）款做出的指示。";

（c）在第（8）款中，在"第（7）款"后插入"或第（7A）款"。

（2）1970 年《放射保护法》第 2（6）条（对于上述委员会占用的场所，可以实施 1963 年《办公室、商店和铁路场所法》第 1 条至第 51 条及该法所述条例的人）中，"任命的督察……"至该款结束，替代为"健康与安全管理局依据 1974 年《工作健康安全法》第 19 条任命的督察。"

1971 年《火灾预防法》修正案

78.（1）1971 年《火灾预防法》依据本条下列规定进行修订。

（2）在第 1 条第（2）款（对强制实施消防证书的场所指定用途的权力）中，在结尾部分，加入第（f）段："（f）用作工作场所。"

（3）在第 2 条（第 1 条中排除的场所）中，第（a）项至第（c）项（其中排除 1963 年《办公室、商店和铁路场所法》、1961 年《工厂法》或 1954 年《矿山和采石场法》所适用的某些场所）停止生效。

（4）在第 9 条之后，插入第 9A 条：

"对某些场所配备火灾逃生设施的义务

9A.（1）本条所适用的所有场所，应当根据对具体情况的要求，配备供该场所的工作人员使用的火灾逃生设施。

（2）本条适用的场所包括：

（a）1963 年《办公室、商店和铁路场所法》所适用的办公场所、商铺和铁路场所；以及

（b）被视为属于该法所规定的此类场所并且（在各种情况下）其中聘用工作人员工作的其他场所。

（3）在确定依据本条规定可以对各种场所合理要求的逃生设施时，不仅应当考虑到（但不限于）在任何时间预计在该场所内工作的员工数量，而且应当考虑到在该时间合理地预计向该场所求助的人数（除在该场所内工作的员工数量外）。

（4）在发生违反上文第（1）款的情况下，该场所的占有人视为违法行为人，应当通过简易程序处以 400 英镑以下的罚款。"

（5）在第 12（1）条（制定有关某些场所的火灾预防措施相关条例的权

力)中,在结尾部分,增加以下内容:"本条的任何规定不得授予国务卿就采取或遵守与任何制造过程相关的特殊预防措施做出规定的权力。"

(5) 在第 17 条(在要求改建建筑物之前消防部门征求其他主管部门意见的义务)中

(a) 在第(1)款中,"和"字在第(i)段最后一次出现时应当删除,增加到第(ii)段结尾处,在第(ii)段后增加一段作为第(iii)段:

"(iii) 如果场所被用作工作场所,并且属于 1974 年《工作健康安全法》第一部分所述一个或多个执行部门的责任范围内,应当征求一个或多个执行部门的意见。";

(b) 在第(2)款(第 9 条所述对决定不服的当事人的范围)中,"或建设主管部门"替代为"建设主管部门或其他主管部门";

(c) 在第(2)款后,增加一款作为第(3)款:

"(3) 1974 年《工作健康安全法》第 18 条第(7)款(该法第一部分中"执行部门及其责任范围"的含义)适用于本条的规定,与适用于该部分时具有同等效力。"

(7) 在第 18 条(该法的实施)中

(a) 句首增加以下内容:"(1)在不违反下文第(2)款的前提下,";

(b) "条"一词替代为"款";并且

(c) "罪行"一词后,增加一款作为第(2)款

"(2) 消防部门有权做出安排,由健康与安全委员会执行本法规定由消防部门执行与用作工作场所的任何特定场所相关的职能(支付费用或不支付费用)。"

(8) 在第 40 条(适用于内阁等)中

(a) 在第(1)款第(a)项(适用于内阁占有的场所的规定)中,在"6"之后加入"9A(除第(4)款外)";

(b) 在第(1)款第(b)项(适用于内阁所有但不占有的场所的规定)中,在"8"之后加入"9A";

(c) 第(10)款(该法对苏格兰医院场所的适用)中,"区域……医院",替代为"卫生局";

(d) 在第(10)款后加入下款规定

"(10A) 该法适用于在英格兰由教学医院(依据 1973 年《国家卫生服务重组法》第 15 条第(1)款的规定发布的命令中规定的一种机构)的董事会占有的场所,与适用于内阁占有的场所时具有相同的效力。"

(9) 在第 43 条第(1)款（解释）后增加以下定义：

"工作"一词，具有与 1974 年《工作健康安全法》所规定的相同的含义。

(10) 附表 8（1961 年《工厂法》或 1963 年《办公室、商店和铁路场所法》有关防火证书的过渡规定）应具有效力。

有关董事会报告的《公司法》修正案

79.（1）1967 年《公司法》依据本条的下列规定进行修订。

(2) 在第 16 条（第(1)款（在董事会报告）中所涉及的其他一般事务）中，在第(f)项后增加以下内容：

"(g) 如果是国务卿制定的条例中规定类型的公司，报告中还应当包含与该年度为下列目的而实施的安排方面的信息：确保公司及其子公司员工在工作期间的健康、安全和福利，保护其他人免受因工作人员的活动而导致的或与之相关的健康与安全风险。"

(3) 在本法第 16 条第(4)款之后，增加以下内容：

"(5) 依据本条第(1)款第(g)项制定的条例，可以

(a) 对不同类型公司做出不同的规定；

(b) 允许由指定的任何人或由指定的主管部门授权任何人在特定的情况下免除或修改这些条例中的任何规定；

(c) 在国务卿认为必要或适当的情况下，包含与依据条例做出的任何规定相关的过渡性规定。

(6) 本条第(g)项规定制定条例的权力应当通过立法文书的形式行使，但上议院和下议院均有权通过决议予以废止。

(7) 本条第(g)项和 1974 年《工作健康安全法》第一部分中使用的任何词语在该段中的含义应与该法该部分中的含义相同，本法第 1 条第(3)款适用于该段的解释，同样也适用于该法该部分的解释。在本条第(5)款中，'规定'是指依据该款制定的条例中规定的。"

废止或修改法律和文书的一般权力

80.（1）如果国务卿依据一部分的任何规定，认为废止或修改（视具体情况而定）本款所适用的任何规定是适当的，则依据本款制定的条例可以废止或修改本款所适用的任何规定。

(2) 本条第(1)款适用于下列不属于相关法律法规的任何规定：

(a) 本法中包含的、在通过本法同一届会议上或之前通过的任何其他法律中包含的；或

(b) 依据在本法之前通过的任何法律制定或做出的任何条例、命令或具有立法特点的其他文书中包含的；或

(c) 适用、排除或为任何其他目的而引用任何相关法律法规，并且包含在本款第(a)项未提及的任何法律、依据法律制定或做出的任何条例、命令或具有立法特点的其他文书中，但不属于本款第(b)项的。

(3) 在不影响本条第(1)款普遍适用性的前提下，可以依据该款的规定做出的修改包括对本条所适用的规定的实施相关的修改（包括对执行者的任命和执行者的权力）。

(4) 依据本条第(1)款制定条例的权力应当由以下相关部门行使：

(a) 除涉及农业经营之外的其他规定方面的权力，由国务卿行使；

(b) 仅涉及农业目的的相关规定方面的权力，由相应农业主管部门行使；

但在依据该款制定条例之前，国务卿或农业主管部门应当征求国务卿或农业主管部门（视具体情况而定）认为适当的有关机构的意见。

(5) 本条第(1)款所述与本条第(4)款第(b)项中所述规定相关的条例，可以是由农业、渔业和食品部部长与国务卿共同颁布的适用于大不列颠的条例，也可以是由农业、渔业和食品部部长颁布的仅适用于英格兰和威尔士的条例，也可以是由国务卿颁布的仅适用于苏格兰的条例。本条第(4)款第(b)项中所述的"相应的农业主管部门"应据此解释。

(6) 在本条中，"相关法律法规""相关农业目的"和"农业经营"具有规定的相同含义。

费用和收据

81. 议会应当支付下列费用：

(a) 内阁阁员或政府部门为实施本法产生的任何费用；和

(b) 其他任何法律规定应付的金额中因本法规定而增加的部分；

并且内阁阁员或政府部门因本法而收到的任何款项应当存入统一基金。

有关解释和法规的一般规定

82. (1) 在本法中

(a) 具体的一部法律或"法"，包括依据该法所确认的临时命令；

(b) "违反"一词，作为动词和名词，均包括不遵守；

(c) "修改"包括增补、删除和修订，相关词句应据此解释；

(d) 泛指的部分、条、附表，是指本法的部分、条、附表。

(2) 除文义另有所指外，本法所指的法规，是指该法规及其修订，包

括在任何其他法规中（包括在本法中）的适用。

（3）第一或第二部分，或本部分授予制定条例的权力

（a）包括依据条例对不同的情况做出不同规定的权力，以及在指定该条例的主管部门认为适当的情况下，将与条例相关的偶然、补充和过渡性条款包含在条例中的权力；

（b）应当通过立法文书的形式行使，但上议院和下议院均有权通过决议予以废止。

较小和间接的修订、废除

83.（1）附表9中所述法规经该附表的规定进行修改之后生效（较小修正案或因本法的规定而造成的从属性修订）。

（2）附表10中第三列中的法规特此废止。

该法的范围和适用性

84.（1）本法除下列内容外，不适用于北爱尔兰：

（a）第一部分，以及本部分中为使依据第15条或第30条制定的条例能够为附表3第2段所述目的而订立和实施所需的规定；和

（b）附表9第2段和第3段。

（2）第三部分，除第75条和附表7外，不适用于苏格兰。

（3）女王陛下可以藉枢密令规定，规定第一和第二部分及本部分中的相应规定，在该命令所指明的范围内，并为该命令所指明的目的，适用于（经修改或未经修改）大不列颠以外的（任何类型的）人员、场所、工程、物品、物质和其他事务，与适用于大不列颠或大不列颠部分地区具有同等效力。

本款中所述的"场所""工程"和"物质"，与第一部分中的相应词汇具有相同的含义。

（4）本条第(3)款规定的枢密令

（a）可以为不同情况做出不同的规定；

（b）可以（尽管这可能会影响到英国以外的个人或法人）规定，通过上文所述的枢密令做出的任何规定适用于属于或不属于英国国民的个人、属于或不属于依据英国任何地区的法律成立的法人；

（c）可以根据枢密令中授予任何法院或任何类别法院对规定的在英国以外违法行为的司法管辖权做出规定，也可以根据由于第47条第(2)款有关英国以外发生的行为和过失的规定而产生的行为原因做出规定，作为根据枢密令中规定的英国任何地区现行法律确定因行为和过失而产生的问题时的

依据：

(d) 可以排除1878年《领海管辖权法》第3条（起诉须取得的同意）在第一部分中有关英国以外发生违法行为的诉讼程序的适用；

(e) 可以通过后续发布本条规定的枢密令予以变更或撤销；

并且上议院和下议院均有权通过决议废止上述任何枢密令。

(5) 本条第(3)款规定发布关于英国以外发生第一部分所述违法行为的诉讼程序的枢密令方面，第38条在适用时应当删除"由督察或"。

(6) 依据本条规定赋予任何法院的任何司法管辖权，不得妨碍该法院和任何其他法院依据其他规定可行使的任何司法管辖权。

短标题和生效

85. (1) 本法可引称为1974年《工作健康安全法》。

(2) 本法自国务卿依据有关规定发布命令实施之日起生效，本条中可以为不同的目的规定其他不同的日期。

(3) 在国务卿认为必要或适当的情况下，依据本条规定发布的命令可包含过渡性规定，也可以对某些规定的生效做出保留，包括在本法部分实施（不论是在发布命令之日前后）的情况下对这些规定和本法的任何其他规定做出国务卿认为必要或适当的修改。

附表1 属于相关法律法规的现行法规

章　节	短标题	属于相关法律法规的规定
1875 c. 17.	1875年《爆炸物法》	该法除第30条至第32条、第80条和第116条至第121条外的其余全部
1882 c. 22.	1882年《锅炉爆炸法》	该法全部
1890 c. 35.	1890年《锅炉爆炸法》	该法全部
1906 c. 14.	1906年《碱和工程条例法》	该法全部
1909 c. 43.	1909年《收入法》	第11条
1919 c. 23.	1919年《炭疽预防法》	该法全部
1920 c. 65.	1920年《妇女、青年和儿童就业法》	该法全部
1922 c. 35.	1922年《电影和电影胶片法》	该法全部
1923 c. 17.	1923年《爆炸物法》	该法全部

国 际 篇

(续)

章 节	短标题	属于相关法律法规的规定
1926 c. 43.	1926 年《公众健康（烟雾消除）法》	该法全部
1928 c. 32.	1928 年《石油（合并）法》	该法全部
1936 c. 22.	1936 年《就业时间（公约）法》	该法除第 5 条外的全部
1936 c. 27.	1936 年《石油（许可证转让）法》	该法全部
1937 c. 45.	1937 年《氰化氢（熏蒸）法》	该法全部
1945 c. 19.	1945 年《燃料动力部法》	第 1（1）条有关保障和改善英国的矿场和采石场内和附近员工安全、健康和福利的规定
1946 c. 59.	1946 年《煤炭行业国有化法》	第 42 条第（1）款和第（2）款
1948 c. 37.	1948 年《放射性物质法》	第 5 条第（1）款第（a）项
1951 c. 21.	1951 年《（苏格兰）碱和工程条例法》	该法全部
1951 c. 58.	1951 年《烟花法》	第 4 条和第 7 条
1952 c. 60.	1952 年《农业（有毒物质）法》	该法全部
1953 c. 47.	1953 年《紧急状态法律（其他规定）法》	第 3 条
1954 c. 70.	1954 年《矿山和采石场法》	该法除第 151 条外的全部
1956 c. 49.	1956 年《农业（安全、健康和福利规定）法》	该法全部
1961 c. 34.	1961 年《工厂法》	该法除第 135 条外的全部
1961 c. 64.	1961 年《公共卫生法》	第 73 条
1962 c. 58.	1962 年《管道法》	第 20～26、33、34 和 42 条，附表 5
1963 c. 41.	1963 年《办公室、商店和铁路场所法》	该法全部
1965 c. 57.	1965 年《核设施法》	第 1、3～6、22 和 24 条，附表 2
1969 c. 10.	1969 年《矿山和采石场（提示）法》	第 1～10 条
1971 c. 20.	1971 年《矿山管理法》	该法全部
1972 c. 28.	1972 年《就业医疗咨询服务法》	该法除第 1～6 条和附表 1 外的全部

附表2 委员会和管理局的章程等相关的其他规定

任期

1. 在不违反下文第2条至第4条的前提下,成员、主席或副主席的任免应当符合任免相应职务文书中有关对任期的规定。

2. 成员、主席或副主席可以随时向国务卿发出书面辞职通知辞去职务,辞职通知应当由辞去职务的人员签署。

3. (1) 成员担任或不再担任主席或副主席职务时,国务卿可以对该成员的任命期限进行变更,改变辞去成员职务的日期。

(2) 主席或副主席不再担任成员职务时,应当相应地停止担任主席或副主席职务(视具体情况而定)。

4. (1) 如果国务卿有理由认为,担任成员职务的人员

(a) 未经委员会允许,连续6个月以上不参加委员会会议;或

(b) 已经破产或与债权人达成安排;或

(c) 由于身体或精神疾病而丧失劳动能力;或

(d) 因其他原因而不能够或不适合履行成员职务;

国务卿可以宣告该成员职务空缺,并且应当通过国务卿认为适当的方式发出宣告职务空缺的通知。此后,该职务即为空缺职务。

(2) 前项规定适用于苏格兰时,第(b)项所述"已经破产"或"与债权人达成安排",应当分别替代为"对其资产已做出查封决定"和"为债权人达成信托契约或重组协议"。

成员的报酬等

5. 委员会可以向各成员支付报酬和补助,具体数额由国务卿决定。

6. 委员会可以通过养老金、养老补助和津贴的形式,支付任何成员或与任何成员相关的款项,具体数额由国务卿决定。

7. 任何成员在任期届满前不再担任职务的,如果国务卿有理由认为存在特殊情况,该成员有权得到补偿,国务卿可以向该成员支付适当补偿,具体数额由国务卿决定。

程序

8. 委员会的法定人数以及与委员会会议相关的安排,应当由委员会做出决定。

9. 委员会任何程序的有效性,不受任何成员职务空缺和成员的任何任命缺陷影响。

员工

10. 管理局应当为委员会配备正确执行委员会职能所需的管理人员和文职人员。本法所指的委员会管理人员和文职人员是指依据本段规定配备的管理人员和文职人员。

11. 管理局经国务卿同意后可以对管理人员和文职人员进行任命，具体人数、任职期限和任职条件须经国务卿同意。

12. 内务部部长按照财政部的任何指示做出相应决定后，委员会应当在每一会计年度按照内务部部长决定的时间向内务部部长支付相应的金额，该金额相当于该会计年度内务部部长因向管理局担任职务的人提供养老金、补助或津贴而增加的负担，并包括管理这些养老金、补助或津贴过程中产生的费用。

执行职能

13. 委员会可以对其任何成员，或委员会、管理局的任何管理人员或文职人员进行授权，以委员会名义执行授权书中规定的委员会职能（包括本段授予委员会的职能）。

账目和报表

14. （1）委员会应当
（a）妥善保存账目及与账目有关的记录；
（b）编制每一会计年度的账目报表，报表的形式由国务卿做出指示并经财政部批准；
（c）在报表相应的审计年度之次年11月末之前，向国务卿、审计员和审计长发送报表的副本。

（2）审计员和审计长应当检查、确认和报告依据本附表的规定收到的每份报表，并将每份报表及其审计报告的副本提交给议会两院。

15. 委员会应当在每一会计年度结束后向国务卿提交一份与该年度服务相关的履职报告。国务卿应当向议会两院提交依据本段的规定提交给国务卿的每份报告副本。

补充

16. 未经内务部部长批准，国务卿不得依据本附表第5条、第6条、第7条或第11条规定做出决定或予以批准。

17. 加盖委员会印章后，应当由委员会秘书或委员会授权的其他人签字确认。

18. 委员会正式签字盖章的文件应当视为有效证据，具有执行效力，但另有相反证明的除外。

19. 在本附表的上述规定中

（a）"会计年度"一词，是指任何一个年度于 3 月 31 日结束的 12 个月的期间，但如果国务卿指示中已做出规定，委员会的第一个会计年度可以是超过或不足 12 个月的期间（但不超过两年）；

（b）"主席""副主席"和"成员"分别是指委员会的主席、副主席和成员。

20.（1）本附表的上述规定（除第 10 条至第 12 条、第 15 条外），经下列修改后适用于管理局：

（a）所有委员会一词替代为管理局；

（b）第 2 段至第 4 条、第 19 条中的国务卿一词，第 7 条中第一次出现的国务卿一词，均替代为委员会；

（c）第 5 条至第 7 条（除第 7 条中第一次出现时）的国务卿一词，均替代为委员会经国务卿同意后；

（d）所有主席一词替代为董事，所有副主席一词均删除；

（e）在第 14 条第（1）款第（c）项中，"国务卿…之后"，替代为"委员会可以在委员会的指示中指定的日期之前"。

（2）委员会应当按照经前项修改后的本附表第 14 条第（1）款第（c）项在按其规定提交报表副本时，随附管理局报送的报表副本。

（3）任命管理局任何成员的文书条款应当由委员会决定，并经国务卿和内务部部长批准。

附表 3　健康与安全条例的主要事宜

1.（1）监管或禁止

（a）任何装置的制造、供应或使用；

（b）任何物质的制造、供应、保管或使用；

（c）任何过程的实施或任何操作的进行。

（2）实施与任何装置的设计、施工、防护、选址、安装、调试、检查、维修、维护、改造、调整、拆卸、检验或检查相关的要求。

（3）实施与任何装置的生产制造、任何装置使用的和设计用于任何装置的任何物品的生产制造、特定标记的使用监管和限制相关的要求。

（4）实施与任何物质的测试、标识和检查相关的要求。

（5）实施与上文第（1）款至第（4）款中所述任何活动相关的研究方面的

要求。

2.（1）禁止向英国进口、在英国登录和卸载符合规定特征的任何物品和物质，不论是绝对禁止、附条件禁止或依据有关法律法规禁止。

（2）在与前项所述进口、登录或卸载相关的行为或过失构成本法和1952年《海关和消费税法》规定的违法行为的情况下，指定对违法行为进行处罚时依据的法律。

3.（1）禁止或监管符合任何规定特征的物品或物质的运输。

（2）实施与符合任何规定特征的物品或物质的运输方式和手段相关的要求，包括容器的建造、测试和标识，以及与物品和物质的运输相关的运输方式、包装和标识等方面的要求。

4.（1）禁止进行和展开除按照许可证的条款和条件、经有关主管部门同意或批准之外的其他任何特定的活动或任何特定的事情。

（2）对许可证的授予、更新、变更、转让、撤销等方面做出规定（包括许可证附条件变更和撤销）。

5. 在任何特定的情况下要求对任何人、场所或事物进行注册，或作为一个条件要求开展任何特定的活动或做任何特定的事情。

6.（1）要求在特定的情况下任命（不论是否指定身份）相应的人员（或具有特定资格和/或经验的人）执行特定的职能，对指定执行特定职能的人（不论是否依据有关法律法规）赋予义务或授予权力。

（2）对执行特定职能的人提出特定的资格或经验方面的限制要求。

7. 对所有人或任何类别的人在特定情况下的就业进行监管或禁止。

8.（1）要求做出适当的安排，确保工作者和其他人的健康，包括有关体检和健康调查方面的安排。

（2）要求做出适当的安排，监测大气或其他工作条件。

9. 实施与影响工作条件的任何事项相关的要求，特别包括场所的结构性条件和稳定性，出入场所的设施、清洁度、温度、照明、通风、过度拥挤、噪声、振动、电离和其他辐射、灰尘和烟雾等。

10. 确保提供规定的工作福利设施，特别是包括足够的供水、卫生方便、洗浴设施、救护车和急救安排、更衣室、宿舍、休息设施和餐饮设施。

11. 实施与特定情况下，防护设施和防护服的配备和使用相关的要求，包括防寒、防暑、防风雨衣物。

12. 要求在特定的情况下采取火灾风险预防措施。

13.（1）实施与特定气体、烟雾、灰尘或规定的任何性质的任何其他物质的大气排放相关的要求或禁止规定。

（2）实施与噪声、排放、振动或任何电离辐射或其他辐射相关的要求或禁止规定。

（3）实施与前几项所述任何排放相关的要求。

14. 实施与工作人员的指示、培训和监督相关的要求。

15.（1）要求在特定的情况下对特定事项，按照规定的方式向特定的人发出通知。

（2）在特定的情况下授权督查要求有关人员对于为实现符合任何相关法律法规的目的而采取或拟采取的具体措施，提供详细的书面说明。

16. 实施与记录和其他文件的保管和保持相关的要求，包括计划和图纸。

17. 实施与动物的管理相关的要求。

18. 符合任何规定特征的场所用作工作场所的情况下

（a）要求对场所和场所内的人面临的危险或附近的条件（包括自然条件）采取预防措施；

（b）确保在特定的情况下场所中的人及时撤离。

19. 在涉及火灾或爆炸风险的特定情况下，授权有关人员对身处危险的人和任何物品展开搜索，以确定该人是否持有在类似情况下可能会引起火灾或爆炸的特定种类的任何物品，并在发现之后对任何此类物品进行处置。

20. 在发生特定类型的任何事故或事件的情况下，限制、禁止或要求进行指定的任何事情。

21. 任何特定类型的情况是指为下列任何目的而需要对特定情况做出特别规定的状况：

（a）对员工或其他人授予就有关影响健康与安全的事务制定规则或做出指示的权力；

（b）要求员工或其他人制定有关任何此类事务的规则；

（c）授权特定的人要求员工或其他人制定有关任何事务的规则或修改先前按照本段要求制定的规则；

（d）作为不需要进一步证明的证据，提供依据本段规定制定的规则或任何特定类型规则的副本。

22. 授予任何当地或公共主管部门制定与任何特定事务相关细则的权

力,规定必须对行使制定细则的权力主管部门或个人予以确认,并对有关制定任何此类细则的程序做出一般规定。

解释

23.(1)在本附表中,"规定"一词是指在健康与安全条例中规定的。

(2)特此声明,本附表中所述任何目的如果属于任何一般的目的,不得影响一般目的的普遍适用性。

附表 4　有关农业的第一部分的修改

适用的规定	修　改
1. 第 13 条第(1)款（各项权力）	(a) 第(b)项应删除 (b) 所指的委员会或国务卿,应当理解为是指相应农业部长,相应地,所指委员会职能应当理解为是指有关法规中规定的相应农业部长在与仅涉及农业目的的事务相关方面的职能
2. 第 14 条（指导调查和询问的权力）	(a) 所指的委员会应当理解为是指相应农业部长 (b) 在第(1)款中,所指的第一部分的一般目的,应当理解为是指相关农业目的 (c) 在第(2)款中,第(a)段中的"指示……其他"替代为"授权任何","经国务卿同意后"删除,"只有……"至该款结尾,替代为"仅涉及相关农业目的的事务" (d) 在第(6)款中,所指的国务卿应当理解为是指相应农业部长
3. 第 16 条（惯例规范的批准）	(a) 在第(1)款中,所指的健康与安全条例应当理解为是指农业健康与安全条例,"除……农业经营"应删除,相应地该条应授予批准或发布有关第 16 条第(1)款所述任何规定的惯例规范的权力,授予权力的目的仅限于将该规定适用于仅涉及相关农业目的的事务 (b) 可以由农业、渔业和食品部部长和国务卿联合批准适用于大不列颠的惯例规范,或由农业、渔业和食品部部长批准仅适用于英格兰和威尔士的惯例规范,或由国务卿批准仅适用于苏格兰的惯例规范,所指委员会应当相应地理解为是指各农业部长、上述农业、渔业和食品部部长或国务卿（视具体情况而定） (c) 第(2)款替代为 "(2) 在依据上文第(1)款的规定批准惯例规范之前,提出该提案的一个或多个部长应当征求委员会和任何其他适当机构的意见。" (d) 第(5)款替代为 "(5) 依据本条规定批准惯例规范的主管部门,可以随时撤销曾做出的批准决定。但如果该主管部门是提出批准决定的主管部门,则在撤销批准决定之前,应当向上文第(2)款规定应当征求其意见的机构征求意见。"

第四部分 英美国家

（续）

适用的规定	修 改
4. 第17条第(3)款（批准的规范在刑事诉讼中的使用）	所指委员会应当理解为是指各农业部长或其中之一
5. 第27条（信息的获取）	（a）所指委员会或管理局，应当理解为是指相应农业部长，相应地，所指委员会的职能应当理解为是指有关法规中规定的相应农业部长在与仅涉及农业目的的事务相关方面的职能 （b）所指的执行部门职能，应当理解为是指相关法律法规中有关仅涉及农业目的的相关事宜的职能 （c）删除第(1)款中"经国务卿批准" （d）在第(2)款第(b)项中，所指的国务卿应当理解为是指相应农业部长，并上应删除"信息接收方"

附表5 建筑条例的主要事宜

1. 工地的准备。
2. 材料和部件的适合性、耐久性和使用（包括表面光洁度）。
3. 结构强度和稳定性，包括
（a）超载、冲击和爆炸预防措施；
（b）保障相邻建筑物和服务的措施；
（c）支撑。
4. 防火措施，包括
（a）抵抗火灾爆发和蔓延并减轻其影响的结构措施；
（b）设计用于减少火灾影响或有利于消防的服务、配件和设备；
（c）火灾逃生设施、用于在所有重要时间确保火灾逃生设施能够安全有效使用的手段。
5. 耐湿性和抗衰减性。
6. 影响热传导的措施。
7. 影响声音传播的措施。
8. 防污染措施。
9. 影响烟雾、气体、烟尘、砂砾或灰尘，或其他有毒有害物质排放的措施。
10. 排放（包括废物处理装置）。

11. 化粪池和其他污物的接收、处理或处置手段。

12. 废物存储、处理和清除。

13. 使用固体燃料、油、气、电或任何其他燃料或动力的装置（包括电器、储罐、热交换器、管道、风扇和其他设备）。

14. 供水服务（包括水井和供水钻孔）及与之相关的配件和固定设备。

15. 电信服务（包括电话、广播、电视线路装置）。

16. 电梯、自动扶梯、起重机、输送机和移动人行道。

17. 在压力下提供空气的装置。

18. 取暖、人工照明、机械通风和空调及电源插座供电的标准。

19. 建筑物周围的开放空间和建筑物的自然采光与通风。

20. 建筑物内或与建筑物相关的特定用途房屋、建筑物内的房间和其他空间的尺寸。

21. 出入建筑物和建筑物部分的方式。

22. 建筑物内或建筑物周围人员（包括路人）的危险和障碍预防措施。

23. 与本附表上述各种物体相关或附属的事务。

附表6 有关建筑条例的法规修正案

第一部分 修　　订

1936年《公共卫生法》修正案

1. 在1936年《公共卫生法》第64条（计划的通过或否决）中

（a）第(3)款替代为

"(3) 向当地主管部门交存的任何拟议工作计划依据本条前款规定被否决的，向当地主管部门交存计划的人员或其代表可以在规定期限内按照规定方式向国务卿提出上诉。如果否决的全部或部分原因是按照条例规定应当获得批准或符合要求的个人或机构未能获得批准或符合要求，则依据本款规定提出上诉的理由可为（但不限于）该个人或机构未能获得相应的批准或符合相应的要求。"并且

（b）第(4)款应停止生效。

2. 1936年《公共卫生法》第65条（要求拆除或改建不符合建筑条例的工程的权力）

（a）在第(1)款中，在"其中"一词后加入以下内容："及其添附物，执行与之相关的额外工程"；

(b) 在第(2)款后,增加一款作为第(2A)款

"(2A) 如果当地主管部门有权向任何工程所有人发出上文第(1)款或第(2)款规定的通知,则该主管部门还可以将通知发送给占有人和任何建筑商或该主管部门认为对工程有控制权的其他人。"

(c) 在第(3)款中,在"其中"一词后加入以下内容:"及其添附物,执行与之相关的额外工程",并在结尾处增加以下规定:"依据上文第(2A)款的规定将上文第(1)款或第(2)款所述通知发送给两个或两个以上的人时:

(i) 如果在不同日期发出通知,上述28天的期限对所有接收通知的人而言,应当从这些日期中最晚的一日起计算;并且

(ii) 如果在上述期限或法院经任何一个接收通知的人申请后通过简易程序允许的更长期限届满前,未遵守通知中要求的,则可以向任何一个接收通知的人追偿上述任何费用。"并且

(d) 在第(4)款中,将"或第(2)款"替代为",第(2)款或第(2A)款",并在结尾处增加以下规定:"但在交存计划后,本款任何规定不得理解为不允许(在自相应完工之日起12个月的期限届满前)发出有关未要求在计划中显示的任何事项方面的通知。"

3. 在1936年《公共卫生法》第90条(该法第二部分的解释)中

(a) 在第(2)款(在该部分和建筑条例中,所指的建筑物建造的扩展含义)中,"只要……这些条例",替代为"但第61条至第71条和1974年《工作健康安全法》第74(1)条适用的任何其他规定除外";并且

(b) 第(3)款(所指的交存计划的含义)替代为

"(3) 在该法本部分中,除文义另有所指外:

(i) 依据建筑条例的规定交存的计划,应当解释为是指为该法第64条的目的而依据建筑条例的规定交存的计划;

(ii) "计划"包括任何其他描述的图纸、规范或其他任何形式的信息,交存计划应当据此解释。"

1961年《公共卫生法》修正案

4. 在1961年《公共卫生法》第4条(制定建筑条例的权力)中

(a) 在第(2)款(为不同地区做出不同规定的权力)中,在结尾处增加以下内容:",以及为不同情况做出不同的规定";并且

(b) 第(6)款(违反建筑条例的处罚)在"建筑条例"后插入",除条例中规定不适用于本款的规定外",并且将"100英镑"和"10英镑"分别替代为"400英镑"和"50英镑"。

5. 在1961年《公共卫生法》第6条（豁免或放宽建筑条例相应要求的权力）中

(a) 在第(1)款中，在结尾处增加以下内容："该指示可以不附带任何条件，也可以要求必须符合与豁免或放宽要求的事项直接相关的任何条件。"

(b) 在第(2)款的规定中，从"应当"一词开始，替代为"可以豁免任何形式的申请"；

(c) 第(6)款替代为

"(6) 当地主管部门就其所在地区内的建筑物或拟建建筑物提出的申请，应当向国务卿提出，但做出指示的权力可以由该部门行使的除外。"

(d) 在第(7)款后，加入第(7A)款和第(7B)款

"(7A) 向国务卿提出申请请求并发布本条规定的命令，如果国务卿认为建筑条例中有关该申请的任何要求不适用，或与申请相关的工程或拟建工程不会违反此类规定，则国务卿可以做出批准申请的决定，并在这种情况下做出国务卿认为必要的任何指示。

(7B) 任何人违反本条所述在指示中规定的任何条件，或允许任何人违反上述任何条件，应当处以400英镑以下的罚金，若自违法行为开始之日后仍然继续，则每天处以50英镑以下的罚金。"并且

(e) 删除第(8)款。

6. 在1961年《公共卫生法》第7条（对当地主管部门拒绝豁免或放宽建筑条例相应要求的决定提出上诉）中

(a) 在第(1)款中，在第二个"放宽"后加入"或附条件批准申请"，将"送达书面通知"替代为"按照规定的方式"，将"一个月"替代为"规定的期限"，并将"拒绝"替代为"对申请做出的决定"；

(b) 在第(2)款中，将"期限……和当地主管部门"替代为"规定的期限"；

(c) 删除第(3)款至第(6)款；并且

(d) 在结尾部分，增加下款规定：

"(7) 该法第6(7A)条适用于依据本条规定向国务卿提出的上诉，与适用于依据第6条规定向国务卿提出申请的情况下具有相同的效力。"

7. 1961年《公共卫生法》第8条（宣传放宽建筑条例的提议），替代为"就放宽建筑条例要求的提议做出陈述的机会。"

8. (1) 在国务卿或当地主管部门依据该法第6条的规定做出指示之前，

应当采取规定的步骤进行,让可能受到指示影响的当事人有机会做出有关指示的陈述,并且在做出指示之前,国务卿或当地主管部门(视具体情况而定)应当审议按规定做出的陈述。

(2) 建筑条例

(a) 可以针对依据前款规定做出陈述所允许的时间做出规定;

(b) 可以作为受理申请的一个条件,要求申请做出指示的申请人支付或承诺支付依据条例发布与其申请相关的任何通知产生的费用;并且

(c) 可以在规定的情况下对前款要求进行排除。"

9. 1961 年《公共卫生法》第 9 条第(3)款(在制定建筑条例之前,征求建筑法规咨询委员会和其他机构的意见)中,在结尾处增加以下内容:"(特别是在有关其任何职能相关的条例方面,包括国家水资源委员会)。"

第二部分

1936 年《公共卫生法》第 65 条和 1961 年《公共卫生法》第 4 条、第 6 条和第 7 条(经修订)

1936 年《公共卫生法》

65. (1) 如果建筑条例所适用的任何工程与上述任何条例发生抵触,在不影响对违法行为所处罚金相关诉讼权利的前提下,主管部门可以发出通知要求所有人拆除或移除工程,或可以要求进行改建或增添并执行与之相关的额外必要的工程,以确保符合条例的规定。

(2) 如果依据该法除前一条之外任何其他条款的规定明确要求或授权当地主管部门不予批准计划,但建筑条例适用的任何工程已经在未交存计划、计划未获得批准,或主管部门按要求不予批准计划的任何其他情况下展开,则当地主管部门可以向所有人发出通知要求拆除或移除相应的工程,或要求遵守通知中所述依据本条规定作为通过计划的前提条件提出的任何其他要求。

(2A) 如果当地主管部门有权向任何工程的所有人发出上文第(1)款或第(2)款规定的通知,则该主管部门还可以将通知发送给占有人和任何建筑商或该主管部门认为对工程有控制权的其他人。

(3) 在收到依据本条前款要求发出的通知后,如果在期限 28 天法院经申请后通过简易程序允许的更长期限届满前,所有人未能遵守通知中提出的要求,则当地主管部门可以拆除或移除相应的工程,或进行改建或添附并执行与之相关的额外必要工程,并向所有人追偿因此而产生的合理费用:

依据上文第(2A)款规定将上文第(1)款或第(2)款所述通知发送给两个或两个以上的人员时

(a) 如果在不同日期发出通知,上述28天的期限对所有接收通知的人员而言,应当从这些日期中最晚的一日起计算;并且

(b) 如果在上述期限或法院经任何一个接收通知的人申请后通过简易程序允许的更长期限届满前,未遵守通知中的要求的,则可以向任何一个接收通知的人追偿上述任何费用。

(4) 自相应工程完工之日起12个月期限届满后,不得发出本条第(1)款、第(2)款或第(2A)款中所述的任何通知,并且在交存计划后,如果交存的计划获得主管部门批准,且工程已按照计划或当地主管部门作为通过计划的前提条件提出的任何要求展开,则在任何情况下,主管部门不得以该工程违反任何建筑条例、不符合该法上述任何条款的规定为由而发出此类通知。但在交存计划后,本款的任何规定不得理解为不允许(在自相应工程完工之日起12个月期限届满前)发出计划中无须显示的任何事项方面的通知。

(5) 本条任何规定不得影响当地主管部门、总检察长和任何其他人以任何工程违反任何条例或该法任何规定为由对工程的移除或改建申请禁令的权利,但如果该工程的计划已交存并获当地主管部门批准,或在交存后规定的时间内未收到不予批准的通知,并且该工程已按照计划展开,则法院在发出禁令后有权要求当地主管部门向该工程的所有人支付法院认为公平的赔偿,但在发布任何此类命令之前,法院应当按照法院规则要求当地主管部门作为诉讼一方参加诉讼。

1961年《公共卫生法》

4. (1) ……………………

(2) 建筑条例中包含的任何规定可以具有普遍适用性,也可以仅适用于条例中规定的地区,并且条例中可以对不同地区做出不同的规定,也可以为不同的情况做出不同的规定。

(3) 各当地主管部门应当负责在各自的地区执行建筑条例。

(4) 当地主管部门应当执行1936年《公共卫生法》第64条和第65条(赋予通过计划和执行建筑条例的权力)规定的有关建筑条例和建筑细则的所有职能。

(5) 建筑条例可以包括国务卿认为适当的补充和附带规定。

(6) 任何人违反或不遵守建筑条例中包含的任何规定的,但其中明确规定不适用于本款的除外,应当处以400英镑以下的罚金,若自违法行为开

始之日后仍然继续,每天并处50英镑以下的罚金。

(7)制定建筑条例的权力应通过立法文书的形式行使,但上议院和下议院均有权通过决议予以废止。

6.(1)在不违反本条规定的前提下,依据本法规定向国务卿提出申请后,国务卿认为建筑条例中有关该申请的任何要求对特定的情况不合理的,在征求当地主管部门的意见后,国务卿可以做出豁免或放宽该要求的指示,该指示可以不附带任何条件,也可以要求必须符合与豁免或放宽要求的事项直接相关的任何条件。

(2)如果建筑条例包含任何此类要求,依据本条第(1)款放宽或豁免该要求的权力应当由当地主管部门行使(而非国务卿在征求当地主管部门意见后行使)。但依据本款规定制定的任何建筑条例可以豁免任何类型的申请。

(3)建筑条例可以规定本条上述各款不适用于条例中包含的任何要求。

(4)依据本条提出的申请应当采用此种形式,并以包含规定的详细信息。

(5)申请应当向当地主管部门提出,但在这种情况下做出指示的权力由当地主管部门行使,当地主管部门应当立即将申请转交给国务卿,并将转交情况通知申请人。

(6)当地主管部门就其所在地区内的建筑物或拟建建筑物提出的申请,应当向国务卿提出,但做出指示的权力可以由该部门行使的除外。

(7)该法附表1第一部分的规定适用于依据本条规定提出的要求所做出的指示将影响建筑条例对在提出申请之前已经实施的工程的适用性的申请。

(7A)在依据本条规定向国务卿提出申请请求做出指示后,如果国务卿认为建筑条例中有关该申请的任何要求不适用,或与申请相关的工程或拟建工程不会违反此类规定,则国务卿可以做出批准申请决定,并在这种情况下做出国务卿认为必要的任何指示。

(7B)任何人违反本条所述在指示中所规定的任何条件,或允许任何人违反上述任何条件的,应当处以400英镑以下的罚金,若自违法行为开始之日后仍然继续,每天并处以50英镑以下的罚金。

7.(1)申请人申请豁免或放宽建筑条例中其有权获得豁免或放宽的任何要求后,当地主管部门不予批准或予以批准但施加限制条件的,自当地主管部门将申请决定通知申请人之日起,申请人可以在规定期限内按照规定方式向国务大臣提出上诉。

(2) 当地主管部门未在规定期限内将申请决定通知申请人的，视为当地主管部门不予批准申请并已在上述期限届满时向申请人发出不予批准的通知，在这种情况下适用本条第(1)款规定。

(7) 本法第6(7A)条适用于依据本条规定向国务大臣提出的上诉，与适用于依据第6条规定向国务大臣提出申请时具有相同的效力。

附表7　1959年苏格兰建筑法修正案

1. 第3条（建筑标准条例）

(a) 第(2)款的"健康、安全"后插入"福利"，在结尾部分增加以下内容："进一步节约燃料和动力"；

(b) 在第(3)款中，增加以下内容：

"(d) 参照国务大臣或其他任何人发布或以其名义发布的文件确定。"

(c) 在本条结尾部分，增加下款规定：

"(7) 国务大臣认为相对于建筑标准条例所载条款，本款适用的任何规定存在不一致、不必要或需要变更的情况的，国务大臣可以依法发布命令撤销或修改任何此类法规。

本款规定适用于先于或与1974年工作中安全与健康法同会期通过的任何法律所载任何规定，但1959年苏格兰建筑法所载规定除外。"

2. 在第4条中（放宽建筑标准条例）

(a) 第(5)款替换为以下条款：

"(5) 依据上文第(1)款第(b)项做出的指示

(i) 在指示中规定的期限结束后停止生效；

(ii) 可以由国务大臣后续做出的指示予以变更或撤销。

(5A) 依据上文第(1)款第(b)项做出的指示在任何时间依据上文第(5)款第(a)项的规定停止生效，或依据上文第(5)款第(b)项的规定予以变更或撤销的，若在该时间之前按照依据本法第2条制定的条例向建筑主管部门提出了与建筑建设或用途变更相关的许可证申请，并且该建筑物整体或部分属于指示所涉类别，则在任何情况下该指示（及指示中规定的任何条件）的效力不受影响；

(b) 在第(6)款、第(7)款中的"第(1)款第(b)项"后插入"或第(5)款、第(6)款"；

(c) 在第(7)款后插入下款规定：

"(7A) 依据上文第(1)款第(b)项的规定提出申请的人应当向国务大臣支付规定的费用;依据本款规定制定的条例可以对不同情况下应支付的费用作出规定。但国务大臣可以在任何特定情况下免除依据本款应付的任何全部或部分费用。

3. 在第 4A 条后面加入下款规定:

"国务大臣拥有批准建筑类型等的权力。

4B.(1)为使国务大臣可以经申请人提交申请后或自行统一或分情况批准符合建筑标准条例特别规定的任何特定建筑类型,以下条文具有效力。

(2)依据本条规定申请批准特定建筑类型的,应当按照规定方式提出。

(3)国务大臣依据上文第(1)款规定,统一或分情况批准符合建筑标准条例特别规定的任何特定建筑类型的,可以颁发相应证书,其中应当载明:

(a)证书所涉建筑类型;

(b)证书所涉建筑标准条例规定;以及

(c)证书适用的一种或多种情况(视情况而定)。

(4)本条所述证书,在证书中规定的期限(如有)结束后停止生效。

(5)如果在本条所述证书有效的期限内,在涉及属于证书所涉建筑类型的建筑的任何特定情况下,发现此建筑属于证书所适用的建筑类型,所述情况也属于证书所适用的情况,则此建筑在此特定情况下应当视为符合证书所涉建筑标准条例的规定。

(6)国务大臣可以经申请人提交申请后或自行随时对本条所述证书进行变更;但如果证书是依据上文第(1)款规定经任何人申请后颁发的,国务大臣在变更证书之前,应当向申请人发出合理的通知说明拟变更证书的情况,但该申请人申请变更证书的除外。

(7)依据上文第(1)款或第(6)款规定提出申请的人员应当向国务大臣支付规定的费用;依据本款规定制定的条例可以对不同情况下应支付的费用作出规定。但国务大臣可以在任何特定情况下免除依据本款应付的任何全部或部分费用。

(8)国务大臣可撤销依据本条规定颁发的证书,但在撤销证书之前,国务大臣应当向获得证书的申请人(如有)发出合理的通知说明拟撤销证书的情况。

(9)国务大臣依据本条规定颁发证书,或变更、撤销已颁发证书的,国务大臣可以按照其认为适当的方式公告颁发、变更或撤销证书的情况。

(10)依据本条规定颁发的证书在任何时间依据上文第(4)款规定停止

生效，或依据本条上述条款的规定变更或撤销的，若在该时间之前按照依据本法第 2 条制定的条例向建筑主管部门提出了与该证书所涉一类建筑建设有关的许可证申请，则在任何情况下上文第(5)款对该证书的效力不受影响。

(11) 对于上文第(3)款或上文第(6)款所述的任何证书变更，国务大臣可以按照其认为适当的方式确定上述一类情况。"

4. 在第 6 条中（建筑标准条例和建造作业条例在建筑建设或拆除及用途变更的应用）

(a) 在第(3)款后加入下款规定：

"(3A) 即使建筑主管部门认为申请人在申请建筑建设许可证时按要求提交的有关建设阶段方面的信息不充分，无法说明该建筑的建设不会违反建筑标准条例，建筑主管部门仍可以有条件地授予该建筑的建设许可证，即要求申请人在充分提交相应阶段的其他相关信息并且建筑主管部门修改相应建设许可证的条款之前，不得展开该阶段的建设。但如果提交的有关规定建设阶段的全部信息表明该阶段的建设不会违反建筑标准条例，建筑主管部门应当依据本条第(8)款的规定，应相关申请做出相应的修改。

(b) 在第(10)款中的"任何"一词后加入"本条第(3A)款及其他条款中所述规定阶段"。

5. 在第 9 条（竣工证书）中

(a) 第(2)款中的"只有在建筑主管部门认为"，替换为"，如果建筑主管部门采取合理步骤展开调查后能够确认"；

(b) 第(3)款中的"认为符合前款规定的要求"，替换为"授予竣工证书"；

(c) 在第(3)款后加入下款规定：

"(3A) 建筑包含规定装置（电气装置除外）的，在出示规定级别的人员授予的证书证明该装置符合上述相关条件之前，建筑主管部门不得授予竣工证书：

如果能够向建筑主管部门证明由于某个合理的原因而不能出示上述证书，则本条不适用。"

(d) 第(4)款中的"上一款"替换为"上文第(3)款或第(3A)款"。

6. 第 11 条第(1)款第(b)项（当地主管部门要求建筑符合建筑标准条例的权力）中的"健康、安全"后插入"福利"，在"普遍"一词后加入"进一步节约燃料和动力"。

7. 第 19 条（处罚）中的"10 英镑"和"100 英镑"分别替换为"50 英镑"和"400 英镑"。

8. 在第 19 条之后加入下款规定：

"民事责任 19A（1）在不违反本条规定的前提下，本条所适用的违法行为造成任何损失的，属于可诉的违法行为，但另有规定的除外；在依据本款规定提起的任何诉讼中，本款规定可以作为有效的辩护依据。

（2）本条适用于下列违法行为：

（a）未能遵守建筑建设、拆除或用途变更许可证的条款和条件，或未能遵守本法规定与建筑建设相关的任何命令的；

（b）违反建筑作业条例任何规定的；

（c）在未获得许可证的情况下进行建筑建设活动，但依据建筑标准条例建设的除外；

（d）在未获得许可证的情况下变更建筑用途，变更后建筑不符合适用的建筑标准条例，或建筑标准条例对建筑的适用程度因用途变更有所减损。

（3）上文第（1）款和依据上文第（1）款制定的条例规定的任何辩护理由，不适用于涉及该款生效之日前所建建筑的本条适用违法行为，但违法行为与该建筑的用途变更、扩建、改建、拆除、维修、维护和装修有关的除外。

（4）在上文第（1）款不适用的情况下，本条的任何规定均不影响依据本款规定属于可诉的违法行为的范围（如有），也不得损害本条规定之外的任何诉讼权利。

（5）在本条中，"损害"包括任何人死亡或受伤（包括任何人的任何疾病、对任何人的身体或精神状态造成的任何损害）。

9. 在第 26 条中（内阁权利）中

（a）在第（1）款中的"内阁，并且"之后加入"在不违反本条规定的前提下"。

（b）在第（2）款之后插入下列规定：

"（2A）建筑标准条例，除另有规定外，适用于皇家建筑，适用情况与非皇家建筑的相同。

（2B）适用建筑标准条例的皇家建筑的建设，应当符合这些条例的规定。

（2C）适用建筑标准条例的皇家建筑的任何扩建或改建，不得直接导致出现下列情况：

（a）扩建或改建前的建筑在开工之日前符合建筑标准条例的，扩建或改建后不得违反相应的建筑标准条例；

(b) 扩建或改建前的建筑在开工之日前不符合建筑标准条例的，扩建或改建后不得更严重地违反相应的建筑标准条例；

变更用途的皇家建筑，不得在变更用途后违反适用的建筑标准条例，也不得导致建筑标准条例对建筑的适用程度因用途变更有所减损。

(2D) 本法第 19A 条适用于除皇家建筑之外的其他建筑，但适用时第 (2) 款应当替换为以下内容：

"(2) 本条适用的违法行为是指不遵守本法第 26 条第 (2B) 或款 (2C) 款或违反建筑作业条例任何规定的行为。"

(2E) 在不影响上文第 (1) 款第 (a) 项适用的任何情况的前提下，国务大臣有权执行本法第 4 (1) 条规定的对除皇家建筑之外的其他建筑的豁免或放宽的权力，即对其他建筑豁免或放宽建筑标准条例中针对皇家建筑的规定；并且上文第 4 条第 (3) 款、第 (4) 款、第 (5) 款、第 (5A) 款、第 (9) 款适用于本条的目的，但适用时应作如下修改：

(a) 删除第 (4) 款中的 "或建筑主管部门（视具体情况而定）"；

(b) 在第 (5A) 款中，从 "申请" 一词开始至句尾，替换为 "该建筑整体或部分属于该指示所述类型，已开始建设或变更用途"；

(c) 删除第 (9) 款中的 "或本法第 4A (3) 条"。

(2F) 在不影响上述规定所适用的任何情况的前提下，在对皇家建筑适用本法第 4B 条时，对于第 (10) 款，应将从 "申请" 一词开始至句尾，替换为 "该建筑整体或部分属于该指示所述类型，已开始建设或变更用途。"

附表 8

1961 年工厂法或 1963 年办公室、商店和铁路经营场所法有关防火安全证书的过渡规定

1. 在本附表中

"1971 年法" 是指 1971 年《火灾预防法》；

"1971 年法证书" 是指 1971 年《火灾预防法》规定的防火安全证书；

"工厂法证书" 是指 1961 年《工厂法》第 40 条（火灾逃生设施；消防部门认证）规定的证书；

"办公室法证书" 是指 1963 年《办公室、商店和铁路经营场所法》第 29 条规定的防火安全证书。

2.(1) 依据 1971 年法第 1 条的规定发布命令要求任何场所必须获得 1971 年法证书，且此类场所持有的工厂法证书或办公室法证（"现有证

书")已经生效的,适用本段规定。

(2) 现有证书继续有效(不论颁发时所依据的规定是否仍然有效),并且

(a) 自发布命令之日起视为是对这些场所颁发的有效1971年法证书,范围涵盖这些场所在发布命令之日涉及的所有用途;并且

(b) (特别是)可以依据1971年法规定进行修订、更换,或撤销。

(3) 在不影响上文第(2)款第(b)项规定的前提下,依据上文第(2)子款生效的现有证书,自上述发布命令之日起应当视为对相应场所实施与此前根据下列条款实施的相同要求:

(a) 如果现有证书是工厂法证书,则适用于1961年《工厂法》的下列规定,即第41条第(1)款、第48条(除第(5)款、第(8)款和第(9)款外)、第49(1)条、第51(1)条和第52条第(1)款和第(4)款、以及第41条第(3)款中有关任何场所拟增加员工人数的规定;

(b) 如果现有证书是办公室法证书,则适用于1963年《办公室、商店和铁路经营场所法》的下列规定,即第30条第(1)款、第33条、第34条第(1)款和第(2)款、第36条第(1)款,以及第38条第(1)款中有关任何场所拟增加员工人数的规定。

3. 依据1971年法第1条发布的命令要求取得1971年法证书的任何场所,如果对该场所请求颁发工厂法证书或办公室法证书的任何申请尚未受理,则该申请应当视为是依据1971年法正式提出的申请,可以相应按照1971年法规定受理;但在不影响1971年第5条第(2)款规定的前提下,消防部门可以提出受理申请的一个前提条件,即要求申请人对该法第5条第(1)款在一般情况下规定的任何事项进行说明,或向消防部门提供该法第5条第(1)款在一般情况下规定的任何信息。

附表9 纽小和相应修正

1926年验尸官(修正)法

1. 在1926年验尸官(修正)法第13条第(2)款第(c)项(依据该条规定,在因某些原因导致死亡并且应当向任何督察或政府部门其他官员发出通知的情况下,应当由陪审团进行询问)中,将"或依据1974年《工作中安全与健康法》第19条指定的督察,加入到"政府部门的"之后。

1975年下议院丧失资格法案

2. 在1975年下议院丧失资格法案附表1(其中对所有成员丧失该法规定资格的机构作出规定)中,在适用于英国议会的下议院时,按字母顺序

在适当位置加入"健康与安全委员会"。

1967年议会监察员法

3. 在1967年议会监察员法（其中列举了依据该法应当接受调查的机构）中，按字母顺序在适当位置加入"健康与安全委员会"和"健康与安全执行局"。

附表10　废　　止

章　节	简　标　题	废除的范围
26 Geo. 5 & 1 Edw. 8. c. 49.	1936年《公共卫生法》	第53条 第64条第(4)款和第64条第(5)款 第67条中，从"和国务大臣的决定"至该条结尾 第71条 第343(1)条中，"建筑条例"的定义
7&8 Geo. 6. c. 31	1944年《教育法》	第63条第(1)款
10&11 Geo. 6. c. 51	1947年《城乡规划法》	附表第8条中，1936年《公共卫生法》第53条的修订
2&3 Eliz 2. c. 32	1956年《清洁空气法》	第5条第(5)款
4&5 Eliz 2. c. 52	1954年《原子能管理局法》	第24条
9&10 Eliz 2. c. 64.	1961年《公共卫生法》	在第4条第(1)款和第(4)款中，从"和建筑"到该款结尾 在第6条第(4)款中，"按照建筑条例的相应规定"、"相应"，及第(8)款 第7条第(3)款至第(6)款 第10条第(1)款和第10条第(2)款 第三部分附表1中，1936年《公共卫生法》第53条、第61条、第62条和第71条；1956年《清洁空气法》中，第24条的修订以及最后一段中的"二十四"
1965 c. 16.	1965年《机场管理局法》	第19条第(3)款中，从"和第71条"至"条例"，以及"上述第71条的补充规定"
1971 c. 40.	1971年《火灾预防法》	第2条中第(a)款至第(c)款 第11条 第17条第(1)款第(i)项中，最后出现的"以及"或"和"一词

第四部分 英 美 国 家

(续)

章 节	简 标 题	废除的范围
1971 c. 75.	1971年《民航法令》	第43条第(1)款中,"建筑条例"的定义 附表5第2段第(1)条中,从"和第71条"至"条例",以及"上述第71条的补充规定"
1972 c. 28.	1972年《就业医疗咨询服务法》	第1条和第6条
1972 c. 58.	1972年《国民保健服务(苏格兰)法》	附表1
1972 c. 70.	1972年《地方政府法》	附表6第157段
1973 c. 32.	1973年《国家卫生服务重组法》	附表14第43段 附表4第137段
1973 c. 50.	1973年《就业和培训法》	附表3第14段
1973 c. 64.	1973年《Maplin发展法案》	附表2第2段第(1)条中,从"和第71条"至"条例"

1999 年英国
《工作中安全与健康管理条例》

1999 年第 3242 号

安全与健康

1999 年英国工作中安全与健康管理条例

编　　制　1999 年 12 月 3 日

提交议会　1999 年 12 月 8 日

生　　效　1999 年 12 月 29 日

　　针对 1972 年欧洲共同体法案(b)第 2(2)条,关于雇主对工人安全与健康的应有义务措施和关于工作场所涉及防火安全的安全与健康最低要求等内容委任(a)的国务大臣,应行使上述第 2 条和第 15 (1)、(2)、(3)(a)、(5)和(9)条,第 47 (2)条,第 52 (2)和(3)条,第 80 (1)条,第 80 (3)(a)条和 1974 年《工作中的安全与健康等法案》(c)中附表 3 第 6 (1)、7、8 (1)、10、14、15、16 段中赋予的权力以及其他赋予其为如下目的而行使的权力:

　　(a) 由协定委员会按照法案第 50 (3)条执行后,使由健康安全委员会根据 1974 年法第 11 (2)(d)条提交给其未经修改的提议生效;

　　(b) 其认为附录 2 中标星号的规定修改内容是应急条款,且其认为按照 1974 年法第 80 (4)条,不适合向第三方咨询此项修改。

　　因此作出如下规定:

　　引述、启动和解释

　　1. (1) 这些条例应引述为 1999 年工作中安全与健康管理条例,且应于 1999 年 12 月 29 日起实施。

　　(2) 这些条例中:

　　"1996 年法"指 1996 年《就业权利法》(d);

　　"评估"指雇主或自营职业者,根据第 3 条进行或变更的评估;

　　"儿童"

(a) 对于英格兰和威尔士，根据1996年《教育法》(e)第8条，是指未超过义务教育年龄的人；

(b) 对于苏格兰，根据1980年《苏格兰教育法》第31条，是指未超过入学年龄的人；

"雇佣业务"指雇用人员（海员除外），给其提供身份，使其为他人或在他人管控下工作的业务（不论是否以盈利为目的，亦不论是否与任何其他业务同时经营）；

"固定期限雇佣合同"指事先确定具体期限，或参考某些相关条件可提前明确期限的雇佣合同；

"分娩"指生下活婴，或怀孕24周以上，产下死婴；

"新妈妈或准妈妈"指怀孕的雇员；在孕期6个月内生产的雇员；或正在哺乳期的雇员；

"预防和保护措施"指雇主或自营职业者根据评估确定的需要采取的措施，遵守1997年《防火（工作场所）条例》第二部分要求的相关法律条款；

"青少年"指所有未满18岁的人员。

(3) 在此条例中提及

(a) 有编号的条例或附表，是指在此条例中表述过的带编号的条例或附表；或

(b) 有编号的段落，是指在此条例中出现此表述时的编号段落。

本条例的废止

2. (1) 本条例不适用于海运船员或船长，也不适用于在船长指示下进行正常活动的船员雇主。

(2) 第3(4)和(5)条、第10(2)条和第19条不适用涉及以下情况的临时工作或短期工作

(a) 私人家庭的家政服务；或

(b) 经规定对青少年无害、无损伤或不危险的家庭任务。

风险评估

3. (1) 每个雇主应对以下方面作出适当及可靠的评估：

(a) 雇员在工作时面临的健康和安全风险；

(b) 因其业务经营给雇员以外的人员造成的健康和安全风险；

确定其需要采取的措施，以遵守有关的法定条文及1997年《防火（工作场所）条例》第二部分对其施加的要求及禁令。

(2) 自营职业者须就以下事项作出适当及可靠的评估：

（a）自身在工作时面临的健康和安全风险；

（b）因其业务经营给雇员以外的人员造成的健康和安全风险；

确定其需要采取的措施，以遵守有关法定条文或根据有关法定条文对其施加的要求和禁令。

（3）第(1)或(2)段所提到的任何评估，如有以下情况，须由作出评估的雇主或自营职业者复核：

（a）有理由怀疑评估不再有效；或

（b）所涉事项发生重大变化；如因任何此类复核而须更改评估，则有关雇主或自营职业者须作出更改。

（4）除非雇主已按照第(1)及(5)段就青少年的健康及安全所面临的风险作出评估或复核评估，否则不得雇用青少年。

（5）雇用或将会雇用青少年的雇主在作出评估或复核该项评估时，须特别考虑：

（a）青少年缺乏经验、对风险缺乏认识和不成熟；

（b）工作场所和工作站的布置和布局；

（c）接触物理、生物和化学剂的性质、程度和持续时间；

（d）工作设备的形式、范围和用途及其处理方式；

（e）流程和活动的组织；

（f）向青少年提供或将提供的健康和安全培训的程度；

（g）理事会指令94/33/EC附件中关于保护工作中青少年条款所列的由试剂、流程和工作引起的风险。

（6）雇主雇用5名或以上雇员的，应记录

（a）评估的重要调查结果；

（b）任何被其认定为面临风险的员工群体。

适用的预防原则

4. 雇主实施任何预防和保护措施时，应根据本条例附表1所规定的原则实施。

健康和安全安排

5.（1）雇主应在考虑到其活动的性质和业务的规模后，作出适当的安排，有效地规划、组织、控制、监测和审查预防和保护措施。

（2）如果雇主雇用了5名或以上的雇员，应记录第(1)条所述的安排。

健康监测

6. 雇主应确保为其雇员提供适当的健康监测，并考虑到评估确定的对其健康和安全的风险。

健康和安全援助

7.（1）除第（6）及（7）条另有规定外，雇主均须委任一名或以上合格人员，协助其采取所需的措施，遵从有关法定条文及1997年《防火（工作场所）条例》第二部分所施加的规定及禁令。

（2）雇主按照第（1）条委任人员，必须做出适当的安排，确保彼此能够互相合作。

（3）雇主应确保根据第（1）条任命的人员的人数、履行职责的时间和可使用的手段是充分的，同时考虑到其企业的规模、其雇员所面临的风险以及这些风险在整个企业中的分布情况。

（4）雇主须确保

(a) 任何由其按照第（1）条委任的外部人员

(i) 获悉其所知晓或怀疑的由业务经营产生的影响他人健康和安全的因素；

(ii) 可获得第10条所提到的信息；

(b) 其按照第（1）条委任的人能够获得为其工作的人员的资料，包括

(i) 根据固定期限雇佣合同雇用的人员；或

(ii) 因业务临时聘用的人员；

方便该人员能够适当地履行本段中规定的职能。

（5）就第（1）及（8）条而言，任何人如具备专业训练、经验或知识及其他品质，能适当协助采取第（1）条所提到的措施，即被视为合格人员。

（6）第（1）段不适用于不与任何其他人合伙的自营职业者。自营职业者本身已受过科学训练，有足够的经验或知识及其他素质，足以采取该条款所提到的措施。

（7）第（1）段不适用于作为雇主和合伙经营企业的个人，前提是有关个人中至少有一人受过科学训练，有足够的经验或知识和其他素质：

(a) 适当地采取所需采取的措施，以遵守有关法定条文或根据有关法定条文对其施加的要求和禁令；

(b) 适当地协助其伙伴采取所需的措施，以遵守由有关法定条文或根据有关法定条文对其施加的要求和禁令。

（8）如果已有雇员中有合格的人选，相比非雇佣人员，应优先考虑委任其为第（1）段的人选。

严重紧急危险情况和危险区域的安全程序

8.（1）雇主须：

（a）制定并在必要时提供适当的程序，以供企业工作人员面临严重和紧急危险时遵循；

（b）指定一批合格人员，由其负责在企业人员撤离时执行程序；

（c）确保雇员不得进入由其划定的因健康和安全原因而有必要限制进入的任何区域，除非有关雇员已接受足够的健康和安全指导。

（2）在不损害第（1）条(a)款的概括性原则下，分段所提到的程序应

（a）尽可能要求任何在工作中面临严重和紧急危险的人，获悉该危险的性质，以及保护其免受此类危险而采取或将会采取的步骤；

（b）提醒有关人员（如有必要，在没有指导或指示的情况下，根据其知识和所掌握的技术手段，采取适当步骤）停止工作，并在其面临严重、紧迫和不可避免的危险时，立即前往安全地点；

（c）除非在特殊情况下有充分的理由（这些情况和理由应在这些程序中具体说明），否则要求在仍然存在严重和紧迫危险的任何情况下阻止有关人员恢复工作。

（3）就第（1）条(b)款而言，任何人如曾受适当训练，并具有适当经验或知识及其他特质，能适当地执行该条条款所提的疏散程序，即须视为合格人员。

外部服务联系人

9. 雇主应确保安排必要的外部服务联系人，特别是在急救、紧急医疗护理和救援工作方面。

员工信息

10.（1）雇主应向其雇员提供以下可理解的相关信息：

（a）经评估发现的威胁雇员健康和安全的风险；

（b）预防和保护措施；

（c）1997年《防火（工作场所）条例》第8条第（1）款第(a)项所述的程序及第4条第（2）款第(a)项所述的措施；

（d）其按照1997年《防火（工作场所）条例》第8条第（1）款(b)项及第4条第（2）款第(b)项指定的人的身份；

（e）按照第11条第（1）款第(c)项规定，其不应承担的风险。

（2）雇主在雇用儿童之前，应向儿童的父母提供以下可理解的相关信息：

（a）经评估发现的威胁儿童健康和安全的风险；

(b) 预防和保护措施；

(c) 按照第11条第(1)款第(c)项规定，其不应承担的风险。

(3) 第(2)款中所述儿童的父母包括：

(a) 在英格兰和威尔士，在1989年《儿童法》(a)第3条的含义范围内，对儿童负有父母责任的人；

(b) 在苏格兰，根据1986年《法律改革（父母与子女）（苏格兰）法》(b)第8条的规定，对儿童拥有享有父母权利的人。

合作与协调

11.（1）如果两个或两个以上雇主共用一个工作场所（无论是临时的还是永久的），各雇主应：

(a) 视情况与其他有关雇主合作，使其能够遵守由有关法定条文或根据有关法定条文及1997年《防火（工作场所）条例》第二部分施加于其的要求及禁令；

(b)（经考虑其活动性质后）采取一切合理步骤，以协调其为遵守1997年《防火（工作场所）条例》第二部分的有关法定条文对其所施加的要求及禁令而采取的措施，以及其他有关雇主为遵守该法定条文对其所施加的要求及禁令而采取的措施。

(c) 采取一切合理步骤，通知其他有关雇主因其业务经营而对其雇员的健康及安全构成的危险。

（2）第(1)段（提及1997年《防火（工作场所）条例》第二部分的部分除外）适用于与自营职业者共用工作场所的雇主及与其他自营职业者共用工作场所的自营职业者，其适用情况与雇主共用工作场所的相同。

在雇主或自营职业者企业工作的人

12.（1）雇主和自营职业者应确保向为其工作的任何其他企业雇员的雇主提供以下方面的可理解信息：

(a) 因上述雇主或自营职业者的业务经营对雇员的健康及安全造成的危险；

(b) 上述雇主或自营职业者为遵守有关法定条文或根据有关法例条文及1997年《防火（工作场所）条例》第二部分施加于其的涉及雇员的要求及禁令而采取的措施。

（2）第(1)款（提及1997年《防火（工作场所）条例》第二部分的部分除外）适用于从事以下工作的自营职业者：雇主或自营职业者（适用于其他企业的雇员）工作人员；该段中所述任何雇员的雇主，为雇主或自营职业者工作的其他企业雇员,以及在上述段落中所述的其他企业雇员(为雇主或自营职业者工作),须据此解释。

(3) 雇主须确保为其工作的任何其他企业雇员,以及自营职业者(非雇主)须确保为其工作的任何人,就该雇主或自营职业者的业务经营所引致对该人的健康及安全构成的任何危险,获得适当指示及可理解的资料。

(4) 雇主应:

(a) 确保为其工作的任何外部企业雇员的雇主获得有效资料,使外部企业雇员的雇主能识别由其根据第 8 条第(1)款第(b)项指定以对该类雇员实施疏散程序的人;

(b) 采取一切合理步骤,以确保为其工作的任何外部企业雇员获得足够的资料,识别其根据第 8 条第(1)款第(b)项指定以对该类雇员实施疏散程序的人。

(5) 第(4)款适用于在雇主的企业中工作的自营职业者,其适用情况与在雇主企业中工作的任何外部企业雇员的相同。

能力和培训

13. (1) 雇主在将任务委托给其雇员时,应考虑雇员在健康和安全方面的能力。

(2) 雇主应确保为其雇员提供足够的健康和安全培训:

(a) 在雇员入职时;

(b) 由于以下原因而面临新的或增加的风险时:

(i) 在雇主企业中换岗或变更责任;

(ii) 引入新的工作设备或更换雇主企业内已有工作设备;

(iii) 将新技术引入雇主企业,或

(iv) 引入新的工作制度或变更雇主企业内已有工作制度。

(3) 第(2)款所指的培训应:

(a) 在适当情况下定期重复;

(b) 作出修改,以顾及对有关雇员的健康及安全构成的任何新的或已改变的危险;

(c) 在工作时间进行。

雇员的职责

14. (1) 雇员都应按照所接受的有关设备使用的培训以及雇主按照相关法律规定提供的有关使用说明,使用雇主提供的任何机械、设备、危险物质、运输设备、生产工具或安全装置。

(2) 雇员应向其雇主或任何其他同事给出以下提醒:

(a) 接受过上述雇员培训和指导的人员有理由认为对健康和安全构成严重和直接危险的任何工作情形;以及

(b) 接受过上述雇员培训和指导的人有理由认为雇主的健康和安全保护安排存在缺陷的任何事项;

如该情况或事宜影响上述雇员的健康及安全,或因其本身的工作活动而引起或与其本身的工作活动有关,而该情况或事宜先前并未按照本段向其雇主或任何其他同事报告,雇员对同事的健康和安全负有特定责任。

临时工

15. (1) 雇主应向其通过临时雇佣合同雇用的任何人提供以下可理解的信息:

(a) 雇员为安全执行工作而须具备的任何特殊职业资格或技能;

(b) 由任何有关法定条文或根据任何有关法定条文规定须向雇员提供的任何健康监察;

并须在有关雇员开始履行职责前提供上述资料。

(2) 雇主和自营职业者应向通过雇佣业务雇用的人员提供以下方面的可理解信息:

(a) 雇员为安全执行工作而须具备的任何特殊职业资格或技能;

(b) 由任何有关法定条文或根据任何有关法定条文规定须向雇员提供的健康监察。

(3) 雇主和自营职业者应确保向经营雇佣业务的人提供以下方面的可理解信息:

(a) 雇员为安全执行工作而须具备的任何特殊职业资格或技能;

(b) 雇员将从事的工作的具体特点(指可能影响其健康和安全的特点);

而经营有关雇佣业务的人须确保将雇主和自营职业者提供的资料交给上述雇员。

对新妈妈或准妈妈的风险评估

16. (1) 凡

(a) 企业工作人员包括育龄妇女;

(b) 所做工作因新妈妈或准妈妈特殊情况而可能因任何流程或工作条件或物理、生物或化学制剂,包括理事会指令 92/85/EEC "采取措施鼓励改善怀孕工人和刚分娩或正在哺乳的工人的工作安全和健康"附件一和附件二规定的制剂，而对新妈妈或准妈妈的健康和安全，或对其婴儿的健康和安全造成危险。

第3(1)条所规定的评估亦须包括对此类危险的评估。

(2) 就个别雇员而言，如雇主根据有关法定条文须采取的任何其他行动不能避免第(1)款所指的危险，则雇主在合理的情况下，须改变其工作条件或工作时间，以避免此类危险。

(3) 改变工作条件或工作时间不合理，或改变工作条件或工作时间不能避免此类风险的，雇主应根据1996年法第67条的规定，在避免此类风险所必需的时间内暂停其的工作。

(4) 在第(1)至第(3)款中，就任何传染性或传染性疾病的风险而言，对风险的提及是指新妈妈或准妈妈除了在工作场所之外可能遇到的风险外，在工作中的风险水平。

注册医生给新妈妈或准妈妈签发的证明书

17. 凡

(a) 新妈妈或准妈妈在夜间工作；

(b) 注册医生或注册助产士签发的证明书显示，为了新妈妈或准妈妈的健康或安全，应停止在证明书内所述的任何时间内工作；

雇主应根据1996年法第67条的规定，在新妈妈或准妈妈的健康或安全所必需的时间内暂停其的工作。

新妈妈或准妈妈的书面通知

18. (1) 雇员没有以书面形式告知雇主其已怀孕、在过去6个月内分娩或正在哺乳等情况的，雇主无须依照第16条第(2)款或第(3)款采取任何与雇员有关的行动。

(2) 以下情形，雇主无须依照第16条第(2)款或第(3)款或第17条持续对雇员采取的行动

(a) 在以下情形：

(i) 第16条第(2)款或第(3)款所指的，并且

(ii) 雇员已告知雇主其怀孕，但未能在雇主要求的合理时间内以书面形式提交注册医生或注册助产士签发的证明其怀孕的证明书以供其雇主查阅的；

(b) 一旦雇主知道雇员不再是新妈妈或准妈妈；

(c) 如果雇主不能确定雇员是新妈妈或准妈妈。

保护青少年

19.（1）雇主应确保其雇用的青少年在工作中得到保护，以免因其缺乏经验、没有意识到现有或潜在的风险或尚未完全成熟而对其健康或安全造成任何危险。

（2）除第（3）款另有规定外，任何雇主不得雇用青少年从事以下工作：

（a）超出了其生理或心理承受能力；

（b）涉及有毒或致癌物剂的有害接触，造成遗传基因损害或对未出生婴儿的伤害，或以任何其他方式长期影响人类健康；

（c）涉及有害的辐射暴露；

（d）涉及可合理地假定由于青少年对安全注意不够或缺乏经验、培训而无法识别或避免的事故风险；

（e）其中存在来自以下方面的健康风险：

（i）极冷或极热；

（ii）噪声；

（iii）振动；

在确定工作是否涉及本条款所指的损害或风险时，应考虑到评估的结果。

（3）第（2）款的任何规定均不妨碍雇用不再是儿童的青少年在下列情况下从事工作：

（a）给予必要训练；

（b）青少年将由一名符合资格的人监管；

（c）任何风险降低到合理可行的最低水平。

（4）本条规定不影响：

（a）本条例其他条款；

（b）对任何人的雇用禁令或限制，本条规定的禁令或限制除外。

豁免证明

20.（1）国防大臣为了国家安全的利益，可通过书面批准豁免：

（a）任何本土部队、任何访问部队或任何总部不受这些条例的规定约束，这些规定对雇主施加了第16～18条规定以外的义务；

（b）任何本土部队、任何访问部队或任何总部成员不受第14条所施加的规定限制；

而上述国防大臣可有条件及有时限地批准第（a）项或第（b）项所指明的豁免，亦可随时签发进一步的书面证明而予以撤销。

（2）在本条例中：

（a）"本土部队"的含义与1952年《访问部队法》第12条第（1）款中的含义相同。

（b）"总部"是指1999年《访问部队和国际总部（法律适用）令》附表2中规定的总部。

（c）"总部成员"的含义与1964年《国际总部和防务组织法》附表第1（1）条中的含义相同。

（d）"访问部队"的含义与1952年《访问部队法》第一部分规定的含义相同。

责任规定

21. 有关的法定条文并不足以令雇主在任何刑事法律程序中，以下人员的任何作为或过失，作为违反此类条文的免责辩护：

（a）其雇员；

（b）其根据第7条委任的人。

民事责任的免除

22. （1）违反本条例规定的义务，则无权在任何民事诉讼中提起诉讼。

（2）第（1）款不适用于本条例对雇主规定的下列任何责任：

（a）在与第16条第（1）款所述对雇员的危险有关的范围内；

（b）载于第19条。

英国境外适用

23. （1）除第2条另有规定外，本条例适用于1974年《工作中的安全与健康等法案》第1条至第59条及第80至第82条凭借1974年《工作中的安全与健康等法案（英国境外适用）令》而适用的英国境外处所及活动，其适用情况与境内处所及活动的相同。

（2）就1974年法第一部分而言，"在工作中"的含义应予扩展，即雇员或自营职业者在其根据第（1）项适用于本条例的场所内的整个时间段内应被视为"在工作中"。

1981年《健康与安全（急救）条例》修正案

24. 1981年《健康及安全（急救）条例》第6条现予撤销。

1989年《海上装置及管道工程（急救）条例》修正案

25. （1）1989年《海上装置及管道工程（急救）条例》应按照本条以下规定进行修订。

（2）在第7条第（1）款中，删去"本条例的所有或任何规定"而代以"本条例第5条第（1）款第（b）项及（c）项及第5条第（2）款第（a）项"。

(3) 在第7条第(2)款之后, 应加入以下段落:

"(3) 根据本条第(1)款给予的免受本条例第5条第(2)款第(a)项规定的豁免, 须受以下条件规限, 即根据本条例第5条第(1)款第(a)项提供的人员须已接受足够培训。"

1995年《矿山健康与安全杂项规定条例》修正案

26. (1) 1995年《矿山健康与安全杂项规定条例》(c)应按照本条以下规定进行修订。

(2) 第4条第(2)款第(b)项应予删除。

(3) 在第4条第(4)款之后, 增加以下条款:

"(5) 就火灾而言, 依据第(1)项准备的健康及安全文件应

(a) 包括一份消防图纸, 详细列出可能的火源, 以及以下事项的预防措施——采取措施预防、侦测和制止火灾的爆发和蔓延; 且

(b) 就矿场的各部分(该矿场地面上的任何建筑除外)而言

(i) 包括指定执行计划的人员, 确保这些人员的人数、培训和可供其使用的设备是足够的, 同时考虑到有关风险的规模和所涉具体危险;

(ii) 包括安排负责联系外部紧急服务部门的任何必要联系人, 特别是在救援工作和消防方面;

(iii) 适应在该矿场进行的活动的性质、矿场的规模, 并顾及可能在场的雇员以外的人。

1996年《建筑(健康、安全和福利)条例》修正案

27. (1) 应根据本条以下规定对1996年《建筑(健康、安全和福利)条例》进行修订。

(2) 删除第20条第(2)款, 代之以:

"(2) 在不损害第(1)款的一般性的原则下, 依据该条款准备的安排须

(a) 顾及第19条第(4)款所列的事宜;

(b) 指定足够的人员来实施这些安排;

(c) 包括负责联系外部紧急服务部门的任何必要联系人, 特别是在救援工作和消防方面。

条例应与健康和安全条例具有同等效力

28. 根据1997年《防火(工作场所)条例》第9条的规定, 这些条例应在规定范围内具有与1974年《工作中的安全与健康等法案》第一部分所指的健康与安全条例相同的效力。

撤销及相应修订

29.（1）1992年《工作场所健康与安全管理条例》、1994年《工作场所健康与安全管理（修订）条例》、1997年《健康与安全（未成年人）条例》和1997年《防火（工作场所）条例》第三部分现已废止。

（2）附表2第1栏所指明的文书，须按照该附表第3栏的相应条文修订。

过渡条款

30. 用本条例中的规定替代1992年《工作健康与安全管理条例》中的规定不应影响法律的连续性。

附表1　预　防　总　则

[本附表详述理事会指令89/391/EEC第6（2）条规定的预防总则]

（a）规避风险；

（b）评估无法避免的风险；

（c）从源头上控制风险；

（d）使工作适应个人，特别是在工作场所的设计、工作设备的选择以及工作和生产方法的选择方面，以便特别是减轻单调的工作和以预定的工作效率工作，并减少其对健康的影响；

（e）适应技术进步；

（f）用不危险或危险性较小的东西代替危险的东西；

（g）制定连贯的总体预防政策，涵盖技术、工作安排、工作条件、社会关系和与工作环境有关的各种因素的影响；

（h）集体保护措施优先于个别保护措施；

（i）向员工提供适当的指导。

附表2　相　应　修　订

第1栏 文书描述	第2栏 参考文献	第3栏 修改范围
1977年安全代表和安全委员会条例	S. I. 1977/500；经 S. I. 1992/2051；S. I. 1996/1513；S. I. 1997/1840；S. I. 1999/860 以及1998年《就业权利（争议解决）法》第1（1）和（2）条修订	在第4A（1）(b) 条中，"1992年《工作中安全与健康管理条例》第6（1）及7（1）(b) 条"替换为"1999年《工作中安全与健康管理条例》第7（1）条和第8（1）(b) 条"

第四部分 英 美 国 家

(续)

第1栏 文书描述	第2栏 参考文献	第3栏 修改范围
1939 年海上装置（安全代表和安全委员会）条例	S. I. 1989/971；经 S. I. 1992/2885；S. I. 1993/1823；S. I. 1995/738；S. I. 1995/743 和 S. I. 1995/3163 修订	在第 23（4）条中，"1992 年《工作中安全与健康管理条例》第 6（1）条"替换为"1999 年《工作中安全与健康管理条例》第 7（1）条"
1994 年铁路（安全案例）条例	S. I. 1994/237；经 S. I. 1996/1592 修订	在附表 1 第 6 段中，"1992 年《工作中安全与健康管理条例》第 3 条及依据该条例第 4（1）条所作安排的详情。"替换为"1999 年《工作中安全与健康管理条例》第 3 条及按照该条例第 5（1）条所作安排的详情。"
1994 年因孕产暂停工作令*	S. I. 1994/2930	在第 1（2）(b)条中，"1992 年条例"是指《1992 年工作中安全与健康管理条例》替换为"1999 年条例指 19991 年工作中安全与健康管理条例" 在第 2（b）条中，将"1992 年条例第 13B 条"改为"1999 年条例第 17 条"
1994 年建筑（设计和管理）条例	S. I. 1994/3140；经 S. I. 1996/1592 修订	在第 16（1）(a)条中"1992 年《工作中安全与健康管理条例》第 9 条"替换为"1999 年《工作中安全与健康管理条例》第 11 条" 在第 17（2）(a)条中，"1992 年《工作中安全与健康管理条例》第 8 条"替换为"1999 年《工作中安全与健康管理条例》第 10 条" 在第 17（2）(b)条中，将"1992 年《工作中安全与健康管理条例》第 11（2）(b)条"替换为"1999 年《工作中安全与健康管理条例》第 13（2）(b)条" 在第 19（1）(b)条中，"1992 年《工作中安全与健康管理条例》"替换为"1999 年《工作中安全与健康管理条例》"

国 际 篇

(续)

第1栏 文书描述	第2栏 参考文献	第3栏 修改范围
1995年矿山逃生和救援条例	S. I. 1995/2870	在条例2(1)中,"'1992年条例'是指1992年《工作中安全与健康管理条例》"替换为"1999年条例指1999年《工作中安全与健康管理条例》" 在条例第4(2)条中,将"1992年条例第3条"改为"1999年条例第3条"
1995年矿山健康与安全杂项规定条例	S. I. 1995/2005	在第2(1)条中,"'1992年条例'是指1992年《工作中安全与健康管理条例》"替换为"1999年条例指1999年《工作中安全与健康管理条例》" 在第4(1)(a)条中,"1992年条例第3条"替换为"1999年《工作中安全与健康管理条例》第3条"
1995年采石场健康与安全杂项规定条例	S. I. 1995/2036	在第2(1)条中,"'1992年条例'是指1992年《工作中安全与健康管理条例》"替换为"1999年条例指1999年《工作中安全与健康管理条例》" 在第4(1)(a)条中,"1992年条例第3条"替换为"1999年《工作中安全与健康管理条例》第3条"
1995年钻孔作业条例	S. I. 1995/2038	在第7(5)条中,"'管理条例'指1992年《工作中安全与健康管理条例》"替换为"管理条例"指1999年《工作中安全与健康管理条例》
1996年气体安全(管理)条例	S. I. 1996/551	在附表1第5段"1992年《工作中安全与健康管理条例》第3条,及他按照该条例第4(1)条所作安排的详情"替换为"1999年《工作中安全与健康管理条例》第3条,以及他根据第5(1)条所作安排的详情"

第四部分 英 美 国 家

(续)

第1栏 文书描述	第2栏 参考文献	第3栏 修改范围
1996年健康和安全（安全标志和信号）条例	S. I. 1996/341	在第4(1)条中，将"1992年《工作中安全与健康管理条例》第3条第(1)段"替换为"1999年《工作中安全与健康管理条例》第3条第(1)段"
1996年健康与安全（与雇员协商）条例	S. I. 1996/1513	在第3(b)条中，"1992年《工作中安全与健康管理条例》第6(1)条和第7(1)(b)条"替换为"1999年《工作中安全与健康管理条例》第7(1)条和第8(2)(b)条"
1997年防火（工作场所）条例	S. I. 1997/1840；经 S. I. 1999/1877 修订	在第2(1)条中，"'1992年《管理条例》'是指1992年《工作中安全与健康管理条例》"替换为"'1999年管理条例'是指1999年《工作中安全与健康管理条例》" 在条例第2(1)条中，在"雇员"及"雇主"的定义中，将"1992年"改为"1999年"。 在条例第9(2)(b)条中，将"1992年《管理条例》(经本条例第三部修订)第1至4条、第6至10条及第11(2)及(3)条"，改为"1999年《管理条例》第1至5条、第7至12条及第13(2)及(3)条"
1998年工作场所铅控制条例	S. I. 1998/543	在第5条中，将"1992年《工作中安全与健康管理条例》第3条"替换为"1999年《工作中安全与健康管理条例》第3条"
1998年工作时间条例*	S. I. 1998/1833	在第6(8)(b)条中，将"1992年《工作中安全与健康管理条例》第3条"替换为"1999年《工作中安全与健康管理条例》第3条"

(续)

第1栏 文书描述	第2栏 参考文献	第3栏 修改范围
1999年采石场条例	S. I. 1999/2024	在条例2(1)中,"'1992年条例'是指1992年《工作中安全与健康管理条例》"替换为"1999年条例指1999年《工作中安全与健康管理条例》" 在第7(1)(a)条中,"1992年条例第3条第(1)至(3c)款"替换为"1999年《工作中安全与健康管理条例》第3条" 在第43条中,将"1992年条例第5条"替换为"1999年条例第6条"

注:标有星号的条例在本条例序言中提及。

解 释 性 说 明

(本说明并非本条例的一部分)

本条例重新颁布了1992年《工作中安全与健康管理条例》,并做出了以下修改:

1. 新的条例4要求雇主根据理事会指令89/391/EEC(OJ No L 183,29.6.89,P.1)第6(2)(a)-(i)条规定的和条例附表1规定的预防总则,实施预防和保护措施。

2. 新订的条例第7(8)条规定,就条例第7(1)条而言,受雇于雇主的符合条件人员,须较非受雇于雇主的符合条件人员获优先委任。现对本条例第7(5)条作出轻微的相应修订。

3. 新的第9条规定,雇主须安排必要的外部服务联系人,特别是在急救、紧急医疗护理和救援工作方面。

4. 新的第21条规定,雇主不得以其雇员或其根据本条例第7条指定人员的任何作为或不作为为由,为其违反1974年《工作中的安全与健康等法案》第53条所规定的相关法律规定而辩护。

5. 该条例撤销了1981年《健康与安全(急救)条例》第6条。该条例赋予卫生和安全行政局以豁免这些条例的权力(第24条)。该条例还修订了1989年《海上装置和管道工程(急救)条例》,将卫生和安全行政局可批予的豁免范围,限于第5(1)(b)条所指明的豁免范围并施加条件,规定凡根据第5(1)(a)条获给予豁免的人须接受足够培训(第25条)。

6. 这些条例修订了1995年《矿山健康和安全杂项规定条例》，以便充分实施理事会指令89/391/EEC第8(1)和8(2)条。新的第4(5)条规定，在任何情况下，都应在根据该条例编写的健康和安全文件中列入一份"环境保护计划"。就矿场除地面建筑物以外的所有部分而言，该条条款要求矿主在文件中指定执行计划的人员，并在文件中载明安排的必要外界服务机构联系人，特别是有关救援工作及消防工作方面(第26条)。

7. 这些条例修订了《1996年建筑（健康、安全和福利）条例》，以便充分执行该指令第8(1)和8(2)条。修订条例第20条，要求处理建筑地盘可预见的紧急事故的安排须包括指定人员执行有关安排，以及包括与外界服务，特别是与救援工作及消防工作有关的必要联系(第27条)。

8. 该条例规定，除1997年《防火（工作场所）条例》第9条规定的例外情况外，这些条例具有1974年《工作健康与安全法》(第28条)所指的健康与安全条例的效力。

9. 该条例撤销了1992年《工作中安全与健康管理条例》、1994年《工作中健康与安全管理（修正）条例》、1997年《健康和安全（未成年人）条列》和1997年《防火（工作场所）条例第三部分》。《条例》还对附表2(第29条)所列文书作了相应修正。

10. 《条例》载有一项过渡性条款(第30条)。

11. 可从位于伦敦（Rose Court, 2 Southwark Bridge, London SE1 9HS）的政策部门健康与安全执行官处获取与本法规相关的监管影响评估副本。议会两院的图书馆都收藏了一份。

1970年美国《职业安全与健康法》

1970年美国职业安全与健康法
公法91—59691国会法令
(1970年12月29日)

通过授权执行根据本法令制定的各项标准；帮助并鼓励各州作出努力以保证劳动条件的安全和健康；在职业安全与健康领域提供科学研究、情报资料和教育训练；为保证男女劳动者工作条件安全和健康以及其他诸目的，特制定本法。

本法业经美国国会参众两院通过，并被引称为"1970年职业安全和健康法"。

国会调查结果和目的

第二节

第一条

国会发现，由于劳动场所引起的人身伤害和疾病，在生产停顿、工资损失、医疗支出和伤残补偿费等各方面，对各州之间的商业活动造成了沉重负担和障碍。

第二条

国会宣布，其目的和政策是通过行使其权力以管理几个州之间的以及与外国的商业活动，并提供全面的福利设施，以保证全国男女劳动者工作条件达到尽可能的安全和健康，以及通过以下方式，保护人力资源：

（1）鼓励雇主和雇员尽可能地减少在受雇场所发生有关职业安全与健康的灾害次数，并促使雇主和雇员为提供安全与健康的劳动条件，制定新的方案或改进现行方案；

（2）规定雇主和雇员为获得安全与健康的劳动条件，双方在责任和权利上既要分工又要互相合作；

（3）授权劳工部部长针对有关各州之间的商业事务，规定强制性的职

业安全与健康标准,并成立职业安全与健康复查委员会,根据本法令行使裁决权;

(4) 通过雇主和雇员主动提供的安全与健康的工作条件,在已经取得进展的基础上再接再厉;

(5) 为开展职业安全与健康领域的科研工作提供条件,包括涉及的心理因素研究,以及针对有关职业安全与健康的问题,开发新方法和新技术;

(6) 探索发现潜伏性疾病的各种方法,探明劳动条件和疾病之间的因果关系,并从事其他有关健康问题的研究,认识到职业健康标准所提出的问题与职业安全标准所提出的问题的不同;

(7) 提供医疗标准,确保在可行范围内,雇员不会由于劳动经历而蒙受健康、工作能力,或寿命等减退的结果;

(8) 制定培训方案以增加职业安全和健康领域工作人员的数量并提高其能力;

(9) 为职业安全与健康标准的发展和推广提供便利;

(10) 制定有效的实施方案,包括防止在视察前事先通知对方的禁令和对任何违禁者予以惩罚的决定;

(11) 鼓励各州承担管理和执行职业安全和健康法律的最大责任,向各州提供补助金,协助确定其在职业安全与健康领域的需要和责任,并根据本法的规定制定计划,加强国家职业安全和健康法律的管理和实施,开展与之相关的试点和示范工程;

(12) 为有助于实现本法令的目的,并准确地陈述职业安全与健康问题的性质,应建立合宜的有关职业安全与健康的报告制度;

(13) 鼓励劳资双方作出共同努力,以减少雇佣中出现的伤害和疾病。

定 义

第三节

就本法令而言:

(1) "部长"系指劳工部部长。

(2) "委员会"系指根据本法令所成立的职业安全与健康复查(案件)委员会。

(3) "商业"系指几个州之间,或一个州和州以外的任何地方,或哥伦比亚特区内,或美国某一领地(太平洋岛屿托管地除外)或两地虽同在一州内但须经由州外某地之间的贸易来往、交通运输或通信等。

（4）"人"系指一个或多个个人、合伙企业、协会、公司、商业信托、法律代表或任何有组织的团体。

（5）"雇主"系指从事对商业有影响的业务，且雇有雇员的人，但不包括美国或任何州或一个州的行政分支机构。

（6）"雇员"系指雇主的雇员，其受雇于影响商业的雇主业务。

（7）"州"系指美国的一个州。也包括哥伦比亚特区，波多黎各岛、维尔京群岛、美属东萨摩亚、关岛和太平洋岛屿的托管地。

（8）"职业安全与健康标准"系指一种需要条件，或要求采用一种或多种手段、方法、操作，或手续为保障工作场所的安全和健康所必要和合理的标准。

（9）"国家一致标准"系指任何一个职业安全与健康标准或修改，包括：

（a）一个全国承认的标准制定组织所采用和推广，按照程序由部长作决定，而受该标准或其条款影响和利害相关的人对于采用这一标准已"达成"实质性协议；

（b）已经形成一个有机会考虑不同观点的方式；

（c）在经过和其他适当的联邦政府机构咨询后而为部长所指定的标准。

（10）"已建立的联邦标准"系指由美国任何机构所建立而现在执行中的任何职业安全与健康标准，或在本法令颁布之日包含在任何有效的国会法令中的标准。

（11）"咨询委员会"系指根据本法令建立的国家职业安全与健康咨询委员会。

（12）"所长"系指国家职业安全卫生研究所所长。

（13）"研究所"系指根据本法令成立的国家职业安全与健康研究所。

（14）"工人补偿委员会"系指根据本法令所成立的州劳动者赔偿法国家委员会。

本法的适用性

第四节

第一条

本法令将适用于各州、哥伦比亚特区、波多黎各、维尔京群岛、美属东萨摩亚、关岛、太平洋各岛托管地、威克岛，以及《外大陆架土地法》所指的外大陆架土地、庄士登岛和运河地区工作场所的雇佣关系，在那些还没有美国地方法院行使司法权的地方，内政部应照规定成立法庭，准备本法令的司法实施。

第二条

（1）其他联邦机构和州的机构，根据经过修正了的1954年《原子能法》（42美国法典2021）第274节而雇佣的雇员的工作条件，在行使有关职业安全与健康标准或条例的法律权力时，不适用本法令。

（2）根据1936年6月30日法令，通常称为《华尔示－黑利法》（41美国法典35节以及下列等），1965年《服务合同法》（41美国法典351节以及下列等），1969年8月9日法令（40美国法典333节）的第91～54号公法，1958年8月23日法令（33美国法典941节）的第85～742号公法，《国家艺术与人文基金会法案》（20美国法典951节以及下列等）推行的安全与健康标准，在根据本法令颁布的相应标准生效之日被取代，因为部长认为这些标准更具有效性。根据本条所列法律发布并在本法令生效之日或之后生效的标准，应视为根据本法令以及此类其他法案发布的职业安全与健康标准。

（3）部长应在本法令生效后3年内，向国会提出报告，建议立法，以避免不必要的重复并实现本法令和其他联邦法令之间的协调。

（4）本法令中的任何内容不得解释为取代或以任何方式影响任何雇员的赔偿法，或以任何其他方式扩大或减少或影响普通法或任何法律规定的雇主和雇员因工作或在工作过程中造成的伤害、疾病或死亡的法定权利、职责或责任。

责　　任

第五节

第一条

每位雇主：

（1）应向其每位雇员提供工作和工作场所，此类工作和工作场所不会对其雇员造成或可能造成死亡或严重生理伤害的公认危险；

（2）应遵守根据本法令颁布的职业安全与健康标准。

第二条

每位雇员必须遵守职业安全与健康标准，以及根据本法令所制定的法则、条例和命令中适用于其本人的活动和行为的规定。

职业安全与健康标准

第六节

第一条

在不考虑《美国法典》第 5 篇第 5 章或本节其他条款的情况下，部长应在本法令生效之日起两年内，尽快把任何"国家一致标准"和任何"已建立的联邦标准"以确定性命令颁布为职业安全与健康标准。除非其判定：颁布这样的标准，对某些特定的雇员而言，其结果并不能改进他们的安全和健康条件。如果任何标准有互相抵触矛盾时，部长就选择对受影响的雇员的安全和健康起最大保护作用的那个标准颁布之。

第二条

部长颁布、修改，或废除任何职业安全或健康标准，可用以下各种方式：

（1）每当部长在收到来自有关当事人，或任何雇主或雇员组织的代表，或一个在国内被承认的标准制定组织，或卫生与公众服务部部长或国家职业安全与健康研究所，或一个州或它的行政分支机构的书面信息，或由部长整理加工的信息或其他为他准备的信息时，为了实现本法令之目的，决定必须颁布一项法则时，部长可要求根据本法令第七节任命的咨询委员会提出建议。部长可以将其自己或卫生与公众服务部部长的建议，连同由部长或卫生与公众服务部部长或其他方面准备的恰当而又真实的信息，包括研究结果、论证和实验，提供给咨询委员会。咨询委员会应在被任命后 90 天内，向部长就所要颁布的法则提出他们的建议，或在部长规定的或长或短的期限内提出，但最长不得超过 270 天。

（2）部长应在《联邦公报》上公布关于颁布、修改或废除职业安全与健康标准的法则草案，并应在公布后给予有关人员 30 天的时间提出书面意见、论据或评论。凡已委任咨询委员会而部长决定要发布某一法则，其应在咨询委员会提出建议后 60 天内，或在部长对提出这一建议所规定的期限告终之前，公布法则草案。

（3）在第 2 段规定的提出书面意见或评论期限的最后 1 天或以前，任何有关人员可以向部长提交对法则草案的异议，书面说明理由，并要求就此异议举行公开听证会。在异议提出后 30 天内，部长应在《联邦公报》上刊登一通知,说明有人对职业安全或健康标准法则持有异议和为此而举行的公开听证会的时间和地点。

(4) 在根据第(2)款规定的提出书面意见或评论期限告终后60天内,或在根据第(3)款规定的该公开听证会举行完毕后60天内,部长应发布关于职业安全或健康标准的颁布、修改,或废除法则,或作出不应发布该法则的决定。该法则可以附有一项延期生效的附款(不得超过90天),延期的长短由部长根据需要决定,以确保受影响的雇主和雇员将被告知该标准的存在及其条款,并确保受影响的雇主有机会让自己和雇员熟悉该标准的要求。

(5) 根据本节在颁布有关有毒物质或有害物理因素的标准时,部长应在可行的范围内,根据现有的最佳证据,制定最充分的标准,以确保即使雇员在工作期间经常接触该标准所涉及的危险,其健康或工作能力也不会受到严重损害。根据本条制定的标准应基于研究、论证、实验和其他适当的信息。除了为雇员实现最高程度的健康和安全保护外,其他应予考虑的是该领域现有的最新科学数据、标准的可行性和从本法令或其他健康和安全法律得来的经验。只要可能,颁布的标准应该用客观尺度来表示并按要求执行。

(6)(a)任何雇主可向部长提出申请发布临时命令,准许暂时变动根据本节所颁布的标准或条款,该等临时命令的申请只能在下列情况下予以批准。雇主所提出的申请符合条款规定(b)并证实:①其不能在标准生效日达到标准要求是由于找不到专业或技术人员,或为达到标准要求所需要的材料和设备,或所需要的设施的建造或改建不能在标准生效日完成;②其正在采取一切可以办到的步骤保护其雇员免受标准所述及的危害;③其有一个有效计划可使其尽可能快地符合标准。任何根据本条规定所发布的临时命令,必须规定在命令有效期间,雇主所必须采取的步骤、方法、手段、操作和手续,并把其如何争取符合标准要求的方案陈述详细。该等临时命令只有在通知雇员之后和提供机会举行听证会之后才能批准,假若,部长先批准发布一个过渡性命令,它的有效性到根据听证会作出决定后为止。临时命令的有效期不得超过雇主为达到标准所需的期限或一年,不论采用哪种,都应以较短者为准。除非更新该命令,但不得超过两次。如果申请更新命令,①有效期的长短应以已经符合本条的要求为宜;②在原命令到期前至少90天提出更新命令的有效期,但不得超过180天。

(b) 对第(6)款中述及的临时命令的申请应包含:

① 雇主寻求变动的标准或其部分的具体说明;

② 雇主陈述其所以不能符合标准的详细原因和理由,并由对所陈述事

实具有第一手资料的合格人员提供证据；

③ 一份说明，表明其已经和将要采取的措施（包括具体日期），以保护雇员免受标准所涵盖的危险；

④ 一份说明，表明其预计何时能够符合标准，以及其已经采取了哪些措施和将采取哪些措施（注明日期）来符合标准；

⑤ 一份证明，证明其为通知雇员之目的，已把申请的副本交予雇员的合法代表；在通常张贴雇员通知的地方张贴一份声明，说明可在何处查阅副本；或通过其他适当的方式进行通知。证明中应载有关于如何通知雇员的说明。给雇员的通知应同时告知他们有权要求部长举行听证会。

（c）只要部长确定或卫生与公众服务部部长证明，为了允许雇主参加，由部长或卫生与公众服务部部长批准的，旨在展示或验证新的和改进的技术以保障雇员的健康或安全的实验，部长有权批准对任何标准或其部分的变动。

（7）根据本条公布经修改的任何标准，应规定使用标志或其他适当的警告形式，以确保雇员了解他们所接触的所有危险，相应的症状，紧急措施，和安全使用或接触的正常条件和预防措施。在适当的情况下，此类标准还应规定与此类危险相关的适当防护设备和控制或工艺程序，并应规定保护雇员所需的位置和间隔，以及以必要的方式监测或测量雇员的暴露情况。此外，在适当情况下，任何此类标准应规定体检或其他测试的类型和频率，这些体检或测试应由雇主提供，或由其承担费用，以最有效地确定这些雇员的健康是否受到这种暴露的不利影响。假如这种医疗检查是研究性质的，是由卫生与公众服务部部长决定的，则费用可由卫生与公众服务部部长负担。这种检查或试验的结果只能报告给部长或卫生与公众服务部部长，或应雇员的请求而送交他的医生。部长可在商得卫生与公众服务部部长同意后，根据《美国法典》第5篇第553节颁布的法则，并根据相关标准颁布后获得的经验、信息或医学或技术发展，对上述有关使用标签或其他形式的警告、监测或测量以及医疗检查的要求进行适当修改。

（8）如遇部长颁布的法则实质上不同于现有的"国家一致标准"，部长应在颁布同时，在《联邦公报》上公布一项声明，说明为什么所采用的法则会比"国家一致标准"更能实现本法的目的。

第三条

（1）如部长鉴于(a)雇员由于暴露在确定为有毒物质或有害物理因素或新的危害下而面临严重危险；(b)发布紧急标准是保护雇员对付这种危险所

必要的，其可以不考虑《美国法典》第5篇第5章的要求。在《联邦公报》上颁布一项临时紧急标准，自颁布日起立即生效。

（2）该标准将一直有效，直到被根据本条第（3）款所规定的程序而颁布的标准所取代时为止。

（3）当此类标准在《联邦公报》上公布时，部长应根据本法第六节第二条的规定开始行动，所公布的标准也应作为法则草案。部长应在按本条第（2）款规定公布临时紧急标准后6个月内根据本段颁布一项标准。

第四条

任何一个受到影响的雇主都可以向部长申请一个裁定或命令。准许其对根据本节颁布的标准有所变动，应使受到影响的雇员得知每一个此类申请，并有机会参加听证会。如果部长在适当情况下进行视察和听证会后，根据记录确定，已经用大量的证据证明，雇主使用或建议使用的条件、步骤、手段、方法、操作或流程将为其雇员提供与遵守标准时一样安全和健康的工作和工作场所，则应发布此类裁定或命令。其所发布的裁定或命令里应规定雇主所应保持的环境条件，以及其必须采取和利用的步骤、手段、方法、操作和手续等，以及与问题所涉原定标准的差异限度。该等裁定和命令在发布6个月后，在雇主、雇员的申请或部长自己的意向下，可以根据本条，按规定的方式随时修改或废除。

第五条

每当部长颁布任何标准，作出一个裁定、命令，或决定、批准任何豁免或延长，或调解、减轻，或根据本法令予以惩罚等时，应附一项声明，说明所以采取这一行动的理由，并在《联邦公报》上公布。

第六条

根据本节颁布的某一标准使任何人受到不利影响时，其可在这一标准颁布后第60天以内的任何时候向其居住地或主要营业地所在的美国上诉法院提出请求，质疑该标准的有效性，要求对该标准进行司法审查。法院书记官应立即把请求书的副本转送给部长。该等请求不能使标准延期执行，除非法院另有命令。如果部长的决定总的说来是有重要证据支持的，则其决定是结论性的。

第七条

在确定根据本节制定标准的优先次序时，部长应适当考虑特殊工业、商业、手工业、职业、贸易、工作场所和工作环境对强制性安全和健康标准的需求的紧迫性。部长对卫生与公众服务部部长有关建立强制性标准的优先问题的建议也应给以应有的重视。

咨询委员会

第七节

第一条

(1) 特此设立国家职业安全与健康咨询委员会，由部长任命的 12 名成员组成，其中 4 名由卫生与公众服务部部长指定，不考虑《美国法典》第 5 篇关于竞争性服务任命的规定，并由行政管理、劳工、职业安全和职业健康专业及公众等方面的代表组成。部长指定公众代表中的一名担任主席，委员应根据他们在职业安全与健康领域里的经验和能力选任。

(2) 委员就有关法令的管理事宜与部长和卫生与公众服务部部长商讨，作为顾问，并提出建议。委员会每年至少要开会两次，所有委员会的会议都应向公众公开，要作记录并保存，供公众查阅。

(3) 该委员会的委员们依照《美国法典》第 5 篇第 3109 节的规定给予报酬。

(4) 部长根据该委员会开展其业务的需要，为其配备一名执行秘书和秘书、办事员和其他人员。

第二条

部长可任命一个顾问委员会，协助其履行本法令第六节规定的标准制定职能。每个顾问委员会的成员人数不得超过 15 名，其中包括由卫生与公众服务部部长指派的 1 名或几名成员，并应在其成员中包括同等数量的，根据经验和隶属关系，有资格提出有关雇主观点的人员，和有类似资格提出有关雇员观点的人员，以及各州健康和安全机构的 1 名或多名代表。顾问委员会里也可以包含有其他一些部长认为他们的知识和经验会对该委员会的工作有贡献，因而有资格被任命的人，包括 1 名或几名技术人员专业组织的代表，或在职业安全或健康方面有专长的人，和 1 名或几名国家承认的标准制定组织的代表。但此类委派到该委员会的人数，不得超过联邦和州机构委派到该委员会的人数。顾问委员会的任命人员中来自私人方面的，应根据《美国法典》第 5 篇第 3109 节，与顾问或专家一样付给报酬。如某一个州的健康安全机构的代表成为顾问委员会的成员，部长应付给该州以足够弥补该州为此导致的实际开支的费用。此类委员会的任何会议应向公众开放，并应保存准确的记录，供公众查阅。此类委员会的任何成员(雇主和雇员的代表除外)对任何提议中的法则都不能涉及经济利益。

第三条

部长为履行本法令所赋予的职责有权：

（1）经任何联邦机构的同意，有偿或无偿地使用该机构的服务设施、设备和人员。经任何州或其分支机构的同意，有偿接受和使用该州或其分支机构的服务设施、设备和人员。

（2）根据《美国法典》第5篇第3109节所授予的权力，雇佣专家和顾问或其组织，但此类雇佣合同可每年续签。给所雇个人以补偿，包括差旅费用和他们离开家或在通常工作地点的旅差费用（包括每天的生活维持费），但不得超过《美国法典》第5篇第5332节的GS—18级限额，并根据《美国法典》第5篇第5703节的授权，给在政府中被断续性雇佣的人员以补偿。

视察、调查和记录保存

第八节

第一条

为实现本法令之目的，部长向占有者、经营者或负责代理人出示有关证件后，有权：

（1）在合理时间内不容延误地进入某一雇主雇佣的雇员正在工作的工厂、车间、场所、建筑工地，或其他地方、工作场所或工作环境。

（2）在正常工作时间或其他合理的时间，在合理的范围内和方式下视察和调查这些地方和全部有关的工作条件、建筑、机器、仪器、装置、设备及其材料，并可向这些雇主占有者、经营者、代理人中的任何人或雇员提问。

第二条

部长在根据本法进行视察和调查时，可以要求证人到场作证并在宣誓后提供证词，这些见证人应该像在美国法院中作证的证人那样被支付费用和按里计数的旅费津贴。如果任何人藐视、不服从或拒绝服从此类命令，任何美国地方法院只要发现该人的居住地或营业地在其司法管辖区内，在部长的要求下，法院有权对此人发出命令要求其前来就调查或询问的事情提供证据和证词。任何不服从法院命令的行为可被该法院作为藐视法庭罪予以处罚。

第三条

（1）在劳工部部长和卫生与公众服务部部长的合作下，为贯彻执行本法令的需要，或为积累充实有关职业事故和疾病的原因和预防的信息，可制定条例，规定每个雇主都应把他涉及本法令的各项活动作出记录，妥善保存，以备部长需要时查阅。为了执行本段的规定，这种条例可以包括要求雇主进行定期检查的规定。部长也应发布条例，要求雇主通过张贴通知或其他适当方式，使其雇员了解本法令规定的保护措施和义务，包括适用标准的规定。

（2）部长在和卫生与公众服务部部长的合作下制定条例，要求雇主准确记录与工作有关的死亡、受伤和疾病，并定期报告，但仅需急救治疗且不涉及医疗、丧失知觉、工作和行动受限，或调做其他工作的除外。

（3）部长在和卫生与公众服务部部长的合作下颁布条例，要求雇主对雇员暴露在那些根据第六条的规定需要进行监控和检测的潜在有毒物质和有害物理因素下等情况时，保持准确的记录。此类条例还应有适当的条款规定每个雇员或以前的雇员能使用这种记录，查看他自己暴露在有毒物质或有害物理因素下的实际情况。每个雇主应立即通知任何过去或现在正暴露在有毒物质或有害物理因素下，业已超过根据第六节所颁布的职业安全与健康标准规定的浓度范围或限值的雇员，并应告知任何此类雇员应采取的防治措施。

第四条

部长和卫生与公众服务部部长或各州机构根据本法令获得的任何信息，应以对雇主，特别是经营小企业的雇主的最小负担获得。在获取信息时，应最大限度地减少不必要的重复工作。

第五条

遵从部长颁布的条例，应使雇主代表和雇员授权的代表有机会陪同部长或其授权代表，在对任何工作场所进行第一条所规定的视察和调查时，予以协助。如果没有雇员授权代表，部长或其授权代表应和合理人数的雇员磋商有关该工作场所安全与健康问题。

第六条

（1）任何雇员或雇员代表如果认为存在违反安全或健康标准的情况，并有可能造成人身伤害，或存在迫在眉睫的危险，可以向部长或其授权代表发出通知，要求进行视察，说明这种违规行为或危险。任何这种通知应只采用书面的形式，讲明通知的理由和根据，并由雇员或其代表签字，在视察前把一份副本送给雇主或其代理人。如通知人要求，则通知人或所涉及的具体雇员的姓名，不能出现在副本上或其他任何根据本节第七条所作的公布的记录上。部长在收到这种通知后，如部长认为有理由相信有此类违规或危险存在，其应根据本节款项尽可能快地进行专门视察。如部长作出决定没有理由相信有此类违规或危险存在，其应以书面形式将该决定通知雇员或其代表。

（2）在对某工作场所进行视察之前或当时，该工作场所的任何雇员或其代表，可就他们有理由相信，存在于该工作场所的违反本法令的事项用书面通知部长或任何负责视察的部长代表。根据条例规定，部长应对部长代表拒绝就任何此类指控的违规行为发出传票进行非正式审查，并应向要求进行这种审查的雇员或雇员代表提供一份书面声明，说明部长对该案件作出最后处理的原因。

第七条

（1）部长和卫生与公众服务部部长被授权，将所有根据本节规定收到的报告或信息汇编分析，以摘要形式，或以详细报告形式加以公布。

（2）部长和卫生与公众服务部部长应各自制定出为履行本法令赋予他们的职责所需要的法则和条例，包括对某一雇主的企业进行视察的法则和条例。

传　票

第九节

第一条

经视察或调查，部长或其授权代表相信雇主违反了本法令第五节的要求，或根据本法令第六节所颁布的任何标准、法则或命令，或根据本法令制定的任何条例，其应迅速对雇主发出传票。传票必须是书面的，详细说明违规的性质，包括指出被指称违犯的法令条款、标准、法则、条例或命令。此外，传票应规定合理时间使之纠正这种违规行为，对安全与健康没有直接或立即关系的轻微或次要的违规行为，部长可以发出通知的方式代替传票。

第二条

根据本节发出的每份传票，或其副本或复印件，应按部长颁布的条例中的规定，在传票中提及的每个违规行为发生地或附近显著位置张贴。

第三条

在违规已经发生满6个月之后，不再签发本节规定的传票。

国 际 篇

执 法 程 序

第十节

第一条

如果经过视察或调查后，部长按九节第一条签发传票，其应在视察或调查完毕后的合理时期内，用保证投递邮件将罚款决定通知雇主，并按第十七节提出罚款的数目。如果雇主打算对传票或要罚的款数提出异议，其应在15个工作日内通知部长。如果从收到部长通知起15个工作日内，雇主没有通知部长表示要对传票或要罚的款数提出异议，也没有雇员或雇员代表根据本节第三条规定发来通知，则传票和所提出的罚款都被认为是职业安全与健康复查委员会（下称委员会）的最后命令，不容法院或其他机构复查。

第二条

如果部长有理由相信，一名雇主未能在所发出传票规定的期限内改正违规行为（在雇主根据本节规定善意地，而不是仅仅为了拖延或避免处罚而启动的任何审查程序中，该期限应在委员会发出最后命令时开始计算），部长应把雇主不能改正，和因此按第十七节规定将要罚款的款数用保证投递邮件通知雇主，雇主如有异议，应在15个工作日内通知部长，说明其准备对部长的通知或要罚的款项提出异议。如果从收到部长的通知起15个工作日内，雇主没有通知部长其拟对部长通知或所拟定的罚款提出异议，则部长的通知和拟罚的款项，都被认为是委员会的最后命令，不容任何法院或其他机构复查。

第三条

如果雇主通知部长其决定要对根据第九节第一条签发的传票，或对根据本节第一条或第二条所发的通知提出异议，或者在根据第九节第一条发出传票后的15个工作日内，任何雇员或雇员代表向部长发出通知，声称传票中规定的消除违规的期限是不合理的，部长应立即将该通知告知委员会，委员会应提供召开听证会的机会（根据《美国法典》第5篇第554节，但不考虑该节的第一条第(3)款）。然后委员会根据事实结论发出命令、批准、修改或撤销部长的传票或拟罚的款项，或提出其他合宜的减免方案，该等命令在发出的30天后成为最终命令。在雇主表明已真诚地努力遵守传票中的纠正要求，并且由于超出其合理控制的因素而未完成纠正时，部长在提供了本条所述的听证会的机会后，应发出命令确认或修改传票中的纠正要求。委员会制定的法则应该使受影响的雇员或其代表作为当事方参与本条所述的听证会。

司 法 复 查

第十一节

第一条

任何人如果由于委员会根据第十节第三条发出的命令而受到不利影响或侵害时,可以在命令发出的 60 天内,用书面形式,向指称发生违规行为的所在地或雇主的主要办公室所在地审判区的任何一个美国法院,或哥伦比亚特别审判区上诉法院要求复查,要求修改或废除该命令。法院书记官应把这种申请书的副本立即转送给委员会和其他各方,这时委员会应向法院提交《美国法典》第 28 篇第 2112 节所规定的诉讼程序记录。一经提交,法院对该诉讼和其中确定的问题具有管辖权,并有权给予其认为公正和适当的临时救济或限制令。然后开始研究记录中的诉状和答辩、证据或证词和各种程序,作出判决,或维持,或修改,或全部,或部分撤销委员会的命令,直到委员会的命令被执行或得到修改为止。除非法院有命令,否则启动根据本节的诉讼程序不能因此而延压委员会的命令。没有向委员会陈述过异议的,法院不予受理,除非由于非常环境以至这种异议的陈述归于失败或被忽略,且得到法院的谅解。涉及事实的问题,从整体来说如果记录上有实质性的证据,委员会的调查结果应是结论性的。如果任何一方要求法院准假以便提供新增加的证据,而这种证据的重要性,以及它之所以未能在委员会举行听证会时提出的原因和理由为法院所接受时,法院可命令把这种新增加的证据拿到委员会面前作为记录的一部分。由于这种后加的证据,委员会需修改原来关于事实的调查结果,或作出新的调查结果。在事实问题上,这种修改或新的调查结果,只要从整个记录来说,有实质性的证据支持,应是最后结论性的。从而建议对原来的命令进行修改或撤销。在向其提交记录后,法院的管辖权应是专属的,其判决和裁决应是最终的,但根据《美国法典》第 28 篇第 1254 节的规定,该判决和裁决应接受美国最高法院的审查。

第二条

部长也可以通过向美国上诉法院提交一份申请书,请求对委员会的任何最终命令进行复审或强制执行。该申请书适用于违规行为发生地或雇主主要办公室所在地的美国法院,而第一条的条文须在适用范围内规定此类法律程序。如果在委员会命令送达后 60 天内,并无根据本节第一条要求复查的申请,则委员会对事实和命令的调查结果对部长在 60 天期限届满后提交的任何强制执行申请应具有决定性。在这种情形下,或在对传票无异议的情况下,根据第十节中第一条或第二条的命令业已成为委员会的最后命令,除非法院另有命令,否则法院书记官应即作出执行委员会命令的判决,并把判决副本送给部长和其申请书中所提名的雇主。如对根据本条和本节第一条之判决有蔑视行动,为了执行判决,法院除了行使别的可用补救办法外,亦可评定第十七节所规定的刑罚。

第三条

(1) 任何人不得因为任何雇员根据本法提出申诉或提起或促使提起任何诉讼,或在任何此类诉讼中作证或即将作证,或因为该雇员代表自己或他人行使本法赋予的任何权利,而解雇或以任何方式歧视该雇员。

(2) 任何雇员如果其相信自己被解雇或受到歧视是由于有人违反了本节规定所致,其可以在这种违规行为发生后的 30 天内向部长提出对这种歧视的控诉。收到此类控诉后,部长应进行其认为合适的调查。倘在经过调查后,如部长确认本节的规定已被违反,其应即向任何合宜的美国地方法院对该人进行起诉。对任何这样的起诉,美国地方法院应有司法权,可采取措施制止对本条第(1)款的违规行为并命令采取各种合适的补救办法,包括重新雇佣或恢复雇员的原来职位并偿付短欠。

(3) 部长须在收到根据本节提出的控诉后 90 天内,把其根据本条第(2)款所作出的决定通知控诉人。

职业安全与健康复查委员会

第十二节

第一条

特此成立职业安全与健康复查委员会。委员会由三人组成,由总统从经过良好训练、教育或富有经验的有能力履行委员会职能的人中选择,征得参议院同意后任命,并指定一人为主席。

第二条

委员会成员的任期为 6 年,但以下情况除外:

(1) 首次上任的委员会成员任期应在总统任命时指定,分别为一人任期 2 年,一人任期 4 年,一人任期 6 年;

(2) 成员在任期届满前死亡、辞职或被免职而产生的空缺，只在该未届满的任期内填补。总统可撤换不称职、玩忽职守或渎职的成员。

第三条

(1)《美国法典》第5篇第5314节之后，增添下列词句："(57)主席，职业安全与健康复查委员会"。

(2)《美国法典》第5篇第5315节之后，增添下列词句："(94)成员，职业安全与健康复查委员会"。

第四条

委员会的主要办公处位于哥伦比亚特区。只要委员会为了便利公众和有关各方，或者为了尽量减少延误或费用，可在其他地方举行听证会或进行别的诉证程序。

第五条

主席应代表委员会负责委员会的工作，在其认为需要时，可任命听证会主持人和其他雇员帮助其履行委员会各项任务，并按《美国法典》第5篇第51章和第53章的附章Ⅲ规定他们的报酬。

听证会主持人的委派、撤换和报酬按《美国法典》第5篇第3105、3344、5372和7521节规定办理。

第六条

为了履行本法令赋予委员会的任务，委员会的两名成员应构成法定人数，只有在至少两名成员投赞成票的情况下才能采取正式行动。

第七条

委员会的每一项正式行动都须载入记录。所有听证会和记录都须公开。委员会有权制定法则使其一切活动能有秩序地进行。除非委员会另行采用自己的法则，否则其行动应遵从《联邦民事诉讼规则》。

第八条

在任何诉讼程序和在任何情形下，委员会都有权命令作证。任何人都可以被强令到场交出各种账簿、票据、文件作为证据。根据本节出席作证的证人和提供上述证据的人，应得到在美国法庭上提供同样服务的人所应得的报酬。

第九条

为了处理摆在委员会面前的任何诉讼程序，委员会可行使《国家劳工关系法》(29美国法典161)第11节所规定的司法权和权力。

第十条

委员会所任命的听证会主持人,对委员会主席交给他主持的每一听证会,应认真听取意见并作出决定,并就他的决定作出报告,这是他对这一诉讼的最后处理。听证会主持人提出报告后,如果委员会没有任何一名成员提出该报告须由委员会复查,则在30天内他的报告将成为最后命令。

第十一条

除非本法令另有规定,听证会主持人须服从有关分类行政机关雇员的法律,除非其不是按照《美国法典》第5篇第5108节而任命的。每个听证会主持人应得到不低于《美国法典》第5篇第5332节GS—16所规定的报酬。

抵制紧迫危险的程序

第十三节

第一条

美国地方法院,在部长的请示下,有权制止任何存在着危险的工作场所且有理由相信此类危险会迅即造成死亡或严重身体损伤,或是通过执行本法令的程序,在这一紧迫危险被消除之前,另行行动。根据本节发布的任何命令可要求采取必要的措施,以避免、纠正或消除此类迫在眉睫的危险。但为了避免、纠正或消除这种紧迫的危险,或为了保持连续加工作业的能力,以便在不完全停止作业的情况下恢复正常作业,或在必须停止作业的情况下,允许以安全和有序的方式完成这种作业的情况除外。

第二条

地方法院接到这种申请后,在依照本法令采取强迫行动之前,有权责令停止或暂时制止。诉讼程序应符合《联邦民事诉讼规则》第65条的规定,但未经通知发布的暂时制止命令的有效期不得超过5天。

第三条

监察员一旦作出结论,在任何工作场所确有本节第一条所规定的情况或活动存在,其应把这种紧迫危险通知受影响的雇员和雇主并向部长提出排除这件危险的建议。

第四条

如部长出于专断或无主见而没有按本节规定寻求排除危险,且任何雇员因此而受到伤害,则雇员或其代表,可在被指称存在紧迫危险的地方或雇主主要办事处所在地美国地方法院或哥伦比亚特区法院控诉部长,要求发出强制令,迫使部长发布命令或采取合宜的步骤进一步排除危险。

民事诉讼代表

第十四节

除《美国法典》第 28 篇第 518 节第一条有关最高法院的诉讼规定外,劳动法务官可以代表部长出庭有关本法令的民事诉讼,但所有这种诉讼都应服从司法部长的指导和安排。

商务秘密的机密性

第十五节

在根据本法进行的任何视察或程序中,向部长或其代表报告的或以其他方式获得的所有信息,如果包含或可能泄露《美国法典》第 18 篇第 1905 节所指的商业秘密,就该节而言,应该被认为是机密性的,但是可以把这种信息透露给与执行本法令有关的官员或雇员,或根据本法令在涉及任何诉讼程序时,在任何这种程序中透露。部长、委员会或法院应发布适当的命令,以保护商业秘密的机密性。

变动、宽容和豁免

第十六节

根据记录,部长在发出通知并提供了听证会的机会后,当其发现有必要为了避免给国防造成严重损失,可提供合理的限制,并可制定规则和条例,允许合理地变动、宽容和豁免本法的任何或所有规定。如果没有通知受影响的雇员和给以听证的机会,这种做法的有效期,不能超过 6 个月。

处　　罚

第十七节

第一条

任何雇主如果有意识地或屡次违反本法令第五节的要求,或根据本法令第六节颁布的标准、法则或命令,或根据本法令所制定的条例,每一次违反可处以 5 千美元以上 7 万美元以下的罚款。

第二条

任何雇主收到，由于严重违反本法令第五节、根据本法令第六节颁布的任何标准、法则或命令或根据本法令制定的任何条例要求，而签发的传票，如违反性质不严重，每违反一次，将被处以最高 7 千美元的罚款。

第三条

任何雇主如未能在根据第九节第一条签发的传票规定的期限内，改正传票所指的违规行为（在雇主根据第十节规定，善意地，而不是仅仅为了拖延或避免处罚而启动的任何审查程序中，该期限应在委员会发出最后命令时开始计算），每延迟 1 天将被处以不超过 7 千美元的罚款。

第四条

任何雇主故意违反根据本法令第六节所颁布的标准、法则或命令，或根据本法令所制定的条例，以至造成任何雇员的死亡，定罪后可处以不超过 1 万美元的罚款，或不超过 6 个月的监禁，或二者并行；但如已非初犯，则可处以不超过 2 万美元的罚款，或不超过 1 年的监禁，或二者并行。

第五条

任何未经部长或其指定人员授权，提前通知根据本法令进行的任何视察的人，一经定罪，将被处以不超过 1 千美元的罚款，或不超过 6 个月的监禁，或二者并行。

第六条

凡明知而在根据本法提交或要求保存的任何申请、记录、报告、计划或其他文件中作出任何虚假陈述、陈述或证明的，一经定罪，将被处以不超过 1 万美元的罚款，或不超过 6 个月的监禁，或二者并行。

第七条

(1)《美国法典》第 18 篇第 1114 节作这样的修改：去掉"由卫生与公众服务部部长指定进行的调查，或根据《美国联邦食品、药品和化妆品法案》进行的视察"，而以"或劳工部部长指定进行的调查、视察，或执行法律的职责"代替。

(2) 尽管有《美国法典》第 18 篇第 1111 和 1114 节的规定，但任何人若违反该篇第 1114 节的规定，在从事或因履行本节第七条第(1)款所增加的调查、视察或执法职能而杀人，原本应受到第 1111 节规定的惩罚，现可处以任何年限或终身监禁。

第八条

任何雇主如违反根据本法令有关张贴布告的要求，每次违反可处以 7 千美元以内的罚款。

第九条

委员会授权确定本节罚款的具体数额或监禁的时限。确定时应对雇主所经营商业规模的大小，违反事项的严重性，雇主的态度，过去有无违规历史等各种因素，给以充分考虑。

第十条

就本节而言，如果存在的情况，或已采用或正在使用的一种或多种做法、手段、方法、操作或工艺，极有可能导致死亡或严重身体伤害，则应视为工作场所存在严重违规行为。除非雇主不知情，或已作了切实努力而不知晓尚存在违规行为。

第十一条

根据本法令应处的各种罚款，交由部长存入美国财政部，但也可以在美国地方法院以美国的名义，经民事诉讼程序取回，用于被指称发生违规行为或雇主主要办事处的所在地。

州的司法权和州的计划

第十八节

第一条

本法令不阻止任何州的机构或法院，根据州的法律维护其对任何有关职业安全和健康问题的司法权，因为根据第六条的规定，对于该问题并无任何有效标准。

第二条

任何州，在任何时候，如愿对根据第六节所颁布的、有关职业安全和健康问题的、联邦职业安全与健康标准，承担发展和执行的责任，则可以提出州的发展和执行计划。

第三条

部长可以批准州根据本节第二条所提出的计划或其任何修改，假如其认为：

（1）该计划所指定的一个州的机构或一些机构，能负起在整个州管理本计划的责任；

（2）该计划能保证，与一个或更多的安全或健康问题有关的职业安全与健康标准，得到发展和执行。这些标准在提供安全和健康的工作和工作场所方面,较之根据第六节所颁布的标准,具有或将具有至少同等的效力。再者该等标准,由于地方情况的需要,应分布于或用于州际商业中的货品时,不会使州际商业因而过度负担。

(3) 该计划规定,进入并视察所有工作场所的权力,至少和本法令第六条所规定的同样有效,包括禁止把要进行视察的事,事先通知对方。

(4) 该计划令人满意地保证,这些机构将具有法律权力和为执行这些标准所需的合格人员。

(5) 该计划令人满意地保证,这个州将为这些标准的管理和执行,提供足够的资金。

(6) 该计划令人满意的保证,这个州将在法律允许的范围内,成立并维持一个有效而完善的职业安全和健康方案,它可以适用于这个州的所有公共机构,包括分支机构在内的全部雇员。

(7) 该计划要求州内的雇主,照旧以要求的形式和范围向部长提交报告,如同该计划没有生效一样。

(8) 该计划规定,州的机构将按照部长不时要求的格式和包含的信息向部长提交报告。

第四条

如果部长拒绝根据第二条提交的计划,他应在这样做之前给予提交计划的州适当的通知和听证的机会。

第五条

在部长批准了根据第二条提交的州计划后,他可以(但不应被要求)至少3年内,根据第六节颁布的可比标准行使第八、第九、第十、第十三和第十七节规定的权力。部长可以行使上述权力,直到他根据州计划的实际运作情况,确定第三条规定的标准正在实施,但他在根据第三条计划获批后至少3年内不得作出这种决定。在作出这一决定后,第五节第一条第(2)款、第八(为执行本节第六条的目的除外)、第九、第十、第十三和第十七节的条款以及根据本法第六节颁布的标准,不适用于该计划所涵盖的任何职业安全或健康问题,但部长可在决定日期之前根据上述条款保留对根据第九或第十节开始的任何诉讼程序的管辖权。

第六条

部长应根据州属机构提交的报告及其自己的检查,对拥有根据本节批准的计划的各州执行该计划的方式进行持续评估。只要部长在给予适当的通知和听证机会后发现,在州计划的管理中,存在着没有实质上遵守州计划的任何条款（或其中包含的任何保证）的情况，他应将撤回对该计划的批准通知州属机构，在收到该通知后，该计划应停止生效，但相关州可以保留对在撤销计划前开始的任何案件的管辖权，以便在所涉及的问题与撤销计划的原因无关的情况下执行该计划的标准。

第七条

相关州可在收到该决定的通知后 30 日内，向所在巡回区的美国上诉法院提出申请，要求修改或撤销部长的全部或部分行动，从而获得对部长撤回批准或驳回其计划的决定的审查。此类请愿书的副本应立即送达部长，然后部长应根据《美国法典》第 28 篇第 2112 节的规定，证明并向法院提交被投诉的决定的记录。除非法院认为部长在驳回拟议的州计划或撤回对该计划的批准的决定没有实质性的证据支持，否则法院应确认部长的决定。法院的判决应按照《美国法典》第 28 篇第 1254 节的规定，由美国最高法院根据复审令或证明进行审查。

第八条

部长可与一州签订协议，根据该协议，该州将被允许继续执行在该州有效的一项或多项职业健康和安全标准，直到部长对一州根据本节第二条提交的计划采取最终行动，或自本法令颁布之日起 2 年，以较早者为准。

联邦机构安全计划与责任

第十九节

第一条

各联邦机构（不包括美国邮政局）的负责人都有责任建立和维持一个有效和全面的职业安全和健康计划，该计划应符合第六节颁布的标准。各机构的负责人应（在与该机构的雇员代表协商后）：

（1）提供符合第六节规定标准的安全与健康的就业场所和条件；

（2）获取、维护并要求使用保护雇员所需的安全设备、个人防护装备和装置；

（3）保留所有职业事故和疾病的充分记录，以便进行适当的评估和必要的纠正措施；

（4）就根据本节第一条第(3)款保存的记录的形式和内容充分性，与部长协商；以及

（5）就职业事故和伤害以及该机构在本节下的计划，向部长提交一份

年度报告。这种报告应包括根据《美国法典》第 5 篇第 7902（e）（2）节提交的任何报告。

第二条

部长应向总统报告根据本节第一条第（5）款向其提交的报告的总结或摘要，以及他对这些报告的评价和建议。

第三条

《美国法典》第 5 篇第 7902（c）（1）节经修订，在"机构"后面插入以下内容："以及代表雇员的劳工组织"。

第四条

部长应有权查阅联邦机构根据本节第一条第（3）款和第（5）款保存和归档的记录和报告，除非行政命令特别要求这些记录和报告为了国防或外交政策而保密，在这种情况下，部长应有权查阅不会危及国防或外交政策的信息。

研究与相关活动

第二十节

第一条

（1）卫生与公众服务部部长在与部长和其他适当的联邦部门或机关协商后，应（直接或通过准予或合同）进行与职业安全和健康有关的研究、实验和演示，包括有关心理因素的研究，以及与处理职业安全和健康问题的创新方法、技术和方法相关的研究。

（2）卫生与公众服务部部长应不时与部长协商，以便为制定标准（包括确定有毒物质的标准）所需的研究、演示和实验制定具体计划，使部长能够履行本法规定的安全与健康标准制定的职责；卫生与公众服务部部长应根据此类研究、演示和实验以及他可获得的任何其他信息，至少每年制定和公布此类标准，以实现本法之宗旨。

（3）卫生与公众服务部部长应根据这些研究、演示和实验，以及他可获得的任何其他信息，制定处理有毒材料和有害物理制剂和物质的标准，说明在不同工作时期的安全接触水平，包括但不限于任何雇员不会因其工作经历而遭受健康或功能受损或预期寿命减少的接触水平。

（4）卫生与公众服务部部长也应进行与职业安全和健康有关的特殊研究、实验和演示，以探索新的问题，包括职业安全和健康方面的新技术所产生的问题，这些问题可能需要采取超出本法令现行规定的改善措施。卫生与公众服务部部长还应该对与职业安全和健康领域有关的动机和行为因素进行研究。

（5）卫生与公众服务部部长为了履行其在第（2）款下的职责，并为了获取有关潜在有毒物质或有害物理制剂的必要信息，可以规定有关条例，要求雇主测量、记录并报告雇员接触卫生和公众服务部部长合理认为可能危及雇员健康或安全的物质或物理制剂的情况。卫生与公众服务部部长还有权制定确定职业疾病发病率和雇员对此类疾病易感性所需的医学检查和测试计划。本法令或任何其他条款均不得被视为授权或要求对那些因宗教原因而反对的人进行医学检查、免疫接种或治疗，除非是为了保护他人的健康或安全而必须这样做。对于任何根据本分款的规定被要求测量和记录雇员与物质或物理制剂接触情况的雇主，卫生与公众服务部部长应向其提供充分的财政或其他援助，以支付他在执行本分款规定的测量和记录时产生的任何额外费用。

（6）卫生与公众服务部部长应在本法令颁布后 6 个月内，公布按族类名称或其他有用分组列出的所有已知有毒物质清单，以及已知发生这种毒性的浓度。此后按需要进行公布，但至少每年一次。他应在任何雇主或雇员的授权代表提出书面请求后，合理地具体说明提出请求的理由，确定通常在工作场所发现的任何物质在使用或发现的浓度下是否具有潜在的毒性作用；并应尽快将此类决定提交给雇主和受影响的雇员。如果卫生与公众服务部部长确定任何物质在工作场所使用或发现的浓度下具有潜在的毒性，并且该物质未被根据第六节颁布的职业安全或健康标准所涵盖，卫生与公众服务部部长应立即将此类确定连同所有相关的标准一起提交给部长。

（7）在该法案颁布后的 2 年内，以及此后每年，卫生与公众服务部部长应进行并公布关于长期或低水平接触工业材料、工艺和压力对老龄成年人患病、疾病或丧失功能能力的影响的行业范围内的研究。

第二条

卫生与公众服务部部长有权按照本法第八节的规定，对雇主和雇员进行检查和询问，以履行本条规定的职能和责任。

第三条

部长有权与适当的公共机关或私人组织签订合同、协议或其他安排，以进行与本法规定的职责有关的研究。在履行本分款规定的责任时，部长应与卫生与公众服务部部长合作，以避免本节下的任何工作的重复。

第四条

部长和卫生与公众服务部部长根据本节获得的信息应由部长向雇主和雇

员及其组织传播。

第五条

在可行的范围内，卫生与公众服务部部长在本法令下的职能应委托给本法令第二十二节设立的美国国家职业安全卫生研究所所长。

对劳动者安全与健康的扩展研究

卫生与公众服务部部长（在本节中称为"劳工部部长"）应通过美国国家职业安全卫生研究所所长行事，加强和扩展对工作场所有可能遭受生物恐怖威胁或袭击的劳动者的健康和安全的研究，包括研究为治疗或保护这些劳动者免受生物恐怖威胁或袭击造成的疾病或紊乱而采取的措施的健康影响。本节的任何内容都不能被解释为为部长或所长建立新的监管权力，以发布或修改任何职业安全和健康规则或条例。

培训和雇员教育

第二十一节

第一条

卫生与公众服务部部长在与部长和其他适当的联邦部门和机关协商后，应直接或通过准予或合同的方式来开展：

（1）教育计划，以提供足够的合格人员来实现本法令之宗旨，以及

（2）关于充足的安全与健康设备的重要性和正确使用的信息计划。

第二条

部长还有权直接或通过准予或合同，对从事与本法令下职责有关的工作的人员开展短期培训。

第三条

部长在与卫生与公众服务部部长协商后，应：

（1）规定建立和监督对雇主和雇员的教育和培训计划，以识别、避免和预防本法令所涵盖的就业中的不安全或不健康的工作条件，以及

（2）关于预防职业伤害和职业病的有效手段与雇主和雇员以及代表雇主和雇员的组织协商。

第四条

（1）部长应建立并支持与各州的合作协议，根据这些协议，受本法令管辖的雇主可与州政府人员就以下方面进行协商：

（A）根据本法或根据第十八节批准的州计划实施职业安全和健康要求；以及

（B）雇主为了提供健康安全的工作和工作场所，并延续健康安全状态而可能自愿作出的努力。此类协议可规定各国须为此类协议的费用提供捐助，作为根据此类协议接受资金的条件。

（2）根据此类协议，各州应在雇主的工作场所向请求此类援助的雇主提供现场咨询。各州也可以向州内的雇主和雇员提供其他教育培训计划。各州应确保此类协议中规定，对于根据此类协议进行的现场咨询应包括雇员参与条款。

（3）根据本分款开展的活动应独立于任何执法活动。如果雇主未能立即采取行动，消除雇员在咨询过程中发现的紧迫危险，或未能在合理时间内纠正所发现的严重危险，应向相应的执法机构汇报，以便采取适当的行动。

（4）部长应在发出通知征求意见后，根据条例制定规则。根据规则，雇主：

（A）请求并接受本分款规定的现场咨询活动；

（B）在各州规定的时间内，对现场咨询活动中发现的危险予以纠正，并同意因工作条件或工作流程发生重大变化而导致工作场所出现新的危险时发起后续咨询活动请求；以及

（C）按程序定期识别、预防本法规定的危险因素，组织管理层和非管理层雇员参与并对其进行培训，达到健康安全工作所需的条件。此类雇主在咨询活动结束1年内可以免检（根据第八节第六条而请求开展的检查或工作场所事故导致一名或一名以上雇员死亡或三名或三名以上雇员住院而进行的起因检查除外）。

（5）各州应因雇主要求，提供第（2）款规定的工作场所咨询。安排这类咨询时，应优先考虑属于高危险性行业的小企业，或请求中涉及的危险条件居多者。

美国国家职业安全与健康研究所

第二十二节

第一条

本条的目的是在卫生与公众服务部设立美国国家职业安全与健康研究所，以便执行本法第二节规定的政策，并根据本法第二十节和二十一节履行

卫生与公众服务部部长的职能。

第二条

特此在卫生与公众服务部设立美国国家职业安全与健康研究所。研究所由一名所长领导。所长由卫生与公众服务部部长任命，任期6年，由卫生与公众服务部部长提前免职者除外。

第三条

经授权，该研究所：

（1）制定并确立提议的职业安全与健康标准；以及

（2）根据本法第二十节和第二十一节，履行卫生与公众服务部部长的所有职能。

第四条

根据所长本人倡议，或应卫生与公众服务部部长要求，所长有权

（1）在其认为需要对职业安全和健康的标准进行新增或改进时开展相应的研究和实验项目，并且

（2）在考虑了这些研究和实验项目的结果后，对新增或改进的有关职业安全与健康标准提出建议。根据本条提出的任何职业安全与健康标准建议应立即转交给部长以及卫生与公众服务部部长。

第五条

除了本条其他条款赋予研究所的所有权力外，所长在履行研究所职能时还有权：

（1）针对其履职方式规定其认为必要的条例；

（2）接受资金和财产捐赠、动产遗赠或不动产遗赠，并可以为履职而使用、出售或以其他方式处置这些财产，只要其目的是供研究所使用，则不受任何条件限制；

（3）接受（并根据第（2）款使用、出售或以其他方式处置）研究所收到的包含附加条件限制的资金、财产捐赠、动产遗赠或不动产遗赠，条件可包括要求研究所将研究所其他资金用于该捐赠目的；

（4）根据公务员法，任命必要的人员执行本条规定，并确定其报酬；

（5）根据《美国法典》第5篇第3109节的规定，得到专家和顾问服务；

（6）接受和使用志愿人员和无报酬人员提供的服务，并根据《美国法典》第5篇第5703节的授权，为他们报销差旅费，包括每日津贴；

（7）签订合同、拨款或其他安排，或对其进行修改，用于执行本条规

定,此类合同或修改可以在没有履约保证金或其他保证金的情况下签订,并且不考虑经修订的(《美国法典》第41篇第5节)《修订法规》第3709节,或其他任何有关竞争性招标的法律规定;

(8)在不考虑第31篇第3324条(a)、(b)节规定的情况下,按照本章支付所长认为必要的预付款、进度款和其他款项;以及

(9)作出其他必要的开支。

第六条

所长应向卫生与公众服务部部长、总统和国会提交一份年度报告,汇报研究所依据本法的运营情况,其中应包括研究所收到和支出的所有私人和公共资金明细,以及适当建议。

第七条

含铅涂料作业。

(1)培训补助金计划。

(A)研究所可与环境保护署署长配合,为直接或可能直接从事含铅涂料作业的工人和管理人员提供培训和教育补助。

(B)(A)项中提到的补助金应授予非营利性组织(包括学院和大学、劳工-管理层联合信托基金、州和非营利性政府雇员组织):

(i)对直接或可能直接从事含铅涂料作业(根据《有毒物质管制法》第四章定义)的工人和管理人员进行培训和教育;

(ii)在实施和运作健康安全培训和教育项目方面有丰富的经验,以及

(iii)有能力接触并参与含铅涂料培训项目,有能力接触正在或将要参与含铅涂料作业的目标人群。

本分款规定的补助金所授予的组织,应只限于从非联邦来源获得资助并覆盖其至少30%铅基涂料作业培训项目,且资助不包括实物捐助。地方政府也可以获得补助金,为其雇员开展此类教育培训活动。

(C)从1994年至1997年的每个财政年度,研究所至少获得10000000美元的授权拨款,用于提供本款规定的补助金。

(2)项目评估。对接受本条拨款的组织,研究所应对其制定并提供的工人和主管培训计划的效果进行定期全面评估。所长应根据此类评估的结果编写报告,提交给环境保护署署长,征求此类项目的适当修改建议。从1994年至1997年的每个财政年度,该研究所获得500000美元授权拨款,用于以执行本款规定。

工人家庭保护

第一条

简称

本条可称为"工人家庭保护法"。

第二条

调查结论和目的

(1) 调查结论

国会经调查发现

(A) 存在可能威胁工人健康和安全的危险化学品和物质,正经由工人衣服和身体,扩散到行业之外;

(B) 该等化学品和物质有可能对工人及其家人的健康和福祉构成额外威胁;

(C) 需要获得雇员扩散污染物排放问题的额外信息;以及

(D) 可能需要新增条例,防止今后出现此类排放。

(2) 目的

本条的目的是

(A) 增加对第(1)款所述问题和事件的范围和潜在健康影响的理解和认识;

(B) 防止或减少未来可能对工人及其家人的健康和安全产生不利影响的家庭污染事件;

(C) 阐明预防和应对此类事件的监管权力;以及

(D) 协助工人在此类事件发生时进行补救和应对。

第三条

雇员扩散污染物的评估

(1) 研究

(A) 概述

自1992年10月26日起18个月内,美国国家职业安全卫生研究所所长(本条以下称"所长")应与劳工部部长、环境保护署署长、毒性物质和疾病登记署署长以及该所长认为适宜的其他联邦政府机关负责人合作,进行一项研究,对工人从工作场所转移到家中的危险化学品和物质进行评估,包括传染的可能性、流行性和相关问题。

(B) 待评估事项

在根据第(A)项进行研究和评估时，所长应——

(i) 利用文献和过去的调查和执法行动记录，对过去的家庭污染事件进行审查，经由：

(I) 美国国家职业安全卫生研究所；

(II) 劳工部部长执行1970年《职业安全和健康法》(《美国法典》第29篇第651节及以下)；

(III) 各州根据该法(《美国法典》第29篇第667节) 第十八节，执行职业安全与健康标准；以及

(IV) 所长认为适宜的其他政府机关（包括能源部和环境保护署）；

(ii) 对现有的法定、监管性和自愿性的工业卫生措施或大中小型雇主防止或补救家庭污染的其他措施进行评估；

(iii) 编制一份雇员扩散污染物事件现有研究和案例历史的总结，包括：

(I) 工作场所的内务惯例和个人防护装备对预防此类事件的有效性；

(II) 由此产生的接触对工人及其家人的健康影响（如有）；

(III) 正常的房屋清洁和洗衣程序对清除工人家中和个人衣物上的危险材料和制剂的有效性；

(IV) 室内空气质量，因为在研究中，这方面涉及化学品从工作场所转移到家庭环境后的最终结局；以及

(V) 用于区分接触导致的健康影响和特定制剂相关的相对风险的方法，以及家庭内外的其他接触来源；

(iv) 明确联邦和州政府机关在应对家庭污染事件中的角色；

(v) 编写一份报告，提交给依第(2)款设立的专责小组和国会的有关委员会，说明根据第(i)至(iv)条所研究或评估事项的结论；以及

(i) 研究家庭污染事件和问题，以及与消防员特定情况有关的工人和家庭保护政策和做法，编写并向国会有关委员会提交一份报告，报告中包含此类研究的调查结论。

(2) 制定调查策略

(A) 专责小组

自1992年10月26日起12个月内，所长应建立一个专责小组，名为"工人家庭保护专责小组"。专责小组应：

(i) 由所长从工人、工业、科学家、工业卫生学家、国家研究委员会和政府机关的代表中任命，人数不超过15人，每个适合的政府机关不得超过一人，授权代表行业和工人的人数应相等；

(ⅱ）对根据第(1)(B)(ⅴ)款提交的报告进行审查；

(ⅲ）确定该报告的额外数据需求(如有)，确定对开发此类额外数据相关的科学问题和可行性进行额外评估的必要性；以及

(ⅳ）如果专责小组确定需要额外数据，则制定获取此类信息的建议性调查策略。

(B）调查策略

(ⅰ）内容

根据(A)(ⅳ)项制定的调查策略应能确定能够填补和不能填补的数据差距、与该策略各组成部分相关的假设和不确定性、实施该策略的时间表以及用于收集任何所需数据的方法。

(ⅱ）同行评审

所长应公布(A)(ⅳ)项规定的拟议调查策略，征求公众意见，并利用其他方法，包括技术会议或研讨会获取对于拟议策略的意见。

(ⅲ）最终策略

在根据第(ⅱ)款进行同行评审和公众评论后，局长应与其他政府机构负责人协商，就家庭污染有关问题提出最终战略，且该战略应由美国国家职业安全卫生研究所和其他联邦机构实施一段时间，以使这些机构能够获得第(A)(ⅲ)项所确定的信息。

(C）解释

本节中任何内容均不得解释为阻止任何政府机构在最终战略制定完成之前利用现有程序就家庭污染有关问题进行调查，或在最终战略完成后采取该战略提议之外的行动。

(3）调查战略的实施

当第(B)(ⅲ)项规定的调查战略制定完成后，每个联邦机构或部门须履行该战略赋予其的职责。

第四条

条例

(1）概述

劳工部部长应于1992年10月26日之后4年内并于此后定期，基于根据本节第三条编制的信息及其掌握的其他信息：

(A）决定是否需要针对现有条例或标准开展额外教育、给予重点强调或加强执行，以及上述额外教育、强调或执行是否足够，或决定是否需要就雇员运输危险物质的释放制定新的法规或标准；以及

（B）就上述决定结果向国会有关委员会编写并提交一份报告。

（2）其他条例或标准

如果根据第（1）款劳工部部长决定需要制定额外的条例或标准，则劳工部部长应根据1970年《职业安全和健康法》（《美国法典》第29篇第651节及以下）赋予其的权力，在做出上述决定后3年内颁布其认为适当的条例或标准。

第五条

拨款授权

为执行本节规定，每个财政年度可能需要的款项可授权从其他授权拨款的款项中划拨。

对各州的拨款

第二十三节

第一条

劳工部部长有权于截至1971年6月30日的财政年度及随后两个财政年度，向根据第18节指定某州立机构协助其开展工作的各州给予拨款，协助内容包括：

（1）确定各州在职业安全和健康领域的需求和责任；

（2）根据第十八节制定各州计划，或

（3）制定与以下内容有关的计划：

（A）建立信息收集系统，收集与职业伤害和疾病的性质和频率有关的信息；

（B）提高职业安全和健康领域从业人员的专业知识和执行能力；或

（C）根据本法案目标，以其他方式加强各州职业安全和健康法律的管理和执行，包括根据上述法律制定的各项标准。

第二条

劳工部部长有权于截至1971年6月30日的财政年度及随后两个财政年度，为开展试验和示范项目（符合本节第一条规定的目标）的各州给予拨款。

第三条

各州州长须指定相应州立机构接收劳工部部长根据本节授权的任何拨款。

第四条

各州州长指定根据本节接收拨款的州立机构须据此向劳工部部长提交拨款申请。

第五条

劳工部部长须对拨款申请进行审查，并在与卫生与公众服务部部长协商后批准或拒绝该申请。

第六条

在根据本节第一条或第二条给予各州的拨款中，联邦政府的分摊额不得超过申请总额的90%。如果在根据上述任何一条给予各州的拨款中联邦政府所占比例不同，则各州之间的差额应根据客观标准来确定。

第七条

劳工部部长有权向各州提供拨款，以协助各州管理和执行由部长根据本法案第十八节批准的各州计划中包含的职业安全和健康项目。在根据本款规定给予各州的拨款中，联邦政府所占份额不得超过该州此类项目总成本的50%。第六条的最后一句适用于确定本款规定的联邦份额。

第八条

部长应与卫生和公众服务部部长协商后，于1973年6月30日之前向总统和国会递交一份报告，说明根据本节规定授权拨款的经验，并提出其认为适当的任何建议。

统　　计

第二十四节

第一条

为进一步实现本法案宗旨，部长应在与卫生和公众服务部部长协商后建立一个有效收集、整理和分析职业安全和健康数据的统计项目并加以维护。该项目应涵盖所有就业，无论其是否受本法案任何其他规定的约束，但不应涵盖本法案第四节所排除的就业。部长须编制关于工伤和职业病的准确统计数据，其中应包括所有致残、严重或重大伤害和疾病，无论是否涉及工时损失，但不包括只需要急救治疗和不涉及医疗救治、失去意识、限制工作或运动或转岗其他工作的轻伤。

第二条

为履行本节第一条规定的职责，部长可采取以下行动：

(1) 促进、鼓励或直接参与有关职业安全和健康统计的研究、信息和交流项目。

(2) 向各州或其政治分区提供拨款,以协助它们开发和管理有关职业安全和健康统计的项目;以及

(3) 通过拨款或签署合同安排可进一步实现本法案目标的研究和调查。

第三条

在根据本节第二条提供的各项拨款中,联邦政府份额不得超过各州总成本的50%。

第四条

秘书在征得各州或其政治分区同意后,可接受和使用该州或其政治分区各机构的服务、设施和雇员,以协助他履行本节规定的各项职责,无论其是否给予补偿。

第五条

基于根据本法案第八节第三条编制和保存的记录,雇主按条例应向部长提交报告,以履行本法规定其承担的职责。

第六条

劳工部与各州之间就收集职业安全和健康统计数据签署的各项协议,如已于本法生效之日前生效则继续生效,直到被根据本法提供的拨款或订立的合同所取缔。

审 计

第二十五节

第一条

根据本法拨予的每笔拨款的接收方须按照部长或卫生与公众服务部部长的要求做好各项记录,包括充分披露每笔拨款金额与拨款接收方对该笔拨款的处置情况、拨予或使用该笔拨款相关的项目或事业的总成本以及该项目或事业成本中由其他资金来源提供的金额,以及有助于有效审计的其他记录。

第二条

部长或卫生与公众服务部部长与美国主计长或其任何正式授权代表,应有权出于审计和检查目的,查阅本法项下任何拨款接收方与任何此类拨款有关的任何账簿、文档、文件和记录。

年度报告

第二十六节

部长和卫生与公众服务部部长应于国会每届常会召开后120天内，各自编写并向总统提交一份关于本法主要事项、本法实施进展、职业安全和健康领域的需求和要求以及任何其他相关信息的报告，以便转交给国会。上述报告应包括：上一年度制定的职业安全和健康标准以及此类标准实施准则的相关信息；对以前根据本法制定的标准和准则进行评估，确定新标准和准则的重点领域；对适用的职业安全和健康标准的遵守程度进行评估，并对所开展的检查和执法活动进行总结；对在政府和非政府赞助下取得成果的研究活动进行分析和评估；对主要职业病进行分析；对上一年度已制定标准或准则的可用控制和测量技术进行危害评估；说明上一年度政府机构和其他有关各方在执行本法方面开展的合作；在职业安全和健康领域储备充足受训人员的进度报告，包括未来人员需求预测及政府与其他各方为满足这一需求所作的各种努力；列明尚未制定标签要求、准则或标准的工业用有毒物质；为保护雇员职业安全和健康及促进本法行政管理所必要的其他立法建议。

国家劳工赔偿法委员会

第二十七节

第一条

国会特此认定并宣布：

（1）绝大多数美国工人及其家属都依赖工人的赔偿来获得工人在就业过程中遭受伤残或死亡的经济保障；充分保护美国工人免受与工作有关的伤害或死亡，需要充分、迅速和公平的工人赔偿制度，以及有效的职业健康和安全管理方案。

（2）近年来，随着经济的增长、劳动力性质的变化、医学知识的增加、与各种类型的就业相关的危害的变化、对健康和安全造成新风险的新技术以及工资和生活成本的总体水平的提高，人们对现行工人赔偿法的公平性和充分性提出了严重的质疑。

第二条

本条款的目的是授权对国家劳工赔偿法进行有效研究和客观评估，以确定此类法律是否为因就业或在就业过程中造成的伤害或死亡提供了充分、及时和公平的赔偿制度。

为小商业者的经济援助

第二十八节

第一条

前经修订的小商业法第七节第二条，现作如下修正：

(1) 抹去"第(5)款"末的名点，插进"第十条和"代替；和

(2) 在第(5)款之后，加进下面第(6)款：

"(6) 如管理处决定：帮助任何一个小商业者增加或更换设备装置，或改变经营，以求符合根据1970年职业安全卫生法第六节颁布的标准，或根据1970年职业安全卫生法第十八节批准的州计划中所采用的标准，而且这样做是需要的，合宜的；不然，该小商业者很可能要蒙受相当大的经济损害。管理处可给予一定贷款（直接，或与银行合作，或通过协议由其他贷款机构即时或随后提供）。"

第二条

前经修订的小商业法第七节第二条第(3)款。现删去第(3)款后的"或第(5)款"。插入一个逗号（即,）后跟以"第(5)款或第(6)款"。

第三条

前经修订的小商业法第四节第三条第(1)款在"第七节第二条第(5)款"之后，插入"第七节第二条第(6)款"。

第四条

为了实现修订后的小商业法第七节第二条第(6)款的目的（根据修订了的1965年公共工程和经济发展法第202节的条款修订），也可以拨给贷款或保证贷款。

增设劳工部助理部长

第二十九节

第一条

前经修订的1946年4月17日法令的第二节（60法令91）（29美国法典553）现修订如下：

(1) 删去该节第一句中"4",插入"5"以代替之;和

(2) 在它的末尾,加进下面的新句"部长助理之一,应为负责职业安全卫生的劳工部部长助理"。

第二条

美国法典标题5第5315节第二十条,删去"第(4)款",插入"第(5)款"以代替之。

增 设 职 位

第三十节

美国法典标题5第5108节第三条作以下的修改:

(1) 抹去第(8)款末的"和"字;

(2) 抹去第(9)款末的句号"。"以分号(;)和"和"字插入代替,和

(3) 紧接第(9)款,加下面的新段:

"(10)(a) 根据本章规定的标准和步骤,劳工部部长可按GS—16、17和18工资级别规定在劳工部内增加25个职位以履行根据1970年职业安全卫生法赋予他的责任。"

"(b) 职业安全卫生复查委员会,根据本章规定的标准和步骤,可按GB—16、17和18工资级别规定,安排10个职位履行根据1970年职业安全卫生法赋予它的职责"。

紧 急 定 位 信 标

第三十一节

1958年联邦航空法第六十一节修改时在其末后,插进下面这段新的条文:"紧急定位信标"。

第四条

(1) 除本条第(2)款关于飞行器的规定外,根据本节最低标准,要求在下列装置上必须设置紧急定位信标:

(a) 在本条制定1年后制造完成或进口到美国的任何用于空中贸易的有固定机翼和动力装置的飞行器上;

(b) 在上述日期后3年内用于空中贸易的任何有固定机翼和动力装置的飞行器上;

（c）本条的规定不适用于喷气式飞机、空中运输的飞机（除了出租飞机或包机、军用飞机、训练机（不包括能飞出基地20英里以外的飞机）和空中喷洒化学药品的飞机。

可 分 割 性

第三十二节

如果本法任何条款或该条款对任何人或情况的适用无效，本法其余条款有效性或该条款对除无效适用的个人或情况以外的个人或情况的适用，不得因此受到影响。

拨 款

第三十三节

国会有权在每个财政年度为执行本法拨予必要款项。

生 效 日 期

第三十四节

本法自颁布之日起120天后生效。

1970年12月29日批准。

2004年1月1日修订。

历史说明

本次重印总体上保留了国会最初在《1970年职业安全和健康法》（Occupational Safety and Health，OSH）（公法编号91-156，《美国法令全书》第84编第1590条）中创建的章节编号。本文件包含一些编辑性修改，如修改格式以便于阅读、纠正印刷错误以及更新部分页边注。由于国会自1970年以来颁布了该法的修正案，故该版本不同于OSH法案的原始版本。该版本也与《美国法典》第29篇第661节以下条款略有不同。例如，本重印版将法规称为"法案"，而不是"章节"。

本重印版反映了自2004年1月1日起生效的OSH法案条款。自1970年以来对OSH法案作出重要修订的公法引文载于页边空白处，解释性说明如下。

说明：OSH法案的某些条款可能受到其他法规颁布或修订的影响。以《美国法典》第29篇第666节第17(h)(1)条为例。原条款对《美国法典》第18篇第1114节进行了修订，将"劳工部指派执行调查、检查或执法职能"的雇员列入受该条款保护的人员名单中，以便起诉杀害或试图杀害正在执行公务的美国政府官员或雇员的人员。本重印版载有1970年颁布的第17(h)条的文本。不过，自1970年以来，国会对《美国法典》第18篇第1114节进行了多次修订。当前版本未将劳工部明确列入保护名单，而是规定："任何人在美国或美国政府任何部门任何机构的官员或雇员（包括军警部门的任何成员）履行其官方职责之时或因履行其官方职责，杀死或试图杀死该官员或雇员或协助该官员或雇员履行其职责或为其提供协助的任何人"，应按法规规定"受到处罚……"。请读者注意，法规的官方版本可以在现行《美国法典》中找到，而更详细的历史说明可以在现行《美国法典注释》中找到。

修订

1974年1月2日，公法编号93-237第2(c)条以"7(b)(5)"取代了OSH法案第28(d)节中的"7(b)(6)"（注：第28节（小型企业经济援助）修正了《小企业法》第7(b)节和第4(c)(1)节。由于这些修正案已过时，故本次重印省略了第28节的内容。有关当前版本见《美国法典》第15篇第636条。

1977年，美国于1977年9月7日签订了《巴拿马运河条约》（美国-巴拿马，T.I.A.S.10030），33 U.S.T.39。1979年，国会颁布了实施法律。1979年《巴拿马运河法》，第96-70号公法（《美国法令全书》第93卷第452页(1979年)）。虽然尚未对《职业安全和健康法》进行相应的修订，但巴拿马运河区法律地位在1979年已终结。根据《巴拿马运河条约》授权，美国可继续管理、经营和协助船舶通过巴拿马运河，直到1999年12月31日将运河的控制权移交给巴拿马共和国。

根据1978年3月27日颁布的第95-251号公法（《美国法令全书》第92卷第183页），将所有联邦法律中的"听证审查员"替换为"行政法官"，其中包括《职业安全和健康法》第12(e)节、12(j)节和12(k)节，以及《美国法典》第29篇第661节。

根据1978年10月13日颁布的第95-454号公法（《美国法令全书》第92卷第1111页、第1221页），对有关人事事项和赔偿的章节编号进行了重新命名，将《美国法典》第29篇第661节《职业安全和健康法》中的第5

篇第5372节替换为第12(e)节第5362条。

根据1979年10月17日颁布的第96-98号公法第五编第509(b)节（《美国法令全书》第93卷第668页、第695页），对提及卫生、教育和福利部的地方重新命名为卫生和公众服务部，并将提及卫生、教育和福利部部长的地方重新命名为卫生与公众服务部部长。

1982年9月13日颁布的第97-258号公法第4(b)节（《美国法令全书》第96卷第877页），就经修订的（《美国法典》第31篇第529节）《美国法典》第29篇第671节第22(e)8款中有关NIOSH采购权限相关的条款，将《修订法规》第3648节有关替换为第31编3324节第(a)款和第(b)款。

1982年12月21日颁布的第97-375号公法（《美国法令全书》第96卷第1819页）删除了《美国法典》第29篇第668节第19条(b)款中有关指示美国总统向众议院和参议院递交联邦机构活动年度报告的语句。

1984年10月12日颁布的第98-473号公法（《美国法令全书》第98编第1837页、第1987页）（通常称为"1984年判决改革法案"）对《美国法典》项下的应受惩罚的刑事犯罪制定了分类制度。根据这一制度，如《美国法典》第29篇第666节第(e)款的规定，因故意违反《职业安全和健康法》而被判处"30天以上6个月或6个月以下"监禁，被归类为《美国法典》第18篇第3559节第(a)款(7)项规定的"刑事B级轻罪"。刑法增加了对《职业安全和健康法》规定的刑事轻罪的罚款：例如，根据《美国法典》第18篇第3571节第(b)款(4)项、第(c)款第(5)项的规定，B级轻罪造成死亡的罚款，个人最高刑事罚款为25万美元，组织最高刑事罚款为50万美元。刑法典还规定了《美国法典》第18篇第3571页、第3561页所述的有关个人和组织缓刑期限经授权的条款。个人的监禁期限与《美国法典》第18篇第3581节第(b)款(7)项《职业安全和健康法》授权的期限相同。

1984年11月8日颁布的第98-620号公法（《美国法令全书》第98编第3335页）删除了（《美国法典》第29篇第660节）第11节第(a)款中的最后一句，即要求迅速对子节项下提起的诉讼进行审理。

1990年11月5日颁布的第101-508号公法（《美国法令全书》第104卷第3335页）修改了（《美国法典》第29篇第666节）第17条的规定，将17(a)节每次违规的处罚金额从10000美元提高到"70000美元，但对于每次故意违规，应不少于5000美元"，并将第(b)、(c)、(d)和(i)款的处罚限额从1000美元提高到7000美元。

1992年10月26日颁布的第102-522号公法（《美国法令全书》第106卷第3410页、第3420页），在第29编第671a节增加了关于"工人家庭保护"的条款，以授权NIOSH主任进行评估、调查，并在必要时由劳工部部长对雇员运输处置危险品进行管理，危险品在处置过程中会对雇员的衣服或人身造成污染，并可能对工人及其家人的健康和安全产生不利影响。注：第671a条是根据《1992年消防管理授权法》第209节颁布设立的，现在此重印，因为它被载入到含有《职业安全和健康法》条款的章节中。

1992年10月28日，《1992年住房和社区发展法》颁布的第102-550号公法（《美国法令全书》第106卷第3672页、第3927页）对《美国法典》第29篇第671节进行了修订，增加了(g)款，并规定要求NIOSH为含铅油漆活动制定培训补助计划。

1994年7月5日颁布的第103-272号公法（《美国法令全书》第108卷第745页），废除了《职业安全和健康法》第31节关于"紧急定位信标"的条款。但同一公法第1节第(e)款同时颁布了《职业安全和健康法》第31节的修订版。修订版中名为"紧急定位发射器"的条款则被编入《美国法典》第49篇第44712节中。

1995年12月21日颁布的经修订的第104-66号公法第3003节（《美国法令全书》第109卷第707页）自2000年5月15日起生效，终止了与根据《美国法典》第29篇第675节《职业安全和健康法》第二十六节向国会递交报告有关的规定。

根据1998年7月16日颁布的第105-197号公法（《美国法令全书》第112编第638页）对《美国法典》第29篇第670节第21条进行了修订，增加了(d)项，规定了要求部长设立合规援助计划，通过该计划，雇主可以向州政府人员咨询有关OSHA标准的应用和遵守情况。

根据1998年7月16日颁布的第105-198号公法《美国法令全书》第112编第640页对《美国法典》第29篇第657节第8条进行了修订，增加了(h)分款，规定禁止部长利用执法结果来评估参与此类执法的雇员，或强加配额或目标。

根据1998年9月29日颁布的第105-241号公法（《美国法令全书》第112卷第1572页），对该第3(5)节和19(a)节，以及《美国法典》第29篇第652节和第668节进行了修订，将美国邮政局列为受OSHA执行条款约束的"雇主"。

第四部分 英美国家

根据 2002 年 6 月 12 日颁布的第 107-188 号公法第 1 编第 153 节（《美国法令全书》第 116 卷第 631 页），国会颁布了《美国法典》第 29 篇第 669a 节，以扩大对"在工作场所面临生物恐怖威胁或袭击的工人的健康和安全"的研究。

管辖权说明

虽然尚未对《职业安全和健康法》进行相应的修订，但 OSHA 不再对之前的太平洋岛屿托管领土等实体行使管辖权。托管领土涵盖前日本委任统治的所有岛屿，这些岛屿根据联合国安全理事会决议于 1947 年而设立，由美国进行托管。前日本委任统治岛屿的托管协议，于 1947 年 4 月 2 日至 7 月 18 日，根据 61 Stat. 3301，T. I. A. S. 1665，8 U. N. T. S. 189 而订立。

从 1947 年到 1994 年，这些岛屿上的人民 4 次行使托管协议所授予的自决权，从而将托管领土划分为 4 个独立的实体。其中的 3 个实体：帕劳共和国、密克罗尼西亚联邦和马绍尔群岛共和国成为"自由联系国"，美国联邦法律不再适用。《职业安全和健康法》是一部普遍适用的法律，其适用于关岛，亦适用于选择成为美国"海外领地"的北马里亚纳群岛。见《北马里亚纳群岛成为美国政治联盟的联邦盟约》第 5 条第 502（a）节，第 94-24 号公法；《美国法令全书》第 90 编第 263 条（1976 年 3 月 24 日）［修正案引文略］；《美国法典》第 48 篇第 1801 条和附注（1976 年）；另见 Saipan Stevedore Co., Inc. 诉工人补偿计划办公室主任案，（133 F. 3d 717，722）（第九巡回上诉法院，1998 年）（根据《盟约》第 502（a）节，《海岸和港口劳工补偿法》适用于北马里亚纳群岛联邦，因为该法普遍适用于各州和关岛）。欲了解这些自由联合的州和领土的法律地位最新资料，请与内政部岛屿事务办公室联系。（网站地址：http：//www. doi. gov/oia/）

已删除的文本。删除案文的原因各不相同。有些案文可能是出于对《职业安全和健康法》的修正而删除；另一些案文则是出于对其他法规的后续修正而删除，这些法规此前于 1970 年根据《职业安全和健康法》原始条款进行修正。在某些情况下，《职业安全和健康法》原始条款有日期限制，不再有效。

《美国法典》第 29 篇第 661 条第 12（c）节的案文已删除。第（c）分款修正《美国法典》第 5 篇第 5314 和 5315 节，增加了职业安全和健康审查委员会主席和成员职位。

《美国法典》第 29 篇第 676 条第 27 节的案文已删除。第 27 节列出国会关于工人补偿的调查结果，并设立劳动者赔偿法国家委员会，该委员会在提交最终报告90天后不再存在,解散时间不迟于1972年7月31日。

第28节(小型企业经济援助)修正《小企业法》第7(b)节和第4(c)(1)节,允许小企业贷款,以便符合适用的标准。由于这些修正案已不再适用,其案文已删除。有关当前版本,见《美国法典》第15篇第636条。

第29节(增设劳工部助理部长)规定设立一个负责职业安全和健康的助理部长。第30节(增设职位)规定在劳工部和职业安全和健康审查委员会内增设职位,负责实施《职业安全和健康法》。因为这几节的案文未能反映当前关于人员配置和薪酬的法定规定,已删除。有关现行规定,见《美国法典》第29篇第553条和第5篇第5108(c)条。

原《职业安全和健康法》第31节对《美国法典》第49篇第1421条进行了修正,具体为插入标题为"紧急定位信标"的部分。该节的案文已于本版本中删除,原因是第103-272号公法(《美国法令全书》第108编第745条)(1994年7月5日)废除了第31节的案文,并颁布了该条款的修订版本,题为"紧急定位发射器",该条款被编入《美国法典》第49篇第44712条。

关于影响《职业安全和健康法》管理的其他法规的附注。有时,法规并不直接修正《职业安全和健康法》,而是要求劳工部部长根据《职业安全和健康法》的授权采取行动或不采取行动。下面是此类法规的一些示例。请注意,这并非此类法规的完整内容。

颁布的标准。

例如,立法可能要求部长根据《职业安全和健康法》(《美国法典》第29篇第655条)第6节的授权颁布具体标准。相关示例如下:

危险废弃物操作。第99-499号公法第一编第126(a)-(f)节(《美国法令全书》第100编第1613条(1986年)),经第100-202号公法第101(f)节、第二编第201节(《美国法令全书》第101编第1329条(1987年))修正,要求劳工部部长颁布有关危险废物操作的标准。

化学工艺安全管理。第101-549号公法第三编第304节(《美国法令全书》第104编第2399条(1990年))要求劳工部部长与环境保护署署长协调,颁布化学工艺安全标准。

危险材料。第101-615号公法第29节(《美国法令全书》第104编第3244条(1990年))要求劳工部部长与交通部部长和财政部部长协商,发布关于处理危险材料的具体标准。

血源性病原体标准。第102-170号公法第一编第100节（《美国法令全书》第105编第1107条（1991年））要求劳工部部长颁布最终血源性病原体标准。

铅标准。《1992年住房和社区发展法》（第102-550号公法第十编第1031和1032节；《美国法令全书》第106编第3672条（1992年））要求劳工部部长发布临时的铅最终标准。

覆盖范围延伸。

有时，法规可能会使《职业安全和健康法》的一些条款适用于某些本不受《职业安全和健康法》条款约束的实体。例如，1995年《国会责任法》[第104-1号公法；《美国法令全书》第109编第3条（1995年）]将《职业安全和健康法》的某些覆盖范围，如遵守《职业安全和健康法》第5节的义务，扩大到立法部门。在其他条款中，该法规授权立法部门内的合规办公室总顾问行使《职业安全和健康法》中授予劳工部部长的权力，检查就业场所并发出传票或通知，纠正发现的违规行为，但该法规并没有规定《职业安全和健康法》的所有条款适用于立法部门。另一个示例是2003年《医疗保险处方药、改进和现代化法》[第108-173号公法第九编第947节；《美国法令全书》第117编第2066条（2003年）]，要求不受《职业安全和健康法》限制的公立医院遵守职业安全和健康管理局的血源性病原体标准（《美国联邦法规》第29卷第1910.1030条。）本法规定，如果医院未能遵守职业安全和健康管理局的血源性病原体标准，卫生和公众服务部将对其处以并收取民事罚款。

通过拨款法规实施的计划变更。

有时，拨款法规允许或限制职业安全和健康管理局或劳工部部长采取某些实质性行动。例如，有时拨款法规可能会限制使用分配给职业安全和健康管理局或劳工部的资金。职业安全和健康管理局常年拨款限制示例：对于对雇用10名或更少劳动者且不保持临时劳工营地的农场经营，职业安全和健康管理局要求的适用性受到限制。另一个示例：职业安全和健康管理局对低危险行业中雇员人数在10人或以下的雇主进行某些执法活动的权力受到限制。见2004年《综合拨款法案》[第108-199号公法第四部分—劳动、卫生和公共服务、教育和相关机构拨款（2004年）第一编—劳工部；《美国法令全书》第118编第3条（2004年）]。有时，拨款法规可能允许职业安全和健康管理局保留一些收集的资金，用于职业安全和健康培训或拨款。例如，上述2004年《综合拨款法案》第四部分第一编规定，职业安全和健康管理局每财年可为此类用途保留高达 750000 美元的培训机构课程费。有关现行适用的拨款条款的法律案文，请查阅有关财政年度的职业安全和健康管理局拨款法规。

ISBN 978-7-5020-8920-7